国家出版基金项目
NATIONAL PUBLICATION FOUNDATION

长江专门史丛书

长江文化史

第三卷

李学勤 徐吉军 主编

长江出版社
CHANGJIANG PRESS

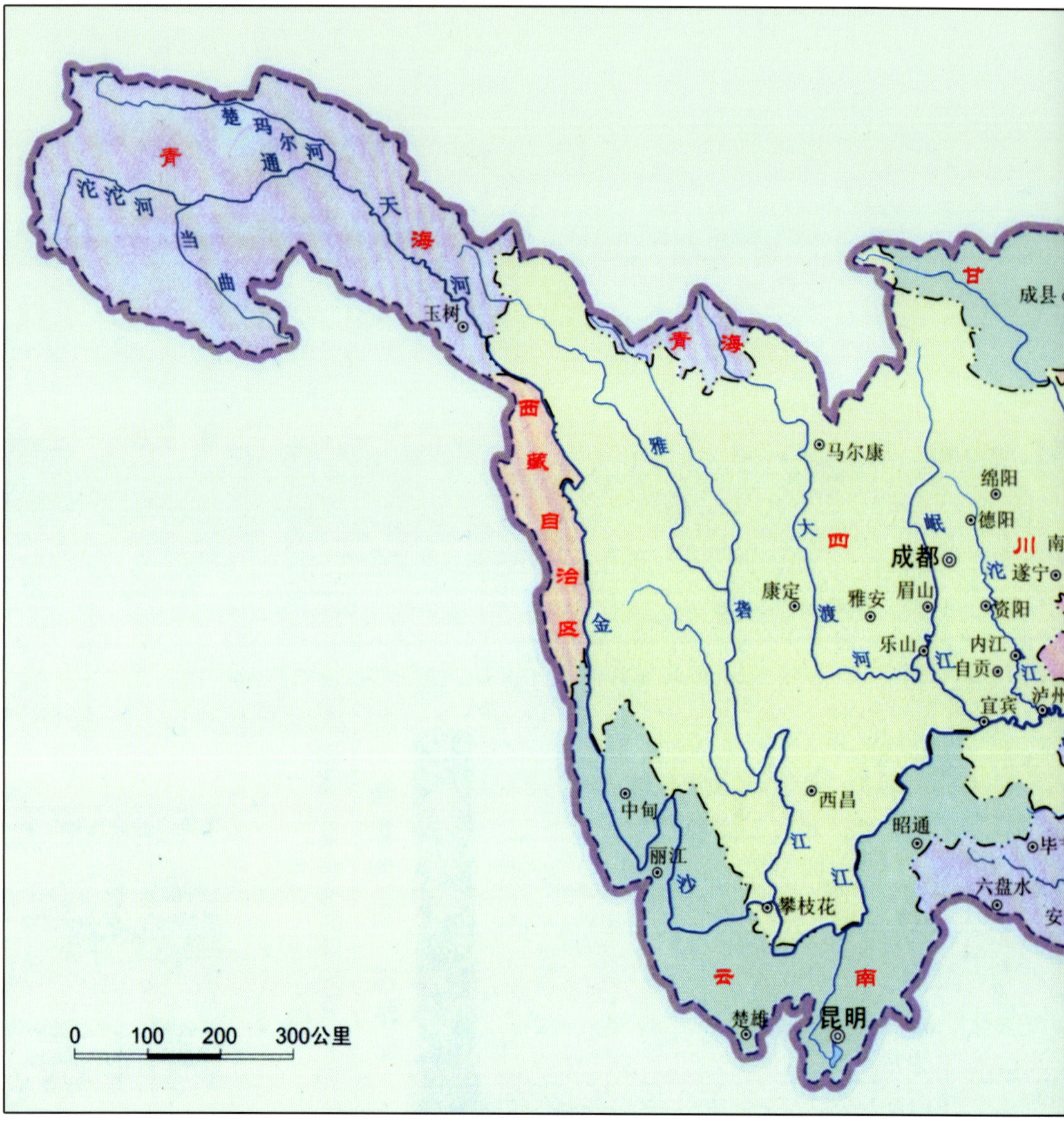
青海
楚玛尔河
沱沱河
当曲
通天河
玉树
青海
西藏自治区
甘
成县
马尔康
雅砻江
大渡河
四川
成都
绵阳
德阳
岷江
沱江
遂宁
资阳
康定
雅安
眉山
乐山
内江
自贡
泸州
宜宾
金沙江
中甸
丽江
西昌
昭通
六盘水
攀枝花
云南
楚雄
昆明
0 100 200 300公里

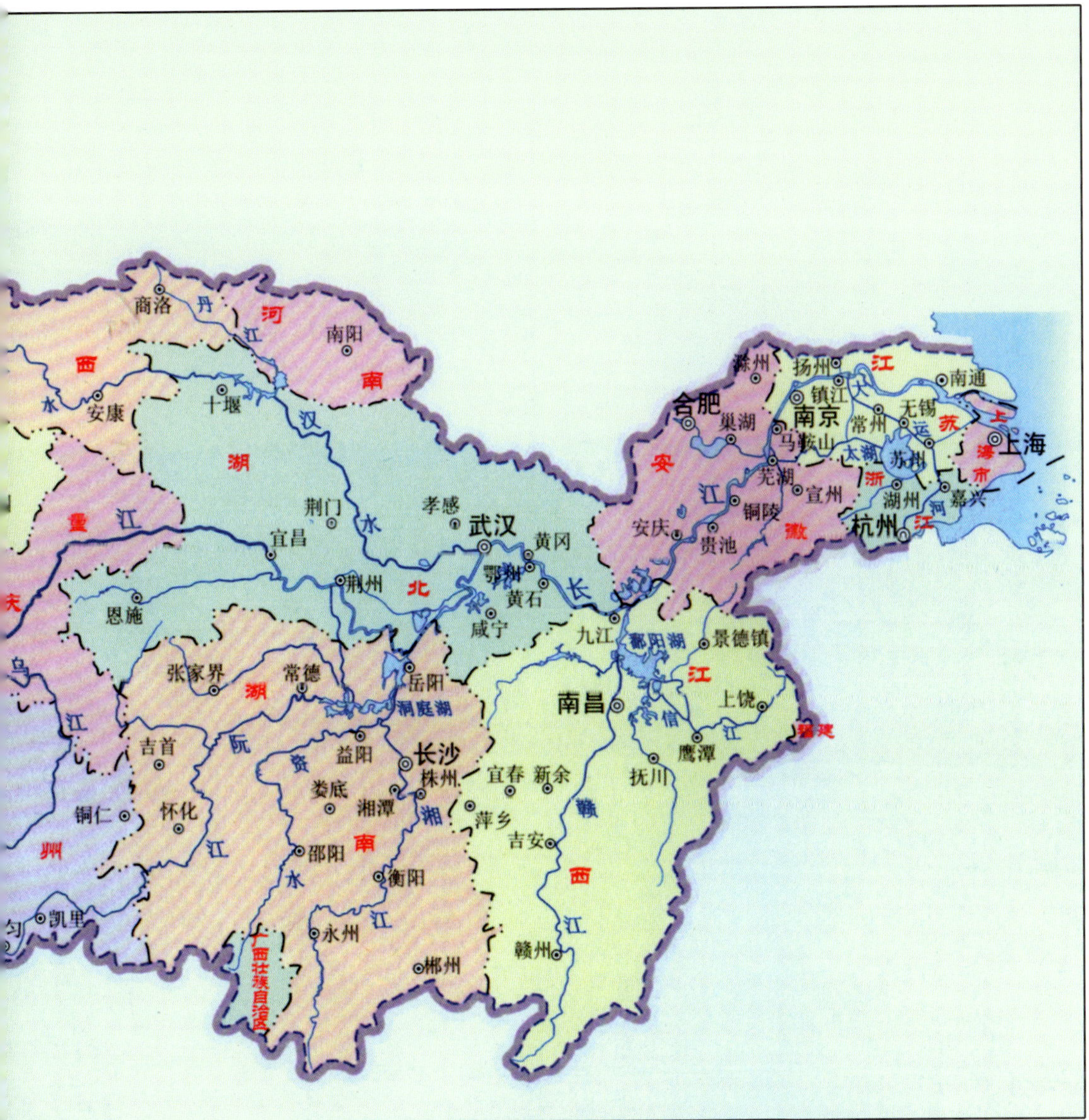

商洛
丹
江
河
南
南阳
西
安康
水
十堰
汉
湖
荆门
水
孝感
武汉
黄冈
宜昌
荆州
北
鄂州
黄石
长
咸宁
恩施
江
九江
鄱阳湖
景德镇
张家界
湖
常德
岳阳
洞庭湖
南昌
江
上饶
信
吉首
沅
资
益阳
长沙
株洲
宜春
新余
鹰潭
抚川
娄底
湘潭
湘
萍乡
铜仁
怀化
南
赣
吉安
邵阳
衡阳
西
江
水
江
凯里
永州
江
赣州
郴州
广西壮族自治区
福建
合肥
巢湖
滁州
扬州
镇江
南京
马鞍山
芜湖
铜陵
宣州
安
安庆
贵池
徽
江
南通
无锡
常州
太湖
苏州
运
苏
上海
上
海
市
浙
湖州
嘉兴
杭州
江
河
大

长江流域图

前 言

长江是世界第三、我国第一大河，发源于青藏高原的唐古拉山主峰各拉丹冬雪山西南侧，自西而东流经青海、四川、西藏、云南、重庆、湖北、湖南、江西、安徽、江苏、上海等11个省（自治区、直辖市）注入东海。支流展延至贵州、甘肃、陕西、河南、浙江、广西、广东、福建等8个省（自治区）。流域面积约180万km^2，约占我国国土面积的18.8%。

长江是中华民族的母亲河，是中华民族发展的重要支撑。长江以其庞大的河湖水系，独特完整的自然生态系统，强大的涵养水源、繁育生物、释氧固碳、净化环境功能，维护了我国重要的生物基因宝库和生态安全；以其丰富的水土、森林、矿产、水能和航运资源，保障了国家的供水安全、粮食安全和能源安全；通过流域的治理与开发，养育了4.59亿人口，孕育了灿烂的长江文明，在经济社会发展中发挥了重要作用。

（一）重要的生态屏障

长江流域山水林田湖草浑然一体，是我国重要的生物基因宝库。地跨热带、亚热带和暖温带，地貌类型复杂，生态系统类型多样，川西河谷森林生态系统、南方亚热带常绿阔叶林森林生态系统、长江中下游湿地生态系统等是具有全球重大意义的生物多样性优先保护区域，其中长江中下游湿地是百余种、百万余只国际迁徙水鸟的中途停歇地和重要越冬地，也是世界湿地和生物多样性保护的热点地区；森林覆盖率达41.3%，河湖、水库、湿地面积约占全国的20%，物种资源丰富，珍稀濒危植物占全国总数的39.7%，淡水鱼类占全国总数的33%，不仅有中华鲟、江豚、扬子鳄、大熊猫和金丝猴等珍稀动物，还有银杉、水杉、珙桐等珍稀植物，是我国珍稀濒危野生动植物集中分布区域。

长江流域分布有众多的国家级生态环境敏感区，是我国重要的生态安全屏障区。目前已建立有国家级自然保护区93个，面积2399.3万hm^2，分别占全国的30.7%、26.3%；国家级水产种质资源保护区253个，占全国的51.0%；国家级森林公园255个，占全国的28.9%；国家级地质公园54个，占全国的29.3%；同时拥有世界文化和自然遗产地15处、国家级风景名胜区75处。

（二）重要的资源支撑

长江流域是我国水资源配置的战略水源地。长江流域水资源相对丰富，多年平均水资源量9959亿m^3，约占全国的36%，居全国各大江河之首，单位国土面积水资源量为59.5万m^3/km^2，约为全国平均值的2倍。每年长江供水量超过2000亿m^3，支撑流域经济社会供水安全。通过南水北调、引汉济渭、引江济淮、滇中引水等工程建设，惠泽流域外广大地区，保障供水安全。2017年长江流域净调出水量达92.14亿m^3。

长江流域是实施能源战略的主要基地。长江流域是我国水能资源最为富集的地区，水力资源理论蕴藏量达30.05万MW，年电量2.67万亿kW·h，约占全国的40%；技术可开发装机容量28.1万MW，年发电量1.30万亿kW·h，分别占全国的47%和48%，是我国水电开发的主要基地。流域内风能、太阳能、生物能、地热能等十分丰富，是我国新能源发展的重点地区。

长江是联系我国东中西部的“黄金水道”。长江水系航运资源丰富，3600多条通航河流的总计通航里程超过7.1万km，占全国内河通航总里程的56%；通航能力大，2017年完成客运量1.84亿人次，占全国水路客运量的65.0%，完成货运量47.14亿t，占全国水路货运量的70.6%。

长江流域是我国重要的粮食生产基地。耕地面积为4.62亿亩，粮食产量1.63亿t，占全国粮食产量的32.5%。

长江流域矿产资源丰富。储量占全国比重50%以上的约有30种，其中钒、钛、汞、铷、铯、磷、芒硝、硅石等矿产储量占全国的80%以上，铜、钨、锑、铋、锰、铊等矿产储量占全国的50%以上，铁、铝、硫、金、银等矿产储量占全国的30%以上。

（三）重要的战略地位

长江流域横跨我国西南、华中和华东三大区，2017年流域总人口4.59

亿，占全国的33%，城镇化率达到49%。流域人口密度较高，约为全国平均人口密度的1.8倍。

长江流域形成了长江三角洲城市群、长江中游城市群、成渝城市群、江淮城市群、滇中城市群和黔中城市群，聚集地级以上城市50多个。2017年长江流域地区生产总值29.3万亿元，占全国的35.4%，是我国经济重心所在、活力所在，长江三角洲地区是我国经济最发达的区域之一。流域内已建立起比较完善的水运、铁路、公路、航空等综合交通运输体系，初步形成了综合立体交通走廊。

长江是长江经济带发展、长江三角洲一体化发展等国家战略的重要依托，是连接丝绸之路经济带和21世纪海上丝绸之路的纽带，集沿海、沿江、沿边、内陆开放于一体，具有东西双向开放的独特优势，在我国经济社会发展中具有重要地位。

黄金水道

目　录

第三卷

第七章　宋代长江文化的成熟

宋代自960年赵匡胤建立宋朝开始，至1279年南宋灭亡，共存世三百余年。在这一时期，社会发生了重大的变革。明人陈邦瞻《宋史纪事本末·叙》云：

> 宇宙风气，其变之大者有三：鸿荒一变而为唐、虞，以至于周，七国为极；再变而为汉，以至于唐，五季为极；宋其三变，而吾未睹其极也。变未极则治不得不相为因，今国家之制，民间之俗，官司之所行，儒者之所守，有一不与宋近者乎？非慕宋而乐趋之，而势固然已。”①

这实际上是日本学界最早提出唐宋变革论的京都学派的开创者内藤虎次郎“宋代则是中国近世的开始”②的观点的滥觞。钱穆先生《国史大纲》一书认为：宋代社会有三个新现象：一是学术文化的传播更加普及；二是政治权力解放得更加彻底，出现了“白衣卿相”的局面；三是社会阶级更加消融。③ 其时社会经济和文化的发展达到了新的高峰，特别是文化，这一时期是中国封建社会文化发展最为辉煌的时期，无论是文化的普及、文学艺术的繁荣，还是学术思想的活跃、宗教的兴盛、科学技术的进步和社会生活的丰富多彩等方面，都达到了前所未有的程度。这种认识，早在清末开始，已经得到了海内外学者的认同。如清末国学大师王国维在《宋代之金石学》一文中指出：“天水一朝人智之活动与文化之多方面，前之汉唐，后之元明，皆所不逮也。”④20世纪40年代初，史学大师陈寅恪先生也明确指出：“华夏民族之文化，历数千载之演进，造极于赵宋之世。后渐衰微，终复必振。”⑤他赞叹道：“天水一朝之文化，竟为我民族遗留之瑰宝。”⑥近人严复从政治史的角度也扼要地论述了这一点，他说：“古人好读前四史，亦以其文字耳！若研究人心政俗之

① 〔明〕陈邦瞻：《宋史纪事本末》附录一，中华书局1977年版，第1191—1192页。

② 〔日〕内藤虎次郎：《概括的唐宋时代观》，载《历史与地理》第九卷第5号，1910年。又见《日本学者研究中国史论著选译》第1册，中华书局1992年。

③ 钱穆：《国史大纲》第六编《两宋之部》，上海商务印书馆1940年版。

④ 〔清末民初〕王国维：《王国维遗书》第5册《静安文集续编》，上海书店1983年版，第70页。

⑤ 陈寅恪：《金明馆丛稿二编》，三联书店2001年版，第245页。

⑥ 陈寅恪：《赠蒋秉南序》，载《陈寅恪集·寒柳堂集》，三联书店2001年版，第182页。

变，则赵宋一代历史最宜究心。中国所以成为今日现象者，为善为恶，姑不具论，而为宋人之所造就，什八九可断言也。”①当今著名史学家邓广铭先生更是认为：“宋代是我国封建社会发展的最高阶段，两宋期内的物质文明和精神文明所达到的高度，在中国整个封建社会历史时期之内，可以说是空前绝后的。”②这一观点也得到了海内外学者的认同，如英国著名科技史家李约瑟说：“谈到 11 世纪，我们犹如来到最伟大的时期。”并认为这一时期中国的文化和科学“都达到了前所未有的高峰”。③

这一时期也是长江文化高度发展、高度繁荣的时期。在这一时期，长江流域经济的发达、文教的昌盛、私人讲学风气的流行和社会环境的相对安定，终于确立了长江文化在中华文明中的主导地位。无论是科学技术、学术思想、史学、目录学、文学、艺术等文化层面，还是文化的普及和传播，长江文化都走在了黄河文化的前面。

第一节　宋代长江文化繁荣的社会背景

一、重文轻武政策的确立及其影响

鉴于唐末农民起义的教训以及为避免唐末五代以来长期的军阀割据局面的重现，宋太祖赵匡胤在统一全国后不久，便采取了一系列加强中央集权的措施，“兴文教，抑武事”④就是其中一条重要政策。

宋太祖赵匡胤像

“抑武”首先从禁军入手。961 年，赵匡胤策划了“杯酒释兵权”的历史事件。他劝导石守信、王审琦等将领曰：“人生如白驹过隙耳，所谓富贵者，不过欲多积金钱，厚自娱乐，使子孙显荣耳。汝曹何不释去兵权，择便好田宅市之，为子孙立永久之业，多置歌儿舞女，日饮食相欢以终天命。君臣之间两无猜嫌，上下相安，不亦善乎！”⑤在他的威胁利诱下，石守信等人的兵权

① 〔清末民初〕严复：《严几道与熊纯如书札节抄》，《学衡》1923 年第 13 期；《严复集》第 3 册，中华书局 1986 年版，第 668 页。

② 邓广铭：《关于宋史研究的几个问题》，《社会科学战线》1986 年第 2 期。

③ 〔英〕李约瑟：《李约瑟文集》，辽宁科技出版社 1986 年版，第 115 页；《中国科学技术史》第 1 卷第 1 册《导论》，科学出版社 1975 年版，第 284 页。

④ 〔宋〕李焘：《续资治通鉴长编》卷一八，太宗太平兴国二年正月丙寅，中华书局 2004 年版，第 394 页。

⑤ 〔宋〕邵伯温：《邵氏见闻录》卷一，中华书局 1983 年版，第 3 页。

被顺利地解除了。接着，宋太祖又利用同样的方法解除了五代以来一直盘踞一方的节度使的兵权。对方镇节度使的其他权力，如司法治安权、经济财赋权等，朝廷也极力加以限止。

在抑武的同时，宋代统治者实行兴文政策。史载“太祖好读书”。① “太宗崇尚儒术，听政之暇，以观书为乐，置翰林侍读学士以备顾问”。② 此后的历朝皇帝也皆类此，“与士大夫治天下”③。宋代最高统治阶层成员中的宰执侍从大多数是科举出身，其中又以进士出身者居多。如北宋宰相七十一人，其中六十四人出身进士。不但宰执侍从大臣是进士出身，而就宋人所揭示的“今世用人”之道：“大臣，文士也；近侍之臣，文士也；钱谷之司，文士也；边防大帅，文士也；天下转运使，文士也；知州郡，文士也。”④从而在朝廷中出现了“满朝朱紫贵，尽是读书人”⑤的现象。

宋代的重文政策，最主要的内容是完善科举制、厚待文人士大夫。司马光《贡院乞逐路取人状》云：“国家用人之法，非进士及第者不得美官。”⑥《宋史》载：“宋兴六十有二载，天下乂安。时取才唯进士、诸科为最广，名卿巨公，皆繇此选，而仁宗亦向用之，登上第者不数年，辄赫然显贵矣。”⑦像寇准、晏殊、韩琦、范仲淹、欧阳修、王安石等，都是通过科举考试涌现出来的一代名相。据浙江大学古籍研究所龚延明、祖慧教授所编《宋代登科记考》⑧，两宋共举行一百十八榜科举考试，取士人数多达十余万人，是唐、五代、明、清各朝的四至五倍。

宋佚名《跃鱼图》，寓意“鲤鱼跳龙门”

同时，宋朝统治者实行厚待文人士大夫的国策。如宋代凡有官职的官员，在经济上除了有充裕的“公用钱之外，又有职田”⑨之利，还有冬春服装、祭祀经费及各种名目的赏赐，以致有士人感叹“国朝待遇士大夫甚厚，皆前代所无”⑩。在这种复兴儒学、重整伦理

① 《宋史》卷二六四《卢多逊传》，中华书局 1977 年版，第 26 册，第 9118 页。
② 《宋史》卷二九六《论曰》，中华书局 1977 年版，第 28 册，第 9881 页。
③ 〔宋〕李焘：《续资治通鉴长编》卷二二一，神宗熙宁四年三月戊子，第 5370 页。
④ 〔宋〕蔡襄：《蔡襄集》卷二二，上海古籍出版社 1996 年版，第 384 页。
⑤ 〔宋〕张端义：《贵耳集》卷下，中华书局 1958 年版，第 65 页。
⑥ 〔宋〕司马光：《司马温公传集编年笺注》卷三〇，李之亮笺注，巴蜀书社 2009 年版，第 3 册，第 328 页；〔宋〕司马光：《传家集》卷三二《贡院乞逐路取人状》，文渊阁《四库全书》本，第 1094 册，第 311 页。
⑦ 《宋史》卷一五五《选举志一・科目上》，中华书局 1977 年版，第 11 册，第 3611 页。
⑧ 龚延明、祖慧：《宋代登科记考》，江苏教育出版社 2010 年版。
⑨ 〔清〕赵翼：《廿二史札记》卷二五《宋制禄之厚》，中国书店 1987 年版，第 330—331 页。
⑩ 〔宋〕王栐：《燕翼诒谋录》卷五，中华书局 1981 年版，第 46 页。

纲常的时代氛围中，宋代士大夫的人生价值取向亦从整体上发生了根本性的转变，即由汉唐时代对功名的追求转向对道德主体精神的弘扬，立德已超越一切而上升为人生价值的首位。[①] 王安石的"功名如梦幻，气节之士，岂肯摧气节以就功名"[②]的论点，便是宋代士大夫对人生价值观的普遍认同。有鉴于此，明清之际思想家顾炎武在论宋代风俗时说道："《宋史》言：士大夫忠义之气，至于五季，变化殆尽。宋之初兴，范质、王溥犹有余憾。艺祖首褒韩通，次表卫融，以示意向。真、仁之世，田锡、王禹偁、范仲淹、欧阳修、唐介诸贤，以直言谠论倡于朝，于是中外荐绅，知以名节为高，廉耻相尚，尽去五季之陋。故靖康之变，志士投袂，起于勤王，临难不屈，所在有之。及宋之亡，忠节相望。呜呼！观哀、平之可以变而为东京。五代之可以变而为宋，则知天下无不可变之风俗也。"[③]清代史学家赵翼也持同样的看法，他说："其待士大夫可谓厚矣。惟其给赐优裕，故入仕者不复以身家为虑，各自勉其治行。观于真、仁、英诸朝名臣辈出，吏治循良。及有事之秋，犹多慷慨报国，绍兴之支撑半壁，德祐之毕命疆场，历代以来，捐躯殉国者，惟宋末独多。"[④]

宋徽宗赵佶《文会图》中皇帝与官员茶叙的场景

在此背景下，教育更加普及，藏书更加丰富，研究风气更加浓厚。其时，百姓们均奉行"家贫子读书"为圭臬，"非独士为然，农、工、商各教子读书，虽牧儿馌妇亦能口诵古人语言"。[⑤] "虽闾阎贱品处力役之际，吟咏不辍"。[⑥] 从而为大规模培养人才提供了保障，

① 郭学信：《时代迁易与宋代士大夫的观念转变》，《文史哲》2000 年第 3 期。

② 〔宋〕李焘：《续资治通鉴长编》卷二三四，神宗熙宁五年六月癸亥，第 5678 页。

③ 〔清〕顾炎武：《日知录》卷一三《宋世风俗》，见黄汝成释《日知录集释》，花山文艺出版社 1991 年版，第 596 页。

④ 〔清〕赵翼：《廿二史札记》卷二五《宋制禄之厚》，中国书店 1987 年版，第 331 页。

⑤ 〔宋〕方大琮：《宋忠惠铁庵方公文集》卷三三《永福辛卯劝学文》，清刻本。

⑥ 〔元〕马端临：《文献通考》卷三一八《舆地考四·古扬州》，中华书局 1986 年版，下册，第 2495 页。

大大促进了文化的传播和繁荣。正如苏辙所言："凡今农工商贾之家，未有不舍其旧而为士者也。"①正是这种科举洪流成为宋时社会流动的最大动力，"科举考试成为塑造宋代社会性质的一项重要因素。科举社会的特色是社会上下阶层的流动性较以往增加，平民子弟仕进的机会大增"②。

二、南方社会经济的繁荣

关于宋代社会经济的发展概况，漆侠先生在其所著的《宋代经济史》一书中曾经给予了详细的阐述，他认为："唐末农民战争后两宋统治的三百年间，是我国经济和文化取得极大发展的时期。虽然在宋代统治的边缘地区、山区以及少数民族所居住的地方，还停滞在刀耕火种的原始农业阶段，但是在广大地区，农业生产都有所发展，产量一般稳定在两石上下（这是唐代的最高产量）；而在以太湖流域为中心的两浙地区，如前面提到的，产量高达六七石，是全国生产最发达的地区。桑、茶、甘蔗等种植面积扩大了，棉花的种植也逐渐由南到北扩展起来，至迟南宋末已经到达两浙一带。经济作物、商业性农业都有了发展。农业劳动生产率超越了以前的任何历史时期。""宋代官私手工业，特别是私人手工业有了很大的发展，远远超过了前代。火药、罗盘、活字印刷术以及胆铜法、火柴等等，大都是在十世纪末到十一世纪发明创造的；这些发明创造是宋代手工业生产发展极为显著的标志。手工业生产不论是规模上、分工上、技术上，还是从事生产的手工匠人的数量上，各类产品的数量和质量上，都超越了前代。""在农业和手工业生产发展的基础上，宋代城市经济也有了显著的发展。城市人口增加了，前代坊市的格局被打破了，到处可以设店肆和作坊，商业活动场所扩大了。东晋南朝以来的草市或墟市在各地普遍发展，其中有一些成为繁荣的小镇市。大小城市、镇市和草市，织成了地方商业之网，与广阔的农村有了较为密切的联系，在生产最发达的两浙地区更加如此，可以说区域性市场在宋代明显地发展起来了。"③

宋佚名《耕获图》

其时，南方的经济水平总体上要远远高于北方，号称土地肥沃，物产丰富。北宋富弼说："朝廷用度，如军食、币帛、茶盐、泉货、金、铜、铅、银，以至羽毛、胶漆，尽出九道（指两浙、江兵、江西、淮南、湖南、湖北、

① 〔宋〕苏辙：《栾城集》，上海古籍出版社1987年版，上册，第465页。

② 梁庚尧：《宋代社会经济史论集》，台北允晨文化实业股份有限公司1997年版，下册，第652页。

③ 漆侠：《关于中国封建经济制度发展的阶段问题（代绪论）》，《宋代经济史》，上海人民出版社1987年版。

福建、广东、广西）。朝廷所以能安然理天下而不匮者，得此九道供亿使之然尔。”①宋朝官方也承认“自祖宗以来，军国之费多出于东南”②。

两浙地区是全国经济最发达的地区。两浙路“无寸土不耕，田垄之上又种桑种菜”③。苏轼说：“两浙之富，国用所恃，岁漕都下米百五十万石，其他财赋供馈不可悉数。”④叶适说：“今之所谓繁盛雄富者，二浙、七闽耳。”⑤李光说：“二浙每岁秋租大数不下百五十万斛，苏、湖、明、越，其数大半，朝廷经费之源，实本于此。”⑥特别是到南宋后期，浙西湖州、苏州等地，“其熟也，上田一亩收五六石，故谚曰：苏湖熟，天下足”⑦；“嘉禾一穰，江淮为之康”⑧；“天上天堂，地下苏杭”⑨等，更是广为流传的谚语。

杭州在两浙路中占有举足轻重的地位，到北宋初年已经成为东南一大都会，在当时人的心目中已经是一个非常富丽的人间天堂。陶穀说：“轻清富庶，东南为甲。富兼华夷，余杭又为甲。百事繁庶，地上天宫也。”⑩潘阆云：“长忆钱塘，不是人寰是天上。万家掩映翠微间，处处水潺潺。异花四季当窗放。出入分明在屏障。别来隋柳几经秋。何日得重游。”⑪柳永的一首《望海潮》更是将杭州的繁华淋漓尽致地展现在大家面前：“东南形胜，三吴都会，钱塘自古繁华。烟柳画桥，风帘翠幕，参差十万人家。云树绕堤沙，怒涛卷霜雪，天堑无涯。市列珠玑，户盈罗绮，竞豪奢。”⑫到北宋中后期，杭州更成为“东南第一州”⑬，其城市的经济地位仅次于当时的都城东京开封。以商税论，杭州所交的税额是全

---

① 《续资治通鉴长编》卷一二八，仁宗康定元年八月乙未条，第3033—3034页。

② 《续资治通鉴长编》卷四六六，哲宗元祐六年九月甲寅条，第11141页。

③ 〔宋〕黄震：《黄氏日钞》卷七八《咸淳八年春劝农文》，载《黄震全集》，浙江大学出版社2013年版，第7册，第2222页。

④ 〔宋〕苏轼：《苏轼文集》卷三二《进单锷吴中水利书状》，中华书局1986年版，第3册，第916—917页.

⑤ 〔宋〕叶适：《外论四》，明黄淮、杨士奇编：《历代名臣奏议》卷五五《治道》，上海古籍出版社1989年版，第1册，第766页。

⑥ 〔清〕徐松辑：《宋会要辑稿》食货七之四三，中华书局1957年版，第6册，第4927页。

⑦ 〔宋〕高斯得：《耻堂存稿》卷五《宁国府劝农文》，王云五主编《丛书集成初编》本，中华书局1985年版，第99页。

⑧ 〔元〕徐硕：《至元嘉禾志》卷一二《宫观（道院附）》，文渊阁《四库全书》本。

⑨ 〔宋〕范成大：《吴郡志》卷五〇《杂志》，江苏古籍出版社1986年版，第660页。

⑩ 〔宋〕陶穀：《清异录》卷上《地理·地上天宫》，载《宋元笔记小说大观》，上海古籍出版社2001年版，第1册，第11页。

⑪ 〔宋〕潘阆：《酒泉子》，唐圭璋编：《全宋词》，中华书局1965年版，第1册，第5页。

⑫ 唐圭璋编：《全宋词》，中华书局1965年版，第1册，第39页。

⑬ 〔宋〕宋仁宗（赵祯）《赐梅挚出守杭州》诗赞美杭州“地有湖山美”，是“东南第一州”，由此可见，当时杭州的城市地位已经得到了皇帝的首肯。见〔宋〕周淙：《乾道临安志》卷三《牧守》，载《南宋临安两志》，浙江人民出版社1983年版，第59页。

国第一，绝对超过其他地区。北宋熙宁十年（1077 年）商税额上交税额比较多的城市，第一就是杭州，约十七万三千余贯；第二才是都城开封，为十五万三千余贯；第三是楚州（今江苏淮安）的十一万三千余贯；第四是扬州（今属江苏），税额为九万六千余贯；第五是河北大名府的九万五千余贯；第六是沧州（今河北沧县）的九万四千余贯；并列第七是郓州（今山东东平）和长沙（今属湖南），同为九万二千余贯；并列第九的是密州（今山东胶县）和齐州（今山东济南），并为八万七千余贯；第十一位的税额则比上一位下降更多，是苏州的七万七千余贯。① 从酒税来看，杭州的税额也是相当高的。根据苏轼《杭州乞度牒开西湖状》的奏文，有“天下酒税之盛，未有如杭者也，岁课二十余万缗……”等语②，二十余万贯的酒税，比商税的收入还多，可知当时杭州是全国最大的酒消费地。有鉴于此，王畴《送同年蒲叔范察判杭州监》诗有“杭城东南剧，地将湖海邻。榷利冠天下，旗亭压重闉”的诗句。③ 而曾经跟随苏轼居于杭州的北宋词人晁补之，在《七述》中赞美杭州经济时说：

> 杭故王都，俗上工巧，家夸人斗，穷丽殚好，纷拏错纠，晃荡精皛，若八方之民，车凑舟会，角富而衍。实木则花梨，美枞棁柏香檀阳平阴秘。外泽中坚，以斩以刊，以刳以剜，以漆以胶，以墨以丹。为床为匦，为椟为几，为盘为豆，为盂为篚。庄严之佛，惨烈之神，诙怪之鬼，颀姣之人，涂以铅英，镂以金文，依以灵山，乘以飞云，霞烟雾霭，焕烂五采，渠输陆运，投钱竞买。宝则璆琳珊瑚、玛瑙珷玞、药化之玉、火化之珠，红黄白绿，磊落满椟。北商东贾，白金不雠。沙河雨晴，月照灯明席张案设，左右煌荧。远而望之，夺人目睛……

其时，杭州的手工业中的造船、酿酒、印刷、丝织等就已经名列全国前列。杭州是全国丝织业的中心之一，丝织业达到了一定的规模。特别是这里的绫，是上贡的物品之一。有鉴于此，宋太宗至道元年（995 年）二月，朝廷“诏杭州置织室，岁市诸州丝给其用”④，并每年在此收购 25 万匹绢数。以其为重地的两浙路上供丝织品，占全国总额的三分之一以上。有鉴于此，宋徽宗在崇宁元年（1102 年）命宦官童贯置造作局于苏杭，造作器用，“雕刻、织绣之工，曲尽其巧，诸色匠日役数千，而材物所须，悉科于民，民力重困”⑤。这个造作局每日能役数千名“雕刻、织绣之工”，可见规模之大。直到北宋末的宣和三年（1121 年），统治者才罢苏杭造作局。晁补之《七述》描述杭州丝织业之盛况曰：

① 〔清〕徐松辑：《宋会要辑稿》食货一六之七、一七之一，中华书局 1957 年版，第 6 册，第 5076、5084 页。

② 〔宋〕苏轼：《苏轼文集》卷三〇《杭州乞度牒开西湖状》，中华书局 1986 年版，第 3 册，第 864 页。

③ 〔宋〕吕祖谦：《宋文鉴》卷一七，中华书局 1992 年版，上册，第 240 页。

④ 〔宋〕潜说友：《咸淳临安志》卷八九《纪遗一》，载《宋元方志丛刊》，中华书局 1990 年版，第 4 册，第 4182 页；〔清〕徐松辑：《宋会要辑稿》食货六四之一八，中华书局 1957 年版，第 7 册，第 6108 页。

⑤ 〔明〕陈邦瞻：《宋史纪事本末》卷五〇《花石纲之役》，中华书局 1977 年版，第 505 页。

杭故王都，俗尚工巧。……衣则纨绫绮绨，罗绣縠絺，轻明柔纤，如玉如肌，竹窗轧轧，寒丝手拨，春风一夜，百花尽发。其制而服也，或袍或韠，或绅或纶，或缘或表，或缝或襕，或紫或纁，或绀或殷。严以奉祠，亵以养安，薄以却暑，厚以御寒。以锡三军，以赉四国，以供耳目之玩，以备土木之饰……

杭州亦是北宋造船业中心之一，设有造船场，每年承造大量的江海舰船和漕运纲船，其中朝廷额定的造船数就在200艘以上。杭州印刷业发达，与四川成都、汴京（今河南开封）、福建建阳并称为全国四大刻书中心。"北宋刊本，刊于杭者，殆居泰半。"①由于这里荟萃了大批技术精良的雕版工人，故印书质量达到了全国第一流的水平。时人叶梦得在《石林燕语》一书中评论说："今天下印书，以杭州为上，蜀本次之，福建最下。京师比岁印版，殆不减杭州，但纸不佳；蜀与福建多以柔木刻之，取其易成而速售，故不能工；福建本几遍天下，正以其易成故也。"②正是在此背景下，毕昇发明了活字印刷术，成为举世闻名的中国古代四大发明之一。北宋杭州的酿酒业非常发达，为全国酿酒业的重要中心之一。这体现在以下三个方面：一时商品酒的产量大，名酒品种多。宋真宗乾兴元年（1022年），"杭州酒务每岁卖酒一百万瓶"③。如每瓶以一升计，一百万瓶就是十万斗；每瓶若以三升计，一百万瓶就是三十万斗。名酒有思堂春、碧香、玉练槌、蔷薇露、竹叶青、珍珠泉、兰桥风月、流香、长春9种。二是政府的酒课收入高。以熙宁年间（1068—1077）为例，酒课收入达30万贯以上的地区只有三个，即开封府、杭州和秦州。杭州每年酒税达30万贯，仅次于京都和成都府，名列全国第三位。④ 据《宋会要辑稿》载："杭州旧在城及余杭、盐官、富阳、新城、南新、於潜、昌化、临安、汤村十务，岁三十六万三百四十六贯。熙宁十年，祖额四十七万七千三百二十一贯一百二十六文，买扑二万二千二十六贯一百九十二文。"⑤朱肱《北山酒经》的撰述，充分说明当时杭州酿酒业的发达和酿酒技术的高超。北宋时的杭州为对外贸易的四大商港（广州、泉州、杭州、明州）之一，对外贸易一派繁荣。大批满载着海外珠宝、香药等贵重物品的浮商大舶源源不断地到来，"往来聚散乎其中"。仁宗至和元年（1054年）九月二十日，北宋名臣蔡襄在所撰《杭州新作双门记》中曾对此景象做了生动的描绘："杭州，二浙为大州，提支郡数十，而道通四方，海外诸国，物资丛居，

---

① 〔清末民初〕王国维：《两浙古刊本考》序，谢维扬、房鑫亮主编：《王国维全集》第7卷，浙江教育出版社2009版，第3—4页。

② 〔宋〕叶梦得：《石林燕语》卷八，中华书局1984年版，第116页。

③ 〔清〕徐松辑：《宋会要辑稿》食货二〇之六，中华书局1957年版，第6册，第5135页。

④ 〔宋〕赵珣：《熙宁酒课》，载《说郛》卷九四下，文渊阁《四库全书》本。

⑤ 〔清〕徐松辑：《宋会要辑稿》食货一九之一二，中华书局1957年版，第6册，第5129页。

行商往来，俗用不一。”[①]由此，刘攽说：“今赋税出东南，二浙为盛。舟车之所走集，余杭居要。”[②]欧阳修《有美堂记》说：“若乃四方之所聚，百货之所交，物盛人众，为一都会，而又能兼有山水之美，以资富贵之娱者，惟金陵、钱塘。然二邦皆僭窃于乱世。及圣宋受命，海内为一，金陵以后服见诛。今其江山虽在，而颓垣废址，荒烟野草，过而览者，莫不为之踌躇而凄怆。独钱塘自五代时知尊中国，效臣顺，及其亡也，顿首请命，不烦干戈。今其民幸，富足安乐，又其俗习工巧，邑屋华丽，盖十余万家……可谓盛矣。”[③]宋室定都杭州以后，这里的商业十分发达，远远胜过北宋的都城东京（今河南开封）。对此，时人吴自牧在其所做的《梦粱录》一书中有载：“大抵杭城是行都之处，万物所聚，诸行百市，自和宁门杈子外至观桥下，无一家不买卖者，行分最多，且言其一二，最是官巷花作，所聚奇异飞鸾走凤，七宝珠翠，首饰花朵，冠梳及锦绣罗帛，销金衣裙，描画领抹，极其工巧，前所罕有者悉皆有之。”[④]又说：“盖因南渡以来，杭为行都二百余年，户口蕃盛，商贾买卖者十倍于昔，往来辐辏，非他郡比也。”[⑤]其行业划分远比这细化得多，达到了“四百十四行”，比唐代最多的“二百二十行”[⑥]增加了近一倍。

除杭州外，绍兴、宁波、苏州在两宋时期均是全国著名的经济发达区。绍兴二十七年（1157 年），王十朋在府城卧龙山山顶俯览这个城市时，绍兴已经是“鳞鳞万户”的繁华大都市了，“钟鸣鼎食，邸第相望，舟车往来，烟水相接”[⑦]。为此，王十朋发出了“栋宇峥嵘，舟车旁午。壮百雉之巍垣，镇六州而开府”的感叹[⑧]。陆游更是自豪地说：“今天下巨镇，惟金陵与会稽耳，荆、扬、梁、益、潭、广，皆莫敢望也。”[⑨]这里的经济非常发达，以丝绸业为例，在全国占有重要的地位。据史载，早在北宋时，绍兴“事机织，纱绫缯帛，岁出不啻百万缣”，几占整个浙东路的一半。[⑩] 欧阳修描绘两浙东路的婺州东阳县城：“孤城秋枕水，

---

① 〔宋〕蔡襄：《蔡襄集》，上海古籍出版社 1996 年版，第 494—496 页。

② 〔宋〕刘攽：《彭城集》卷二一《新差知越州熊本可知杭州制》，文渊阁《四库全书》本。

③ 〔宋〕欧阳修：《居士集》卷四〇《有美堂记》，李之亮：《欧阳修集编年笺注》，巴蜀书社 2007 年版，第 3 册，第 107—108 页。

④ 〔宋〕吴自牧：《梦粱录》卷一三《团行》，浙江人民出版社 1984 年版，第 115 页。

⑤ 〔宋〕吴自牧：《梦粱录》卷一三《两赤县市镇》，浙江人民出版社 1984 年版，第 114 页。

⑥ 〔宋〕宋敏求：《长安志》卷八《次南东市》载“市内货财二百二十行”，《宋元方志丛刊》本，中华书局 1990 年版，第 1 册，第 118 页。

⑦ 〔清〕阮元：《两浙金石志》卷一八《元左丞潘元明政绩碑》，浙江古籍出版社 2012 年版，第 456 页。

⑧ 〔宋〕王十朋：《王十朋全集·文集》卷一六《蓬莱阁赋》，上海古籍出版社 1998 年版，第 844 页。

⑨ 〔宋〕施宿：《嘉泰会稽志》卷首，陆游《序》，《宋元方志丛刊》本，第 7 册，第 6712 页。

⑩ 〔宋〕沈立：《越州图序》，孔延之《会稽掇英总集》卷二〇，邹志方：《〈会稽掇英总集〉点校》，人民出版社 2006 年版，第 298 页。

千室夜鸣机。”①刘敞记载婺州金华县：“县治城中居民以织作为生，号称衣被天下，故尤富。”②至南宋，精美绝伦的越州尼罗寺绫“名著天下”，据庄绰《鸡肋编》卷上载：“越州尼皆善织，谓之寺绫者，乃北方隔织耳，名著天下。”施宿《嘉泰会稽志》则载：“近时翻出新制，如万寿藤、七宝火齐珠、双凤绶带，纹皆隐起，而肤理尤莹洁精致。”③绍兴府诸暨县机户所产的绢，颇为时人所爱，《嘉泰会稽志》云：“绢，旧总称吴绢。今出于诸暨者，曰花山，曰同山，曰板桥。其轻匀最宜春服。邦人珍之。或贩鬻，颇至杭而止，以故声价亦不远也。”④同府剡县机户所产的强口布，更是名扬四方，“商人贩妇往往竞取，以与吴人为市”。⑤ 绍兴出产的丝织品还有越地贡花纱、自编绫、轻交棱绫、轻容生縠、吴绢、十样绫、大花绫、编文纱花罗。⑥ 商业繁华，是当时著名的商业都会。城内外商贾云集，店铺遍布，百物汇聚。特别是酒肆林立，正如陆游在《上元雨》诗中所说的那样：“城中酒垆千百所，不忧不售惟忧雨。今年上元灯满城，曲巷深坊闹歌舞。”⑦不仅市场数目多，而且还相当繁荣。《嘉泰会稽志》便对绍兴府城东南两里的开元寺灯市盛况做了一个非常具体的描述：

开元寺在府东南二里一百七十步节度使董昌故第，后唐长兴元年吴越武肃王建，奏以开元复为大善寺，而以此为开元寺。盖处一州之中，四旁远近适均，重闳广殿，修廊杰阁，大钟重数千斤，声闻浙江之滨。佛大士应真之像，皆雄峙工致，冠绝它刹。岁正月几望为灯市，傍十数郡及海外商估皆集，玉帛、珠犀、名香、珍药、组绣、髹藤之器山积云委，眩耀人目；法书、名画、钟鼎、彝器、玩好奇物亦间出焉。士大夫以为可配成都药市。⑧

由此可见，每逢正月十五元宵节，开元寺都要举办大型灯会，由是吸引了大批来自各地的商人，连部分海外舶商也慕名前来，交易极为兴盛。陆游说：

浙东之郡，会稽为大。出会稽城西门，循漕渠行八里，有佛刹曰法云禅寺。寺居钱塘、会稽之冲，凡东之士大夫仕于朝与调官者，试于礼部者，莫不由寺而西，饯往迎来，常相属也。富商大贾，捩舵挂席，夹以大橹，明珠大贝、翠羽瑟瑟

① 〔宋〕欧阳修：《居士集》卷一〇《送祝熙载之东阳主簿》，李之亮：《欧阳修集编年笺注》，巴蜀书社2007年版，第1册，第403页。

② 〔宋〕刘敞：《公是集》卷五一《先考益州府君行状》，《丛书集成初编》本，中华书局1985年版，第1906册，第621页。

③ 〔宋〕施宿：《嘉泰会稽志》卷一七《布帛》，《宋元方志丛刊》本，第7册，第7048页。

④ 〔宋〕施宿：《嘉泰会稽志》卷一七《布帛》，《宋元方志丛刊》本，第7册，第7049页。

⑤ 〔宋〕施宿：《嘉泰会稽志》卷一七《布帛》，《宋元方志丛刊》本，第7册，第7048页。

⑥ 〔宋〕王十朋：《王十朋全集·文集》卷一六《会稽风俗赋》，上海古籍出版社1998年版，第827页。

⑦ 〔宋〕陆游：《剑南诗稿》卷四二，载《陆游集》，中华书局1976年版，第3册，第1071页。

⑧ 〔宋〕施宿：《嘉泰会稽志》卷七《宫观寺院·府城》，《宋元方志丛刊》本，第7册，第6822页。

之宝，重载而往者，无虚日也。①

此外，宁波为“表海大邦，自嘉祐、绍兴，两赐宸翰，云汉之章，下饰万物……万里之舶，五方之贾，南金大贝，委积市肆，不可数知，陂防峭坚，年谷登稔。呜呼盛哉！”②

南宋镂银
天封塔地宫殿模型

浙江东阳南寺塔出土
的宋代贴金彩绘石雕经函

浙江东阳南宋厉简墓
出土的蟠螭纹葵花铜镜

浙江东阳太平山宋墓
出土的篾质夹纻胎漆奁

浙江庆元南宋胡纮
妻吴氏墓出土的金帔坠

浙江义乌宋代
窖藏出土的银酒台

浙江湖州三天门南宋墓出土的银盖罐

① 〔宋〕陆游：《渭南文集》卷一九《法云寺观音殿记》，载《陆游集》，中华书局1976年版，第5册，第2156页。

② 〔宋〕陆游：《渭南文集》卷一九《明州阿育王山买田记》，载《陆游集》，中华书局1976年版，第5册，第2148页。

“姑苏之饶，冠于吴越。”①龚明之的《中吴纪闻》则说苏州“风物雄丽为东南之冠”。

镇江府由于有大运河连接临安府，位当各路通往行都的要冲，因此成为赋税、军粮和商品转运的重要枢纽②，成千上万的外地商人在此过往，大量商品在此集散，从而有力地推动了当地商业的发展和繁荣。对此，《嘉定镇江志》曾有比较详细的描述：

京口当南北之冲要，控长江之下流，自六飞驻跸吴会，国赋所贡，军需所供，聘介所往来，与夫蛮商蜀贾，荆湖闽广江淮之舟，辏江津，入漕渠，而径至行在所，其便利也。

今天子驻跸钱塘，南徐实在所北门，萃江淮荆广蜀汉之漕，辐辏于此，过客来往，日夜如织。③

四川素有“天府之国”的美誉，其经济发达程度与两浙地区不相上下。有学者认为：“宋代四川……经济发展水平虽比不上江浙，以成都平原为中心的四川盆地，自古号天府之国，也是当时一个重要经济财政区域。”④史载“蜀中富饶，罗纨锦绮等物甲天下”⑤。秦观说：“今天下之田称沃衍者，莫如吴、越、闽、蜀，其一亩所出，视他州辄数倍。”⑥到北宋中期，吕陶更是认为四川的财政收入是全国的三分之一：“夫蜀之四隅，绵亘数千里，土衍物阜，赀货以蕃，财利贡赋，率四海三之一，县官指为外府。”⑦李清臣说：“蜀地号富饶，产金帛纨锦，中州岁仰给。”⑧由此，苏辙感叹道：“吴越、巴蜀之间，拳肩侧足，以争寻常尺寸之地，安土重迁，恋恋而不能去。”⑨直到南宋前期，“蜀中号为优裕”⑩。由此，成都知府的选任条件比起其他地区长官往往要高一些，时人文同说：“今海内之蕃域，号为至重者，举莫若吾之全蜀，壤土衍沃，民俗丰夥，外之则八国种落赖之以绥辑，内之则四道郡邑倚之以康靖，得人而重，固异他所。须智略沈辩，威惠肃给，厌舆论之所与，慰遐氓之所欲者，始

① 〔宋〕苏辙：《栾城集》卷二八《刘淑苏州胡宗哲宿州》，上海古籍出版社1987年版，中册，第590页。

② 梁庚尧：《南宋城市的发展》，载《南宋史研究论丛》上册，杭州出版社2008年版，第264页。

③ 〔宋〕史弥坚修、卢宪纂：《嘉定镇江志》卷六《地理志·山川门·水·丹徒县》、同卷《澳·丹徒县·归水澳》，《宋元方志丛刊》本，第3册，第2366、2373页。

④ 包伟民：《宋代地方财政史研究》，上海古籍出版社2001年版，第234页。

⑤ 《宋史》卷二七六《樊知古传》，中华书局1977年版，第27册，第9396页。

⑥ 〔宋〕秦观：《淮海集》卷一五《财用下》，徐培均：《淮海集笺注》，上海古籍出版社2000年版，中册，第601页。

⑦ 〔宋〕吕陶：《净德集》卷一四《成都新建备武堂记》，文渊阁《四库全书》本。

⑧ 〔宋〕李清臣：《韩忠献公行状》，〔宋〕杜大珪：《名臣碑传琬琰之集》卷四八，文渊阁《四库全书》本。

⑨ 〔宋〕苏辙：《栾城集·栾城应诏集》卷一〇《进策五道·民政下·第二道》，上海古籍出版社1987年版，下册，第1688页。

⑩ 〔宋〕李心传：《建炎以来朝野杂记》甲集卷一七《四川总领所》，中华书局2000年版，第392页。

为其人矣。"①宋英宗也认为:"蜀远在西南,最要部也。朕常患吏不能究宣德泽,以被于远民,故其择守,非慈良简重者,不以命之。"②这里盛产茶叶,据史载:"蜀之产茶凡八处:雅山之蒙顶,蜀州之味江,邛州之火井,嘉州之中峰,彭州之堋口,汉州之杨村,绵州之兽目,利州之罗村。然蒙顶最佳也。"③当时的成都是四川最大的商品集散地和商业大都会,"市区栉比,衢隧碁布"④。范百禄说:"成都,蜀之都会。厥土肥腴,厥民阜繁,百姓浩丽,见谓天府。缣缕之赋,数路取赡。势严望伟,卓越他郡。"⑤杨亿说成都"带二江之流,为一都之会。四民州处,万商成渊"⑥。至南宋时,"城中繁雄十万户"⑦,经济生产已经具有相当的规模和水平,特别是其地的纺织、造纸、酿酒、印刷、陶瓷、制糖、制盐等手工业非常发达。商品化程度也较高,月月都有专业市场举行,这便是中国历史上知名的"成都十二月市"。赵抃《成都古今集记》载宋代成都月月有市:"正月灯市,二月花市,三月蚕市,四月锦市,五月扇市,六月香市,七月宝市,八月桂市,九月药市,十月酒市,十一月梅市,十二月桃符市。"⑧并率先使用了轻便的信用货币"交子",这是世界上最早发明的纸币,在世界金融史和文明史上占有特殊的地位。有学者认为:"纸币是一切文明国家的商业工具,通过纸币,一切货物都能进行买卖,一切商品都能进行交换。没有纸币,就没有现代文明。"⑨由此可见,最早的纸币"交子"的产生对人类文明发展具有重大贡献。其地与江浙地区早在唐代就已经建立了极其密切的贸易联系。诗人卢纶"水程通海货,地利杂吴风"的诗句,便生动形象地说明了这一点。至宋代,两地联系更密切了,自成都"顺流而下,委输之利,通西蜀之宝货,转南土之泉谷。徤帆高挂则动越万艘,连樯直进则倏逾千里,为富国之资,助经邦之略"。⑩ 南宋中期,成都"士大夫之贪黩者,为之巨艘西下,舳舻相衔,捆载客

① 〔宋〕文同:《丹渊集》卷二六《送赵大资再任成都府诗序》,文渊阁《四库全书》本。

② 〔明〕杨慎:《全蜀艺文志》卷二六《英宗赐赵抃父老借留奖谕诏》,线装书局2003年版,第693页。

③ 〔宋〕范镇:《东斋记事》卷四,中华书局1980年版,第37页。

④ 〔宋〕范蓍:《砌街记》,〔宋〕扈仲荣等辑:《成都文类》卷四六,刘琳校点,《成都旧志》第3册,成都时代出版社2007年版,第499页。

⑤ 〔宋〕范百禄:《成都古今集记序》,傅增湘纂辑:《宋代蜀文辑存》卷二二,香港龙门书店有限公司1971年影印,第319页。

⑥ 〔宋〕杨亿:《金绳院记》,《全蜀艺文志》卷三八,线装书局2003年版,第1146页;〔宋〕杨亿:《金绳院记》,〔宋〕扈仲荣等辑:《成都文类》卷三七,刘琳校点,《成都旧志》第3册,成都时代出版社2007年版,第407页。

⑦ 〔宋〕陆游:《剑南诗稿》卷九《晚登子城》,载《陆游集》,中华书局1976年版,第1册,第245—246页。

⑧ 〔宋〕赵抃:《成都古今记》,〔元〕陶宗仪:《说郛》卷六二下引,文渊阁《四库全书》本;〔明〕杨慎:《升庵集》卷七〇引,文渊阁《四库全书》本。

⑨ 贾大泉:《宋代四川纸币》,四川人民出版社2001年版,第65页。

⑩ 〔宋〕苏德祥:《新修江渎庙碑》,〔宋〕扈仲荣等编:《成都文类》卷三二,刘琳校点,《成都旧志》第3册,成都时代出版社2007年版,第359页。

货，安然如山”。①

重庆南川南宋石室墓出土的荔枝纹金带具

大足宋代
男女侍捧酒石刻

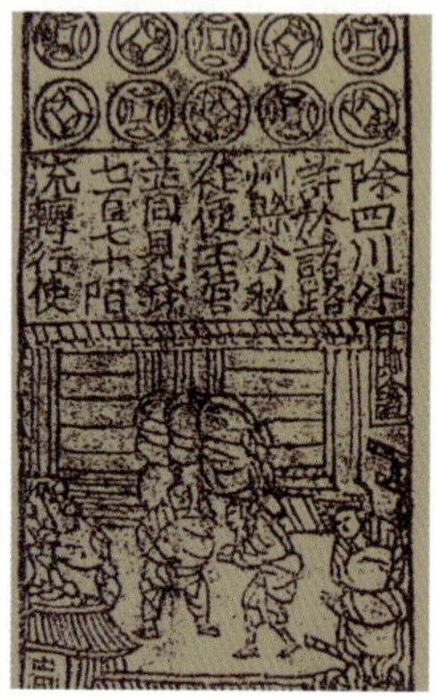

北宋四川印刷
发行的纸币——交子

郭忠恕《雪霁江行图》

福建“民安土乐业，川源浸灌，田畴膏沃，无凶年之忧”②。福州为“长乐大藩，七闽之冠。衣冠之盛，甲于东南。工商之饶，利尽山海”③。早在北宋时就是国内有名的富饶区域之一，庆历元年（1041 年）正月三日，著作佐郎、馆阁校勘蔡襄曰：“若夫闽中之胜，域中三山，山之下，海之潮汐至焉。有鱼虾蠃蚌之饶，黄柑丹荔之实，并山又有竹林泉石旷清雅绝之美，可以宴喜而娱游。或杂言之，亦诗人之博兴也。”④到南宋，“长乐之巨藩，为七闽之胜地，故家安堵，民知陇亩之安，腐粟积仓，官无飞挽之役，盖不烦于卧治”⑤。泉州是与福州并称的大城市，“城内画坊八十，生齿无虑五十万”⑥。这里“实今巨镇，舟车走集，

① 《宋会要辑稿》食货一八之二五，中华书局 1957 年版，第 6 册，第 5120 页。

② 《宋史》卷八九《地理志五·福建路》，中华书局 1977 年版，第 7 册，第 2210 页。

③ 〔宋〕苏辙：《栾城集》卷三〇《林积知福州》，上海古籍出版社 1987 年版，上册，第 639 页。

④ 〔宋〕蔡襄：《蔡忠惠集》卷二九《陈殿丞送行诗序》，载《蔡襄集》，上海古籍出版社 1996 年版，第 518 页。

⑤ 〔宋〕李弥逊：《筠溪集》卷四《折彦质知福州》，文渊阁《四库全书》本。

⑥ 〔宋〕陆守：《修城记》，载王象之《舆地纪胜》卷一三〇《泉州》，清咸丰五年南海伍氏粤雅堂刊本。

繁华特盛于瓯闽”。“水陆据七闽之会，梯航通九译之重”①。“蛮舶萃聚，财货浩穰”②。为“富商大贾往来之会”③，国内外海上贸易尤为繁盛。

福建邵武故县银器窖

出土的南宋镂空银茶匙

福建邵武故县银器窖

出土的南宋银鎏金菊花盘盏

江西“茗荈、冶铸、金帛、秔稻之利，岁给县官用度，盖半天下之入焉”④。北宋曾巩说：“其田宜秔稌，其赋粟输于京师，为天下最。”⑤至南宋，江西的经济地位更加重要，吴曾《能改斋漫录》说：“惟本朝东南岁漕米六百万石，以此知本朝取米于东南者为多。然以今日计，诸路共六百万石，而江西居三之一，则江西所出为尤多。”⑥

江西安义县出土

的南宋鸳鸯戏水金香囊

江西出土的

宋代半月形银梳

江西德安南宋

周氏墓出土的菱花形银胭脂碟

① 〔宋〕王象之：《舆地纪胜》卷一三〇《泉州》，清咸丰五年南海伍氏粤雅堂刊本。

② 〔宋〕许应龙：《东涧集》卷六《刘炜叔知泉州制》，文渊阁《四库全书》本。

③ 〔宋〕王十朋：《王十朋全集·文集》卷一七《泉州到任谢表》，上海古籍出版社 1998 年版，第 850 页。

④ 《宋史》卷八八《地理志四》，中华书局 1977 年版，第 7 册，第 2192 页。

⑤ 〔宋〕曾巩：《曾巩集》卷一九《洪州东门记》，中华书局 1984 年版，上册，第 313 页。

⑥ 〔宋〕吴曾：《能改斋漫录》卷一三《唐宋运漕米数》，上海古籍出版社 1979 年版，第 395—396 页。

江西德安南宋周氏墓出土的梳子

南宋景德镇窑青白釉印花粉盒

江西德安出土
的南宋丫形双股金发钗

江西德安县出土的
南宋二郎款变形如意银粉盒

江西上饶市茶山寺出
土的南宋浮雕人物白玉带板

江西遂川县出土
的北宋镀金荔枝纹银带板

淮南是南方经济发达的地区之一，《宋史 · 地理志》说其“土壤膏沃，有茶、盐、丝、帛之利。人性轻扬，善商贾，廛里饶富，多高赀之家。扬、寿皆为巨镇，而真州当运路之要”。

北宋包拯说“朝廷所仰给者，江淮、两浙”①；又说“东南奥壤，国家仰之如帑府”“国家财用所出，尽在东南”②。南宋王庶说“淮南利源甚博，平时一路上供内藏绌绢九十余万，其他可知”③。刘大中说：“淮南桑麻之富，不减京东；而鱼盐之利，他处莫比。”④扬州是重要的商品贸易城市和交通枢纽，北宋沈括在《扬州重修平山堂记》中说：“扬州常节制淮南十一郡之地，自淮南之西、大江之东，南至五岭蜀汉，十一路百州之迁徙贸易之人往还，皆出其下。舟车南北日夜灌输京师者，居天下十之七。”⑤扬州的经济也非常发达，出产有锦绣、白苎布、酒、茶、莞席、纸张、铜镜、竹器、书籍等。南宋时，扬州因遭战争的破坏，经济大不如前，但其地所产的琼花露、云液酒等商品仍经此条商路运往临安销售。

荆湖地区的经济水平也有了一定程度的提高，《宋史·地理志》载其“大率有材木、茗荈之饶，金铁、羽毛之利。其土宜谷稻，赋入稍多”。宋代著名学者杨时在给友人的信中说：“夫荆湖，望高地重，譬之据九达之衢，舟车之会，四方百物，盖衔尾结辙而至。明玑翡翠，夜光之璧，照乘之珍，为不乏矣。有人于此持千金之资，坐市区，售奇货，宜无不获也。”⑥荆南“控引江湖，商贾之渊”⑦。鄂州在南宋极其繁华，有人口“十万家”⑧。市区商业繁盛，史载其为“今之巨镇，王师所屯，通阛大衢，商贾之会，物货之交也”⑨。即使郊外亦然。范成大《吴船录》卷下说：

> （鄂州）南市在城外，沿江数万家。廛闬甚盛，列肆如栉，酒垆楼栏尤壮丽，外郡未见其比。盖川、广、荆、襄、淮、浙贸迁之会，货物之至者无不售；且不问多少，一日可尽。其盛壮如此！

陆游《入蜀记》载：

> 至鄂州，泊税务亭。贾船客舫，不可胜计，衔尾不绝者数里。自京口以西，皆不及。李太白《赠江夏韦太守》诗云：“万舸此中来，连帆过扬州。”盖此郡自唐

---

① 〔宋〕包拯：《请选内外计臣疏》，〔明〕黄淮、杨士奇编：《历代名臣奏议》卷二六四《理财》，上海古籍出版社 1989 年版，第 4 册，第 3450 页。

② 〔宋〕包拯：《包孝肃奏议集》卷七《民事·第三章：请免江淮两浙折变奏》，文渊阁《四库全书》本。

③ 〔宋〕李心传：《建炎以来系年要录》卷一一九，绍兴八年五月丁未条，中华书局 1988 年版，第 3 册，第 1929 页。

④ 〔宋〕李心传：《建炎以来系年要录》卷一一九，绍兴八年五月丁未条，中华书局 1988 年版，第 3 册，第 1929 页。

⑤ 〔宋〕沈括：《长兴集》卷九，文渊阁《四库全书》本。

⑥ 〔宋〕杨时：《龟山集》卷一八《书三·谢程漕博文》，文渊阁《四库全书》本。

⑦ 〔宋〕苏辙：《栾城集》卷二八《王佺通判荆南》，上海古籍出版社 1987 年版，中册，第 591 页。

⑧ 〔宋〕姜夔《白石道人诗集》卷上《春日书怀》有“武昌十万家”的诗句；又，戴复古《石屏诗集》卷一《鄂州南楼》：“江渚鳞差十万家，淮楚荆湖一都会。”

⑨ 〔宋〕叶适：《叶适集·水心文集》卷九《汉阳军新修学记》，中华书局 1961 年版，第 1 册，第 141 页。

为冲要之地。……市邑雄富，列肆繁错，城外南市亦数里，虽钱塘、建康不能过，隐然一大都会也。①

江苏金坛尧塘西榭村南宋银器窖藏出土的鎏金金花纹高足杯

湖北黄石河口镇凤凰山南宋吕氏墓出土的镂空双鱼纹金帔坠

广州早在北宋时就非常繁华了。与苏轼同时的赵叔盎说："南海（按：即今广州），广东之一都会也。襟带五岭，控制百粤。海舶贾蕃，以珠犀为之货，丛委于地，地大物伙，号称富庶。"②它不仅是岭南地区水果、花卉、棉布、蔗糖、海产品、金属制品等的主要集积地和输出地，也是南宋最为重要的外贸港口，从"南蕃诸国"进口的香药、珍珠、犀角、象牙之类的"宝货"（或名"珍货"）聚集于此。于是，广东等地的水果、花卉、生药、米、布、竹，及海外各国以奢侈品为主的货物，都通过海上运往明州（今浙江宁波），然后再通过浙东运河转运到都城临安销售。如《宋会要辑稿》说："嘉定六年四月七日，两浙转运司言，临安市舶务，有客人于泉、广蕃名下转买已经抽解胡椒、降真香、缩砂、豆蔻、藿香等物，给到泉、广市舶司公行，立定限日，指往临安府市舶务住卖。"③

此外，两宋时期长江流域水利的大规模兴修，农业的商品化和专业化，漕运数量的扩大，采矿业、造船业、冶铸业、纺织业、陶瓷业、造纸业、酿酒业等手工业的迅速发展，海内外贸易的繁荣，都充分反映了中国经济重心的南移④。

从文化发展的角度来看，两宋时期长江流域经济的高度发展，本身就是文化水平的充分体现。经济的繁荣为文化的进一步发展提供了雄厚的物质基础，同时又对文化的发展提出了更高的要求。1894 年，恩格斯明确指出："政治、法律、哲学、宗教、文学、艺术等

① 〔宋〕陆游：《渭南文集》卷四六《入蜀记第四》，载《陆游集》，中华书局 1976 年版，第 5 册，第 2441 页。

② 〔宋〕赵叔盎：《千佛塔记》，载《广东通志》卷五一《风俗志》，文渊阁《四库全书》本。

③ 《宋会要辑稿》职官四四之三四，中华书局 1957 年版，第 4 册，第 3380 页。

④ 张家驹：《两宋经济重心的南移》，湖北人民出版社 1957 年版，第 15—40 页。

的发展是以经济发展为基础的。”①这可谓至理名言。

三、文教事业的昌盛

文化兴盛与否，跟文教事业的发展密切相关。哪个时代或地区的文教事业发达昌盛，那么这个时代或地区的文化也就会得到迅速的发展。两宋时期，长江流域无论是文化传播手段的发展上，还是在文化教育事业上，都远远超过同一时期的黄河流域。

（一）印刷业的发达

印刷业是文化的重要传播手段。从文献记载来看，两宋时期的中国印刷业，主要集中在长江流域的两浙、四川、福建、江西四地以及北宋都城开封。叶梦得说：“今天下印书，以杭州为上，蜀本次之，福建最下。京师比岁印版，殆不减杭州，但纸不佳；蜀与福建多以柔木刻之，取其易成而速售，故不能工；福建本几遍天下，正以其易成故也。”②王国维说：“北宋刊本刊于杭者，殆居泰半”；又说：“自古刊版之盛，未有如吾浙者。”③

北宋时的杭州，与四川成都、汴京（今河南开封）、福建建阳并称为全国四大刻书中心。正是在此背景下，毕昇发明了活字印刷术，成为举世闻名的中国古代四大发明之一。到南宋，首都临安是全国雕版印刷业最发达的地区，出现了许多刻书机构、书肆和个人，官刻和私雕并举，其雕版数量之多、质量之高、印本流传范围之广，在全国首屈一指，远非其他地区可比。王国维在《两浙古刊本考》序中说：“南渡以后，临安为行都，胄监在焉，板书之所萃集。”④据王国维《两浙古刊本考》所载，南宋临安国子监所刻的书，主要有经部书四十种、史部书二十二种、子部书四种、集部书二种，它们是：唐孔颖达撰《周易正义》《尚书正义》《毛诗正义》《周礼正义》《仪礼正义》《礼记正义》《春秋正义》《左传正义》《公羊正义》《谷梁正义》《孝经正义》《论语正义》《周易传》《略例》《尚书传》《毛诗传》《周礼注》《仪礼注》《礼记注》《春秋经传集解》《春秋公羊传集解》《春秋谷梁传集解》《孝经注》《论语集解》《尔雅注》《孟子章句》《史记》《汉书》《后汉书》《三国志》《晋书》《宋书》《南齐书》《梁书》《陈书》《魏书》《北齐书》《后周书》《隋书》《南史》《北史》《新唐书》《五代史记》《淳熙礼部韵略》五卷、《增修互注礼部韵略》五卷、《说文解字》三十卷、《经典释文》三十卷、《尔雅疏》十卷、《国语解》二十一卷、《新唐书艺文志》六卷、《资治通鉴》二百九十四卷（附目录三十卷、

① 恩格斯：《致瓦·博尔吉乌斯》，《马克思恩格斯全集》第39卷，人民出版社1974年版。

② 〔宋〕叶梦得：《石林燕语》卷八，中华书局1984年版，第116页。

③ 〔清末民初〕王国维：《两浙古刊本考序》，谢维扬、房鑫亮主编：《王国维全集》第七卷，浙江教育出版社2009年版，第3—4页。

④ 王国维：《两浙古刊本考序》，谢维扬、房鑫亮主编：《王国维全集》第七卷，浙江教育出版社2009年版，第3页。

考异十卷）、《刑统》三十卷、《刑统申明》一卷、《扬子法言注》十三卷、《冲虚至德真经注》八卷、《孔子家语》十卷、《大观证类本草》三十二卷、《释音》一卷、《白虎通德论》十卷、《昌黎先生集》四十卷（附《外集》一卷、《遗文》一卷）等。此外，皇家内府、德寿宫及左司廊局、修内司、太医局、太史局等中央机关也刻印过不少书。地方官府机构也竞相参与刻书工作。淳熙十三年（1186 年），秘书郎莫叔光上言："国家崇建馆阁，文治最盛，太上皇帝再造区夏，绍兴之初已下借书及分校之令，至十三年诏求遗书，十六年又定献书推赏之格，图籍于是备矣。然至于今又四十年，承平滋久，四方之人益以典籍为重，凡缙绅家世所藏善本，外之监司、郡守搜访得之，往往锓板以为官书……"①浙西转运司、两浙东路茶盐司、临安府等都拥有大量的刊工，并刻印了不少书籍。在官刻的影响下，南宋临安的私宅以及专以营利为目的的私营书坊、书肆、书棚、书籍铺、经籍铺也迅速发展起来。坊刻、私刻之盛居全国首位。临安坊肆刻书铺名可考的，有以下十八家：①临安府棚北大街睦亲坊南陈宅书籍铺；②临安府棚北大街睦亲坊巷口陈解元书籍铺；③临安府洪桥子南河西岸陈宅书籍铺；④临安府挽鼓桥南河西岸陈宅书籍铺；⑤临安府太庙前尹家书籍铺；⑥临安府众安桥南街东开经书铺贾官人宅；⑦临安府修文坊相对王八郎家经铺；⑧钱塘门里车桥南大街郭宅经铺；⑨保佑坊前张官人经史子文籍铺；②⑩行在棚南街前西经坊王念三郎家；⑪杭州沈二郎经坊；⑫杭州猫儿桥河东岸开笺纸马铺钟家；⑬太学前陆家；⑭临安府中瓦南街东开印输经史书籍铺荣六郎家；⑮大河北段油蜡桥（新桥）西桥橘园亭文籍书房；⑯铺塘俞宅书塾；⑰钱塘王叔边宅；⑱临安府金氏。其中，陈解元书籍铺所刊唐人诗集很多，有"诗刊欲遍唐"之称。近代学者王国维推定"今日所传明刊十行十八字本唐人专集、总集，皆出陈宅书籍铺本也"，他还认为"唐人诗集得以流传至今，陈氏刊刻之功为多"③。

除杭州外，绍兴、湖州、衢州、宁波、金华、温州、台州等地的印刷业也很发达，如南宋时，绍兴府"刊书之多，几与临安埒"④。其他因限于篇幅，不一一赘述。

① 〔宋〕佚名：《南宋馆阁续录》卷三《储藏》，载《南宋馆阁录 续录》，中华书局 1998 年版，第 174 页。

② 元刊本《大唐三藏取经诗话》卷三末题"中瓦子张家印"。此"中瓦子张家"，王国维认为"此张家殆即张官人经史子文籍铺"。但杨宽认为宝祐坊在御街东侧，而中瓦子在御街西侧，不能认为一地。中瓦子内当另有专印小说的张家书铺，以配合瓦子中爱听小说的游客的需要。（杨宽《中国古代都城制度史研究》，上海古籍出版社 1993 年版，第 372 页。）

③ 王国维：《两浙古刊本考》卷上，谢维扬、房鑫亮主编：《王国维全集》第七卷，浙江教育出版社 2009 年版，第 35—36 页。

④ 王国维：《两浙古刊本考》序，谢维扬、房鑫亮主编：《王国维全集》第七卷，浙江教育出版社 2009 年版，第 3 页。

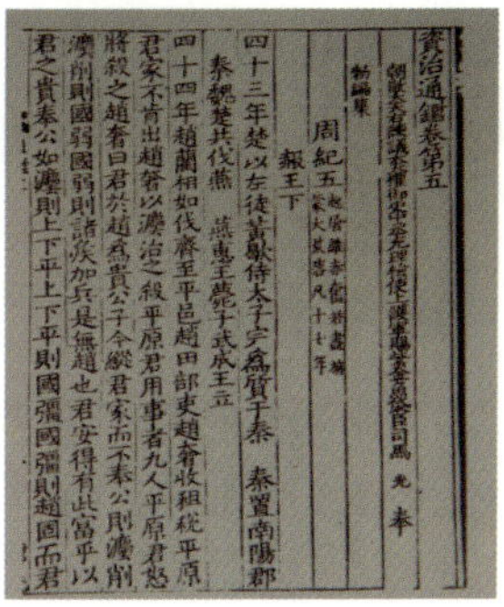

南宋绍兴三年两浙东路公使库刻本《资治通鉴》

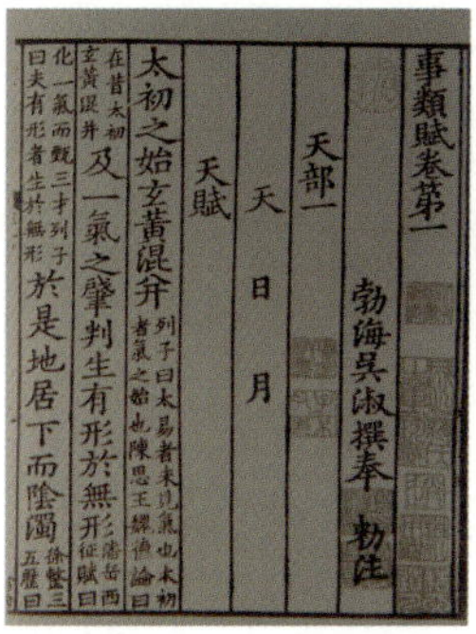

南宋绍兴十六年两浙东路茶盐司刻本《事类赋注》

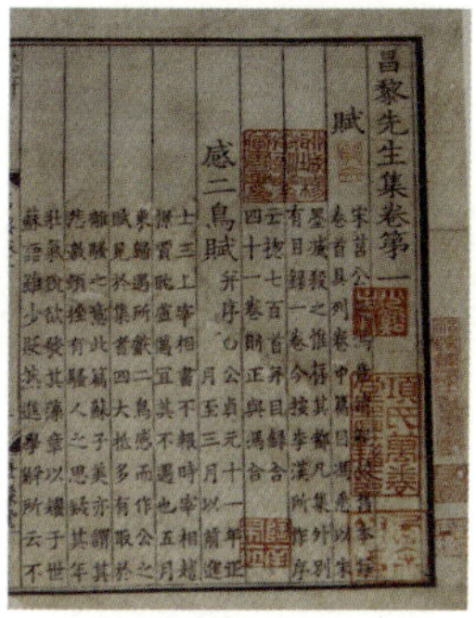

南宋咸淳廖莹中世彩堂刻本《昌黎先生集》①

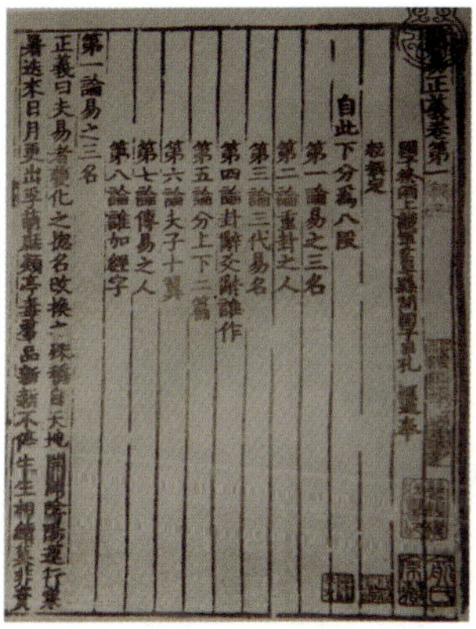

约南宋绍兴十五年国子监刻本《周易正义》

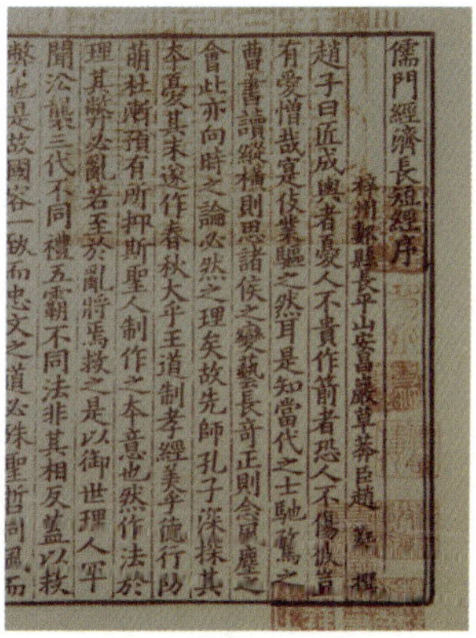

南宋初临安府刻印的《儒门经济长短经》

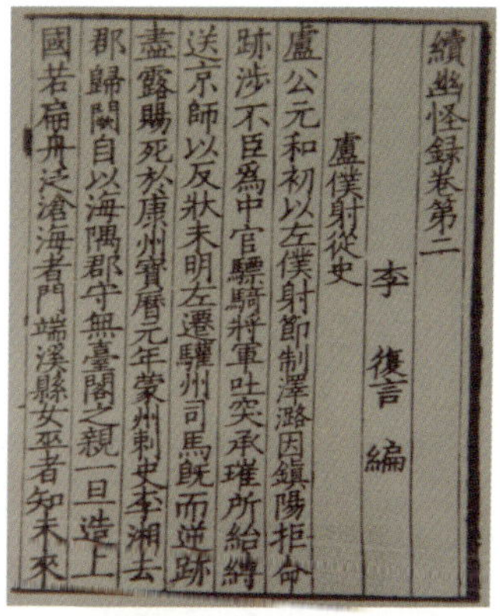

南宋临安府尹家书籍铺刻印本《续幽怪录》

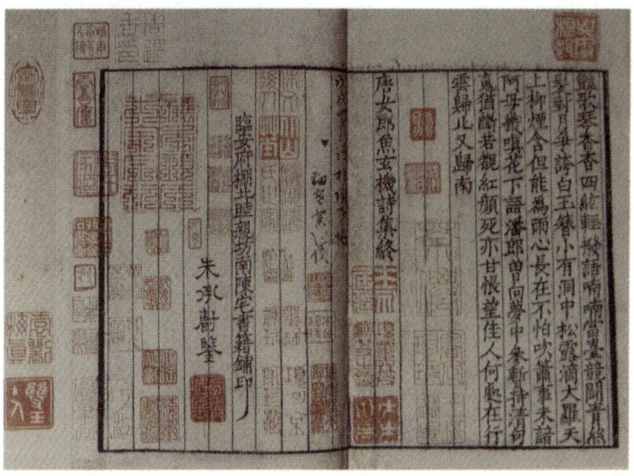

南宋临安府陈宅书籍铺刻印的《唐女郎鱼玄机诗集》

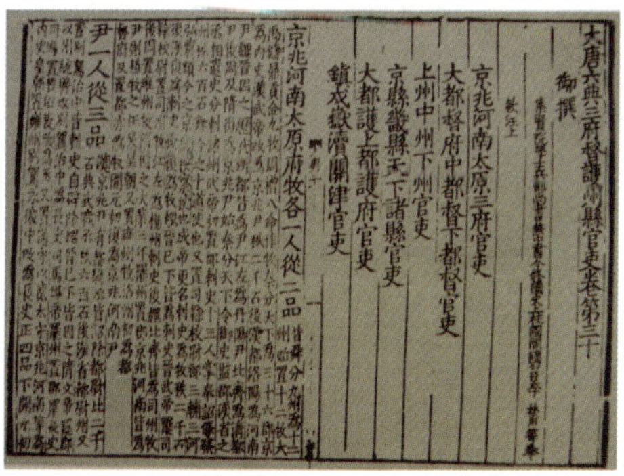

南宋绍兴四年温州州学刻本《大唐六典注》

福建的印刷业非常发达，其刻书地区主要集中在建阳的麻沙镇和崇化坊，世称“建本”。

① 选自国家图书馆编《翰墨流芳——国家图书馆藏精品大展图录》，国家图书馆出版社2014年版。

其中建安县的麻沙镇刻本称为麻沙本。祝穆《方舆胜览》说："麻沙、崇化两坊产书，号为图书之府。"①朱熹《建宁府建阳县学藏书记》云："建阳版本书籍，行四方者无远不至。"②叶德辉《书林清话》盛赞："宋刻书之盛，首推闽中，而闽中尤以建阳为最。"③据张秀明先生《中国印刷史》统计，宋代建阳麻沙、崇化两地刻书作坊达 37 家，其中较为著名的有崇化余文兴的"勤有堂"、余仁仲的"万卷堂"、麻沙刘氏的"三桂堂"、陈氏的"与耕堂"等。麻沙本多为商业化的用书，主要考虑刻印快速、价格低廉、便于销售等，故此讹误较多，不为时人所重。如叶梦得就曾说："麻沙版多用柔木刻成，取其速成速售，雕刻不精。"④

四川的雕版印刷业广布于成都、眉山、什邡、双流、临邛、金堂、泸州、铜梁、潼川、遂宁、绵竹、嘉州、益昌、犍为、忠州、资州、夔州等地，而以成都和眉山最为发达，世称"蜀本"或"川本"。成都地区官刻有两部大型图书，即《宋开宝刊蜀本大藏经》（简称《开宝藏》《蜀藏》）和《太平御览》。《宋开宝刊蜀本大藏经》是我国第一部印行的佛经总集。开宝四年（971 年），宋太祖命张从信到成都监雕《大藏经》，历时 13 年，到宋太宗太平兴国八年（983 年）完工，运至京师陆续印刷。共有 5048 卷，刻板 13 万块。翰林学士李昉等人汇编的大型类书《太平御览》，共 1000 卷。南宋宁宗庆元五年（1199 年），成都府转运判官兼提举学

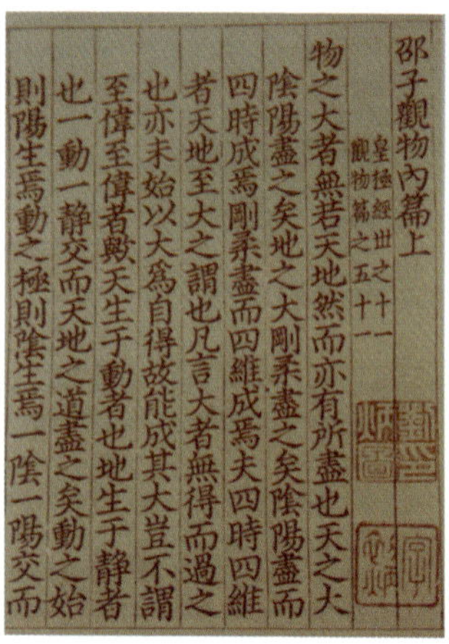
邵子觀物內篇上　皇極經世之五十一 觀物篇之五十一
物之大者無若天地然而亦有所盡也天之大陰陽盡之矣地之大剛柔盡之矣陰陽盡而四時成焉剛柔盡而四維成焉夫四時四維者天地至大之謂也凡言大者無得而過之也亦未始以大爲自得故能成其大豈不謂至偉至偉者歟天生于動者也地生于靜者也一動一靜交而天地之道盡之矣動之始則陽生焉動之極則陰生焉一陰一陽交而

南宋福建漕治刻印本《邵子观物内篇》

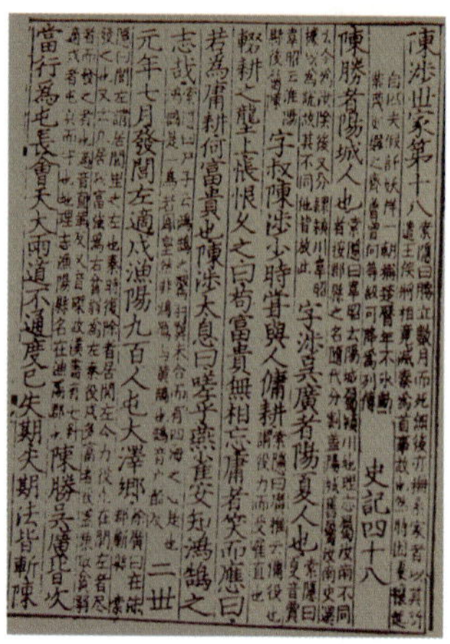
陳涉世家第十八　史記四十八
陳勝者陽城人也字涉吳廣者陽夏人也字叔陳涉少時嘗與人傭耕輟耕之壟上悵恨久之曰苟富貴無相忘傭者笑而應曰若爲傭耕何富貴也陳涉太息曰嗟乎燕雀安知鴻鵠之志哉二世元年七月發閭左適戍漁陽九百人屯大澤鄉陳勝吳廣皆次當行爲屯長會天大雨道不通度已失期失期法皆斬陳

南宋乾道七年建阳蔡梦弼书坊刻印的《史记集解索隐》

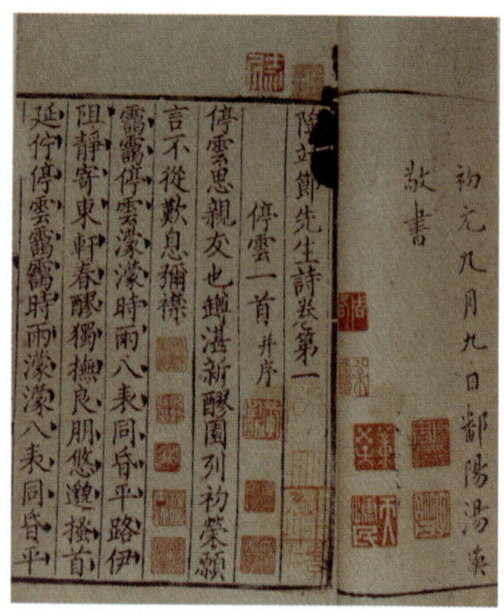
陶靖節先生詩卷第一
停雲一首　并序
停雲思親友也罇湛新醪園列初榮願言不從歎息彌襟
靄靄停雲濛濛時雨八表同昏平路伊阻靜寄東軒春醪獨撫良朋悠邈搔首延佇停雲靄靄時雨濛濛八表同昏平

南宋咸淳年间汤汉出守福州所刻的晋陶潜《陶靖节先生诗》⑤

① 〔宋〕祝穆撰、祝洙增订：《方舆胜览》卷一一《福建路·建宁府》，中华书局 2003 年版，上册，第 181 页。

② 〔宋〕朱熹：《朱熹集》卷七八《建宁府建阳县学藏书记》，四川教育出版社 1996 年版，第 7 册，第 4082 页。

③ 〔清〕叶德辉：《书林清话》卷二，上海古籍出版社 1957 年版，第 143 页。

④ 〔宋〕叶梦得：《石林燕语》卷八，中华书局 1984 年版，第 116 页。

⑤ 选自国家图书馆编《翰墨流芳——国家图书馆藏精品大展图录》，国家图书馆出版社 2014 年版。

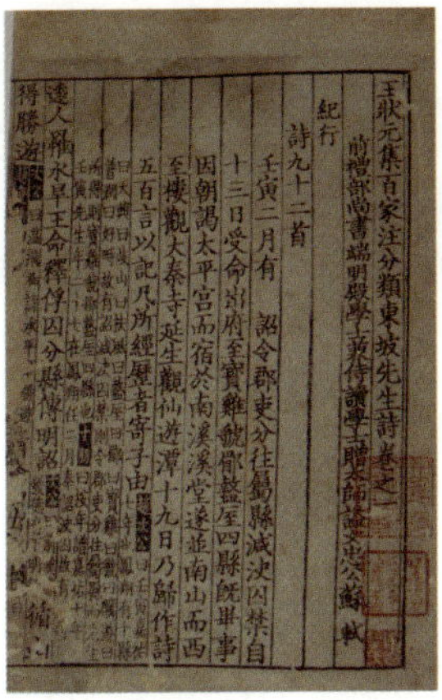

宋建安黄善夫家塾刻本

《王状元集百家注分类东坡先生诗》①

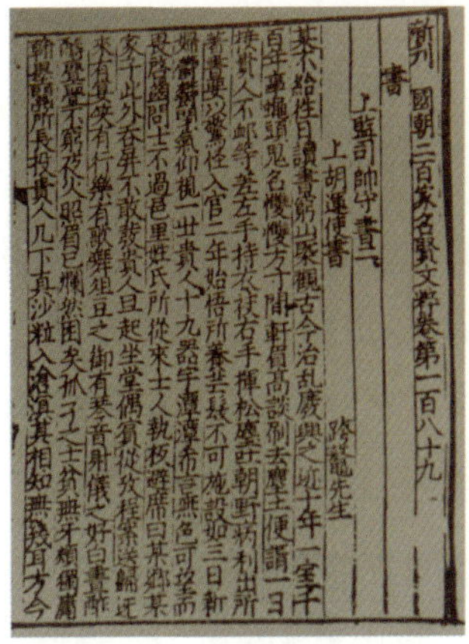

南宋庆元三年眉山书隐斋

刻印本《新刊国朝二百家名贤文粹》

事蒲叔献上奏称蜀中文籍巨细毕备，独缺此书，于是雇工 140 余人，雕版刊行。② 卷帙浩大的《开宝藏》《太平御览》的雕刻，充分反映了成都地区印刷技术的发达。另外，成都还有众多的家宅刻书和书坊刻书，成都辛氏、临邛韩醇、临邛李叔廑、蒲江魏了翁等宅是著名的家刻之所；广都费氏进修堂、广都裴宅、西蜀崔氏书肆等是著名的坊刻之所。

江西的印刷业主要集中在饶州、抚州、吉州、江州等地。

除上述中心地区外，今江苏、安徽、湖北、湖南等地不仅有印刷业分布，而且刻印了不少技术水平很高的书籍。

另外，南方士大夫的私家刻书也蔚成一时风气。如陆游父子、范成大、杨万里、朱熹、张栻等人，为官所至郡府，无不刻书。如吴郡胡元质刊自著《左氏摘奇》于当涂道院；眉山苏诩在筠阳刻其曾祖苏辙《栾城集》；鄱阳洪遵守建康，刻其父洪皓《松漠纪闻》；鄱阳洪适知绍兴府，刊王充《论衡》，又刻唐越守元微之《长庆集》；绍兴陆子遹官建康府溧阳县时，刻印其父陆游《渭南文集》；吉安周必大刻欧阳修《欧阳文忠公集》。

书籍的大量刻印，对文化的发展作用极大。宋人在继承前代的基础上新编了大量蒙学教材。据统计："已知宋代新编的蒙学读物有 110 种以上，不但比以往任何一个朝代的数量都多，也超过了以往历朝历代编写的童蒙读物的总和。"③随之而起的是个人著述明显增多，且付诸印刷，今存南宋文集约 350 多部，大多是镂版印行的。

宋代因为雕版印刷术的盛行，雕版印刷技术的进步，使得图书的刻印更加容易，书籍数量大增，书籍得以普及。特别是一些珍本秘籍的刻印，减少了士人得书的困难，便于文

① 选自国家图书馆编《翰墨流芳——国家图书馆藏精品大展图录》，国家图书馆出版社 2014 年版。

② 蜀刻本《太平御览·蒲叔献序》，文渊阁《四库全书》本。

③ 潘伟娜：《宋代新编童蒙读物初探》，四川大学硕士学位论文，2005 年。

人士大夫阅读利用，有力地推动了宋代长江文化的发展。苏轼《李氏山房藏书记》说：“余犹及见老儒先生，自言其少时，欲求《史记》《汉书》而不可得，幸而得之，皆手自书，日夜诵读，唯恐不及。近岁市人转相摹刻，诸子百家之书，日传万纸，学者之于书，多且易致如此。”①朱熹在《嘉禾（建阳）县学藏书记》中说：“建阳麻沙版本书籍，行四方者，无远不至，而学于县之学者，乃以无书可读为恨。今知县事姚，始鬻书于市，上自六经，下及列传史记子集。”有鉴于此，清代四库馆臣感叹道：“宋以后则一切赏心娱目之具，无不勒有成编，图籍于是始众焉。”②

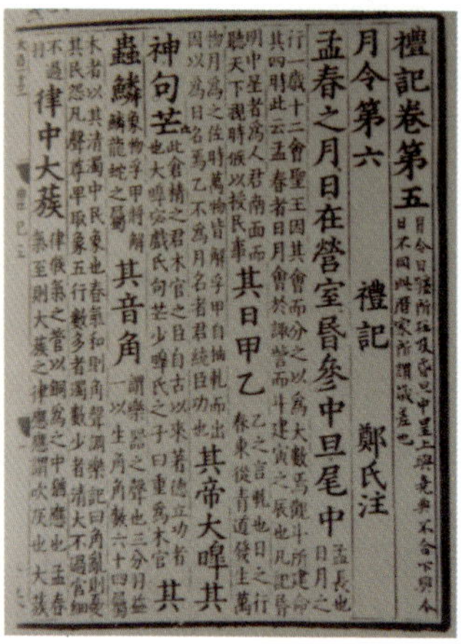

南宋淳熙四年抚州公使库刻本《礼记注》

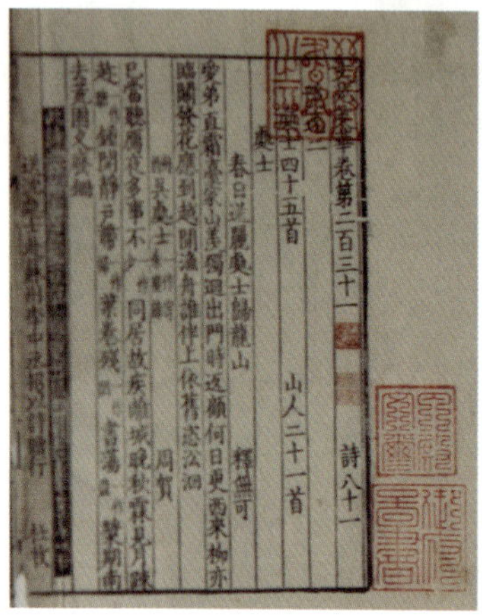

南宋周必大刻本《文苑英华》

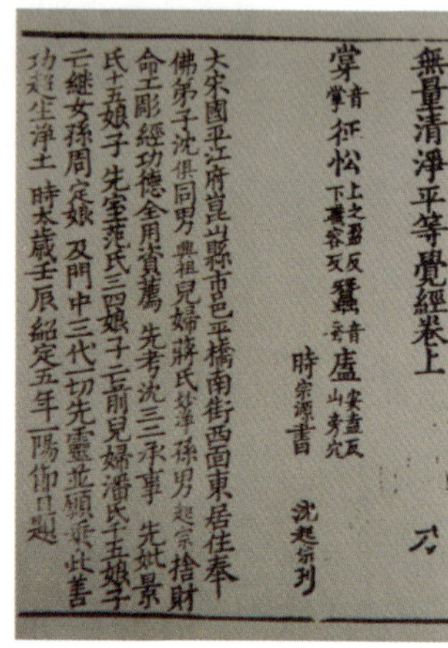

南宋绍定四年吴县碛沙延圣院经坊刻印《碛沙藏》

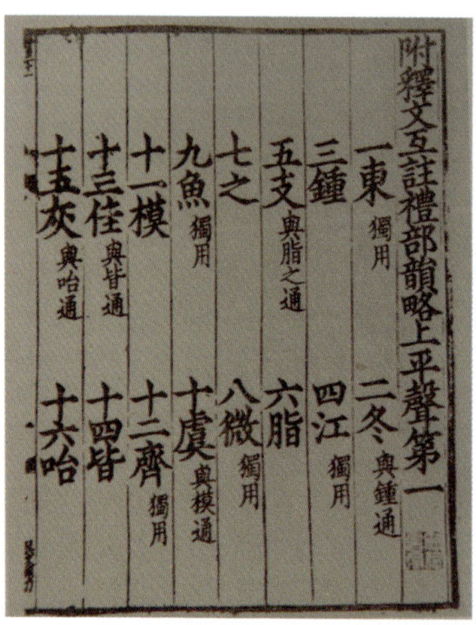

南宋广东漕司刻本《附释文互注礼部韵略》

宋代绘画中的书坊

① 〔宋〕苏轼：《苏轼文集》卷一一《李氏山房藏书记》，中华书局1986年版，第359页。

② 〔清〕纪昀等：《钦定四库全书总目（整理本）》卷一二三《子部三十三·杂家类七》四库馆臣案语，中华书局1997年版，上册，第1638页。

（二）藏书的丰富

藏书是文化发展的催化剂。长江流域的私家藏书远远多于黄河流域。袁同礼先生在《宋代私家藏书概略》一文中说“北宋藏书家多在四川、江西，南宋藏书家多在浙江、福建，此其大略也”①

宋代由于雕版印刷术和文化事业的发达，民间流通的图书种类也大幅度增加，民间藏书活动趋于活跃，加之科举取士风气依然炽盛，文人士大夫广泛搜集图书，以便博览应试。在此背景下，出现了众多的藏书数万卷的大家。周密《齐东野语》中对宋代的藏书情况，特别是南宋知名藏书家做了非常详细的阐述：

> 宋宣和殿、太清楼、龙图阁、御府所储尤盛于前代。今可考者《崇文总目》四十六类三万六百六十九卷，史馆一万五千余卷，余不能具数。南渡以来，复加集录《馆阁书目》，五十二类四万四千四百八十六卷，《续目》一万四千九百余卷，是皆藏于官府耳。若夫士大夫之家所藏，在前世如张华，载书三十车；杜兼聚书万卷；韦述蓄书二万卷；邺侯插架三万卷；金楼子聚书八万卷；唐吴竞西斋一万三千四百余卷。宋室承平时，如南都戚氏，历阳沈氏，庐山李氏，九江陈氏，鄱阳吴氏；王文康、李文正、宋宣献、晁以道、刘庄舆皆号藏书之富。邯郸李淑，五十七类二万三千一百八十余卷；田镐三万卷；昭德晁氏，二万四千五百卷；南都王仲至四万三千余卷，而类书浩博，若《太平御览》之类，复不与焉。次如曾南丰及李氏山房，亦皆一二万卷，然其后靡不厄于兵火者。至若吾乡故家，如石林叶氏、贺氏，皆号藏书之多，至十万卷。其后齐斋倪氏，月河莫氏，竹斋沈氏、程氏、贺氏，皆号藏书之富，各不下数万余卷，亦皆散失无遗。近年惟贞直斋陈氏书最多，盖尝仕于莆，传录夹漈郑氏、方氏、林氏、吴氏，旧书至五万一千一百八十余卷，且仿《读书志》作解题，极其精详，近亦散失。至如秀岩、东窗、凤山三李，高氏，牟氏，皆蜀人，号为史家，所藏僻书尤多。②

姑以南宋绍兴为例，这里就有众多的大藏书家。施宿《嘉泰会稽志》便自豪地说：“越藏书有三家，曰左丞陆氏，尚书石氏，进士诸葛氏。中兴秘府始建，尝于陆氏就传其书，而诸葛氏在绍兴初颇有献焉，可以知其所蓄之富矣。”③著名的有诸葛行仁、陆宰、陆游、石公弼、李光、李孟传、韩肖胄等。诸葛行仁是南宋大藏书家，绍兴五年（1135年）六月，会稽县

① 袁同礼：《宋代私家藏书概略》，《图书馆学季刊》第2卷第2期。

② 〔宋〕周密：《齐东野语》卷一二《书籍之厄》，中华书局1983年版，第216—218页。

③ 〔宋〕沈作宾修，施宿纂：《嘉泰会稽志》卷一六《藏书》，《宋元方志丛刊》本，第7册，第7023页。

布衣诸葛行仁“进所藏书八千五百四十六卷”，因进书得迪功郎。① 而陆家则是藏书世家。陆宰（1088—1148）是宋代知名的学者和藏书家，建有藏书楼“双清堂”，藏书数万卷。他曾说：“本朝藏书之家，独称李邯郸公（淑），宋常山公（敏求），所蓄皆不减三万卷。而宋书校雠尤为精详，不幸两遭回禄之祸，而方策扫地矣。李氏书，属靖康之变，金人犯阙，散亡皆尽。收书之富，独称江浙。继而敌骑南骛，州县悉遭焚劫，异时藏书之家，百不存一。纵有在者，又皆零落不全……予老懒目昏，虽不复读，然嗜书之心，固未衰也。”②绍兴十三年（1143 年），始建秘书省于临安天井巷之东，仍“诏求遗书于天下，首命绍兴府录朝请大夫直秘阁陆宰家所藏书来上，凡万三千卷有奇”③。其子陆游同样是著名藏书家，史载：“陆氏书特全于放翁家，尝宦两川，出峡不载一物，尽买蜀书以归。其编目日益巨。”④陆游筑有“书巢”“老学庵”等藏书场所，自称：“吾室之内，或栖于椟，或陈于前，或枕籍于床，俯仰四顾，无非书者。”⑤“残年唯有读书癖，尽发家藏三万签。”⑥陆游幼子遹亦喜蓄书，至辍衣食，不少吝。⑦ 石公弼“当尚书亡恙时，书无一不有，又尝纂集前代器为图记，亦无一不具。其后颇弗克守，而从子大理正邦哲尽以金求得之，于是为博古堂博古之所，有众矣。其冥搜远取，抑终身不厌者。后复散出，而诸孙提辖文思院继曾稍加访寻，间亦获焉。三家图籍，其二氏尝更废迁，而至今最盛者惟陆氏”⑧。李光（1078—1159），字泰发，号转物居士，越州上虞（今属浙江）人。绍兴八年（1138 年），拜参知政事。家有藏书数万卷，绍兴十七年因时谤，焚毁万余卷。⑨ 其子李孟传亦“性嗜书，至老不厌，藏书万卷，悉置左右，翻阅紬绎，周而复始。每得异书，手自校勘，竟其编，乃止多识典故及前辈出处，中朝旧事，

① 〔宋〕熊克：《中兴小纪》卷二三，福建人民出版社 1985 年版，第 281 页。〔宋〕李心传《建炎以来系年要录》卷九三载：“大理评事诸葛行仁献家藏书籍万有一千五百卷，诏补其家将仕郎一资。行仁辞，乞为父恺升通直郎，仍旧致仕。从之。”中华书局 1988 年版，第 2 册，第 1543 页。

② 〔宋〕陆游：《渭南文集》卷二八《跋京本家语》，载《陆游集》，中华书局 1976 年版，第 5 册，第 2249—2250 页。

③ 〔宋〕施宿：《嘉泰会稽志》卷一六《求遗书》，《宋元方志丛刊》本，第 7 册，第 7023 页。

④ 〔宋〕施宿：《嘉泰会稽志》卷一六《藏书》，《宋元方志丛刊》本，第 7 册，第 7023 页。

⑤ 〔宋〕陆游：《渭南文集》卷一八《书巢记》，载《陆游集》，中华书局 1976 年版，第 5 册，第 2143 页。

⑥ 〔宋〕陆游：《剑南诗稿》卷二四《次韵范参政书怀》，载《陆游集》，中华书局 1976 年版，第 2 册，第 676 页。

⑦ 〔宋〕陆游：《渭南文集》卷二九《跋子聿所藏国史补》，载《陆游集》，中华书局 1976 年版，第 5 册，第 2266 页。

⑧ 〔宋〕施宿：《嘉泰会稽志》卷一六《藏书》，《宋元方志丛刊》本，第 7 册，第 7023—7024 页。

⑨ 〔宋〕李心传《建炎以来系年要录》卷一五六“绍兴十七年十二月纪事”云：“言者论会稽士大夫家藏野史，以谤时政，于是李光家藏书万余卷，其家皆焚之。”王明清《挥麈后录》卷七亦云：“李泰发家旧有万余书，亦以是岁（绍兴十七年）火于秦。”元孔齐《至正直记》卷二载：“予至上虞，闻李庄简公光无书不读，蓄书数万卷。子孙不肖，且粗率鄙俗，不能保守，书散于乡里之豪民家矣。”

历历能道本末，有如目睹”①。又，熊克《中兴小纪》载：“资政殿学士韩肖胄尝帅浙东，既奉祠，则家于越，与弟直秘阁膺胄尤相友爱。先是家藏书甚富，散于南渡，仅存家集。肖胄刻意搜求，迄复其旧。”②

当然，这种藏书情况在长江流域是极为常见的。如：

彭乘，北宋初年成都人，是著名的校书家和刻书家，家“聚书万余卷，皆手自刊校。蜀中所传书，多出于乘”。③

欧阳修，为北宋的大藏书家。他晚年居颍时，曾说：“吾集古录一千卷，藏书一万卷，有琴一张，有棋一局，而常置酒一壶，吾老于其间，是为六一。”自号六一居士，自为传。④

吴与，字可权，福建漳州人。元丰五年（1082 年）进士，官终广南东路提点刑狱。平生历官凡七任，悉以俸余市书，所藏至三万余卷。郑樵称海内藏书者四家，以与所藏本最善⑤。吴与于南宋初在漳浦创建梁山书堂。

叶梦得（1077—1148），字少蕴，自称家藏三万卷，而他人却说：“叶少蕴少年贵盛，平生好收书，逾十万卷，置之霅川弁山山居，建书楼以贮之，极为华焕。”⑥

叶梦得像

南宋著名理学家魏了翁，自谓：“家故有书，某又得秘书之富而传录焉，与寻访于公私所版行者，凡得十万卷。”⑦

江西吉州永丰人董亿（1171—1202），“聚书万卷”，有“别墅在城东，创潜乐书院，时与亲宾尊酒论文”⑧。

湖州归安（今浙江湖州菱湖镇）人倪思（1147—1220），爱藏书，更爱读书，他曾经说过：“松声、涧声、山禽声、夜虫声、鹤声、琴声、棋子落声、雨滴阶声、雪洒窗声、煎茶声、作茶声，皆声之至清者，而读书声为最。闻他人读书声已极其喜，更闻子弟读书声则喜不可

① 〔宋〕张淏：《宝庆会稽续志》卷五《人物》，《宋元方志丛刊》本，第 7 册，第 7149 页。

② 〔宋〕熊克：《中兴小纪》卷三四，福建人民出版社 1985 年版，第 414 页。

③ 《宋史》卷二九八《彭乘传》，中华书局 1977 年版，第 28 册，第 9900 页。

④ 〔宋〕苏辙：《栾城集·后集》卷二三《欧阳文忠公神道碑》，上海古籍出版社 1987 年版，下册，第 1432 页。

⑤ 〔清〕康熙《漳浦县志》卷一五；〔清〕陆心源：《宋史翼》卷一九《吴与传》，中华书局 1991 年版，第 203 页。

⑥ 〔宋〕王明清：《挥麈录·后录》卷七，上海书店出版社 2001 年版，第 137 页。

⑦ 〔宋〕魏了翁：《鹤山大全集》卷四一《书鹤山书院始末》，《四部丛刊》初编本。

⑧ 〔宋〕周必大：《平园续稿》卷三五《董君（亿）墓志铭》，《宋庐陵四忠集》丛书本。

胜言矣。”[①]又说：“天下之事利害常相半，有全利而无少害者，惟观书乎？不问贵贱，不问贫富，不问老少，观书一卷，则有一卷之益；观书一日，则有一日之益，以之治天下，以之齐家，以之修身，大而为名，小而为利，无不得所欲，故曰有全利无少害也。”[②]其家即建有藏书楼，“极有野趣”[③]。

宋末周密也是一个藏书世家和大家，他说：“吾家三世积累，先君子尤酷嗜，至鬻负郭之田以供笔札之用。冥搜极讨，不惮劳费，凡有书四万二十余卷，及三代以来金石之刻一千五百余种，庋置书种、志雅二堂，日事校雠，居然籯金之富。”[④]

除私人藏书外，长江流域的众多书院、学校和寺院也或多或少收藏图书。有的甚至藏书数量非常巨大，出现了不少藏书数千卷甚至超过万卷的书院。如：魏了翁鹤山书院藏书达到十万卷，其“规模之宏富，实为宋代各书院之首”[⑤]。成都府学经史阁，藏有数量丰富的图书，据载“经史阁之成，基势崇大，栋宇雄奥，下视众屋，匪隘即陋，聚书万卷，宝藏其间”。[⑥] 东阳（今属浙江）南园书院藏书达到三万卷，贵溪石林书院储书数万卷，福建漳浦梁山书堂藏书二万卷[⑦]。地方学校中设置藏书楼更是一种比较常见的现象。刘爚（1144—1216）说江南西路铅山县修缮县学，“首辟肄业诸斋，更棂星门，缮藏书楼。”[⑧]

“藏书者，诵读之资，而学问之本也。”[⑨]“其有裨于时代文化，乡邦征献，士夫学者之博古笃学者至大且巨。”[⑩]无疑，宋代长江文化的繁荣与该地区藏书风气的盛行密切相关。

（三）教育

1. 学校

宋代官学比较完备。与宋以前的任何朝代相比较，宋代中央和地方官学设学数量多，范围广，校舍建筑规模齐备，藏书楼兴建普遍，学生人数增加，教师管理制度初步建立，还建立了管理地方官学的专门行政机构。宋代州县学教育的发展，使得平民子弟接

---

① 〔宋〕倪思：《经鉏堂杂志》卷二《声》，岳麓书社2005年版，第65页。

② 〔宋〕倪思：《经鉏堂杂志》卷四《书》，岳麓书社2005年版，第97页。

③ 〔宋〕周密：《癸辛杂识》前集《吴兴园圃·倪氏玉湖园》，中华书局1988年版，第11—12页。

④ 〔宋〕周密：《齐东野语》卷一二《书籍之厄》，中华书局1983年版，第218页。

⑤ 陈谷嘉、邓洪波主编：《中国书院制度研究》，浙江教育出版社1997年版，第130页；王河：《两宋书院藏书考略》，《江西社会科学》1998年第8期。

⑥ 〔宋〕吕陶：《净德集》卷一四《府学经史阁落成记》，文渊阁《四库全书》本。

⑦ 有关以上书院藏书，详见方建新著《南宋藏书史》第六章第三节《南宋重要书院藏书举要》，人民出版社2012年版。

⑧ 〔宋〕刘爚：《云庄集》卷四《铅山县修学记》，文渊阁《四库全书》本。

⑨ 张金吾：《爱日精庐藏书志自序》，见李希泌、张椒华编《中国古代藏书与近代图书馆史料（春秋至五四前后）》，中华书局1982年版，第54页。

⑩ 吴晗：《两浙藏书家史略》序言，《江浙藏书家史略》，中华书局1981年版，第1—2页。

受教育的机会大为增加，进而呈现出了教育日渐普及的趋向。

在中央，北宋官办学校有所谓的“三学”，即国子学、太学、四门学；南宋时的“三学”，则是指太学、武学和宗学。中央官学除太学以外，在国子监和其他部门监管下还有一些专科性质的学校，如律学、医学、武学、算学、书学、画家等等。

在地方上也形成了一个周全的教育系统。北宋仁宗庆历四年（1044 年），诏令全国立州县均立学，“诏天下皆立学，置学官之员，然后海隅徼塞四方万里之外，莫不皆有学，呜呼盛矣”。“天下之学，始克大立。”①此后又经过熙宁四年（1071 年）、崇宁元年（1102 年）几次大规模兴学运动，州县各类学校遍布天下。据统计，大观三年（1109 年），北宋 24 路共有学生 167622 人，校舍 95298 楹；经费年收入钱 305872 贯，支出 267878 贯；粮食年收入 640291 斛，支出 337944 斛；校产中有“学田”115990 顷，“房廊”155454 楹。② 在校学生之多、校舍之广、经费之大且如此充裕，不仅是空前的，在宋代也是绝后的。

从南北方的教育情况来看，长江流域占有绝对优势。以官学为例，宋代江苏、安徽东南部及附近地区设学 81 所，江西 76 所，浙江 74 所；而中原的河南仅设学 33 所③。如成都府学在全国州县学校中最为兴盛，李心传就说：“郡国之学，最盛于成都。学官二人，皆朝廷遴选，弟子员至四百人，他学者亦数百人。”④仁宗庆历时期（1041—1048），时知益州的枢密直学士蒋堂秉承朝廷兴学的意旨，一方面扩充成都府学的校舍，一方面“选属官以教诸生”⑤，结果“士人翕然称之”，求学的生徒纷至沓来。时人吴师孟记载：

> 蒋公之治蜀也，承刑政之敝，民孱而脆，殆不胜其严，故先德后刑，专以移风易俗为意。下车之始，兴修学校，听政余闲，日与生员讲肄道艺，躬亲课式，考核等第；延耆儒硕生，开谕为学之要，宜先经术，霁威严，忘位貌，若父兄之训子弟，如朋侪之相博约，诸路后进士慕义沓至，常有五六百员。是年乡举第进士者，数倍于前；由敦遣诣太学策名者，亦复如是。曾未期月，风俗丕变，细民迁善而远

① 〔宋〕欧阳修：《居士集》卷三九《吉州学记》，李之亮：《欧阳修集编年笺注》，巴蜀书社 2007 年版，第 3 册，第 82—83 页。

② 〔宋〕葛胜仲：《丹阳集》卷一《乞以学书上御府并藏辟雝札子》，文渊阁《四库全书》本。据美国学者贾志扬（John W. Chaffee）的统计，宋代政府掌管的地方州学前后有 234 所，县学 516 所。但这个数字一定是不完备的，实际的学校数量远大于贾氏的这个统计数字。参见贾志扬著：《宋代科举》，东大图书公司 1995 年版，第 202—203 页。

③ 黄书光：《宋代地方官学考析》，《华东师范大学学报（教育科学版）》1986 年第 4 期。

④ 〔宋〕李心传：《建炎以来朝野杂记》甲集卷一三《蜀学》，中华书局 2000 年版，第 280 页。

⑤ 〔宋〕吴曾：《能改斋漫录》卷一二《蒋希鲁建西学宋宏肖其像于文翁祠》，中华书局 1979 年版，第 369 页；《宋史》卷二九八《蒋堂传》，中华书局 1977 年版，第 28 册，第 9913 页。

罪，偷儿衰熄而遁去，治行高第，转而上闻。[①]

到南宋绍兴二十九年（1159 年）李石到成都任府学教授后，整顿学风，严明制度，“左右生至千二百员”，“就学者如云，闽越之士万里而来，刻石题诸生名几千人”，促成“蜀学之盛，古今鲜俪”的空前盛况。[②] 明州（今浙江宁波）“山川之胜，雄杰茂异，所以人材英拔，比他郡为甲，至于后进缝掖，往往冰玉秀整，廉利好学。盖自祖宗以来，名公硕儒，文词为诸儒倡者，缙绅至今诵之。郡旧有学，制度甚伟，建炎之祸，鞠为茂草，而先圣之殿仅存，扶持倾欹，不庇风雨，荒榛断址，使人怆然怀旧而悲焉。”[③]而明州州学开讲时，“环堂而听者以千计”[④]。“吴兴学著于天下，当其盛时，学者不可胜录。”[⑤]其中胡瑗贡献极多，欧阳修就曾指出：“自明道、景祐以来，学者有师，惟先生暨泰山孙明复（孙复）、石守道（石介）三人，而先生之徒最盛。其在湖州之学，弟子去来常数百人，各以其经转相传授。其教学之法最备，行之数年，东南之士莫不以仁义礼乐为学。”[⑥]“吴郡州学，始由高平范公经缉之……故教之有方，导之有原，乃本庠序之风，师儒之说，始于邦，达于乡，至于室，莫不有学”[⑦]。这种教育事业的普及和发达，遂蔚成了两宋时期长江文化繁荣的绚丽气象。

南宋都城临安是全国的教育中心。吴自牧《梦粱录》卷一五《学校》载：“高宗自南渡以来，复建太、武、宗三学士杭都。太学在纪家桥东，以岳鄂王第为之，规模宏阔，舍宇壮丽，学之西偏建大成殿，殿门外立二十四戟，大成殿以奉至圣文宣王，十哲配享，两庑彩画七十二贤，前朝贤士公卿诸像皆从祀，每岁春秋二丁，行释奠礼，命太常乐工数人用官架乐歌《宣圣御赞》，赞曰：‘大哉宣圣，斯文在兹。帝王之式，古今之师。志则《春秋》，道由忠恕。贤于尧舜，日月共誉。惟时载雍，戢此武功。肃昭盛仪，海宇聿崇。’置学官，自祭酒、司业、丞、簿、正、录等共十四五员。学有崇化堂、首善阁、光尧石经之阁，奉高、孝二帝宸书御制札，石刻于阁下，以墨本置于上堂之后。”其中，至度宗咸淳年间（1265—1274），太学生人数已达 1716 人。[⑧]

---

① 〔宋〕吴师孟：《清阴馆记》，载〔宋〕扈仲荣等辑：《成都文类》卷二六，《成都旧志》第 3 册，成都时代出版社 2007 年版，第 302—303 页。

② 〔宋〕李石：《方舟集》卷一〇《自叙》，文渊阁《四库全书》本。

③ 〔宋〕李璜：《重建州学记》，（元）袁桷等：《延祐四明志》卷一三《学校考上》，《宋元方志丛刊》，中华书局 1990 年版，第 6297 页。

④ 〔宋〕梅应发：《开庆四明续志》卷一《讲义》，《宋元方志丛刊》，中华书局 1990 年版，第 6 册，第 5936 页。

⑤ 〔宋〕顾临：《湖学田记》，见《宋文鉴》卷八三，中华书局 1992 年版，中册，第 1184—1185 页。

⑥ 〔宋〕欧阳修：《居士集》卷二五《胡先生墓表》，李之亮：《欧阳修集编年笺注》，巴蜀书社 2007 年版，第 2 册，第 341 页。

⑦ 〔宋〕张伯玉：《吴郡州学六经阁记》，见《宋文鉴》卷七九，中华书局 1992 年版，中册，第 1144 页。

⑧ 张其昀：《南宋杭州之国立大学》，载《国风月刊》，第 8 卷第 9、10 期合刊，1946 年 10 月。

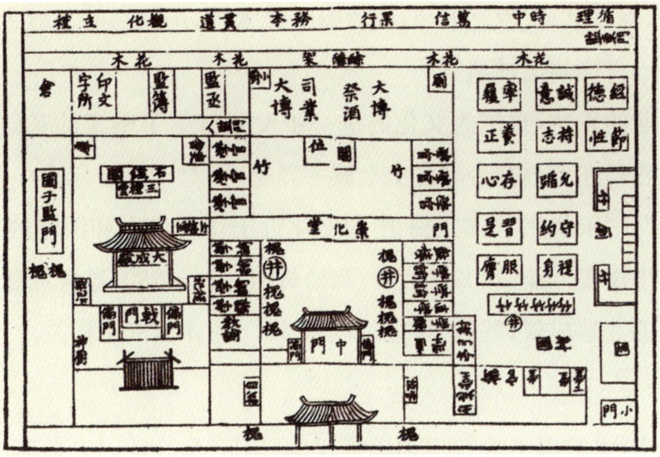

南宋太学平面布局图①

除官学外，民间教育也非常的发达。江州义门陈氏建家塾，“聚书延四方学者，伏腊皆资焉，江南名士皆肄业于其家”②。南宋都城临安内外，“自有文武两学，宗学、京学、县学之外，其余乡校、家塾、舍馆、书会，每一里巷须一二所，弦诵之声，往往相闻。遇大比之岁，间有登第补中舍选者”③。绍兴的市镇同样为周边乡村民间教育的中心。陆游在诗中对当地活跃的民间教育情况有不少生动的描述，如其《野步至近村》云：“耳目康宁手足轻，村墟草市遍经行。《孝经》章里观初学，麦饭香中喜太平。”④反映出当地草市已普遍设有小学。又其《秋日郊居》云：“儿童冬学闹比邻，据案愚儒却自珍。授罢村书闭门睡，终年不着面看人。”并解释说：“农家十月乃遣子入学，谓之冬学。所读《杂字》《百家姓》之类，谓之村书。”⑤冬学是农闲时节开展的教育活动，适应了农村生产的特点。此外，一些寺院道观也有办学的现象，如绍兴城内的戒珠寺，“为士子肄业之地，常十余人”⑥。即使是穷乡僻壤，同样有办有私学。陆游入蜀，过夔州，见“竹树郁然，民居相望，亦有村夫子聚徒教授。群童见船过，皆挟书出观，亦有诵书不辍者”⑦。从上述陆游所写的诗句中的描写，可以看出当时这类教育的普及性。不仅如此，当时还比较讲究教育方法，叶梦得在《避暑录话》中曾有过这样的描述：“饶州自元丰末年朱天锡以神童得官，俚俗幕之。小儿

① 原刊黄现璠《宋代太学生救国运动》，上海商务印书馆1936年初版。

② 〔宋〕文莹：《湘山野录》，中华书局1984年版，第16页。

③ 〔宋〕灌园耐得翁：《都城纪胜·三教外地》，载《南宋古迹考（外四种）》，浙江人民出版社1983年版，第93页。

④ 〔宋〕陆游：《剑南诗稿》卷五七，载《陆游集》，中华书局1976年版，第3册，第1385页。

⑤ 〔宋〕陆游：《剑南诗稿》卷二五，载《陆游集》，中华书局1976年版，第2册，第691页。

⑥ 〔宋〕施宿：《嘉泰会稽志》卷七《宫观寺院》，《宋元方志丛刊》本，第6827页。

⑦ 〔宋〕陆游：《渭南文集》卷四七《入蜀记第五》，载《陆游集》，中华书局1976年版，第5册，第2450页。

粗能念书，自五六岁，即以次教之五经，以竹篮坐之木杪，绝其视听。教者预为价，终一经赏钱若干。流俗因言饶州出神童。”

南方教育事业的发达，自然为文化的进一步发展打下了坚实的基础。刘子健言：宋代的地方学校教育，“在世界社会教育史上放一异彩，而对于近千年来中国文化的渗透平民阶层贡献最大”。“宋代兴学，奠定了中国文化近千年来广大和深厚的基础”①，乃不刊之论。南宋能够出现秦九韶（1202—1261）和杨辉（1220—1280）这样的数学天才，确立起当时在世界领先的数学成就，就与当时都城临安设立的算学密切相关。

2. 书院

在宋代教育中，书院以追求知识和以道义为己任，承担复兴先秦儒学道德理想的重任，与以科举仕进为终极目的的官学教育并行发展，两者形成了双轨的教育体制。如杨简说：“今长沙之岳麓，衡阳之石鼓，武夷之精舍，星渚之白鹿，群居丽泽，服膺古训，以佐学校之不及。”②朱熹声称：“今书院之立，盖所以究宣祖宗兴化劝学之遗泽，其意亦深远矣。学于是者，诚能考于当时之学以立其基，而用力于程张之所议者以会其极，则齐变而鲁，鲁变而道矣。”③胡宏曰：“寻绎五典之精微，决绝三乘之流遁。穷理既资于讲习，辅仁式籍于友朋。”④袁甫曰：“世降俗敝，学失师传。梏章句者自谓质实，溺空虚者自诡高明，二者交病而道愈晦。书院之建，为明道也。”⑤马端临说：“（宋初）是时未有州县之学，先有乡党之学。盖州县之学，有司奉诏旨所建也，故或作或辍，不免具文；乡党之学，贤士大夫留意斯文所建也，故前规后随，皆务兴起，后来所至书院尤多，而其田土之锡，教养之规，往往过于州县学。”⑥正是通过这种对知识与道德的执着追求，“庶几伊、洛之业可振于无穷，洙、泗之风一回于万古”⑦。有鉴于此，有学者感叹道：“尊崇道统，表章正传，学校之外，书院几遍天下，何其盛哉！”⑧

宋代南方的书院（私学）教育非常兴盛，据学者统计，在宋代203所书院中，长江流域

① 〔美〕刘子健（James T. C. Liu）：《略论宋代地方官学和私学的消长》，载编译馆：《宋史研究集》第4辑，第189、201页。

② 〔宋〕杨简：《慈湖遗书》卷二《东湖书院记》，文渊阁《四库全书》本。

③ 〔宋〕朱熹：《朱熹集》卷三四《与东莱论白鹿书院记》，四川教育出版社1996年版，第8册，第1499页。

④ 〔宋〕胡宏：《胡宏集》杂文《碧泉书院上梁文》，中华书局1987年版，第201页。

⑤ 〔宋〕袁甫：《蒙斋集》卷一三《象山书院记》，文渊阁《四库全书》本。

⑥ 〔元〕马端临：《文献通考》卷四六《学校考七·郡国乡党之学》，中华书局1986年影印本，上册，第431页。

⑦ 〔宋〕胡宏：《胡宏集》杂文《碧泉书院上梁文》，中华书局1987年版，第202页。

⑧ 陈谷嘉、邓洪波编：《中国书院史资料》，浙江人民出版社1998年版，第230页。

占74%强，珠江流域占21%强，黄河流域只占3.5%。从各省来说，江西最多，为80所；浙江次之，为34所；湖南又次之，为24所①。肖东发《中国书院藏书》谓："总计宋代书院共有397所，其中北宋约占22%，南宋约占78%。"②长江流域产生了一大批对当代及后世有重大影响的书院。对此，《续文献通考》有一总结性的论述：

宋自白鹿、石鼓、应天、岳麓四书院后，日增月益，书院之建，所在有之。宁宗开禧中，则衡山有南岳书院，掌教有官，育士有田，略仿四书院之制。嘉定中，则涪州有北岩书院。至理宗时尤伙，其得请于朝，或赐额，或赐御书，及间有设官者。应天有明道书院，苏州有鹤山书院，丹阳有丹阳书院，太平有天门书院，徽州有紫阳书院，建阳有考亭书院、庐峰书院，崇安有武夷书院，金华有丽泽书院，宁波有甬东书院，衢州有柯山书院，绍兴有稽山书院，黄州有河东书院，丹徒、道州有濂溪书院，兴化有涵江书院，桂林有宣成书院、全州有清湘书院。度宗朝，则淳安有石峡书院，衢州有清献书院，其他名贤戾止士大夫讲学之所，自为建置者不与焉。③

就以《续文献通考》所载二十所最著名的重要书院为例，主要分布在今湖南、江西、浙江、江苏、安徽地区。宋初四大书院之一的庐山白鹿洞书院，学徒众多。太平兴国二年(977年)，"知江州周述言庐山白鹿洞学徒常数(千)[十]百人，乞赐《九经》，使之肄习。诏国子监给本仍传送之"。朱熹在知南康军任上，还为白鹿洞书院规划创建藏书阁，只是由于不久后被任命为提举江南西路常平茶盐公事，离开南康军，其规划未能实施。但受朱熹的影响，当地的地方官与白鹿洞书院历任山长对书院藏书十分重视。在朱熹离开南康军多年后，当地学官李琪终于在白鹿洞书院建造了藏书阁云章阁。近半个世纪后，宝庆二年(1226年)，又在知军王拭支持下，由学官丁燧对云章阁进行了增修扩大。④ 建康府明道书院，是为纪念著名学者程颢生前担任过江宁府属上元县主簿而建，在建康府治建康(今江苏南京市)府学旁。《景定建康志》载云：

(明道)书院所由建也，先是，淳熙初忠肃刘公珙祠程子于学宫，朱文公(熹)为之记。绍熙间，主簿赵君师秀来居其官，即听事西偏绘像祠之。嘉定乙亥，主簿危君和复请于太守刘公榘，乃于簿廨之东，得钤辖旧廨之地改筑新祠，部使者

① 曹松叶：《宋元明清书院概况》，见《中山大学语言历史研究所周刊》第10辑。对于宋代书院的数量，学术界统计多有分歧，白新良统计为513所(《中国古代书院发展史》天津大学出版社1995年版，第4页、第7页)；邓洪波统计为711所(《中国书院制度研究》，浙江教育出版社1997年版，第335页。

② 肖东发：《中国书院藏书》，贵州人民出版社2009年版，第4页。

③ 〔明〕王圻：《续文献通考》卷五〇《学校考》，文渊阁《四库全书》本。

④ 〔宋〕曹彦约：《昌谷集》卷一五《白鹿书院重建书阁记》，文渊阁《四库全书》本。

西山真公（德秀）捐金三十万、粟二千斛以助之。未几李公珏来继，刘公咸相其役，前护重门，中俨祠像，扁其堂曰“春风”。……既成，率郡博士及诸生行舍菜礼。自是春秋中丁率为彝典，置堂长及职事员，延致好修之士。西山尝记其事，刻诸石崇重。未几，忽就隳废，堂宇虽存，讲肄阙如，遂为军储宾寓之所。淳祐己酉二月，天大雷电，书阁忽灾，退庵吴公因更创之。阁视旧益伟，下为春风堂，聘名儒以为长，招志士以共学，广斋序增廪，稍仿白鹿洞规以程讲课，士趋者众。圣天子闻而嘉之，亲洒“明道书院”四大字赐为额，与四书院等。①

北宋南京应天府的睢阳书院，是宋初四大书院中藏书最多的书院，全靠府民曹诚出家财建造，亦才“聚书千五百余卷”②。而广信府（治今江西梧州）怀玉书院是在唐代大历中僧志所创法海寺基础上建立的，北宋时学士杨亿精舍亦在山麓，南宋时朱熹与陆九渊、汪应辰等著名学者曾讲学此山，于是“有司及门人拓而大之，置田以供四方来学者，自是怀玉之名与四大书院相等”③。婺州东阳县（今属浙江）石洞书院，为邑人郭钦止于绍兴十八年（1148 年）所建。据叶适《石洞书院记》载，郭氏为“使子孙勤而学于斯，学其可以专，盍使乡里之秀并焉”。于是在环境十分优美的石洞景区，“度为书院，礼名士主其学，徙家之藏书以实之。储洞之田为书院之食，而斥洞之山为书院之山”④。叶梦得在抚州贵溪县创建石林书院。曾留远《石林书院记》谓：叶梦得奉祠后，“即依山林，即闲旷以讲授为业，遂构石林书院攀桂楼于东边藏修焉。其规划大略视昔之岳麓、嵩阳，今之紫阳、槐堂之制，缭以周垣，荫以嘉树，聚古今图书数万卷”⑤。而由提举江南西路常平茶盐事冯侯去疾在淳祐九年（1249 年）创建的抚州临汝书院，“位置分画，率仿太学，故其屋室规制，非他书院比，左个之左竖危楼，贮诸经及群书于其间，扁曰‘尊经阁’。”⑥明州（庆元府）鄞县学者应伯震（1217—1291），字长卿，号花厓，世居鄞通远之蜜岩。“少依外家杜氏学，长从西轩黄先生受诗，深得本旨”⑦。他建花厓书院，藏书五千卷，延良师教子侄。⑧ 广西桂林府宣城书院，景定三年（1262 年）由朱禩孙经略两广时所建，朱禩孙“筑台立祠，藏奎有阁，讲书

① 〔宋〕马光祖修、周应合纂：《景定建康志》卷二九《儒学志二》，《宋元方志丛刊》本，中华书局 1990 年版，第 1811 页。

② 〔清〕徐松辑：《宋会要辑稿》崇儒二之二，中华书局 1957 年版，第 3 册，第 2188 页。

③ 〔清〕雍正《江西通志》卷二二《书院二》，文渊阁《四库全书》本。

④ 〔宋〕叶适：《叶适集·水心文集》卷九《石洞书院记》，中华书局 1961 年版，第 1 册，第 155 页。

⑤ 〔清〕杨长杰等修、黄联珏等纂：《贵溪县志·书院》，清同治十一年（1872）刻本。

⑥ 〔元〕吴澄：《吴文正集》卷三七《临汝书院重修尊经阁记》，文渊阁《四库全书》本。

⑦ 〔元〕陈著：《本堂集》卷九一《应长卿墓志铭》，文渊阁《四库全书》本。

⑧ 〔元〕陈著：《本堂集》卷九一《应长卿墓志铭》，文渊阁《四库全书》本。

有堂，肄业有斋，设山长职事弟子员。帅漕两司，拨田租钱盐数各有差”①。

宋代书院为理学学术培育与生长的基地，两者之间形成了一种不可分割的内在联系。如南宋理学金华学派、湖湘学派、闽学学派、心学学派这四大学派均以书院为基地拓展自己的学术感召力，书院和理学均获得了蓬勃的发展。② 如以吕祖谦所代表的“金华学派”这一以地望为纽带联结的名儒集团，便是依托书院教育逐渐凝聚起来的。乾道年间，吕祖谦居武义明招山主持丽泽书院时，四方士人争相前来求学。以“婺学”名世的金华学派，除吕氏家族子弟吕祖俭、吕祖泰、吕延年、吕乔年等人外，较知名的还有叶驰、葛洪、乔行简、时澜、巩丰等，均为一时的人杰。开启湖湘学派的胡安国、胡宏父子，则在湖南湘潭创立碧泉书院，“远邦朋至，近地风从。袭稷下以纷芳，继杏坛而跄济”③。又在衡山创文定书堂。张栻问学胡宏于衡山，史称受“衡麓之教”，后又主岳麓书院教事，兼教潭州（长沙）妙高峰之城南书院，从而逐步形成并确立了具有自己学术特点的湖湘学派。理学主流的闽学也与书院教育密切相关，清代学者江藩就曾说：“夫道学始于濂溪而成于洛闽，自龟山（杨时）辟书院以讲学，于是白鹿、鹅湖相继而起。”④朱熹在福建武夷山中创建寒泉精舍和竹林精舍，又在淳熙六年（1179 年）知江西南康军期间复建白鹿洞书院，授徒讲学于其间。其门人李燔继“为白鹿书院堂长，学者云集。讲学之盛，他郡无与比”⑤。心学学派创始人陆九渊在家乡江西金溪建槐堂书屋，在贵溪筑象山精舍。“学者辐辏佥盛，虽乡曲长老亦俯首听诲……听者贵贱老少，溢塞涂巷，从游之盛，未见有此。”⑥

四、私人讲学风气的流行

宋代私人讲学风气极为盛行，这在长江流域尤其突出。治蜀名臣张咏第二次知益州时（1003—1006），通过门人李畋的引荐，以“善讲习”的刘式充任州学教授，“诸生受业者五十余人”；张咏还经常于政事之暇，“就学置酒，以劝劳之，自是蜀人不以千里为远，来学者甚众”⑦。嘉祐八年（1063 年）来知成都府的端明殿学士韩绛，在原来蒋堂所建西学的

① 〔宋末元初〕臧梦解：《重修宣成书院记》，清初汪森辑：《粤西文载》卷二九，文渊阁《四库全书》本。
② 范立舟：《南宋全史》第 7 册，上海古籍出版社 2016 年版，第 24—25 页。
③ 〔宋〕胡宏：《胡宏集》杂文《碧泉书院上梁文》，中华书局 1987 年版，第 202 页。
④ 〔清〕江藩：《国朝宋学渊源记》卷下，中华书局 1983 年版，第 180 页。
⑤ 〔元〕脱脱：《宋史》卷四三〇《李燔传》，中华书局 1977 年版，第 36 册，第 12783 页。
⑥ 〔宋〕杨简：《象山先生行状》，〔宋〕陆九渊：《陆九渊集》卷三三，中华书局 1980 年版，第 390 页。
⑦ 〔宋〕张詠：《张乖崖集》卷一二《语录》，中华书局 2000 年版，第 130 页。

旧基"大作讲堂"，"构广厦为十有三筵"①，被认为是全国各类学校中最大的讲堂。② 次年三月，韩绛在讲堂上举行了盛况空前的"讲礼"，"府县士民及四方之客殆万人，咸来观听"③。仁宗时的名儒、建昌军南城（今江西资溪）人李觏（1009—1059），"俊辩能文，举茂才异等不中。亲老，以教授自资，学者常数十百人。皇祐初，范仲淹荐为试太学助教"④。吕祖谦在金华丽泽书院主讲时，四方士人从学甚众，"方是时，四方隽茂，聚于丽泽者，数十百人"⑤。临海人徐中行，"晚年教授，远近来学者肩摩袂属"⑥。桐庐人倪天隐，"晚年主桐庐讲席，弟子千人"⑦。江山人徐存，晚年"隐居教授，学者称为逸平先生，从学者至千余人"⑧。温州乐清人王十朋，"资颖悟，日诵数千言。及长，有文行，聚徒梅溪，受业者以百数"⑨。南宋名臣、信州玉山（今江西玉山）人汪应辰（1118—1176），因忤秦桧，退居乡间，"寓居常山之永年院，蓬蒿满径，一室萧然，饘粥不继，人不堪其忧，处之裕如也，益以修身讲学为事"⑩。庐陵胡泳随父亲贬谪海南，其父"聚徒授业，诸生人执一经求训解"⑪。四川眉山师维藩有高名，"聚徒于福州之长溪，闽、浙之徒从之者数百人，福清林栗其高弟也。"⑫师氏即刻被任用为国子录。⑬ 涪州涪陵人崔子方，专意于《春秋》之学，朱震称赞其为"一时名儒，独抱圣经，闭门讲学，专意著述，自成一家"⑭。孝宗名相周必大说自己家塾

① 〔宋〕韩绛：《讲堂箴并序》，载〔明〕杨慎：《全蜀艺文志》卷四四，线装书局2003年版，第1306页。

② 〔宋〕张俞《成都府学讲堂颂并序》称其"穹隆庞鸿，侈于汉之殿室。自阙里及三都、四方之讲堂，未有壮乎此也"（载《全蜀艺文志》卷四五，第1375页）。又《答吴职方书》说其"高明宏壮，上可容坐五百人，非列郡之可拟"（载《全蜀艺文志》卷二九，线装书局2003年版，第759页）。

③ 〔宋〕张俞：《成都府学讲堂颂并序》，载《全蜀艺文志》卷四五，线装书局2003年版，第1375页。

④ 〔元〕脱脱：《宋史》卷四三二《李觏传》，中华书局1977年版，第37册，第12839页。

⑤ 〔宋〕真德秀：《真西山文集》卷四二《宋文林郎志铭》，《丛书集成初编》本。

⑥ 〔清〕黄宗羲原本、黄百家纂辑、全祖望修定：《宋元学案》卷一《安定学案》，浙江古籍出版社1986年版，《黄宗羲全集》第3册，第81页。下同，略。

⑦ 《宋元学案》卷一《安定学案》，《黄宗羲全集》第3册，第88页。

⑧ 《宋元学案》卷二五《龟山学案》，《黄宗羲全集》第4册，第233页。

⑨ 〔元〕脱脱：《宋史》卷三八七《王十朋传》，中华书局1977年版，第34册，第11882页。

⑩ 〔元〕脱脱：《宋史》卷三八七《汪应辰传》，中华书局1977年版，第34册，第11877页。

⑪ 〔宋〕周必大：《文忠集》卷三二《承务郎胡君泳墓志铭》，文渊阁《四库全书》本，第1147册，第357页。

⑫ 〔宋〕李心传：《建炎以来系年要录》卷一四九，绍兴十三年六月壬寅条，中华书局1956年版，第3册，第2399页。

⑬ 据《宋史》卷四三三《儒林三·高闶传》："中兴已后学制，多闶所建明。闶又言建学之始，宜得老成以诱掖后进。乃荐全州文学师维藩，诏除国子录。维藩，眉山人，精《春秋》学，林栗其高第也，故首荐之。"第12858页。

⑭ 〔宋〕李心传：《建炎以来系年要录》卷一〇四，绍兴六年八月辛丑条，第3册，第1694页。

的教师葛溁，“过予家塾，晚即所居讲授，八邑暨傍郡秀民，著录盈门”①。金华唐仲友“于天文、地理、封建、井田、学校、郊庙、律历、军制之类，世儒置而不讲者，靡不研究根穴，订其伪谬，资取甚博，参验甚精。每事各为一图，号曰《群书百考》。……故先生之书，于成周制产、分郊、作贡、授赋之说尤详”②。淳熙九年(1182 年)唐仲友遭到劾罢之后，回到家乡讲学，从学者甚众，弟子有百人之多。③ 又曾经应东阳吴葵之请到东阳主讲安田书院，吴葵率其家族子弟问学，同时，吴葵的表弟义乌傅寅亦来就学于唐。潘翼号鹤溪先生，“聚徒于乐清之鹿岩，既久，因家焉”④。朱熹主要弟子黄榦，“丁母忧，学者从之讲学于墓庐甚众”⑤。至于朱熹的另一位学生李燔“为白鹿书院堂长，学者云集，讲学之盛，他郡无与比”⑥。吕祖谦的朋友郭澄，“筑西园舍旁，延名士讲授，乡之秀民愿请业者，悉聚而馆焉”⑦。吕祖俭曾邀请傅寅来丽泽书院讲学，《杏溪祠堂记》载：“大愚吕公阅其《禹贡图考》，曰：‘是书可为集先儒之大成矣！’揭其图，请申言之，而坐诸生以听，且曰：‘以所能者教人，所不能者受教于人，理之所在，初无彼此。’先生亦乐为之尽，亹亹不倦。”⑧温州王开祖一生不求仕进，杜门著书讲学，从学常数百人⑨。永嘉人陈鹏飞以经术文词名于当世，教学诸生数百人，“为中兴师儒之首”⑩。王迈未登第时，也曾“聚徒于龙池”⑪。南宋末，张山翁“居黄鹄山，聚徒教授而终。有《南纪》《缁林藏》《云山》《相锄》等集。”⑫至于南宋理学家如朱熹、吕祖谦、张栻、陆九渊等人的私人讲学和兴办的书院、精舍等学校以及所参与的教学活动更是不胜枚举。

① 〔宋〕周必大：《文忠集》卷七二《葛先生(溁)墓志铭》，文渊阁《四库全书》本，第 1147 册，第 767 页。

② 《宋元学案》卷六〇《说斋学案》，《黄宗羲全集》第 5 册，第 365—366 页。

③ 〔宋〕叶适：《叶适集·水心文集》卷二五《修职郎监和剂局吴君墓志铭》，中华书局 1961 年版，第 2 册，第 498 页。

④ 〔宋〕王十朋：《王十朋全集·诗集》卷一《潘岐哥》，上海古籍出版社 1998 年版，第 10 页。

⑤ 〔元〕脱脱：《宋史》卷四三〇《黄榦传》，中华书局 1977 年版，第 36 册，第 12777—12778 页。

⑥ 〔元〕脱脱：《宋史》卷四三〇《李燔传》，第 12783 页。

⑦ 〔宋〕吕祖谦：《东莱集》卷一三《郭伯清墓志铭》，文渊阁《四库全书》本，第 1150 册，第 116 页。

⑧ 〔元〕黄溍：《文献集》卷七下《杏溪祠堂记》，文渊阁《四库全书》第 1209 册，第 453 页。

⑨ 《宋元学案》卷六《王刘诸儒学案》，《黄宗羲全集》第 3 册，第 315 页。

⑩ 《宋元学案》卷四四《赵张诸儒学案》，《黄宗羲全集》第 4 册，第 733 页。

⑪ 〔宋〕王迈：《臞轩集》卷一一《祭亲友林泾清叔文》，文渊阁《四库全书》本，第 1178 册，第 595 页。

⑫ 〔元〕脱脱：《宋史》卷四五四《张山翁传》，中华书局 1977 年版，第 38 册，第 13347 页。

宋刘松年《秋窗读易图》

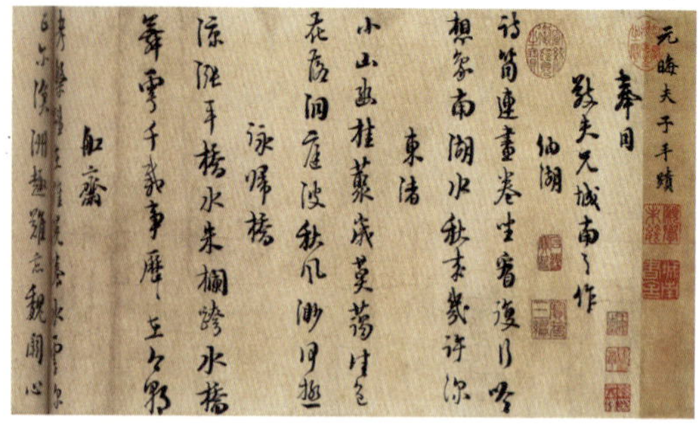

朱熹墨迹 1

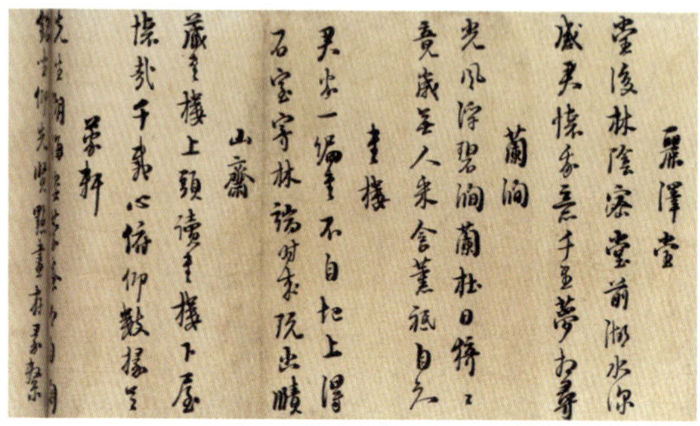

朱熹墨迹 2

宋代私人讲学对文化发展的功效绝不逊于官办的学校，它有力地推动了两宋时期长江文化的发展和繁荣。

五、安定的社会环境

历史事实证明，只有社会的安定，才有经济的繁荣和教育事业的发展，整个民族或地区文化水平才有提高的可能。两宋时期，长江流域社会的相对安定为文化的繁荣提供了重要的保证。陈亮说："当唐之衰，而钱镠以闾巷之雄起王其地，自以不能独立，常朝事中国以为重。及我宋受命，俶以其家人京师而自献其土。故钱塘终始五代被兵最少，而二百年之间，人物日以繁盛，遂甲于东南。"①袁桷说："蜀由孟氏以来，无兵革斗争，文士迭出。"②"宋南渡后，以四川为上游重镇，蜀土富贵，无兵革之扰，居官者以为乐上。"③龚希仲说："姑苏（苏州）自刘、白、韦为太守时，风物雄丽，为东南之冠。乾符间，大盗蜂起，而武肃钱王，以破黄巢，诛董昌，尽有浙东西。五代分裂，诸藩据数州自王，独钱氏常顺事中国。本朝既受命，尽籍土地府库，帅其属朝京师，遂去其国。盖自长庆以来，更七代三百

① 《陈亮集(增订本)》卷一《上孝宗皇帝第一书》，中华书局 1976 年版，上册，第 7 页。
② 〔元〕袁桷：《清容居士集》卷五〇《书蒲传正左丞帖》，文渊阁《四库全书》本。
③ 〔清〕钱大昕：《十驾斋养新录》卷八，上海书店 1983 年据商务印书馆 1937 年版印行。

年，吴人老死不见兵革”①，所以苏州“文物之盛，绝异曩时”②。

而同时期的北方，却战祸不断，自中唐安史之乱起，历经五代近百年的干戈骚扰和宋辽金等国的长期混战的灾难，社会经济遭到了严重的破坏。东都丘墟，长安灰烬；河淮之间，千里无人烟；洛阳城里，住民不满百户；周围千百里郡县，荆棘蔽野，岁无耕稼，至以人为食。在这种悲惨凄凉的情况下，自然谈不上发展文化了③。欧阳修在《什邡陈氏荣乡亭记》中说：“五代之时，虽科举未尝废，而士厄于离乱之际，不得卒业，或有所长而不能以自见，老死闾阎不为少矣。”④战争使先进的黄河文化遭到了空前的浩劫，特别是靖康之祸，更使“当地高人胜士，陷没者不少”⑤，“中秘所藏与士大夫家者，悉为乌有”⑥。黄河文化在五代时期陷入“礼乐崩坏，文献俱亡”⑦的境地。到北宋虽有所恢复，但其文化水平已不及南方的长江文化。刘敞《王沂公祠堂记》说：“齐、鲁虽皆称贵文学、尚礼义之国”，然自“五代之乱，儒术废绝。宋受命垂七十年，天下得养老长幼，亡兵革之忧，庶且富矣。然未有能兴起庠序，致教化之隆者也。自齐、鲁之间，弦诵阙然，况其外乎？”⑧

第二节　中国古代文化重心南移的完成

一、南重北轻的北宋文化

长江流域经济的繁荣、文教的昌盛、私人讲学风气的流行和社会环境的相对安定，使两宋时期的长江文化终于确立了中华文化中的主导地位。吴孝宗《余干县学记》云：“古者江南不能与中土等，宋受天命，然后七闽、二浙与江之西东，冠带《诗》《书》，翕然大肆，人才之盛，遂甲于天下。”⑨

北宋虽然定都于开封，且这一时期的黄河文化有了较大程度的恢复，但入宋后，南方文人大批入北，对黄河文化影响较大。如北宋初文学家籍贯明确者 28 人，其中有 23 人为南方人。这里面包括，由南唐入宋的有吴淑、乐史、张洎、郑文宝，由蜀入宋的有景焕、

① 〔宋〕龚明之：《中吴纪闻》卷六《苏民三百年不识兵》，文渊阁《四库全书》本。

② 〔宋〕朱熹：《常熟县丹阳公祠堂记》，见《吴郡志》卷四，江苏古籍出版社 1986 年版，第 41 页。

③ 倪士毅、徐吉军：《论中国文化重心南移的原因》，《杭州大学学报(哲社版)》1989 年第 2 期。

④ 〔元〕马端临：《文献通考》卷三〇《选举考三·举士》，中华书局 1986 年版，上册，第 283 页。

⑤ 〔明〕胡应麟：《诗薮》杂编卷六《闰余下·中州》，上海古籍出版社 1979 年版。

⑥ 〔宋〕王明清：《挥麈录·后录》卷七，上海书店出版社 2001 年版，第 137 页。

⑦ 〔宋〕马令：《南唐书》卷一三《儒者传上·序》，傅璇琮等主编：《五代史书汇编》，杭州出版社 2004 年版，第 9 册，第 5347 页。

⑧ 〔宋〕刘敞：《王沂公祠堂记》，《宋文鉴》卷七九，中华书局 1992 年版，中册，第 1133 页。

⑨ 〔宋〕洪迈：《容斋随笔·四笔》卷五《饶州风俗》，上海古籍出版社 1978 年版，下册，第 665 页。

黄休复，由吴越入宋的有陈纂，由马楚入宋的有曹衍、孙光宪。故此，田况《儒林公议》载：“太祖既下江南，得徐铉、汤悦、张洎辈，谓之曰：‘朕平金陵，止得卿辈尔。’”①朱弁《曲洧旧闻》言：“本朝文物之盛，自国初至昭陵时，并从江南来，二徐兄弟以儒学显，二杨叔侄以词章进，刁衎、杜镐明习典故用，而晏丞相欧阳少师巍乎为一世龙门，纪纲法度，号令文章，灿然具备，有三代风度，庆历间，人材彬彬，号称众多，不减武宣者，盖诸公实有力焉。然皆出之于大江之南，信知山川之气，蜿蜒磅礴能为国产英俊也。”②中国文化地位南北易置的趋势已不可逆转，中国文化重心已从北方的黄河流域转移到了长江流域。

以文学为例，宋词、唐诗与元曲一起并称为中国韵文史上的三座高峰，但北宋时期的词人绝大多数为南方人。如毛晋选辑的《宋六十名家词》所选的 61 位作家中，除了 3 人不明籍贯外，其中有 42 人出自东南，3 人出自四川，而北方的作家仅占 13 人。临川晏殊、庐陵欧阳修、眉山苏轼、高邮秦观、钱塘周邦彦等，均是北宋著名的大词人。北宋时可以称为大家的诗人或文人，十之八九也出于南方。时有“福建出秀才，大江以南士大夫”③的谚语。如庐陵欧阳修，临川王安石，“眉山三苏”中的苏洵、苏轼、苏辙，南丰曾巩等，都以诗文名于天下。江西诗文尤盛，南宋杨万里说：“切观国朝文章之士，特盛于江西，如欧阳文忠公、王文公、集贤殿学士刘公兄弟、中书舍人曾公兄弟、李公泰伯、刘公恕、黄公庭坚。其大者古文经术，足以名世；其余则博学多识，见于议论，溢于词章者，亦皆各自名家，求之他方，未有若是其众者。”⑤由此可见，北宋的文学已是南方的天下了。

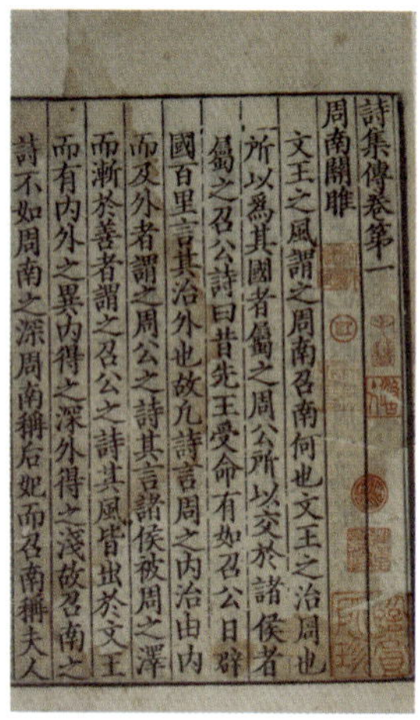
詩集傳卷第一
周南關雎
文王之風謂之周南召南何也文王之治周也
所以爲其國者屬之周公所以交於諸侯者
屬之召公詩曰昔先王受命有如召公日辟
國百里言其治外也故凡詩言周之內治由內
而及外者謂之周公之詩其言諸侯被周之澤
而漸於善者謂之召公之詩其風皆出於文王
而有內外之異內得之深外得之淺故召南之
詩不如周南之深周南稱后妃而召南稱夫人

清乾隆年间刻本宋王安石《王荆公诗》④

再从学术文化来看，南方学者人数也远远超过北方。北宋河南、河北、山东、陕西四省的儒者人数为 125 人，而同一时期的南方为 306 人，几乎是北方的 3 倍。湖南道州的周敦颐为宋明理学的开山祖。四川的陈抟被道教徒奉为继老子、张陵以后的道教至尊，称为“老祖”⑥。浙江四明（今宁波市）“庆历五先生”（慈溪杨适、杜醇，鄞县王致、王说，奉化楼郁）与“永嘉九先生”（周行己、许景衡、刘安节、刘安上、戴述、沈躬行、赵霄、张辉、蒋

① 〔宋〕田况：《儒林公议》，中华书局 1985 年版，第 1 页。

② 〔宋〕朱弁：《曲洧旧闻》，中华书局 2002 年版，第 97 页。

③ 〔宋〕太平老人：《袖中锦·天下第一》，〔元〕陶宗仪：《说郛》卷一二下，文渊阁《四库全书》本。

④ 选自吕济民主编《古籍善本》上册，线装书局 2006 年版。

⑤ 〔宋〕杨万里：《诚斋集》卷一三三《谥文节公告议（太常博士陈贵谊考功郎官李道传）》，文渊阁《四库全书》本。注：此文未收入《杨万里诗文集》。

⑥ 蒙默等：《四川古代史稿》，四川人民出版社 1988 年版，第 312 页；胡昭曦：《陈抟里籍考》，《四川文物》1986 年第 3 期。

元中)，在濂、洛学派周敦颐和程颐、程颢诸儒讲学前后，已在理学上卓然著名。又如洛学的流传，北方也不如南方之盛。按《宋元学案》卷二九《震泽学案》所载，北宋洛学的流传大约可以概括为以下六支：①入关——蓝田吕大忠、吕大钧、吕大临；②入楚——上蔡谢良佐；③入蜀——金堂谢湜、南部马涓；④入浙——永嘉九先生及鲍若雨、潘闵、陈经邦、陈经正；⑤入吴——吴郡王萍；⑥入闽——将乐杨时。

此外，江西临川王安石的新学，在当时“独行于世六十年”①。以苏洵、苏轼为代表的“蜀学”在北宋也颇有影响，其知名度虽不及新学、洛学、关学大，但在学术文化史上也占有不可忽视的地位。由此可见，北宋时期南方的学术文化完全可以与北方相匹敌。

至于北宋的科举，更是南方人的天下。据各地方志统计，北宋时期南方共有进士7869人，而北方仅为789人，只及南方的十分之一强(详见下表)：

宋代进士地域分布表

地域＼时代		北宋	南宋	总计
南方	两浙路	2476	6899	9375
	江南东路	901	1816	2717
	江南西路	1196	2661	3857
	荆湖北路	71	93	164
	荆湖南路	277	430	707
	淮南东路	191	91	282
	淮南西路	109	90	199
	成都府路	790	1152	1942
	梓州路	441	1098	1539
	夔州路	42	67	109
	利州路	84	149	233
	福建路	2414	4488	6902
	广南东路	177	342	519
	广南西路	57	155	212

① 〔元〕马端临：《文献通考》卷一七七《经籍考四·经书·新经尚书十三卷》，中华书局1986年版，下册，第1533页。

续表

地域 \ 时代		北宋	南宋	总计
北方	京东西路	(118)		118
	京东东路	(115)		115
	京西北路	36	3	39
	京西南路	26	5	31
	东京	46	0	46
	西京	42	4	46
	南京	27	1	28
	北京	11	0	11
	河北东路	15	1	16
	河北西路	42	2	44
	河东路	45	3	48
	永兴军路	131	5	136
	秦凤路	135	5	140

对于北宋科举取士南盛北衰的现象，时人多有论及。如苏轼说："昔人有言，邹鲁守经学，齐楚多辩智，韩魏时有奇节。自汉以来，豪杰之士，多出山东、山西。国家承平百年，文武并用，所以辅成人才者，可谓至矣。而五路学者，尚未逮古。岂山川气俗有今昔之殊？将教养课试之法未得其要？各以所习之经，闻于师者著于篇。"①又："昔者以诗赋取士，今陛下以经术用人，名虽不同，然皆以文词进耳。考其所得，多吴、楚、闽、蜀之人。至于京东、西，河北，河东，陕西五路，盖自古豪杰之场，其人沈鸷勇悍，可任以事，然欲使治声律，读经义，以与吴、楚、闽、蜀之士争得失于毫厘之间，则彼有不仕而已，故其得人常少。"②富弼说："臣窃思近年数榜以来放及第者，如河北、河东、陕西，此三路之人所得绝少者何？盖此处人物禀性质鲁，不能为文辞、中程试，故皆老于科场，至死不能得一官。"③事实上，这种现象的出现并非偶然，乃是中国古代文化南移的结果。

其他如科技、书法绘画及城市建筑等方面的成就，南方也已超过或接近黄河流域（详见下表）。

① 〔宋〕苏轼：《苏轼文集》卷七《策问六首·五路之士》，中华书局1986年版，第1册，第216页。

② 〔宋〕苏轼：《苏轼文集》卷二六《奏议·徐州上皇帝书》，中华书局1986年版，第2册，第761页。

③ 〔宋〕富弼：《上仁宗乞诏陕西等路奏举才武》，〔宋〕赵汝愚编：《宋朝诸臣奏议》卷八二《儒学门》，上海古籍出版社1999年版，第893页。

北宋各类人才地理分布表①

<table>
<tr><th colspan="2">类别
地域</th><th>宋史列传人物</th><th>宰相</th><th>词人</th><th>画家</th><th>儒者</th></tr>
<tr><td rowspan="4">北方</td><td>河南</td><td>324</td><td>18</td><td>18</td><td>96</td><td rowspan="3">16</td></tr>
<tr><td>河北</td><td>212</td><td>11</td><td>13</td><td>31</td></tr>
<tr><td>山东</td><td>156</td><td>6</td><td>9</td><td>13</td></tr>
<tr><td>陕西</td><td>63</td><td>3</td><td>11</td><td>30</td><td>9</td></tr>
<tr><td rowspan="9">南方</td><td>安徽</td><td>53</td><td>3</td><td>12</td><td>10</td><td rowspan="2">43</td></tr>
<tr><td>江苏</td><td>97</td><td>3</td><td>21</td><td>28</td></tr>
<tr><td>浙江</td><td>84</td><td>4</td><td>35</td><td>22</td><td>106</td></tr>
<tr><td>江西</td><td>81</td><td>6</td><td>25</td><td>12</td><td>49</td></tr>
<tr><td>湖北</td><td>19</td><td>1</td><td>4</td><td>6</td><td rowspan="2">6</td></tr>
<tr><td>湖南</td><td>12</td><td>0</td><td>1</td><td>4</td></tr>
<tr><td>四川</td><td>93</td><td>4</td><td>22</td><td>61</td><td>32</td></tr>
<tr><td>福建</td><td>95</td><td>10</td><td>14</td><td>9</td><td rowspan="2">70</td></tr>
<tr><td>广东</td><td>3</td><td>0</td><td>1</td><td>不详</td></tr>
</table>

二、北宋政治文化中的南北之争

赵匡胤虽然统一了中国，且将都城定在黄河下游的开封，但政治是经济的集中表现，由于南方经济地位的提高，北宋的政治形势发生了根本性的变化，在统治集团内部政治力量对比上呈现出北南易置的趋势。

宋太祖起自中原，所以在政治上实行与北方地主阶级分享政权的政策。《宋稗类钞》载：艺祖御笔："用南人为相，杀谏官，非吾子孙。"又言："不用南人为相。"当时的实录和国史皆载。陶穀《开基万年录》《开宝史谱》言之甚详，皆言太祖亲写"南人不得坐吾此堂"，并刻石政事堂上。②《邵氏闻见录》也载：建隆三年（962 年），宋太祖曾作《戒碑》，曰："后世子孙无用南士作相。"③在这种公开排斥南人参政的国策下，宋朝初年的将相和大官僚，几乎都是北方人。如石守信是开封人、王审琦是洛阳人、高怀德是真定人、张令铎是棣州人、韩重赟是磁州人、慕容延钊是太原人、范质是大名人、王溥是并州人、魏仁浦是卫州

① 《宋史》列传人物参见丁文江《历史人物与地理的关系》，《科学》1923 年第 8 卷第 1 期；宰相、词人、画家人数参见张家驹《两宋经济重心的南移》，湖北人民出版社 1957 年版；儒者人数参见余瑛《宋代儒者地理分布的统计》，《禹贡半月刊》1934 年第 6 期，并略做改动。

② 〔清〕潘永因编：《宋稗类钞》卷一《君范第一》，书目文献出版社 1985 年版，第 2 页。

③ 〔宋〕邵伯温：《邵氏闻见录》卷一，中华书局 1983 年版，第 4 页。

人、赵普是幽州人……

财大气粗的南方地主阶级自然对此深感不满，耿耿于怀，并提出了强烈的政治要求。于是，北宋中叶以后，南北两个地主集团之间为争夺政治地位的斗争更趋激烈。宋真宗欲以临江军人王钦若为相，籍贯大名的大臣王旦便以“祖宗朝未有南人当国者”为理由极力加以阻挠。王旦死后，王钦若始得大用。为此，王钦若曾大发牢骚，说“为王公迟我十年作宰相”①。宰相、华州人寇准“性自矜，尤恶南人轻巧”。他公开以北人自居，一方面阻止南人参政，另一方面还力图把已经获取政治地位的南人排挤出去。抚州人晏殊，7 岁以神童荐于朝廷。真宗召其与进士千余人同试廷中，晏殊神气不慑，援笔立成。真宗对此赞赏不已，赐同进士出身。寇准则极力加以反对，说：“殊江外人！”这一举动，连真宗也觉得过分。后来临江军中萧临当中状元，寇准又说：“南方下国，不宜冠多士。”结果他的意见被采用，状元被北方胶水人蔡齐夺去。寇准得意扬扬地对北人同僚夸耀：“又与中原夺得一状元！”②然而，历史潮流并非统治者个人意愿所能左右。由于北宋国家漕粮多仰赖于南方，所以宋朝最高统治者不得不对南方地主阶级开放政权，以换取他们的支持。为此，宋真宗说：“朝廷取士，惟才是求，四海一家，岂限遐迩？”又说：“人之勇怯，岂限南北？若此区别，非任人之道也。”③于是，宋真宗破例以南人王钦若为相。自此以后，居相位者 54 人，南人有 29 人，超过了半数④。这与有唐一代 373 位宰相中南人仅有 39 名（约占总数的 12%），几有天壤之别⑤。陆游说：“臣伏闻天圣以前，选用人才，多取北人，寇准持之尤力，故南方士大夫沉抑者多。仁宗皇帝照知其弊，公听并视，兼收博采，无南北之异：于是范仲淹起于吴，欧阳修起于楚，蔡襄起于闽，杜衍起于会稽，余靖起于岭南，皆为一时名臣，号称圣宋得人之盛。及绍圣、崇宁间，取南人更多，而北方士大夫复有沉抑之叹。陈瓘独见其弊，昌言于朝，曰：‘重南轻北，分裂有萌。’呜呼！瓘之言，天下之至言也。”⑥

北宋政治文化中的南北之争，主要有三次，且都发生在中期。

“庆历党争”是北宋南北两大政治集团之间第一次大规模的冲突和对抗，双方的首要人物分别是苏州的范仲淹和寿州的吕夷简。寿州虽属南方，但在地理上和北方中原地区非常接近，所以吕夷简代表了北方地主阶级的利益。范仲淹政治集团中虽然也有北方

① 《宋史》卷二八二《王旦传》，中华书局 1977 年版，第 27 册，第 9548 页。

② 〔宋〕李焘：《续资治通鉴长编》卷八四，真宗大中祥符八年三月戊戌条，第 1920 页。

③ 〔宋〕李焘：《续资治通鉴长编》卷六〇，真宗景德二年五月己未条，第 1341 页；卷六三，真宗景德三年五月戊午条，第 1402 页。

④ 任爽：《唐宋之际统治集团内部矛盾的地域特征》，《历史研究》1987 年第 2 期。

⑤ 据《新唐书》卷六一至六三《宰相表》统计。

⑥ 〔宋〕陆游：《渭南文集》卷三《论选用西北士大夫劄子》，载《陆游集》，中华书局 1976 年版，第 5 册，第 1994 页。

人，如石介为兖州奉符（今山东泰安东南）人，但绝大多数是南方人。余靖为韶州人，欧阳修为吉州人，蔡襄为兴化人，杜衍为越州山阴人，李觏为建昌军南城人，孙沔为越州会稽人。他们面对当时国内外矛盾的尖锐发展，从稳定和巩固宋朝封建统治秩序的目的出发，提出一系列的改革措施和方法，这便是历史上著名的“庆历新政”。然而以吕夷简为代表的保守派，却不遗余力地攻击改革派为“朋党”，使实施不到一年的庆历新政以失败告终。

蔡襄像

范仲淹像

欧阳修像

到英宗时，以司马光、欧阳修为首的北南两大政治集团再次为贡院逐路取士而引起了激烈的冲突和争议。治平元年（1064 年）四月十四日，司马光在《贡院定夺科场不用诗赋状》中极力主张采用北人占有优势的经学取士：“欲乞今后省试除论策外，更试《周易》《尚书》《毛诗》《周礼》《仪礼》《春秋》《论语》大义，共十道为一场。其策只问时务，所有进士帖经墨义一场，从来不曾考校，显是虚设。乞今更不试。御前除试论外，更试时务策一道。如此则举人皆习经术，不尚浮华。若是依旧不罢诗赋之时，即先试后试，事归一体，别无损益。今若罢去诗赋，仍乞依吕公著起请，预行告示，使天下学者早得闻知。”①而欧阳修则在《论逐路取人劄子》中针锋相对地提出用诗赋取士，他说：“盖言事之人但见每次科场东南进士得多，而西北进士得少，故欲改法，使多取西北进士尔。殊不知天下至广，四方风俗异宜，而人性各有利钝。东南之俗好文，故进士多而经学少；西北之人尚质，故进士少而经学多。所以科场取士，东南多取进士，西北多取经学者，各因其材性所长，而各随其多少取之。今以进士、经学合而较之，则其数均，若必论进士，则多少不等。此臣所谓偏见之一端，其不可者一也。国家方以官滥为患，取士数必难增，若欲多取西北之

① 〔宋〕司马光：《司马光奏议》卷一三《贡院定夺科场不用诗赋状》，山西人民出版社 1986 年版，第 143—144 页。

人，则却须多减东南之数。今东南州军进士取解者，二三千人处只解二三十人，是百人取一人，盖已痛裁抑之矣。西北州军取解，至多处不过百人，而所解至十余人，是十人取一人，比之东南，十倍假借之矣。若至南省，又减东南而增西北，则是已裁抑者又裁抑之，已假借者又假借之。此其不可者二也。东南之士于千人中解十人，其初选已精矣，故至南省，所试合格者多。西北之士学业不及东南，当发解时，又十倍优假之，盖其初选已滥矣，故至南省，所试不合格者多。今若一例以十人取一人，则东南之人合格而落者多矣，西北之人不合格而得者多矣。至于他路，理不可齐，偶有一路合格人多，亦限以十一落之；偶有一路合格人少，亦须充足十一之数，使合落者得，合得者落，取舍颠倒，能否混淆。其不可者三也。且朝廷专以较艺取人，而使有艺者屈落，无艺者滥得，不问缪滥，只要诸路数停。此其不可者四也……”①理由可谓充分之至，但最后到哲宗元祐四年（1089 年）时仍然实行南北分卷制度，分经义、诗赋两科试士，特许齐、鲁、河、朔等五路北人别考经义，使南北两地的取士人数相对接近均衡。

第三次为王安石变法，这是北宋时期统治阶级内部南、北政治集团之间最为激烈的一次矛盾冲突。在当时，朝野中形成了以南人王安石为首的改革派和以北人司马光为首的保守派。南北两派之间的矛盾尖锐对立，形成了不共戴天的两大阵营。北人出于对丧失统治地位的极端怨恨，对执政的南方大臣进行不择手段的攻击。如司马光对宋神宗说：“闽人狡险，楚人轻易，今二相皆闽人，二参政皆楚人，必将援引乡党之士，充塞朝廷，风俗何以更得淳厚？”②又说：“臣与安石南北异乡，取舍异道。”③永静人刘挚对神宗说：“臣东北人，少孤独学，不识安石也。”④赵郡李承之说：“今知鄞县王安石眼多白，甚似王敦。他日乱天下者，必此人也！”⑤开封吕诲上疏攻击王安石说：“大奸似忠，大佞似信。安石外示朴野，中藏巧诈。陛下悦其才辩而委任之。安石初无远略，惟务改作立异，罔上欺下，文言饰非。误天下苍生，必斯人也！如久居庙堂，必无安静之理、辟光之谋。”⑥当然，执政的南人也极力排斥北人，唯恐去之不速、不远。如王安石执政期间，斥逐在朝北人就达数十人之多。这种南北政治集团内部的激烈斗争，使最高统治者宋神宗也无可奈何，叹说：“何至是！”⑦

---

① 〔宋〕欧阳修：《欧阳修奏议集》卷一七《论逐路取人劄子》，李之亮：《欧阳修集编年笺注》，巴蜀书社 2007 年版，第 4 册，第 464—465 页。

② 〔明〕陈邦瞻：《宋史纪事本末》卷三七《王安石变法》，中华书局 1977 年版，第 335 页。

③ 〔宋〕邵伯温：《邵氏闻见录》卷一一，中华书局 1983 年版，第 113 页。

④ 〔明〕陈邦瞻：《宋史纪事本末》卷三七《王安石变法》，中华书局 1977 年版，第 353 页。

⑤ 〔宋〕谢采伯：《密斋笔记》卷一，文渊阁《四库全书》本。

⑥ 《宋史》卷三二一《吕诲传》，中华书局 1977 年版，第 30 册，第 10429 页。

⑦ 《宋史》卷三三六《司马光传》，中华书局 1977 年版，第 31 册，第 10764 页。

北宋政治文化中的三次南北之争，虽然以南方的失败结束，但范仲淹、欧阳修以天下为己任的儒家传统政治理念，“穷则独善其身，达则兼济天下”的情怀，“先忧后乐”“进退皆忧”的忧患意识，被宋代文人士大夫广泛地接受下来，成为他们效仿的楷模，从而改变了唐末五代以来士风颓败的局面。后人这样评价说：“其未仕也，必如文正刻苦自厉，以六经为师，文章论说一本仁义而后可；其既仕也，必如文正有是非利害，与上官往复论辩，不以官职轻人性命而后可；其仕而通显也，必如文正至诚许国，始终不渝，天下闻风，夷狄委命而后可。”[①]在他们的精神感召下，“天下争自濯磨，以通经学古为高，以救时行道为贤，以犯颜纳说为忠”[②]。

王安石像

三、南宋中国文化重心南移的完成

如果说，北宋黄河文化在某些方面（如绘画、城市建设）仍占有优势，那么到宋室南移以后，长江文化的成就已全面超过黄河文化。有鉴于此，朱熹慨然喟道：“岂非天旋地转，闽浙反为天地之中？”[③]

以文学为例，南方号称极盛，诗、词、赋、文之成就，远非北方所能望其项背。这从多个统计数据可以看出。曾大兴教授在《中国历代文学家之地理分布》中指出，两宋辽金文学家地理分布具有八个特点：一是南北文学家比例发生变化，文学家重心由北方转移到南方；二是江西文坛异军突起；三是巴蜀文坛如日中天；四是福建文坛进入佳境；五是江海文化区徽州文学家超过全国平均数的四倍；六是辽国的临潢府成为亮点；七是大多数文人分布南方各地；八是文学家族的数量超过任何一个时期[④]。据王毅《论宋代文学家庭》统计，宋代文学家庭有 357 家，绝大多数在南方。其中，浙江 86 家，江西 55 家，福建 45 家。[⑤] 两宋小说家的地理分布，与两宋时期文学家、文学家庭的地理分布大体相同。根据袁行霈、侯忠义《中国文言小说书目》，宁稼雨《中国文言小说总目提要》，朱一玄、宁稼雨、陈桂声《中国古代小说总目提要》，石昌渝《中国古代小说总目》，李剑国《宋代志怪传奇叙录》等进行统计，共得两宋小说家 426 人，其中北宋 226 人，南宋 177 人，不能确定

① 〔清〕李铭皖、谭钧培修：同治《苏州府志》卷二五，清光绪九年刊本。

② 〔宋〕苏轼：《苏轼文集》卷一〇《六一居士集序》，中华书局 1986 年版，第 316 页。

③ 〔明〕丘濬：《大学衍义补》卷八六《治国平天下之要》，文渊阁《四库全书》本。

④ 曾大兴：《中国历代文学家之地理分布》，商务印书馆 2013 年版，第 247—250 页。

⑤ 王毅：《论宋代文学家庭》，《湖南师范大学社会科学学报》2006 年第 6 期。

属于宋代哪一时期的23人。北宋籍贯可考的小说家共149人，其中，北方小说家53人，南方小说家为96人，分别占籍贯可考小说家总数的36%与64%。占籍为北方小说家的地理分布为：河南24人，山东14人，陕西8人，山西3人，河北4人；占籍为南方小说家的地理分布为：江西21人，浙江19人，四川18人，江苏11人，福建11人，湖北7人，安徽6人，湖南3人。其他各省均无一人。北方小说家主要分布在黄河中下游，以河南、山东为多。南方小说家集中在长江上游的四川，下游的江西、江苏、浙江，福建小说家数量增加很快。南宋籍贯可考的小说家120人，其中，北方21人，南方99人，分别占籍贯可考小说家总数的17.5%与82.5%。占籍为北方的小说家地理分布为：山西3人，山东3人，河南14人，河北1人；占籍为南方的小说家的地理分布为：浙江28人，江西21人，江苏18人，福建10人，安徽10人，四川7人，湖南4人，广东1人，其他各省均无一人。其时小说家的地域分布有以下几个特点：一是北少南多。唐五代北方小说家总数超过南方，到两宋时情况发生逆转。据笔者统计，唐五代时，确知籍贯的小说家124人，北方甘肃、陕西、山东、河北、河南、山西就占了94人，约占总数的76%。但无论是北宋还是南宋，北方小说家总数都少于南方。就籍贯可考的小说家总数来看，北方共有74人，南方共有195人，南方小说家是北方的2.6倍。不过，珠江流域的小说家仍少得可怜。二是两宋时期南北小说家比例逐渐发生变化。北宋时南北小说家比例是6.4∶3.6，南宋时南北小说家比例是8.25∶1.75，小说重心由黄河流域转向南方长江流域。三是江西小说家比例提高很快。唐代江西小说家只有1人，五代江西小说家3人。到了宋代，江西小说家增长至42人，位居第二位，江西成了小说大省。四是四川、福建两省小说家比例提高很快。唐代四川和福建都只有2位小说家，五代四川小说家有3位，福建则无。到了宋代，四川小说家增长至25人，福建小说家增长至21人，与唐五代相比，简直是一个飞跃。五是浙江小说家数量飞速增长。唐五代浙江小说家只有6人，宋代增长至47人，其数量位居第一，几乎是唐五代小说家的8倍。① 哲学为南方人天下，几无北人立足之地。史学则南方远胜北方。“地理之学，亦以南方为中心”。美术中的书画、建筑等，更以南方为特盛②。就是政治人物，亦莫不如是。“大江以南，号多公卿”③。陈亮说：“公卿将相大抵多江、浙、闽、蜀之人。”④袁桷说：“公卿大臣，多出两浙。”⑤由此，陆游在给皇帝的奏文中提出要对北方人才加以扶持，他说：“臣伏睹方今，虽中原未复，然往者衣冠南渡，盖亦众矣。其间岂无

① 杨宗红：《两宋小说家之地理分布与小说的地域性》，《中国文学研究》2018年第4期。
② 张家驹：《中国社会中心的转移》，《食货半月刊》第2卷第11期。
③ 〔元〕袁桷：《清容居士集》卷三四《萧御史家传》，文渊阁《四库全书》本。
④ 《陈亮集（增订本）》卷一《上孝宗皇帝第一书》，中华书局1976年版，上册，第7页。
⑤ 〔元〕袁桷：《清容居士集》卷一九《陆氏舍田记》，文渊阁《四库全书》本。

抱才术蕴器识者，而班列之间北人鲜少，甚非示天下以广之道也。欲望圣慈命大臣近臣各举赵、魏、齐、鲁、秦、晋之遗才，以渐试用，拔其尤者而任之。庶上遵仁祖用人之法，下慰遗民思旧之心。其于国家，必将有赖。伏惟留神省察。取进止。”①由此可见，长江文化在中华文化中的中心地位已进一步得到巩固和强化，南宋时期的长江流域终于迎来了一个文化全面繁荣的时代。

南宋各类人才地理分布表②

<table>
<tr><th colspan="2">类别
地域</th><th>宋史列传人物</th><th>宰相</th><th>词人</th><th>画家</th><th>儒者</th></tr>
<tr><td rowspan="4">北方</td><td>河南</td><td>37</td><td>4</td><td>28</td><td>25</td><td rowspan="3">42
（三省总数）</td></tr>
<tr><td>河北</td><td>7</td><td>0</td><td>41</td><td>14</td></tr>
<tr><td>山东</td><td>13</td><td>1</td><td>12</td><td>6</td></tr>
<tr><td>陕西</td><td>6</td><td>0</td><td>3</td><td>4</td><td>7</td></tr>
<tr><td rowspan="9">南方</td><td>安徽</td><td>38</td><td>5</td><td>35</td><td>4</td><td rowspan="2">25</td></tr>
<tr><td>江苏</td><td>49</td><td>3</td><td>43</td><td>49</td></tr>
<tr><td>浙江</td><td>136</td><td>22</td><td>138</td><td>69</td><td>421</td></tr>
<tr><td>江西</td><td>83</td><td>10</td><td>78</td><td>13</td><td>107</td></tr>
<tr><td>湖北</td><td>4</td><td>1</td><td>3</td><td>0</td><td rowspan="2">29</td></tr>
<tr><td>湖南</td><td>12</td><td>1</td><td>17</td><td>1</td></tr>
<tr><td>四川</td><td>71</td><td>5</td><td>28</td><td>13</td><td>71</td></tr>
<tr><td>福建</td><td>88</td><td>9</td><td>63</td><td>15</td><td rowspan="2">216</td></tr>
<tr><td>广东</td><td>4</td><td>1</td><td>6</td><td>不详</td></tr>
</table>

第三节 宋室南迁对长江文化的影响

一、“靖康之难”中的南下移民

宋钦宗赵桓靖康元年（1126 年），金军攻入北宋都城汴京。次年二月，金废宋徽、钦二帝，宣告了北宋王朝的灭亡。同年五月，赵构即位于南京（应天府，今河南商丘），改元建炎，是为宋高宗，史称南宋。此后，随着金兵南下，南宋朝廷被迫南迁，直至绍兴八年

① 〔宋〕陆游：《渭南文集》卷三《论选用西北士大夫劄子》，载《陆游集》，中华书局 1976 年版，第 5 册，第 1994 页。

② 参见《北宋各类人才地理分布表》。

(1138 年)二月才正式定都临安(今浙江杭州)。

随着宋代政治中心的南迁，备受战争之苦的中原地区的士民也大量南下。史载“高宗南渡，民之从者如归市”①。其时“西北衣冠与百姓奔赴东南者，络绎道路，至有数十里或百余里无烟舍者”②。李心传说：“中原士民，扶携南渡，不知其几千万人。”③赵抃说：“淮民避兵，扶老携幼渡江而南无虑数十百万。”④庄绰说：“建炎之后，江、浙、湖、湘、闽、广，西北流寓之人遍满。”⑤朱熹说：“靖康之乱，中原涂炭。衣冠人物萃于东南。”⑥

据一些学者统计，宋室南迁前后，北方人口南迁的数字在 150 万至 200 万人之间⑦。根据文献记载，这些从北方及江淮地区迁入长江以南地区的难民主要集中在：

(一)两浙路

经济和文化发达的浙江地区，是中原和江淮移民的首选之地。莫濛说：“四方之民云集二浙，百倍常时。”⑧郑瑴说：“平江、常、润、湖、杭、明、越，号为士大夫渊薮，天下贤俊多避地于此。”⑨此外，文献中还有“临安府自累经兵火之后，户口所存，裁十二三，而西北人以驻跸之地，辐辏骈集，数倍土著”⑩。“两淮之民，自虏骑入境，迁移渡江，散处浙西、江东诸郡”“自开禧兵变，淮民稍徙入于浙、于闽”等记载。⑪

杭州是南宋都城的所在地，所以南迁的移民大量寓居于此。如文献载：“大驾初驻跸临安，故都及四方士民商贾辐辏”⑫“中朝人物悉会于行在”⑬“天下贤俊多避地于此”⑭

---

① 《宋史》卷一七八《食货志上·振恤》，中华书局 1977 年版，第 13 册，第 4340 页。

② 〔宋〕徐梦莘：《三朝北盟会编》卷一三四，建炎三年十一月十三日条，上海古籍出版社 1987 年版，下册，第 977 页。

③ 〔宋〕李心传：《建炎以来系年要录》卷八六，绍兴五年闰二月壬戌，中华书局 1988 年版，第 2 册，第 1422 页。

④ 〔宋〕赵抃：《清献集》卷八《便民五事奏札》，文渊阁《四库全书》本。

⑤ 〔宋〕庄绰：《鸡肋编》卷上《各地食物习性》，中华书局 1983 年版，第 36 页。

⑥ 〔宋〕朱熹：《朱熹集》卷八三《跋吕仁甫诸公帖》，四川教育出版社 1996 年版，第 7 册，第 4303 页。

⑦ 石方：《中国人口迁移史稿》，黑龙江人民出版社 1990 年版，第 296 页。

⑧ 〔宋〕李心传：《建炎以来系年要录》卷一五八，绍兴十八年十二月己巳条，中华书局 1988 年版，第 4 册，第 2573 页。

⑨ 〔宋〕李心传：《建炎以来系年要录》卷二〇，建炎二年二月庚午条，第 1 册，第 405 页。

⑩ 〔宋〕李心传：《建炎以来系年要录》卷一七三，绍兴二十六年七月丁巳条，第 4 册，第 2858 页。

⑪ 〔清〕徐松辑：《宋会要辑稿》兵一三之二四，中华书局 1957 年版，第 7 册，第 6979 页。

⑫ 〔宋〕陆游：《老学庵笔记》卷八，中华书局 1979 年版，第 104 页。

⑬ 〔宋〕陆游：《渭南文集》卷一五《傅给事外制集序》，《陆游集》，中华书局 1976 年版，第 5 册，第 2111 页。

⑭ 〔宋〕李心传：《建炎以来系年要录》卷二〇，建炎二年二月庚午条，中华书局 1988 年版，第 1 册，第 405 页。

"西北士大夫，多在钱塘。"①由于移民的大量迁入，其人数也远远超过了当地的土著人口。绍兴二十六年(1156年)起居舍人凌景夏说："切见临安府自累经兵火之后，户口所存，裁十二三，而西北人以驻跸之地，辐辏骈集，数倍土著，今之富室大贾，往往而是。"②

南宋时的绍兴号称三辅之地，是两浙路的政治、文化中心之一，同样有许多北方人迁入，许多北宋宗室、官僚和士大夫定居于此。陆游说："予少时，犹及见赵、魏、秦、晋、齐、鲁士大夫之渡江者。"③

其他如明州(今浙江宁波)、台州、处州、婺州(今浙江金华)、衢州、秀州(今浙江嘉兴)、湖州等地也都有大量北方移民寓居。④

与杭州并名为"天上天堂，地下苏杭"⑤的苏州，自然也集中了大量移民。《宋史·郑瑴传》说："天下贤俊多避地吴、越。"韩淲写诗描述道："太湖渺茫浸苏台，云白天青万里开。莫道吴中非乐土，南人多是北人来。"⑥

(二)江南东路

南宋初年，江南东路的移民寓居人数仅次于两浙路。建康、信州、饶州、宣州、池州等地都聚集了大批南迁的移民。

建康是移民云集之处。嘉定五年(1212年)黄度上奏曰："留都繁会之地，四方失所流徙之民往往多聚于此。"⑦

信州是移民躲避战祸的好去处，韩元吉说："北来之渡江者，爱而多寓焉。"⑧袁桷说："建炎初，中原缙绅家多居是州。"⑨戴表元说："广信为江闽二浙往来之交，异时中原贤士大夫南徙，多侨居焉。"⑩

饶州的移民人数也不少，元代虞伯生说："故宋南渡，阻江以为国，鄱之余在江之东、西之间，重湖之表，郡完地博，土沃而民安，去临安近而无险，是以贵臣大家多居之。轩盖

① 《宋史》卷四三七《儒林七·程迥传》，中华书局1985年版，第37册，第12949页。

② 〔宋〕李心传：《建炎以来系年要录》卷一七三，绍兴二十六年七月丁巳条，中华书局1988年版，第4册，第2858页。

③ 〔宋〕陆游：《渭南文集》卷三四《杨夫人墓志铭》，《陆游集》，中华书局1976年版，第5册，第2111页。

④ 如袁桷《清容居士集》卷一九《鄞县小溪巡检记》载，鄞县小溪"北客多乐居之"。

⑤ 〔宋〕范成大：《吴郡志》卷五〇《杂志》，江苏古籍出版社1986年版，第660页。

⑥ 〔宋〕韩淲：《涧泉集》卷一七《次韵》，文渊阁《四库全书》本。

⑦ 〔宋〕马光祖修、周应合纂：《景定建康志》卷二三《城阙志·养济院》，《宋元方志丛刊》本，中华书局1990年版，第2册，第1703页。

⑧ 〔宋〕韩元吉：《南涧甲乙稿》卷一五《西贤堂记》，文渊阁《四库全书》本。

⑨ 〔元〕袁桷：《清容居士集》卷二〇《梅亭记》，文渊阁《四库全书》本。

⑩ 〔元〕戴表元：《剡源集》卷一《稼轩书院兴造记》，《戴表元集》，浙江古籍出版社2014年版，上册，第41页。

门戟相接，至今旧名犹存，过者式之。”①

（三）江南西路

江南西路的移民人数也颇为庞大，时人说：“东北流移之人，布满江西。”②吉州、江州和抚州是该路移民最多的地区。如吉州的安福，“当吉、袁之冲径路也。方艰难时，东北士大夫奔荆湖交广者必取道于是”③。江州（治今九江市）是北人或淮民南迁的必经之地之一，因此两淮地区的人民多避地于此④。

（四）福建路

福建路是移民较多的地区。叶绍翁说：“绍兴和议既坚，淮民始（一作咸）知生聚之乐，桑麦大稔。福建号为乐区，负戴而之者，谓之‘反淮南’……自开禧兵变，淮民稍徙入于浙、于闽。”⑤蔡人奇《藤山志》卷一云：“唐末宋初，居民鲜少。赵宋南渡之后，避乱者渐次迁藤，至元朝始成村落。”

（五）四川四路

四川是宋代社会最为安定的地区，自然被北方移民视为避乱的天堂所在。据当时文献所载：“中原衣冠之南渡，则西入于蜀。”⑥“宗室避难入蜀者多”⑦。据学者统计，“《宋史》列传八百余人，而蜀中一隅之地，多至百数十者，其他见于故书雅记者犹数倍于兹。终两宋之世，吾蜀人才臻于极盛，殆自来所未有”⑧。

（六）荆湖地区

荆湖地区地处长江中游，自然也接纳了大量南迁的移民。徐梦莘《三朝北盟会编》说：“士庶携老提幼，适汝、颍、襄、邓逃避者莫知其数。”⑨洪迈说：“西北士大夫遭靖康之难，多挈家南寓武陵。”⑩宋末欧阳守道说：“百年来，中原故家长沙者颇多。”⑪

---

① 〔元〕虞集：《世美堂记》，见康熙《饶州府志》卷七，清康熙二十二年（1683年）刻本。

② 〔宋〕李纲：《梁溪集》卷一〇《条具防冬利害事件奏状》，文渊阁《四库全书》本。

③ 〔宋〕王庭珪：《卢溪文集》卷四六《刘君墓志铭》，文渊阁《四库全书》本。

④ 《宋史》卷四二《理宗纪二》，中华书局1977年版，第3册，第812—813页。

⑤ 〔宋〕叶绍翁：《四朝闻见录》戊集《淮民浆枣》，中华书局1989年版，第197页。

⑥ 〔宋〕刘光祖：《昭德晁公文集序》，见傅增湘编《宋代蜀文辑存》卷七〇，北京图书馆出版社2005年版。

⑦ 〔宋〕李心传：《建炎以来系年要录》卷三五，建炎四年七月，中华书局1988年版，第1册，第518页。

⑧ 孙鸿猷：《宋代蜀文辑存》序，北京图书馆出版社2005年版，第1册，第19页。

⑨ 〔宋〕徐梦莘：《三朝北盟会编》卷六四，靖康元年十一月二十二日条，上海古籍出版社1987年版，上册，第482页。

⑩ 〔宋〕洪迈：《夷坚志·三志》辛卷四《武陵布龙帐》，中华书局1981年版，第3册，第1412页。

⑪ 〔宋〕欧阳守道：《巽斋文集》卷八《清溪刘武忠公诗集序》，文渊阁《四库全书》本。

(七)淮南地区

绍兴八年(1138 年),知庐州刘锜说:“淮北归正者不绝,度今岁可得四五万。”①隆兴元年(1163 年)“楚州并涟水军接海州界,多淮北及山东庄农,将带老幼或牛具散在沿淮”,朝廷要求当地政府加以招诱②。由于北方移民密集这一地区,以致“客主不敌”③。

(八)岭南地区

庄绰说:“自中原遭胡虏之祸,民人死于兵革、水火、疾饥、坠压、寒暑、力役者,盖已不可胜计。而避地二广者,幸获安居。”④蔡绦说:“吾以靖康岁丙午迁博白……十年之后,北方流寓者日益众。”⑤王象之《舆地纪胜》卷一〇四云:“容介桂、广间,盖粤徼也。渡江以来,北客避地留家者众。”此外,文献中还多有“时江北士大夫,多避地岭南者”⑥“时中原士大夫避难者,多在岭南”⑦等记载。

应该指出的是,这些移民并非全是北方人,有许多是来自江淮地区的人民,这在前面所引的文献记载中可以清楚地看出。此外,在福建、岭南地区移民中还有一些是逃避金兵、随宋室出走的赣南、两浙百姓和士大夫,如王象之《舆地纪胜》卷一〇四云:“(南恩州)民庶侨居杂处,多瓯闽之人。”因此,传统上将南宋初年的移民一律视为“中原人”,是极其错误的⑧。

二、南下移民与长江文化

赵宋政治中心和北方移民的南迁,带来了北方先进的文化和生活方式,进一步促进了北方中原文明向南方地区的渗透,有力地促进了南北文化的交流与交融,对长江文化的各个层面产生了全面而深远的影响,使这一时期的长江文化再次感染上了相当浓厚的黄河文化色彩,并完全确立了此后长江文化在中华文化发展史上的主导地位。

从文献记载来看,移民中有以杨时、尹焞、胡安国、吕本中等人为代表的思想家,有以

① 《宋史》卷三六〇《赵鼎传》,中华书局 1977 年版,第 32 册,第 11292 页。

② 《宋会要辑稿》食货六九之六一,中华书局 1957 年版,第 7 册,第 6360 页。

③ 〔宋〕魏了翁:《鹤山集》卷一六《直前奏事劄子二:论事变倚伏、人心向背、疆场安危、邻寇动静、远夷利害五几》,文渊阁《四库全书》本。

④ 〔宋〕庄绰:《鸡肋编》卷中,中华书局 1983 年版,第 64 页。

⑤ 〔宋〕蔡绦:《铁围山丛谈》卷六,中华书局 1983 年版,第 115 页。

⑥ 〔宋〕李心传:《建炎以来系年要录》卷五六,绍兴二年七月甲申条,中华书局 1988 年版,第 2 册,第 986—987 页

⑦ 〔宋〕李心传:《建炎以来系年要录》卷六三,绍兴三年三月癸未条,中华书局 1988 年版,第 2 册,第 1084 页。

⑧ 葛剑雄主编、吴松弟著:《中国移民史》第 4 卷《辽宋金元时期》,福建人民出版社 1997 年版,第 408—411 页。

陈与义、朱敦儒、曾几、李清照、辛弃疾、孟元老为代表的文学家，有以李唐、马远、梁楷、苏汉臣、马和之、萧照为代表的著名书画家。此外，还有数以万计的音乐、歌舞和各种技艺人才，以及商贾、僧道等等。他们不仅带来了北方先进的文明和生活方式，而且利用自己在学术思想和文学艺术、科学技术等方面的才能，对当地文化的发展产生了全面而深远的影响，从而使南方的文明有了一个质的飞跃。从风俗的各个层面来看，这种影响可以说是全方位的；从区域来说，凡是中原人士寓居集中的地方，其影响就越大。其中，当以中原人士寓居最多的都城临安最具典型性。有鉴于此，明代学者沈士龙识孟元老《东京梦华录》一书说："余尝过汴，见士庶家门屏及坊肆阖扇一如武林，心窃怪之。比读《东京梦华录》所载，贵家士女小轿不垂帘幕，端阳卖葵蒲、艾叶，七夕食油麦糖蜜煎果，重九插糕上以剪彩小旗，季冬廿四日祀龟，及贫人妆鬼神逐祟，悉与今武林同俗，乃悟皆南渡风尚所渐也。至其谓勾栏为瓦肆，置酒有四司等人，食店诸品名称，武林今虽不然，及检《古杭梦游录》往往多与悬合。"①至正《金陵新志》卷八引宋元间人戚氏语曰："在宋建炎中，绝城境为墟，来居者多汴、洛力能远迁巨族仕家。视东晋，至此又为一变。岁时礼节、饮食、市井负炫讴歌，尚传京城故事……气习大率有近中原。"其《民俗志》还载这一带"士民交际、衣服、饮食，多中原遗俗"。其影响之大、之深，于此可见一斑。在这些北方文人学者的影响下，南北方文化相互交融，兼收并蓄，"混淆无南北之分矣"，②从而形成了璀璨的南宋文化。正是古人所言，"天下士大夫之学日趋于南，或推皇帝王霸之略，或谈道德性命之理，彬彬然一时人才学术之盛，不可胜纪"③。

（一）衣食住行

1. 饮食

首先是南方人的饮食结构发生了较大的变化。南人食米，北人食面，这是北宋时人们早已熟知的生活习惯。可是在南宋，南方人尽管在一定程度上仍然保持着自己的饮食习惯，但大量迁居当地的北方人，尤其是由东京来的移民携来了以东京为代表的北方烹饪方法，在南宋都城临安（今浙江杭州）等地纷纷从事饮食业的经营，这就在很大程度上改变了临安等地饮食业经营者的成分，同时也使临安等地饮食业经营的品种发生了很大的变化。

吴自牧在《梦粱录》卷一六《面食店》中说："向者汴京开南食面店，川饭分茶，以备江南往来士夫，谓其不便北食故耳。南渡以来，几二百余年，则水土既惯，饮食混淆，无南北

① 见王云五主编《丛书集成初编》，商务印书馆1936年版。

② 〔宋〕吴自牧：《梦粱录》卷一六《面食店》，浙江人民出版社1984年版，第146页。

③ 〔宋〕倪朴：《倪石陵书》附录《石陵先生倪氏杂著序》，《续金华丛书》本。

之分矣。"这种面食的风气一直影响到浙江各地。慈溪人刘应时《过田家》诗云:"更遣儿童炊麦饭,殷勤相劝且徘徊。"①由于吃面食的人口骤然增多,使长江流域农民竞相种麦,②获利十分优厚,以致"竞种春稼,极目不减淮北"③。当时"高者种粟,低者种豆,有水源者艺稻,无水源者布麦"④。

"西北口味,止以羊为贵。"⑤受北方人的影响,羊肉被南方人视为贵重食品,均以嗜食羊肉为美事,以至临安市民在讽刺封建官僚制度腐败风气时有"户度金仓,细酒肥羊"的俗语⑥。据《梦粱录》《武林旧事》《都城纪胜》《西湖老人繁胜录》等书所载,临安以羊肉为主要原料制成的菜肴有蒸软羊、鼎煮羊(羔)、羊四软、酒蒸羊、羊血粉等 20 多种。品种之丰富,远远超过北宋都城东京。

与此同时,北方人喜喝牛奶和食用奶酪制品的风气也影响到了南方的居民。如张仲文《白獭髓》曰:"浙间以牛乳为素食。"

东京市民重视饮食卫生,如孟元老《东京梦华录》卷五《民俗》载:"凡百所卖饮食之人,装鲜净盘合器皿,车檐动使,奇巧可爱,食味和羹,不敢草略。"这种良好的风俗在临安也可见到,如吴自牧《梦粱录》卷一八《民俗》载:"杭城风俗,凡百货饮食之人,多是装饰车盖担儿,盘合器皿,新洁精巧,以炫耀人耳目,盖效学汴京气象。及因高宗南渡后,常宣唤买市,所以不敢苟简,食味亦不敢草率也。"

特别需要指出的是,在临安众多的商铺中,东京人开设的饮食店更占有举足轻重的地位。时人耐得翁在《都城纪胜·食店》里述及临安的食店时说:"都城食店,多是旧京师人开张。"同书"市井"条又载孝宗(1162—1189 年在位)时事云:"是时尚有京师流寓经纪人,市井遭遇者,如李婆婆羹、南瓦子张家团子。"这些东京人纷纷在临安等地开设酒楼、茶肆和食店,还把北方传统的烹饪技术、东京风味制作以及饮食店的经营管理方法等带到了杭州等地,从而使当时的都城临安颇多"汴京气象"。袁褧《枫窗小牍》就称赞说:"旧京工伎固多奇妙,即烹煮盘案,亦复擅名。如王楼梅花包子、曹婆肉饼、薛家羊饭、梅家鹅鸭、曹家从食、徐家瓠羹、郑家油饼、王家奶酪、段家爊物、不逢巴子南食之类,皆声称于时。若南迁湖上鱼羹宋五嫂、羊肉李七儿、奶房王家、血肚羹宋小巴之类,皆当行不数

① 〔宋〕刘应时:《颐庵居士集》卷下,《四明丛书》本。

② 如《宋史》卷六七《五行志五》载开禧二年(1206)"绍兴府、衢、婺州亡麦"。中华书局 1977 年版,第 5 册,第 1466 页。

③ 〔宋〕庄绰:《鸡肋编》卷上《各地食物习性》,中华书局 1983 年版,第 36 页。

④ 〔宋〕韩元吉:《南涧甲乙稿》卷九《水灾后劄子》,文渊阁《四库全书》本。

⑤ 〔宋〕周煇撰、刘永翔校注:《清波杂志校注》卷九《猫食》,中华书局 1994 年版,第 401 页。

⑥ 〔宋〕陆游:《老学庵笔记》卷六,中华书局 1979 年版,第 83 页。

者也。"①

在他们的影响下,南方长江流域,特别是临安等地的商人也纷纷效仿东京,从而使得当地的商业以异乎寻常的速度蓬勃发展起来了。《都城纪胜·食店》载:"如猪胰胡饼,自中兴以来只东京脏三家一分,每夜在太平坊巷口,近来又或有效之者。"周煇在《清波别志》卷中也十分感慨地说道:"煇小时见人说,京师人家日供常膳,未识下箸食味,非取于市不属餍。自过江来,或有思京馔者,命仿效制造,终不如意。今临安所货节物,皆用东都遗风,各色自若,而日趋苟简,图易售也。"此外,东京饮食店为招揽顾客而采取的注重门面装饰和店内陈设的一些方法也传到了浙江。例如吴自牧《梦粱录》卷一六《茶肆》云:"汴京熟食店,张挂名画,所以勾引观者,留连食客。今杭城茶肆亦如之,插四时花,挂名人画,装点店面。"同卷《酒肆》又载:"如酒肆门首,排设杈子及栀子灯等,盖因五代时郭高祖游幸汴京,茶楼酒肆俱如此装饰,故至今店家仿效成俗也。"有些高级酒楼的门首更是"以枋木及花样沓结,缚如山棚,上挂半边猪、羊,一带近里面窗牖,皆朱绿五彩装饰",一如东京酒楼的"欢门"。并沿袭东京风习,拓宽府堂,厅院廊庑,花木森茂,酒座雅洁,分阁坐次,重帘遮隔,自成天地,不使食客群集一处,以避免人来客往,嘈杂不适。吴自牧《梦粱录》卷一六《分茶酒店》载:"杭城食店,多是效学京师人。开张亦效御厨体式,贵官家品件。"

不仅坐贾待沽的店家如此,而且连那些肩挑车推、走街串巷的流动小贩,也纷纷学起东京商人的生意经。《梦粱录》卷一三《天晓诸人市》就对此做了非常详细的描述:每日交四更,"御街铺席,闻钟而起,卖早市点心"。各行铺食及流动食贩,"填塞街市,吟叫百端,如汴京气象,殊可人意"。同卷《夜市》又载:"赏新楼前仙姑卖食药。又有经纪人担瑜石钉铰金装架儿,共十架,在孝仁坊红杈子卖皂儿膏、澄沙团子、乳糖浇。寿安坊卖十色沙团。众安桥卖澄沙膏、十色花花糖。市西坊卖炮螺滴酥,观桥大街卖豆儿糕、轻饧。太平坊卖麝香精、蜜糕、金铤裹蒸儿。庙巷口卖杨梅糖、杏仁膏、薄荷膏、十般膏子糖。内前杈子里卖五色法豆,使五色纸袋儿盛之。通江桥卖雪泡豆儿、水荔枝膏。中瓦子前卖十色糖。更有瑜石车子卖糖糜乳糕浇,亦俱曾经宣唤,皆效京师叫声。"

此外,北方地区特别是东京的传统烹饪技术、风味制作以及冷藏食物等方法和技术也随着宋室的南迁而传入了南方,且为当地人所采用。例如,临安的菜肴就融合了南下"京师人"所带来的烹饪方法,保持和发展了鱼米之乡特色丰盛的优势,"南料北烹",结合杭州西湖胜迹风貌的文采,形成了具有鲜明特色的菜系,把中国的古代菜肴发展到了一个新的高峰。东京人宋嫂的鱼羹制作技术就在临安广为流传。据《武林旧事》卷七载:

① 〔宋〕袁褧:《枫窗小牍》卷上,载《宋元笔记小说大观》,第5册,第4771页。

"明有卖鱼羹宋五嫂，对御自称东京人氏，随驾至此。"又《梦粱录》载杭城有"效学京师古本十般糖"的糖食方法①。

宋苏汉臣《货郎图》

宋侍女煮茶砖雕

宋厨娘剖鱼画像砖

另据文献记载，南方人入冬藏雪的方法也系仿学东京而来。庄绰《鸡肋编》卷中载："二浙旧少冰雪。绍兴壬子(1132年)驾在钱塘，是冬大雪，冰厚数寸，北人遂窖藏之，烧地作荫，皆如京师法。临安府委诸县皆藏，率其北人教其制度。明年五月大中节日，天适晴暑，供奉行宫，有司大获犒赏。其后钱塘无冰可收，时韩世忠在镇江，率以舟载在行在，兼昼夜牵挽疾驰，谓之进冰船。"而正是这种藏冰技术的传入，使当时的临安市民又多了一种职业，并可在炎热的夏天品尝到冰凉的饮料。对此，时人杨万里有诗描述道："北人冰雪作生涯，冰雪一窖活一家。帝城六月日卓午，市人如炊汗如雨。卖冰一声隔水来，行人未吃心眼开。甘霜甜雪如压蔗，年年窖子南山下。"②正是经过这种南北饮食文化一百余年的交流与融合，临安遂"饮食混淆，无南北之分矣"。③

总之，以东京为代表的北方饮食文化的南传，不仅丰富了南方人的饮食生活，而且进一步提升了南方饮食业在全国的地位，以至社会上时有"不到两浙辜负口"的谣谚④。

① 〔宋〕吴自牧：《梦粱录》卷一三《夜市》，浙江人民出版社1984年版，第119页。

② 〔宋〕杨万里：《诚斋集》卷一八《荔枝歌》，《杨万里诗文集》，江西人民出版社2006年版，第324页。

③ 〔宋〕吴自牧：《梦粱录》卷一六《面食店》，浙江人民出版社1984年版，第146页。

④ 〔宋〕孔平仲：《谈苑·辜负口眼》，载《类说》卷五三，文渊阁《四库全书》本。

2. 服饰

从衣饰来看，北宋中原，特别是东京开封的许多服装式样和发饰等在南渡以后传到了南方。袁褧《枫窗小牍》云："汴京闺阁妆抹凡数变。崇宁间，少尝记忆作大鬓方额。政宣之际，又尚急把垂肩。宣和以后，多梳云尖巧额，鬓撑金凤。小家至为剪纸衬发，膏冰芳香、花靴弓履，穷极金翠。一袜一领，费至千钱。今闻虏中闺饰复尔，如瘦金莲方、莹面丸、遍体香，皆自北传南者。"①因临安市民流行和崇尚北宋末年东京的衣饰，以致一些寓居临安而以经营东京衣饰的服装店铺大发横财。据文献记载，临安城中的绒线铺就以自东京流寓的移民开的最为著名。耐得翁《都城纪胜》"铺食"条载："又如厢王家绒线铺（自东京流寓），今于御街开张，数铺亦不下万计。"

宋佚名《四美图》中浓妆艳抹的贵妇

东京各类人士的服装，多有行规，如孟元老《东京梦华录》卷五《民俗》载："其卖药卖卦，皆具冠带。至于乞丐者，亦有规格，稍似懈怠，众所不容。其士农工商诸行百户衣装，各有本色，不敢越外。谓如香铺裹香人，即顶帽披背；质库掌事，即着皂衫角带不顶帽之类。街市行人，便认得是何色目。"这种风俗同样影响到南方，如吴自牧《梦粱录》卷一八《民俗》载："杭城风俗……士农工商诸行百户衣巾装着，皆有等差。香铺人顶帽披背子。质库掌事，裹巾着皂衫角带。街市买卖人，各有服色头巾，各可辨认是何名目人。"

3. 园林住居

南宋长江流域的住居受到北方中原文明的影响，特别是都城临安的皇宫建筑和城市园林建筑等，竞相仿效北宋都城东京开封和西京洛阳。如《鼠璞》载："南渡驻跸，王公贵人园池竞建。"都城临安西湖的四周，"台榭亭阁，花木奇石，影映湖山，兼之贵宅宦舍，列亭馆于水堤，梵刹琳宫，布殿阁于湖山，周围胜景，言之难尽"②。绍兴、吴兴等城市也是如此，园林建设蓬勃兴起，特别是私家园林尤甚。时人陈鹄在《西塘集耆旧续闻》一书中载道："南渡初，南班宗子，寓居会稽为近属，士子最盛，园亭甲于浙东，一时坐客皆骚人墨客。"周密《吴兴园林记》也云："吴兴山水清远，升平日，士大夫多居之，其俊秀安僖王府第在焉，尤为盛观。城中二溪横贯，此天下之所无，故好事者多园池之胜。倪文节《经鉏堂杂志》尝纪当时园圃之盛。余生晚，不及尽见，而所见者亦有出于文节之后。今摭城之内

① 〔宋〕袁褧：《枫窗小牍》卷上，载《宋元笔记小说大观》，第5册，第4760页。
② 〔宋〕吴自牧：《梦粱录》卷一二《西湖》，浙江人民出版社1984年版，第106页。

外，常所经游者列于后，亦可想象昨梦也。”①

刘松年《四景山水图》之春景

刘松年《四景山水图》之夏景

刘松年《四景山水图》之秋景

刘松年《四景山水图》之冬景

这些园林不仅大量采用北宋东京开封和西京洛阳的建筑技术和方法，而且连名称、布局等也沿用北宋两京。如建于绍兴十七年（1147 年）的临安御园玉津园，就是沿用“东都旧名”，并在园林布局上也仿效东京南熏门外的玉津园。而北宋东京开封与西京洛阳园林流行种植牡丹的风尚，同样影响到临安。如聚景园中的牡丹，就称盛于时。孝、光、宁三帝时常临幸此园观赏牡丹花。吴兴赵氏兰泽园，园中植物同样以牡丹为特盛。

4. 行旅

在行旅习俗方面，浙江也同样受到了北方风俗的影响。据周煇《清波别志》卷中载：“士大夫于马上披凉衫，妇女步通衢，以方幅紫罗障蔽半身，俗谓之盖头……皆为北地风尘设。凡贵游出，令一二十人持镀金水罐子前导，旋洒路过车，都人名曰水路。”但临安城中街衢皆砌以砖块和石板，“初无蓬勃”，非北宋东京可比，但临安城中贵族妇女和士大夫等出游，照样以方幅紫罗巾盖身，前面用水洒路，又成为后人的一大笑料。

(二)岁时节日

在节日风俗方面，南北宋之交的南方长江流域与北方中原地区尚有较大的差异，故

① 〔元〕陶宗仪：《说郛》卷六八下，文渊阁《四库全书》本。

时人庄绰《鸡肋编》卷上载："南方之俗，尤异于中原故习。"但自宋室南迁以后，北方移民将当地的节日风俗带入南方。以致到南宋晚期，这种情况已经完全改变。如寒食节，"古来禁火惟汾晋，今遍天涯海角然"①。其他如鞭春、元宵扫街、端午、七夕、重阳、腊八节、大节夜宫中驱傩等，也含有浓厚的北方色彩。我们试将吴自牧《梦粱录》、周密《武林旧事》、耐得翁《都城纪胜》等书所载的南宋末年杭州社会风俗与孟元老《东京梦华录》所记北宋东京的社会风俗做一比较，几乎看不出这两个都城之间有什么差异。毫无疑问，这些风俗正如周密在《武林旧事》卷三《乞巧》中所说的"大抵皆中原旧俗也"。这说明经过长时期的糅杂以后，北方中原地区的社会风俗已深深地融合于长江流域的社会风俗之中。

宋佚名《岁朝图》

1. 元旦

元旦，是一年岁月的更始。由于这一天是岁之朝、月之朝、日之朝，因此又叫"三朝"。宋人对这一节日最为重视，认为"一岁节序，此为之首"②，故将其列为三大节日之一，上自帝王将相，下至平民百姓，隆重加以庆祝。这一天，宫廷中要举行大朝会，而民间则有放炮仗、拜年、贴桃符、饮屠苏酒、食素饼等习俗。

(1)拜年。拜年是宋人在元旦这一天必不可少的活动。它可分为官府和民间两种，其中官府的拜年活动又可分为宫廷大朝会和官员之间的相互拜年。

每年元旦，宫廷要按常例举行大朝会。一清早，皇帝"精虔炷天香，为苍生祈百谷于上穹"；而在京的文武百官则要赶往宫廷给皇帝拜年。这一风俗，北宋都城东京和南宋都城临安几乎没有差异，这从孟元老《东京梦华录》卷六《元旦朝会》和吴自牧《梦粱录》卷一《元旦大朝会》等书的记载中可以看出。

另据施宿《嘉泰会稽志》卷一三《节序》记载，除宫廷外，各州的士大夫在元旦这一天则赴州衙序拜。序拜不按官位高低，而是依年龄大小进行的。

中原一带百姓在元旦这一天，皆穿着鲜艳的新衣，往来拜年。如孟元老撰《东京梦华录》卷六《正月》载："正月一日年节，开封府放关扑三日，士庶自早互相庆贺。"这一风俗影响到了浙江，例《梦粱录》卷一《正月》载南宋都城临安风俗云："细民男女亦皆鲜衣，往来拜节。"

(2)放爆竹。元旦放爆竹以驱鬼避邪，是宋人迎春的重要活动之一。据《东京梦华

① 〔宋〕刘克庄：《后村集》卷三八《寒食》，文渊阁《四库全书》本。

② 〔宋〕吴自牧：《梦粱录》卷一《正月》，浙江人民出版社1984年版，第1页。

录》等书记载，每到新年钟声敲响之际，东京城内顿时鞭炮齐鸣，为新年增添了热闹欢乐的气氛。王安石《元日》诗生动地描述道："爆竹声中一岁除，春风送暖入屠苏。千门万户曈曈日，总把新桃换旧符。"[①]南宋临安等地亦然，据《武林旧事》等书记载，之所以如此，是求"开门大吉"。

(3)祭祖。北宋中原地区元旦有上坟祭祖的风俗，以示孝顺。北宋韩琦就作有《元日祀坟》《元日祀坟马上》《元日祀坟道中》等诗。[②] 南宋时，这种祭祖风俗传入浙江。在元旦这一天，绍兴人要举行隆重的家祭或墓祭。祭祖一般在家中进行，届时有展先像之俗。其时，家家户户在堂屋中悬挂祖先画像，具香烛、茶果糕点等，家长肃衣冠，率全家老少依次祭拜。如施宿《嘉泰会稽志》卷一三《节序》载："元旦男女夙兴，家主设酒果以奠，男女序拜，竣乃盛服，诣亲属贺，设酒食相款，曰岁假，凡五日而毕。"

2. 元宵节

正月十五为元宵节，因这一天以放灯、观灯为主要活动内容，故民间又称为灯节。其俗在北宋东京非常盛行。《东京梦华录》卷六《元宵》载东京元宵习俗云：

> 正月十五日元宵，大内前自岁前冬至后，开封府绞缚山棚，立木正对宣德楼。游人已集御街，两廊下奇术异能，歌舞百戏，鳞鳞相切，乐声嘈杂十余里……灯山上彩，金碧相射，锦绣交辉。面北悉以彩结山沓，上皆画神仙故事，或坊市卖药卖卦之人，横列三门，各有彩结，金书大牌，中曰都门道，左右曰左右禁卫之门，上有大牌曰宣和与民同乐，彩山左右以彩结文殊、普贤，跨狮子、白象，各于手指出水五道，其手摇动，用辘轳绞水上灯山尖高处，用木柜贮之，逐时放下，如瀑布状。又于左右门上，各以草把缚成戏龙之状，用青幕遮笼，草上密置灯烛数万盏，望之蜿蜒如双龙飞走。自灯山至宣德门楼横大街，约百余丈，用棘刺围绕，谓之棘盆，内设两长竿，高数十丈，以缯彩结束，纸糊百戏人物，悬于竿上，风动宛若飞仙，内设乐棚，差衙前乐人作乐杂戏，并左右军百戏在其中。驾坐一时呈拽，宣德楼上皆垂黄缘帘，中一位乃御座，用黄罗设一彩棚，御龙直执黄盖掌扇，列于帘外，两朵楼各挂灯球一枚，约方圆丈余，内燃椽烛，帘内亦作乐。宫嫔嬉笑之声，下闻于外。楼下用枋木垒成露台一所，彩结栏槛，两边皆禁卫排立，锦袍幞头簪赐花，执骨朵子，面此乐棚。教坊钧容直，露台弟子，更互杂剧。近门亦有内等子班直排立。万姓皆在露台下观看，乐人时引万姓山呼。

① 〔宋〕王安石：《王文公文集》卷七二，上海人民出版社 1974 年版，第 771 页。

② 前二首见韩琦《安阳集》卷一三，后一首见《安阳集》卷二〇，文渊阁《四库全书》本。

南宋李嵩《观灯图》

到南宋时,临安的灯会,其规模之宏大、景观之奇丽、花色之纷繁和技艺之精巧,都是前代所不及的。史书载:“巷陌爪札,欢门挂灯,南自龙山,北至北新桥,四十里灯光不绝。城内外有百万人家,前街后巷,僻巷亦然,挂灯或用玉栅,或用罗帛,或纸灯,或装故事,你我相赛。州府札山栅,三狱放灯,公厅设醮,亲王府第、中贵宅院,奇巧异样细灯,教人睹看。”①“四十里灯光不绝”,“城内外有百万人家”参与,真可谓盛况空前绝后了!

杭州的元宵灯会,虽然在唐代就有了,但从文献记载来看,南宋临安的元宵灯会深受北宋东西两京的影响。以极富情趣的猜灯谜为例,周密《武林旧事》卷一《灯品》曰:“绢灯剪写诗词,时寓讥笑,及画人物,藏头隐语,及旧京诨语,戏弄行人。”

3. 立春鞭春

鞭春又称打春、祭春牛,是指地方官员按例在立春日举行鞭打土牛的仪式,以此劝人们春耕。此俗在北宋的北方地区非常盛行,如《东京梦华录》卷六《立春》载北宋开封府鞭春习俗时说:

立春前一日,开封府进春牛入禁中鞭春。开封、祥符两县,置春牛于府前。至日绝早,府僚打春,如方州仪。

到南宋后又传入浙江。如《梦粱录》详细记载临安风俗曰:

临安府进春牛于禁庭。立春前一日,以镇鼓锣吹妓乐迎春牛。往府衙前迎春馆内。至日侵晨,郡守率僚佐以彩仗鞭春,如方州仪。太史局例于禁中殿陛下,奏律管吹灰,应阳春之象。街市以花装栏,坐乘小春牛,及春幡春胜,各相献遗于贵家宅舍,示丰稔之兆。宰臣以下,皆赐金银幡胜,悬于幞头上,入朝称贺。②

4. 寒食节

寒食节原来流行于北方,南渡后逐渐在长江流域传播开来。故时人刘克庄有“古来禁火惟汾晋,今遍天涯海角然”的诗句。③ 作为都城的临安,更是其中的代表。周密《武林旧事》卷三《祭扫》载:“清明前三日为寒食节,都城人家,皆插柳满檐,虽小坊幽曲,亦青青

① 〔宋〕西湖老人:《西湖老人繁胜录》“街市点灯”条,《南宋古迹考》(外四种),第 99 页。

② 〔宋〕吴自牧:《梦粱录》卷一《立春》,浙江人民出版社 1984 年版,第 2 页。

③ 〔宋〕刘克庄:《后村集》卷三八,文渊阁《四库全书》本。

可爱，大家则加枣䭔于柳上，然多取之湖堤。有诗云：'莫把青青都折尽，明朝更有出城人。'"又曰："朝廷遣台臣、中使、宫人，车马朝飨诸陵，原庙荐献，用麦糕稠饧。而人家上冢者，多用枣䭔姜豉。南北两山之间，车马纷然，而野祭者尤多，如大昭庆、九曲等处，妇人泪妆素衣，提携儿女，酒壶肴罍。村店山家，分馂游息。至暮则花柳土宜，随车而归。"这里所载的插柳之俗和"寒食"，便充满中原文化的色彩。枣䭔为一种面粉为主料制成的饼，俗称"寒食"。时人有"馋妇思寒食，懒妇思正月"的谚语。

同样，寒食上坟之俗也见于四明等地。如楼异"两守乡郡，首尾五年，每寒食上冢，旌旗鼓吹，皆集茔下，乡里以为荣"①。

5. 端午节

北宋时，东京等北方地区以五月初一为端一，初二为端二，数至五，谓为端五②。此俗随宋室南迁传到浙江，人们也以五月初五为端午节。周密《武林旧事》卷三《端午》云：

> 先期学士院供帖子，如春日禁中排当，例用朔日，谓之端一。或传旧京亦然。插食盘架，设天师艾虎，意思山子数十座，五色蒲丝百草霜，以大合三层，饰以珠翠葵榴艾花。蜈蚣、蛇、蝎、蜥蜴等，谓之毒虫。及作糖霜韵果，糖蜜巧粽，极其精巧。又以大金瓶数十，遍插葵榴栀子花，环绕殿阁。及分赐后妃诸阁大珰近侍翠叶、五色葵榴、金丝翠扇、真珠、百索、钗符、经筒、香囊、软香龙涎佩带，及紫练、白葛、红蕉之类。大臣贵邸，均被细葛、香罗、蒲丝、艾朵、彩团、巧粽之赐。而外邸节物，大率效尤焉。

北宋东京等地的百姓，有在端午日插艾人、蒲人，家中挂张天师像，以求得家中的平安和幸福的风俗，在南宋时这一习俗传入浙江。如周密《武林旧事》卷三载临安端午风俗云："以青罗作赤口白舌帖子，与艾人并悬门楣，以为禳禬。道宫法院，多送佩带符箓。而市人门首，各设大盆，杂植艾蒲葵花，上挂五色纸钱、排饤果粽。虽贫者亦然。"绍兴同样如此，《嘉泰会稽志》卷一三《节序》载："重五日，户户皆以土偶张天师置门额上，或以虎，或以艾束作人形，而以土作天师头，竹作剑，木作印。"

宋佚名《龙舟竞渡图》

又，在古人的观念里，五月为恶月，鬼邪活动猖獗，因此要借助五色的神奇力量来驱鬼辟邪。供养花木，就是人们流行的一种作法。此俗始行于北宋都城开封，如《东京梦华

① 〔宋〕楼钥：《攻媿集》卷六〇《长汀庵记》，文渊阁《四库全书》本。
② 〔宋〕陈元靓：《岁时广记》卷二一，文渊阁《四库全书》本。

录》卷八《端午》云："自五月一日及端午前一日，卖桃、柳、葵花、蒲叶、佛道艾。次日，家家铺陈于门首，与粽子、五色水团、茶酒供养。"宋室南迁后，这种习俗也带到了浙江。如《西湖老人繁胜录》载临安风俗道："（五月）初一日，城内外家家供养，都插遭蒲、石榴、蜀葵花、栀子花之类，一早卖一万贯花钱不啻。何以见得？钱塘有百万人家，一家买一百钱花，便可见也。酒果、香烛、纸马、粽子、水团，莫计其数。只供养得一早，便为粪草。虽小家无花瓶者，用小坛也插一瓶花供养。盖乡土风俗如此。寻常无花供养，却不相笑，惟重午不可无花供养。端午日仍前供养。"

6. 七夕

七月七日为乞巧节。这一天晚上，妇女对月穿针，饮酒为乐，叫作"乞巧"，以小蜘蛛贮盒内，候看结网的疏密，作为得巧多少的应验。

在北宋东京，一些富贵人家在自己的庭院内搭起华丽侈靡的乞巧楼，以纪念牛郎织女。陈元靓《岁时广记》卷二六引《岁时杂记》曰："京师（开封）人七夕以竹或木或麻秸编而为棚，剪五色彩为层楼，又为仙楼。刻牛女像及仙从等于上以乞巧；或只以一木剪纸为仙桥，于其中为牛女，仙从列两傍焉。"又曰："京师人祭牛女时，其案上先铺楝叶，乃设果馔等物。"与此同时，女子们也利用牛郎织女鹊桥相会这一千载难逢的机会，向织女讨教，以使自己变得心灵手巧。这种风俗同样流传到浙江①。如《武林旧事》卷三《乞巧》载："七夕节物，多尚果食、茜鸡及泥孩儿号摩睺罗……小儿女多衣荷叶半臂，手持荷叶，效颦摩睺罗。大抵皆中原旧俗也。"

宋李嵩《汉宫乞巧图》

宋佚名《唐宫乞巧图》

① 〔宋〕金盈之《醉翁谈录》卷四《七月》说："其夜妇女以七孔针于月下穿之，其实此针不可用也，针褊而孔大。其余乞巧，南人多仿之。"辽宁教育出版社 1998 年版，第 15 页。

另据文献记载，南宋浙江在乞巧节时还有吃巧、巧竿的习俗。如庄绰《鸡肋编》卷上说："浙人七夕，虽小家亦市鹅鸭食物，聚饮门首，谓之吃巧。"而巧竿之俗则流行于绍兴地区，如《嘉泰会稽志》卷一三《节序》载："七夕，立长竿于中庭，上设莲花，谓之巧竿。以酒果饼饵祭牛女，盖乞巧也。"

磨喝乐又称摩睺罗，为梵语的音译。在佛经中，磨喝乐本为天龙八部神之一。据说当年曾为一国国王，后因罪坠入地狱。经过六万年的修炼才得以脱身成胎，再经过六万年方出世成人。六年出家成佛，名磨喝乐。人们喜爱这个人物，希望也能生一个这样的孩子，于是便将磨喝乐用泥捏成一种具有浓厚佛教色彩的儿童玩具。《东京梦华录》卷八《七夕》曰："七月七夕，潘楼街东宋门外瓦子，州西梁门外瓦子，北门外，南朱雀门外街，及马行街内，皆卖磨喝乐，乃小塑土偶耳。悉以雕木彩装栏座，或用红纱碧笼，或饰以金珠牙翠，有一对直数千者。"至南宋时，磨喝乐的制作愈加精致。

7. 重阳节

九月九日为重阳节，又称重九节，是宋代的重要节日之一，该节的主要内容有爬山登高、赏菊、吃重阳糕等。

赏菊习俗盛行于北宋，《东京梦华录》卷八《重阳》载北宋都城开封赏菊风俗道："九月重阳。都下赏菊有数种：其黄白色蕊若莲房曰万龄菊，粉红色曰桃花菊，白而檀心曰木香菊，黄色而圆者曰金铃菊，纯白而大者曰喜容菊。无处无之。酒家皆以菊花缚成洞户。"南宋临安、绍兴等地亦然。《梦粱录》卷五《九月重九附》曰："年例，禁中与贵家皆此日赏菊，士庶之家亦市一二株玩赏。"《嘉泰会稽志》卷一三《节序》载："重九亦相约登高，佩萸泛菊，不甚食糕，而多食栗粽，亦以相馈然。"

重阳节那天，临安等地百姓又仿东京习俗，有食重阳糕的风俗。重阳糕由糖面蒸制而成，里面嵌镶以猪肉、羊肉、鸭肉等斩成的"丝簇饤"，或以果实（如石榴子、栗子黄、银杏、松子肉之类）为饤，上面再插五色小彩旗。宫廷蜜煎局还以五色米粉塑成狮蛮，以小彩旗簇之，下以熟栗子肉杵为细末，入麝香糖蜜和之，捏为饼糕小段，或加五色弹儿，皆入韵果糖霜，名之为"狮蛮栗糕"。供衬进酒，以应节序。按宋代习俗，这种重阳糕一般在重阳节前一二日制作，店铺中也有出售，人们纷纷以此相馈赠。[1] 又以苏子微渍梅卤，杂和蔗霜梨橙玉榴小颗，名曰"春兰秋菊"。

[1] 〔宋〕吴自牧：《梦粱录》卷五《九月（重九附）》，浙江人民出版社 1984 年版，第 30 页。

8. 冬至

冬至是宋代的三大节日之一，又称“亚岁”“冬除”“二除夜”，有的甚至称“除夜”。[①] 在北宋，东京市民最重此节。如《东京梦华录》卷一〇《冬至》曰：“十一月冬至，京师最重此节。虽至贫者，一年之间，积累假借，至此日更易新衣，备办饮食，享祀先祖。官放关扑，一如年节。”这一观念在浙江同样得到了充分的反映。据文献记载，这里的冬至之俗与年节大致相同，如周密《武林旧事》卷三《冬至》载临安风俗说：“都人最重一阳贺冬，车马皆华整鲜好，五鼓已填拥杂遝于九街。妇人小儿，服饰华炫，往来如云。岳祠、城隍诸庙，炷香者尤盛。三日之内，店肆皆罢市，垂帘饮博，谓之‘做节’。”《梦粱录》卷六《十一月冬至》亦曰：“十一月仲冬，正当小雪、大雪气候。大抵杭都风俗，举行典礼，四方则之为师，最是冬至岁节。士庶所重，如馈送节仪，及举杯相庆，祭享宗禋，加于常节。士庶所重，如晨鸡之际，太史观云气以卜休祥，一阳后日晷渐长，比孟月则添一线之功。杜甫诗曰：‘愁日愁随一线长’，正谓此也。此日宰臣以下，行朝贺礼。士夫庶人，互相为庆。太庙行荐黍之典，朝廷命宰执祀于圜丘。官放公私僦金三日。车驾诣攒宫朝享。”馄饨是此日人们祭祀祖先和享用的最佳物品，此俗自北宋都城东京传入，[②]流行于临安。如周密《武林旧事》卷三《冬至》曰：“享先则以馄饨，有‘冬馄饨，年馎饦’之谚。贵家求奇，一器凡十余色，谓之‘百味馄饨’。”

9. 腊日

十二月八日为腊日，民间俗称腊八节。此日，据佛教所说，是佛祖释迦牟尼成道日，故此在这一天各寺院都要举行纪念仪式，并熬煮腊八粥以供佛。

我国吃腊八粥的习俗始于北宋，如孟元老《东京梦华录》卷一〇《十二月》载：“初八日，街巷中有僧尼三五人作队念佛，以银铜沙罗或好盆器，坐一金铜或木佛像，浸以香水，杨枝洒浴，排门教化。诸大寺作浴佛会，并送七宝五味粥与门徒，谓之腊八粥。都人是日各家亦以果子杂料煮粥而食也。”南宋时浙江亦流行这一风俗，如都城临安“大刹等寺，俱设五味粥，名曰腊八粥；亦设红糟，以麸乳诸果笋芋为之，供僧，或馈送檀施贵宅等家”。[③]

10. 交年

交年节在每年十二月二十四日，因其时将近年夜，故民间视之为小年或称小岁。此

---

① 〔宋〕陈元靓《岁时广记》卷三八引《岁时杂记》云：“冬至既号亚岁，俗人遂以冬至前之夜为冬除，大率多仿岁除故事而略差焉；《提要录》谓之二除夜。”

② 〔宋〕金盈之《醉翁谈录》卷四《十一月》载北宋都城东京冬至风俗，有“新年已过，皮鞋底破，大担馄饨，一口一个”之谚。辽宁教育出版社1998年版，第17页。

③ 〔宋〕吴自牧：《梦粱录》卷六《十二月》，浙江人民出版社1984年版，第49页。

日，北宋北方地区有所谓的“醉司命”“照虚耗”“打夜胡”等活动。如《东京梦华录》卷一〇《十二月》载：“二十四日交年。都人至夜请僧道看经，备酒果送神，烧合家替代钱纸，帖灶马于灶上，以酒糟涂抹灶门，谓之‘醉司命’。夜于床底点灯，谓之‘照虚耗’……自入此月，即有贫者三数人为一火，装妇人鬼神，敲锣击鼓，巡门乞钱，俗呼为‘打夜胡’，亦驱祟之道也。”这些风俗在临安等地的交年节中也可见到，如《梦粱录》卷六《十二月》载临安风俗说：“二十四日，不以穷富，皆备蔬食饧豆祀灶。此日市间及街坊叫买五色米食、花果、胶牙饧、萁豆，叫声鼎沸。其夜家家以灯照于卧床下，谓之照虚耗。”又《武林旧事》卷三《岁晚节物》曰：“二十四日，谓之交年，祀灶用花饧米饵，及烧替代及作糖豆粥，谓之口数。”

11. 除夕

除夕在宋代又称为除日、除夜、岁除等，为十二月的最后一天，也是一年之终结，“月穷岁尽”，故极为隆重。

除夕晚上，民间有守岁、馈岁、别岁等俗。守岁又称分岁，其俗盛行于北宋时期。如《东京梦华录》卷一〇《除夕》曰：“士庶之家，围炉团坐，达旦不寐，谓之守岁。”时人认为，“守冬爷长命，守岁娘长命”①。因此，一些“痴儿呆女”往往通宵达旦不睡，为娘守岁。此俗至南宋时仍然盛行于临安等地。

而这一天晚上，南宋宫中和民间又沿袭东京等地的习俗，举行驱傩仪式。如《武林旧事》卷三《岁除》载临安宫中风俗云：“禁中以腊月二十四日为小节夜，三十日为大节夜，呈女童驱傩，装六丁、六甲、六神之类，大率如《梦华》所载。”又在南宋，人们每当在除夕夜，习俗总是要焚烧苍术等香药，以此希望能避瘟祛湿，助阳气上升。如《武林旧事》卷三《岁晚节物》载：“至（除夕）夜……如饮屠苏、百事吉、胶牙饧，烧术卖懵等事，率多东都之遗风焉。”可见，此风从北宋都城东京传入。

宋佚名《大傩图》

另据文献记载，除夕南方吃馎饦的习俗也来源于北方。馎饦是一种汤饼之类的食物，为宋代除夕最具特色的食品，时有“冬馄饨，年馎饦”的谚语。② 南宋陆游《岁首书事》一诗曰：“扶持又度改年时，耄齿侵寻敢自期。中夕祭余

① 〔宋〕金盈之：《醉翁谈录》卷四《十二月》，辽宁教育出版社1998年版，第17页。

② 〔宋〕周密《武林旧事》卷三《冬至》：“享先则以馄饨，有‘冬馄饨、年馎饦’之谚。”浙江人民出版社1984年版，第46页。

分馎饦。”并自注：“乡俗以夜分毕祭享，长幼共饭其余。又岁日必用汤饼，谓之冬馄饨、年馎饦。”①

除上述诸节外，南宋长江流域还有一些岁时风俗也受到中原地区风俗的影响。如清明节的禁火与子推燕。上元夜临安的“扫街”风俗来自东京，如《武林旧事》卷二《元夕》载：“至夜阑，则有持小灯照路拾遗者，谓之扫街，遗钿坠珥往往得之，亦东都遗风也。”再如中元节，临安居民有接祖之举，盖因南宋临安居民有许多由汴京南迁而来，祖宗坟墓在中原，无法设祭，遂有是举，并相沿成习，为他郡所无。故杭谚有“七月十二接祖宗，西瓜老藕瞎莲蓬”之说。

（三）诞生与婚丧

1. 生育

南宋都城临安的生育风俗，与婚姻礼俗一样，也深受北宋都城东京的影响，这可以从孟元老《东京梦华录》卷五《育子》与吴自牧《梦粱录》卷二〇《育子》的对比中可以清楚地看出。

北宋东京宫中在举行完“洗三”礼后，君臣照例也要举行非常盛大的庆贺活动，大臣们或敬献贺表，或以诗赋庆贺，而皇帝则对参加庆贺活动的大臣赐以“洗儿钱”。如蔡绦《铁围山丛谈》载：“祖宗故事，诞育皇子公主，每侈其庆，则有浴儿包子，并赉巨臣戚里。包子者，皆金银大小钱、金粟涂金果、犀玉钱、犀玉方胜之属。如诞皇子，则赐包子罢，又逐后命中使人密赐，来约颁诸宰相，余臣不可得也。密赐者，必金合，多至二三百两，中贮犀玉带或珍珠瑰宝。”②宋室南渡后，这一风俗也带到临安，时人洪迈《容斋随笔·四笔》卷六《洗儿金钱》就做了详细的描述：

> 车驾都钱塘以来，皇子在邸生男及女，则戚里、三衙、浙漕、京尹皆有饷献。随即致答，自金币之外，洗儿钱果，动以十数合，极其珍巧。若总而言之，殆不可胜算，莫知其事例之所起。刘原甫（敞）在嘉祐中，因论无故疏决云：“在外群情，皆云圣意以皇女生，故施此庆，恐非王者之令典也。又闻多作金银、犀象、玉石、琥珀、玳瑁、檀香等钱，及铸金银为花果，赐予臣下。自宰相、台谏，皆受此赐。无益之费、无名之赏，殆无甚于此。若欲夸示奢丽，为世俗之规则可矣，非所以轨物训俭也。宰相、台谏，以道德辅主，奈何空受此赐，曾无一言，遂事不谏。臣愿深执恭俭，以答上天之贶，不宜行姑息之恩，以损政体。”伟哉！刘公之论，其劲切如此……盖宫掖相承，欲罢不能也。

① 〔宋〕陆游：《剑南诗稿》卷三八，《陆游集》，中华书局1976年版，第2册，第992页。

② 〔宋〕蔡绦：《铁围山丛谈》卷四，中华书局1983年版，第61页。

他如育子满月、百日、周岁的礼仪，同样渗入了中原的礼俗。如当时新生儿满月时，要举行汤饼会。如宋末奉化人陈著《喜弟观得男弥月数句识之》诗云："弥月汤饼席，云集尊与少。欢极不知醉，老怀得倾倒。"诗注："某今日为新生小儿弥月，徇俗具汤饼，因敢会宗族姻邻及客。"①

2. 婚姻

北宋中原地区的婚姻礼俗，一个重要特点就是婚姻论财。北宋大史学家司马光就曾指出：

> 今世俗之贪鄙者，将娶妇，先问资装之厚薄；将嫁女，先问聘财之多少。至于立契约，云某物若干，某物若干，以求售某女者。亦有既嫁而欺绐负约者，是乃驵侩鬻奴卖婢之法，岂得谓之士大夫婚姻哉！其舅姑既被欺绐，则残虐其妇，以摅其忿。由是爱其女者，务厚资装，以悦其舅姑。殊不知彼贪鄙之人不可盈厌，资装既竭，则安用汝女哉！于是质其女以责货于女氏，货有尽而责无穷，故婚姻之家往往终为仇雠矣。是以世俗生男则喜，生女则戚，至有不举其女者，因此故也。然则议婚姻有及于财者，皆勿与为婚姻可也。②

南宋都城临安的婚姻礼俗，基本上沿袭北宋东京，其时的临安是个商业性的大都会，这种"娶妇直求资财"的现象更甚于各地。婚姻各个程序中都与"财"字密切结合在一起，特别是聘礼、陪嫁奁具的多少，对能否缔结婚约具有举足轻重的地位。③ 如宋末奉化人陈著有感道："慨古道之难，逢娶而论财。顾时流之方竞，兹宠存于月谱。"④正因为厚嫁成风，造成一些家底较薄的人家无力娶妇嫁女，以致婚姻失时。绍兴二十六年(1156 年)，尚书吏部员外郎王晞亮言："比年以来，承平浸久，侈俗益滋，婚姻者贸田业而犹耻率薄，以至女不能嫁，多老于幽居。"⑤

此外，中原地区男女婚姻重媒妁介绍、父母做主的通常惯例，同样影响到了南方。从吴自牧《梦粱录》卷二〇《嫁娶》与孟元老《东京梦华录》卷五《娶妇》的文献记载来看，南宋临安的婚姻礼俗与北宋汴京几乎没有什么大的差异，两地从起草帖到卜问、送帖、定帖、相亲、定礼、追节、亲迎等仪式，几乎同出一辙。

① 〔宋末元初〕陈著：《本堂集》卷七三，文渊阁《四库全书》本。

② 〔宋〕司马光：《司马氏书仪》卷三《婚仪》，《丛书集成初编》本。

③ 其实，此风在北宋时已可在杭州见到，如何薳《春渚纪闻》卷二《杂记·瓦缶冰花》载："宣义郎万延之，钱塘人。性刚不能屈曲州县，中年拂意而归，徙居余杭。……后有诱其子结婚副车王晋卿家，费用几二万缗，而娶其孙女。"(中华书局 1983 年版，第 24—25 页)

④ 〔宋末元初〕陈著：《本堂集》卷八二，文渊阁《四库全书》本。

⑤ 《宋会要辑稿》刑法二之一五四，中华书局 1957 年版，第 7 册，第 6572 页。

1958 年安徽宣城市西郊窑场出土的双龙镂空金坠饰①

1972 年安徽来安县宋墓出土的金镯②

湖南临湘陆城南宋墓出土的金帘梳

浙江湖州三天门南宋墓出土的金帔坠

① 选自安徽博物院编《江淮撷珍》，文物出版社 2013 年版。
② 选自安徽博物院编《江淮撷珍》，文物出版社 2013 年版。

江西安义县出土的南宋镂空鸳鸯戏水金香囊

南宋缠枝纹金镯

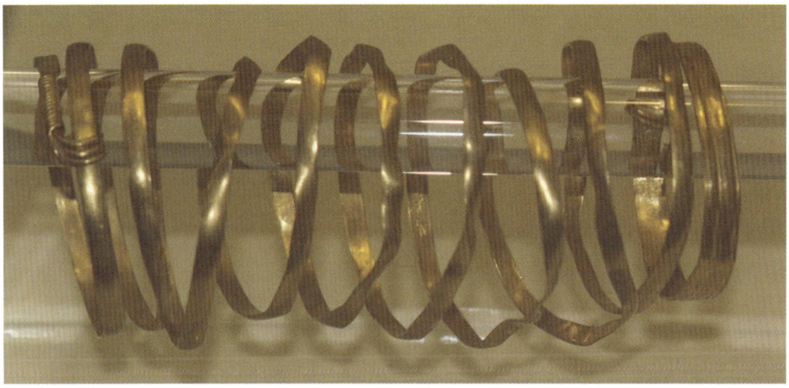

南宋金缠钏

南宋银鎏金花卉纹钳镯①

3. 丧葬

北宋中原地区盛行火葬，都城东京（今河南开封）和河东地区（今山西一带）是当时火葬最为盛行的地区。哲宗时，毕仲游曰："臣见河东土风淳固，盗贼稀少，人民耕田力作，

① 王宣艳主编《中兴纪胜——南宋风物观止》，中国书店 2015 年版。

衣食至薄而罕，敢为非。比之他方，狱司刑罚十无二三，然其俗勤于养生，怠于送死。非士大夫之家，中民以下，亲戚丧亡，即焚其尸，纳之缸中，寄放僧寺与墓户之家，类不举葬。盖虽上户，亦有不葬而焚之者。”①王偁《东都事略》卷三载：“近代以来遵用夷法，率多火葬。”江少虞《类苑》亦载：“河东人众而地狭，民家有丧事，虽至亲，悉燔，取骨烬寄僧舍中。以至积久，弃捐乃已，习以为俗。”②李清臣云：“河东俗杂夷，用火葬。”③程颐说：“晋俗尚焚尸，虽孝子慈孙，习以为安。先生教谕禁止，民始信之。而先生去后，郡官有母死者，惮于远致，以投烈火。愚俗视效，先生之教遂废，识者恨之。”④吕陶说：“晋俗尚焚骸，贫不克葬者，遂委不视为窴四穴以藏之。”⑤

宋室南迁以后，原先在北方盛行的火葬，迅速在长江流域地区传播开来，并成为一种社会习俗。

两浙路是南宋火葬最为盛行的地区。绍兴二十七年（1157 年），监登闻鼓院范同上奏曰：“今民俗有所谓火化者，生则奉养之具唯恐不至，死则燔而捐弃之，何独厚于生而薄于死乎？甚者焚而置之水中，识者见之动心。国朝著令，贫无葬地者，许以系官之地安葬。河东地狭人众，虽至亲之丧，悉皆焚弃。韩琦镇并州，以官钱市田数顷，给民安葬，至今为美谈。然而承流宣化，使民不畔于礼法，正守臣之职也。方今火葬之惨，日益炽甚。”⑥次年，户部侍郎荣薿又说：“臣闻吴越之俗，葬送费广，必积累而后办。至于贫下之家，送终之具，唯务从简，是以从来率以火化为便，相习成风，势难遽革。”⑦其实，不仅贫下之家率以火化为便，就是富裕人家也是如此。周煇说：“浙右水乡风俗，人死，虽富有力者，不办蕞尔之土以安厝，亦致焚如。”⑧浙西平江（今江苏苏州）“合城愚民悉为所诱，亲死肉未寒，即举而付之烈焰，杈棒碎拆，以燔以炙。余骸不化，则又举而投之深渊。”⑨生活于宋末元初的方回说：“钱塘故大都会，承平时，城东西郊日焚三百丧有奇，月计之万，岁计之十二

① 〔宋〕毕仲游：《乞理会河东土俗埋葬札子》，〔明〕黄淮、杨士奇编：《历代名臣奏议》卷一一六《风俗》，上海古籍出版社 1989 年版，第 2 册，第 1541 页。

② 〔宋〕江少虞：《宋朝事实类苑》卷二三《官政治绩·韩稚圭》，上海古籍出版社 1981 年版，上册，第 275—276 页。

③ 〔宋〕李清臣：《韩忠献公琦行状》，杜大珪：《名臣碑传琬琰集》中编卷四八，文渊阁《四库全书》本。

④ 〔宋〕程颢、程颐：《河南程氏文集》卷一一《伊川先生文七·明道先生行状》，见《二程集》第 2 册，中华书局 1981 年版，第 633 页。

⑤ 〔宋〕吕陶：《净德集》卷二一《枢密刘公墓志铭》，文渊阁《四库全书》本。

⑥ 《宋史》卷一二五《礼二八·凶礼四·士庶人丧礼》，中华书局 1977 年版，第 9 册，第 2918—2919 页。

⑦ 《宋史》卷一二五《礼二八·凶礼四·士庶人丧礼》，中华书局 1977 年版，第 9 册，第 2919 页。

⑧ 〔宋〕周煇撰、刘永翔校注：《清波杂志校注》卷一二《火葬》，中华书局 1994 年版，第 508 页。

⑨ 〔宋〕黄震：《黄氏日抄》卷七〇《申判府程丞相乞免再起化人亭状》，载《黄震全集》第 6 册，浙江大学出版社 2013 年版，第 2082 页。

万。亩一金，而岁欲十二万穴，势不可，故率以火化为常。”①

福建火葬之盛不亚于两浙。史载：“闽俗多火葬，哀号不肯。”②真德秀曰：“闽乡俗相承，亲宾送葬，或至刲宰羊豕，酣醟杯觞，当悲而乐，尤为非礼。至于贫窭之家，委之火化，积习岁久，视以为常。曾不思古者，背叛恶逆之人，乃有焚骨扬灰之戮。今骨肉未寒，为人子者何忍付之烈焰，使为灰烬乎？言之犹且痛心，况复忍为其事。”③其地的罗源县，习俗“丧死者焚尸，糜其骨，众（董）〔熏〕合和，凌风飘飏，命曰升天，以尤细为孝”④。

四川也盛行火葬。宋神宗时，王觌以宝文阁直学士知成都府，府无闲田。“中下之家无葬地，多用浮屠法火化。觌委官录未葬者万余，得官地奏为墓域葬之。”⑤到南宋以后，四川火葬更是大盛。据统计，在已发掘的宋代火葬墓中，南宋火葬墓占 80%。当时的成都及其附近地区是四川火葬最为流行的地区。⑥ 此外，1985 年夏安县花荄镇村民修路时挖出两座罕见的宋代骨灰盒丛葬古墓。墓壁、墓顶、墓底俱用宋砖砌成，每座墓穴内安放有 420 个骨灰缸，共计 840 个。缸内火化后的骨灰，用土陶瓦盖封口。墓穴中一次埋葬这么多骨灰，实属罕见。⑦

广东的番禺、佛山、新州等地都风行火葬，为此，当时的地方长官曾多次下令禁止。⑧

湖北、湖南也有火葬记载，如刘挚曰：“楚俗死者焚，而委其骨于野。”⑨乾道八年（1172 年），荆湖北路监司令鄂州（治今湖北武昌）胜缘寺僧人，将无主遗骸集中起来，“一切火化，投余骨于江，其数不可胜数”⑩。

江西也有火葬的记载。⑪ 如刘爚（1144—1216）担任饶州录事期间，“都大坑冶耿某闵

---

① 〔宋末元初〕方回：《桐江续集》卷三五《普同塔记》，文渊阁《四库全书》本。

② 〔宋〕黄震：《黄氏日抄》卷三六《读本朝诸儒理学书四·碑铭行状》，载《黄震全集》第 4 册，浙江大学出版社 2013 年版，第 1342 页。

③ 〔宋〕真德秀：《西山文集》卷四〇《泉州劝孝文》，文渊阁《四库全书》本。

④ 〔宋〕叶适：《叶适集·水心文集》卷一六《林正仲墓志铭》，中华书局 1961 年版，第 2 册，第 311—312 页。

⑤ 〔宋〕张镃：《仕学规范》卷二九《阴德》，文渊阁《四库全书》本。

⑥ 洪剑民：《略谈成都近郊五代至南宋的墓葬形制》，《考古》1959 年第 1 期。陈建中：《成都市郊的宋墓》，《文物参考资料》1956 年第 6 期。

⑦ 刘光宝：《安县发现宋代骨灰盒丛葬墓》，《四川文物》1985 年第 4 期。

⑧ 参见〔宋〕洪迈：《夷坚志·甲志》卷一一《张端慤亡友》，中华书局 1981 年版，第 1 册，第 96 页；曾广亿：《广东佛山鼓颡岗宋元明墓记略》，《考古》1964 年第 10 期；南雄县博物馆：《广东南雄宋代陶墓》，《考古》1984 年第 7 期。

⑨ 〔宋〕刘挚：《忠肃集》卷一三《侍御史黄君墓志铭》，中华书局 1981 年版，第 269 页。

⑩ 〔宋〕洪迈：《夷坚志·支乙》卷九《鄂州遗骸》，中华书局 1981 年版，第 2 册，第 864—865 页。

⑪ 〔宋〕洪迈：《夷坚志·补》卷一三《韩小五郎》，第 1674 页；《夷坚志·支乙》卷九《鄂州遗骸》，第 864—865 页；《夷坚志·丁志》卷一五《张珪复生》，第 666 页；《夷坚志·三志壬》卷一〇《解七五祖》，第 1544—1545 页；高至喜：《湖南长沙丝茅冲火葬墓发掘记》，《考古通讯》1957 年第 3 期等。

遗骸暴露，议用浮屠法葬之水火，爚贻书曰：‘使死者有知，祸亦惨矣。’请择高阜为丛冢以葬”①。

此外，南方丧葬上的风水观同样受到中原的影响。宋代民间相墓之风远远超过了以前任何一个朝代。北宋司马光曾论述了当时迷信地理风水的情况，他说：“世俗信葬师之说，既择年月日时，又择山水形势，以为子孙贫富贵贱，贤愚寿夭，尽系于此。又葬师所有之书，人人异同，此以为吉，彼以为凶，争论纷纭，无时可决。其尸柩或寄僧寺，或委远方，至有终身不葬，或累世不葬，或子孙衰替，忘失处所，遂弁捐不葬者。”②尹洙曰：“古者士葬以逾月，传载改葬服缌者，谓葬不如礼，或墓坏而迁，非不即葬也。近代拘阴阳之说，有再世未葬者，不其酷哉！亦有力不足者，如君歿四纪而始葬，其嗣非不为，盖不能也，殆与前所讥者异矣。”③而这种观念在南方普遍存在。南宋罗大经在《鹤林玉露》丙编卷六《风水》说：“世之人惑(郭)璞(《葬经》)之说，有贪求吉地未能惬意，至十数年不葬其亲者。有既葬以为不吉，一掘未已，至掘三掘四者；有因买地致讼，棺未入土而家已萧条者；有兄弟数人惑于各房风水之说，至于骨肉化为仇雠者。凡此数祸，皆璞之书为之也。”④吕祖谦说：“自祥禨禁忌之说兴，士始死其亲而徼利，巫争觋讼，客其旧宇下，远者或数十载，盖有骴腐骨销而终不掩者矣。予窃骇其然，力薄不能起俗，独私与从游者道之。”又说：“坟墓之族，实人情之至愿。当巫史纷若之际，犹有不读《周官》暗与之合者，礼岂强人者哉！”⑤罗愿《新安志》载：“歙为负郭县，其民之弊，好为人事，泥葬垄卜窆，至择吉岁，市井列屋，犹稍哆其门，以傃吉向。”⑥生活于宋末元初的两浙士人戴表元，曾描述当时的葬俗说：“至择葬地，则不求安死而求利生，拘忌阴阳之说，东奔西驰。故有祢逾祖，支破宗，形侵势攘，智谋力夺，无有厌极。既其甚者，有出疆远卜，非殡非葬，世之子孙，疲于展省，并并失其故封者矣；有攘地相交，与乡人争寻尺寸之畔，而兴无涯之狱者矣。”⑦又说：“每见世人……而昏巫谬史，拘忌祸福之说，缘之而起。有三年、五年、十年不得葬，葬又卤葬，知

① 《宋史》卷四〇一《刘爚传》，中华书局1977年版，第35册，第12170页。

② 〔宋〕司马光：《司马温公传集编年笺注》卷七一《葬论》，李之亮笺注，巴蜀书社2009年版，第5册，第347页。应俊：《琴堂谕俗编》卷上《正丧服》，文渊阁《四库全书》本。

③ 〔宋〕尹洙：《河南先生文集》卷一七《故将仕郎守瀛州乐寿县尉任君墓志铭并序》，《宋集珍本丛刊》第3册，第443页。

④ 〔宋〕罗大经：《鹤林玉露》丙编卷六《风水》，中华书局1983年版，第344页。

⑤ 〔宋〕吕祖谦：《吕东莱文集》卷七《义乌徐君墓志铭》、卷八《金华时澐母陈氏墓志铭》《家传》，《丛书集成初编》本，商务印书馆1937年版，第3册，第166、200页。

⑥ 〔宋〕罗愿：《新安志》卷二《货贿》，见萧建新、杨国宜校著《〈新安志〉整理与研究》，黄山书社2008年版，第61页。

⑦ 〔元〕戴表元：《剡源集》卷五《会稽唐氏墓记》，《戴表元集》，浙江古籍出版社2014年版，上册，第123页。

后又当祔，而不豫为穴。至于临时穿凿崩损，惊伤先人之肌骸，为可恨也。故为记，以戒吾子孙毋怠。”①

在当时，人们普遍认为按风水之说安葬先人，可以借此改变自己及后代的命运，甚至可以发家致富，因此将其看作是经营生产、投放资本。“士庶稍有事力之家，欲葬其先者，无不广招术士，博访名山，参互比较，择其善之尤者，然后用之。”②如郡主赵若云于“己巳岁九月二十日以疾殁于广西梧州舟中，享年二十有九。男女俱未有人。至庚午年二月初三日，始扶灵归敢明德里岐山庵所属宅兆，未有定向。外舅悯其力绵，乃捐焊圹土地，命阴阳家度隰相泉，就用乙辰山戌干向定穴。”③嘉定七年(1214年)十月二十三日永嘉(今属浙江温州)士人陈烨卒，其子陈埴就请擅长阴阳风水地理说的友人沈僩为其父选择墓地，沈遍览了当地的山水之后，“实卜其兆曰：‘吴平，一州地脉所从分也；葬此者，子孙贵且蕃。’”于是陈埴与兄在九年正月将父葬于孝义乡吴平山。为此，叶适感慨叹道：“噫！使其信然，以君之贤，宜有后哉！”④

(四)语言

北方移民的大量南迁，使当地的方言产生了重大的变化。

由于北方移民在政治、人口、经济等方面的优势，于是北宋官话“汴音”(或称“中州音”)逐渐取代了临安当地的方言。明代郎瑛说：杭州“城中语音好于他郡，盖初皆汴人，扈宋南渡，遂家焉，故至今与汴音颇相似。惟江干人言语躁动，为杭人之旧音。教谕张杰尝戏曰：‘高宗南渡，止带一百过来。’”⑤(作者按：“百”音摆)从现代的杭州方言中，我们也可以追溯到这种历史痕迹。南宋临安城中的许多街头叫卖，如买卖细色异品、诸般嘎饭、酒醋果子、海鲜品物等，都是仿效汴京叫声。又如，将殴打叫作“恺”，击锣叫“筛锣”，虚伪诳骗的行为叫“脱笼”⑥等，也都是杭州人学用北方语汇的例子。

除临安外，两浙其他地方的当地语言也多受北方移民的影响。宋洪迈《夷坚志》载：“江浙间路歧(妓)伶女有慧黠，知文墨，能于席上指物题咏、应命辄成者，谓之合生。其滑

① 〔元〕戴表元：《剡源集》卷四《中枝山葬记》，《戴表元集》，浙江古籍出版社2014年版，上册，第111页。

② 〔宋〕朱熹：《朱熹集》卷一五《山陵议状》，四川教育出版社1996年版，第2册，第617页。

③ 陈柏泉：《江西出土墓志选编》93《郡主赵若云墓志铭》，江西教育出版社1991年版。

④ 〔宋〕叶适：《叶适集·水心文集》卷二五《陈民表墓志铭》，中华书局1961年版，第2册，第506—507页。

⑤ 〔明〕郎瑛：《七修类稿》卷二六《辩证类·杭音》，文化艺术出版社1998年版，下册，第321页。

⑥ 〔宋〕洪迈：《夷坚三志己》卷六《王元懋巨恶》，中华书局1981年版，第3册，第1345页；〔宋〕周煇撰、刘永翔校注：《清波杂志校注》卷六《阚亡投刺》：“脱笼亦为京都虚诈闪赚之谚语。”中华书局1994年版，第276页。

稽含玩讽者，谓之乔合生。盖京都遗风也。”①明皇甫录《近峰闻略》云：“今人呼謔之语皆有所本，如宋都汴，有何家数者，其下行货恶滥，故呼何数。今越人云‘数头’者，当时南渡之遗也。”

四川北部地区的土著方言（蜀语）同样被北方方言（秦音）所取代。时人杨粹中诗云：沔州“山犹连蜀道，人已作秦言”②；陆游云：凤州“城郭秦风近，村墟蜀语参”③。

其他如江南东路、江南西路、淮南东路、淮南西路、荆湖北路、荆湖南路、福建路等地，也都或多或少地受到北方方言的影响。例如，位于今鄂西北的均州（治今湖北均县）、房州（治今湖北房县）一带就“民多秦音”，“语音劲正西带秦”④。

（五）宗教信仰

宋室南迁以后，北方移民也纷纷到南方建庙立寺，并将他们信仰的神像从北方携到南方来祭祀。以临安为例，汴京僧人就建有太平兴国传法寺、开宝仁王寺、崇宁万寿教寺、演教院、千佛阁安福院、净胜寺、慧林寺、大德尼寺、永隆院等。汴京道士所建的道观则主要有四圣延祥观、宁寿观等。此外，皮场庙、显应观等宗教建筑也系汴京人所建。《梦粱录》卷一四《东都随朝祠》云：“惠应庙，即东都皮场庙，自南渡时，有直庙人商立者，携其神像随朝至杭，遂于吴山至德观右立祖庙，又于万松岭侍郎桥巷元贞桥立行祠者三。按《会要》云：‘神在东京显仁坊，名曰皮场土地祠。政和年间赐庙额，封王爵。中兴，随朝到杭，累加号曰明灵昭惠慈佑王，神妃封曰灵婉嘉德夫人、灵淑嘉靖夫人。’”在汴京祖奉的神在宋室南渡后也同样迁到临安来相奉，如二郎神和崔府君就是其中的代表。郑州张端义曾在临安见酒市多祭二郎祠山神，颇多感叹，撰诗云：“箫鼓喧天闹酒行，二郎赛罢赛张王。愚民可煞多忘本，香火何曾到杜康。”《武林旧事》卷三《都人避暑》载：“六月六日，显应观崔府君诞辰，自东都时庙食已盛。是日，都人士女，骈集炷香。”“二郎神，即清源真君，在官巷，绍兴建祠。旧志云，东京有祠，随朝立之。”又如，“四圣延祥观，在孤山，旧名四圣堂……绍兴间，慈宁殿出财建观侍奉，遂于孤山古刹，徙之为观。次年，内庭迎四圣圣像，奉安此观。观额诏复东都延祥旧名”⑤；“三茆宁寿观，在七宝山，元三茆堂，因东都

① 〔宋〕洪迈：《夷坚志·支乙》卷六《合生诗词》，中华书局1981年版，第2册，第841页。

② 〔宋〕祝穆撰、祝洙增订：《方舆胜览》卷六九《利州西路·沔州·风俗》，中华书局2003年版，下册，第1208页。

③ 〔宋〕陆游：《剑南诗稿》卷七六《顷岁从南郑屡往来兴凤间暇日追怀旧游有赋》，《陆游集》，中华书局1976年版，第5册，第1791—1792页。

④ 〔宋〕王象之：《舆地纪胜》卷八五引《图说》；〔宋〕陈造：《江湖长翁集》卷八《次韵梁教授》，文渊阁《四库全书》本。

⑤ 〔宋〕吴自牧：《梦粱录》卷八《四圣延祥观》，浙江人民出版社1984年版，第69—70页。

三茆宁寿之名，赐观额宁寿观”①。这些寺观的神像不仅由汴京迁来，就是祀奉的方法也沿袭汴京。如《梦粱录》卷八《御前宫观·东太乙宫》载：“两庑俱绘三皇五帝、日月星宿、岳渎九宫贵神等，与从祀一百九十有五，遵太平兴国旧制。”

南宋释迦佛及阿难、伽叶玉像②

宋佚名《天官图》

（六）文学艺术

南渡以后，中原地区的许多文学家和艺术家随宋室迁入南方，有力地促进了长江流域地区文学艺术的发展。以南宋都城临安为例，都市文化的空前繁荣显然与北方移民密切相关。

以诗词而言，李清照、辛弃疾两人就是其中的代表，以至来京城任职的陆游也受到了他们的影响。他赋诗说：“大驾初渡江，中原皆避胡。吾犹及故老，清夜陪坐隅。论文有脉络，千古著不诬。”③在这些北方文学家的影响下，临安的文学水平迅速达到全国领先的水平。如北方移民后裔的张炎，秉承家学渊源，著有《词源》二卷，在后世卓有影响。不仅如此，这些北方来的文学家和艺术家还在临安创作了大量的作品，其中就有许多名作，不仅为杭州、为西湖，也为华夏文化留下千古佳作。如鼎鼎大名的张择端，晚年曾寓居临安，其《西湖争标图》被后人选入神品。孟元老的《东京梦华录》一书也作于临安，为同类作品中的经典。

1. 瓦子

汴京著名的游乐场所“瓦子”，在宋室南渡后在临安大量创建④。瓦子为宋代的市语，

① 〔宋〕吴自牧：《梦粱录》卷八《三茆宁寿观》，浙江人民出版社 1984 年版，第 70 页。
② 选自董贻安主编《宁波文物集粹》，华夏出版社 1996 年版。
③ 〔宋〕陆游：《剑南诗稿》卷七《书叹》，《陆游集》，中华书局 1976 年版，第 1 册，第 199 页。
④ 〔宋〕吴自牧：《梦粱录》卷一九《瓦舍》，浙江人民出版社 1984 年版，第 179—180 页。

时人或称为瓦、瓦舍、瓦市、瓦肆等，原是临时集合、以演艺的勾栏为中心的集市，后来逐渐演变为一种固定的大型演艺场所，也是当时各种娱乐场所的通称，犹如今日上海大世界娱乐城。《梦粱录》卷一九《瓦舍》解释道："瓦舍者，谓其来时瓦合，去时瓦解之义，易聚易散也。不知起于何时。"《都城纪胜・瓦舍众伎》也说："瓦者，野合易散之意也。"又因其往往与一定的商品贸易结合在一起，故时人又谓之瓦市、瓦肆。如南宋都城临安的桑家瓦子中就"多有货药、卖卦、喝故衣、探博、饮食、剃剪、纸书、令曲之类"，成为一个以勾栏为中心的集市。而处于热闹街市的瓦子，不仅有一般饮食店，还设有大酒楼和茶坊。从文献记载来看，瓦舍大约兴盛于北宋中后期。① 到南宋时，瓦子又有了进一步的发展。南宋定都临安，有大量驻军。殿前都指挥使杨和王因军士多为西北人，且大多带有家属，于是在临安城内外"创立瓦舍，招集妓乐，以为军卒暇日娱戏之地"②。此后，修内司又于城中建立了五处瓦子以供市民游艺。这些瓦舍原事出于官府创设，因而隶属官府主管，城内瓦舍隶属修内司，城外瓦舍隶属殿前司③。修内司设有教乐场，专管官府所属乐人。殿前司主管禁军，城外瓦舍所以要隶属于殿前司，就是由于驻军都在城外和城内靠近城墙地区，瓦舍多为士兵娱乐场所的缘故。由于这种融娱乐市易为一体的大型综合性游艺场适应了时代的需要，故逐渐从城外向城内发展，并成为居民的主要娱乐场所，正如《西湖老人繁胜录》所说的"深冬冷月无社火看，却于瓦市消遣"。吴自牧在《梦粱录》卷一九《瓦舍》中也说："顷者京师甚为士庶放荡不羁之所，亦为子弟流连破坏之门"；"今贵家子弟郎君因此放荡，破坏尤甚于汴都也。"

瓦子中的许多表演项目和形式也来自北方。如"唱赚在京时，只有缠令、缠达。有引子、尾声为缠令。引子后只有两腔迎互循环，间有缠达。绍兴年间，有张五牛大夫，因听动鼓板中有《太平令》或赚鼓板，即今拍板大节抑扬处是也，遂撰为'赚'"。"说唱诸宫调，昨汴京有孔三传编成传奇灵怪，入曲说唱；今杭城有女流熊保保及后辈女童皆效此；说唱亦精，于上鼓板无二也"④。陶真（一作淘真），明代田汝成在《西湖游览志余》卷二〇《熙朝乐摹》中说："杭州男女瞽者，多学琵琶，唱古今小说平话，以觅衣食，谓之陶真。大抵说宋时事，盖汴京遗俗也。"灌园耐得翁《都城纪胜・瓦舍众伎》："叫声，自京师起撰，因市井诸

① 如〔宋〕孟元老《东京梦华录》卷五《京瓦伎艺》记载，北宋崇宁、大观年间（1107—1110），张廷叟、孟子书"主张"汴京瓦舍伎艺。而廖奔更是认为："汴京的瓦舍勾栏兴起于北宋仁宗（1023—1063）中期到神宗（1068—1085）前期的几十年间。"（廖奔《中国古代剧场史》，中州古籍出版社 1997 年版，第 42 页。）

② 〔宋〕吴自牧《梦粱录》卷一九《瓦舍》："杭城绍兴间驻跸于此，殿岩杨和王因军士多西北人，是以城内外创立瓦舍，招集妓乐，以为军卒暇日娱戏之地。"浙江人民出版社 1984 年版，第 179 页。

③ 〔宋〕周密：《武林旧事》卷六《瓦子勾栏》，浙江人民出版社 1984 年版，第 92 页。

④ 〔宋〕吴自牧：《梦粱录》卷二〇《妓乐》，浙江人民出版社 1984 年版，第 193 页。

色歌吟卖物之声，采合宫调而成也。”①“杂扮，或名杂班，又名钮元子，又名技和，乃杂剧之散段。在京师时，村人罕得入城，遂撰此端，多是借装为山东、河北村人，以资笑。今之打和鼓、拈梢子、散耍皆是也。”②“弄影戏者，元汴京初以素纸雕簇，自后人巧工精，以羊皮雕形，用以彩色妆饰，不致损坏。杭城有贾四郎、王升、王闰卿等，熟于摆布，立讲无差。”③此外，临安瓦子中说话、讲史、说经、涯词、合生、商谜、小唱、嘌唱、学像生、学乡谈、说药等民间说唱技艺也都来自北方。

2. 音乐舞蹈

南宋临安宫廷中的音乐舞蹈等大都沿用汴京旧制。如宫廷雅乐，《宋史》曰：“南渡之后，大抵皆用先朝之旧，未尝有所改作。”④鼓吹乐沿用汴京制度。演奏乐曲、乐器等也多受北宋影响，《云麓漫钞》卷三载：“今之太常所用祭器、雅乐，悉是绍兴十六年礼器局新造，祭器用《博古图》，雅乐用大晟府制度，大晟乐用徽宗君指三节为三寸，如崇宁四年所铸景钟是也。”

军乐同样如此。军乐在南宋称为钧容直。如高承《事物纪原》卷二引《宋朝会要》曰：“钧容，军乐也。太平兴国三年，诏籍军中之善乐者，命曰引龙直。每巡省游幸，则骑导车驾而奏乐。端拱二年，又选捧日等军晓畅音律者，增多其数。蕃臣以乐工进，亦隶之。淳化三年，改名钧容直，取钧天之义。”又，马端临《文献通考》卷一四六《乐考一九》载：“钧容直者，军乐也。有内侍一人或二人监领，有押班二人，置乐二百三十二人。旧有百二十六人。景德二年，加歌二人，杂剧四十人，板十人，琵琶七人，笙九人，筝九人，觱篥四十五人，笛三十五人，方响十一人，杖鼓三十四人，大鼓八人，羯鼓三人，唱诞十人，小乐器一人，排歌四十人，掌撰词一人。”由于军乐比较严肃，故教坊乐人嘲笑钧容直乐云：“钧容击鼓，百面如一，教坊不如他齐整，打一面如打百面。”这一评价可谓“婉而皎”⑤。南宋时的“随军番部大乐”和“马后乐”均属于鼓吹乐一类。据《武林旧事》卷二《御教仪卫次第》所载，乾道二年（1166 年）到淳熙十年（1183 年）宫廷阅兵时所用的“随军番部大乐”，用拍板二，番鼓二十四，大鼓十，札子九，哨笛四，龙笛四，觱篥二；全乐队需要五十余人。“马后乐”是随在皇帝驾后、骑在马上演奏的一种鼓吹乐，所用的乐器有拍板、提鼓、札子、笛、觱

① 〔宋〕灌园耐得翁：《都城纪胜·瓦舍众伎》，载《南宋古迹考（外四种）》，浙江人民出版社 1983 年版，第 87 页。

② 〔宋〕灌园耐得翁：《都城纪胜·瓦舍众伎》，载《南宋古迹考（外四种）》，浙江人民出版社 1983 年版，第 87 页。

③ 〔宋〕吴自牧：《梦粱录》卷二〇《百戏伎艺》，浙江人民出版社 1984 年版，第 194—195 页。

④ 《宋史》卷一二六《乐志一》，中华书局 1977 年版，第 9 册，第 2939 页。

⑤ 〔宋〕江休复：《江邻几杂志》，载《宋元笔记小说大观》第 1 册，上海古籍出版社 2001 年版，第 592 页。

篥等管乐器和击乐器；乐队的规模，比之前面的“随军番部大乐”要小得多。

南宋的市民音乐也是深受北宋东京的影响。毛幵《樵隐笔录》载：“绍兴初，都下盛行周清真《咏柳·兰陵王慢》，西楼、南瓦皆歌之，谓之‘渭城三叠’。以周词凡三换头，至末段声尤激越，惟教坊老笛师能倚之以节歌者。其谱传自赵忠简家。忠简于建炎丁未九日南渡，泊舟仪真江口，遇宣和大晟乐府协律郎某。叩获九重故谱，因令家伎习之，遂流传于外。”

3. 绘画

南宋宫廷画院，盛况“不减政、宣”①，亦与移民有关。据《图绘宝鉴》《南宋院画录》等书所载，南宋有名可考的画院画家约120人②，其中“南渡画家不少，如李唐、朱锐、李端、苏汉臣、杨士贤、李忠安、焦锡以及一度流落江左的宣和待诏刘宗古、顾亮等，都于绍兴间复职，并受赐金带”③。

李唐（1066—1150）④，字晞古，河阳三城（河南孟县）人。原为宋徽宗政和年间（1111—1118）时画院待诏，靖康之难后，他以七十高龄，长途跋涉，避乱来至杭州，以卖画糊口。因南宋崇尚富丽逼真的绘画时风，他原先粗笔阔墨、水墨渲染的画法一时不被人们所赏识，作品卖不出去，生活极其困难。后由太尉邵渊推荐进入绍兴画院，时年已八十，高宗极喜其山水，授其为成忠郎、画院待诏，并赐金带。⑤《宝绘录》云：“南渡画院中人固多，而惟李晞古为最佳，体格具备古人。”又曰：“李晞古为南宋画院之冠，其丘壑布置，虽唐人亦未易有过之者。”⑥工山水，尤擅用水墨画苍劲雄峻的山水。代表作有《万壑松风图》《关山雪霁图》《长夏江寺图》《海山图》《长江雪霁图》《济河图》《溪山深秀图》《长夏江寺图》《江山小景》等。这些画厚重坚劲，气势磅礴。如其所作的《万松宫阙图》，画群松于壑内，两边斗立方块峻峰，左低而右高。左有水流，下松壑而出。右有水流，下宫阙而出。下段石坡皆为斧劈皴。上段峰头用侧笔直皴。画法清润，结构高妙，为李唐山水画作中的神品。《秋江潮汐图》，“图之右角画松风楼阁观潮之意，左边皆烟水，潮浪如山奔，舟楫

① 王伯敏：《中国绘画史》，上海人民美术出版社1982年版，第239页。

② 王伯敏、洪再新：《名家辈出　引导潮流——南宋画院》，见杭州市政协编《杭州历史丛编》之四《南宋京城杭州》，浙江人民出版社1988年版，第187页。

③ 王伯敏：《中国绘画史》，上海人民美术出版社1982年版，第239页。

④ 关于李唐的生卒年，学术界说法不一。如王伯敏在《中国绘画通史》第427页中认为是1083—1161年，傅伯星《李唐生卒年代考》一文认为是1085—1161年左右。此据弃病《李唐生卒年考》，载《美术研究》1984年第4期。

⑤〔宋〕邓椿：《画继》卷六《李唐》，米田水译注《图画见闻志·画继》，湖南美术出版社2000年版，第378页。

⑥ 以上均转引自〔清〕厉鹗《南宋院画录》卷二《李唐》，浙江人民美术出版社1982年版，第22页。

浮沉出没,使观者神情震骇”①。高宗赵构亦极爱其画,并在李唐《长夏江寺图》上题词评曰:“李唐可比唐李思训。”②他的画风开创了南宋画院水墨苍劲一派。又擅人物风俗故事,代表作有《晋文公复国图》《袁安卧雪图》《七贤过关图》《高士鼓琴图》《问礼图》《高逸图》《伯夷叔齐采薇图》《虎溪三笑图》《香山九老图》《扁鹊授方图》《春社醉归图》。鲜于枢《困学斋杂录》评《晋文公复国图》“笔意奇古,虽近代人,实有古人之风”。《高士鼓琴图》画“一人坐古木下,对泉鼓琴,觉泉音琴声在耳,神品也”。③

李唐《坐石看云图》

李迪,河阳(今河南孟县西)人。宣和年间莅职画院,授成忠郎。绍兴间(1131—1162)复职画院副使,赐金带。历事高宗、孝宗、光宗三朝。工画花鸟竹石,颇有生意,山水小景不逮。如其所绘的《雪禽图》绢画一幅,双钩雪竹,一鸠集于枯木上,做寒冷状,精俊如生,气韵绝伦,被后人誉为“神品”。《竹雀图》,款云:“淳熙丁未李迪画。”画着色竹,间以疏梅,枝叶上残雪炯然。雀立枝头,下遗枯竹叶二片在地,旁有芥菜一茎,寒秀之气扑人衣襟。其画传世者,据《绘画备考》等书所载,主要有《海棠睡起图》《湖石海棠图》《带雨海棠图》《碧桃垂丝图》《水仙咏梅图》《玄圃秋香图》《折枝杏花图》《折枝花图》《远水图》《唤渡图》《溪山图》《獐图》《百犬图》《秋原放牧图》《雪树寒禽图》《狸奴蜻蜓图》《枫鹰户雉图》《小鸡图》等。

李迪《风雨归牧》(局部)

贾师古(传)《大士像轴》(局部)

① 〔明末清初〕吴其贞:《书画记》,转引自厉鹗《南宋院画录》卷二《李唐》,浙江人民美术出版社1982年版,第12页。

② 〔清〕厉鹗:《南宋院画录》卷二《李唐》,浙江人民美术出版社1982年版,第8页。

③ 〔明末清初〕吴其贞:《书画记》,转引自厉鹗《南宋院画录》卷二《李唐》,浙江人民美术出版社1982年版,第12页。

贾师古，汴京（今河南开封）人。为绍兴画院的画师，师李伯时白描，以释道人物画闻名于世。元代夏文彦《图绘宝鉴》卷四评其人物画“颇得闲逸自在之状”。如其《归去来图》，笔法古雅，绢素精好，殊可爱玩。但其流传至今的作品《老夫古寺图》，则是一幅著名的山水画。

苏汉臣，开封（今属河南）人。原为宣和画院待诏，后随宋室南迁，寓居于南宋都城临安。绍兴间复官，孝宗隆兴（1163—1164）初，画佛像称旨，授承信郎①。其画师法刘宗古，释道人物臻妙，尤善婴儿。明张泰阶《宝绘录》云：“苏汉臣作婴儿，深得其状貌，而更尽神情，亦以其专心为之也。”章允恭《苏汉臣〈浴婴图〉跋》：“汉臣制作极工，其写婴儿，着色鲜润，体度如生，熟玩之，不啻相与言笑者，可谓神矣。”②如其所绘的《婴儿戏浴图》，婉媚清丽，尤可赏玩。《击乐图》，绢画镜面，一人满身乐器，二婴儿抚肩观其击乐，用笔清劲，逼似唐人。又其《婴儿斗蟋蟀图》，绢画一大幅，丹墨如新，画法工细。画中佳树菊花，石阑外婴孺四个，蹲踞着斗蟋蟀，天机烂漫。又工仕女画，其画不在施朱傅粉、镂金佩玉，以饰为工。画之传世者，据《绘画备考》等书所载，有《栴檀香佛像》《香积如来像》《炽盛光佛像》《日月珠幢像》《智积菩萨像》《献花龙女图》《献珠龙女图》《弥勒佛像》《太上像》《青玄图》《飞仙图》《仙乐图》《仙迹图》《货郎图》等。当时临安城中的许多庙宇、园林的壁画都出于他的手笔。如《武林旧事》卷五《湖山胜概》载：“显应观，祀磁州神崔府君，六月六日生朝游人甚盛。咸淳间改昭应，今归灵芝寺。旧有萧照山水及苏汉臣画壁，今不复存矣。”其子苏晋卿，也工佛像。其画传世者有《如意输菩萨像》《宝檀花菩萨像》《金刚手菩萨像》。

宋苏汉臣《秋庭婴戏图》局部

苏汉臣《妆靓仕女图》

① 〔元〕夏文彦：《图绘宝鉴》卷四《宋·苏汉臣》，韩放主校点《历代名画记》附，京华出版社 2000 年版，第 264 页。

② 以上转引自〔清〕厉鹗《南宋院画录》卷二《苏汉臣》，浙江人民美术出版社 1982 年版，第 37—41 页。

萧照，字东生，濩泽（今山西阳城）人。生卒年不详。北宋灭亡时，他在太行山加入抗金义军。李唐在南逃途中被义军劫持，萧照检其行囊，除绘画之具外，不见他物。后萧照得知他是画院待诏、著名画家李唐后，遂随李唐南下，寓居于都城临安，并在李唐的尽力指点下，学习绘画技艺，且进步神速，后来也成了南宋画院待诏，阶迪功郎（从九品）。萧照长于山水、人物及异松怪石，苍浪古野，书名于树石间。《画传》云："萧照画得北苑法，而皴以遒劲过之，尤喜为奇峰怪石，望之有波涛汹涌，云屯风卷之势。"①当时都城中的许多庙宇、园林的壁画都出于他的手笔。如叶绍翁《四朝闻见录》丙集《萧照画》载："孤山凉堂，西湖奇绝处也。堂规模壮丽，下植梅数百株，以备游幸。堂成，中有素壁四堵，几三丈。高宗翌日命圣驾，有中贵人相语曰：'官家所至，壁乃素耶？宜绘壁。'亟命御前萧照往绘山水。照受命，即乞上方酒四斗，昏出孤山，每一鼓即饮一斗，尽一斗则一堵已成画，若此者四。画成，萧亦醉。圣驾至，则周行视壁间，为之叹赏。知为照画，赐以金帛。萧画无他长，唯能使玩者精神如在名山胜水间，不知其为画尔。"又，"西太乙宫，旧四圣观园，理宗朝建，今黄庭殿乃昔凉堂也。两壁萧照画尚存。"现在流传下来的萧照真迹有《中兴瑞应图》，这是一本着色长卷，绢本，分十二幅，前后各六段，笔法全师李唐，而沉着过之。它分别记述宋高宗应天顺命的种种事迹。这是萧照奉命创作的，旨在用艺术手段说明只有宋高宗才是真命天子。从这幅画可以看出，萧照在描绘人物方面具有很高水平。此外，见于文献记载的作品尚有《春江烟雨图》《江山图》《光武渡河图》《竹林七贤图》《松壑清阴图》《春江烟雨图》等。

萧照《文姬归汉图（长安归来）》局部（传）

这些著名画家的南渡，自然对临安的绘画艺术产生了极其重大的影响。如南宋四大画家之一、钱塘人刘松年是李唐的再传弟子；和刘松年齐名的钱塘人夏珪也师从李唐习

① 转引自〔清〕厉鹗《南宋院画录》卷三《萧照》，浙江人民美术出版社 1982 年版，第 70—79 页。

画山水。

4. 书法

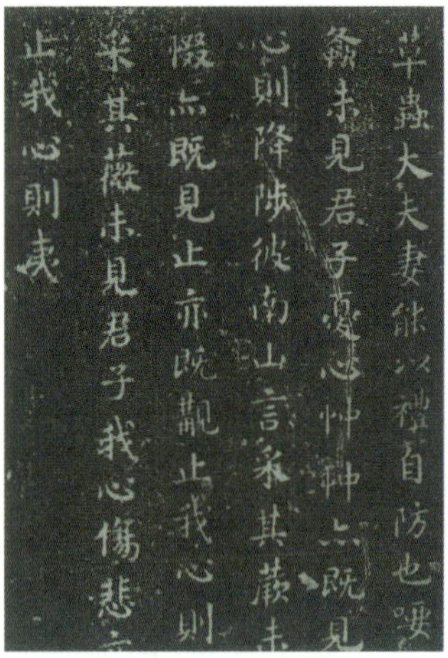

宋高宗诗经石刻拓片

与绘画相比，南宋在书法上的成就则要逊色得多，并没有出现北宋蔡襄、苏轼这样的大家，也没有能够将书法一艺恢复到东晋时代“朝士无不能书，以擅一时之誉，彬彬盛哉”的高度，但也不乏善书者。宋高宗赵构“四十年间，每作字，因欲鼓动士类，为一代操觚之盛”①，开创了南宋时代的书法风气，米友仁、吴说、陆游、范成大、张孝祥、朱熹、吴琚、张即之、徐兢等人也在高宗的言行感召之下，取得了较高成就，成为当时的代表。有学者高度评价赵构在南宋书法史上的地位：“综观南宋一代书法艺术的发展脉络及其艺术观念的基调形成，赵构在其中所起的作用与影响显然是最为突出与深刻。赵构的贡献与影响，首先是在时局多艰的历史条件下，把书法艺术提到‘文物之治’的赵宋政权的传统轨道上；其次在于他以‘复古’的姿态，极力倡导钟、王法书的至尊地位，并身体力行，所得颇深；再次，他所倡导的书法观念与所作书风，在南宋历朝帝王、后妃及宗室子弟中得到了最忠实的贯彻，并在一定程度上影响了近侍大臣，从而使得后起的元初复古书风有了某种依傍。”②

（七）学术思想

移民对南宋长江流域的学术文化产生了不可估量的作用。吴莱《石陵先生倪氏杂著序》说：“自东都文献之余，天下士大夫之学日趋于南。或推皇帝王霸之略，或谈道德性命之理，彬彬然一时人才学术之盛，不可胜纪。”③周密说：“伊洛之学行于世，至乾道、淳熙间盛矣。”④叶适亦云：“周、程之学，“乾道五六年，始复大振。讲说者被闽、浙，蔽江、湖，士争出山谷，弃家巷，赁馆贷食，庶几闻之”⑤。

据余瑛对《宋元学案》一书儒者的统计，“北宋末叶人物之盛，仍推中原一区为第一，但其人数增加率很大，差不多比较前期多了一倍；浙东次之，其所处的地位比前期提高了两位（前期居于第四，今升居第二），数目又比前期差不多增加了两倍；闽中第三，较前期

① 〔宋〕赵构：《翰墨志》，见水采田译注《宋代书论》，湖南美术出版社 1999 年版，第 190 页。

② 方达龙：《南宋书法史》，人民出版社 2008 年版，第 8 页。

③ 〔宋〕倪朴：《倪石陵书》附《石陵先生倪氏杂著序》，文渊阁《四库全书》本。

④ 〔宋〕周密：《齐东野语》卷一一《道学》，中华书局 1983 年版，第 202 页。

⑤ 〔宋〕叶适：《水心文集》卷一三《郭府君墓志铭》，载《叶适集》，中华书局 1961 年版，第 246 页。

增加七分之四；浙西第四，位置虽降低两位，然其人数反较前期增加了；江西第五，蜀中第六，湖湘第七；至于关中，在这个时期真是凋零得可惊了！南宋前期，浙东一变而处于第一位，其人数的增加极为惊人，比北宋中叶时增加了五倍有奇；闽中居于第二位，其人数增加率也很大，与北宋中叶相比较，增加三倍余。江西第三，蜀中第四，中原和浙西同处于第五位，湖湘第六，关中第七。由这样看来，可知本期内人才的盛况，已经从黄河流域向南迁到长江和珠江流域了！”①这个中的原因，除南方经济的繁荣和社会安定外，还当与移民密切有关。如洛阳人尹焞，自靖康之乱后，从商州奔蜀，传程颐之学。绍兴五年后又应诏进京，任秘书郎兼说书，宣讲二程之学，在南方产生了较大的影响。《宋元学案》卷二七《和靖学案》曰：“其后林拙斋之后有东莱，陆子正之后有艾轩，皆名世大儒也。”又如，祖籍河南的吕祖谦，在婺州创有金华学派，并成为浙东事功学派的代表，与朱学、陆学鼎足而立。

（八）科学技术

北宋时，南方的手工业已有相当的规模和水平，纺织、酿酒、造纸、印刷、陶瓷、造船等工业都居全国前列。宋室定都临安后，直接为皇室、官府服务的、规模庞大的官方手工业作坊在临安纷纷建立，同时东京等地大量具有各种手工业技艺的专业人才移居临安及其他城市，大大改变了当地官、私手工业的结构与比重，并对当地的手工业生产的发展产生了极其重要的影响。

以陶瓷业为例，宋室南迁前，杭州的陶瓷业在全国并无地位，也没有影响。但宋室定都杭州后，不久即在当地设立了两座新窑，一是凤凰山下的修内司窑，另一个是南宋郊坛东侧乌龟山南麓的“郊坛官窑”。这两座官窑都是东京官窑的继续。南宋叶寘《坦斋笔衡》明确记载说：“中兴渡江，有邵成章提举后苑，号邵局，袭故宫遗制，置窑于修内司，造青器，名内窑；澄泥为范，极其精致，油色莹澈，为世所珍。”这样，临安一下子就成为全国陶瓷业的中心之一。从考古资料来看，杭州郊坛官窑所产的瓷器主要是受汝窑的影响。汝窑是北宋著名的瓷窑，也是当时最重要的官窑，烧制出来的产品质量极高。明曹昭《格古要论》卷下《古窑器论·汝窑》：“出北地，宋时烧者淡青色，有蟹爪纹者，真无纹者，尤好土脉，滋媚薄，甚亦难得。”其特色，据《博物要览》载：“汝窑，色卵白，汁水莹，厚如堆脂。然汁中棕眼隐若蟹爪，底有芝麻花细小挣钉。”在北宋时，宫中的瓷器多出于此。宋周煇《清波杂志》曰：“汝窑，宫中禁烧，内有玛瑙末为油，唯供御，拣退方许出卖。近尤艰得。”②陆游《老学庵笔记》卷二云：“故都时，定器不入禁中，惟用汝器，以定器有芒也。”至南宋

① 佘瑛：《宋代儒者地理分布的统计》，载《禹贡半月刊》1934年第6期。

② 〔宋〕周煇撰、刘永翔校注：《清波杂志校注》卷五《定器》，中华书局1994年版，第213页。

时，汝窑瓷器仍然受到人们的珍爱。如绍兴二十一年(1151年)十月，高宗幸清河郡王第，清河郡王张俊进奉的汝窑产品就有"酒瓶一对，洗一，香炉一，香合一，香球一，盏四只，盂子二，出香一对，大奁一，小奁一"①。朱伯谦认为：

(郊坛)官窑与越窑、瓯窑青瓷有很大的不同，也与同时期的龙泉窑瓷器有别。宋代越窑青瓷胎较厚呈灰色，施艾青色釉，釉层透明，外底无釉，用垫环或垫饼支烧，南宋前期的龙泉窑青瓷为灰胎或灰白胎，器底厚重，挖足很浅，圈足宽矮，施青釉，釉层薄而透明。盛行单面刻划花，即碗、盘类内壁刻花，瓶、炉类外壁刻花，常见的纹饰有莲花、荷叶、水草和鱼纹，用比较粗厚的泥饼垫烧。可见南宋官窑早期的产品，受浙江制瓷工艺的影响不大，而是根据汝窑的技术而生产的，所以从胎、釉配方、胎色、器形、釉层不透明、开裂和用支钉支烧等都与汝窑官窑相似。很可能是在宋室南迁时，带来一部分北宋官窑或汝窑的工匠来到临安，在乌龟山建造官窑，生产宫廷用瓷，成为南宋第一个"御窑厂"。②

又说：

南宋前期官窑的青瓷受北宋官窑和汝官的影响比较大。瓷器壁薄胎细，胎色有浅灰、灰、深灰和紫色多种，胎外上一层粉青、青灰或米黄色的薄釉。釉色淡雅，表面有光泽。釉面普遍开裂，裂纹疏密不一，成为官窑青瓷的一种装饰，人们把这种裂纹称之为"纹片"或"开片"。③

北宋汝窑青瓷瓶

南宋官窑觚

① 〔宋〕周密：《武林旧事》卷九《高宗幸张府节次略》，浙江人民出版社1984年版，第149页。

② 朱伯谦：《谈南宋官窑》，载《中国古陶瓷研究》创刊号，1987年版。

③ 朱伯谦：《釉质肥润，珍世瑰宝——南宋官窑》，载《朱伯谦论文集》，紫禁城出版社1990年版，第206页。

当然，北方中原文明对长江文化的影响远远不止上述的几个方面，如都市的治安和管理、坊市的设置、学校教育、书画和建筑艺术、园林的建筑风格，以及观赏植物的种植等园艺技术，也无一不深受其影响，这里因限于篇幅就不赘述了。从上述这些影响来看，北宋中原文化，对南宋长江文化的影响是十分广泛而又深远的。有鉴于此，章乃羹在《两浙人英传》自序中感慨道："予推究两浙文化，由勾践之摧强敌，会盟中国，中原文化，始传播两浙，至晋室都江左，赵宋都临安，中原人物，翩然莅止，由流寓而著籍。吾浙人物所以殷盛，要由寓贤始。"

第四节　长江文化的全面拓展

长江文化的全面拓展，包含了两个方面的内容：一是文化的相对普及和深化，二是文化区域的扩大。

一、文化的相对普及和深化

如前所述，随着两宋时期中国南方地区特别是长江流域教育的普及、读书人数的剧增、书籍的大量传播、藏书事业的发达，及北方士人的大批移入和海外文化交流的频繁，南方地区的文化水平有了较大的提高。叶适说："今吴、越、闽、蜀，家能著书，人知挟册。"①洪迈说：江南"为人才渊薮，文字之盛，甲于天下。其人耻为他业，自龆龀以上，皆能诵习"。这种现象不仅发生在经济发达的地区，即使是僻远的地区同样如此。如福建永福县"家尽弦诵，人识律令，非独士为然，农工商各教了读书，虽牧儿馌妇，亦能口诵古人语言"②。

从当时的文献记载来看，两宋时期中国南方地区的人民，不论男女老少、士农工商僧道等，普遍具有较高的文化素质和水平。

首先从年龄上来说，南方神童的大量涌现当是其文化水平提高的重要标志之一。如常州宜兴的蒋堂（980—1054）、洪州分宁黄庭坚（1045—1105）、抚州临川晏殊（991—1055）、福建蔡伯俙（1013—1100）、建州浦城杨亿（974—1020）等，都在童子时就以文著称于世。特别是蔡伯俙，在3岁时就扬名于时。为此，宋真宗颇感惊讶，曾赐诗一首加以赞

① 〔宋〕叶适：《叶适集·水心文集》卷九《汉阳军新修学记》，中华书局1961年版，第1册，第140页。

② 〔宋〕方大琮：《宋忠惠铁庵方公文集》卷三三《永福辛卯劝学文》，清刻本。

赏："七闽山水多才俊，三岁奇童出盛时。家世应传清白训，婴儿自得老成姿。"①

其次，从性别上看，才女的大量出现也是南方地区文化水平普遍提高的重要标志。据胡文楷《历代妇女著作考》所载，两宋时期，全国有著作的妇女有62人，其中十之八九出于南方。如苏州吴县王氏7岁能诗，撰有《宫词七百首》，传播江浙；宋高宗闻其名，召拜为妃。钱塘（今浙江杭州）人朱淑真"幼警慧，善读书，工诗，风流蕴藉。"②有《断肠诗前后集》18卷、《断肠词》1卷，"文章幽艳，才色娟丽，实闺阁所罕见者"。如其《减字木兰花》云："独行独坐，独唱独酬还独卧。伫立伤神，无奈春寒著摸人。此情谁见？泪洗残妆无一半。愁病相仍，剔尽寒灯梦不成。"③用五个"独"字，把一悲伤的女子深夜难眠、孤独烦闷之状，描绘得形象生动逼真。吴县朱氏撰有《混云图》。金溪何师韫有诗文40卷。南宋高宗至孝宗时的湖州才女吴淑姬，学识渊博，聪慧而善诗词，著有《阳春白雪词》5卷，其词作缠绵悱恻，曲折回环，情景交融，饶有韵味。如《惜分飞·送别》："岸柳依依拖金缕，是我朝来别处。惟有多情絮，故来衣上留人住。两眼啼红空弹与，未见桃花又去。一片征帆举，断肠遥指苕溪路。"④声名不减李清照。清人陆昶在《历朝名媛诗词》卷十一评吴叔姬道："笔甚轻倩，能以致胜，人云不减易安，却不及易安温雅。"湖州沈淑撰有《谐史》1卷，录述汴京旧闻，多诙嘲之语。杭州金丽卿有《金丽卿集》。平江胡氏，善笔札，尤工书画，时人比之李清照，有《惠斋居士诗》。建安徐氏，工诗赋，自成一家，有《闺秀集》2卷传世。松阳张玉孃，著有《兰雪集》2卷，"几欲继轨《漱玉》《断肠》"。余姚莫氏撰有《贤训篇》1卷，时比曹氏《七诫》。会稽杨氏有《杨太后宫词》1卷。吴江杨珪有《题画诗》1卷。益州郫人蒲芝有《玉清编》1卷，"文章精丽，有声于时"。闽人谢希孟，工诗，撰有《女郎谢希孟集》2卷、《采蘋诗》1卷；欧阳修序其诗云："隐约深厚，守礼而不自放，有古幽闲淑女之风，非特妇人之能言者也。"巴县谢慧卿有《闺余集》。杭州韩玉真有《韩玉真集》。襄阳魏玩有《魏夫人集》，《朱晦庵语录》云："本朝妇人能文，唯李易安与魏夫人。"四川人尼光，有《语录》2卷，陆游称其"所说法要，博辩奇伟，雷霆一世"⑤……

需要指出的是，宋代的妓女出于职业的要求，从小接受了专门训练，其中一部分妓女又聪明好学，并在长期与文人士大夫接触中，耳濡目染，受到他们的熏陶与影响，不但能

① 〔宋〕王明清：《挥麈录·后录》卷五《蔡伯俙以神童授官》，上海古籍出版社2001年版，第114—115页。

② 〔明〕田汝成编：《西湖游览志余》卷一六《香奁艳语》，上海古籍出版社1998年版，第253页。

③ 〔宋〕朱淑真：《断肠集·减字木兰花》，文渊阁《四库全书》本，第1488册，第624页。

④ 〔明〕陈耀文辑：《花草粹编》卷六《惜分飞·送别》，文渊阁《四库全书》本，第1490册，第262页。

⑤ 〔宋〕陆游：《渭南文集》卷三一《跋尼光语录》，载《陆游集》，中华书局1976年版，第5册，第2291页。

歌善舞，吹拉弹唱，样样皆能，而且能作诗填词，具有较高的艺术、文学修养。[①]《全宋词》收录女性作者近九十人，其中妓女近三十名。《宋诗纪事》卷九七收录的妓女诗作者有单氏、温琬、周韶、胡楚、龙靓、周氏、胡文媛、楚娘、盈盈、谢金莲、梁意娘、苏小娟、襄阳妓、老妓、临川妓等十五人。她们绝大多数都生活在长江流域。周密说“蜀娼类能文”[②]。洪迈《夷坚志》乙支卷六《合生诗词》说：“江浙间，路歧伶女，有慧黠知文墨，能于席上指物题咏。”宋人杨湜《古今词话》就记载了成都官妓赵才卿的文学才艺：

> 成都官妓赵才卿，性黠慧，有词速敏，帅府作会以送都铃帅命才卿作词，应命立就《燕归梁》曰：“细柳营中有亚夫。华宴簇名姝。雅歌长许佐投壶，无一日、不欢娱。汉皇拓境思名将，捧飞诏、欲登途。从前密约尽成虚。空赢得、泪流珠。”都铃览之，大赏其才，以饮器数百厚遣，帅府亦赏焉。[③]

杭州妓女也不逊色。杭州营妓周韶、胡楚、龙靓著有《三妓诗》1卷，名扬诗坛。另据《能改斋漫录》载：

> 杭之西湖，有一倅闲唱少游《满庭芳》，偶然误举一韵云：“画角声断斜阳。”妓琴操在侧云：“画角声断谯门，非斜阳也。”倅因戏之曰：“尔可改韵否？”琴即改作阳字韵云：“山抹微云，天连衰草，画角声断斜阳。暂停征辔，聊共饮离觞。多少蓬莱旧侣，频回首，烟霭茫茫。孤村里，寒鸦万点，流水绕低墙。魂伤，当此际，轻分罗带，暗解香囊。漫赢得青楼，薄幸名狂。此去何时见也？襟袖上，空有余香。伤心处，长城望断，灯火已昏黄。”东坡闻而称赏之。[④]

从这一条记载可知，此位名叫琴操的歌妓不但熟悉《满庭芳》词的韵律，还能指出别人歌唱之误而且根据对方要求，即席改韵改词。如果没有深厚的词学修养与音韵知识，是根本不可能的。无怪乎“东坡闻而称赏之”。当然类似的宋代妓女在宴会上即席赋诗填词歌唱的记载不胜枚举。严蕊，字幼芳，台州营妓，后从良，宗室近属纳为小妾。善琴弈歌舞、丝竹书画，色艺冠一时，博览群书，颇通古今。间作诗词，有新语。善应酬交际，远近闻其名，有不远千里而登门求见者。唐仲友为台州知州时，会严蕊侍酒，赋红白桃花诗，严蕊挥笔而就《如梦令》：“道是梨花不是，道是杏花不是，白白与红红，别是东风情味。曾记、曾记，人在武陵微醉。”[⑤]

---

① 方建新、徐吉军：《中国妇女通史》（宋代卷），杭州出版社2011年版，第163页。

② 〔宋〕周密：《齐东野语》卷一一《蜀娼词》，中华书局1983年版，第195页。

③ 按：此据唐圭璋先生《词话丛编》所收《古今词话》本，中华书局1981年版，第44页“赵才卿”条。下注：“《缘窗新话》下引《古今词话》。”

④ 〔宋〕吴曾：《能改斋漫录》卷一六，上海古籍出版社1979年版，第483页。

⑤ 〔宋〕周密：《齐东野语》卷二〇《台州营妓》，中华书局1983年版，第374—376页。

这些妇女的出身不同，上自皇后，下至妓女，集中地反映和代表了当时南方妇女擅长诗文的社会现象。当然，在当时的南方还涌现出一批杰出的女艺人、女棋手、女医生、女科学家以及女致富能手等。福建长乐人钱四娘，是北宋福建莆田木兰陂水利工程的创始人。京口（今江苏镇江）人梁红玉，是南宋著名的女将，曾与丈夫韩世忠一起以八千宋军打败号称十万精兵的金人，大大地鼓舞了南宋军民的抗金意志。至于经商致富的女能人则更加众多，南宋末年陈普《古田女》诗云："插花作牙侩，城市称雄霸。梳头坐列肆，笑语皆机诈。新奇弄浓妆，会合持物价。愚夫与庸奴，低头受凌跨。"①凡此种种，真是不可胜数。在此背景下，有些家族还涌现出多名能诗能文的妇女。如魏泰《临汉隐居诗话》载：

> 近世妇人多能诗，往往有臻古人者。王荆公家最众。张奎妻长安县君，荆公之妹也，佳句最为多。著者"草草杯盘供语笑，昏昏灯火话平生"。吴安持妻蓬莱县君，荆公之女也。有句曰："西风不入小窗纱，秋意应怜我忆家。极目江（山）[南]千（万）[里]恨，依前和泪看黄花。"刘天保妻，平甫女也。句有："不缘燕子穿帘幙，春去春来那得知。"一作"春去秋来"。荆公妻吴国夫人，亦能文，尝有小词《约诸亲游西池》句云："待得明年重把酒，携手，那知无雨又无风。"皆脱丽可喜也。②

朱淑真像

宋佚名《歌乐图》（局部）

陈襄家中的几位女儿也和王安石家一样，有较高的文学修养，能诗善文。据《夷坚志》载：

> 陈述古诸女多能诗文，其一嫁婿曰李生，为晋宁军判官。部使者知其妻于诗最工。以所藏小雁屏从之求题品。妇自作黄鲁直（庭坚）小楷，细书两绝句。

① 〔宋〕陈普：《石堂先生遗集》卷一六。郑方坤：《全闽诗话》卷五《宋元》，文渊阁《四库全书》本。

② 文渊阁《四库全书》本。其文字校勘据徐规《宋代妇女的地位》引文，徐规：《仰素集》，杭州大学出版社1999年版，第336页。

其一曰："蓼淡芦攲曲水通，几双容与对西风。扁舟阻向江乡去，却喜相逢一枕中。"其二曰："曲屏谁画小潇湘，雁落秋风蓼半黄。云澹雨疏孤屿远，会令清梦到高唐。"两篇清绝洒落如是，不必真见画也。①

类似的还有三苏家族、周必大家族等等。苏洵生有三女，前二女早亡，幼女八娘，即苏轼之姊，"幼而好学，慷慨有过人之节，为文亦往往有可喜"。② 苏洵自谓："余家世世本好儒，生女不独治组纠。读书未省事华饰、下笔亹亹能属文。"③而据苏轼为其第一任妻子王弗所撰墓志，谓："其始，(王弗)未尝自言其知书也。见轼读书，则终日不去，亦不知其能通也。其后轼有所忘，君辄能记之。问其他书，则皆略知之。"④可见苏家也是女子读书能属文的家庭。

再次，从社会阶层来看，文化知识已不再为文人士大夫所完全垄断，而由士阶层普及到农工商僧道各个社会阶层，于是出现了"今吴、越、闽、蜀，家能著书，人知挟册"⑤的文化普及现象。南宋温州永嘉人陈傅良形象地描述道："人人尊孔孟，家家诵诗书。未省有宇宙，孰与今多儒!"⑥以务本的农人为例，有些也具备了较高的文化知识。宋末元初的黄应蟾曰："荛夫被儒衣，耕叟辟家塾"⑦，便是当时的真实写照。北宋词人、衢州江山人毛滂(1056—约1124)曾自言："某本田舍家，自父祖皆昼耕锄，夜诵书。"⑧常德府富农余翁，家中辟有专门的书房。⑨ 有鉴于此，刘克庄《泉州南郭》诗云："闽人务本亦知书，若不耕樵必业儒。唯有桐城南郭外，朝为原宪暮陶朱。"⑩农家子弟"自农转而为士"的事例，史不绝书。如福建仙游蔡襄年十八，以农家子举进士⑪；巢谷"眉山农家也，少从士大夫读书，老

① 〔宋〕洪迈：《夷坚乙志》卷三《陈述古女诗》，中华书局1981年版，第1册，第204页。此条记载，又见陈鹄《西塘集耆旧续闻》卷三《陈述古女题小雁屏诗》(中华书局2002年版，第314页)，文字稍简略。

② 详参曾枣庄《三苏后代考略》，见曾枣庄《三苏研究——曾枣庄文存之一》，巴蜀书社1999年版，第49—50页。

③ 〔宋〕苏洵：《嘉祐集·佚诗》，《嘉祐集笺注》，上海古籍出版社1993年版，第511—512页。按据《自尤》诗序，八娘嫁其母兄程浚之子之才，年十八而死。

④ 《苏轼文集》卷一五《亡妻王氏墓志铭》，第2册，第472页。

⑤ 〔宋〕叶适：《叶适集·水心文集》卷九《汉阳军新修学记》，中华书局1961年版，第1册，第140页。

⑥ 〔宋〕陈傅良：《陈傅良先生文集》卷三《送王南强赴绍兴签幕四首》，浙江大学出版社1999年版，第30页。

⑦ 〔宋末元初〕黄应蟾：《秀山霜晴晚眺与赵宾旸黄惟月连句》，〔明〕程敏政辑撰：《新安文献志》卷五八，黄山书社2004年版，第1392页。

⑧ 〔宋〕毛滂：《东堂集》卷八《重上时相书》，《景印文渊阁四库全书》，第1123册，第795页。

⑨ 〔宋〕洪迈：《夷坚甲志》卷七《查市道人》，中华书局1981年版，第1册，第60页。

⑩ 〔宋〕刘克庄：《后村集》卷一二《泉州南郭二首》之一，文渊阁《四库全书》本。

⑪ 〔宋〕欧阳修：《居士集》卷三五《端明殿学士蔡公(襄)墓志铭》，李之亮：《欧阳修集编年笺注》，巴蜀书社2007年版，第2册，第622—623页。

为里校师”①；海州（治今江苏连云港）睢佑卿“父祖以农桑为业”，他“独亲于学，作文赋诗，为乡里称道”②。诸如此类的事例，不一而足。其实，岂止务本的农人如此，连社会地位极其低下的贱民，如屠民、乞丐等，也出现了不少具有较高文化修养的人才。例如，元丰年间，黄州（治今湖北黄冈）有位屠户，其子“易业为儒”③。更有甚者，连临安府一团头（即乞丐之长）之女也“能诗”，令人叹为观止。由此可见，两宋时期的长江文化确实已经非常普及和深入了。

二、文化区域的大扩展

（一）两浙文化区

宋代两浙路是全国文化最为发达的地区。以代表当时文化的宋词来说，在唐圭璋先生《全宋词》辑录的 1331 位作家中，仅浙江就占有 209 人，居全国第 1 位④。再以衡量一个地区文化发达程度的科举进士人数来说，两浙地区亦高居全国首位。据统计，宋代两浙地区共有进士 9375 人（其中北宋 2476 人，南宋 6899 人），这比河南、河北、山东、山西、陕西、甘肃六省的进士总人数还要高出许多倍⑤。再从学术人才的分布来说，宋代仅浙东（今浙江省钱塘江以南）地区就达 482 人之多，超过中原（今山东、河北、河南）和关中（今陕西）两区的学者总人数（174 人）⑥。这些事例，充分反映了两浙地区文化的普及和繁荣。

以地区而论，杭州是两浙地区的文化中心。南宋陈亮说：“当唐之衰，而钱镠以闾巷之雄起王其地，自以不能独立，常朝事中国以为重。及我宋受命，俶以其家人京师而自献其土。故钱塘终始五代被兵最少，而二百年之间，人物日以繁盛，遂甲于东南。及建炎、绍兴之间，为六飞所驻之地。当时论者固已疑其不可以张形势而事恢复也。秦桧又从而备百司庶府以讲礼乐于其中，其风俗固已华靡，士大夫又从而治园囿台榭以乐其生于干戈之余，上下宴安，而钱塘为乐国矣。”⑦吴自牧说：“杭城湖光山色之秀，钟为人物，所以清

① 〔宋〕苏辙：《栾城集·后集》卷二四《巢谷传》，上海古籍出版社 1987 年版，下册，第 1436 页。

② 〔宋〕洪迈：《夷坚三志己》卷三《睢佑卿妻》，中华书局 1981 年版，第 3 册，第 1320 页。

③ 〔宋〕陈师道：《后山谈丛》卷六，上海古籍出版社 1989 年版，第 66 页。

④ 周笃文：《宋词》，上海古籍出版社 1980 年版，第 29—32 页。

⑤ 参见《长江文化史》，李学勤、徐吉军主编，江西教育出版社 1995 年版，第 729—730 页《宋代进士地域分布表》。

⑥ 余瑛：《宋代儒者地理分布的统计》，载《禹贡半月刊》1934 年第 6 期。

⑦ 《陈亮集（增订本）》卷一《上孝宗皇帝第一书》，中华书局 1976 年版，上册，第 7 页。

奇杰特，为天下冠。”①清代毛奇龄说：“以临安都会，本人才辐辏之地，艺林华府，争长海内。”②

宋代苏州文化仅次于杭州，称雄于两浙地区。范成大说：“矧今全吴，通为畿辅，文物之盛，绝异曩时”③；又说“吴郡自古为衣冠之薮。中兴以来，应举之士，倍承平时。”④叶梦得说：“吴下全盛时衣冠所聚，士风笃厚。”⑤朱长文说：“钱氏有吴越，稍免干戈之难。自乾宁至于太平兴国三年钱俶纳土，凡七十八年。自钱俶纳土至于今元丰七年，百有七年矣。当此百年之间，井邑之富，过于唐世。郛郭填溢，楼阁相望，飞杠如虹，栉比棋布，近郊隘巷，悉甃以甓。冠盖之多，人物之盛，为东南冠。实太平盛事也。”⑥

宋代越州文化，与苏州不相上下，同为两浙重要的文化区。《嘉泰会稽志》载：“六飞渡江，尝驻跸于越，而越今为陪都，盖古三辅也。山川之所形见，风化之所渐被，其儒风士业，流闻彰布，益以昌大，要非余郡可比。”“国朝崇儒右文，眡古为重，而东南儒风宏楙盛美，会稽为最。”⑦

宋代温州文化，异军突起，令人侧目。楼钥说：“永嘉在浙左为望郡，山川秀发，衣冠鼎盛，四邑相去才百里，而负山并海，壤地深远，人物日庶。”⑧真德秀说：“温(州)多士，为东南最。”⑨王十朋说：“永嘉自元祐以来，士风浸盛，渊源自得之学，胸臆不蹈袭之文，儒先数公著述具存，不怪不迂，词醇味长，乡令及门孔氏，未必后游、夏徒也。涵养停蓄，波澜日肆。至建炎、绍兴间，异才辈出，往往甲于东南。”⑩又说：“吾乡谊理之学，甲于东南。……士子群居学校，战艺场屋，笔横渠而口伊洛者纷知也。取科第，登仕籍，富贵其身，光大其门者，往往多自此途出，可谓盛矣。”⑪王祎说：“永嘉，东南名郡也。山川峻清，伟人间出，在宋世号称六艺文章之府。”⑫

---

① 〔宋〕吴自牧：《梦粱录》卷一七《历代人物》，浙江人民出版社1984年版，第151页。

② 〔清〕毛奇龄：《西河文集》卷一八《王明府季试文序》，文渊阁《四库全书》本。

③ 〔宋〕朱熹：《常熟县丹阳公祠堂记》，见范成大《吴郡志》卷四，江苏古籍出版社1986年版，第37页。

④ 〔宋〕范成大：《吴郡志》卷四《县学记》，江苏古籍出版社1986年版，第37页。

⑤ 〔宋〕叶梦得：《石林避暑录话》卷三，上海书店1990年版，第20页。

⑥ 〔宋〕朱长文：《吴郡图经续记》卷上《城邑》，江苏古籍出版社1986年版，第6—7页。

⑦ 〔宋〕施宿等：《嘉泰会稽志》卷三《进士》，《宋元方志丛刊》本，中华书局1990年版，第7册，第6771页。

⑧ 〔宋〕楼钥：《攻媿集》卷三九《谢源明直焕章阁知温州》，文渊阁《四库全书》本。

⑨ 〔宋〕真德秀：《真西山文集》卷四六《秘书少监直学士院徐公墓志铭》，《四部丛刊初编》本。

⑩ 〔宋〕王十朋：《王十朋全集·文集》卷二五《何提刑墓志铭》，上海古籍出版社1998年版，第1008页。

⑪ 〔宋〕王十朋：《王十朋全集·文集》卷二三《送叶秀才序》，上海古籍出版社1998年版，第962页。

⑫ 〔明〕王祎：《王忠文集》卷六《送顾仲明序》，文渊阁《四库全书》本。

宋代明州文化发展迅猛。袁桷说："鄞旧有学，王文公安石为宰时，延会稽杜先生醇教之，学者辈出。"①以致南宋时有"满朝朱紫贵，尽是四明人"②之说。王应麟《鄞县学记》说："诗书之乡，礼节恭谨，县之子弟，夙以衣冠鼎盛。"

宋代金华地区文化的发展也非常突出。清代王沐在《宋郑忠愍公文集》序中道："婺故东阳郡，巨公大儒辈出，宋建炎绍兴间，文章忠节为尤著。"宋代韩元吉说婺州"中兴则为辅藩德教所及，风化所被，俗变以文，三岁之举，至五六十人，豪杰相望，公辅踵出，足为东南之表仪"③。

宋代湖州、嘉兴地区的文化在前代基础上有了进一步的发展，仍为两浙的文化重地所在。欧阳修说："庆历中，诏天下大兴学校。东南多学者，而湖、杭尤盛。"④顾临说："吴兴学著于天下，当其盛时，学者不可胜录。"⑤张方平《府学记》说："吴兴山水发秀，人文自江左而后，清流美士，余风遗韵相续。"⑥王十朋《湖州谒文宣庙文》说："湖学之盛，东南鲜伦，风似邹鲁，民同蜀闽。"⑦秀州（治今浙江嘉兴）在宋代"罕习军旅，尤慕文儒。不忧冻馁，颇勤农务"。"在宋为文物之邦，至今士多兴于学，处廛者亦类皆鸿生硕彦。"⑧葛邲《贡院记》："得江山之助，其人秀而文。"祝穆《方舆胜览》说："土膏沃饶，风俗淳秀。文贤人物之盛，前后相望。百工技艺，与苏杭等。"⑨至元《嘉禾志》卷二五亦云："诗书礼乐相辉相扶，里之秀民、家之良子弟无不风厉于学"。

其他如台州、处州、衢州、严州、常州、润州等地的文化也很发达。如台州，民国《台州府志》载道："逮于两宋人才最盛。二徐以儒宗著，康肃以直节称，南湖以学派传，清献以相业显，康敏以耿介终。后先彪炳，更仆难数。至考亭使节南来，台士闻风兴起，著籍者众，俊乂如林，宋景濂所谓晦翁传道江南，而台特盛，世称小邹鲁者是也！"常州，陆游说："方是时，毗陵多先生长者，以善俗进后学为职，故儒风蔚然为东南冠。及余公中、霍公端

---

① 〔元〕袁桷：《清容居士集》卷一八《庆元路鄞县学记》，文渊阁《四库全书》本。

② 〔宋〕张端义：《贵耳集》卷下，文渊阁《四库全书》本。

③ 〔宋〕韩元吉：《南涧甲乙稿》卷一五《婺州贡院记》，文渊阁《四库全书》本。

④ 〔宋〕欧阳修：《居士集》卷二五《集贤校理丁君（宝臣）墓表》，李之亮：《欧阳修集编年笺注》，巴蜀书社 2007 年版，第 2 册，第 352 页。

⑤ 〔宋〕顾临：《湖学田记》，《宋文鉴》卷八三，中华书局 1992 年版，中册，第 1185 页。

⑥ 〔清〕雍正《浙江通志》卷九九《风俗上》，中华书局 2001 年版，第 5 册，第 2289 页。

⑦ 〔宋〕王十朋：《王十朋全集·文集》卷二四《湖州谒文宣庙文》，上海古籍出版社 1998 年版，第 990 页。

⑧ 〔元〕杨维桢：《东维子集》卷一七《聚桂轩记》，文渊阁《四库全书》本。

⑨ 〔宋〕祝穆：《方舆胜览》卷三《浙西路·嘉兴府·风俗》，中华书局 2003 年版，上册，第 69 页。

友，皆策名天下士第一，则说者遂归之后河，曰：‘是为东南文明之地。’”①

（二）江西文化区

宋代江西地区的文化位居全国前列，“素号人物渊薮”②。欧阳修说：“区区彼江西，其产多材贤。”③杨万里说：“切观国朝文章之士，特盛于江西，如欧阳文忠公、王文公、集贤殿学士刘公兄弟、中书舍人曾公兄弟、李公泰伯、刘公恕、黄公庭坚。其大者古文经术足以名当世，其余则博学多识，见于议论、溢于词章者，亦皆各自名家。求之他方，未有若是其众者。”④倪朴说：“大江之西，国朝以来异人辈出，人物之盛甲于东南。”⑤据唐圭璋先生所辑《全宋词》的统计，在收录的 1331 位词家中，江西有 163 人，仅次于浙江（209 人），居全国第 2 位⑥。《宋史·文苑传》所载 90 位著名文人中，江西有 9 位，次于河南（15 位）、江苏（14 位）、四川（10 位）三省，与山东并列全国第 4 位。在有宋一代 134 名宰相中，江西有 16 名（其中北宋 6 名、南宋 10 名），居全国第 4 位。《宋史》“道学”“儒林”等传所载的 89 位人物中，江西有 11 名，居全国第 4 位⑦。至于宋代江西的科举入第人数，更是高达 5365 人（含特奏名进士 80 人）。

江西省宋朝进士一览表⑧　　单位：人

区域	人数	区域	人数	区域	人数	区域	人数
南丰	172	瑞州	144	南昌	137	上犹	9
广昌	19	清江	157	新建	78	彭泽	14
新城	32	弋阳	13	进贤	43	新昌	4
玉山	64	新余	98	袁州	76	新淦	127
贵溪	149	瑞昌	13	吉水	206	永丰	102
乐平	162	庐陵	262	峡江	3	萍乡	46

① 〔宋〕陆游：《渭南文集》卷一八《常州开河记》，《陆游集》，中华书局 1976 年版，第 5 册，第 2147 页。

② 〔宋〕黄榦：《勉斋集》卷六《答江西漕杨通老（揖）》，文渊阁《四库全书》本。

③ 〔宋〕欧阳修：《居士集》卷七《送吴生南归》，李之亮：《欧阳修集编年笺注》，巴蜀书社 2007 年版，第 1 册，第 262 页。

④ 〔宋〕杨万里：《诚斋集》卷一三三《谥文节公告议（太常博士陈贵谊考功郎官李道传）》，辛更儒：《杨万里集笺校》，中华书局 2007 年版，第 5149 页。

⑤ 〔宋〕倪朴：《倪石陵书》，文渊阁《四库全书》本，上海古籍出版社 1987 年版，第 1152 册，第 14 页。

⑥ 周笃文：《宋词》，上海古籍出版社 1980 年版，第 29—32 页。

⑦ 张家驹：《两宋经济重心的南移》，湖北人民出版社 1957 年版，第 138—139 页。

⑧ 崔正德、曹国庆：《宋明时期江西人才盛况及其原因探讨》，《江西教育科研》1993 年第 2 期。另，夏汉宁《试论宋代江西文学家的贡献及其地域分布特征》（《江西社会科学》2009 年第 9 期）一文考证：有宋一代，江西宰相 15 人，文武科鼎甲 28 人，进士 5545 人。

续表

区域	人数	区域	人数	区域	人数	区域	人数
德兴	291	安福	95	分宜	4	万安	21
浮梁	160	泰和	119	永新	97	湖口	15
都昌	125	临川	396	崇仁	68	龙南	2
建昌	100	宜黄	89	金溪	16	信丰	6
南康	35	乐安	39	上饶	82	瑞金	2
大庾	22	南城	372	星子	47	万载	1
石城	11	铅山	31	宁都	101	德化	3
丰城	130	鄱阳	95	靖安	25	会昌	2
奉新	44	余干	142	龙泉	43	宁州	6
武宁	33	安仁	69	赣县	69	宗室	92
分宁	70	德安	49	兴国	16	合计	5365

此表根据《江西通志稿》第七、八册统计制成。个别数字疑有误，待查。

从表中可以看出，宋代江西地区的文化以临川（今临川市）、南城、德兴、庐陵（今吉安市）、吉水五地最为发达；次则南丰、乐平、浮梁、清江、贵溪、瑞州、余干、南昌、丰城、都昌、新淦、泰和、永丰、宁都、建昌；再次为新余、永新、鄱阳、安福、宜黄、上饶、新建、袁州等地。

吉州是宋代江西地区文化最为发达的地区。宋人真德秀说："吉之士风，为江西冠。"①岳珂说："庐陵号多士，儒先名臣，今古辈出，里人图所以尊显风厉以垂无穷者。……吉为江西上郡，自皇朝逮今二百余年，兼是二者，得三公焉。曰欧阳公修，以六经粹然之文，崇雅黜浮，儒术复明，遂以忠言直道，辅佐三朝，士大夫翕然尊之，天子从而谥曰文忠，莫不以为然。南渡抢攘，右相杜充，拥众臣虏，金陵守陈邦光就降，惟通判杨邦乂戟手骂贼，视死如归，国势凛凛，士大夫复翕然尊之，天子从而褒赠之，赐谥曰忠襄，则又莫不以为然。时宰议礼，众论汹汹，惟一编修官胡铨毅然上书，乞斩相参、虏使，三纲五常赖以不坠，士大夫复翕然尊之，厥后天子从而褒赠，赐以忠简之谥，则又莫不以为然。是之谓三忠。虽然此邦非无宰相，如刘沆冲之在朝，尝力荐文忠，留寘翰苑，又引富文忠公弼共政，今姓名著在勋臣之令，而谥则未闻，子瑾孙僩，俱为待制，迄不能请，矧被遇之从臣乎？夫然后知节以一惠，天子犹不敢专，亦必士大夫翕然尊之，乃可得耳。庐陵宰赵汝厦即县庠立三忠祠，岁时率诸生祀焉。巍巍堂堂，衮服有章，揭日月而行，学者固仰其炜煌。若夫百世之下，闻清风而兴起，得无慕休烈扬显光者耶！汝厦用意无远矣。其后

① 〔宋〕真德秀：《真西山文集》卷四六《朝散大夫知常德府鲍公墓志铭》，《四部丛刊初编》本。

楼宣献铭益公墓，称其精确简严，士谓纪实。益公谥文忠。余谓它日有尚贤者在位，隮配其间，尚可谓四忠也。”①

饶州地区的文化也很发达，宋代汪藻说：“饶士盛，东南应书常数千人。”②张世南说：“鄱阳为郡，文物之盛，甲于江东。”③又说：“鄱阳自雍熙乙酉（985 年）梁颢榜，至绍定己丑（1229 年）登科者五百七十余人。其间三世联登者，唯三家：龙溪先生汪藻、汪盘、汪穀；张宗谔、张琮、张械；鲍煜、鲍安世、鲍升之。汪氏之登科者七世，张氏今亦六世，然非正嫡相续也。鲍氏安国、安行、安世兄弟，三科连中，故程文昌伯禹赠之诗，有‘七年三破桃花浪’之句。其余父子、兄弟俱中科第者甚多，不胜纪载。”④

吉州、饶州之后，当推抚州。黄幹说：“临川之民，秀而能文，刚而不屈，故前辈名公，彬彬辈出，惟临川为盛。”⑤陆游说：“山川信美，生大儒名世之邦；弦诵相闻，陶圣主右文之化。”⑥

信州邻近文化发达的两浙、福建地区，所以文化发达程度也较高。宋代韩元吉说：“信之为州，四百二十有三年矣。其地控闽粤，邻江淮，引二浙，隐然实冲要之会。山川秀发，人物繁多，异时多士之隽，屡冠天下，而宰辅之出，间亦蜚声名、立事业，其风俗兴起，固未艾也。”⑦

南安（治所在今江西大余）的文化也灿然可观。苏轼说：“南安，江西之南境，儒术之富，与闽、蜀等。而太守、朝奉郎曹侯登，以治郡显闻，所至必建学，故南安之学，甲于江西。”⑧

（三）福建文化区

《宋史·地理志》说：“福建路，盖古闽越之地。其地东南际海，西北多峻岭抵江。王氏窃据垂五十年，三分其地。宋初，尽复之。有银、铜、葛越之产，茶、盐、海物之饶。民安土乐业，川源浸灌，田畴膏沃，无凶年之忧。而土地迫狭，生籍繁多，虽硗确之地，耕耨殆尽，亩直浸贵，故多田讼。其俗信鬼尚祀，重浮屠之教，与江南、二浙略同。然多向学，喜讲诵，好为文辞，登科第者尤多。”这段文字，基本上概括了福建路经济文化的发达状况。

① 〔宋〕岳珂：《桯史》卷一一《三忠堂记》，中华书局 1981 年版，第 131—132 页。

② 〔宋〕汪藻：《浮溪集》卷二四《朝散大夫直龙图阁张公行状》，文渊阁《四库全书》本。

③ 〔宋〕张世南：《游宦纪闻》卷一，中华书局 1981 年版，第 1 页。

④ 〔宋〕张世南：《游宦纪闻》卷六，中华书局 1981 年版，第 55 页。

⑤ 〔宋〕黄幹：《勉斋集》卷三四《临川劝谕文》，文渊阁《四库全书》本。

⑥ 〔宋〕陆游：《渭南文集》卷一一《答抚州发解进士启》，《陆游集》，中华书局 1976 年版，第 5 册，第 2062 页。

⑦ 〔宋〕韩元吉：《南涧甲乙稿》卷一五《信州新建牙门记》，文渊阁《四库全书》本。

⑧ 〔宋〕苏轼：《苏轼文集》卷一一《南安军学记》，中华书局 1986 年版，第 2 册，第 374 页。

在宋代，福建是重要的文化发达区。南宋陈必复在为林尚仁《端隐吟稿》所作序中说："七闽山川奇秀行，建剑以南，溪流益驶，杰峰峻崖，挺挺峭立，渟涵钟结。发为人物，皆瑰伟俊明。抱负之美，至不减中州。故担簦负笈来试于京者常半天下，家有庠序之教，人被诗书之泽，而仕于朝为天子侍从亲近之臣，出牧大藩持节居方面者，亦常半。而今世之言衣冠文物之盛，必称七闽。吾福又七闽之盛也。古为长乐郡县，因以名。"①范文澜《中国通史》第三册也郑重指出："闽在两宋，成为重要的文化区。"根据明代王应山《闽大记》统计，"宋代福建进士有 5985 人，其中北宋时期 2503 人，南宋时期 3482 人。《宋史》入'文苑传'者 90 人，福建占 8 人，在全国也是名列前茅"，仅次于两浙路。②《宋史·文苑传》所载 90 位著名文人中，福建有 8 人，居全国第 6 位。《全宋词》收录的 1331 位词家（不包括无名氏），福建有 123 人，仅次于浙江（209 人）、江西（163 人），居全国第 3 位③。在两宋位居宰辅之职者 134 人中，福建占 18 人，仅次于浙江（26 人）、河南（22 人），居全国第 3 位。而入《宋史》"道学传"和"儒林传"的 89 位人物中，福建有 17 人，居全国首位④。这些福建人才在政治、哲学、文学、教育及自然科学等各个领域都取得了许多令后世敬仰的成就。如哲学家杨时、朱熹，史学家郑樵、袁枢，文学家杨亿、柳永、张元幹、刘克庄、严羽，科学家苏颂、宋慈等，都著称于时⑤。

福州是宋代福建路的文化中心。苏辙说："长乐大藩，七闽之冠。衣冠之盛，甲于东南。工商之饶，利尽山海。"⑥朱熹说："福州之学，在东南为最盛，弟子员常数百人。"⑦张守说："福州自唐常公衮一变儒风，多士甲于诸郡，而乡校特盛。"⑧"惟昔瓯粤险远之地，为今东南全盛之邦。"⑨以科举为例，福州在宋哲宗时，"举士才三千"；"其后浸增，至于五倍，侧肩争门，坐不容膝"；到南宋乾道元年（1165 年）秋试，福州"投家状于有司者凡一万七千人，乡举之众，天下莫比，亦闽中昔日所未有也"；淳熙元年（1174 年），福州应试者增至二万人⑩。这种情景的出现，使福州地区的科举取士出现了尖锐的矛盾冲突。南宋刘宰说：

① 〔宋〕陈起编：《江湖小集》卷三三，文渊阁《四库全书》本。

② 许在全：《试论宋代福建人才的崛起》，《福建师大学报》（哲学社会科学版）1981 年第 3 期。

③ 周笃文：《宋词》，上海古籍出版社 1980 年版，第 29—32 页。

④ 张家驹：《两宋经济重心的南移》，湖北人民出版社 1957 年版，第 138—139 页。

⑤ 陈明光：《试论两宋八闽文化的发展》，载《中国文化研究集刊》第 5 辑。

⑥ 〔宋〕苏辙：《栾城集》卷三〇《林积知福州》，上海古籍出版社 1987 年版，中册，第 639 页。

⑦ 〔宋〕朱熹：《朱熹集》卷八〇《福州州学经史阁记》，四川教育出版社 1996 年版，第 7 册，第 4153 页。

⑧ 〔宋〕张守：《毗陵集》卷一一《福州州学释奠记》，文渊阁《四库全书》本。

⑨ 〔宋〕张守：《毗陵集》卷六《谢除知福州到任表》，文渊阁《四库全书》本。

⑩ 〔宋〕梁克家：《淳熙三山志》卷七《公廨类一·试院》，《宋元方志丛刊》本，中华书局 1990 年版，第 8 册，第 7849—7852 页；《宋会要辑稿》选举一六之二一，中华书局 1957 年版，第 5 册，第 4522 页。

“天下士子多而解额窄者，莫甚于温、福二州。且如福州终场万八千人，合解九十名，旧额五十四名，与增三十六名；温州终场八千人，合解四十名，旧额十七名，与增二十三名。”①即平均每200名举子才能录取1名，它从一个侧面反映了该地区文化的普及和发达状况。

莆田地区的文化也很发达，时有“比屋业儒，俊造如林”“诗书为八闽之甲”之称。宋代真德秀说：“莆(田)故多奇产，中兴以来，三山名辅弼，功烈磊落相望，其他人物，接迹中外者，至不可胜纪，何其盛也。予顷自泉过是邦，登方氏诗境之楼，环挹苍翠，应接不暇，壶公一峰，伟然特立于群巘之表……夫其山川之峻秀雄丽如此，则其人物之盛也，固宜。”②宋代黄公度《学记》云：“莆田文物之邦，自常衮入闽之后，延礼英俊，儒风大振。僻在南隅，而习俗好尚，有东州齐鲁遗风。”宋代陈俊卿《贡院记》云：“莆介于泉、福之间，市廛户版，不能五之一，而秀特多。”③

泉州在宋代是福建路的文化中心之一。南宋韩元吉说：“泉之俗，利贾而业儒，蛮艘獠舶，岁以时戢，富而安，野有弦歌，士皆诗书文雅是厉，踵属通显。”④熊禾说：“泉直海东南隅，实惟文明之地，且晦庵、西山二先生在仕国也，百余年间，文化断断，可以一变而道”；又说：“国朝以来，晋江人文，甲于闽海。”⑤

建宁也是福建的文化重地。南宋楼钥说：“建宁当闽浙之冲，是为孝宗皇帝龙潜之旧，虽宦游不得一至之地。闻其山川耸秀，武夷诸山，皆非尘境，盖八州之门户也，钟为英杰，古今相望，士夫多挺挺尚气节，秋赋动逾万数，荐送率八十余人，儒风最盛，学有生徒三百。”⑥韩元吉说：“建宁衣冠氏族；惟浦城之邑最盛，卿相侍从，蝉联大家。”⑦

邵武地区的文化虽然无法与福州、兴化等地相比，但也是学风兴盛之地。《邵武县志》云：“人性犷直尚气，治生勤俭，力农重谷。颇好儒，所至村落皆聚徒教授，有古之遗意。儒雅乐善，轻赍健往。西山得道南之绪，而考亭师友，则蒙谷、台溪、云岩、月洲。理学渊源，上接伊洛。比屋弦诵之声洋洋盈耳，当时号小邹鲁。”宋代叶祖洽《改县名记》云：“邵武四县唯泰宁最僻，不与四方商旅交，故习俗淳厚。处深山穷谷之间，有林泉鱼稻之乐，人自足用，无所外求。比屋连墙，弦诵之声相闻，有不谈诗书者，舆台

① 〔宋〕刘宰：《漫塘集》卷一三《上钱丞相论罢漕试太学补试劄子》，文渊阁《四库全书》本。
② 〔宋〕真德秀：《真西山文集》卷二七《送王察推序》，《四部丛刊初编》本。
③ 以上引自清雍正《福建通志》卷九《风俗》，文渊阁《四库全书》本。
④ 〔宋〕韩元吉：《南涧甲乙稿》卷一九《东岳庙碑》，文渊阁《四库全书》本。
⑤ 〔宋〕熊禾：《勿轩集》卷三《晋江县学记》，文渊阁《四库全书》本。
⑥ 〔宋〕楼钥：《攻媿集》卷五四《建宁府紫芝书院记》，文渊阁《四库全书》本。
⑦ 〔宋〕韩元吉：《南涧甲乙稿》卷二〇《中奉大夫直敷文阁黄公墓志铭》。

笑之。”①

（四）四川（重庆）文化区

两宋时期的四川，是全国重要的文化发达区。《宋史·地理志》说“孟氏既平，声教攸暨，文学之士，彬彬辈出焉。”袁桷说：“蜀由秦帝入中原至于宋，凡一千五百余年，文物大盛。”②又说：“蜀由孟氏以来，无兵革斗争，文士迭出。”③宋高宗也曾说：“蜀中多士，几与三吴不殊。”④据统计，在《宋史》列传人物中，四川有 164 人，与江西并列全国第 6 位；在宋代 134 位宰相中，四川有 9 人，与安徽并列全国第 6 位；《宋史》“道学传”“儒林传”所载 89 位人物中，四川有 8 人，居全国第 6 位；《宋史·文苑传》所录 90 位著名文人中，四川有 10 名，居全国第 3 位；《全宋词》辑录的 1000 多名作家中，四川有 50 人，居全国第 6 位；《古今图书集成》“画部”“名流列传”辑录的 943 名宋代画家中，四川有 74 人，居全国第 4 位⑤。这些情况清楚地表明，四川在宋代文化史上占有重要地位。

具体而言，宋代四川地区的文化当以文学成就最为突出。我国文学史上著名的唐宋八大家，四川眉山的苏洵、苏轼、苏辙三苏父子即居其三。其他如苏易简、苏舜钦、苏过、苏籀、陈尧叟、陈尧佐、陈尧咨、高斯得、梅挚、李舜臣等，也都闻名于时。

在史学上，李焘《续资治通鉴长编》、李心传《建炎以来系年要录》《建炎以来朝野杂记》、王偁《东都事略》、李攸《宋朝事实》、李埴《皇宋十朝纲要》等，都是宋朝重要的史籍。

在哲学上，宋代四川有陈抟、张行成、张栻、魏了翁四人为代表。

在科学技术上，宋代四川以医学家唐慎微《经史证类备急本草》、数学家秦九韶《数学九章》（又名《数书九章》）为代表。

在绘画艺术上，宋代“益都多名画，富视他郡”⑥。画家以石恪、孙知微、黄居宷、赵昌、文同、苏轼等人为代表。

以地区而论，宋代四川地区的文化，当以成都最为发达。吕祖谦说：“蜀固多士，成都又蜀之枢会，鉴裁之下，得人必多。”⑦苏过说：“西都都会，古称巴蜀之雄……其民务本而

① 以上引自清雍正《福建通志》卷九《风俗》，文渊阁《四库全书》本。

② 〔元〕袁桷：《清容居士集》卷三四《史母程氏传》，文渊阁《四库全书》本。

③ 〔元〕袁桷：《清容居士集》卷五〇《书蒲传正左丞帖》，文渊阁《四库全书》本。

④ 〔宋〕李心传：《建炎以来系年要录》卷一一一，绍兴七年六月乙卯条，中华书局 1988 年版，第 3 册，第 1808 页。

⑤ 张家驹：《两宋经济重心的南移》，湖北人民出版社 1957 年版，第 150 页。

⑥ 〔宋〕黄休复：《益州名画录》，李畋序，四川人民出版社 1982 年版。

⑦ 〔宋〕吕祖谦：《与汪端明书》，黄灵庚、吴战垒主编：《吕祖廉全集》，浙江古籍出版社 2008 年版，第 1 册，第 388 页。

力穑，其士好学而有文，组绣被于中原，富饶甲于天下。”①李心传说：“郡国之学，最盛于成都，学官二人皆朝廷遴选，弟子员至四百人，他学者亦数百人。”②

继成都之后，宋代四川地区的文化重地当推眉州，“眉（州）素多士”③，为“文物之邦”④。宋代魏了翁说：“眉为士大夫郡，取士于乡、于大学、于诸道者视他州为多。庆元初，分贡额于诸郡，眉以三十六人，益为五十有二，士之投牒益盛于前。”⑤清代彭端淑在光绪《丹棱县志》中说：“两宋时人文之盛，莫盛乎蜀，蜀莫盛于眉，天下以文名者六家，而吾眉得其三，若苏文公洵，文忠公轼，文定公辙，与庐陵、临川、南丰，互为雄长者也。以史名者三家，而吾邑得其一，若李文简焘著《长编》与涑水、新安相为表里者也。”据统计，两宋时期，眉山中甲乙科进士的就达 886 人之多⑥，几占成都府路进士总人数（1942 人）的一半。

益州、眉州之后，蜀中文化当推嘉州（治今四川乐山）。嘉州教授任熙明《题名记》说：“蜀为西南巨屏，由汉以来，号为多士，莫盛于眉、益二邦，而嘉定次之。”⑦

（五）江东文化区

宋代江南东路的文化中心有两个，一为江宁，一为歙州。

江宁，即今天的江苏省南京市，在宋代号为“天下巨镇”⑧，文化相当发达。时人陶穀说：“金陵士大夫渊薮。”⑨杨万里说：“金陵，六朝之故国也。有孙仲谋、宋武文之遗烈，故其俗毅且英；有王茂洪、谢安石之余风，故其士清以迈；有钟山、石城之形胜，故其地为古今之雄盛；有长江、秦淮之天险，故其势扼南北之要冲。地大才杰，而官府事物独庳且隘，顾可谓称？矧是泽宫，古以择士，而公卿大夫是之自出。”⑩

歙州（治今安徽歙县）文化是后起之秀，汪藻说：“新安自古为郡，今千余年，山水峭厉而清深，故长材秀民之出，视东南为最。”⑪朱熹说新安地杂瓯骆，其地“情性习尚不能不过

① 〔宋〕苏过：《斜川集》卷四《代成都帅到任谢上表》，文渊阁《四库全书》本。

② 〔宋〕李心传：《建炎以来朝野杂记》甲集卷一三《蜀学》，中华书局 2000 年版，第 280 页。

③ 〔宋〕吕陶：《净德集》卷二四《朝请郎潼川府路提点刑狱杜公墓志铭》，文渊阁《四库全书》本。

④ 《宋史》卷四三七《魏了翁传》，中华书局 1977 年版，第 37 册，第 12966 页。

⑤ 〔清〕王铭新修：《眉山县志》卷六《学校志》，民国 12 年（1923 年）汉文石印社石印本。

⑥ 〔清〕王铭新修：《眉山县志》卷七《选举志》。

⑦ 〔明〕曹学佺：《蜀中广记》卷五六《风俗记》，两淮马裕家藏本。

⑧ 〔宋〕陆游《渭南文集》卷一四《会稽志序》曰：“今天下巨镇，惟金陵与会稽耳，荆、扬、梁、益、潭、广皆莫敢望也。”《陆游集》，中华书局 1976 年版，第 5 册，第 2105 页。

⑨ 〔宋〕陶穀：《清异录》卷下《馔羞・建康七妙》，载《宋元笔记小说大观》，上海古籍出版社 2001 年版，第 1 册，第 130 页。

⑩ 〔宋〕杨万里：《杨万里诗文集》卷七四《建康府新建贡院记》，江西人民出版社 2006 年版，中册，第 1183 页。

⑪ 〔宋〕汪藻：《浮溪集》卷一八《画绣堂记》，文渊阁《四库全书》本。

刚而喜斗。然而君子则务以其刚为高行奇节,而尤以不义为羞”,异才间出①。清嘉庆《休宁县志》说:“自南迁后,人物之多,文学之盛,称于天下。”②

宋代宣州(治今安徽宣州市)的文化,与歙州等地文化相比,毫不逊色。苏辙说:宣州“比以吴郡,生齿蕃衍,学者如林”③。

此外,池州(治今安徽贵池)、太平州(治今安徽当涂)等地的文化在前代基础上也有一定程度的发展。

(六)淮南文化区

淮南文化区主要包括宋代淮南东路、淮南西路中属今日江苏、安徽两省的部分地区。

宋代淮南文化区的中心有二:一是扬州,一是庐州。

宋代扬州的文化由于其经济地位的急剧下降,已失去了唐代时的繁盛景象。洪迈说:“唐世盐铁转运使在扬州,尽斡利权,判官多至数十人,商贾如织。故谚称‘扬一益二’,谓天下之盛,扬为一而蜀次之也。杜牧之有‘春风十里珠帘’之句;张祜诗云:‘十里长街市井连,月明桥上看神仙。人生只合扬州死,禅智山光好墓田。’王建诗云:‘夜市千灯照碧云,高楼红袖客纷纷。如今不似时平日,犹自笙歌彻晓闻!’徐凝诗云:‘天下三分明月夜,二分无赖是扬州。’其盛可知矣。自毕师铎、孙儒之乱,荡为丘墟。杨行密复葺之,稍成壮藩,又毁于显德。本朝承平百七十年,尚不能及唐之什一,今日真可酸鼻也!”④欧阳修《竹西亭》诗曰:“十里楼台歌吹繁,扬州无复似当年。古来兴废皆如此,徒使登临一慨然。”由此可知,宋代扬州的衰落,与唐代的繁华简直有天壤之别。然而,两宋时期的扬州仍不失为淮南的文化重地。沈括《扬州重修平山堂记》说:“扬州常节制淮南十一郡之地。自淮南之西、大江之东,南至五岭、蜀汉,十一路百州迁徙贸易之人,往还皆出其下,舟车南北,日夜灌输京师者,居天下十之七。”⑤

此外,和州和通州的文化也比较发达。韩元吉说:“淮南故多士也,自郡邑残于兵,惟历阳(注:今安徽和县)近岁儒雅之风犹盛。”⑥通州“文采风流,衣被到今,称为淮南书院”;“鱼盐之利,商贾多集。弦歌之声,章甫亦众”;“如皋水土清淑,自胡安定以经学倡率东南,闾巷秀民皆知向学,弦诵之风于今为盛。”⑦

---

① 〔宋〕朱熹:《朱熹集》卷九《徽州休宁县厅新安道院记》,四川教育出版社1996年版,第7册,第4127页。

② 〔清〕嘉庆《休宁县志》卷三一《风俗》,道光三年(1823年)刻本。

③ 〔宋〕苏辙:《栾城集》卷二七《林希知宣州》,上海古籍出版社1987年版,中册,第582页。

④ 〔宋〕洪迈:《容斋随笔》卷九《唐扬州之盛》,上海古籍出版社1978年版,上册,第122页。

⑤ 曾枣庄、刘琳主编:《全宋文》卷一六九〇,上海辞书出版社2006年版,第77册,第329页。

⑥ 〔宋〕韩元吉:《南涧甲乙稿》卷二一《承事郎致仕李君墓志铭》,文渊阁《四库全书》本。

⑦ 以上参见《江南通志》卷一九《舆地志·风俗》引旧志、《宋学记》,文渊阁《四库全书》本。

(七)荆湖文化区

两湖地区是宋代长江流域文化最为落后的地区之一。在《宋史》列传人物中,湖北为23人,湖南24人,合计47人,居浙江、福建、江西、四川、江苏、安徽之后;在有宋一代134位宰相中,两湖地区仅为3人(其中湖北2人、湖南1人),远远少于浙江(24)、福建(18)、江西(16)、四川(9)、安徽(9)、江苏(6)等省;《宋史》"道学传""儒林传"所载的89位人物,两湖地区为3人(其中湖南2人、湖北1人),居福建(17)、浙江(15)、江西(11)、四川(8)四省之后,与安徽、江苏人数相等;《宋史·文苑传》所载90名著名文人中,两湖地区为3人(其中湖北2人、湖南1人),居江苏(14)、四川(10)、江西(9)、安徽(9)、福建(8)、浙江(5)之后;《全宋词》辑录的1000多位作家中,两湖地区为25人(其中湖北7人、湖南18人),居浙江(173)、江西(103)、福建(77)、江苏(64)、四川(50)、安徽(47)之后;《古今图书集成》"画部""名流列传"所辑录的943位画家中,两湖地区为11人,其中湖南5人,湖北6人,居浙江(91)、江苏(77)、四川(74)、江西(25)、福建(24)、安徽(14)之后①;其他如进士人数,两湖地区也远远不及浙江、福建、江西、四川、江苏、安徽等省②。这些事例,充分反映出宋代两湖地区文化落后的状况。

秦汉以前盛极一时的荆楚文化,为什么在宋代会出现如此萧条落后的状况呢?对此,宋人叶适也颇感惊讶,他说:"今吴、越、闽、蜀,家能著书,人知挟册,以辅人主取贵仕,而江、汉盖鲜称焉,岂其性与习俱失之哉?"③

从文献记载来看,宋代两湖地区的文化当以潭州(治今湖南长沙)、衡州最为发达。真德秀说:"窃惟方今学术源流之盛,未有出湖湘之右者,盖前则有濂溪先生周元公,生于春陵,以其心悟独得之学,著为通书太极图,昭示来世,上承孔孟之统,下启河洛之传。中则有胡文定公,以所闻于程氏者,设教衡岳之下,其所为春秋传,专以息邪说、距诐行、扶皇极、正人心为本。自熙宁后,此学废绝,公书一出,大义复明。其子致堂、五峰二先生,又以得于家庭者,进则施诸用,退则淑其徒,所著《论语详说》《读史知言》等书,皆有益于后学。近则有南轩先生张宣公,寓于兹土。晦庵先生朱文公,又尝临镇焉。二先生之学源流实出于一,而其所以发明究极者,又皆集诸老之大成,理义之秘,至是无复余蕴,此邦之士,登门墙,承謦欬者甚众,故人材辈出,有非它郡国所可及。"④

---

① 张家驹:《两宋经济重心的南移》,湖北人民出版社1957年版,第149—150页。

② 〔元〕马端临:《文献通考》卷三〇至三五《选举》,中华书局1986年版,上册。

③ 〔宋〕叶适:《叶适集·水心文集》卷九《汉阳军新修学记》,中华书局1961年版,第1册,第140—141页。

④ 〔宋〕真德秀:《真西山文集》卷四〇《劝学文》,《四部丛刊初编》本。

荆州(治今湖北江陵)也是宋代两湖地区的文化中心之一。刘挚说:“江陵府于禹贡为荆州……《隋志》称荆人劲悍决烈,盖天性也。然地据上流,故三国争之,而民苦于兵。自唐至德以后,中原多故,邓襄之民与两都衣冠,多趋荆楚,故人物始盛。乾符以来,遂为战巢,高氏于兵火疮痍之余,招徕抚集,数十年间,逮为王民,历太平者又逾百年,教化涵养,安佚而富庶,凡浮江下于黔蜀,与夫陆驿自二广湖湘以往来京师者,此为咽喉。又两蜀之人出而宦游者,多家于此,是以今最盛,为西南一都会。”①苏轼说:“窃以江陵之地,实楚之故国。巴蜀、瓯越、三吴之出入者,皆取道于是,为一都会。其山川之胜,盖历代所尝用武焉。其间吴、蜀、魏氏尤悉力争之。宋有天下,王师平高继冲,至于降孟昶,下周保权,又皆出此。其人才之秀,风物之美,有屈、宋、伍、祢之赋咏存焉。”②陆游说:“荆州故多贤公卿,名园甲第相望。自中原乱,始以吴会上流,常宿重兵,而衣冠亦遂散去。太平之文物,前辈之风流,盖略尽也。”③

此外,如衡州(治今湖南衡阳)“山川之秀丽称衡湘,其蒸为云霓,其生为杞梓,人居其间得之为俊杰”④。永州(治今湖南永州市)“山川木石之奇,生其间者多秀民。其人士行义,文学骏发而卓著,视中州无所与逊”⑤。安州(治今湖北安陆)“安陆距京师千百里,其土风醇厚,其士多秀杰,其民多隐德,承平时宦游者乐焉”⑥。“士民纯秀,几同东鲁之流风,里俗欢康”⑦。

第五节　别开生面的社会风尚

社会风尚是社会大多数成员或社会群体精神风貌的总和,是意识形态的产物,是在一定存在的基础上由社会成员某些政治、经济、思想、伦理、审美等观念综合凝结和转化而成的。它是一种带群众性的社会风貌和社会力量,是精神文明的具体表现。

两宋时期长江流域的社会风尚发生了深刻的变化,具体体现在以下几个方面:

① 〔宋〕刘挚:《忠肃集》卷一〇《荆南府图序》,文渊阁《四库全书》本。

② 〔宋〕苏轼:《苏轼文集》卷四八《上王刑部书》,中华书局1986年版,第2册,第1385页。

③ 〔宋〕陆游:《渭南文集》卷一七《乐郊记》,《陆游集》,中华书局1976年版,第5册,第2135页。

④ 〔宋〕欧阳修:《居士外集》卷一四《送廖倚归衡山序》,李之亮:《欧阳修集编年笺注》,巴蜀书社2007年版,第4册,第205页。

⑤ 〔宋〕杨万里:《种爱堂记》,转引自《湖广通志》卷七六《风俗志》,文渊阁《四库全书》本。注:此文未收入《杨万里诗文集》。

⑥ 〔宋〕周必大:《文忠集》卷二八、《省斋文稿》二八《重立茇堂记》,文渊阁《四库全书》本。

⑦ 〔宋〕滕元发:《安州谢上表》,〔元〕吴师道辑:《敬乡录》卷二,文渊阁《四库全书》本。

一、勤学好文　善于进取

两宋时期的南方人以勤学好文著称。如福建路的百姓均奉“家贫子读书”为圭臬。《闽中记》云:“自晋宋文雅以来,教化丕变,家庠序,而人诗书。”《图经》云:“晋永嘉中,衣冠多趋闽,自是畏乱无复仕者。神龙中,州人薛令之始登上第。其后李椅、常衮皆以崇重学校为意,于时海滨几及洙泗,女率作同于男。”①《宋史·地理志》载其地“民安土乐业,川原浸灌,田畴膏沃,无凶年之忧。向学,喜讲诵好为文”。宋邑人方惭说:“闽人无植产,恃以为生者读书一事耳”。② “土狭人贫,读且耕者十家而五六”③。刘克庄《泉州南郭》诗其一云:“闽人务本亦知书,若不耕樵必业儒。唯有桐城南郭外,朝为原宪暮陶朱。”④福州在神宗熙宁初年的读书盛况是“城里人家半读书”“学校未尝虚里巷”⑤。民间“凡乡里,各有书社,岁前一二月,父兄相与议,求众所誉学识高、行谊全、可以师表后进者某人,即一二有力者,自号为鸠首,以学生姓名若干人,具关子敬以谒请曰:敢屈某人先生来岁为子弟矜式,幸甚。既肯,乃以是日备礼,筵致诸子弟迎谒,再拜惟恐后,远近闻之,挈箧就舍,多至数百人,少亦数十人”⑥。仙游县“后生不儒衣冠,不得与良子弟齿。岁时即先生旧德,以指授经术。其为词章,相与讲导,锻成一律,进取科第,若逢蒙之射而陶朱之贾,其失中而莫售者鲜矣”⑦。“泰宁为最僻,不与四方之商贾交,故习俗淳厚,山川之气特为奇秀,故为士者,质美而明”;“苟非质美特立,能若是乎！今其县比屋连墙,弦诵相闻,有不谈诗书者,舆台笑之”⑧。泉州“地推多士,素习诗书”⑨。莆田为文物之邦,“地狭人贫,惟以读书为业”,⑩有所谓“三家两书堂”⑪的民谚。

---

① 〔清〕郝玉麟、谢道承:乾隆《福建通志》卷九《风俗》,文渊阁《四库全书》本,台北商务印书馆1986年版,第527册,第437页。

② 〔明〕黄仲昭:《八闽通志》,福建人民出版社1990年版,第1032页。

③ 〔宋〕胡寅:《斐然集》,中华书局1993年版,第442页。

④ 〔宋〕刘克庄:《后村集》卷一二,文渊阁《四库全书》本。

⑤ 〔宋〕梁克家:《淳熙三山志》卷四〇《土俗类·岁时·入学》,《宋元方志丛刊》,中华书局1990年版,第8册,第8247页。

⑥ 〔宋〕梁克家:《淳熙三山志》卷四〇《土俗类·岁时·入学》,《宋元方志丛刊》,中华书局1990年版,第8册,第8247页。

⑦ 〔宋〕蔡襄:《蔡忠惠集》卷二九《兴化军仙游县登第记序》,载《蔡襄集》,上海古籍出版社1996年版,第509页。

⑧ 〔明〕何乔远:《闽书》卷三六,福建人民出版社1994年版。

⑨ 〔宋〕曹修睦:《建学表》,转引自《钦定大清一统志》卷三二八《泉州府》,文渊阁《四库全书》本。

⑩ 〔明〕黄仲昭:《八闽通志》,福建人民出版社1990年版,第50页。

⑪ 〔宋〕李俊甫:《莆阳比事》卷六,明万历三十三年(1605年)周苳卿刻本。

宋刘松年《山馆读书图》局部

宋刘松年《山馆读书图》中的文人书房

两浙地区的文风更甚于福建。袁桷说："温与闽地，犬牙相入，俗秀而矜挈，子弟胜衣能文词，父兄相与言，命束装负书，以行四方，劘切感动，约不有所就不复见。故凡困于有司，则适从诸公贵人，职笺记，剧谈论，翱游以自逞，其横厉捷发者，读太公孙吴书，櫜鞬辕门，建功业万里，乐生重迁，卒无所思其故土。"①苏州"虽濒海裔夷之邦，执耒垂髫之子，孰不抱籍缀辞以干荣禄，褎然而赴诏者，不知其几万数，盖自昔未有盛于今也"②；"父笃其子，兄勉其弟。有不被儒服而行，莫不耻焉"③。明州"甬句学者，鼎撑角立，雨戴笠，宵续灯，互相过从，以资攻错，书带之草，异苔同岑，其亦盛哉"④。湖州"家有诗书之声，户习廉耻之道"⑤。嘉兴"罕习军旅，尤慕文儒"⑥。绍兴，据《嘉泰会稽志》卷一《风俗》称："今之风俗，好学笃志，尊师择友，弦诵之声，比屋相闻。"具体来说，如王十朋说他夭折的小儿"六岁从周诚叔，能诵《蒙求》《孝经》"⑦。时人有诗云："村夫子挟兔园册，教得黄鹂解读书。能记《蒙求》中一句，百般娇姹可怜渠。"⑧

马远《松下闲吟图》

江西文风之盛不逊两浙，嘉祐中（1056—1063）吴孝宗《余干县学记》说饶州风俗："江南既为天下甲，而饶人喜事，又甲于江南。……又当宽平无事之际，而天性好善，为父兄者，以其子与弟不文为咎，为母妻者，以其子

① 〔元〕袁桷：《清容居士集》卷二三《送周子敬序》，文渊阁《四库全书》本。

② 〔宋〕朱长文：《乐圃余稿》卷六《苏州学记（元祐五年岁次庚午秋七月甲子朔建）》，文渊阁《四库全书》本。

③ 〔宋〕梁肃：《昆山县学记》，见《吴郡志》卷四，江苏古籍出版社 1986 年版，第 38 页。

④ 〔清〕全祖望：《鲒埼亭集》外编卷一六《同谷三先生书院记》，《四部丛刊》本。

⑤ 〔元〕赵孟頫：《松雪斋集》卷一《吴兴赋》，文渊阁《四库全书》本。

⑥ 〔元〕徐硕：《至元嘉禾志》卷一《风俗》，文渊阁《四库全书》本。

⑦ 〔宋〕王十朋：《王十朋全集》（修订本）诗集卷五《哭孟内》，上海古籍出版社 1998 年版，第 68 页。

⑧ 〔宋〕方岳：《秋崖集》卷四《独立》，文渊阁《四库全书》本，第 1182 册，第 176 页。

与夫不学为辱。其美如此。”①

此外，四川、两湖、淮南等地的文风均好于以往。这种父笃其子、兄勉其弟、妻促其夫的好学盛况，在长江文化发展史上是空前的，有力地推动了两宋时期长江文化的繁荣。

二、趋利好贾　工商皆本

在中国漫长的封建社会里，统治者长期实行“重本抑末”“重农轻商”的国策。然而，在宋代，由于社会生产力水平的提高，尤其是商品经济的发展明显超过了前代，使人们的经济观念呈现出转折时期的鲜明特征。传统的“重本抑末”“重农轻商”这一商品经济观念发生了根本性的变化，“农本工商末”的传统观点已在宋代得到了否定，人们对工商业的社会价值给予了充分的肯定。在这一时期，朝廷奖掖商业经营，关怀商旅，而文人士大夫更是对传统的“农本工商末”的观点进行了有力的批判。如以天下为己任的范仲淹，高度肯定商人的作用，他作诗曰：“尝闻商者云，转货赖斯民，远近日中合，有无天下均。上以利吾国，下以藩吾身，周官有常籍，岂云逐末人。”并由此发出了“吾商则何罪？君子耻为邻”②的呼喊，对社会上抑商、轻商的观念进行了强烈的谴责。欧阳修、王安石则对工商业的社会价值做了全新的正面的肯定。欧阳修云：“人情莫不欲寿，则济之以不夭。滞者导之使达，蒙者开之使明。衣被群生，赡足万类。此上之利下及于物，圣人达之以和于义也。则利之为道，岂不大哉！”③王安石说：“理财乃所谓义也。一部《周礼》，理财居其半，周公岂为利哉。”④

当时整个社会弥漫着“轻农”的思想氛围，苏轼指出：“上之人贱农而贵末，则农人释其耒耜而游于四方，择其所居而乐之。”⑤刘挚也注意到这种现象：“无悦而愿为农者……则去为商贾，为客户，为惰游。”⑥这种趋向令司马光十分忧心，元丰八年八月他在奏疏中写道：“四民之中，惟农最苦……故其子弟游市井者，食甘服美，目睹盛丽，则不复肯归南亩矣。至使世俗俳谐，共以农为嗤鄙，诚可哀也。”⑦社会上这种“舍本逐末”的趋向发展到南宋逐渐改变了人们对农商的传统看法，陈耆卿、叶适旗帜鲜明地认为工商业是“本业”。

① 〔宋〕洪迈：《容斋随笔·四笔》卷五《饶州风俗》，上海古籍出版社 1978 年版，下册，第 665—666 页。

② 〔宋〕范仲淹：《范文正公文集》卷二《四民诗·商》，载《范仲淹全集》上册，四川大学出版社 2002 年版，第 25 页。

③ 〔宋〕欧阳修：《居士外集》卷二五《夫子罕言利命仁论》，李之亮：《欧阳修集编年笺注》，巴蜀书社 2007 年版，第 4 册，第 470 页。

④ 〔宋〕王安石：《王安石全集》第八卷《答曾公立书》，上海古籍出版社 1999 年版，第 73 页。

⑤ 〔宋〕苏轼：《苏轼文集》卷八《策别安万民三》，中华书局 1986 年版，第 1 册，第 259 页。

⑥ 〔宋〕李焘：《续资治通鉴长编》卷二二四，熙宁四年六月庚申，第 5447 页。

⑦ 〔宋〕李焘：《续资治通鉴长编》卷三五九，元丰八年八月乙丑，第 8590 页。

如陈耆卿说："古有四民，曰士，曰农，曰工，曰商。士勤于学业，则可以取爵禄；农勤于田亩，则可以聚稼穑；工勤于技巧，则可以易衣食；商勤于贸易，则可以聚财货。此四者，皆百姓之本业，自生民以来，未有能易之者也。"①叶适也尖锐地指出："夫四民交致其用，而后治化兴。抑末厚本，非正论也。"②吕祖谦认为百工技艺是一门学问，"天下事，何尝一件不是学，如百工技艺，皆是学"③。陈亮认为："官民一家也，农商一事也。上下相恤，有无相通……商藉农而立，农赖商而行，求以相补，而非求以相病。"④

正是在这种社会氛围下，商人的社会地位也有了明显的提高，他们可以以合法的身份参与科举考试，跻身于仕宦行列，⑤从而使社会上出现了全民皆商的新风尚。"凡人情莫不欲富，至于农人、商贾、百工之家，莫不昼夜营度，以求其利。"⑥清人沈垚还对此做了生动而精彩的论述："宋太祖乃尽收天下之利权归于官，于是士大夫始必兼农桑之业，方得赡家，一切与古异矣。仕者既与小民争利，未仕者又必先有农桑之业方得保朝夕，以专事进取，于是货殖之事益急，商贾之势益重。……古者，士之子恒为士，后世商之子方能为士，此宋、元、明以来变迁之大较也。天下之士多出于商，则纤啬之风益甚。"他认为，士大夫与商人的关系之所以发生这样大的变化，"则以天下之势偏重在商，凡豪杰有智略之人多出焉。其业则商贾也，其人则豪杰也。为豪杰则洞悉天下之物情，故能为人所不为，忍人所不忍。是故为士者转益纤啬，为商者转敦古谊。此又世道风俗之大较也"⑦。

毫无疑问，长江流域在开风气方面起到了创先和示范的作用。两宋时期，由于南方生产力水平的提高，尤其是商品经济的发展明显超过了前代，人们的经济观念呈现出转折时期的鲜明特征。传统的"重本抑末""重农轻商"这一商品经济观念发生了明显的变化，社会上出现崇商弃农的趋势。

---

① 〔宋〕陳耆卿：《嘉定赤城志》卷三七《风土门·重本业》，载《宋元方志丛刊》，中华书局 1990 年版，第 7 册，第 7578 页。

② 〔宋〕叶适：《习学记言序目》卷一九《史记一》，中华书局 1977 年版，上册，第 273 页。

③ 〔宋〕吕祖谦：《东莱集》外集卷六《杂说》，文渊阁《四库全书》本，第 1150 册，第 435 页。

④ 〔宋〕陈亮：《陈亮集》（增订本）卷一二《四弊》，中华书局 1987 年版，第 140 页。

⑤ 如苏辙在《栾城集》卷二一《上皇帝书》中说："凡今农工商贾之家，未有不舍其旧而为士者也。"上海古籍出版社 1987 年版，上册，第 465 页。

⑥ 〔宋〕蔡襄：《蔡忠惠集》卷三四《福州五戒文》，载《蔡襄集》，上海古籍出版社 1996 年版，第 619 页。

⑦ 〔清〕沈垚：《落帆楼文集》卷二四《费席山先生七十双寿序》，民国七年（1918 年）嘉业堂刊刘承幹辑《吴兴丛书》本。

李嵩《市担婴戏图》

李嵩《货郎图》

在两浙，“越之俗好贾”①，而又以杭州为代表。据文献记载，早在北宋时，杭州市民就“善于图利”②，竞相从事工商业。当时任杭州知府的蔡襄有“钱塘风俗本夸奢，上商射利尤加勇”之诗句。③ 为此，杭州知府陈襄更是专门写了一篇《杭州劝学文》，想改变这一风气，他在文中说：

> 某尝谓学校之设，非以教人为辞章、取禄利而已，必将风之以德行道艺之术，使人陶成君子之器，而以兴治美俗也。杭东南之会藩也，其山川清丽，人物秀颖，宜有美才生于其间。然自建学以来，弦歌之声萧然，士之卓然有称于时者盖鲜，反不迨于支郡，何也？岂非渤海之民罕传圣人之学，习俗浮泊，趋利而逐末，顾虽有良子弟，或沦于工商释老之业，曾不知师儒之道尊而仁义之术胜也。某之至是邦也，固当以教育为先务，而必致学者首明周官三物之要，使有以自得于心而形于事业，然后可以言仕，此所谓学之序也。虽然自以为愚蔽弗明，而力不足且胜其任，责不逮思得明诚笃行之士，相与讲议其道而推行之。④

然而他的努力白费了，杭人从事工商业的风气愈来愈烈。至南宋，此风尤甚，当时流行着这样一句俚语：“欲得官，杀人放火受招安；欲得富，赶着行在卖酒醋。”⑤商人与工匠在临安的居民结构中已经占有举足轻重的地位。据时人记载，临安有四百十四行，⑥比唐

① 〔宋〕韩元吉：《南涧甲乙稿》卷一七《贾说》，文渊阁《四库全书》本。

② 〔宋〕周淙：《乾道临安志》卷二《风俗》，载《南宋临安两志》，浙江人民出版社1983年版，第18页。

③ 〔宋〕蔡襄：《蔡忠惠集》卷三《和王学士水车》，载《蔡襄集》，上海古籍出版社1996年版，第53页。

④ 〔宋〕施谔：《淳祐临安志》卷六《学校·教授东西厅》，载《南宋临安两志》，浙江人民出版社1983年版，第102页。陈襄：《古灵集》卷一九，文渊阁《四库全书》本。

⑤ 〔宋〕庄绰：《鸡肋编》卷中，中华书局1983年版，第67页。

⑥ 〔宋〕西湖老人：《西湖老人繁华录·诸行市》：“京都有四百十四行。”载《南宋古迹考》（外四种），浙江人民出版社1983年版，第115页。周密《武林旧事》卷六《小经纪》：“每一事率数十人。”浙江人民出版社1984年版，第105页。

代最多的“二百二十行”①增加了近一倍。《西湖老人繁胜录·诸行市》还对临安的行业种类做了十分详细的记载：

> 京都有四百十四行，略而言之：闹慢道业、履历班朝、风筝药线、胶矾斗药、五色箭翎、银朱印色、茶坊吊挂、琉璃泛子、粘顶胶纸、染红牙梳、诸般缠令、修飞禽笼、修罘罳骨、成套筛儿、接象牙梳、诸般耍曲、札熨斗、丁看窗、修砧头、照路遗、扫金银、蠲糊纸、造翠纸、乾红纸、简笏袋、幞头笼、腰带匣、读书灯、笔砚匣、窗子匣、了事匣、黄草罩、修合溜、阉猪丈、医飞禽、接旧条、修破扇、醋碗儿、丁鞋络、掩漆子、搭罗儿、面花儿、香果合、截板尺、印香脱、画眉篦、造槐简、开科套、教虫蚁、剔图书、起鱼鳞、攀膊儿、手巾架、头巾盝、蛤粉桶、花夹儿、肥皂团、淋了灰、茶花子、出衣粉、做裈裹、注水管、旧铺帛、木仙宫、字牌儿、洗衣服、钻真珠、赁花檐子、解玉板、钉鱼带、碾玉藁、赁茶酒器、锦褥子、发驼儿、烟突帚、扇牌儿、织鞋带、锦胭脂、七香丸、稳步膏、雁牌额、开先牌、鹁鸽铃、葫芦笛、牛粪灰、添苘孙（注：此三字，不解，然无从臆改）、细扣子、闹城儿、消息子、揪金线、真金条、香饼子、香炉灰、打香印、卖朝报、金莲子、竹夫人、箅子筒、食罩儿、食辟子、白及末、解粥米、熟水草、选官图、批刷儿、屿鱼尾剔、供席草、卖插药、写文字、纸画儿、提茶瓶、花架儿、卖字本、笛谱儿、小螃蟹、蛇蚪儿、便桥、试卷、试卓、交床、试篮、拄杖、粘竿、胡梯、水草、风袋、使绵、劈柴、炭墼、捉漏、担帚、钓钩、绪底、拂子、鬲粉、占坐、歌舞、歌琴、歌棋、歌乐、歌唱、棕索、发索、金麻、螂螃、蝠虫、端亲。四山四海，三千三百。衣山衣海（南瓦），卦山卦海（中瓦），南山南海（上瓦），人山人海（下瓦）。

周密《武林旧事》卷六《小经纪》又记载了只有在临安才有而他地没有的一百七十七种职业：

班朝录	供朝报	选官图	诸色科名	开先牌	写牌额
裁板尺	诸色指挥	织经带	棋子棋盘	蒲牌骰子(宋刻“蒲摔”)	
交床试篮	卖字本	掌记册儿	诸般簿子	诸色经文	刀册儿
纸画儿	扇牌儿	印色盝	剪字	缠令	耍令
琴阮弦	开笛	艳笙	鞔鼓	口簧	位牌
诸般盝儿	屋头挂屏	剪镞花样	檐前乐	见成皮鞋	提灯靛灯
头须编掠	香橼络儿	香橼坐子	拄杖	粘竿	风幡

① 〔宋〕宋敏求《长安志》卷八《次南东市》载：“市内货财二百二十行”。《宋元方志丛刊》本，中华书局1990年版，第1册，第118页。

钓钩　钓竿　食罩　吊挂　拂子　蒲坐
椅褥　药焙　烘篮　风袋　烟帚　糊刷
鞋楦　桶钵　搭罗儿　姜擦子　帽儿　鞋带
修皮鞋　穿交椅　穿罣罳　鞋结底　穿珠　领抹
钗朵　牙梳　洗翠　修冠子　小梳儿　染梳儿
接补梳儿　香袋儿　面花儿　绢孩儿　符袋儿　画眉七香丸
胶纸　稳步膏　手皴药　凉药　香药　膏药
发垛儿　头髲(宋刻"髮")　磨镜　弩儿　弩弦
弹弓　箭翎　射帖　壶筹　鹁鸽铃　风筝
药线　象棋　鞬子　斗叶　香炉灰　纰刷儿
篦子剔　剪截段尺　出洗衣服　簇头消息　提茶瓶　鼓炉钉铰
钉看窗　札熨斗　供香饼　使绵　打炭墼　补锅子
泥灶　整漏　箍桶　襻膊儿　竹猫儿　消息子
老鼠药　蚊烟　闹蛾儿　凉筒儿　纽扣子　接绦
修扇子　钱索　麻索　红索儿　席草　鸡笼
修竹作　使法油　油纸　油单　毡坐子　修砧头
磨刀　磨剪子　棒槌　舂米　劈柴

擂槌　俗谚云："杭州人一日吃三十丈木头。"以三十万家为率，大约每十家日吃擂槌一分，合而计之，则三十丈矣。

淘井　猫窝　猫鱼　卖猫儿　改猫犬　鸡食
鱼食　虫蚁食　诸般虫蚁　鱼儿活　蛇蚪儿　促织儿
小螃蟹　金麻　马蚻儿　蝍蟟　虫蚁笼　促织盆
麻花子　荷叶　灯草　发烛　肥皂团　茶花子
买瓶掇　旧铺衬　圪伯纸　竹钉　淘灰土　淘河
剔拨叉　黄牛粪灰　挑疥虫　卖烟火　镟影戏

若夫儿戏之物，名件甚多，尤不可悉数，如相银杏、猜糖、吹叫儿、打娇惜、千千车、轮盘儿。每一事率数十人，各专藉以为衣食之地，皆他处之所无也。

从上述两则记载中，我们可以看出，南宋临安工商业的划分已经细得不能再细了。毫无疑问，这是临安工商业高度繁荣的结果。我们如果以百户计算，则城区从事工商业的户数为四万一千四百余家。一家以五口计，则达二十万七千人，约占城区居民总数的三分之一。而据《马可·波罗游记》所述，临安的工商户则要远远超过此数："书中并言此城有十二种职业，各业有一万二千户，每户至少有十人，中有若干户多至二十人、四十人不等。其人非尽主人,然亦有仆役不少,以供主人指使之用。”①如以每家十二人计算,则临安城内仅从事工商业的人数高达十四万四千人。这个数字达到了中国都城发展史上的最高水平,远非唐代长安、北宋东京所能望其项背。由此,杭州在中世纪城市革命中扮演了极其重要的地位。西方著名汉学家丹尼斯·埃尔文提出的“中世纪在市场结构和城市化上的革命”,施坚雅认为具有鲜明的特点:①放松了每县一市,市须设在县城的限制;②官市组织衰替,终至瓦解;③坊市分隔制度消灭,而代之以自由得多的街道规划,可在城内或四郊各处进行买卖交易;④有的城市在迅速扩大,城外商业郊区蓬勃发展;⑤出现具有重要经济职能的大批中小市镇。而伴随着这些变革而来的是:赋税和贸易日益钱币化了;商人的人数、财富和力量增长了;社会和官府轻视商业和商人阶级的态度缓和了。在这场轰轰烈烈的城市革命中,杭州极其活跃,极其出色。按美国著名汉学家施坚雅的话来说,即:“大城市变得更大了,城市人口大大增长了,城市体系的结合更紧密了,但在所有这些变化中,最重大的变化却是原为都邑的中心地的比例减少了。城市发展的这一特点,是一场不断推进着的革命的信号,这场革命是整个社会的管理方式上的革命。”②正因为如此,日本著名汉学家斯波义信将其列为“9—13 世纪发生在中国的商业革命、城市革命的颇具代表性的一个范例”。③

除杭州外,两浙其他地区也普遍存在着这种重工商的风气。如刘攽说金华:“南方之剧郡,泉山婺女,并为称首。其民机巧趋利,故多富室。而讼牒亦繁,其为守者,常择健敏而付之。”④

福建地区的商品经济观念深入人心,其俗“纤啬以趋利”⑤。北宋著名政治家蔡襄曾对家乡福建地区的商业经营活动描述道:“凡人情莫不欲富,至于农人百工商贾之家,莫不昼夜营度,以求其利。”⑥由于福建“人稠地狭”,所以很多闽人为生活所迫,“散而之四方”,“故所在学有闽之士,所在浮屠、老子宫有闽之道释,所在阛阓有闽之技艺”⑦。在当

① 亨利·玉尔编订《马可·波罗游记》,向达译《元代马可孛罗所见之杭州》,载《东方杂志》第 26 卷第 10 号,1929 年 5 月出版。〔法〕沙海昂注、冯承钧译:《马可·波罗行纪》,上海书店出版社 2006 年版,第 330—331 页。

② 〔美〕施坚雅主编、叶光庭等译、陈桥驿校:《中华帝国晚期的城市》,中华书局 2002 年版,第 23—24、26 页。

③ 〔日〕斯波义信:《宋代江南经济史研究》,江苏人民出版社 2001 年版,第 321 页。

④ 〔宋〕刘攽:《彭城集》卷二一《新差权发遣泉州朱服可知婺州朝散郎胡宗师可权发遣泉州制》。

⑤ 〔宋〕张守:《毗陵集》卷六《谢除知福州到任表》,文渊阁《四库全书》本。

⑥ 〔宋〕蔡襄:《蔡忠惠集》卷三四《福州五戒文》,载《蔡襄集》,上海古籍出版社 1996 年版,第 619 页。

⑦ 〔宋〕曾丰:《缘督集》卷一七《送缪帐干解任诣铨改秩序》,文渊阁《四库全书》本。

时，福建不仅出现了“家有余财，则远赍健往，贾售于他州”①的行商，而且还出现了妇女从事商业活动的新情况。如福州有“市廛阡陌之间，女作登于男”②的描述，而古田更有“(妇人)插花作牙侩，城市称雄霸，梳头坐列肆”③的文献记载。

四川“蜀中富饶，罗纨锦绮等物甲天下，言事者竞商榷功利。又土狭民稠，耕种不足给，繇是兼并者益籴贱贩贵以规利”④。而“士大夫之贪黩者，为之巨艘西下，舳舻相衔，捆载客货，安然如山”。这种现象，“往时不过蜀人之赴举者为之，既而蜀士之游宦江湖，召赴中都者，或未免循习。其后东南士大夫仕于蜀者，归途亦多效之。而把挥持节者抑有甚焉”⑤。

淮南地区，“虽衣冠士人，狃于厚利，或以贩盐为事”⑥。如寿州(治今安徽凤台)就有“农与贾参，迭为并兼。少师儒，不甚官学，亦利使然也”⑦之说。

从社会阶层来说，同样显示了奸商的习气。

如武宁节度使兼侍中、江州德安(今属江西)人夏竦(985—1051)，“以文学起家，有名一时”。然其“性贪，每商贩部中，至并州，使其仆贸易，为所侵盗，至杖杀之，积财累巨万，自奉尤侈，畜声伎甚众”。⑧ 神宗朝大臣、泉州南安人吕惠卿(1032—1111)，以缗钱贷与商客，命为其“贩纱罗”。⑨ 处州龙泉人何执中(1044—1118)，其家“邸店之多，甲于京师”，每年因此而获利四万余缗。⑩ 南宋理宗朝大臣、鄞县(今浙江宁波)人史嵩之(1189—1257)和台州天台(今属浙江)人贾似道(1213—1275)，也从事食盐贩卖，时人曾作诗以辛辣地讽刺：

> 千舸万艘满运河，人人尽道相公鹾。
>
> 相公虽是调羹手，傅说何曾用许多。⑪

不仅文武大臣如此，而且有许许多多低级的官员由于俸薄而加入经商的行列。例如抚州临川(今江西抚州)人王安礼(1034—1095)在知青州任内，“买丝勒机户织造花隔织

① 〔宋〕祝穆：《方舆胜览》卷一〇《福建路·邵武军·风俗》，中华书局 2003 年版，上册，第 172 页。
② 〔宋〕祝穆：《方舆胜览》卷一〇《福建路·福州·风俗》，中华书局 2003 年版，上册，第 163 页。
③ 〔宋末元初〕陈普：《石堂先生遗集》卷一六《古田女》。顾嗣立编《元诗选三集》卷二《庶吉士》。
④ 《宋史》卷二七六《樊知古》，中华书局 1977 年版，第 27 册，第 9396 页。
⑤ 《宋会要辑稿》食货一八之二五，中华书局 1957 年版，第 6 册，第 5120 页。
⑥ 〔宋〕李焘：《续资治通鉴长编》卷一九六，仁宗嘉祐七年二月辛巳，第 4739 页。
⑦ 〔宋〕宋祁：《景文集》卷四六《寿州风俗记》，文渊阁《四库全书》本。
⑧ 〔宋〕李焘：《续资治通鉴长编》卷一七一，仁宗皇祐三年九月乙卯，第 4108—4109 页。
⑨ 〔宋〕李焘：《续资治通鉴长编》卷二七一，神宗熙宁八年十二月壬寅，第 6644 页。
⑩ 〔宋〕董棻：《闲燕常谈》，载陶宗仪《说郛》卷三七，文渊阁《四库全书》本。
⑪ 〔宋〕佚名：《东南纪闻》卷一，文渊阁《四库全书》本。

等匹物，妄作名目，差役兵般担，偷慢一路商税上京货卖，赢掠厚利，不止一次”[①]。南宋高宗时，吴兴（今浙江湖州）人沈该任职四川时，“买贱卖贵，舟车络绎，不舍昼夜”，因有“沈本（商贾为本）”的绰号。[②] 孝宗时，台州知州、金华人唐仲友（1136—1188）家还公开开设彩帛铺、鱼鲞铺和书坊。[③] ……针对官员竞相经商的风气，王安石曾在奏议中指出：“方今制禄，大抵皆薄。自非朝廷侍从之列，食口稍众，未有不兼农商之利而能充其养者也。……故今官大者，往往交赂遗、营赀产，以负贪污之毁；官小者，贩鬻、乞丐，无所不为。”[④]蔡襄更深刻地描述了这一习俗的演变过程：“臣自少入仕，于今三十年矣，当时仕宦之人粗有节行者，皆以营利为耻；虽有逐锥刀之资者，莫不避人而为之，犹知耻也。今乃不然，纡朱怀金，专为商旅之业者有之。兴贩禁物，茶、盐、香草之类，动以舟车，楙迁往来，日取富足。”[⑤]

商人在过去为士大夫们所不屑，至唐代还有士大夫家婢女以主人与商人接触为耻的传说，但现在商人则被士大夫们倾心接纳，以礼相待，并积极投身到经商逐利的行列。如宋代大文学家、抚州临川（今江西进贤）人晏殊[⑥]和眉山（今属四川）人苏轼等人都从事过商业活动。这种现象到南宋时更为普遍，更为常见。据《张氏可书》载：“绍兴间，盗贼充斥，每招致必以厚爵。又行朝士子多鬻酒醋为生，故谚云：‘若要富，守定行在卖酒醋；若要官，杀人放火受招安。’”宁宗时，监察御史石宗万上奏，说长江沿岸的商税务，“较之往年，所收十不及四五，推原其由，皆士大夫之贪黩者为之。巨艘西下，舳舻相衔，捆载客货，安然如山，问之则无非士大夫之舟也”[⑦]。至于进士经商的事例则更多了，甚至有的士子由于仕途不达，转而专门从事贸迁经营，有些还是学术上具有相当造诣的学者。如南宋临安城中开经史书籍铺的陈起，就是一位在文学上颇有贡献的诗人。画家“李东，不知何许人，理宗时尝于御街，鬻其所画《村田乐》《常酣图》之类，仅可娱俗眼耳”[⑧]。而各地来都城临安的举子们也趁进京赶考的时机，进行一些商业活动，赚一点路费。如《西湖老人繁胜录》载：“遇补年，天下待补进士，都到京赴试。各乡奇巧土物，都担戴来京都货卖，买

---

① 〔宋〕李焘：《续资治通鉴长编》卷四四九，哲宗元祐元年十月戊戌，第10788—10789页。

② 《建炎以来系年要录》卷一八二，绍兴二十九年六月戊申，中华书局1988年版，第4册，第3030页。

③ 〔宋〕朱熹：《朱熹集》卷一八《按唐仲友第三状》，四川教育出版社1996年版，第2册，第728—741页。

④ 〔宋〕王安石：《王文公文集》卷一《上皇帝万言书》，上海人民出版社1974年版，第8页。

⑤ 〔宋〕蔡襄：《蔡忠惠集》卷二二《国论要目·二曰正风俗·废贪赃》，载《蔡襄集》，上海古籍出版社1996年版，第380页。

⑥ 〔宋〕蔡襄《蔡忠惠集》卷一八《乞罢晏殊宰相》载：晏殊射占蔡河官地，“盖屋僦赁”。（载《蔡襄集》第326页）

⑦ 《宋会要辑稿》食货一八之二五，中华书局1957年版，第6册，第5120页。

⑧ 〔元〕夏文彦：《图绘宝鉴》卷四《宋·李东》，韩放主校点《历代名画记》附，京华出版社2000年版，第270—271页。

物回程。都城万物皆可为信。”吴自牧《梦粱录》也曰：“此科举试三年一次，到省士人不下万余人，骈集都城，铺席买卖如市。俗语云：‘赶试官生活，应一时之需耳。’”[①]针对这一现象，有人批判道：

臣闻风俗之厚薄，上之人实为之。故士大夫不言风俗，以风俗自士大夫出也。西汉有一孔光、张禹，便能化其风俗为柔谀。东汉有一李固、杜乔，便能化其风俗为沽激。虽沽激与谀柔不同，而其失一也。今天下风俗亦弊矣，知有利禄而不知有名节，知有权势而不知有义理，蝇营狗苟惟得之趋。推其受病之源，盖必有任其责者。夫一念私意，起于芽蘖之微耳。然而推是心以往，则贪爵慕禄，而宁负天子矣。简贤附势，而不恤清议矣。义利之界限可不谨哉！而世之士大夫，方且有为吏商而舳舻相衔，以坏朝廷之钞法者；方且有为驵侩而市井交关，以亏朝廷之楮令者；方有为城狐社鼠而浆酒藿肉、囊金柜帛，以渔猎朝廷之百姓者。此士大夫心髓之病，非针艾所能达，药石所能疗也。惟在陛下清心寡欲，以神化转移之耳。[②]

至于平民百姓从商的浪潮更是风起云涌，他们“命其子若孙，倚市门，坐贾区，俯取仰给，争锥刀之末，以滋贮储”。[③] 诗人梅圣俞《村豪》一诗便描述了这一景象：“日击收田鼓，时称大有年。烂倾新酿酒，饱载下江船。女髻银钗满，童袍翠氎鲜。里胥休借问，不信有官权。”[④]在杭州，还出现了妇女普遍经商的现象。曾先后任杭州通判、知府的苏轼，在《书林逋诗后》中对杭州妇女的经商状况做过描写：

吴侬生长湖山曲，呼吸湖光饮山绿。
不论世外隐君子，佣儿贩妇皆冰玉。[⑤]

南宋时，临安妇女经商的现象更是层出不穷。叶适就曾作诗歌颂一位开酒店的女掌柜——朱娘，他在诗中曰：

忆昔剪茅长桥滨，朱娘酒店相为邻。
自言三世充拍户，官抛万斛嗟长贫。
母年七十儿亦老，有孙更与当垆否？
后街新买双白泥，准拟设媒传归好。

① 〔宋〕吴自牧：《梦粱录》卷二《诸州府得解士人赴省闱》，浙江人民出版社 1984 年版，第 10 页。
② 〔宋〕方岳：《秋崖集》卷一八《代范丞相奏》，文渊阁《四库全书》本。
③ 〔宋〕范俊：《香溪集》卷二二《张府君墓志铭》，文渊阁《四库全书》本。
④ 〔宋〕梅圣俞：《宛陵集》卷三三，文渊阁《四库全书》本。
⑤ 〔宋〕苏轼：《苏轼诗集》卷二五，中华书局 1982 年版，第 4 册，第 1343—1344 页。

由来世事随空花，成家不了翻破家。

城中酒徒犹夜出，惊叹落月西南斜。

桥水东流终到海，百年糟丘一朝改。

无复欢歌撩汝翁，回首尚疑帘影在。①

佛寺中的僧尼也受到了全民经商之风的冲击，他们明目张胆地加入商人、高利贷者的行列，“或贮积谋利，坐列市贩，赋役不及”。②“甚或破戒律，私妻子，近屠沽市贩”。③对此，宋代高僧居简也不得不承认：“僧者，佛祖所自出。今也，货殖贤，不肖无禁。”④时人强至《送药王圆师》一诗就对杭州僧人唯利是图的商业行为进行了无情的鞭挞：

吴僧甚商贾，嗜利角毫芒。

或以医自业，利心剧虎狼。

今时愚鄙人，平居悭私囊。

寒饿来求仁，一毫不肯将。

不幸病且亟，呼医计仓忙。

惟医所欲求，万金弗较量。

吴僧业医者，十室九厚藏。

张口待人哺，喋喋厌酒粱。

求其不尔徒，萧丛拣兰芳。⑤

陆游《夜泛西湖示桑甥世昌》一诗同样鞭挞了临安僧人嗜利经商的现象：

嗟我客上都，忽已见暮春。

骑马出暗门，眯眼吹红尘。

西湖商贾区，山僧多市人。

谁令污泉石，只合加冠巾。

黄冠更可憎，状与屠沽邻。

齁齁酒肉气，吾辈何由亲。

少须一哄散，境寂鸥自驯。⑥

① 〔宋〕叶适：《叶适集·水心文集》卷六《朱娘曲》，中华书局1961年版，第1册，第56页。

② 〔宋〕张方平：《乐全集》卷一五《原蠹中篇》，文渊阁《四库全书》本。

③ 〔宋〕胡寅：《斐然集》卷二〇《丰城县新修智度院记》，文渊阁《四库全书》本。

④ 〔宋〕释居简：《北磵集》卷一〇《夷禅师塔铭》，文渊阁《四库全书》本。

⑤ 〔宋〕强至：《祠部集》卷一，文渊阁《四库全书》本。

⑥ 〔宋〕陆游：《剑南诗稿》卷一七，载《陆游集》，中华书局1976年版，第2册，第503页。

三、逾礼奢侈　贪求享乐

古人言:“俗富庶则侈僭之心生,民困穷则怨乱之心起。”①宋代长江流域地区工商业的发展和商品经济的繁荣,使人们的物质生活也发生了一系列重大的变化。恩格斯在《价值规律和利润率》中说:“可以说商人对于世袭而停滞不变的社会来说,是一个革命的要素……现在商人来到了这个世界,他应当是这个世界发生变革的起点。”②在组织商业生产和经营商业的活动中,商人积累了大量的财富,过着挥金如土的生活。在他们的影响下,长江流域出现了一股去朴从艳、好新慕异的奢侈风气。

南宋单孔镂银熏炉③

南宋朱漆戗金菱花式人物花卉纹奁④

南宋朱漆戗金人物花卉纹长方盒⑤

南宋朱漆戗金人物花卉纹长方盒盖面特写

浙江省博物馆藏宋代“湖州石十郎真炼铜无比照子”铜镜

① 〔宋〕陈靖:《上真宗论盛梁所奏》,见《全宋文》卷一三二。
② 恩格斯:《资本论》第3卷增补Ⅰ,人民出版社1975年版,第1019页。
③ 选自董贻安主编《宁波文物集粹》,华夏出版社1996年版。
④ 选自常州市博物馆编《常州文物精华》,文物出版社1998年版。
⑤ 选自常州市博物馆编《常州文物精华》,文物出版社1998年版。

1988 年江西省德安县出土的南宋彩绘团扇①

江西省星子县陆家山出土宋代双系银洗②

南宋花瓣形漆盘③

南宋剔犀执镜盒④

两浙地区在五代吴越国时期就以“风俗华丽”著称于世。到了宋代，此风尤甚。欧阳修说：“越俗僭宫室，倾赀事雕墙。佛屋尤其侈，耽耽拟侯王。文彩莹丹漆，四壁金焜煌。上悬百宝盖，宴坐以方床。胡为弃不居，栖身客京坊。辛勤营一室，有类燕巢梁。南方精饮食，菌笋鄙羔羊。饭以玉粒粳，调之甘露浆。一馔费千金，百品罗成行……”⑤

两浙地区奢侈之风首推杭州。吴自牧说：“杭城风俗，畴昔侈靡之习，至今不改也。”又说：“杭城风俗，侈靡相尚。”“临安风俗，四时奢侈，赏玩殆无虚日。”⑥王迈说：“今天下之风俗侈矣，宫室高华，僭侈无度，昔尝禁矣；今僭仪之习，连甍而相望也。销金翠羽蠹耗不赀，昔又尝戢之矣；今销毁之家，列肆而争利也。士夫一饮之费，至靡十金之产，不惟素宦为之，而初仕亦效其尤矣。妇女饰簪之微，至当十万之值，不惟巨室为之，而中产亦强仿之矣。后宫朝有服饰，夕行之于民间矣。上方昨有制造，明布之于京师矣。”⑦

① 选自江西省博物馆、首都博物馆编《赣水流韵 辉耀千载》，文物出版社 2014 年版。

② 选自江西省博物馆、首都博物馆编《赣水流韵 辉耀千载》。

③ 选自常州市博物馆编《常州文物集华》，文物出版社 1998 年版。

④ 选自常州市博物馆编《常州文物集华》。

⑤ 〔宋〕欧阳修：《居士集》卷二《送慧勤归余杭》，李之亮：《欧阳修集编年笺注》，巴蜀书社 2007 年版，第 1 册，第 61—62 页。

⑥ 〔宋〕吴自牧：《梦梁录》卷一《正月》、卷二《清明节》条，浙江人民出版社 1984 年版，第 1、12 页。

⑦ 〔宋〕王迈：《臞轩集》卷一一《丁丑廷对策》，文渊阁《四库全书》本。

以最能反映都市士民社会风尚变化的服饰来说，更是如此。绍兴二十一年(1151 年)，“行都豪贵竞为小青盖，饰赤油火珠于盖之顶，出都门外，传呼于道。珠者，乘舆服御饰升龙焉，臣庶以加于小盖，近服妖，亦僭咎也。二十三年，士庶家竞以胎鹿皮制妇人冠，山民采捕胎鹿无需遗。时去宣和未远，妇人服饰犹集翠羽为之，近服妖也”①。过去朝廷严禁的黝紫，再次成为人们服装的流行色。王栐《燕翼诒谋录》卷五曰：“中兴以后，驻跸南方，贵贱皆衣黝紫，反以赤紫为御爱紫，亦无敢以为衫袍者，独妇人以为衫褖尔。”

但至孝宗时，服装上的奢侈风气迅速在全国兴起了。当时有朝中官员言近来风俗侈靡，日甚一日，民间泥金饰绣，竞为奇巧，衣服器具皆雕镂粹缀，极其华美。并说这种服饰侈靡之风，尤其以首都临安最为突出。② 淳熙二年(1175 年)，孝宗宣示中宫袆衣曰：“珠玉就用禁中旧物，所费不及五万，革弊当自宫禁始。”因问风俗，龚茂良奏：“由贵近之家，仿效宫禁，以致流传民间。鬻簪珥者，必言内样。彼若知上崇尚淳朴，必观感而化矣。臣又闻中宫服澣濯之衣，数年不易。请宣示中外，仍敕有司严戢奢僭。”③当时官员李椿曾上奏说：“自军兴以来，士大夫服紫衫以便戎事，不为过也，而四方皂吏士庶服之，不复有上下之别。且一衫之费，贫者亦难办。甲服而乙不服，人情所耻，故虽欲从俭，不可得也。”④同一时期的梁克家亦说：三十年前，“自缙绅而下，士人、富民、胥吏、商贾、皂隶衣服递有等级，不敢略相陵躐。士人冠带或褐笼衫，富民、胥吏皂衫，农贩卜户白布襕衫，妇人非命妇不敢用霞帔，非大姓不敢戴冠用背子”。“三十年来渐失等威，近岁尤甚，农贩细民至用道服、背子、紫衫者，其妇女至用背子、霞帔。”⑤如当时的秦桧子秦熺就曾穿“黄葛衫”，并说这是“贵贱所通用”的。⑥ 而社会上穿外国服饰的现象，在绍兴年间偃息一段时间后再度兴起。袁说友在《论衣冠服制》中说：“今来都下年来衣冠服制，习为虏俗。官民士庶浸相效习。……姑以最甚者言之：紫袍紫衫必欲为红赤紫色，谓之顺圣紫。靴鞋常履必欲前尖后高，用皂草，谓之不到头。巾制则辫发低髻，为短统塌顶巾。棹篦则虽武夫力士皆插巾侧。如此等类，不一而足。岂特习以为仪略无愧色。”⑦更有甚者，“身披虏服而敢执事禁庭”。乾道四年(1168 年)七月，中书门下省言：

---

① 《宋史》卷六五《五行志三》，中华书局 1977 年版，第 5 册，第 1429 页。

② 《宋会要辑稿》刑法二之一五六，中华书局 1957 年版，第 7 册，第 6573 页。

③ 《宋史》卷一五三《舆服志五》，中华书局 1977 年版，第 11 册，第 3579 页。

④ 〔宋〕李椿：《论非命官军兵朝省人不得服紫衫》，〔明〕黄淮、杨士奇编：《历代名臣奏议》卷一一七，上海古籍出版社 1989 年版，第 2 册，第 1546 页。

⑤ 〔宋〕梁克家：《淳熙三山志》卷四〇《岁时·序拜》，中华书局 1990 年版，第 8 册，第 8247 页。

⑥ 〔宋〕叶绍翁：《四朝闻见录》乙集《秦小相黄葛衫》，中华书局 1989 年版，第 80 页。

⑦ 〔明〕黄淮、杨士奇编：《历代名臣奏议》卷一二〇《礼乐》，上海古籍出版社 1989 年版，第 1591 页。

> 临安府风俗自十数年来，服饰乱常，习为胡装，声音乱雅好为胡乐。如插棹篦，不问男女；如吹鹧鸪，如拨胡琴，如作胡舞，所在而然。此皆小人喜新，初则效学，以供戏笑，久则习之为（非）[常]，甚则，上之人亦将乐之与之俱化矣。臣窃伤悼，中原士民，沦于左衽，延首企踵，欲自致于衣冠之化者，三四十年而不可得，而东南礼义之民，乃反堕于胡虏之习，而不自知，甚可痛也。今都人静夜，十百为群，咬鹧鸪，拨胡琴，使一人黑衣而舞，众人拍手和之，道路聚观，便同夷落。①

朱熹也认为“今衣服无章，上下混淆”，他慨然叹道：“今世之服，大抵皆胡服，如上领衫、靴鞋之类，先王冠服扫地尽矣。”②此风对南宋后期的服饰风尚也深有影响，时人曰：“今之茶褐墨绿等服，皆出塞外，自开燕山，始有至东都者，深叹习俗之变也。”③光宗、宁宗朝时，都市中妇女服装上的奢侈风气更甚于前朝。绍熙元年（1190 年），里巷妇女流行用假玉，以琉璃为首饰，④以致临安民谣曰：“满头青，都是假。”⑤至宁宗朝时，“风俗侈靡，日甚一日，服食器用，殊无区别，虽屡有约束，终未尽革”。⑥ 嘉定四年（1211 年）十二月，臣僚上言云：“今日之习俗，僭侈逾制，冒上无禁……青盖之制，辇毂之下，非亲王宰执不得辄用。今通都大邑，不问贵贱，幢幢往来，蔽空如云。黄幄之设，尚方所用。今编户齐民，一有醮设，张之私室。”⑦嘉定六年（1213 年）十二月六日，更有臣僚上言列举临安城内违制奢侈事状云：都城内外，多建大第，杰栋崇梁，轮奂相高。至于释老之宫，峻殿逐阁，僭拟莫状。销金日盛，什物器用，燕羞果核，无一而不施金。监司郡守，迎新供帐帏幕，俱用绫罗褥裀，包以绮绵等等。⑧ 于是，“京城内外，有专以打造金箔及铺翠销金为业者，不下数百家，通贩往来者，往往至数千人……”⑨到了南宋末年，这种服饰上的奢侈风尚愈来愈

① 〔宋〕潜说友：《咸淳临安志》卷四七《秩官五》，中华书局 1990 年版，第 4 册，第 3775 页。《宋会要辑稿》刑法二之一五六也有相似的记载：“窃见近来临安府士庶，服饰乱常，声音乱雅，如插棹篦、吹鹧鸪、拨胡琴、作胡舞之类。”又“访闻归朝正等人，往往不改胡服，及诸军有仿效蕃装，所习音乐，杂以胡声”。中华书局 1957 年版，第 7 册，第 6573 页。

② 〔宋〕黎靖德：《朱子语类》卷九一《礼八·杂仪》，中华书局 1986 年版，第 6 册，第 2327 页。

③ 〔宋〕楼钥：《攻媿集》卷八五《亡妣安康郡太夫人行状》，文渊阁《四库全书》本。

④ 《宋史》卷六五《五行志三》，中华书局 1977 年版，第 5 册，第 1430 页。

⑤ 《坚瓠集》己集卷二《临安谣》。《宋史》卷六五《五行志三》载：“绍熙元年，里巷妇女以琉璃为首饰。”又曰：“咸淳五年，都人以碾玉为首饰。有诗云：‘京师禁珠翠，天下尽琉璃。’”琉璃首饰因与“流离”两字谐音，被一些无知的封建文人看成是亡国之兆。

⑥ 〔宋〕潜说友：《咸淳临安志》卷四一《诏令二·禁侈靡》，中华书局 1990 年版，第 4 册，第 3729 页；《宋史》卷三八《宁宗纪二》，中华书局 1977 年版，第 3 册，第 730 页。

⑦ 《宋会要辑稿》刑法二之一三六，中华书局 1957 年版，第 7 册，第 6563 页。

⑧ 《宋会要辑稿》刑法二之一三八，中华书局 1957 年版，第 7 册，第 6564 页。

⑨ 《宋会要辑稿》刑法二之一三九，中华书局 1957 年版，第 7 册，第 6565 页。

福州南宋黄昇墓出土的紫灰色绉纱镶花边窄袖袍

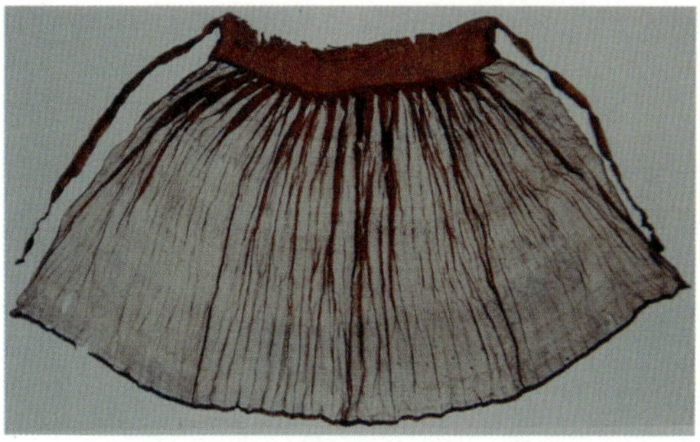

福州南宋黄昇墓出土的印花褶裥女裙

福州南宋黄昇墓出土的褐黄色罗镶花边广袖袍

福州南宋黄昇墓出土的浅褐色绉纱镶花边单衣①

宋佚名《宋宁宗杨皇后坐像》

宋佚名《招凉仕女图》

烈，市民们不仅公然穿着违禁衣物在大街上昂首阔步，而且还在市场上公开销售违禁衣饰，甚至列为婚嫁时必具的彩礼之一。据文献记载，“自淳祐年(1241—1252)来，衣冠更易，有一等晚年后生，不体旧规，裹奇巾异服，三五为群，斗美夸丽，殊令人厌见，非复旧时淳朴矣”。② 当时宫妃系前后掩裙而长窣地，名赶上裙；梳高髻于顶曰不走落；束足纤直名

① 以上参见福建博物馆编《福州南宋黄昇墓》，文物出版社1982年版。
② 〔宋〕吴自牧：《梦粱录》卷一八《民俗》，浙江人民出版社1984年版，第161页。

"快上马"。① 这种现象不仅在城市中可以看到，农村中也纷纷仿效，如毛珝《吾竹小稿·吴门田家十咏》诗云："田家少妇最风流，白角冠儿皂盖头。"由此，理宗朝的史绳祖在《学斋占毕》卷二中发出了"饮食衣服，今皆变古"的叹息。

至于饮食，可用两个字来概括，这就是"奢侈"。封建统治者和富商大贾在饮食上穷奢极欲，片面追求世俗物质享受。绍兴二十一年（1151年）十月，宋高宗赵构亲临清河郡王张俊府第，张俊设宴招待高宗一行。宴席的丰盛到了无以复加的程度。据周密《武林旧事》卷九《高宗巡幸张府节次略》所载，仅皇帝席上的菜肴就达二百多道，其中有数十道是名菜，如花炊鹌子、荔枝白腰子、妳房签、三脆羹、羊舌签、萌芽肚胘、肫常签、鹌子羹、肚胘脍、鸳鸯作肚、沙鱼脍、炒沙鱼衬汤、鳝鱼炒鲎、鹅肫常汤齑、螃蟹酿枨、房玉蕊羹、鲜虾蹄子脍、南炒鳝、洗手蟹、鯚鱼假蛤蜊、五珍脍、螃蟹清羹、鹌子水晶脍、猪肚假江蝺、虾枨脍、虾鱼汤齑、水母脍、二色茧儿羹、蛤蜊生血粉羹等。此外，还包括数十道果品和蜜饯、糕饼之类的食品。令人眼花缭乱，垂涎不已。秦桧家中亦是如此。隆兴元年（1163年），宋孝宗曾对大臣披露道：

> 向侍太上时，见太上吃饭不过吃得一二百钱物。朕于此时，固已有节俭之志矣。此时秦桧方专权，其家人一二百千钱物方过得一日。太上每次排会内宴，止用得一二十千；桧家一次乃反用数百千。②

这就是说，秦桧举办家宴的费用要超过宋高宗举办的宫内宴会的十多倍，足可证明其奢侈的程度。

不仅宗戚贵臣如此，普通官员也竞相以此为尚。南宋洪迈《夷坚志》一书载："绍兴二十三年，镇江一酒官愚呆成性，无日不会客，饮食极于精腆。同官家虽盛具招延，亦不下箸，必取诸其家，夸多斗靡，务以豪侈胜人。尝令匠者造十卓，嫌漆色小不佳，持斧击碎，更造焉。啖羊肉，唯嚼汁，悉吐其滓，他皆类此。"③他们在官场的应酬送迎上，出手极为阔绰。张九成《横浦心传录》卷中载当时虽"只一小官，相习成风，或一延客，酒不饮正数，而饮劝杯；食不食正味，而食从羹。果肴菜蔬，虽堆列于前，曾下不箸，而待泛供；酒皆名酝，物必奇珍，以至器皿之类，必务鲜洁。每作一会，必费二万钱"。如果上级官员光临，则请"客就馆用大牲，小则刲羊刺豕，折俎充庭，号曰献茶饭，令拱手立堂下，三跪进酒上食。客露顶趺坐，必醉饱喜动颜色，无不满上马。去送必数里外而归"。这种现象，即使是"子事父，臣事君，不如是，其严甚于皂隶之奉主人翁也"④。小小的建阳县就是其中的典型，

① 《宋史》卷六五《五行志三》，中华书局1977年版，第5册，第1430页。
② 〔宋〕胡铨：《澹庵文集》卷二《经筵玉音问答》，文渊阁《四库全书》本。
③ 〔宋〕洪迈：《夷坚志·丁志》卷六《奢侈报》，中华书局1981年版，第2册，第583页。
④ 〔宋〕谢枋得：《叠山集》卷二《送史县尹朝京序》，文渊阁《四库全书》本。

此“邑当广南江浙诸道之要会，省官、御史、宣慰、按察多行部，邻郡守贰多假途，驿使将宸，命来往烦。廪庖者无虚日。令尹迎必数十里外，遇霖霪积潦，瞻马首倏至，跪拜泥淖马粪中，移时不敢兴焉，上人命之退则退”①。这种现象在当时人的一些诗歌中也可见到，如杨万里《小饮，俎豆颇备江西淮浙之品，戏题》诗云：

满盘山海眩芳珍，未借前筹已咽津。
鲎酱子鱼总佳客，玉狸黄雀是乡人。

味含霜气洞庭柑，鲊带桃花楚水蝛。
春暖着人君会否？不教淮白过江南。②

一次小饮，竟然也是山珍海味俱全，可见其奢。有鉴于此，程卓指责说：“罄中人十家之产，不足供一馈之需；极细民终身之奉，不足当一燕之侈。”③

在他们的带领下，富二代更是穷奢极欲。时人阳枋说：“俗言：‘三世仕宦，方会著衣吃饭。’余谓三世仕宦，子孙必是奢侈享用之极。……食不肯蔬食、菜羹粗粝、豆麦黍稷、菲薄清淡，必欲精凿稻粱、三蒸九折、鲜白软媚；肉必要珍馐嘉旨、脍炙蒸炮、爽口快意。水陆之品，人为之巧，镂簋雕盘，方丈罗列。此所谓会著衣吃饭也。”④

他们时常要举办名目繁多的宴会，差不多每个月都要举行一两次宴饮活动。以张镃为例，其家一年四季的宴会活动如下：

正月孟春：岁凶家宴，人日煎饼会。

二月仲春：社日社饭，南湖挑菜。

三月季春：生朝家宴，曲水流觞，花院尝煮酒，经寮斗新茶。

四月孟夏：初八日亦庵早斋，随诣南湖放生、食糕糜，餐霞轩赏樱桃。

五月仲夏：听莺亭摘瓜，安闲堂解粽，重午节泛蒲家宴，夏至日鹅炙，清夏堂赏杨梅，艳香馆赏林檎，摘星轩赏枇杷。

六月季夏：现乐堂尝花白酒，霞川食桃，清夏堂赏新荔枝。

七月孟秋：丛奎阁上乞巧家宴，立秋日秋叶宴，应铉斋东赏葡萄，珍林剥枣。

八月仲秋：社日糕会，中秋摘星楼赏月家宴。

九月季秋：重九家宴，珍林赏时果，满霜亭赏巨螯香橙，杏花庄新酒。

十月孟冬：旦日开炉家宴，立冬日家宴，满霜亭赏蜜橘。

---

① 〔宋〕谢枋得：《叠山集》卷二《送史县尹朝京序》，文渊阁《四库全书》本。

② 〔宋〕杨万里：《杨万里诗文集》上册，江西人民出版社2006年版，第340—341页。

③ 〔宋〕程卓：《论诸州公帑妄非费奏》，《全宋文》，上海辞书出版社、安徽教育出版社2006年版，第289页。

④ 〔宋〕阳枋：《字溪集》卷九《杂著·辨惑》，文渊阁《四库全书》本。

十一月仲冬：冬至日家宴，绘幅楼食馄饨，绘幅楼削雪煎茶。

十二月季冬：家宴试灯，二十四夜饧果食，除夜守岁家宴。①

1952 年安徽休宁县南宋工部侍郎朱晞颜夫妇合葬墓出土的葵花形金盏②

1952 年安徽休宁县南宋工部侍郎朱晞颜夫妇合葬墓出土的六角形金杯金盏

1972 年安徽来安县宋墓出土的北宋釦金边玛瑙碗③

北宋绿釉茶盏和盏托④

北宋越窑茶盏和盏托⑤

南宋漆托盏⑥

① 〔宋〕周密：《武林旧事》卷一〇《张约斋赏心乐事》，浙江人民出版社 1984 年版，第 143—144 页。

② 选自安徽博物院编《江淮撷珍》。

③ 选自安徽博物院编《江淮撷珍》，文物出版社 2013 年版。

④ 选自董贻安主编《宁波文物集粹》，华夏出版社 1996 年版。

⑤ 选自董贻安主编《宁波文物集粹》，华夏出版社 1996 年版。

⑥ 选自常州市博物馆编《常州文物精华》，文物出版社 1998 年版。

江西省星子县陆家山
出土宋代錾刻云头纹银杯①

南宋龙泉窑瓷碗②

浙江省博物馆藏北宋建窑兔毫盏

浙江余姚出土的北宋越窑执壶

这种奢侈性的饮食消费，还具体体现在他们对时鲜食品的追求上。皇亲贵戚于二月一日“中和节”后的次日有挑菜的风俗。如《武林旧事》卷二《挑菜》载：

二月一日，谓之“中和节”。……二日，宫中排办挑菜御宴。先是，内苑预备朱绿花斛，下以罗帛作小卷，书品目于上，系以红丝，上植生菜、荠花诸品。俟宴酬乐作，自中殿以次，各以金篦挑之。后妃、皇子、贵主、婕妤及都知等，皆有赏无罚。以次每斛十号，五红字为赏，五黑字为罚。上赏则成号真珠、玉杯、金器、北珠、篦环、珠翠、领抹，次亦铤银、酒器、冠镯、翠花、段帛、龙涎、御扇、笔墨、官窑、定器之类。罚则舞唱、吟诗、念佛、饮冷水、吃生姜之类。用此以资戏笑。王宫贵邸，亦多效之。

“富者炫耀，贫者效尤。”③在他们的带动之下，临安市民们开始追求食品的丰盛，讲究

① 选自江西省博物馆、首都博物馆编《赣水流韵 辉耀千载》，文物出版社 2014 年版。
② 选自董贻安主编《宁波文物集粹》，华夏出版社 1996 年版。
③ 〔清〕顾炎武：《日知录》卷一三《宋世风俗》，花山文艺出版社 1991 年版，第 596 页。

精美可口，“食不肯蔬食、菜羹、粗粝、豆麦、黍稷、菲薄、清淡，必欲精凿稻粱、三蒸九折、鲜白软媚，肉必要珍馐嘉旨、脍炙蒸炮、爽口快意，水陆之品，人为之巧，缕簋雕盘，方丈罗列”①。“凡饮食珍味，时新下饭，奇细蔬菜，品件不缺”，购买这种稀缺的无价时新蔬菜，“不较其值，惟得享时新耳”②。他们的饮食消费毫不逊色，凡缔姻、赛社、会亲、送葬、经会、献神、仕宦、恩赏等活动，都要操办丰盛的宴会，极尽铺张之能事，故杭谚有“销金锅儿”之号。③ 如在正月，“不论贫富，游玩琳宫梵宇，竟日不绝。家家饮宴，笑语喧哗”④。而一些“贫下之人”亦不顾家境的窘迫和贫寒，极力追求起这种奢侈性的消费生活。以下饭的羹汤为例，“亦不可免”⑤。王迈对市民们的这种好尚虚荣的陋习记载说：“今天下之风俗侈矣……士夫一饮之费，至靡十金之产，不惟素宦为之，而初仕亦效甚尤矣。”⑥

正因为如此，饮食商贩在售卖食品时也非常讲究时令性，希望能够卖个好价钱。具体说，就是夏天售卖夏天的食品，冬天售卖冬天的食品。如《梦粱录》卷一三《天晓诸人出市》云：“冬天卖五味肉粥，七宝素粥。夏月卖义粥，馓子豆子粥。”又，同书卷一六《茶肆》载：“今杭城茶肆……四时卖奇茶异汤。冬月添卖七宝擂茶，馓子葱茶，或卖盐豉汤。暑天添卖雪泡梅花酒，或缩脾饮暑药之属。”

需要指出的是，南宋饮食所体现出来的奢侈性特点，主要是针对统治阶级而言，占人口绝大多数的下层百姓，由于受到统治阶级的残酷剥削，因此在饮食生活上非常艰难，时常是吃了上顿没下顿。北宋司马光说：“窃惟四民之中，惟农最苦。农夫寒耕热耘，沾体涂足，戴星而作，戴星而息。蚕妇育蚕治茧，绩麻纺纬，缕缕而积之，寸寸而成之，其勤极矣。而又水旱霜雹蝗虫间为之灾，幸而收成，则公私之债交争互夺，谷未离场，帛未下机，已非已有矣。农夫蚕妇所食者糠籺而不足，所衣者绨褐而不完，直以世服田亩，不知舍此之外更有可生之路耳。”⑦在此情况下，他们的不少日子是靠野菜、草根等维生。洪迈《送杨简迁国子博士》诗中便记载了这种现象：“饥殍千百辈，上山争采薇。”⑧但这些野草、野菜等物实在难以下咽，须用水佐饮。有大量贫民因过量饮用生冷水，肚子膨胀而死。幸

---

① 〔宋〕阳枋：《字溪集》卷九《杂著·辨惑》，文渊阁《四库全书》本。

② 〔宋〕吴自牧：《梦粱录》卷八《大内》，浙江人民出版社1984年版，第63页。

③ 〔宋〕周密：《武林旧事》卷三《西湖游幸（都人游赏）》，浙江人民出版社1984年版，第38页。

④ 〔宋〕吴自牧：《梦粱录》卷一《正月》，浙江人民出版社1984年版，第1页。

⑤ 〔宋〕吴自牧：《梦粱录》卷一六《羹铺》，浙江人民出版社1984年版，第150页。

⑥ 〔宋〕王迈：《臞轩集》卷一二《丁丑廷对策》，文渊阁《四库全书》本。

⑦ 〔宋〕司马光：《司马光奏议》卷三三《乞省览农民封事札子》，山西人民出版社1986年版，第364—365页。

⑧ 〔宋〕洪迈：《野处类稿·附集外诗》，载宋陈思编、元陈世隆补《两宋名贤小集》卷一五七，文渊阁《四库全书》本。

而未膨胀一死，终也难逃一死。饥民饿死的现象，在南宋大量存在。乾道元年(1165 年)五月二十五日，洪适上札子云："城外饥民死者盈川，群目所视。"①另有札子云："小民艰食，或有携妻子赴井同死者；或有聚众强籴而相杀伤者；或有逢县尉而持刃拒抗，致宪司传以为贼，而出兵掩捕者。"②这种现象在京师及其附近地区也同样存在，袁燮《轮对陈人君宜达民隐札子》曰："近而京辇，米斗千钱，民无可籴之资，何所得食，固有饿而死者，有一家而数人毙者。远而两淮、荆襄，米斗数千，强者急而为盗，弱者无以自活，官给之粥，幸而存者；而无衣无褐，不堪隆冬，或以冻死。"③在有些地区，更是"县无完村，村无全户"；或"阖门饥死，相率投江"④；或"闭门绝食，枕藉而死，不可胜数。甚者路旁亦多倒毙，弃子于道，莫有顾者"⑤。

南宋人的居住同样毫不吝啬。有钱的富室往往是一掷千金，对自己的宅第或居处进行各种豪华的装修。如北宋司马光说道："宗戚贵臣之家，第宅园圃，服食器用，往往穷天下之珍怪，极一时之鲜明。惟意所致，无复分限。以豪华相尚，以俭陋相訾。愈厌常而好新，月异而岁殊。"⑥张大经也说道："近习甲第名园，越法逾制，别墅列肆，在在有之，非赂遗何以济欲？"⑦这种现象在长江流域同样存在。宋人江少虞说："熙宁八年，淮浙大旱，米价腾涌，人多殍饥。杭人素轻夸，好美洁，家有百千，必以太半饰门窗，具什器。荒歉既甚，鬻之亦不能售，多斧之为薪，列卖于市，往往是金漆薪。"⑧可见其装饰往往用的是朝廷禁止的金漆。秦桧宅、王继先宅等也是其中的代表，这些住宅均是金钉珠户，碧瓦盈檐。四边红粉泥墙，两下雕栏玉砌，如同神仙洞府、王者之宫。秦桧宅在临安城望仙桥东。绍兴十五年(1145 年)由高宗所赐。相府内阁中"格天阁"匾额系高宗亲书。地面铺有"锦地衣"。它的建筑风格颇为独特，如陆游《老学庵笔记》卷一〇载："秦太师第中窗上下及中一二眼作方眼，余作疏棂，谓之太师窗。"据《宋史》卷四七三《秦桧传》载，其家"富敌于国，外国珍宝，死犹及门"。南宋御医王继先之宅屋宇宏丽，都人谓为"快乐仙宫"。⑨ 韩侂胄不仅府第宏大，而且还"凿山为园，下瞰宗庙；穷奢极侈，僭拟宫闱"。⑩ 和王杨存中"居殿

---

① 〔宋〕洪适：《盘洲文集》卷四八《再檄韩彦古札子》，文渊阁《四库全书》本。

② 〔宋〕洪适：《盘洲文集》卷四六《奏旱灾札子》，文渊阁《四库全书》本。

③ 〔宋〕袁燮：《絜斋集》卷一，文渊阁《四库全书》本。

④ 《宋史》卷四〇七《杜范传》，中华书局 1977 年版，第 35 册，第 12285 页。

⑤ 〔清〕徐松辑：《宋会要辑稿》食货六八之一〇六，中华书局 1957 年版，第 7 册，第 6306 页。

⑥ 《司马光奏议》卷八《论财利疏》，山西人民出版社 1986 年版，第 89 页。

⑦ 《宋史》卷三九〇《张大经》，中华书局 1977 年版，第 34 册，第 11955 页。

⑧ 〔宋〕江少虞：《宋朝事实类苑》卷六〇《风俗杂志・杭人好饰门窗什器》，上海古籍出版社 1981 年版，下册，第 789—790 页。

⑨ 《宋史》卷四七〇《佞幸・王继先传》，中华书局 1977 年版，第 39 册，第 13686—13688 页。

⑩ 〔宋〕叶绍翁：《四朝闻见录》戊集《阅古南园》，中华书局 1989 年版，第 184—188 页。

岩日，建第清湖洪福桥，规制甚广。自居其中，旁列诸子舍四，皆极宏丽”①。秦九韶“与吴履斋交尤稔。吴有地在湖州西门外，地名曾上，正当苕水所经入城，面势浩荡，乃以术攫取之，遂建堂其上，极其宏敞，堂中一间横亘七丈，求海桄之奇材为前楣，位置皆自出心匠。凡屋脊两翚搏风，皆以砖为之。堂成七间，后为列屋，以处秀姬、管弦……”②其他，“凡缔姻、赛社、会亲、送葬、经会、献神、仕宦、恩赏之经营，禁省台府之嘱托，贵珰要地，大贾豪民，买笑千金，呼卢百万，以至痴儿呆子，密约幽期，无不在焉。日縻金钱，靡有纪极。故杭谚有‘销金窝’之称”③。

宋佚名《调鹦图》

宋佚名《梧桐庭院图》

宋佚名《碧梧庭榭图》中描绘的富家园林别墅

苏州奢侈之风不亚于杭州。《吴郡志》卷二《风俗》载：“吴中自昔号繁盛，四郊无旷土，随高下悉为田，人无贵贱，往往皆有常产，以故俗多奢少俭，竞节物，好游遨。”

① 〔宋〕周密：《齐东野语》卷四《杨府水渠》，中华书局1983年版，第68—69页。
② 〔宋〕周密：《癸辛杂识》续集下《秦九韶》，中华书局1988年版，第170页。
③ 〔宋〕周密：《武林旧事》卷三《西湖游幸（都人游赏）》，浙江人民出版社1984年版，第38页。

四川地区的奢侈风气与两浙相埒。《宋史》说:"蜀俗奢侈,好游荡,民无赢余,悉市酒肉为声伎乐。"①又《宋史·地理志》载:川峡四路"地狭而腴,民勤耕作,无寸土之旷,岁三四收。其所获多为遨游之费,踏青、药市之集尤盛,动至连月"。《续资治通鉴长编》曰:"蜀民轻侈不为积蓄。"②而"蜀人富侈"又首推成都,余靖说:成都"其俗富奢"③。任正一《游浣花记》说:"成都之俗,以游乐相尚。"④《岁华纪丽谱》更是生动而具体地描述道:"成都游赏之盛,甲于西蜀,盖地大物繁而俗好娱乐。凡太守岁时宴集,骑从杂沓,车服鲜华,倡优鼓吹,出入拥导。四方奇技幻怪,百变序进于前,以从民乐,岁率有期,谓之故事。及期则士女栉比,轻裘袨服,扶老携幼,阗道嬉游。或以坐具列于广庭,以待观者,谓之遨床,而谓太守为遨头。"⑤著名词人柳永夸誉成都:"井络天开,剑岭云横控西夏。地胜异、锦里风流,蚕市繁华,簇簇歌台舞榭。雅俗多游赏,轻裘俊、靓妆艳冶。当春昼,摸石江边,浣花溪畔景如画。"⑥这种游乐突出体现在浣花大游江的活动中。浣花大游江最引人注目的活动是大规模的水上彩舟游行和游船上面的音乐歌舞表演。时人庄绰曾描绘说:"浣花自城去僧寺凡十八里,太守乘彩舟泛江而下,两岸皆民家,绞络水阁,饰以锦绣,每彩舟到,有歌舞者,则钩帘以观,赏以金帛。以大舰载公库酒,应游人之家,计口给酒,人支一升。至暮,遵陆而归。"⑦即成都的地方长官带头坐着彩舟游江,甚至为了让大家助兴,用公家所酿的酒免费招待游客。浣花大游江的活动时间也较长,主要是利用农闲的时间,从新年开始到孟夏。由于"农工未盛作时,观者填溢郊郭"。过节之后,"则各就其业,太守虽出游,观者希矣。故浣花一出,在岁中为最盛。彩舲方百尾,溯洄久之而下,歌吹振作。夹岸游人,肩摩足累,绵十里余。临流竞张饮次,朋侣歌呼,或迎舟舞跃献伎。晚夜,老幼相扶,挈醉以归,其乐不可胜言已"⑧。在北宋前期曾两任成都地方长官的张詠,对蜀中奢侈的风气有非常深切的感受,他在《悼蜀诗》中说,成都"蜀国富且庶,风俗矜浮薄。奢僭极珠贝,狂佚务娱乐。虹桥吐飞泉,烟柳闭朱阁。烛影逐星沉,歌声和月落。

① 《宋史》卷二五七《吴廷祚附子元载传》,中华书局1977年版,第26册,第8950页。

② 《续资治通鉴长编》卷二一四,神宗熙宁三年八月辛巳,第5221页。

③ 〔宋〕余靖:《武溪集》卷一〇《龙图阁直学士文彦博可枢密直学士知益州制》,文渊阁《四库全书》本。

④ 〔宋〕任正一:《游浣花记》,载〔宋〕扈仲荣等辑:《成都文类》卷四六,《成都旧志》第3册,成都时代出版社2007年版,第497页。

⑤ 〔元〕费著:《岁华纪丽谱》,载〔明〕杨慎:《全蜀艺文志》卷五八,线装书局2003年版,第1708页。

⑥ 〔宋〕柳永:《一寸金》,唐圭璋编:《全宋词》,中华书局1965年版,第1册,第25页。

⑦ 〔宋〕庄绰:《鸡肋编》卷上,中华书局1983年版,第21页。

⑧ 〔宋〕田况:《浣花亭记》,曾枣庄、刘琳主编:《全宋文》,上海辞书出版社、安徽教育出版社2006年版,第30册,第52页。

斗鸡破百万，呼卢纵大噱。游女白玉珰，骄马黄金络。酒肆夜不扃，花市春渐怍”①。南宋李良臣同样也有这样的描述，他说：

成都，西南大都会，素号繁丽。万井云错，百货川委，高车大马决骤乎通逵，层楼复阁荡摩乎半空。绮縠昼容，弦縠夜声。倡优歌舞，娥媌靡曼，裙联袂属。奇物异产，瑰琦错落，列肆而班市。黄尘涨天，东西冥冥，穷朝极夕，颠迷醉昏。此成都所有也。跂而望山林泉石，不啻楚越之隔，曾得而梦见之哉！②

从上述他们的生动描述中可以看出，宋代成都人的生活是非常“奢侈”的：文化娱乐生活丰富多彩，既有丝竹歌舞、郊外踏春、夜市观花，也有斗鸡走马、饮酒赌博，总之是“穷朝极夕，颠迷醉昏”，过着醉生梦死的生活。

在两湖地区，奢侈风气同样泛滥成灾。如《宋史》卷二六三《窦俨传》说：“荆南自唐季以来，高氏据有其地，虽名藩臣，车服多僭侈逾制，以至司宾贱隶、候馆小胥，皆盛服影缨，与王人亢礼”。周煇《清波杂志》曰：“长沙匠者，造茶器极精致，工直之厚，等所用白金之数。士夫家多有之，置几案间，但知以侈靡相夸，初不常用也。”③

淮南地区亦盛行奢侈风气。宋祁《寿州风俗志》云：“当旱而霖，讫无凶年，稻粲甘精，南方之冠。下则芡芰蒲茭，擉罶鱼鳖，亦无饥人。越纻缣丝，金铁鞄革，会南北之交市率征之，朞泉四千万。酒数千酿，分肆开垆，斡八千万。漕盐六万石，直十千万。故其俗侈怢剽轻，呰惰相夸。农与贾参，迭为并兼。少师儒，不甚官学，亦利使然也。”④赵湘说：“维屋室墙宇，皆丹刻楹桷；玩具器皿，皆雕镂金玉；子女服饰，皆纨绣珠翠。燕燕然盈且满，其亦久矣”⑤。

这种主张个人享乐至上的社会生活观念和方式，不仅与两宋时期长江流域的物质生活和生活条件的演变有着密不可分的联系，而且同人们的文化生活、审美情趣的变化息息相关。法国汉学家谢和耐（Jacques Gernet）在其传世名作《蒙元入侵前夜的中国日常生活》中简述南宋城市生活时就曾总结说：杭州城内“居民之最基本的心理特征之一便是：永无止境地渴求娱乐，对任何种类的消遣、社交和饮宴均十分热衷”⑥。“直至兵临城下之前，杭州城内的生活仍是一如既往的优哉闲哉。众所周知，中国人很有一套处世的

① 〔宋〕张詠：《张乖崖集》卷二《悼蜀四十韵》，中华书局 2000 年版，第 8 页。

② 〔宋〕李良臣：《钤辖厅东园记》，《全蜀艺文志》卷三四，线装书局 2003 年版，第 940 页。

③ 〔宋〕周煇撰、刘永翔校注：《清波杂志校注》卷四《茶器》，中华书局 1994 年版，第 175 页。

④ 〔宋〕宋祁：《景文集》卷四六《寿州风俗记》，文渊阁《四库全书》本。

⑤ 〔宋〕赵湘：《南阳集》卷一《送驾部刘侯赴阙诗》，文渊阁《四库全书》本。

⑥ 〔法〕谢和耐（Jacques Gernet）：《蒙元入侵前夜的中国日常生活》，刘东译，江苏人民出版社 1995 年版，第 166 页。

哲学”。[①] 它对当时社会政治、经济和文化的发展，有着不可低估的作用和影响。它不仅有力地冲击了中国封建社会那种以不违背礼制为基本标准的崇俭抑奢的传统消费观念和传统思想中禁欲主义的要求，而且也促进中国社会日趋文明开化，从而在一定程度上孕育和培植了资本主义社会早期的生活方式和消费观念，为日后中国封建社会资本主义萌芽的出现创造了良好的条件。谢和耐高度评价说：“11 至 13 世纪，政治生活、社会生活、经济生活与前代比较，没有任何一个领域不显示出根本变化。不仅是程度上的变化（如人口增加、生产普遍发展，对内、对外贸易增长……），而且是性质改变。政治风尚、社会、阶级关系、军队、城乡关系、经济形式均与唐朝这个中世纪的贵族帝国迥然不同。一个新世纪诞生了，其基本特点是近代中国的特点。”“1000 年前后正发生或已发生的变化不限于社会政治形式、经济及技术。这种变化牵涉到更为深层而不大显露的现实：关于人、人的世界观及其对时空以至自身的观念。11 世纪以复归传统而著称，标志着自 5 世纪以来佛教对华夏世界支配地位的结束。”[②]

四、好尚虚荣 礼拜金钱

两宋时期南方商品经济的发展，一方面促进了社会风貌的改观，另一方面又使人们滋生了好尚虚荣、礼拜金钱的习性。苏轼说：“三吴风俗，自古浮薄，而钱塘为甚。虽室宇华好，被服粲然，而家无宿舂之储，盖十室而九。”[③]张仲文说：“行都（指临安）人多易贫乏者，以其无常产，借夫借钱造屋，弃产作亲，此浙西人之常情，而行都人尤甚。其或借债等得钱，首先充饰门户，则有漆器装折，却日逐籴米面食，妻孥皆衣弊衣，跣足而带金银钗钏。夜则赁被而宿，似此者非不知为费，欲其外观之美而中心乐为之耳。”[④]

礼拜金钱的风气十分盛行，整个长江流域表现出一种强烈的功利主义的价值取向。在两宋时期，中国传统的“贵义贱利”价值观念已荡然无存。婚姻、丧葬、育儿、科举、行医等，一切以钱为中心。对金钱的追求，成为人们生活的重心。

婚姻论财的风气非常盛行，北宋大史学家司马光就曾指出：

> 婚娶而论财，夷虏之道也。夫婚姻者，所以合二姓之好，上以事宗庙，下以继后世也。今世俗之贪鄙者，将娶妇，先问资装之厚薄；将嫁女，先问聘财之多

① 〔法〕谢和耐（Jacques Gernet）：《蒙元入侵前夜的中国日常生活》，刘东译，第 4 页。

② 〔法〕谢和耐（Jacques Gernet）：《中国社会文化史》，黄建华等译，湖南教育出版社 1994 年版，第 269、298 页。

③ 〔宋〕苏轼：《苏轼文集》卷四八《上吕仆射论浙西灾伤书》，中华书局 1986 年版，第 4 册，第 1402 页。

④ 〔宋〕张仲文：《白獭髓》卷二五，〔元〕陶宗仪：《说郛》卷三八上，文渊阁《四库全书》本。

少。至于立契约，云某物若干，某物若干，以求售某女者。亦有既嫁而欺绐负约者，是乃驵侩鬻奴卖婢之法，岂得谓之士大夫婚姻哉！其舅姑既被欺绐，则残虐其妇，以摅其忿，由是爱其女者，务厚资装，以悦其舅姑，殊不知彼贪鄙之人不可盈厌，资装既竭，则安用汝女哉！于是质其女以责货于女氏，货有尽而责无穷，故婚姻之家往往终为仇雠矣。是以世俗生男则喜，生女则戚，至有不举其女者，因此故也。然则议婚姻有及于财者，皆勿与为婚姻可也。①

蔡襄也指出："今之俗，娶其妻，不顾门户，直求资财。"②丁骘指出："近年进士登科，娶妻论财，全乖礼义，衣冠之家，随所厚薄，则遣媒妁往返，甚于乞丐，小不如意弃而之它，市井驵会出捐千金，则贸贸而来，安以就之，名挂仕版，身被命服，不顾廉耻，自为得计，玷辱恩命，亏损名节，莫甚于此。"③在这种类似于买卖婚姻的关系中，富贾大商扮演了很重要的角色。史载"富商庸俗与厚藏者嫁女，亦于榜下捉婿，厚捉钱以饵士人，使人俯就，一婿至千余缗"④，时人称此俗为"系捉钱"。从地域来看，此风盛行于长江流域，如"巴人娶妇，必责财于女氏，贫人至有老不得嫁者"⑤。南宋都城临安是个商业性的大都会，这种"娶妇直求资财"的现象更甚于各地。婚姻各个程序中都与"财"字密切结合在一起，特别是聘礼、陪嫁奁具的多少，对能否缔结婚姻具有举足轻重的地位。⑥ 正因为厚嫁成风，造成一些家底较薄的人家无力娶妇嫁女，以致婚姻失时。绍兴二十六年（1156 年），尚书吏部员外郎王晞亮言："比年以来，承平寖久，侈俗益滋，婚姻者贸田业而犹耻率薄，以至女不能嫁，多老于幽居。"⑦商品经济发达的福建地区亦然，"婚溺于财"⑧。如廖刚论漳州嫁娶之俗："娶妇之家，必大集里邻亲戚，多至数百人。椎牛行酒，仍分彩帛钱银，然后以为成礼。女之嫁也，以粧奁厚薄外人不得见，必有随车钱。大率多者千缗，少者不下数百贯。倘不如此，则乡邻讪笑，而男女皆怀不满。""富者以豪侈相高，贫者耻其不逮，往往贸易举贷以

① 〔宋〕司马光：《司马氏书仪》卷三《婚仪上》，《丛书集成初编》本。

② 〔宋〕蔡襄：《蔡襄集》卷三四《福州五戒文》，上海古籍出版社 1996 年版，第 618 页。

③ 〔宋〕丁骘：《请禁绝登科进士论财娶妻》，吕祖谦编：《宋文鉴》卷六一，文渊阁《四库全书》本，第 1350 册，第 649 页。

④ 〔宋〕朱彧：《萍洲可谈》卷一，上海古籍出版社 1989 年版，第 20 页。

⑤ 〔宋〕程颢、程颐：《河南程氏文集》卷四《华阴侯先生墓志铭》，《二程集》，中华书局 1981 年版，第 2 册，第 504 页。

⑥ 其实，此风在北宋时已可在杭州见到，如〔宋〕何薳《春渚纪闻》卷二《杂记·瓦缶冰花》载："宣义郎万延之，钱塘人。性刚不能屈曲州县，中年拂意而归，徙居余杭。……后有诱其子结婚副车王晋卿家，费用几二万缗，而娶其孙女。"（中华书局 1983 年版，第 24—25 页）

⑦ 《宋会要辑稿》刑法二之一五四，中华书局 1957 年版，第 7 册，第 6572 页。

⑧ 〔宋〕梁克家：《淳熙三山志》卷三九《土俗类·戒谕》，《宋元方志丛刊》，中华书局 1990 年版，第 8 册，第 8242 页。

办，若力有不及，宁姑置而不为，故男女有过时而不得嫁娶。”“访闻泉、福、兴化亦有此风，而此郡特甚，臣尝询之，虽愚民亦或自知其非，而怵于流俗，莫能自革。”[①]为此闽人为聘财嫁资，争讼无虚日。据王得臣称：“予漕本路，决其狱，日不下数人。”[②]如理宗时，宗子希哲，居建昌，娶南城董宗安之女。获漕试文解。旋该绍熙覃恩出官，“妄以他事离其妻，再娶富室周氏，大获装奁”[③]。即使是朱熹这样专讲“存天理、去人欲”的大儒，家中“男女婚嫁，必择富民．以利其奁聘之多”。为了报赵汝愚援引之恩，“为其子崇宪执柯娶刘珙之女，而奄有其身后巨万之财”[④]。

宋人一般喜欢生儿子，认为生儿子可以传宗接代，可以防老养老。但在经济发达的江南地区，特别是都城临安，除富室喜欢生儿子外，普通人家的生育观念却是喜欢生女儿，而这一切的得益是以钱来计算的。洪巽《旸谷漫录》就道：

> 京师中下之户，不重生男。每育女，则爱护之如擎珠捧璧。稍长则随其姿质，教以艺业，用备士大夫采择娱侍。名目不一，有所谓身边人、本事人、供过人、针线人、堂前人、杂剧人、拆洗人、琴童、棋童、厨娘等级，截乎不紊。就中厨娘最为下色，然非极富贵家不可用。[⑤]

陈郁《藏一话腴》说：“吴下风俗尚侈，细民有女必教之乐艺；以待设宴者之呼使，令莫逆奉承惟恭，盖觊利赡家，一切不顾名，为私妓实为公妓无异也。长大鬻为妾，狠戾则籍之官，动以千计，习俗薄恶莫此为甚。邻郡亦有，未若吴之繁也。”文天祥曾有诗详细描述了这种现象：

> 名姝从何来，婉娈出神京。
> 京人薄生男，生女即不贫。
> 东家从王侯，西家事公卿。
> 吾行天下多，朱紫稀晨星。
> 大都不一一，甚者旷数城。
> 如何世上福，冉冉归娉婷。
> 乃知长安市，家家生贵人。[⑥]

毫无疑问，这种观念的形成是与南方商品经济的发达密切相关的。人们以为只有这

① 〔宋〕廖刚：《高峰文集》卷五《漳州到任条具民间利病五事奏状》，文渊阁《四库全书》本。
② 〔宋〕王得臣：《麈史》卷下《风俗》，上海古籍出版社 1986 年版，第 76 页。
③ 〔宋〕洪迈：《夷坚志·三志壬》卷二《赵希哲司法》，中华书局 1981 年版，第 1482 页。
④ 〔宋〕叶绍翁：《四朝闻见录》丁集《庆元党》，中华书局 1989 年版，第 145 页。
⑤ 〔元〕陶宗仪编：《说郛》卷二九上，文渊阁《四库全书》本。
⑥ 〔宋〕文天祥：《文山集》卷一《名姝吟》，载《文天祥全集》，江西人民出版社 1987 年版，第 613 页。

样，才能脱贫致富，过上幸福的生活。天台陈润道为此作《吴民女》一诗讽刺道：

吴民嗜钱如嗜饴，天属之爱亦可移。
养女日夜望长成，长成未必为民妻。
百金求师教歌舞，便望将身赡门户。
一家饱暖不自怜，傍人视之方垂涎。
朱门列屋争妍丽，百计逢迎主人意。
常时弃疏自怨啼，一旦承恩多妒忌。
古人怕为荡子妇，夜夜孤眠泪如雨。
今人甘为贵人妾，得意失意花上月。
荡子不归宁空房，主人喜怒多不常。①

僧人本以做善事为宗旨，但在当时竟然也嗜钱如命。前面也说过北宋强至《送药王圆师》曰："吴僧甚商贾，嗜利角毫芒。或以医自业，利心剧虎狼。今时愚鄙人，平居悭私囊。寒饿来求仁，一毫不肯将。不幸病且亟，呼医计仓忙。惟医所欲求，万金弗较量。吴僧业医者，十室九厚藏……"②更有甚者，一些不肖子孙为了钱财，置封建伦理秩序于不顾，盗掘祖坟，焚毁先人尸体。南宋郭彖《睽车志》卷五说："盖伐墓焚尸之酷，非至仇不忍为也。今世之不肖子，以贫故……所为者多矣。"

而一些妇女，为了贪求钱财，将封建贞操观念置之脑后，从事"贴夫"行当。庄绰《鸡肋编》卷中说："两浙妇人皆事服饰口腹，而耻为营生。故小民之家，不能供其饰者，皆纵其私通，谓之贴夫，公然出入不以为怪。如近寺居人，其所贴者皆僧行者，多至有四五焉。"人们为了钱财，"往往父子相残，兄弟相贼，夫妇相弃，亲戚相仇"③。

对此，李之彦《东谷所见》曾以《钱》为题对此进行了淋漓尽致的描述："骨肉亲知以之而构怨稔衅，公卿士大夫以之而败名丧节，劳商远贾以之而捐躯殒命，市井交易以之而斗殴戮辱"。

五、崇佛信道　重巫祈鬼

（一）佛教的中国化和世俗化

宋代为佛教中国化、世俗化的时期。在这一时期，统治者企图利用佛教来"精神慰藉"广大灾难深重的劳苦大众，以达到巩固封建统治的目的，因此自宋太祖赵匡胤以来，历代皇帝都对佛教采取了扶植和利用的政策。宋太宗赵光义对宰相赵普宣称的"浮屠氏

① 〔清〕厉鹗：《宋诗纪事》卷七一，中华书局1983年版，第3册，第1788页。
② 〔宋〕强至：《祠部集》卷一《送药王圆师》，文渊阁《四库全书》本。
③ 〔宋〕高斯得：《耻堂存稿》卷五《谕俗文》，《丛书集成初编》本，中华书局1985年版，第98页。

之教有裨政治”①的话，便是这种政策的意图所在。

在封建统治者的极力倡导下，佛教在南方地区广为流传，深入民心。黄幹说：“释氏之教，南方为盛，男女聚僧庐为传经会，女不嫁者，私以庵舍以居。”②这种重视现世利益且又简捷易行的佛教，以取得天堂入场券的廉价许诺和超度亡灵的花言巧语骗得了千千万万善良人们的信任。于是，“自佛法入中国，至宋兴，逾千年，衡岳、庐阜、钱塘、天台，佛僧之盛甲天下”③“浮屠之寺庙被四海”④“上自王公、下自民庶，莫不崇信其法”⑤。欧阳修说：“佛法为中国患千余岁，世之卓然不惑而有力者，莫不欲去之。已尝去矣，而复大集，攻之暂破而愈坚，扑之未灭而愈炽，遂至于无可奈何。”⑥朱熹说：“今老佛之宫遍满天下，大郡至逾千计，小邑亦或不下数十，而公私增益，其势未已。”⑦又曰：“老氏煞清高，佛氏乃为逋逃渊薮。今看何等人，不问大人、小儿，官员、村人、商贾，男子、妇人，皆得入其门。最无状，是见妇人便与之对谈。”⑧据统计，宋真宗天禧五年（1021 年），全境共有和尚 397615 人、尼姑 61239 人。各路僧尼分布人数如下：东京：22941；京东：18159；京西：18219；河北：39037；河东：16832；陕西：16134；淮南：15859；江南：54316；两浙：2228；荆湖：22539；福建：71080；川峡：56221；广南：24899。⑨

北宋泥塑彩绘观音立像

佛教的盛行，对当时的社会产生了全面而深刻的影响，宋代郑獬《礼法》一文便对此做了极其深刻而详尽的说明：

孔子作《春秋》，常事不书，变礼则书。明圣人之典礼，中国世守之，不可以有变也。甚矣，浮屠氏之变中国也。浮屠，夷礼也。古者建辟雍，立太学以育贤

① 〔宋〕李焘：《续资治通鉴长编》卷二四，太宗太平兴国八年十月甲申，第 554 页。

② 〔宋〕黄幹：《勉斋集》卷三六《朝奉大夫文华阁待制赠宝谟阁直学士通议大夫谥文朱先生行状》，文渊阁《四库全书》本。

③ 〔宋〕孙觌：《鸿庆居士集》卷二一《抚州曹山宝积院僧堂记》，文渊阁《四库全书》本。

④ 〔宋〕王安石：《王文公文集》卷三五《扬州龙兴寺十方讲院记》，上海人民出版社 1974 年版，第 421 页。

⑤ 〔宋〕陈襄：《古灵集》卷五《乞止绝臣僚陈乞创造寺观度僧道状》，文渊阁《四库全书》本。

⑥ 〔宋〕欧阳修：《居士集》卷一七《本论上》，李之亮笺注：《欧阳修集编年笺注》，巴蜀书社 2007 年版，第 2 册，第 56 页。

⑦ 〔宋〕朱熹：《朱熹集》卷一三《延和奏札七》，四川教育出版社 1996 年版，第 2 册，第 531 页。

⑧ 〔宋〕黎靖德编：《朱子语类》卷一二六《释氏》，中华书局 1986 年版，第 8 册，第 3037 页。

⑨ 《宋会要辑稿》道释一之一三，中华书局 1957 年版，第 8 册，第 7875 页。按：各路僧尼人数与总数不符，原文的部分记载有误，特别是两浙部分漏记了万位数。保守估计，当时两浙僧尼的人数应在 6 万～7 万人左右，仅低于福建。

士。天子时而幸之，躬养三老五更，习大射，讲六经，用以风动天下之风教。而今之浮屠之庙，萝蔓天下，或给之土田屋庐，以豢养其徒。天子又亲临之，致恭乎土木之偶。此则变吾之辟雍太学之礼而为夷矣。古者宗庙有制，唐虞五庙，商周七庙，至汉乃有原庙，行幸郡国及陵园皆有庙，汉之于礼已侈矣。而今之祖宗神御，或寓之浮屠之便室，亏损威德，非所以致肃恭尊事之意也，此则变吾之宗庙之礼而为夷矣。古者日蚀、星变、水旱之眚，则素服避正殿，减膳撤乐，责躬以答天戒。而今之有一灾一异，或用浮屠之法，集其徒，螺鼓呶噪而禳之，此则变吾之祈禳之礼而为夷矣。古者宫室之节，上公以九，侯伯以七，子男以五；惟天子有加焉，五门六寝，城高七雉，宫方千二百步。而今之浮屠之庙，包山林，跨阡陌，无有裁限，穹桀鲜巧，穷民精髓，侈大过于天子之宫殿数十百倍，此则变吾之宫室之礼而为夷矣。古者为之衣冠，以庄其瞻视，以节其步趋，禁奇衺之服，不使眩俗。而今之浮屠髡首不冠，其衣诡异，方袍长裾，不襟不带，此则变吾之衮冠之礼而为夷矣。自有天地，则有夫妇，则有父子，则有君臣；男主外，女主内；父慈子孝；天子当扆，群臣北面而朝事之。而今浮屠不婚不娶，弃父母之养，见君上未尝致拜，此则变吾之夫妇、父子、君臣之礼而为夷矣。古者丧葬有纪，复奠祖荐虞祥之祭，皆为之酒醴牢牲笾豆鼎篚享荐之具。而今之举天下凡为丧葬，一归之浮屠氏；不饭其徒，不诵其书，举天下诟笑之，以为不孝；狃习成俗，沈酣溃烂，透骨髓，入膏肓，不可晓告。此则变吾之丧葬之礼而为夷矣。故自古圣人之典礼，皆为之沦陷，几何其为不尽归之夷乎？使孔子而在，记今之变礼者，将操简濡笔择书之不暇，而天下方恬然不为之怪，朝廷未尝为之禁令，而端使之攻穿坏败。今或四夷之人，有扣弦而向边者，则朝廷必择帅遣兵以防捍之；见一虏夫、一獠民，必擒捽之，束缚之，而加诛绝焉。彼之来，小不过利吾之囊箧囷窖牛羊，大不过利吾之城郭土地而已。而浮屠之徒满天下，朝廷且未尝擒捽束缚而加诛焉，反曲拳跪跽而尊事之。彼之所利，乃欲灭绝吾中国圣人之礼法，其为祸岂不大于扣弦而向边者耶？岂庄子所谓“盗钩金者诛，盗国者为诸侯”者耶？夫胜火者水也，胜夷狄者中国也。中国所以胜者，以有典礼也。宜朝廷敕聪博辨学之士，删定礼法，一斥去浮屠之夷，而明著吾圣人之制，布之天下。上自朝廷，下至士大夫，俾遵行之。礼行而中国胜矣。中国胜，则为浮屠氏之说，又何从而变哉？①

佛教认为人之一生是随着痛苦而过的，而死亡则是对痛苦人生的解脱。如佛教《大

① 〔宋〕郑獬：《礼法》，《宋文鉴》卷一〇三，中华书局 1992 年版，下册，第 1423—1425 页。

般涅槃经》卷下记述如来偈语说:“诸行无常,是生灭法;生灭灭已,寂灭为乐。”意思是说远离生、灭之无常世界,而至无生亦无灭之涅槃寂静世界。这种生死观对人们产生了极其巨大而深远的影响。胡寅说:“自佛法入中国,以死生转化恐动世俗,千余年间,特立不惑者,不过数人而已。虽才智高明,鲜能自拔。”①吕午说:“自天竺法入中国,其徒备着天堂地狱鬼神,为张因果罪福之说,以为人死为鬼,鬼复为人,随善恶报,还复无穷。若善男子善女人,悉当如是观。故其诱人甚速,入人甚深。无智愚皆知之,妇人女子亦信向焉。”②程颐说:“佛学只是以生死恐动人。可怪二千年来,无一人觉此,是被他恐动也。圣贤以生死为本分事,无可惧,故不论死生。佛之学为怕死生,故只管说不休,下俗之人固多惧,易以利动。至如禅学者,虽自曰异此,然要之只是此个意见,皆利心也。”③

李公麟《莲社图》(局部)

两浙路早在五代十国时就有“东南佛国”之称。至宋代,民间信佛之风更盛。天禧三年(1019 年)二月,越州知州高绅对皇帝说:“瓯越之民,僧俗相半,溺于信奉,忘序尊卑。”④沈括《梦溪笔谈》载:“吴人喜竞渡,好为佛事。”⑤释智圆说:“今之世行佛法,自天府而下,以吴越为盛。”⑥袁桷说:“吴越旧俗,敬事鬼神。后千百年,争崇尚浮屠老子之学,栋甍遍郡县。”⑦杭州是两浙路宗教最为兴盛的地区,苏轼说:“钱塘佛者之盛,盖甲天下。”⑧吴自牧说:“杭城事圣之虔,他郡所无也”;又说:“释老之教遍天下,而杭郡为甚。”⑨又,《咸淳临安志》卷七五《寺观》更是详载道:“今浮屠、老氏之宫遍天下,而在钱塘为尤众。二氏之教莫盛于钱塘,而学浮屠者为尤众。合京城内外暨诸邑寺,以百计者九。”宋末元初的方回总结说:“佛事在东南,浙右为盛。浙右,钱塘为盛。钱塘之盛,莫盛于灵隐、径山。

① 〔宋〕胡寅:《斐然集》卷二〇《悼亡别记》,中华书局 1993 年版,第 412 页。

② 〔宋〕祝穆、富大用:《古今事文类聚(前集)》卷三五《慈竺院记》,文渊阁《四库全书》本。

③ 〔宋〕程颢、程颐:《河南程氏遗书》卷一《二先生语一·端伯传师说》,见《二程集》第 1 册,中华书局 1981 年版,第 3 页。

④ 〔宋〕李焘:《续资治通鉴长编》卷九三,天禧三年二月壬寅条,第 2137 页。

⑤ 〔宋〕沈括:《梦溪笔谈》卷一一《官政一》,胡道静:《新校正梦溪笔谈》,中华书局香港分局 1975 年版,第 125 页。

⑥ 〔宋〕释智圆:《闲居编》卷一三《华亭兴圣院界相榜序》,文渊阁《四库全书》本。

⑦ 〔元〕袁桷:《清容居士集》卷一九《陆氏舍田记》,文渊阁《四库全书》本。

⑧ 〔宋〕苏轼:《苏轼文集》卷二二《海月辩公真赞》并引,中华书局 1986 年版,第 2 册,第 638 页。

⑨ 〔宋〕吴自牧:《梦粱录》卷二《三月》;卷一五《城内外诸宫观》,浙江人民出版社 1984 年版,第 9、135 页。

聚其徒千五百至二千众，故其众僧所居之堂，视天下无加焉。”①据统计，南宋都城临安（今浙江杭州）城内外寺院庵舍达 671 所之多。② 至于“诸录官下僧庵，及白衣社会道场奉佛，不可胜纪”③。苏州佛教之盛不亚于杭州，“邪说谬见（佛教）久溺人心”④，“郡之内外，胜刹相望，故其流风余俗，久而不衰。民莫不喜蠲财以施僧，华屋邃庑，斋馔丰洁，四方莫能及也。寺院凡百三十九”⑤。温州永嘉之寺院“庄严冠于两浙，焚修闻于四方”⑥。台州（今浙江临海）号称“仙佛国”⑦，寺院则多达 361 所。此外，明州（南宋时改庆元府，治今浙江宁波）、越州（南宋时改绍兴府，治今浙江绍兴）也各有二三百所寺院。⑧ 释知礼《结念佛会疏》曰：“明州延庆院念佛净社，当社普结僧俗男女一万人，毕世称念阿弥陀佛，发菩提心，求生净土。每年二月十五日，于院启建道场，供养三宝，斋设僧田功德……为度众生，取于净土……”⑨即使是“佛事在浙右为劣”⑩的严州（治今浙江建德），也有寺院 139 所。⑪

浙江杭州西湖宋代石窟造像

① 〔宋〕方回：《桐江集》卷二《建德府南山禅寺僧堂记》，文渊阁《四库全书》本。

② 〔宋〕吴自牧：《梦粱录》卷一五《城内外寺院》，浙江人民出版社 1984 年版，第 136—137 页。

③ 〔宋〕吴自牧：《梦粱录》卷一五《城内外寺院》，浙江人民出版社 1984 年版，第 137 页。

④ 〔宋〕黄震：《黄氏日抄》卷七〇《申判府程丞相乞免再起化人亭状》，载《黄震全集》第 6 册，浙江大学出版社 2013 年版，第 2082 页。

⑤ 〔宋〕朱长文：《吴郡图经续记》卷中《寺院》，江苏古籍出版社 1986 年版，第 30 页。

⑥ 〔宋〕周行己：《浮沚集》卷六《净居寺盖造文》，《丛书集成初编》本，中华书局 1985 年版，第 2 册，第 71 页。

⑦ 〔宋〕陈耆卿：《嘉定赤城志》卷三七《风土门·土俗·萧守振示邦人诗》，《宋元方志丛刊》本，中华书局 1990 年版，第 7 册，第 7574 页。

⑧ 〔宋〕刘昌诗：《芦浦笔记》卷六《四明寺》：“四明僧庐，在六邑总大小二百七十六所，只鄞一县，城内二十六，城外八十。天童日饭千僧，育王亦不下七八百人。行仆称是。”中华书局 1986 年版，第 48 页。

⑨ 曾枣庄、刘琳主编：《全宋文》卷一八一，上海辞书出版社 2006 年版，第 9 册，第 126—127 页。

⑩ 〔宋末元初〕方回：《桐江集》卷二《建德府南山禅寺僧堂记》，文渊阁《四库全书》本。

⑪ 〔宋〕何梦桂：《潜斋集》卷八《白云山法华院记》，文渊阁《四库全书》本。

福建路佛教之盛又盛于两浙路，史载“闽之为郡八，一水之分上下。有四下州之民习王氏故俗，奉佛惟谨；至上州，虽佛之徒未知有佛也。……闽于天下，僧籍最富”①。宋理宗时大臣吴潜说：“寺观所在不同。湖南不如江西，江西不如两浙，两浙不如闽中。”②故时有“江浙、福建常居天下之半”③之说。这里的寺院拥有大量土地，僧尼生活条件远较一般民众要优越得多。对此，南宋大儒魏了翁概括道：“闽土狭而民稠，浮屠氏岁入厚于齐民。民勤瘁节缩，仅给伏腊；而浮屠利田宅、美衣食。故中人以下之产，为子孙计，往往逃儒归释。”④汪应辰说：“闽中地狭民稠，常产有限。生齿既滋，家有三丁，率一人或二人舍俗入寺观。所以近来出卖度牒，本路比之他处率先办集。”“诸路出卖度牒，惟福建一路为多。”⑤

宋代是四川佛教的繁荣时期。峨眉山是四川地区的佛教中心，早在唐代就有“菩萨在蜀”⑥的说法。号称“西南大都会”的成都，“佛寺最胜”⑦。北宋中后期，当地僧人约有一万人⑧。城内大圣慈寺与开封大相国寺相似，是一座由“九十六院”构成的佛教大寺院群，“阁殿塔厅堂房廊，无虑八千五百二十四间”。这是南宋境内最大的寺院。宋孝宗时，王质曾有“寺无袤于大慈”的感叹⑨。成都府之下，佛寺较多的地区当数简州。简州人李石曾夸耀说：“西州佛事，简为盛。简之诸邑，各以佛祠宇相夸。”⑩

宋代江西佛寺多达912所（其中赐寺院232所），僧尼人数达三万余人，居于全国第四位。庐山是闻名全国的佛教名山，禅宗、净土宗深入当地民众心中。袁州大仰山慧寂（814—890）是沩仰宗的创立者之一，袁州、瑞州一带深受其影响。袁州宜春的方会（992—1046）创立了杨岐派，江西信州的慧南（1002—1069）于江西洪州黄龙山创立了黄

① 〔宋〕韩元吉：《南涧甲乙稿》卷一五《建安白云山崇梵禅寺罗汉堂记》，文渊阁《四库全书》本。

② 〔宋〕吴潜：《宋特进左丞相许国公奏议》卷二《奏论计亩官会一贯有九害》，《续修四库全书》本。

③ 〔宋〕章如愚：《群书考索（后集）》卷六三《财用门·鬻僧类》，文渊阁《四库全书》本。

④ 〔宋〕魏了翁：《鹤山集》卷八〇《孙武义墓志铭》，文渊阁《四库全书》本。

⑤ 〔宋〕汪应辰：《文定集》卷一三《请免卖寺观趱剩田书·小贴子》，《丛书集成初编》本，中华书局1985年版，第3册，第147页。

⑥ 李浦《通泉县灵鹫佛宇记》载：“出梓城百三十里，山开而川长……其初有头陀僧选而居焉。……蜀民为商者，行及太原，北上五台山，求见大菩萨。众坚莫能致。有老人出，曰：‘菩萨在蜀，尔弗见耶？奚远迹吾山焉！’”（董诰等编：《全唐文》，上海古籍出版社1990年版，第3821页）

⑦ 〔宋〕苏辙：《栾城集·栾城应诏集》拾遗《大圣慈大悲圆通阁记》，上海古籍出版社1987年版，下册，第1738页。

⑧ 〔宋〕苏轼：《苏轼文集》卷一五《宝月大师塔铭》：“其同门友文雅大师惟庆为成都僧，统所治万余人。”中华书局1986年版，第2册，第467页。

⑨ 〔宋〕王质：《雪山集》卷五《西征丛记序》，文渊阁《四库全书》本。

⑩ 〔宋〕李石：《方舟集》卷一一《安乐院飞轮藏记》，文渊阁《四库全书》本。

龙派。①

大足宋代佛像石刻

(二)盛行不衰信巫祈鬼风俗

两宋时期,南方地区传统的信巫祈鬼风俗仍然盛行不衰。蔡绦说:“南俗尚鬼。”②梅尧臣说:“南方尚鬼其俗婾……邑人祠鬼拜古树。”③陈淳说:“南人好尚淫祀。”④洪迈《夷坚志》载:“大江以南地多山,而俗禨鬼,其神怪甚佹异,多依岩石树木为丛祠,村村有之。”⑤从宋人的文献记载来看,信巫祈鬼之俗盛行于整个南方地区。

文化发达的两浙地区,“越俗素重鬼”⑥。田锡说:“江南岁多不稔,农鲜服勤,信卜筮而佞鬼神,弃耕桑而从网罟。是以民无土著,家无积储。”⑦以巫为医、以巫代医的行为,在两浙地区非常盛行。史载:“江浙之间,此风尤炽。一有疾病,唯妖巫之言是听。亲族邻里不相问劳,且曰此神所不喜。”⑧洪迈说:“江浙之俗信巫鬼,相传人死则其魄复还,以其日测之,某日当至,则尽室出避于外,名为避放。命壮仆或僧守其庐,布灰于地,明日,视其迹,云受生为人为异物矣。”⑨又说:“吴楚之地,俗尚巫师,事无吉凶,必虑禁忌。然亦时有而效验者。如居舍修营,或于比近改作,必尽室迁避,谓之出宫。最所畏者金神七煞之

① 刘锡涛:《宋代江西文化地理研究》,陕西师范大学博士学位论文,2001年,第112—113页。

② 〔宋〕蔡绦:《铁围山丛谈》卷二,中华书局1983年版,第34页。

③ 〔宋〕梅尧臣著、朱东润编年校注:《梅尧臣集编年校注》卷一八《送张太博通判袁州》,上海古籍出版社1980年版,中册,第432页。

④ 〔宋〕陈淳:《北溪大全集》,文渊阁《四库全书》本,上海古籍出版社1987年,第1168册,第851页。

⑤ 〔宋〕洪迈:《夷坚志·丁志》卷一九《江南木客》,中华书局1981年,第695页。

⑥ 〔宋〕梅尧臣著、朱东润编年校注:《梅尧臣集编年校注》卷二三《重送杨明叔》,上海古籍出版社1980年版,中册,第699页。

⑦ 〔宋〕田锡:《咸平集》卷三〇《太平令贾昭伟》,中华书局2008年版,第367页。

⑧ (清)徐松辑:《宋会要辑稿》刑法二之一五二,中华书局1957年版,第7册,第6571页。

⑨ 〔宋〕洪迈:《夷坚志·乙志》卷一九《韩氏放鬼》,中华书局1981年版,第1册,第352页。

类，各视其名数以禳之。俟家人出竟，乃诵咒施法，用七鸭卵从外掷之堂中，视其在亡，以应占诀。"①而严州之民更是"喜事鬼神，竭力费财，奔走道路"②。另据庄绰《鸡肋编》载：

事魔食菜……云自福建流至温州，遂及二浙。睦州方腊之乱，其徒处处相煽而起。闻其法：断荤酒，不事神佛祖先，不会宾客。死则裸葬，方殓，尽饰衣冠，其徒使二人坐于尸傍，其一问曰："来时有冠否?"则答曰："无。"遂去其冠，逐一去之，以至于尽。乃曰："来时何有?"曰："有胞衣。"则以布囊盛尸焉。云事之后致富。小人无识，不知绝酒肉燕祭厚葬，自能积财也。又始投其党，有甚贫者，众率财以助，积微以至于小康矣。③

由于这里的巫风特盛，因此早在淳化三年(992 年)宋太宗就针对两浙路这一特定区域颁布了明令禁止巫师治病的法令："两浙诸州先有衣绯裙、中单，执刀吹角称治病巫者，并严加禁断，吏谨捕之。犯者以造妖惑众论，置于法。"④

在江西，"洪之风俗，右鬼尚巫，所居设坛场，陈旗帜，依神以卜祸福，病者则屏去，亲爱死于饥渴，则规罔寡，惟其意所出"⑤。天圣元年(1023 年)十一月八日，户部郎中、洪州知州夏竦，在给仁宗皇帝的奏议中详细叙述了当地百姓迷信巫术的情况：

……窃以当州，东引七闽，南控百粤。编氓右鬼，旧俗尚巫。在汉栾巴，已当剪理，爰从近岁，传习滋多。假托禨祥，愚弄黎庶。剿绝性命，规取货财。皆于所居，塑画魅魑，陈列幡帜，鸣击鼓角，谓之"神坛"。婴孺襁褓，已令寄育，字曰"坛留""坛保"之类。及其稍长，则转习妖法，驱为童隶。民之有病，则门施符术，禁绝往来，斥远至亲，屏去便物。家人营药，则曰"神不许服"。病者欲饭，则云"神未听飧"。率令疫人，死于饥渴。洎至亡者服用，又言余祟所凭，人不敢留，规以自入。若幸而获免，家之所资，假神而言，无求不可。其间有孤子单族，首面幼妻，或绝户以图财，或害夫而纳妇。浸淫既久，习熟为常。民被非辜，了不为怪。奉之愈谨，信之愈深。从其言甚于典章，畏其威重于官吏。奇神异像，图绘岁增，邪箓妖符，传写日多。小则鸡豕致祀，敛以还家；大则歌舞聚人，食其

① 〔宋〕洪迈：《夷坚志·支庚》卷六《金神七煞》，中华书局 1981 年版，第 3 册，第 1185 页。

② 〔宋〕高斯得：《耻堂存稿》卷五《严州劝农文》，《丛书集成初编》本，中华书局 1985 年版，第 100 页。

③ 〔宋〕庄绰：《鸡肋编》卷上，中华书局 1983 年版，第 11 页。

④ 〔清〕徐松辑：《宋会要辑稿》刑法二之五，中华书局 1957 年版，第 7 册，第 6498 页。

⑤ 〔宋〕王珪：《华阳集》卷三五《夏文庄公竦神道碑铭》，《丛书集成初编》本，中华书局 1985 年版，第 5 册，第 450 页。

余胙。婚葬出处，动必求师。劫盗斗争，行须作水。蛀耗衣食，眩惑里闾……①

这一奏议详列了奸巫驱役幼童、拒绝医药、吞没财物、骗奸妇女、勾结盗贼等恶迹。刘彝知虔州，“虔州（治今赣州市）地近岭下，偏在东南，阳气多而节候偏，其民多疫，民俗不知医，因信巫祈鬼。乃集医作正俗方专论伤寒之疾”。于是，刘彝“尽籍管下巫师，得三千七百余人，勒之各授方一本，以医为业”②。朱熹说：“风俗尚鬼，如新安等处，朝夕如在鬼窟。”③

在荆湖南北路，“民尚淫祀，疾病不疗治，听命于巫”④。据史载：“楚俗信巫不信医，自三代以来为然，今为甚。凡疾，不计久近浅深，药一入口不效，即屏去；至于巫，反复十数不效，不悔，且引咎痛自责，殚其财，竭其力，卒不效且死，乃交责之曰：是医之误而用巫之晚也，终不一语加咎巫。”⑤胡颖说：“楚之俗实深知之。盖自屈原赋《离骚》，而《九歌》之作，辞旨已流于神怪。其俗信鬼而好祀，不知几千百年。于此沉酣入骨髓而不可解者，岂独庸人孺子哉！虽吾党之士，求其能卓然不惑者，亦百无一二矣。”⑥黄庭坚说：“江汉之俗多禨鬼，故其民尊巫而淫祀，虽郡异而县不同，其大略不外是矣。”⑦陈淳说：“湖南风俗，淫祀尤炽，多用人祭鬼，或村民裒钱买人以祭，或捉行路人以祭。”⑧范西堂说：“楚之为俗，荒于巫风，久其日矣，牢不可破”；“昏淫之鬼，散在荆楚，习尚尤甚”⑨。洪迈也说：“杀人祭祀之奸，湖北最甚，其鬼名曰棱睁神。得官员士秀，谓之聪明人，一可当三；师僧道士，谓之修行人，一可当二；此外妇人及小儿，则一而已。”⑩

在淮南及江东地区，百姓亦是信鬼崇巫。苏轼说：“江淮间俗尚鬼。岁正月，必衣服箕帚为子姑神，或能数数画字。”⑪如“徽俗崇尚淫祠”⑫。寿州（治今安徽凤台）“家巫史，

---

① 〔宋〕夏竦：《洪州请断袄巫》，《宋文鉴》卷四三，中华书局1992年版，上册，第652页。又，《宋史》卷二八三《夏竦传》：“洪俗尚鬼，多巫觋惑民，竦索部中得金千余家，敕还农业，毁其淫祠以闻。诏江浙以南悉禁绝之。”中华书局1977年版，第27册，第9571页。

② 〔宋〕曾敏行：《独醒杂志》卷三，上海古籍出版社1986年版，第28页。

③ 〔宋〕黎靖德编：《朱子语类》，中华书局1986年版，第53页。

④ 〔宋〕李焘：《续资治通鉴长编》卷二四，太平兴国八年是岁条，第567页。

⑤ 〔元〕揭傒斯：《文安集》卷八《赠医氏汤伯高序》，文渊阁《四库全书》本，上海古籍出版社1987年影印本，第1208册，第218页。

⑥ 〔宋〕胡颖：《不为刘舍人庙保奏加封》，见《名公书判清明集》卷一四，中华书局1987年版，下册，第540页。

⑦ 〔宋〕黄庭坚：《山谷集》卷一《江西道院赋》，文渊阁《四库全书》本。

⑧ 〔宋〕陈淳：《北溪字义》卷下《鬼神》，中华书局1983年版，第65页。

⑨ 〔宋〕范西堂：《宁乡段七八起立怪祠》，见《名公书判清明集》卷一四，中华书局1987年版，下册，第544—545页。

⑩ 〔宋〕洪迈：《夷坚三志壬》卷四《湖北棱睁鬼》，中华书局1981年版，第4册，第1497—1498页。

⑪ 〔宋〕苏轼：《苏轼文集》卷一二《天篆记》，中华书局1986年版，第2册，第407页。

⑫ 〔元〕脱脱：《宋史》卷三七九《李稙传》，中华书局1977年版，第33册，第11702页。

重淫祀，性躁气果，纪之史志。谂于方俗，逮今犹然”①。《宋史》卷二八七《王嗣宗传》说：“扬、楚间有窄家神庙，民有疾不饵药，但竭财致祀以徼福。”南宋朱熹记其家乡风俗曰：“风俗尚鬼，如新安等处，朝夕如在鬼窟。某一番归乡里，有所谓五通庙，最灵怪。众人捧拥，谓祸福立见。居民才出门，便带纸片入庙，祈祝而后行。士人之过者，必以名纸称‘门生某人谒庙’。”②

在福建，人们同样好鬼尚巫。陆游说：“闽之风俗，祭祀报祈，比他郡国最谨。以故祠庙之盛，甲于四方。斧斤丹垩，靡有遗巧，重门杰阁，焕然相望。”③南宋末年王应麟对建州的风俗有一概说：“建俗禨鬼，恶少身殉淫祠，愚氓神事之。”④

四川地区在宋代也弥漫着巫风鬼气，宋人石介曾言：“蜀人生西偏，不得天地中正之气，多信鬼巫妖诞之说。”⑤“蜀民尚淫祀，病不疗治，听于巫觋”⑥。北宋时，成都转运使赵抃向朝廷奏报：“所部诸州，每年有游惰不逞之民，以祭赛鬼神为名，敛求钱物。一坊巷至聚三二百人，作将军、曹吏、牙直之号，执枪刀、旗幡、队仗，及以女人为男子衣，或男子衣妇人衣，导以音乐百戏，三四夜往来不绝。虽已揭榜禁约，然远方风俗相沿，恐难骤止。”⑦巴州，“俗尚鬼而废医，惟巫言是用，虽父母之疾，皆弃去弗视”⑧。广安军（治今广安县）“俗信巫，疾病不加医药”⑨。万州（治今四川万县）“风俗朴野，尚鬼信巫”⑩。而“涪陵之民尤尚鬼俗”⑪。在夔峡地区还流行集体祭鬼的活动。《邵氏闻见后录》卷一九载：“夔峡之人，岁正月十百为曹，设牲酒于田间，已而众操兵大噪，谓之养乌鬼。长老言：地近乌蛮战场，多与人为厉，用以禳之。”

“岭南风俗，病者祷神不服药”⑫，“杀人祭鬼”⑬。曾敏行《独醒杂志》说：“广南风土不

① 〔宋〕宋祁：《景文集》卷四六《寿州风俗记》，文渊阁《四库全书》本。

② 〔宋〕黎靖德编：《朱子语类》卷三《鬼神》，中华书局1986年版，第1册，第53页。

③ 〔宋〕陆游：《渭南文集》卷二四《福州城隍昭利东岳庙祈雨文》，《陆游集》，中华书局1976年版，第5册，第3207页。

④ 〔宋〕王应麟：《四明文献集》卷五《故观文殿学士正奉大夫史宇之墓志铭》，中华书局2010年版，第239页。

⑤ 〔宋〕石介：《徂徕集》，文渊阁《四库全书》本，上海古籍出版社1987年，第1090册，第242页。

⑥ 〔元〕脱脱：《宋史》卷二六七《李惟清传》，中华书局1977年版，第26册，第9216页。

⑦ 〔宋〕李焘：《续资治通鉴长编》卷一九二，仁宗嘉祐五年十二月壬申，第4653页。

⑧ 〔宋〕程颢、程颐：《河南程氏文集》卷四《华阴侯先生墓志铭》，《二程集》，中华书局1981年版，第2册，第504页。

⑨ 〔宋〕范镇：《东斋记事》卷四，文渊阁《四库全书》本。

⑩ 〔宋〕祝穆撰、祝洙增订：《方舆胜览》卷五九《万州·风俗》，中华书局2003年版，下册，第1043页。

⑪ 〔元〕脱脱：《宋史》卷八九《地理志五》，中华书局1977年版，第7册，第2230页。

⑫ 〔元〕脱脱：《宋史》卷二八四《陈尧叟传》，中华书局1977年版，第27册，第9584页。

⑬ 〔宋〕李焘：《续资治通鉴长编》卷二六，雍熙二年九月乙未，第599页。

佳，人多死于瘴疠。其俗又好巫尚鬼，疾病不进药饵，惟与巫祝从事，至死而后已。”①如“邕州（治今广西南宁市）俗重祠祭，被病者不敢治疗，但益杀鸡豚，徼福于淫昏之鬼”②。在广西钦州一带，百姓们则最怕家鬼。所谓家鬼，就是祖先。周去非《岭外代答》载：“村家入门之右，必为小巷。升当小巷右壁，穴隙方二三寸，名曰鬼路，言祖考自此出入也。人入其门，必戒以不宜立鬼路之侧，恐妨家鬼出入”；“城中居民于厅事上置香火，别自堂屋开小门以通街”。故此，新媳妇进门拜一次家鬼之后，就再也不敢进入厅堂了。据说，如果进了厅堂，那家鬼就“必击杀之”。因此，当地只有“主妇无夫者乃得至厅”③。而在广东南部的钦、廉一带，“子未娶而死，则束矛为妇于郊，备鼓乐迎归而以合葬，谓之‘迎茅娘’”。这种冥婚，其殇男所求娶的对象为束扎成年轻女子模样的茅草人，在举行仪式后，再按夫妻名分合葬。④

今贵州地区同样笼罩在巫风鬼气之下。例珍州（治今贵州正安东北），“其俗以射猎山伐为业，信巫鬼，重淫祝，好诅盟，外痴内黠，安土重旧”。⑤

第六节　辉煌的文化成就

两宋文化在哲学、史学、文学艺术、科学技术等领域都达到了前所未有的高度，在各个领域都涌现了一批杰出人物，在中国文化发展史上起着十分重要的作用。正如明人徐有贞所指出的：“宋有天下三百载，视汉唐疆域之广不及，而人才之盛过之。”⑥近人王国维总结宋代学术思想方面时说：

> 宋代学术，方面最多，进步亦最著。其在哲学，始则有刘敞、欧阳修等脱汉唐旧注之桎梏，以新意说经。后乃有周、程、张、邵、朱诸大家，蔚为有宋一代之哲学……考证之学，亦至宋而大盛。故天水一朝人智之活动，与文化之多方面，前之汉、唐，后之元、明，势所不逮也。近世学术，多发端于宋人，如金石学亦宋人所创学术之一。⑦

① 〔宋〕曾敏行：《独醒杂志》卷三，上海古籍出版社1986年版，第27页。

② 〔宋〕李焘：《续资治通鉴长编》卷一二，开宝四年十月戊寅，第271页。

③ 〔宋〕周去非：《岭外代答》卷一〇《家鬼》，上海远东出版社1996年版，第275页。

④ 〔宋〕周去非：《岭外代答》卷一〇《迎茅娘》，上海远东出版社1996年版，第268页。

⑤ 〔宋〕祝穆撰、祝洙增订：《方舆胜览》卷六一《珍州·风俗》，中华书局2003年版，下册，第1078页。

⑥ 〔明〕徐有贞：《重建文正书院记》，载《范仲淹全集·附录七》，四川大学出版社2002年版，第1196页。

⑦ 王国维：《宋代之金石学》，载《国学论丛》第1卷3号，1928年。

而作为两宋时期中华文化主流的长江文化，自然呈现出它那奔腾、恢宏的气派，趋于极盛。无论是学术思想的活跃、宗教的兴盛、文学艺术的繁荣、科学技术的进步等精神文明，还是文化层次的普及和深入、社会生活的丰富多彩等方面，都比过去有了长足的进步，达到了前所未有的程度。这是长江文化繁盛的时代，也是长江文化异彩焕发、光芒四射的时代。这在南宋时期体现得最为突出，日本有许多知名汉学家认为，南宋文化已经发展到了可与西欧近世都城相比的高度文明水平。借用宫崎市定的话，即相当于"东方文艺复兴"时期。① 而法国著名汉学家贾克·谢和耐(Prof. Jacques Gernet)更是对南宋文明做了全面而高度的评价："在蒙人入侵前夕，中国文明在许多方面正达灿烂的巅峰"；"十三世纪的中国，其现代化的程度是令人吃惊的：它独特的货币经济、纸钞、流通票据，高度发展的茶、盐企业，对外贸易的重要(丝绸、瓷器)，各地出产的专业化等等。国家掌握了许多货物的买卖，经由专卖制度和间接税，获得了国库的主要收入。在人民日常生活方面，艺术、娱乐、制度、工艺技术各方面，中国是当时世界首屈一指的国家，其自豪足以认为世界其他各地皆为化外之邦。"②旅居美国的著名华裔学者刘子健先生在《略论南宋的重要性》一文中也认为："中国近八百年来的文化，是以南宋为领导的模式，以江浙一带为重心。"③

一、科学与技术

宋代的科学技术，不仅处于中国古代史的高峰，而且在世界科技史上也居于前列。在数学、天文、历法、医学、建筑、生物、地学等诸多方面，宋人都创造了居于世界首位的科技成就，对人类文明做出了极其伟大的贡献。其中，中国古代的四大发明有三项产生和应用于宋代。1861 年，马克思对中国古代三大发明做出了极高的评价，他说：

> 火药、指南针、印刷术——这是预告资产阶级到来的三大发明。火药把骑士阶层炸得粉碎，指南针打开了世界市场并建立了殖民地；而印刷术则变成了新教的工具和科学复兴的手段，变成对精神发展创造必要前提的强大杠杆。④

英国著名的中国科技史家李约瑟也认为："对于科技史家来说，唐代不如宋代那样有意义，这两个朝代的气氛是不同的。唐代是人文主义的，而宋代较着重科学技术方面……

① 〔日〕宫崎市定：《东洋的文艺复兴与西洋的文艺复兴》，载《史林》第 25 卷第 4 期、第 26 卷第 1 期，1940 年、1941 年。

② 〔法〕贾克·谢和耐著、马德程译：《南宋社会生活史·序言》，台北中国文化大学出版部 1982 年印行，第 5 页。

③ 刘子健：《两宋史研究汇编》，台湾联经出版事业公司 1988 年版，第 80 页。

④ 〔德〕马克思：《机器·自然力和科学的应用》，见《马克思恩格斯全集》，人民出版社 1978 年版，第 67 页。

每当人们在中国的文献中查找一种具体的科技史料时，往往会发现它的焦点在宋代，不管在应用科学方面或纯粹科学方面都是如此。”①

在宋代科学技术的辉煌成就中，长江流域的科学家创造了许多世界性的科技成就，做出了重要的贡献。

（一）“中国整部科学史中最卓越的人物”——沈括

沈括（1032—1096）②，字存中，北宋钱塘（今浙江杭州）人，是我国历史上数一数二的大科学家。《宋史·沈括传》说他“博学善文，于天文、方志、律历、音乐、医药、卜算无所不能，皆有所论著”。他一生论著极多，仅《宋史·艺文志》所录就有22种155卷。其中《梦溪笔谈》是他的代表作，英国著名的科技史家李约瑟先生在所著的巨著《中国科学技术史》中将其誉称为“中国科学史上的里程碑”③。

沈括像

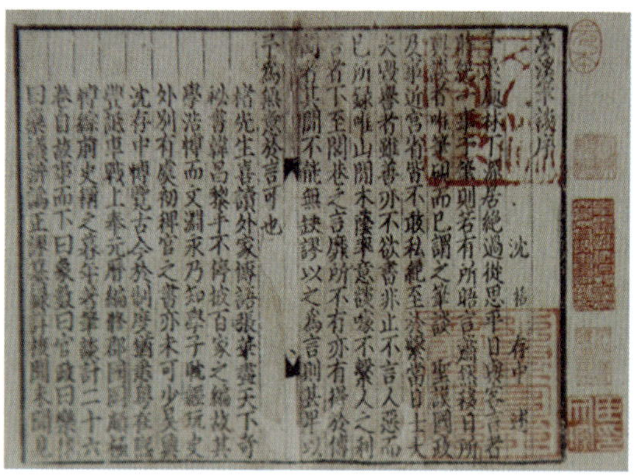

元大德九年陈仁子东山书院刻本沈括《梦溪笔谈》

《梦溪笔谈》共有30卷，其中正编26卷，《补笔谈》3卷，《续笔谈》1卷，全书合计609条。其中属于科学技术的条文约有255条，内容涉及数学、物理学、化学、天文学、历法学、地理学、地质学、气象学、生物学、建筑学、医药学、水利学、冶金学和工艺技术等广阔的领域。

在数学上，沈括首创了隙积术和会圆术。“隙积术”是求解垛积问题，属于高阶等差级数求和问题。对此，沈括在书中曾用累棋、层坛和酒家积罂的例子创立了一个正确的求解公式，并开辟了一个数学研究的新方向④。而“会圆术”是我国古代数学史上第一个由弦和矢的长度求弧长的比较简单实用的近似公式。它的创立，不仅促进了平面几何学

① 〔英〕李约瑟：《中国科学技术史》第1卷《导论》（中译本），科学出版社1990年版。

② 徐规：《沈括事迹编年》，见《宋史研究集刊》第5集，浙江古籍出版社1988年版。

③ 〔英〕李约瑟：《中国科学技术史》第1卷《导论》，科学出版社1990年版。

④ 杜石然等：《中国科学技术史稿》，科学出版社1985年版，下册，第28页。

的发展，而且在天文计算中也起了重要的作用。

在物理学上，沈括发现了磁针“常微偏东，不全南也”的现象，成为世界上最早发现地磁偏角的人，这比西欧的最早记录要早400年左右。他利用纸人所做的共振现象演示实验，也比欧洲人所做的类似用纸注游码的实验要早好几个世纪。他在《梦溪忘怀录》“药井”条中指出，用磁石投在狭小的深井中，制磁化水以供药用，这是我国古代应用磁化水较早的记载。他还曾认真地做过针孔成像、凹面镜成像等的实验，均得到了较前人进一步的研究成果，对后世产生了较大的影响。他对我国古代光学杰作透光镜的观测和研究，对后世很有启发。他对虹和太阳位置的观察记录，也合乎科学原理。他对指南针的研究和记录，更是弥足珍贵。

在化学上，沈括利用石油不容易完全燃烧而生成炭黑的特点，首先创造了用石油炭黑代替松木炭黑制造烟墨的工艺。他还首次提出了“石油”这一科学命名，并预言“此物后必大行于世”。

在地学方面，沈括最早对我国华北大平原的成因做了科学的解释，认为是因泥沙淤积而成。他还在察访雁荡山诸峰地貌景观后，明确提出了流水侵蚀作用的自然成因说。竺可桢说：“在我国11世纪时，而有此种见解，可称卓识。”①此外，沈括在奉使按边时所作的“木图”，是我国地图学史上木质地形模型图的第一次明确记载，比西欧要早700余年。他奉命编修的《守令图》，是我国制图史上的巨作。另据研究，宋代著名的《禹迹图》可能就是沈括绘制的。

在天文学方面，沈括提举司天监时所作的《浑仪议》《浮漏议》和《景表议》等，是中国古代天文学史上的重要文献。他首创的《十二气历》，与今日世界各国通用的阳历法不谋而合。从20世纪30年代开始，英国气象局统计农业气候和生产所用的《萧伯纳历》，就是采取和沈括《十二气历》设想相同的一种历法。他对黄道与白道交点后退的度数推算，与现代天文学的研究成果极其相似，是十分惊人的成就。他对浑仪等天文仪器的改革，更为中国古代天文仪器的发展开辟了新的途径。后来元代著名科学家郭守敬于元世祖至元十三年(1276年)创制的新式测天仪器——简仪，就是在他的研究基础上产生的。

在水利学方面，沈括在1072年主持汴河水利工程时所作的“分层筑堰法”，是世界水利史上的一大创举。

在生物医药学方面，沈括对动植物的地理分布、形态描述和分类，生物的生理、生态现象，药物和药理作用，生物防治，人体解剖生理学，古生物学等做了大量的科学记录。《苏沈良方》中“秋石方”的记载，更为我们留下了迄今为止世界上最早提取性激素(性荷

① 《竺可桢文集》，科学出版社1979年版，第73页。

尔蒙)制剂的方法。美国专家认为:“中国人在好几百年以前就已勾画出 20 世纪优秀甾体化学家们在 20 到 30 年代所取得的成就。”李约瑟教授和鲁桂珍博士将其视为一个我们自己时代的自觉的生物化学的辉煌的和有胆量的先行工作①。另外,《梦溪笔谈》中所载的生物除莠方法、脱果涩法等,在生物医药学上也有重大的影响。

在工程技术方面,沈括为我们详细记载了当时的科技成就,如喻皓的《木经》和建筑技巧、毕昇的活字印刷、水工高超巧合龙门的三埽施工法、苏州昆山浅水中筑堤法、水法炼铜法、磁针装置四法、冷锻瘊子甲和灌钢技术、淮南漕渠的复闸等等。此外,沈括还对历史文献上所载的汉代弩机进行了实验和研究,并科学地解释了弩机的原理和功能。他对制弓术、夹镜等也颇有研究,并做出了科学的解释。

最后应该指出的是,沈括能够取得这么大的成就,同他所处时代科学技术的发展状况以及他本人重视实践和创造发明等科学思想密切相关②。

(二)印刷术

两宋时期,是我国古代雕版印刷业全面发展的时期,雕版印刷有了突飞猛进的发展。长江流域对此做出了重大的贡献,具体体现在以下几个方面:

1. 毕昇发明活字印刷术

北宋庆历年间(1041—1048)杭州布衣毕昇(约 990—1051)发明的活字印刷术,更是印刷技术史上的一次伟大革命,被列入中国古代四大发明。

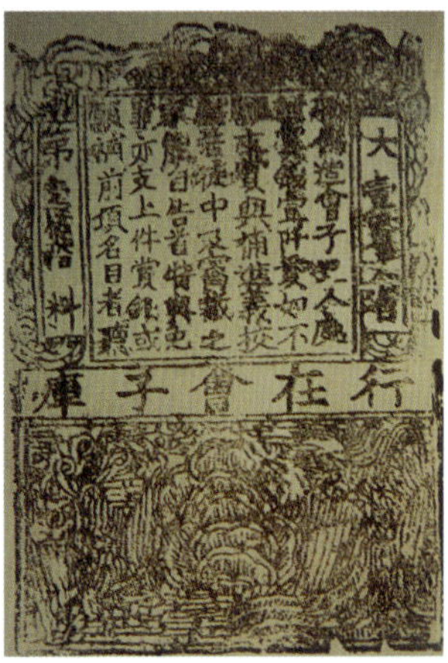

南宋都城临安府印刷发行的纸币——会子

南宋关子版③

中国印刷博物馆内的毕昇塑像

① 孟乃昌:《秋石试议》,载《自然科学史研究》第 1 卷第 4 期,1982 年版。

② 王锦光、闻人军:《沈括的科学成就与贡献》,见《沈括研究》,浙江人民出版社 1985 年版;杜石然等:《中国科学技术史稿》,科学出版社 1985 年版,下册。

③ 选自安徽博物院编《江淮撷珍》,文物出版社 2013 年版。

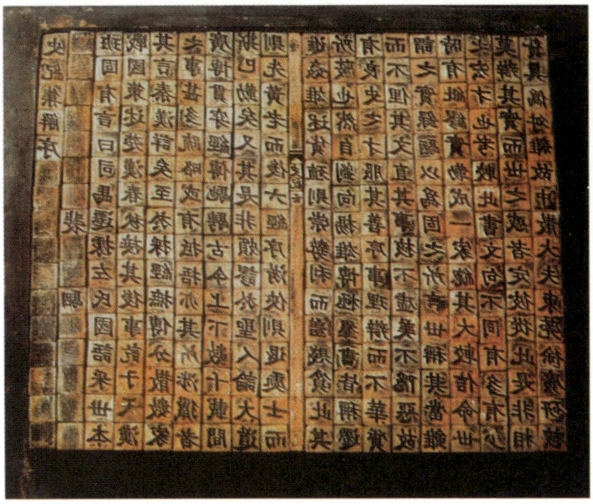

泥活字印模①

关于毕昇的发明，沈括在《梦溪笔谈》中做了如下的记载：

版印书籍，唐人尚未盛为之。自冯瀛王始印"五经"，已后典籍，皆为版本。庆历中，有布衣毕昇，又为活板。其法用胶泥刻字，薄如钱唇，每字为一印，火烧令坚。先设一铁板，其上以松脂腊和纸灰之类冒之。欲印则以一铁范置铁板上，乃密布字印，满铁范为一板，持就火炀之。药稍熔，则以一平板按其面，则字平如砥。若止印三二本，未为简易；若印数十百千本，则极为神速。常作二铁板，一板印刷，一板已自布字，此印者才毕，则第二板已具。更互用之，瞬息可就。每一字皆有数印，如"之""也"等字，每字有二十余印，以备一板内有重复者……昇死，其印为予群从所得，至今宝藏。②

从以上的文献记载来看，毕昇活字印刷术的基本原理已与现代盛行的铅字排印方法完全相似。因此，他的发明不但给长江文化的发展和传播带来了极大的方便，而且影响到整个中国和世界，影响到世界的文明和进步。它是中国长江流域劳动人民对世界文化的卓越贡献。

到南宋时，南方开始推广使用活字印刷术。光宗绍熙四年(1193 年)，庐陵周必大(1126—1204)使用泥活字印刷自著的《玉堂杂记》，应是目前世界上有文字记载的第一部活字印本。此事在周必大潭州(今湖南长沙)知州任上写给好友程元成的信中有载：

某素号浅拙，老益谬悠，兼之心气时作，久置斯事。近见沈存中法，以胶泥

① 选自吕济民主编《古籍善本》上册，线装书局 2006 年版。

② 〔宋〕沈括：《梦溪笔谈》卷一八《技艺》，胡道静：《新校正梦溪笔谈》，中华书局香港分局 1975 年版，第 184 页。

铜板,移换摹印,今日偶成《玉堂杂记》二十八事,首恩台览……①

文中"沈存中"法,即沈括所介绍的毕昇活字法。字以胶泥制成,胶着于铜版上,在印上一页的同时排下一页的版,所以叫作"移换摹印"。所印《玉堂杂记》一书,即是今天我们所知道的第一部活字版图书。由此可以看出,南宋中期就有人根据沈括的《梦溪笔谈》中所载的毕昇胶泥活版印刷书籍,这不能不说是对毕昇活字印刷术的重大发展。② 同时,南宋还使用铜版印刷。据文献记载,南宋政府曾用铜版来印刷纸币"会子"。这种会子铜版,至今尚有实物遗存。其版式为长方形,上部右边为金额(大一贯文省),左边为料号,当中是赏格。赏格下面横列"行在会子库"五字,再下面则为花纹图案。另外,马端临《文献通考》中也有两处铜版印刷的记载。③

2. 在过去蝴蝶装的书籍的基础上出现了"包背装"

所谓包背装,就是将印好的书页以无字的背面为准进行对折,然后一页页按顺序叠起来,版心向外,另一侧则是折叠在一起的书页左右两边版框外的余幅。先在余幅处的相应位置打眼,然后用纸捻穿过这些眼孔将其订起来,裁齐后用较硬的厚纸对折后将其夹在中间,在书脊处涂抹糨糊将两者粘连形成一册书。这种装订方法是对蝴蝶装的改进,一方面避免了书页脱落,另一方面也便利了阅读,因为无字的背面已经折起来,所看到的都是有文字的部分。这种"包背装"而成的书籍,就是现在依然能够见到的线装书的雏形。这一改进的出现,一是因为它更便利于使用,二是由于南宋时期大量使用廉价的竹纸而不是皮纸印书,"竹纸拉力差,不适宜于卷轴,竹纸印刷与线装印本的出现有互为因果的关系"。④

3. 防伪等印刷技术的运用

防伪等印刷技术主要运用在宋代的交子上。交子作为一种流行非常广的纸币,需要有高超的印刷技术作为基础。据宋代李攸《宋朝事实》所载,交子的开始形态是:"同用一色纸印造,印文用屋木人物,铺户押字,各自隐密题号,朱墨间错"⑤,即在交子上套印有各种复杂的图案,并且还有防伪标记。而其"朱墨间错",更是开世界彩色套印的先河,在印

① 〔宋〕周必大:《文忠集》卷一九八《程元成给事》,文渊阁《四库全书》本。

② 黄宽重:《南宋活字印刷史料及其相关问题》,载台湾《历史语言所集刊》第 55 本(1985 年),第 133—138 页。

③ 燕义权:《铜版和套色版印刷的发明与发展》,载《中国科学技术发明和科技人物论集》,三联书店 1955 年版。

④ 王菊华等:《中国古代造纸工程技术史》,科学出版社 2006 年版,第 262 页;葛金芳:《南宋手工业史》,上海古籍出版社 2008 年版,第 255 页。

⑤ 〔宋〕李攸:《宋朝事实》卷一五《财用》,《丛书集成初编》本,中华书局 1985 年版,第 3 册,第 232 页。

刷史上也是一件重大事件。交子务设立后，有“掌典十人，贴书六十九人，印匠八十一人，雕匠六人，铸匠三人，杂役一十二人”，已形成大型的纸币印制工场，“所铸印凡六：曰敕字，曰大料例，曰年限，曰背印，皆以墨；曰青面，以蓝；曰红团，以朱。六印皆饰以花纹，红团、背印则以故事。”①我们可以设想，如果当时没有发达的造纸和印刷技术作为保障，交子是无法广为流行的。

(三)火药与火器

火药是我国古代四大发明之一。对此，长江流域人民做出了重大贡献。据文献记载，火药和火药武器早在北宋时期就已经开始大量使用，如冯继昇的火箭法，唐福、石普所制的火球、火蒺藜、火箭，以及《武经总要》中三个火药方子的记录等等，都足以证明。但中国古代火药和火药武器的大规模使用和推广，却始自南宋时期的长江流域。

首先是南宋管形火器的出现，是世界兵器史上十分重要的大事。绍兴二年(1132 年)，陈规守德安(湖北安陆)时，曾发明用长竹竿制枪筒以喷射火焰的“火枪二十余条”，②这可以说是世界上最早出现的原始管形火器。近代的枪炮就是在这种原始的管形火器基础上一步步发展起来的。此后，南宋人又发明了“突火枪”。宋理宗开庆元年(1259 年)，寿春府(今安徽寿县)“又造突火枪，以钜竹为筒，内安子窠，如烧放，焰绝，然后子窠发出，如炮声，远闻百五十余步”③。“子窠”即是弹丸，近代枪炮就是从这类管形火器发展起来的。这可以说是世界上最早运用射击原理制成的管形设计火器，具有了身管、火药、子窠三个基本要素，堪称世界火药枪炮之祖。

宋代寿春府发明的突火枪

其次，南宋还广泛使用威力巨大的火箭及火炮作战。火器在当时的军演中已经广泛使用了。如《梦粱录》卷四《观潮》载：

> 且帅府节制水军，教阅水阵，统制部押于潮未来时，下水打阵展旗，百端呈拽，又于水中动鼓吹，前面导引，后抬将官于水面，舟楫分布左右，旗帜满船，上竿舞枪飞箭，分列交战，试炮放烟，捷追敌舟，火箭群下，烧毁成功，鸣锣放教，赐犒等差。

火药武器在战争中也可见到，如：南宋初年，宋军在洞庭湖与杨幺义军作战，船上装

① 〔元〕费著：《楮币谱》，《全蜀艺文志》卷五七，线装书局 2003 年版，第 1702 页。
② 〔宋〕陈规：《守城录》卷四《李横寇德安六十五日引去》，文渊阁《四库全书》本。
③ 《宋史》卷一九七《兵十一·器甲之制》，中华书局 1977 年版，第 14 册，第 4924 页。

有灰炮，“用极脆瓦罐，置毒药、石灰、铁蒺藜于其中，临阵以击贼船，灰飞如烟雾，贼兵不能开目”①。绍兴末年，抗金名将虞允文在阻击金军渡江的采石之战中也使用“霹雳炮”，曾给金兵以沉重的打击。所谓“灰炮”“霹雳炮”，乃用纸管、火药和石灰制成，主要靠石灰烟雾遮挡人们的视线。虽说爆炸性能不大，但较之北宋使用的“火箭”“火球”“火蒺藜”等燃烧型火器，其威力无疑已进了一大步。② 宋宁宗开禧二年(1206 年)赵淳守襄阳(今湖北襄樊)，使用了火药箭和霹雳炮。嘉定十四年(1221 年)，李诚之守蕲州(今湖北蕲春)，使用的火药武器有弩火箭、弓火箭、蒺藜火炮等，其中的蒺藜火炮是一种铁火炮。据赵与褣《辛巳泣蕲录》载，“其形如匏状而口小，用生铁铸成，厚有二寸”。这种炮点燃火线后用抛石机发射，然后产生剧烈的爆炸，从而具有相当的杀伤力，为当时最先进也是最厉害的一种武器。咸淳九年(1273 年)，沿边州郡“因降式制回回炮，有触类巧思，别置炮远出其上”，③可见其火炮的制作技术较前更为精进。此外，南宋还发明了一种铁火炮——震天雷。据《宋史・忠义传六》载：景炎二年(1277 年)，元军围邕州(今广西南宁)，钤辖娄某以二百五十人死守，誓不投降。在粮绝后，“娄乃令所部入拥一火炮然(燃)之，声如雷霆，震城土皆崩……火熄入视之，灰烬无遗矣”。无疑，这是一种威力极大的巨型火炮，它充分反映了南宋火器制造技术的巨大进步。

火炮不仅威力大，而且其数量也相当可观。南宋末年，朝廷还在荆州和建康设有火药兵器制作院。荆州作院每月能制作火炮一两千支；④建康的都作院则能在短短的两年多时间里制造出三万八千三百九十五件火药武器，并能制造大量的突火筒和十斤重的铁炮壳。⑤ 另外，宝祐五年(1257 年)，李曾伯《可斋续稿后集》中也提到“荆淮铁火炮有十数万只”之多。这些事例说明，宋代长江流域的火药和火药武器的制作已达到很高的水平。

第三，烟火技术的进步。据《武林旧事》记载，南宋都城临安的陈太保、夏岛子以制烟火著称，他们设计表演的有各色爆仗、烟火、起轮、走线、流星、水爆、地老鼠等。上元节，皇宫中及豪门富家大放烟火，其产品有“成架烟火”“烟火屏风”等之类。“至于爆仗，有为果子、人物等类不一。而殿司所进屏风，外画钟馗捕鬼之类，而内藏药线，一爇连百余不绝。”⑥而烟火地老鼠的技术含量更高，这是一种使用喷射推动的烟火。周密《齐东野语》一书曾对其有比较详细的记载：

① 〔宋〕陆游：《老学庵笔记》卷一，中华书局 1979 年版，第 2 页。

② 葛金芳：《南宋手工业史》，上海古籍出版社 2008 年版，第 121 页。

③ 《宋史》卷一九七《兵十一・器甲之制》，中华书局 1977 年版，第 14 册，第 4924 页。

④ 〔宋〕李曾伯：《可斋续稿》后集卷五《备具广南备御事宜奏》，文渊阁《四库全书》本。

⑤ 〔宋〕周应合：《景定建康志》卷三九《武卫志・军器》，《宋元方志丛刊》第 2 册，中华书局 1990 年版，第 1981 页。

⑥ 〔宋〕周密：《武林旧事》卷三《岁除》，浙江人民出版社 1984 年版，第 46—47 页。

穆陵初年，尝于上元日清燕殿排当，恭请恭圣太后。既而烧烟火于庭，有所谓地老鼠者，径至大母圣座下，大母为之惊惶，拂衣径起，意颇疑怒，为之罢宴。

穆陵恐甚，不自安，遂将排办巨珰陈询尽监系听命。黎明，穆陵至陈朝谢罪，且言内臣排办不谨，取自行遣。恭圣笑曰："终不成他特地来惊我，想是误耳，可以赦罪。"于是子母如初焉。①

除地老鼠外，起轮、走线等也都是喷射推动的烟火。由此可以推测，当时的火器制作技术已经非常成熟了。

(四)指南针的发明和实际应用

指南针，又称罗盘针，是一种利用磁铁的物理性质来确定方向的工具。早在战国时期，《韩非子·有度篇》里就有"先王立司南以端朝夕"的话，这"司南"便是指南针的始祖。这种实用的原始罗盘，在宋代已经颇为常见，多见于文献记载，如北宋中叶科学家沈括《梦溪笔谈》卷二四《杂志一》说：

方家以磁石磨针锋，则能指南。然常微偏东，不全南也。水浮多荡摇，指爪及碗唇上皆可为之，运转尤速，但坚滑易坠，不若缕悬为最善。其法取新纩中独茧缕，以芥子许蜡，缀于针腰，无风处悬之，则针常指南。其中有磨而指北者。予家指南北者皆有之。

沈括的记载告诉我们四项内容：①人工磁化是方家使用的技术。②指南针的磁化是用磁石与钢针的摩擦所造成的。③磁针指南有微偏东的磁偏角。④指南针装制技术上的四种方法的优缺点。书中，他还介绍了当时司南的四种装法，即"水浮法""碗唇旋定法""指甲旋定法"和"丝悬法"。②

稍后的寇宗奭则更是完善了水浮法，即将指南针穿在灯草心中，再浮于水面。③ 这种"浮针"再装在刻有二十四个方向的罗盘上，就成了世界上最早的"水罗盘"。宋代曾公亮《武经总要》前集卷一五对其作用和制作方法做了记载：

若遇天景曀霾，夜色暝黑，又不能辨方向，则当纵老马前行，令识道路，或出指南车或指南鱼，以辩方向。

鱼法以薄铁叶剪裁，长二寸，阔五分，首尾锐如鱼形，置炭火中烧之。候通赤，以铁钤钤鱼首出火，以尾正对子位，蘸水盆中，没尾数分则止，以密器收之。

① 〔宋〕周密：《齐东野语》卷一一《御宴烟火》，中华书局1983年版，第208页。

② 〔宋〕沈括：《梦溪笔谈》卷二四《杂志一》，胡道静：《新校正梦溪笔谈》，中华书局香港分局1975年版，第240页。

③ 〔宋〕寇宗奭：《本草衍义》卷五《磁石》，商务印书馆1957年重印本。

用时置水碗于无风处，平放鱼在水面令浮，其首常南向午也。

这种人工磁化的工艺方法是人们反复试验总结出来的，合乎科学道理。它的发明，在磁学和地磁学的发展史上是一件大事，并很快被应用于航海等事业。此后，南宋福建崇安人陈元靓在《事林广记》后集卷一一《器用类》中还介绍了一种当时流行的指南龟装置新法：

造指南鱼。以木刻鱼子，如拇指大，开腹一窍，陷好磁石一块子，却以臈添满，用针一半佥从鱼子口中钩入，令没放水中，自然指南，以手拨转，又复如初。

造指南龟。以木刻龟子一个，一如前法制造，但于尾边敲针入去；用小板子，上安以竹钉子，如箸尾大；龟腹下微陷一穴，安钉子上，拨转常指北。须是针尾后。

即将一块天然磁石安装在木刻的指南龟腹内，在木龟腹下挖一光滑的小穴，对准了放在顶端尖滑的竹钉子上。使支点处摩擦阻力很小，木龟便可自由转动以指南。这就是后来出现的旱罗盘的雏形①。现代科学表明，宋代人的制法是非常科学的。磁铁的磁性是按磁畴的规则排列而产生的，非磁性的磁畴，由于排列杂乱无章而不具有磁性。铁片烧红，其磁畴瓦解，在强大的地球磁场作用下，而成为顺磁体。铁片鱼投入水中，可以使磁畴的规则排列很快固定下来。鱼尾稍向下倾斜，是由于地球磁场的磁倾角作用，可以增大磁化的程度。这也说明了我国当时已在世界上首先发现了地球的磁倾角。这种人工磁化的方法，在欧洲是英国人吉尔伯特（William Gfilbert）在《磁石》一书中首先记载的，时间是1600年，比我国晚了五百多年。地磁倾角是由德国人哈特曼（George Hartmann）于1544年发现的。②

在宋代，罗盘已经较为普遍地使用在当时的航海活动中。成书于北宋末年的朱彧《萍洲可谈》和徐兢《宣和奉使高丽图经》两书就对此做了记载。朱彧《萍洲可谈》在述及其父朱服于北宋元符、崇宁年间（1098—1106）的广州见闻时说：“舟师识地理，夜则观星，昼则观日，阴晦观指南针……便知所至。”③这是中外科技史上公认的世界上关于航海罗盘的最早记载。稍后的徐兢在宣和五年（1123年）所著的《宣和奉使高丽图经》一书中再次证实了航海罗盘的运用：

舟行过蓬莱山之后……是夜，洋中不可住维，视星斗前迈。若晦冥，则用指南浮针，以揆南北。④

① 杜石然等：《中国科技史稿》下册，科学出版社1982年版，第11页。

② DunsheathAhistorynf Electrical Engineering（1962年）。

③ 〔宋〕朱彧：《萍洲可谈》卷二，上海古籍出版社1989年版，第26页。

④ 〔宋〕徐兢：《宣和奉使高丽图经》卷三四《半洋焦》，台北商务印书馆1971年版，第120页。

这两条都是世界上关于指南针应用于航海的最早记录，比 1180 年英国的奈出姆记载要早 60 多年。到南宋，指南针在航海中更是大展身手。赵汝适《诸蕃志》载："渺茫无际，天水一色，舟舶来往，惟以指南针为则，昼夜守视唯谨，毫厘之差，生死系矣。"①毫无疑问，这里所说的用来定向导航的"指南针"就是航海罗盘，如果没有航海罗盘上的指向分度，便无法做到"守视唯谨，毫厘不差"。此后，成书于咸淳年间的《梦粱录》卷一二《江海船舰》也载："风雨晦冥时，惟凭针盘而行，乃火长掌之，毫厘不敢差误，盖一舟人命所系也。……海洋近山礁则水浅，撞礁必坏船。全凭南针，或有少差，即葬鱼腹。"由此可见，指南针在南宋的航海活动中具有十分重要的作用。

从上面的记载中，我们可以看出，中国在宋代以前，船工们并没有使用罗盘，他们在茫茫大海中只能依靠长期积累的航海经验辨别航向，"昼则观日，夜则观星"，但在大雾或阴雨天，由于看不到太阳和星星，船只就很容易迷失方向，危及船只及船工的安全。这种现象直到北宋前期时，仍然没有得到根本性的改变。大约到北宋中晚期，中国航海家才开始把这种当时最先进的科研产品——水罗盘装备到船只上，用于远洋航行，这是中国和世界航海史上具有划时代意义的重大技术突破。世界著名的中国科技史家李约瑟指出：指南针在航海中的应用，是"航海技艺方面的巨大改革"，它把"原始航海时代推到终点"，"预示计量航海时代的来临"②。一百余年以后，西方人才从阿拉伯人手中学到用指南针航海的知识。此后，麦哲伦、哥伦布环行地球、发现新大陆之壮举也是建立在宋代航海罗盘的发明这个技术基础之上。③

除航海外，罗盘也较为普遍地使用在丧葬活动中，成为方士们寻找风水佳地的必备的工具。沈括在《梦溪笔谈》中指出："方士们用磁石摩擦针尖，使其指向南方。"④江西临川南宋墓中发掘出的两个"张仙人瓷俑"，就证实了这一点。瓷俑高 22.2 厘米，眼观前方，炯炯有神，束发贯髻，身穿右衽长衫，右手持一罗盘，置于左胸前。底座墨书"张仙人"。⑤ 墓主为南宋邵武军知军州事朱济南，卒于庆元三年（1197 年），葬于庆元四年（1198 年）。可见，在 1198 年之前，罗盘已在中国问世，它是堪舆家手中必备的仪器。尤其值得注意的是，从张仙人瓷俑表现出的竖持罗盘，以及其磁针中央塑有转动中心看来，该罗盘是旱罗盘，而不是水罗盘。安装磁针的方式很可能是回旋枢轴。从其磁针看，无

① 〔宋〕赵汝适：《诸蕃志》卷下《海南》，杨博文校释：《诸蕃志校释》，中华书局 1996 年版，第 45 页。

② 《李约瑟文集》第二〇篇《中国对航海罗盘研制的贡献》等，辽宁科教出版社 1986 年版。王振铎：《中国古代磁针的发明和航海罗盘的创造》，载《科技考古论丛》，文物出版社 1989 年版，第 219—228 页。

③ Joseph Needham, Science and Civilization in China, Cambridge, 1962, vol. 4, part1, pp. 229-330.

④ 四种方法设置图及指南针一节的其他插图，皆引自戴念祖《中国科学技术史·物理学卷》，科学出版社 2001 年版，第 443 页。

⑤ 陈定荣：《江西临川县宋墓》，《考古》1988 年第 4 期。

尖形针锋，极类似条形小磁铁。罗盘的盘面是圆形的，其中的方向刻度也甚为清楚。

作为随葬品的张仙人瓷俑，表明当时人们利用旱罗盘已有很长一段时间，制造罗盘的技术也相当成熟。从杨维德康定二年（1041 年）记载堪舆磁针到朱济南于庆元四年（1198 年）安葬，这之间已有近一个半世纪。过去人们以为，旱罗盘是由欧洲或日本传入中国的，现在看来，这种说法必须修正了。还令人惊讶的是，该瓷俑的发现表明，以工艺瓷器的形式表现磁针与罗盘比有关的文字记载还要早。现在公认曾三异《因话录》最早记述了罗盘，当时称为“地螺”。假定曾三异是在其授承事郎的端平年间（1234—1236）完稿《因话录》，那么，文献记载的罗盘比迄今所发现的实物的年代晚约 40 年。①

（五）数学

宋代是中国数学史上登峰造极的阶段，在世界中世纪数学史上占有十分重要的地位。在这一时期，中国陆续出现了秦九韶、李冶、杨辉数位大数学家。其中的秦九韶、杨辉二位数学家，便诞生于长江流域。

秦九韶（1202—1261），字道古，普州安岳（今属四川）人。嘉定十七年（1224 年），其父秦季槱（字宏父）任秘书省少监，掌古今图书与天文历算，使秦九韶有机会学习天文历算和土木工程等。② 由于他“性极机巧，星象、乐律、算术，以至营造等事，无不精究……骈丽、诗词、游戏、毬马、弓剑，莫不能知”。③ 大约在绍定六年（1233 年），秦九韶任潼川府郪县县尉。④ 嘉熙元年（1237 年）潼川失守后，秦九韶先后任蕲州（今湖北蕲春）通判、和州（今安徽和县）郡守。其时，他的才识得到了兵部尚书吴潜的赏识。在吴潜的推荐下，秦九韶担任了湖州的地方官，并在湖州置地建宅。周密说他的家宅：“地名曾上，当苕水所经”，“极其宏敞，堂中一间，恒亘七丈。……后为列屋，以处秀姬。管弦、制乐、度曲，皆极精妙，用度无算”。⑤ 淳祐四年（1244 年）八月，秦九韶调任建康通判（今江苏南京）。但他到任仅仅三个月，便得到母亲病逝的噩耗，回湖州守孝三年。其间，他精研算学。淳祐七年（1247 年）九月，他完成了中国数学史上有杰出成就的著作，初名《数术大略》或《数学大略》，明代后沿称《数学九章》或《数书九章》。⑥

《数学九章》共分十八卷，九大类，每类用九个例题来阐明各种算法，共八十一个应用题。①大衍类：一次同余式问题；②天时类：天文历法的计算和气象中雨雪量的等测算问

① 管成学：《南宋科技史》，人民出版社 2009 年版，第 490—493 页。

② 秦九韶在《数书九章》序中也说：“早岁侍亲中都，因得访问于太史。”

③ 〔宋〕周密：《癸辛杂识》续集下《秦九韶》，中华书局 1988 年版，第 170 页。

④ 孔国平：《中国科学技术史·人物卷》“秦九韶传”，科学出版社 2003 年版，第 441 页。

⑤ 〔宋〕周密：《癸辛杂识》续集下《秦九韶》，中华书局 1988 年版，第 170 页。

⑥ 《李俨钱宝琮科学史全集》第九卷，辽宁教育出版社 1998 年版，第 615—617 页。

题；③田亩类：土地面积的计算问题；④测望类：勾股、重差和其他测量问题；⑤赋役类：田租、赋税和劳役的计算问题；⑥钱谷类：收购粮食及仓储的计算问题；⑦营建类：土木工程中的计算、营造设计等问题；⑧军旅类：军营设置、阵形以及军需的数学问题；⑨市易类：商品交换与钱谷借贷的利息计算问题。书中的突出成就是作者对高次方程的数值解法以及"大衍求一术"(一次同余方程组解法)。首先，秦九韶系统地总结了历代数学家关于高次方程的数值解法，并推广了北宋数学家贾宪、刘益的增乘开方法，在此基础上，他将其发展成为任意高次方程的数值解法，即"正负开方术"。在解题中，他把高次方程中各项系数列在一起，像"增乘开方法"那样采用随乘随加的方法进行减根变换，这种方法和现代求数学方程正根的方法基本一致。在"大衍求一术"中，秦九韶的《数学九章》首次对中国古代求解联立一次同余式方法进行系统介绍，并把它推广到解决各种数学问题中去，他指出的求解一次同余式的一般计算步骤，正确而又严密。《数书九章》中记载的高次方程的数值解法和"大衍求一术"(一次联合同余式解法)这两项成就，在当时都是全世界最先进的，如秦九韶的高次方程数值解法，欧洲到18世纪意大利人鲁斐尼(Ruffini，1765—1822)在1804年和英国人霍纳(Honer，1786—1837)在1819年才提出，这比秦九韶迟了将近600年之久。又如秦九韶的一次同余方程组解法，欧洲的欧拉(Euler，1707—1783)和高斯(Gauss，1777—1855)等人在他之后500多年才对此做较为深入的研究。有鉴于秦九韶在方程论和数论领域的卓越贡献，德国著名数学史家康托称誉秦九韶是"最幸运的天才"；美国科学史家萨顿称赞秦九韶是"他那个民族，他那个时代，并且确实也是所有时代最伟大的数学家之一"。

杨辉，字谦光，钱塘(今浙江杭州)人。生卒年不详，大约生活于南宋末期。为当时一位清廉儒雅的下级官吏。景定二年(1261年)，著有《详解九章算法》十二卷；景定三年(1262年)，撰写了《日用算法》(又称《详解日用算法》)两卷；咸淳十年(1274年)，撰写了《乘除通变本末》三卷；德祐元年(1275年)，作《田亩比类乘除捷法》二卷，并编成《续古摘奇算法》二卷。前两书传世本已非全书。他对中国古代数学的杰出贡献，是他在1261年所著《详解九章算法》中最早记录了北宋著名数学家贾宪的"增乘开方法"和"开方作法本源"图(即后人所称的"杨辉三角"①)。此外，他还论述了级数求和问题，与沈括同为世界上最早研究高阶等差级数的人。杨辉的多种数学著作，在朝鲜、日本等国翻刻印刷，流传世界。

据学者研究，杨辉的数学成就是多方面的，具体体现在以下几个方面：

① 上述的《乘除通变本末》三卷、《田亩比类乘除捷法》二卷、《续古摘奇算法》二卷，又合称《杨辉算法》。详见阮元《畴人传》卷二二《杨辉》。

一是在三角形数表研究方面，杨辉的数学著作中就收录了不少现已失传的各种数学著作中的算题和算法，如贾宪的“增乘开方法”和“开方作法本源”图等，都是通过杨辉的著作才得以流传下来的。因此，人们往往将贾宪《黄帝九章算法细草》中的“三角形数表”，称作“杨辉三角”或“贾宪—杨辉三角”。而这种数表图，在国外称为“巴斯加三角”，是十七世纪法国数学家巴斯加(1623—1662)首先创定的，但却比我国迟了近五百年。

二是在级数求和的问题上，杨辉在《详解九章算法》及《算法通变本末》两书中论述了级数求和的问题，从而成为继北宋沈括之后在世界上最早研究高阶等差级数的人。

三是在我国宋元数学家首创高次方程数值解法的卓越成就中，杨辉也做出了不可磨灭的贡献。他在德祐元年(1275 年)编的两卷《田亩比类乘除捷法》中，编入了已失传的北宋数学家刘益所著《议古根源》一书中的一些方程问题，其中有‘题四次方程：$5x^4+12x^3+128x^2=4096$，这是对一般高次方程的最早记载。

四是在他所著的《续古摘奇算法》和《算法通变本末》两书中，杨辉还对中国古代演绎几何学的独立发展起了很大的推动作用。他在《续古摘奇算法》中所列的各色各样的“纵横图”，是世界上对幻方的最早系统研究和记载。

五是在改革筹算上，杨辉在《日用算法》《乘除通变本末》《算法通变本末》中，对乘除等算法进行了改革。在过去珠算发明之前，人们是用小竹木法(古称为筹)的不同摆列来进行加减乘除、开方等运算的，后人叫作筹算。这种计算比较复杂，每次计算都需把“筹”放在大盘子中或桌子上。为了使计算简便下来，杨辉把乘除运算方法概括为一首顺口溜，使人们易诵易记，从而大大加快了计算的速度，促进了民间商用数学的发展。又，我国古代采用一斤十六两的换算制，民间买卖时，算价钱速度慢，又易出差错。于是，杨辉在《日用算法》中编了一首《化零歌》：

一求隔位六二五，二求退位一二五。
三求一八七五记，四求改曰二十五.
五求三一二五是，六求两价三七五。
七求四三七五置，八求转身变作五。

这种方法把复杂的乘除法改为简便的加减，方便了人们的运算。总之，杨辉的这些工作，不仅提高了运算速度和精确度，而且还为我国明代珠算的发明起到了重要的推动作用，充分体现出当时数学发展的新成就、新趋势。①

① 本小节的写作参照了钱宝琮先生《中国数学史》(科学出版社 1992 年版)和李迪先生《中国数学史简编》(辽宁人民出版社 1984 年版)等，特此致谢。

（六）天文学

两宋时期，长江流域学者在天文学方面也取得了卓越的成就，其代表人物主要有沈括、苏颂、卫朴、张思训、黄裳等。

张思训，生卒年不详，四川（今巴中市）人。太平兴国四年（979 年）正月，他将自己设计的浑天仪图献给宋太宗，太宗命工匠造于禁中，逾年而成，由此他被任为司天浑仪丞。他对传统的浑天仪做了重大革新，用水银代替水作浑天仪的动力，使浑天仪一年四季都能正常运转，为报时、定节气、制历的准确性提供了科学的保障。他还改革了浑天仪的机械计时器，为后来“苏颂浑仪”的制造奠定了基础。

卫朴，淮南人。精通历法，能用口算准确推定古今月食、日食。熙宁五年（1072 年），沈括提举司天监，荐他更造新历。八年，《奉元历》修成，沈括上于朝，颁行达 18 年之久。此外，他还著有《奉元历经》和《七曜细行》，今已散佚。

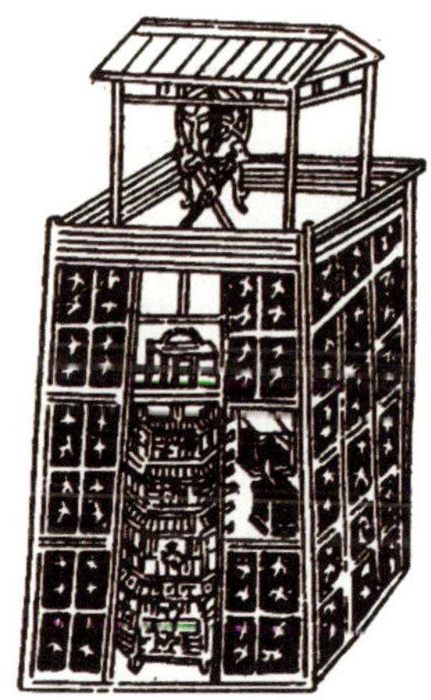

苏颂创制的水运仪象台

苏颂（1020—1101），字子容，福建同安人。他在天文学上的最大贡献是他领导研制大型的天文观测仪器。宋哲宗元祐三年（1088 年），他与韩公廉等人制成水运仪象台。为了总结制作经验，苏颂又于绍圣三年（1096 年）完成了《新仪象法要》，从而建树了以下十大功勋：①水运仪象台是世界上第一座天文授时钟，它利用多种彩色木人的自动敲钟、击鼓和摇铃来准确报告时刻和更点，可视为近代天文钟的鼻祖。②它的上层安置浑仪，望筒可随被观测的天体而自动转移，这是现代天文望远镜自动跟踪系统的祖先。③水运仪象台顶部的活动屋板是现代天文台观测室自动启闭屋顶的雏形，这一发明可算是世界第一位。④它的中层放置浑象，用机轮带动天球旋转，真实地再现了日月星辰诸种天象的变化。这种自动演示天象的机械装置，类似于现代的天球仪。⑤下层由“天衡—天关—天锁”组成的杠杆系统，也都靠漏壶的控制而自动运转，其中有一项重要发明——擒纵器，这是机械时钟里的关键部件，它可以控制齿轮的转动符合一定的节拍，因此被公认为是机械时钟的祖先，比西方的发明要早 600 多年。⑥水运仪象台集浑仪、浑象、司辰、圭表、漏壶等装置于一身，这比起西方威慑科坛的第谷小型赤道浑仪在时间上早了 500 多年，而且精密度和综合性都超过了第谷仪器，所以在此后数百年间堪称世界之最。⑦苏颂和韩公廉在创建水运仪象台的同时，还制成了我国第一座假天仪，这是现代天文馆假天仪象的先驱。⑧《新仪象法要》将当时的制作过程和仪象台的结构详细记录下来，并附有 60 多幅机械图样，这不仅在中国，而且在世界上也堪称现存最早、最完整的机械设计书。⑨《新仪象法要》所附的全星图 5 幅，分别绘出紫微垣星、中外官星（东北方与西方）、北极中心北天星、南极中心南天星的星谱，它的星数达到 1464 颗，是古代全星图中绘星数最多的早期星图，它比欧洲相应的星图要早 400 多年。尤其值得称道的是，苏颂将图星按照 28 宿顺序从角宿开始连续排列，这也可算是一个新创造。⑩在科技发展史上，水运仪象台是世界上最早的大型闭环自动调节系统，它在自动技术方面占有相当重要的历史地位。①

黄裳（1147—1195），字文叔，号兼山，隆庆府普成（今四川梓潼）人。宋孝宗乾道五年（1169 年）进士。宋光宗即位时（1190 年），任太学博士，进为秘书郎。同年三月，皇子赵扩（即后来的宋宁宗）被封为嘉王，黄裳以其才学迁嘉王府翊善，为嘉王授课讲学。其间，黄裳“作八图以献：曰天极，曰三才本性，曰皇帝王伯学术，曰九流学术，曰天文，曰地理，曰帝王绍运，以百官终焉，各述大旨陈之”。绍熙二年（1191 年），迁起居舍人。在光宗朝，黄裳还曾任中书舍人、给事中等，后又曾以显谟阁待诏充翊善之职。宋宁宗即位（1195 年），他被任命为礼部尚书兼侍读，但不久便英年早逝。② 淳祐七年（1247 年），浙西路提刑、永嘉人王致远经手将黄裳《天文图》按原样摹刻于苏州文庙的碑石上，这便是闻名世界的苏州石刻天文图，它也是世界上现存最古老的天文石刻星图。它总高 267 厘米，宽 116 厘米。图分上下两部分，上半部分有星图，计刻有一千四百四十颗星，以北极为中心，绘有三个同心圆，分别代表北极常显圈、南极恒隐圈和赤道，二十八条辐射线代表二十八宿距度，还有黄道和银河。图的下半部分为文字说明，它对当时的天文知识做了简明扼要的说明。③

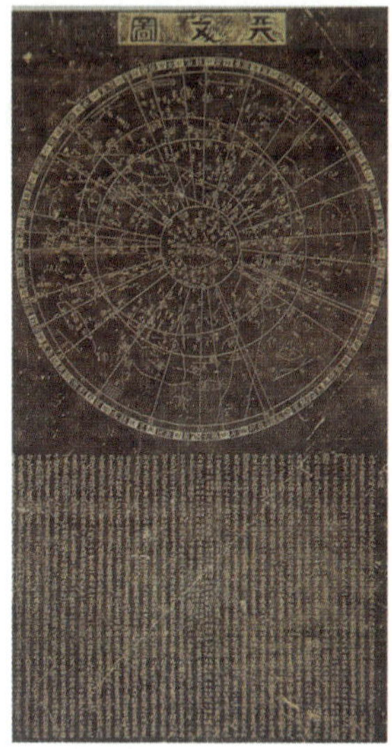

苏州石刻宋代《天文图》

（七）地理学

两宋时期，长江文化区的学者在地理学上也做出了卓越的贡献，具体体现在地理志、地方志和地图学三个方面。

---

① 详见李约瑟《中国中世纪伟大的“天文钟”》，载《科学通报》1956 年第 6 期；王振铎：《揭开了我国“天文钟”的秘密》，载《文物参考资料》1958(9)；刘青泉：《苏颂科学活动与学术思想探究》，载《厦门大学学报》1992 年第 1 期。

② 《宋史》卷三九三《黄裳传》，中华书局 1977 年版，第 34 册，第 11999 页。

③ 关于这方面的研究成果，可以参见陈美东主编《中国古星图》“苏州石刻天文图研究”一节，辽宁教育出版社 1996 年版；潘鼐：《中国恒星观测史》，学林出版社 1989 年版，第 255—264 页；〔日〕今井溱：《黄裳天文图考》，《上海自然科学研究所汇报》第 7 卷别册 11，1937 年日文版；〔日〕薮内清：《宋代の星图》，《支那の天文学》，1943 年日文版；杜升云：《苏州石刻天文图恒星位置的研究》，《北京师范大学学报（自然科学版）》1982 年第 2 期等。

从地理著作来看，抚州宜黄（今属江西）乐史所编的《太平寰宇记》200 卷，润州丹阳（今属江苏）王存《元丰九域志》10 卷，吉州庐陵（今江西吉安）欧阳忞《舆地广志》38 卷，婺州金华（今属浙江）王象之《舆地纪胜》200 卷，建宁崇安（今福建武夷山市）祝穆《方舆胜览》70 卷，临川朱思本《九域志》80 卷，都是当时著名的全国地理总志。其他如苏州吴县（今江苏苏州）范成大《桂海虞衡志》，常州宜兴单锷《吴中水利书》，明州鄞县王应麟《通鉴地理通释》，永嘉（今浙江温州）周去非《岭外代答》，明州鄞县赵汝适《诸蕃志》等书，也是两宋时期的地理名著。

在地方志方面，南方也远远多于北方，其中南人所编的著名方志有：范成大《吴郡志》，歙县罗愿《新安志》，休宁程大昌《雍录》，泉州梁克家《三山志》，长兴周淙《乾道临安志》，湖州谈钥《嘉泰吴兴志》，鄞县高似孙《剡录》，武义陈公亮《严州图经》，临海陈耆卿《嘉定赤城志》，海盐常棠《澉水志》，武宁周应合《景定建康志》，缙云潜说友《咸淳临安志》，仙居陈仁玉《淳祐临安志》，长兴施宿《嘉泰会稽志》，瑞安曹叔远《永嘉谱》，临安吴自牧《梦粱录》，湖州周密《武林旧事》等。

在地图学上，南方远比北方发达，涌现出了像乐史、沈括、程大昌、陆九韶、黄裳这样著名的制图学家，其中以沈括、黄裳为代表。

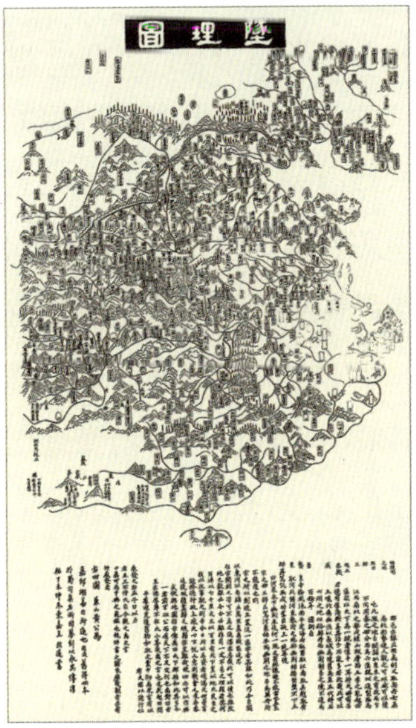

传世黄裳石碑《墬理图》①

沈括在地图学上的贡献，除前述的“木图”和《守令图》外，还绘制有《禹迹图》。《禹迹图》可能是沈括出守封疆时于元丰四至五年（1081—1082）在陕西所绘②。它在绘制方法上采用计里画方之法，计横方 70，竖方 73，共计 5110 方。比例尺是“每方折地百里”。由于《禹迹图》采用了方格网绘法，所以图上各要素的位置和今日所绘地图相差无几，代表了宋代测绘地图的高超水平。难怪李约瑟说：“无论是谁把这幅地图拿来和同时代的欧洲宗教寰宇图相比较一下，都会由于中国地理学当时大大超过西方制图学而感到惊讶。”他还高度评价“《禹迹图》，在当时是世界上最杰出地图”③。

黄裳在中国地图学史上的重大贡献，是绘制《地理图》和《九域守令图》。《地理图》至今仍保存在苏州博物

① 原载曹婉如编《中国古代地图集（战国—元）》，文物出版社 1999 年版。
② 杜石然等：《中国科学技术史稿》，科学出版社 1982 年版，下册，第 60 页。
③ 李约瑟：《中国科学技术史》第 5 卷第 1 分册《纸和印刷》，科学出版社 1976 年版，第 133 页。

馆里，图上山脉近于现代地图上的自然描景法，是宋代一幅较好的地图。

除上述外，抚州宜黄（今属江西）乐史《掌上华夷图》、抚州金溪陆九韶《州郡图》、安徽休宁程大昌《禹贡论图》等，在中国地图学史上也占有一定的地位。

(八)水利学

两宋时期，南方在圩田建设、治河技术等方面有了进一步的发展，在中国水利史上占有重要的地位。

圩田是我国江南地区劳动人民在长期的治水实践中创造的农田水利的一种独特形式，它是在浅水沼泽地带或河湖淤滩上围堤筑圩，把田围在中间，把水挡在堤外；围内开沟渠，设涵闸，有排有灌。“旱则开闸引江水之利，涝则闭闸拒江水之害，旱涝不及，为农美利。”①它起于春秋末期的吴越地区，到两宋时期已趋于鼎盛，并在技术和理论上也有了新的进展。范仲淹在视察江南圩田后，提出了水网圩田的治理方法，认为应该采用浚河、修圩、置闸三者并重的措施。这一方法受到了后人的高度重视，近千年来它一直成为水网圩区的主要治理方策。钱塘（今杭州）人沈披继范仲淹之后提出了历史上著名的“圩田五说”，这一有关兴建圩田的重要理论载入由其弟沈括撰成的《万春圩图记》中②。

在水利建设方面，木兰陂和浙江捍海塘的修建可为代表。

木兰陂是宋代南方劳动人民在东南沿海地区修建的一座著名水利工程。它位于今福建省莆田县西南五里的木兰溪上。从宋英宗治平元年（1064 年）开始兴建，到宋神宗元丰元年（1078 年）建成，其间共经过三次建坝兴毁。它的堰闸式陂首是一座挡潮蓄淡的拦河石坝，能把引与蓄、蓄与泄完美地统一起来，既可蓄水抗旱，又利于排洪，收到了防洪、灌溉、航运、水产等多方面综合利用的效果。陂址选择在河流宽直平缓且地质基础又好的地段，体现出技术上和经济上的合理性。不仅能够适应洪、枯不同时期流量相差悬殊的特点，而且又能利用洪水排泄泥沙，避免淤积。陂的施工则采用了我国当时沿海地区建桥工匠常用的“筏形基础”形式，在溪底铺设了一道横跨两岸的石筏，然后在上面布墩，使其成为一个牢固的整体建筑物。它的设计和施工技术充分体现了我国南方劳动人民高超的水工建筑水平，九百多年来它一直发挥着巨大的作用③。

两宋时期对浙江捍海塘的修建，是南方劳动人民在水利事业上的又一成就。宋真宗大中祥符五年（1012 年），两浙转运使陈尧佐（963—1044，四川阆中人）针对竹笼塘易朽的

---

① 〔宋〕范仲淹：《范文正公政府奏议》卷上《治体·答手诏条陈十事》，载《范仲淹全集》中册，四川大学出版社 2002 年版，第 523 页。

② 〔宋〕沈括：《长兴集》卷九《万春圩图记》，文渊阁《四库全书》本。

③ 杜石然等：《中国科学技术史稿》，科学出版社 1982 年版，下册，第 62 页。

缺点，提出了“下薪实土”的方法。这种柴塘在施工中既省工节料，又简便易行，而且还大大提高了抗冲能力。景祐年间(1034—1038)，工部郎中张夏又改用石料砌筑海塘，其设计施工的方法为“石坚土厚，相为胶固。纲上而方下，外强而内实……最坚悍激处，更为竹络，实以小石，布其下及圆，折其岸势，务以分杀水怒”①。这一施工方法，使海塘更加坚固耐久，并成为此后海塘修筑的主要方式。此外，抚州临川王安石在浙江鄞县担任县令时还发明有“坡陀法”，即将石塘临海面的垂直修筑改成斜坡式，使其能够缓和海浪的冲力，增加稳定性。建宁建阳(今属福建)刘垕在宁宗嘉定十五年(1222年)任浙西提举时也创造了“备塘”和“备塘河”。备塘就是在海塘里侧再修一道土塘，以防捍海石塘冲损后造成咸潮泛滥。由于备塘之土取自塘外，这样被挖之地就形成了一道与备塘并行的人工河——备塘河，既拦截了翻过海塘的咸潮和经海塘渗透过来的海水，保证了农作物的正常生长，又开辟了筑塘运料的交通线，一举两得。因此，这一方法直到现在还在应用。

在水利理论方面，沈立的《河防通议》可作代表。沈立，字立之，北宋历阳(今安徽和县)人。② 他在中国水利史上的贡献，是编著有《河防通议》。该书“采摭大河事迹、古今利病”，“著为八议”③。它不但总结了古今河患及其防治的经验教训和黄河一年四季的水信规律，而且对黄河的开河、闭河、护岸、堤防技术以及物料与器材的种类和规格等都有明确的规定。它不仅在当时产生了一定的影响，而且为后世所沿用。这标志着我国古代河工技术和理论已逐渐趋于成熟。

此外，苏州吴县范仲淹、抚州临川王安石、四川眉山苏轼、苏州昆山郏亶、常州宜兴单锷、明州慈溪黄震、江西宜黄侯叔献、江西分宁余良肱等人在中国水利史上也有一定的贡献，尤其在太湖及黄河的治理上提出了不少创见，单锷的《吴中水利书》便是代表。

(九)农学

随着宋代农业生产突飞猛进的发展，农业生产技术和理论也取得了重大的进步。在这一时期，南方学者在农学上的成就，以陈旉《农书》为代表，它是现存最早论述南方水稻区域的农业技术和经营的农学著作，反映了两宋时期水田耕作栽培技术的水平。

陈旉(1076—1154)，自号西山隐居全真子。他平生主要是读书与务农。洪兴祖在《后序》中介绍他时说：“于六经诸子，百家之书，释老氏、黄帝、神农氏之学，贯穿出入，往往成诵，如见其人，如指诸掌。下至术数小道，亦精其能。其尤精者，《易》也。平生读书，

① 〔宋〕丁宝臣：《石堤记》，见清雍正《浙江通志》卷六二《海塘一》，中华书局2001年版，第4册，第1584页。

② 《宋史》卷三三三《沈立传》，中华书局1977年版，第31册，第10698页。

③ 〔宋〕王应麟：《玉海》卷二二《地理·河渠·庆历河防通议》，江苏古籍出版社、上海书店联合1988年版，第1册，第449页。

不求仕进,所至即种药治圃以自给。"①他著的《农书》成书于宋高宗绍兴十九年(1149年),是我国最早论述江南地区农业生产技术的著作。该书共分上、中、下三卷。上卷为土地经营及栽培总论。首先提出了农家经营的基本原则,如何按照自己家中的人力条件垦地,如何利用不同地势和自然条件,如何酌量留出蓄水和排水的塘堰,如何注意配合时令安排好多种经营,如何做好田间管理,如何进行中耕、施肥,以及如何收获和省吃俭用等。其中也谈到了麻、粟(小米)、芝麻、萝卜和小麦等辅助作物。中卷专谈养牛;下卷专论养蚕,从种桑起,到收茧止。据作者自序说,该书是从古人著作和当时口传中总结得来,经过亲身实践的考验,选择其中有用部分记录而成。在土地规划利用、土壤治理、肥料、水稻技术等方面,提出了不少独到的见解,全面地反映了当时江南地区农业生产的科学技术水平。

在土壤肥料理论和技术方面,陈旉在《农书》中提出了著名的"地力常新壮"的土壤肥力学说。他在书中说:"或谓土敝则草木不长,气衰则生物不遂。凡田土种三五年,其力已乏。斯语殆不然也,是未深思也!若能时加新沃之土壤,以粪治之,则益精熟肥美,其力当常新壮矣!抑何敝何衰之有?"②当时农民还利用大粪(人粪尿)、饼肥、畜禽肥、火肥、熏土肥、泥肥、沤肥、石灰及杂肥等肥料种类,广辟肥源,改进积制方法,并重视合理施肥,认为"用粪犹用药",把"用粪得理"作为施肥的指导思想,并和"种之以时""择地得宜"两者结合起来。南宋人还十分重视积肥和保肥。如程泌在《洛水集》中说:"每见衢、婺之人,收蓄粪壤,家家山积,市井之间,扫拾无遗,故土膏肥美,稻根耐旱。"而陈旉更是注意到肥料积贮过程中保持肥效的问题,认为粪尿受到风吹雨淋日晒后会严重降低肥效而导致"不肥",在我国历史上首次提出了要建造屋檐低矮而池深不漏的粪屋以保持肥效的主张和方法。

农作制方面,南宋稻区的复种指数空前提高,已从过去的种一季水稻向多熟制发展。稻麦两熟制在南方地区极为普遍。另据《宋史》及有关方志的记载,南宋双季稻已经扩大到整个长江流域地区。如《吴郡志》卷三〇《土物下》说:"今田间丰岁已刈,而稻根复蒸苗,极易长,旋复成实,可掠取,谓之再撩稻。"三季稻在南宋也已经出现,如《岭外代答》载广东钦州地区是"正二月种者曰早禾,至四月、五月收;三月、四月种曰晚早禾,至六月、七月收;五月、六月种曰晚禾,至八月、九月收"③。很明显,这种三季稻是间作稻。此外,南宋旱地复种和间作套种也取得了重大的进展。

在耕作技术方面,南宋已经形成了水旱轮作田的耕种体系。"耕耙耖"三位一体的耕

① 〔宋〕陈旉:《农书·后序》,万国鼎校注本,农业出版社1965年版,第62页。

② 〔宋〕陈旉:《农书》卷上《粪田之宜》,万国鼎校注本,农业出版社1965年版。

③ 〔宋〕周去非:《岭外代答》卷八《月禾》,上海远东出版社1996年版,第205页。

作体系，已经成为南宋水田耕作的常规。《耕织图诗·耕图二十一首》曰：“耕：东皋一犁雨，布谷初催耕。绿野暗春晓，乌犍苦肩赪。我衔劝农字，杖策东郊行。永怀历山下，法事关圣情。”“耙耨：雨笠冒宿雾，风蓑拥春寒。破块得甘霔，啮塍浸微澜。泥深四蹄重，日暮两股酸。谓彼牛后人，著鞭无作难。”“耖：脱裤下田中，盎浆著塍尾。巡行遍畦畛，扶耖均泥滓。迟迟春日斜，稍稍樵歌起。薄暮佩牛归，共浴前溪水。”此外，南宋时期还倡导深耕熟犁。例如，高斯得《宁国府劝农文》曰：“浙人治田，比蜀中尤精，土膏既发，地力有余，深耕熟犁，壤细如面，故其种入土，坚致而不疏。”①

在栽培技术和植保方面，南宋也有不少进步。如陈旉在《农书》卷上就记载了一种培育水稻壮秧的技术，即“种之以时，择地得宜，用粪得理”三法。针对当时农作物的病虫害，农民们初步开展了以农业防治为主和以药物防治、生物防治为辅的综合防治方法。还出现了催花早放的“堂花术”。据周密《齐东野语》卷一六《马塍艺花》载：“马塍艺花如艺粟，橐驼之技名天下。非时之品，真足以侔造化，通仙灵。凡花之早放者，名曰堂花。其法以纸饰密室，凿地作坎，緶竹置花其上，粪土以牛溲硫黄，尽培溉之法。然后置沸汤于坎中，少候，汤气熏蒸，则扇之以微风，盎然盛春融淑之气，经宿则花放矣。若牡丹、梅、桃之类无不然，独桂花则反是。”无疑，这种通过对温度、光照的控制和调节，促使花卉提前开放的技术，是当时园艺技术的一大进步。

在果树栽培技术方面，南宋已经开始使用套袋等方法。

在蚕桑技术方面，南宋已经开始应用嫁接术。陈旉《农书》卷下《种桑之法》载：“若欲接缚，即别取好桑直上生条，不用横垂生者，三四寸长，截如接果子样接之，其叶倍好，然亦易衰，不可不知也。湖中安吉人皆能之。”此外，南宋杭嘉湖地区还通过人工引种，将鲁桑移植到本地，培植出高产优质的“湖桑”，从而有力地促进了蚕桑业的发展。此外，在蚕的饲养技术方面，南宋已经远超从前的水平。

在农时安排上，陈旉主张充分利用作物的生长期，做到“种无虚日，收无虚月”；“终年田间有庄稼，月月地里有收获”。他在800多年前就能重视人的作用，提出如此精辟的见解，实在难能可贵。他的这些见解不仅发掘了生产潜力，提高了农业生产的效率，而且大大丰富了我国农学理论的宝库，对后世产生了巨大的影响。在我国南方的农业生产中具有继往开来的作用。

除陈旉《农书》外，温革《分门琐碎录》、楼璹《耕织图诗》、吴欑《种艺必用》、曾子谨《农器谱》等，也是宋代知名的农学著述。

---

① 〔宋〕高斯得：《耻堂存稿》卷五《宁国府劝农文》，《丛书集成初编》本，中华书局1985年版，第99页。

北宋泰和（今属江西）人曾安止所编《禾谱》，是我国第一部记载水稻品种的专志。该书共载有50多个水稻品种。

扬州高邮人秦观（1049—1100）所写的《蚕书》，是我国现存最早的一本养蚕专著。

南宋四川遂宁人王灼所著的《糖霜谱》，是我国最早研究种蔗、制糖的著作。内容包括原委、故事、种蔗方法、制糖器具、糖霜制法、制作结果及成品功用等内容，是一部比较完备、实用的农业兼机械科学技术专著。

温革撰《分门琐碎录》是南宋时期非常有特色的农书，与陈旉《农书》有互相补充的作用，是一部值得深入研究的农业科技著作。因分门分篇叙述，故名。它特别注重农业生产技术，对竹木、果蔬、花卉的种艺技术记载尤详，论述也特别精彩。据学者研究，其学术价值有以下三个方面：第一，《分门琐碎录》的创作，改变了农业科学技术史的传统写法。如王毓瑚先生的《中国农学书录》认为《种树书》是中国农业科学发展史上的重要文献，它将树木与花卉栽培一并论述。石声汉教授也在《试论〈便民图纂〉中的农业技术知识》论文中说："《齐民要术》的作者贾思勰将花卉栽培排斥出农业范围之后，由南北朝经过唐、宋、元，大家都遵守了这个成规。明初，俞贞木作《种树书》时，才将花卉和果树并列起来。同时及以后的书，如《多能鄙事》和《群芳谱》之类，也都将花卉和其他植物一律看待。"在《分门琐碎录》被发现以前，学术界认为从北魏至明初，中国农业科技史并没有将花卉的栽培与果树并重，在一部书中加以论述。一直到《种树书》才打破了这个成规。实际上，在《分门琐碎录》一书中，已将花卉与果树并列，并进行了栽培技术方面的详尽论述。它早于《种树书》一百多年。第二，《分门琐碎录》以前的农书，大多数是以收集农业资料，引述农学典故，以农学理论和技术为主。而《分门琐碎录》是以农业科技为重点的农书，这在古代农书中是很少见的。第三，《分门琐碎录》在农学史上承上启下的桥梁作用。1962年胡道静先生发掘和整理了南宋的《种艺必用》和元代的《种艺必用补遗》，在唐代的《四时纂要》与元代的《农桑辑要》之间架起了桥梁，找到了四种农书更多的继承关系。在胡老发掘《种艺必用》之后，上海图书馆影印了明抄本《分门琐碎录》，又在《四时纂要》《种艺必用》《种树书》和《农桑辑要》之间架起了桥梁。《分门琐碎录》中还引用了《氾胜之书》、沈括《梦溪忘怀录》、苏轼《竹林》等书的资料，更多的条文来自农业实践的总结和老经验记录。《分门琐碎录》的许多内容又被南宋陈思的《海棠谱》、元代司农司的《农桑辑要》、明代戴羲的《养余月令》所继承。可见，《分门琐碎录》在中国农学史上承上启下的桥梁作用。①

楼璹《耕织图诗》，是我国最早的有关农业与蚕桑生产的成套图像资料，全书包括耕

① 管成学：《南宋科技史》，人民出版社2009年版，第247—249页。

图二十一幅、织图二十四幅，并配有五言诗。如在该图中，作者对稻田耘草的时间和次数有明确描写："时雨既已降，良苗日怀新。去草如去恶，务令尽陈根。"并说明第一耘在插秧后七天左右，第二耘、三耘要在插秧后二十五天内完成。

吴欑《种艺必用》，全文载于《永乐大典》卷一三一九四第12—20页；张福《种艺必用补遗》，接载于第20—24页。两人的生平事迹均无考。《种艺必用》和《种艺必用补遗》，既不分卷，也不分篇章，而是分条记述的。《种艺必用》原为一百六十条，《种艺必用补遗》原为六十一条。1963年，胡道静先生将《永乐大典》残存中的《种艺必用》条文，辑佚成书，由农业出版社出版。经其整理后，《种艺必用》厘定为一百七十条，《种艺必用补遗》厘定为七十二条。每条的文字都不太长，绝大多数条文都是开门见山地叙述农业注意事项和种植技术。内容涵盖五谷莳艺、诸豆种植、麦类耕耘、麻类、桑树、瓜果、蔬菜、竹类等各种栽培技术以及多种观赏植物的培养经验。书中的大量内容引自《分门琐碎录》。在胡老先生整理厘定的《种艺必用》一百七十条中，有一百二十七条引录于《分门琐碎录》，承袭率为百分之七十五。《种艺必用补遗》厘定为七十二条，有三十八条引录自《分门琐碎录》，承袭率达百分之五十二。但这两本书在中国农学史上仍具有重要的地位。与它以前的农书相比，《种艺必用》增加了以下内容：第一，增加了外国的蔬菜、瓜类，如菠菜、莴苣、丝瓜等，对亚热带水果增加了新的莳艺技术，如荔枝、橄榄等的培育方法。第二，对于竹类的特性、栽移技术增加了新内容。第三，对果树嫁接和培养提供了新技术。第四，记载了新的莳艺技术与花农经验。尤其是亚热带水果的莳艺新技术和花卉培育新经验，为它之后的《农桑辑要》所不载。①

曾之谨《农器谱》，是当时最详尽的一部农具书，书中详细记述了耒耜、耨镈、车戽、蓑笠、铚刈、筱蒉、杵臼、斗斛、甑、仓庾等十项农具和与农业生产有关的设备，还附有杂记。它在农具类书中上承唐代《耒耜经》，下开元代王祯《农书》中的《农器图谱》，意义是十分重大的。②

(十)动植物学

随着两宋时期园艺业的高度发展，南方学者对动植物学的研究也日趋深入，并出现了一大批知名的动植物志和谱录，如吉州庐陵（今江西吉安）欧阳修《洛阳牡丹记》、福建仙游蔡襄《荔枝谱》、绍兴山阴（今浙江绍兴）陆游《天彭牡丹记》、铜陵人陈翥《桐谱》、天台（今属浙江）人陈景沂《全芳备祖》、台州仙居（今属浙江）人陈仁玉《菌谱》等。

① 胡道静：《〈种艺必用〉在中国农学史上的地位》，《文物》1962年第1期。

② 卢嘉锡总主编，董恺忱、范楚玉：《中国科学技术史·农学卷》，科学出版社2000年版，第436—437页。

欧阳修《洛阳牡丹记》成书于宋仁宗天圣九年（1031 年），是我国现存最早的牡丹专著。全书共 1 卷，分 3 篇，一叙花品，列举有 24 种；二释花名，解释花名的由来；三讲风俗，记述洛阳人赏花、种花、浇花、养花、医花的方法。

陈翥编著的《桐谱》，是我国历史上仅存的一部内容丰富的泡桐专著。陈翥（1009—1061），字子翔，号桐竹君、咸聱子，池州府铜陵（今安徽铜陵）人。《桐谱》成书于北宋皇祐元年（1049 年）。全书共分 10 目：一叙源、二类属、三种植、四所宜、五所出、六采斫、七器用、八杂说、九记志、十诗赋。全书近 8000 字，内容包括泡桐的种类、分布、生物学特性、育苗造林方法、材质利用以及泡桐在医药上的价值等一系列问题，全面而系统地叙述了前人有关桐树的认识史，总结了当时泡桐速生丰产的栽培技术，为后世留下了宝贵的经验。

蔡襄《荔枝谱》成书于宋仁宗嘉祐四年（1059 年），共 1 卷，分为 7 篇。书中不仅记载了 32 种荔枝，而且还载有荔枝栽培、病虫防治、加工贮藏等技术。这是世界上流传至今的第一部果树栽培学专著。

临江军新喻（今江西新余）人刘攽（1023—1089）所撰《芍药谱》，成书于熙宁六年（1073 年），是我国最早的芍药专著。书中所记扬州芍药有 31 个品种，评为七等，并附有图谱。

彭城（今江苏徐州）人刘蒙所撰《菊谱》，成书于宋徽宗崇宁三年（1104 年），是我国最早的一部菊花专著，共 1 卷。书中不讲“掇撷治疗之方，栽培灌种之宜”，而是专以品花为对象，载有菊花 35 种，形色之外兼载产地，颇称详尽。最后还附有闻而未见者 4 种，以及野生者 2 种。

韩彦直《橘录》，又名《永嘉橘录》，是我国也是世界第一部柑橘学著作。成书于淳熙五年（1178 年）。虽然由北方延安（今属陕西）人韩彦直所撰，但与长江文化密切有关。书中记述了南宋温州地区所产的柑类八种、橘类十四种，橙子之属同橘近似的五种，共二十七种，并从种治、始栽、去病、浇灌、采摘、收藏、制治、入药等九个方面详细介绍了它们的种植方法、收藏方法和药用功效等。韩彦直是抗金名将韩世忠的长子，他于淳熙四年（1177 年）外任温州知州，以当地盛产柑橘，乃用公务之闲，四处调查访问，并于次年十月写成此书。他在自序中说：“去年秋，把摩来此，得一亲见花而再食其实，以为幸。独故事，太守不得出城远游。无由领客人入泥山香林中，泛酒其下，而客乃有遗予泥山者，且曰橘之美当不减荔子，荔子今天有谱，得与牡丹、芍药花谱并行，而独未有橘谱者。子爱橘甚，橘若有待于子，不可以辞。予因为之谱，且妄欲自附于欧阳公、蔡公之后。亦有以表现温之学者，足以夸天下，而不独在夫橘尔。淳熙五年十月，延安韩彦直序。”[①]这本书

① 〔宋〕韩彦直：《橘录》，《丛书集成初编》本，商务印书馆 1937 年版，第 1 页。

篇幅虽然不长，连序在内一共四千余字，但其内容十分丰富。序言记述了温州的柑橘概况，并说明写作缘由。卷上、卷中两卷分别介绍了柑类、橘类、橙类各品种的由来、性状及典故。卷下则详细记载了柑橘的各种栽培方法以及贮藏和加工技术。

陈仁玉，字碧栖，台州仙居人。宋理宗时进士及第。开庆元年(1259 年)，任礼部郎中，擢浙东提刑。又内调入直敷文阁。嘉定年间(1208—1224)重刊《赵清献集》，他曾为该书写序。他撰成的《菌谱》，是我国也是世界历史上最早的一部菌谱类著作。成书于南宋淳祐五年(1245 年)。书中记录了家乡台州人食用的合蕈、稠膏蕈、栗壳蕈、松蕈、竹蕈、麦蕈、玉蕈、紫蕈、四季蕈、鹅膏蕈等十一种山谷菌类，并对它们的生长地点、采摘时间、形状、色味以及烹调之法、保存之方等都做了详细的记载。如："稠膏蕈，邑西北孟溪山，窅邃深莫测，秋中山气重，霏雨寒露，浸釀山膏木腴，蓓为菌花戢戢，多生山绝顶高树杪。初如蕊珠圆莹，类轻酥滴乳，浅黄白色，味尤甘胜。已乃伞张大几掌。味顿渝矣。春时亦间生，不能多。稠膏，得名土人，谓稠木膏液所生耳。""松蕈，生松荫，采无时。凡物松出，无不可爱。松叶与脂，伏灵琥珀，皆松裔也。昔之遁山服食求长年者，舍松焉依？人有病溲浊不禁者，偶掇松下菌，病良已，此其效也。""鹅膏蕈，生高山，状类鹅子，久乃散开。味殊甘滑，不谢稠膏。然与杜蕈相乱，杜蕈者，生土中。俗言毒虫气所成，食之杀人。……凡中其毒者，必笑解之。宜以苦茗杂白矾，勺新水并咽之，无不立愈。因著之，俾山居者，享其美而远其害。"[①]可谓分析准确、描述详尽，具有较高的科学价值。

陈咏，字景沂，号肥遯，又号愚一子，天台(今属浙江)人。陈咏《全芳备祖》自序说他的经历是："余束发习雕虫，弱冠游方外。初馆西浙，继寓京庠，姑苏、金陵、两淮诸乡校，晨窗夜灯，不倦披阅。记事而提其要，纂言而钩其玄，独于花果草木尤全且备，所集凡四百余门。"他曾上书理宗，论恢复中原应为国家大计，言辞激烈，留中不报。遂专心著述，无意于仕禄。据现代学者考证，《全芳备祖》大约成书于理宗即位(1225 年)前后，付刻于"宝祐癸丑至丙辰间"(1253—1256)。[②] 是世界上最早的一部植物学辞典，比欧洲第一部内容简陋的植物学专著——柯达士的《植物史》(刊于 1561 年)早了三百多年。此书"独于花、果、草、木，尤全且备，所集凡四百门"，故称"全芳"；对每种花果草木的"事实、赋咏、乐赋，必稽其始"，故称"备祖"。全书分前后两集，前集二十七卷为花部，记述各种花卉。卷一为梅花，卷二为牡丹，卷三为芍药，著录花卉类植物一百二十八种。后集三十一卷，记述的是"果""卉""草""木""农桑"以及"蔬""药"等。其中，第一至九卷为果部，十至十二卷为卉部，十三卷为草部，十四至十九卷为木部，二十至二十二卷为农桑部，二十三至

① 〔宋〕陈仁玉：《菌谱》，文渊阁《四库全书》本。

② 董恺忱、范楚玉著：《中国科学技术史·农学卷》，科学出版社 2000 年版，第 427 页。

二十七卷为蔬部，二十八至三十一卷为药部，著录植物一百七十九种。每一部分又分为"事实祖""赋咏祖""乐府祖"三纲。"事实祖"下再分"碎录""纪要"和"杂著"三目；"赋咏祖"中又根据各体诗分成"五言散句""七言散句""五言散联""七言散联""五言古诗""七言古诗"等十七目。书中对所列的各种植物，在形态、分类、生态以及栽培上，都有极其详尽生动的描写，有助于我们进一步了解当时植物的研究水平，它代表了当时植物学研究的最高水平，是我们研究中国植物学、农学和科学技术史的重要参考书。

范成大《梅谱》，又名《范村梅谱》，成书于淳熙十三年（1186 年），是我国最早的一部有关梅花的专著。史载范成大晚年退居吴郡（今江苏苏州）石湖，于石湖玉雪坡"买王氏旧舍七十楹，尽拆除之，治为范村"。其中以其地三分之一艺梅栽菊。当时"吴下栽梅特盛，其品不一，今始尽得之，随所得为之谱，以遗好事者"。共 1 卷。书中记载了范成大苏州私家花园中的十二种梅花：江梅（又称直脚梅或野梅）、早梅、官栽梅、清梅、古梅、重叶梅、绿萼梅、百叶缃梅（又名黄香梅或千叶梅）、红梅、鸳鸯梅、杏梅、蜡梅。在书中，范成大对栽植、花叶、果实、开花迟早、嫁接技术都写得非常的得体。如对江梅、早梅的描写："遗核野生，不经栽接者。又名直脚梅，或谓之野梅。凡山间水滨，荒寒清绝之趣，皆此本也。花稍小而疏瘦有韵，香最清，实小而硬。""早梅，花胜直脚梅。吴中春晚，二月始烂漫，独此品于冬至前已开，故得早名。钱塘湖上亦有一种，尤开早。余尝重阳日亲折之，有'横枝对菊开'之句。"①如非亲自种艺，观察得细致周到，决不能写得如此生动形象。另外，范成大《桂海虞衡志》还记述了广东、南海、广西、云南、贵州地区的 100 多种动植物。

王灼，字海叔，号颐堂，遂宁（今属四川）人。《糖霜谱》是一部总结当时种蔗方法和制糖经验的科学著作。其书大约于绍兴元年至绍兴二十三年间（1131—1153）写成。全书分为七篇，《四库全书总目》评述道："惟首篇题《原委第一》，叙唐大历中邹和尚始创糖霜之事。自第二篇以下，则皆无标题。今以其文考之，第二篇言以蔗为糖始末，言糖浆始见《楚辞》，而蔗饴始见《三国志》。第三篇言种蔗，第四篇言造糖之器，第五篇言结霜之法，第六篇言糖霜或结或不结，似有运命，因及于宣和中供御诸事。第七篇则糖霜之性味及制食诸法也。"②即分别以原委、故事、种蔗方法、制糖器具、制作结果及成品的功用为对象，全面地叙述南宋以前蔗糖的历史和冰糖的制造工艺及其生产技术。从此书来看，南宋榨糖业的工艺流程已日趋科学合理。

赵汝砺《北苑别录》，补北宋熊蕃《宣和北苑贡茶录》之缺遗，详细地叙述了福建建阳

① 范成大：《梅谱》，载《范成大笔记六种》，中华书局 2002 年版，第 254 页。

② 〔清〕纪昀等：《钦定四库全书总目（整理本）》卷一一五《子部二十五·谱录类》，中华书局 1997 年版，上册，第 1539 页。

地区茶叶的开焙、采茶、拣茶、蒸茶、榨茶、研茶、造茶、过黄等环节的加工技术，是南宋茶书中最优秀的著作之一。

陆游《天彭牡丹谱》，共二千一百余字，仿北宋欧阳修的《洛阳牡丹记》的体例，记载了他在成都任官时曾去天彭观赏牡丹盛会时所见之牡丹。

宋代的菊谱，当以刘蒙所撰的《菊谱》为最早。他于崇宁三年(1104年)，在伊水之滨访问了植菊的隐士刘元孙，与刘元孙切磋菊花的名品和栽培技术，因牡丹、荔枝、茶皆有谱，而菊花尚无，便萌生撰菊谱之念。其书记载中州所产菊花，按花色分黄、白、杂三大类，共记35种菊花。在体例上，先记品名、别名，次记花、蕊、叶、枝形态和颜色，最后记产地、开花时节、名品特征。在他的带动下，南宋史正志、范成大、沈竞、胡融、马楫等一批文人也撰写了菊谱之类的著作。史正志归老姑苏(今苏州)，治圃栽菊，所撰《菊谱》记其所植菊二十七品。范成大于淳熙十三年(1186年)写的《菊谱》，所记菊花为三十六种。其书按刘蒙《菊谱》之体例，以颜色分类，亦为黄、白、杂色三类。特色是所记之菊皆为亲手所植，对花形、叶状、颜色深浅，以及其味甘苦、可否饮食、可否入药等，皆有非常细致生动的描述。嘉定六年(1213年)，沈竞成《菊名篇》，所录诸州御苑之菊有九十余品。淳祐三年(1243年)，建阳马楫撰成《晚香堂菊谱》，内记其所得菊花品种一百多种。而史铸于淳祐六年(1246年)撰成的《百菊集谱》成就最大，其书六卷，记菊花一百六十六种，可谓集两宋菊谱之大成。

在兰花谱录方面，由南宋赵时庚写成的《金漳兰谱》，为我国历史上最早的一本兰谱。据该书初刻本所载，作者自序写于绍定六年(1233年)。全书为三卷五篇：第一为“叙兰容质”，写所收品种的名称、颜色、花形、叶状、萼数、特点等；第二为“品兰高下”，品评兰花为何为人所钟爱，其可贵之处何在；第三为“天地爱养”，叙述天地之间，分为四时二十四节气，万物生长，收获必然与四时二十四气相合；第四为“坚性封植”，阐述植兰技术。第五为“灌溉得宜”；第六为“奥法”，分“分种法”“杂法”七条，是其植兰的特殊心得。[①] 紧随其后的是由嗜兰成癖的王贵学撰写的《王氏兰谱》，成书于淳祐七年(1247年)，也是一部学术价值很高的园艺著述。全书为五篇：第一为“品第之等，”他对兰花分出明确的等级；第二为“灌溉之候”；第三为“分拆之法”；第四为“泥沙之宜”；第五为名品兰花，分紫色和白色两类。紫色记述陈梦良、吴兰、赵十使等十六种；白色记述灶山、济老、惠知客等二十四种：总计四十种。对每种兰先品名，后颜色、萼数、干状、花形、叶貌，再次写所宜沙肥、性喜湿燥，也兼及出处与产地。[②] 这些记录都是作者通过实践和调查得来的宝贵经验，至今

① 〔宋〕赵时庚：《金漳兰谱》，文渊阁《四库全书》本，上海古籍出版社2003年版，第845册，第122—131页。

② 〔宋〕王贵学：《王氏兰谱》，载元陶宗仪编《说郛》卷一〇三上，文渊阁《四库全书》本。

仍有一定的指导意义。

在海棠类著作方面，南宋理宗时钱塘书商陈思所撰的《海棠谱》是其中的代表。其书三卷，上卷为“叙事”，记述历史上有关海棠之典故，一一标明出处。中卷记唐、宋诸家题咏。下卷涉及栽培技术。历阳（今安徽和县）沈立的《海棠记》是我国古代最早的一部关于海棠的专著。

除上述外，温州永嘉周去非的《岭外代答》记载了岭南地区的动植物。周必大《玉蕊辨证》、赵汝励《北苑别录》等，也是涵蕴丰富、独具贡献的园艺专著。《梦粱录》《岭外代答》等书也记载了南宋大量植物学方面的资料，颇具学术价值。毫无疑问，这些著作大大促进了中国古代动植物学的发展。

（十一）物候学

由于两宋时期南方农业生产的迅速发展，与其密切相关的物候学也获得了重大的突破。

南宋婺州金华（今属浙江）学者吕祖谦的《庚子·辛丑日记》，是世界上现存最早的凭实际观测获得的第一手物候记录。该日记从淳熙七年（1180 年）正月初一记起，到八年七月二十八日止。记有蜡梅、樱桃、杏、桃、紫荆、李、海棠、梨、蔷薇、蜀葵、萱草、莲、芙蓉、菊等 20 多种植物开花和第一次听到春禽、秋虫鸣叫的时间。不过他是按照阴历日期记载的，因此从时间上看，两年物候相差很大，在使用的时候应该注意①。由于古代保存下来的物候记录已经不多，所以这份物候资料十分宝贵，值得我们重视。

（十二）酿造和制盐技术

1. 酿造技术

两宋时期，中国的酿造学得到了飞速的发展。而代表这一时期水平的，是北宋朱肱所著的《北山酒经》。

朱肱的生平事迹，在《宋史》等书中只有片言只语，语焉不详，只知他著有《南阳活人书》《北山酒经》《内外景图》等书。而明董斯张《吴兴备志》卷一三《艺术征第八》却对其事迹有比较详细的记载，现摘录如下：

> 朱肱，吴兴人。进士登科。善论医，尤深于伤寒。在南阳时，太守盛次仲疾作，召肱视之。曰：“小柴胡汤证也。”请并进三服，至晚乃觉满。又视之，问所服药安在，取以视之，乃小柴胡散也。肱曰：“古人制㕮咀，谓剉如麻豆大，煮清汁饮之，名曰汤，所以入经络，攻病取快。今乃为散，滞在鬲上，所以胃满而病自如

① 自然科学史研究所主编：《中国古代科技成就》，中国青年出版社 1978 年版。

也。"因依法旋制，自煮以进二服，是夕遂安。因论经络之要，盛君立赞成书，盖潜心二十年，而《活人书》成。道君朝诣阙，投进得医学博士。肱之为此书，固精赡矣。尝过洪州，闻名医宋道方在焉，因携以就见。宋留肱款语，坐中指驳数十条，皆有考据，肱惘然自失，即日解舟去。由是观之，人之所学固异耶。将朱氏之书亦有所未尽耶，后之用此书者能审而慎择之，则善矣。

另从方勺《泊宅编》卷下和陈振孙《直斋书录解题》卷一三《南阳活人书》及其《北山酒经》的序等来看，朱肱(1050—1125)，字翼中，一作亦中，自号无求子、大隐翁，归安(今浙江湖州)人。元祐三年(1088年)进士及第，徽宗朝授医学博士，官至朝奉郎、直秘阁。政和五年(1115年)七月，因坐论东坡诗及元祐学术，被贬到达州。后以宫祠召还，遂急流勇退，隐居杭州大隐坊，人称大隐先生，他在这里酿酒著书，《北山酒经》一书便成书于此。

《北山酒经》是中国古代最为详细记载酿酒工艺和酿酒法的专著，在中国酿酒史上具有十分重要的地位。全书共三卷，上卷主要内容可以归纳为四个方面：一是阐述了酒的起源；二是阐述了酒的社会功能；三是阐述了他写酒经的缘由；四是详细介绍了当时的酿酒工艺。中卷详细阐述了制曲的理论和十三种曲的制作方法。下卷阐述酿造工艺理论，详细介绍了酿造的一般技术理论和不同酒类品种的具体制作方法。[①] 在书中，作者按制法不同，把曲分为罨曲、风曲、醵曲三类，共有十几种，即顿递祠祭曲、香泉曲、香桂曲、杏仁曲，以上罨曲；瑶泉曲、金波曲、滑台曲、豆花曲，以上风曲；玉友曲、白醪曲、小酒典、真一曲、莲子曲，以上醵曲。其中以小麦为原料的5种，用大米的3种，米麦混合的4种，麦豆混合的1种。这说明宋代在制曲原料方面与近代相似。

在制曲法方面，作者在记述玉友曲和白醪曲时谈到"以旧曲末逐个为衣""更以曲母遍身糁过为衣"，这样，曲中的微生物就能逐年传种，使小曲中根霉的糖化力特别强。在记述法曲时，书中还提及用酒花酿酒。在过去，人们往往认为中国人酿造啤酒时所使用的酒花起始于外国，其实不然，《北山酒经》中明确记载有"蛇麻"(即酒花)，这说明我国在宋代就已经开始使用酒花酿酒了[②]。

更有意义的是，《北山酒经·合酵》在制曲史上还提到了"干酵法"："其法用酒瓮正发醅，撇取面上浮米糁，控干。用曲末拌令湿匀，透风阴干，谓之干酵。"这种制干酵母菌的方法也是我国南方人发明的。另外，书中所载的用红曲酿酒，同样是我国古代劳动人民在利用和培养微生物方面的重大成就之一。《北山酒经》中"伤热则心红"就是红曲霉繁

① 李华瑞：《宋代酒的生产和征榷》第一章《宋代酿酒工艺理论的新发展》，河北大学出版社1995年版，第6—21页。

② 洪光住：《中国食品科技史稿》上册，中国商业出版社1984年版，第80页。

殖的结果，现在制红曲也还是用红曲糟作菌种。

至于酿造工艺，从《北山酒经》的记载来看，已经类似于近代绍兴酒的酿造法，这也从另一个侧面反映了当时高超的酿酒技术水平。

除朱肱的《北山酒经》外，两宋时期论述酿酒技术的重要文献当推苏轼的《东坡酒经》和北宋嘉州洪雅（今属四川）人田锡（941—1003）所著的《曲本草》。《曲本草》共1卷，介绍了15种曲酒的配曲、制造与性能，是我国最早介绍酒曲及各种曲酒的专书。《东坡酒经》则简明地介绍了北宋南方黄酒生产的工艺流程，也是一篇论述酿酒技术的重要文献。

值得一提的是，“二浙造酒，皆用石灰”①。两浙当然包括临安。据现代黄酒工艺学的知识，在发酵醪液压榨的前一天加入适量的石灰水，可以降低醪液的酸度，从而起到防止酒压榨后易酸败的作用。使用石灰，还能加速酒液的澄清。故时人云：“二浙造酒，非用灰则不澄而易败”；如果造酒没有使用石灰，“云无之则不清”。其使用方法，为“每醅一石，用石灰九两（作者按：约0.5%）”。② 可见宋代在使用石灰处理黄酒酸败现象，特别是在掌握醪量与石灰用量的比例关系方面，已达到了相当高的水平。这是黄酒生产取得显著进步的反映。③

2. 制盐技术

宋代的制盐技术，比往昔有了许多重要的发展，其中主要一项便是海盐生产技术的巨大进步。据郭正忠研究，宋代海盐生产技术的进步体现在以下几个方面：一是取卤技术与引潮工程；二是验卤和煮卤技术；三是晒盐。④

宋代《重修政和本草》中的海盐生产图

① 〔宋〕庄绰：《鸡肋编》卷下，中华书局1983年版，第94页。

② 〔宋〕庄绰：《鸡肋编》卷上，中华书局1983年版，第16—17页。

③ 葛金芳：《南宋手工业史》，人民出版社2008年版，第394页。

④ 郭正忠：《宋代盐业经济史》第一章《宋代食盐的生产技术》，人民出版社1990年版。以下相关部分大多参考此书，特此说明。

(1)取卤技术与引潮工程。取卤方法，在宋代有刮咸淋卤法（包括晒沙淋卤法）、晒灰取卤法、海潮积卤法三种。这三种方法均在南宋盐场中使用。其中，刮咸淋卤法在常棠的《澉水志》中曾有记述："倚海筑场，刮壤聚土，暴曦钓咸，漏窍沥卤，三日功成。"[①]晒灰取卤法在临安盐场中也可见到。所谓"晒灰"，也叫"淋灰"，它包括开场、摊灰、灌灰、晒灰、淋灰等五道工序。赵彦卫《云麓漫钞》卷二曾简略记述了这种方法："淮浙煎盐，布灰于地，引海水灌之，遇东南风，一宿盐上聚灰，曝干。凿地以水淋灰，谓之盐卤。"这一点从稍后出版的《熬波图》中得到了证实："灰，乃坺内淋过卤水残灰，及柈内半灭不过、带性生灰。……摊灰所晒咸灰，须日添生灰，刺合为母。当烧火时，扒出柈肚生灰半灭不过者，以水浇泼存性。"[②]海潮积卤法同样存在于南宋各地的盐场中，其法如北宋元丰初年卢秉提点刑狱会朝廷议盐法时就曾谓曰：

> 自钱塘县杨村场，上流接睦、歙等州，与越州钱清场等，水势稍淡，以六分为额；杨村下接仁和县汤村，为七分；盐官场，为八分。并海而东，为越州余姚县石堰场、明州慈溪县鸣鹤场，皆九分。至岱山、昌国，又东南为温州双穗、南天富、北天富场，十分。著为定数。盖自岱山及二天富，皆取海水炼盐，所谓熬波者也。自鸣鹤西南及汤村，则刮碱以淋卤，以分计之，十得六七而已。盐官、汤村用铁盘，故盐色青白，而盐官盐色或少黑，由晒灰故也。杨村及钱清场织竹为盘，涂以石灰，故色少黄。竹势不及铁则黄色为嫩，青白为上色，黑即多卤，或有泥石，不宜久停。石堰以东，虽用竹盘，而盐色尤白，以近海水咸故尔。后来法虽少变，公私所便，大抵不易卢法。且水性以润下为咸，其势不少折，则终不可成盐。安邑盐池，以浊河曲折，故因终南山南风以成。若明、越、温、杭、秀、泰、沧等州，为海水隈奥曲折，故可成盐。其数亦不等，惟隈奥多处则盐多，故二浙产盐尤盛他路。自温州界东南止闽、广，盐升五钱，比浙贱数倍。盖以东南最逼海，润下之势既如此，故可以为咸，不必曲折也。[③]

郭正忠认为，方勺《泊宅编》卷三所说的"取海水炼盐"，"大抵也就是海潮积卤法"。

在这一时期，盐民们还发展出用芦管引卤和竹管接卤技术，效率比过去更高了。《淳熙三山志》引《福清盐埕经》云：

① 〔宋〕常棠：《澉水志》卷下《碑记门·鲍郎场政绩记》，《宋元方志丛刊》本，中华书局1990年版，第5册，第4675页。

② 据盐史专家郭正忠的考证，《熬波图》的原作者是一个"名守义、号鹤山"的人，姓瞿或姓唐，出身于南宋高宗建炎年间(1127—1130)浙西的一个盐官世家；而宋人陈华的《通州煮海录》又是《熬波图》的某种前身。据此郭正忠先生推断，《熬波图》总结的是宋代盐民的生产技术。[参见郭正忠《宋代海盐生产技术的巨大进步——兼考(熬波图)的作者、时代与前身》，《浙江学刊》1985年第4期。]

③ 〔宋〕方勺：《泊宅编》卷三，中华书局1983年版，第14页。

海水有咸卤，潮水而过埕地，则卤归土中，潮退日曝至生白花，取以淋卤。方潮未至，先耕埕地，使上虚而受信。既过刮起，堆聚、用车脾担辇致墩头，掘土而窟，名为漏埳。又土筑实，用茅蕉底，满贮土信，取咸水淋之，堆实则取卤必咸。旁用芦管引入卤柏，柏在漏埳之下，掘土为窟以受卤，茅土覆之，取鸡子或桃仁置卤中，则卤咸可煎。筑土为斛畎在官旁，以竹管接之，旋盘如畎浍之流，盘以竹篾织，用蛎灰涂，复织釜墙以围绕，亦坚以蛎灰盖，益以受卤也。大盘一日夜煎二百斤，小盘一百五十斤，今福清长乐县见有盐户连江罗源宁德长溪边海旧亦各有盐额。①

需要指出的是，南宋时的盐民经常从事开港凿河、筑捺坝堰、疏浚潮沟等劳动。他们利用“月河”“候取远汛”，以及旱季“用水车逐级接高，车戽咸潮入港”来工作。“成云举万锸，落地连千锹，水性元润下，满沟来滔滔”；“滔滔车腹水逆行，辊辊车声雷大作。能消几部旱龙骨，翻得阳侯波欲涸”等诗②，正反映了他们向大海索取盐卤的斗争和气魄。

(2)验卤和煮卤技术。南宋的验卤方法，是用石莲试卤法，即将一定数量的石莲置于卤水中，观察它们的浮沉状态，以测定卤水的咸淡。这种方法早在北宋时就已经在杭州出现了。据《江邻几杂志》载：左丞吴春卿初任临安日，捕到盗卖私盐的人，遂召铺户检验，“外界官盐则刑轻，私盐则刑重。患为铺户所欺，列于庭下，各取数纸裹之，外用帖子题记，置案上。分铺户作两番，去帖隔验之，然后绝欺弊。始靳其验法，细诘之，乃肯道云：‘煮盐用莲子为候。十莲者，官盐也；五莲以下卤水漓，为私盐也。私盐色红白，烧稻灰染其色以效官盐。’于是，嗅以辨之。”③到南宋时，这一技术更加成熟、更加先进了。陈椿《熬波图》卷下便记载了南宋后期浙西一带比较先进的验卤技术：

管莲之法，采石莲，先于淤泥内浸过，用四等卤，分浸四处。最咸曲卤，浸一处(第一等)；三分卤浸一分水，浸一处(第二等)；一半水一半卤，浸一处(第三等)；一分卤浸二分水，浸一处(第四等)。后用一竹管，盛此四等所浸莲子四，放于竹管内。上用竹丝隔定竹管口，不令莲子漾出。以莲管汲卤试之，视四管莲子之浮沉，以别卤咸淡之等。

当时的“会稽亭户煎盐法”，明确记载了当地使用石莲验卤法：

以海潮沃沙，暴日中，日将夕刮碱，聚而苫之，明日又沃而暴之，如是五六日，乃淋咸取卤。然后试以莲子，每用竹筒一枚，长二寸，取老硬石莲五枚纳卤

① 〔宋〕梁克家：《淳熙三山志》卷四一《土俗类·物产·货》，《宋元方志丛刊》，中华书局1990年版，第8册，第8252页。

② 〔宋〕陈椿：《熬波图》卷上，文渊阁《四库全书》本。

③ 载《宋元笔记小说大观》第1册，上海古籍出版社2003年版，第593页。

筒中，一二莲浮或俱不浮，则卤薄不堪用，谓之退卤。莲子取其浮而直，若三莲浮，则卤将成，四五莲浮则卤成可用，谓之足莲卤或谓之头卤。然石莲试以卤，取最后升者为足莲，足莲乃可验卤，有无足莲者，必借人已验莲卤。较莲之轻重为之，然后为审（原注：闽中之法以鸡子、桃仁试之，卤味重即正浮在上，卤薄则二物侧浮，与此相类）。[①]

郭正忠评价说："宋代海滨验卤技术的进步，主要反映在石莲验卤法的普及与改善方面。从北宋初的十枚莲子'半浮半收盐'标准，到南宋初的十枚莲子取七浮的'七分卤'，这是淮东验卤规格的重大改进。南宋初浙东越州用五枚'老硬''足莲'，以四五枚直浮者为'足卤'，其浓度标准又更高些，至宋元之交浙西采用'莲管汲卤试'检，几乎已达到古代验卤技术的顶峰。"[②]这是一个十分公允的评价。

煮卤是制取海盐的最后一道工序，包括制作盐盆、砌灶装盘、贮运干柴、输卤入盘、起火煎炼、皂角结盐、收盐伏火等一系列的工作。从文献记载来看，南宋后期浙西一带盛行竹筒泻卤技术，如《熬波图》卷下载"上卤煎盐"曰：

柈面装泥已完，卤丁轮定柈（盘）次上卤，用上竹管相接于（卤）池边缸头内，将浣料舀卤，自竹管内流放上柈（盘）。卤池稍远者，愈添竹管引之。

另从《熬波图》卷下所载可知，南宋后期浙西一带还采用了"捞洒撩盐"和连续添卤技术。所谓"捞洒撩盐"，就是将盘中将成的盐，不断"捞漉"到"撩床""竹篾"上，使之沥去卤水，成为干盐。所谓连续添卤技术，就是在"捞洒撩盐"的同时，不断地将生卤添入盘中，而不住火，这样，"昼夜出盐不息"，比一昼夜一伏火"烧干出盐"，"倍省功力"。

（3）晒盐技术。据郭正忠考证，中国古代的海盐晒制技术并非始见于明代，而是创行于宋末元初。当时的两浙和福建沿海地区就出现了晒盐的事。大体上说，宋元之际的海盐晒制技术，主要有两道工序：一是制卤，二是晒盐。其制卤工序，一如煎煮前的取卤。其晒盐工序，包括砌筑石盘或沙埕及引放卤水等。[③]

（十三）医学

两宋时期，中国医学进入了一个全面发展的新阶段。南方学者对此做出了卓越的贡献，在医学理论、临症各科的诊断治疗，以至本草、局方等方面都取得了重大的成就。

1. 医学理论

宋代学者在医学理论上的成就，主要体现在对《伤寒论》的研究上。北宋蕲水（今属

① 《嘉泰会稽志》卷一七《盐》，《宋元方志丛刊》本，中华书局1990年版，第7册，第7046页。
② 郭正忠：《宋代盐业经济史》第一章《宋代食盐的生产技术》，人民出版社1990年版。
③ 郭正忠：《宋代盐业经济史》第一章《宋代食盐的生产技术》，人民出版社1990年版。

湖北）庞安时（1042—1099）《伤寒总病论》和湖州朱肱《南阳活人书》二书代表了两宋时期的《伤寒论》研究水平。《伤寒总病论》共 7 卷，首论六经，以次论及汗、吐、下、温、灸诸法，以及结胸、痞气、阴阳毒、孤惑、百合病等杂病，再次则论述时行、暑病、寒疫、温病及小儿伤寒、妊娠伤寒等。在书中，他对《伤寒论》发挥甚多，从病因、发病入手，并结合体质、气候、地理等条件进行探讨，提出许多真知灼见。他提出的“勇者则气行则已，怯者则著而成病”的论点，颇有辩证法思想的成分。他提出的传染性疾病的预防与区别治疗的思想，也是医学认识上的一大突破。这些理论对后世温病学派的形成以及伤寒学派的发展都起了重要的作用。《南阳活人书》共为 20 卷，分为四个部分，首论经络、切脉、表里、阴阳等，以问答形式阐发张仲景《伤寒论》奥义；其次按《伤寒论》以方辨证伤寒、温热、暑、湿等症候；再次用《千金》《外台》等书论述有关伤寒治例；又次论述妇人、小儿伤寒及疮疹。综观其书，朱肱学术思想多宗张仲景学说，然而他认为“仲景证多而药少”，故在治疗上采取汉以后方药以补《伤寒论》之所未及。因此清代医学家徐大椿称赞道：“宋人之书，能发明《伤寒论》，使人有所执持而易晓，大有功于仲景者，《活人书》为第一。”①

除上述两人外，真州白沙（今江苏仪征）许叔微（1073—1154）对《伤寒论》也多有发明，著称于世。他著有《伤寒发微论》2 卷、《伤寒百证歌》5 卷和《伤寒九十论》等医书，对张仲景辨证论治的理论做了进一步的阐发验证和补充。《伤寒发微论》上卷列举并阐释了伤寒七十二证，桂枝汤用赤白芍药不同等八论；下卷论表里虚实，涉及桂枝、肉枝、滑脉、大黄等十四论，强调辨证的重要，并重视脾肾关系，认为补脾必须补肾，以肾为本。《伤寒百证歌》“取仲景方论编成歌诀一百证”，以便后学之诵习。因而该书对《伤寒论》辨证论治精神的普及方面，不论在当时或以后，都有较大影响。《伤寒九十论》均为许氏所治病例心得体会的记载，其论述也相当精审。

2. 本草学

两宋时期的本草学，除北宋政府组织编修的《嘉祐本草》外，当推北宋蜀州晋原（今四川崇庆）人唐慎微编修的《经史证类备急本草》（简称《证类本草》）和北宋四川阆中陈承《重广补注神农本草》二书。《证类本草》共 32 卷，60 多万字，共收药物 1746 种，其中有 628 种是前代本草书中未曾记载的。每药附图，有单方 3000 余首，方论 1000 余首。它不仅集宋代以前和当时本草学之大成，而且还记载了药物性能功效、应用方法、药物来源、栽培驯养、药材鉴别、炮炙制剂等方面的知识，将我国本草学推向了一个新的高度。因此问世后影响极大。李约瑟认为：“十二三世纪的《大观经史证类本草》的某些版本，要比十

① 〔清〕徐大椿：《医学源流论》卷下《〈活人书〉论》，清乾隆二十二年刻本。

五和十六世纪早期欧洲的植物学著作高明得多。”①

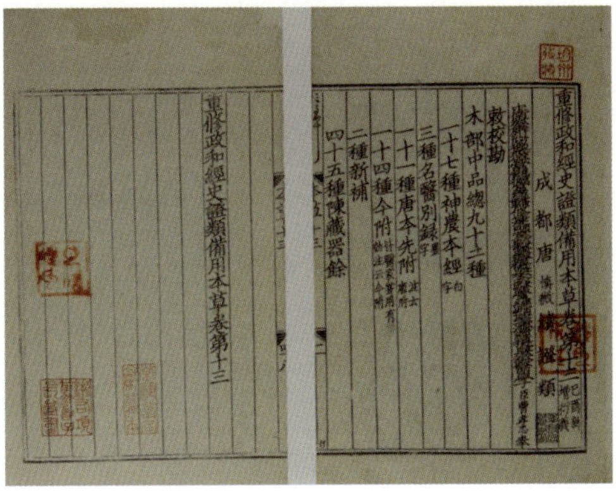

宋唐慎微撰《重修政和经史证类备用本草》(蒙古定宗四年平阳张存惠晦明轩刻本)

陈衍《本草折衷》和王介《履巉岩本草》两书，是南宋较为重要的两本本草学著作。

陈衍(1190—1257)，字万卿，自号丹丘隐者，黄岩(今属浙江)人。他著的《本草折衷》二十卷，是南宋最著名的一部本草学专著。该书分总论与各论两部分。总论分门别类阐发本草学的重要论题，内容包括南宋各家的本草序例及议论，有的地方还附有作者的批注。各论部分则按序分类讲述每一种药物的别名、产地、采集的情况，并在正文内容中首列药物的性味功效、炮制、形态鉴别和应用。全书损益得当，条理清晰，阐述透彻，考证精详，义例严谨，是一部具有实用价值的本草学专著，代表了南宋药物学研究的最高水平。

王介，字圣与，号默庵，大约生活于十二世纪末至十三世纪初，祖籍琅玡(今山东临沂境内)人，晚年移居临安(今浙江杭州)皇城郊外慈云岭西。据文献记载，其在庆元间(1195—1200)曾任内官太尉，擅长绘画，“善作人物山水，似马远、夏珪，亦能梅兰”②。他著的《履巉岩本草》是南宋时期的一部地方性本草著作，主要记载临安慈云岭一带的药用植物，与陈衍的《本草折衷》一书齐名，为这一时期较重要的本草学著作；同时，它也是我国历史上最早的一部具有彩图的本草专著。该书分上中下三卷，共收药二百零六味。一药一图，先图后文，末加分类，而常用药物多列在前面，记载了性味、功能、单方及别名，内容或取自其他本草书，或采自民间验方。药物多为民间常用，药图大多彩绘精美，具有药物从俗、简便实用的特点。在书中，王介认为，药物“产类万浓，风土异化”，真伪难辨，又不能一一鉴别。因此，他对住地周围的药草进行了详细的调查，以为“其间草可药者极

① 《大观经史证类备急本草》由通仕郎艾晟在宋徽宗大观二年(1108 年)，根据唐慎微《证类本草》改编而成；李约瑟：《中国科学技术史》第 1 卷第 1 分册《导论》第六章，科学出版社 2006 年版，第 289 页。

② 〔元〕夏文彦：《图绘宝鉴》卷四《宋・王介》，韩放主校点《历代名画记》附，京华出版社 2000 年版，第 272 页。

多，能辨其名及用者，仅二百件”。嘉定十三年（1220年），他将收录的草药编绘成书，因所住的山中有堂，曰“履巉岩”，故以其作为书名。①

3. 临症医学

在内科方面，两宋时期的南方出现了大量私人汇集的方书，如苏轼和沈括合编的《苏沈良方》10卷，四川眉州人史载之《史载之方》2卷，饶州鄱阳（今属江西）人洪遵《洪氏集验方》5卷，真州（治今江苏仪征）白沙人许叔微《普济本事方》，湘麓人朱佐《类编朱氏集验医方》等，都著称于时。其中，许叔微《普济本事方》是作者“漫集已试之方及所得心意，录以传远”的著作，选方甚精，在后世久行不绝，影响极大。此后，南宋官修方书有《太平惠民和剂局方》，私修方书有严用和《济生方》、许叔微《普济本事方》、吴彦夔《传信适用方》、张锐《鸡峰备急方》、张杲《医说》、王硕《易简方》等。其中，《太平惠民和剂局方》是在北宋《和剂局方》的基础上扩编而成的。此书补充了南宋绍兴、宝庆、淳祐年间的局方暨吴直阁诸局方，分谙风、伤寒、痰饮、诸虚等十四门，共载有七百八十八方。在每方之后，详列主治证候，内容广博，收采详备，是当时流行最广、最重要的一部方书，对后世影响很大，造成以成药治病的风气。元代著名医学家朱震亨在《局方发挥》一书中评价说：“《和剂局方》之为书也，可以据证检方，即方用药，不必求医，不必修制，寻赎见成丸散，病痛便可安痊。……自宋迄今，官府守之以为法，医门传之以为业，病者持之以立命，世人习之以成俗。”

严用和《济生方》，是一部颇具实用价值的方书。“严氏《济生方》之药，不泛不繁，用之辄有功，盖严师于刘，其方乃平日所尝试而验者也。”其书分门别类，条列甚备，皆立论于前，而以所处诸方次列于后。内容丰富，立论独特。自序称：“论治凡八十，制方凡四百，总为十卷。用之十五年，收效甚多，因锓梓以传。”《钦定四库全书总目》评论说：“书中议论平正，条分缕析，往往深中肯綮。”②如《论补益》云：“药惟平补，柔而不僭，专而不杂。间有药用群队，必使刚柔相济，佐使合宜。”又云：“用药在乎稳重。”《论咳嗽》云：“今人治咳，喜用伤脾之剂，服之未见其效，谷气先有所损。”《论吐衄》云：“寒凉之剂不宜过进。”“诸方备列，参而用之，盖其用药主于小心畏慎。虽不善学之，亦可以模棱贻误，然用意谨严，固可与张从正、刘完素诸家互相调剂云。”③

许叔微《普济本事方》，十卷，分二十三门，载方三百余。每方首列主治、方名及药味

① 以上参见李士禾等编《历代名医传略》，黑龙江科学技术出版社1985年版，第71页。

② 〔清〕纪昀等：《钦定四库全书总目（整理本）》卷一〇三《子部十三·医家类一·济生方八卷》，中华书局1997年版，上册，第1347页。

③ 〔清〕纪昀等：《钦定四库全书总目（整理本）》卷一〇三《子部十三·医家类一·济生方八卷》，中华书局1997年版，上册，第1347—1348页。

分量，次录治法、服法，后附病例，并加详述。书后列有“制药制度总例”七十余条，便于实际运用，是中国历史上一部比较完备的方剂专书。

此外，吴彦夔《传信适用方》、张锐《鸡峰备急方》、张杲《医说》、王硕《易简方》等书也都受到后世医家的重视和好评。

在临症医学方面，南宋医家也取得了重大突破。青田（今属浙江）人陈言依据张仲景病因理论写成的《三因极一病证方论》一书，是病因学的代表作。该书共十八卷，分一百八十一门，选录方剂一千五百余首，综述脉法，诊例，内、外、妇、儿、五官各科。前述证候、病因，后列方药。在书中，作者将复杂的疾病按病源分为内因七情（喜、怒、忧、思、悲、恐、惊），外因六淫（风、寒、暑、湿、燥、热）和不内外因三大类，对后世的病因病理学产生过重要的影响。①《钦定四库全书总目》评论说：“每类有论有方，文词典雅而理致简赅，非他家鄙俚冗杂之比。”②

在外科学方面，取得重大成就。福建泉州人李迅《集验背疽方》、东轩居士《卫济宝书》、江西临川人陈自明《外科精要》等书便是其中的代表。

李迅，字嗣立，福建泉州人。他是南宋著名的外科学家。庆元二年（1196 年），他编成《集验背疽方》一书。该书共一卷，五十三条，每条前面首冠以论说，次载证候虚实、治疗节度，均辨析精详。正如作者指出，发疽有内外之别，外发虽剧而易治，内发虽缓而难治。在方剂方面，该书所列的内补十宣散、五香连翘汤、忍条丸方等，都是当时外科中简便有效的方剂，很受平民百姓的欢迎。

魏泰，号东轩居士，生平事迹不详，南宋医学家。乾道六年（1170 年），他曾将家藏的痈疽方论二十二篇，集辑为《卫济宝书》二卷。上卷论述痈疽中的癌、瘭、疽、痼、痈，下卷论述方药，后附妇女乳痈。作者剖析精微，论述精到。如他首先用“癌”字为病名，并较准确地描述出肿瘤的形状特征：“癌疾初发却无头绪”；乳癌“四十岁以上十愈四五，若腐漏者三年死”等等。此外，作者于药物修制、针灸宜忌等方面也记述颇详，且附有外科图说，对后世外科的发展颇有影响。《四库全书总目》评论说：“而剖析精微，深中奥妙，非实有所师授者不能。其后胪列诸方，附以图说，于药物之修制，针灸之利害，抉摘无遗，多后来医流所未见。”③

陈自明（约 1190—1270），字良甫（一作良父），抚州临川（今属江西）人。他在外科学

① 〔宋〕陈言：《三因极一病证方论》，人民卫生出版社 1983 年版。

② 〔清〕纪昀等：《钦定四库全书总目（整理本）》卷一〇三《子部十三 · 医家类一 · 三因极一病证方论》，中华书局 1997 年版，上册，第 1347 页。

③ 〔清〕纪昀等：《钦定四库全书总目（整理本）》一〇三《子部十三 · 医家类一 · 卫济宝书》，中华书局 1997 年版，第 1345 页。

上的成就，集中于《外科精要》一书上。该书于景定四年（1263 年）写成，共三卷，五十四篇，着重论述痈疽。卷上，选录前代医家有关痈疽的病因、病机、诊断、治法及方药的论述。卷中，论痈疽的形证逆顺、护理及禁忌。卷下，论述痈疽的变症、治法及后期调理。在书中，作者认为治疗痈疽一定要首先分清是痈是疽，是虚是实，是冷是热，是轻是重，然后对症用药，并指出痈疽虽是外症而与内脏密切相关。这种"合内外之道"、从整体观念出发的治疗思想，表明南宋时期的外科学在前代基础上又有了长足的进步，它在外科治疗上的临床应用和发挥具有十分重要的意义。

在使用麻醉药物上，南宋同样取得了显著的成就。如窦材在绍兴十六年（1146 年）所著的《扁鹊心书》中就记载了当时医家用曼陀罗花配成麻醉剂——"睡圣散"，颇为后人注重。

在妇产科方面，北宋眉州青神（今属四川）人杨退修的《十产论》，贡献极大。该书详细地论述了正产、伤产、横产、催产、冻产、热产、偏产、碍产、坐产、倒产、盘肠产等 11 项育产方式，同时该书还记载了使胎位转正的各种外科手法。这是中国医学史上第一部较详细的助产学专著。

南宋江西临川医学家陈自明（1190—1270）所撰的《妇人大全良方》一书，代表了宋代妇科学的最高水平。该书于嘉熙元年（1237 年）编成，共二十四卷，分八门，其中调经、众疾、求嗣三门属妇科，胎教、妊娠、坐月、产难、产后五门属产科。每门各附数十症，总计二百六十余论，另附有方剂和医案。概括地说，该书着重论述了妇女的经、胎、产、带、杂病五个部分的内容，是当时最完善的妇产科专著，代表着有宋一代的妇产科水平。风行 400 余年，直到明代王肯堂著《女科证治准绳》，仍以此书作为蓝本。①

福建长乐朱瑞章于淳熙十一年（1184 年）编撰的《卫生家宝产科备要》八卷，该书汇集南宋以前有关产科医学著述，结合朱氏临床经验编辑而成，也是宋代比较重要的妇产科专著。卷一为产图，叙述产前、产后对产妇的保养之法；卷二为孙真人养胎论和徐之才逐月养胎方，讲述对胎儿的养护之法；卷三为妊娠、产后疾病，论述妊娠之初恶阻、胎动不安和产后疾病的治疗与调养；卷四记载李师圣、郭稽中《产育宝庆方》，临产的妇婴护养和新生婴儿的疾病防治；卷五为难产药方和妊娠禁忌药物；卷六为虞氏《备产济用方》、许学士产科方等产科方药；卷七论述胎孕、产前、产后诸方的运用等；卷八为形初保育，论述新生婴儿的保养等。

齐仲甫的《女科百问》（又名《产宝百问》），同样是南宋一部综合性的妇科医著。齐仲

① 〔清〕纪昀等：《钦定四库全书总目（整理本）》卷一〇三《子部十三·医家类一·妇人大全良方》，中华书局 1997 年版，第 1345 页。

甫，号纳斋，生当光宗、宁宗年间，曾任太医局教授，主管妇产科医事。嘉定十三年(1220年)，鉴于南宋以前妇产科专书甚少，集众方设问答，编成此书。全书共两卷，设有一百个问题。上卷五十问主要解答妇女生理、病理、经候、带下诸疾的证治；下卷五十问主要论述妊娠、胎产、产后病证及其治疗方药。全书以问为目，以答述论，论后附方，颇多新见。①

除上述四种外，这一时期长江流域妇产科医书传世者还甚多，如：陈先编撰的《妇科秘兰全书》，一卷，成书于乾道元年(1165年)；郑春敷编写的《女科济阴要语万金方》，二卷，成书于乾道元年(1165年)；薛辛撰写的《女科万金方》，一卷，成书于咸淳元年(1265年)；薛辛著《薛氏济阴万金书》，三卷，成书于咸淳元年(1265年)；薛辛著《家传产后歌诀治验录》，不分卷，成书于祥兴二年(1279年)；薛辛著《妇科胎产问答要旨》，二卷，约成书于咸淳、祥兴年间(1265—1279)。齐仲甫编撰的《产宝杂录》，不分卷，成书于祥兴二年。②

在儿科方面，南宋较为重要的儿科学著作有无名氏《小儿卫生总微论方》(又名《保幼大全》)、刘昉《幼幼新书》等。

刘昉(?—1150)，字方明，潮阳(今广东潮阳)人。绍兴年间(1137—1161)任漳州知州，兼荆湖南路安抚使。喜爱医术，注重儿科，平日收访儿科古方和验方，与友人王历、王湜编成《幼幼新书》。全书四十卷，五百四十七门，汇集了宋以前在儿科学方面所取得的成就，是我国历史上较早的一部比较系统、全面的儿科学著作。其中，卷一至三为总论，叙述嗣子，婴儿调理、诊断、用药之特点；卷四至五论婴儿常见病治疗；卷六论婴儿先天缺陷、发育不良诸症；卷七至十二论狂、惊、痫、忤等精神方面诸病；卷十三至十七论风寒、时气、咳嗽、疟疾诸病；卷十八论斑疹、麻痘各症；卷十九至二十二论痰、汗、疸、热、寒逆、症积各症；卷二十三至二十六论疳症；卷二十七至三十论霍乱、泻痢、血症、痔漏、淋病等；卷三十一至三十二论各类寄生虫病、疝瘕、水饮症；卷三十三至三十四论五官科诸症；卷三十五至三十九论疮疥、痈疽、丹毒、外伤等；卷四十为各种方药。全书收载各类医书幼儿医方一万四千二百七十五首，拾遗方三十五首，附草药一百九十七味，共收医籍一百四十余家，选儿科医论八十一种，阐述儿科疾病三百余种。③ 内容涉及婴幼儿的先天性疾病，初生儿的保育和护理，以及儿科各种疾病的证候与治疗、药物方剂等方面，其中对小儿惊症、痫症、麻疹、痘疹、疳症等重病的诊治方法叙述得非常详尽。由于该书取材广博，保存了中国古代儿科八十一家医论，所以颇具史料价值。

无名氏《小儿卫生总微论方》(又名《保幼大全》)，共载证论一百零八条，方剂一千四

① 此书有1936年世界医书局刊印的《珍本医术集成》本。
② 管成学:《南宋科技史》，人民出版社2009年版，第166—167页。
③ 管成学:《南宋科技史》，人民出版社2009年版，第167页。

百余首。书中对病因病机、证候归类、治则方药，论述详而有绪。自初生至成童，临床各科无不论治，可谓集南宋以前儿科之大成，全面论述了小儿生理、病理、诊断、治疗、预防、护理等问题。《钦定四库全书总目》评论说："是书详载各证，如梗舌、鳞疮之类，悉近时医术所未备。其议论亦笃实明晰，无明以来诸医家党同伐异、自立门户之习，诚保婴之要书也。"①

陈文中《陈氏小儿病源方论》成书于宝祐二年（1254 年），全书四卷，载医论四十三篇，望诊图六幅，歌诀三首，方药十六则。卷一为"养子真诀"和"小儿蒸候"，主要论述小儿的保养和发育。卷二为"形证门"和"面目形图"，主要论述三关指纹和面部形色，附有望诊图，按图论证。卷三为"惊风门"，并附药方，分论惊风各证。卷四为"惊风引证"和"痘疮引证"，列举惊风及小儿痘疮治验病案十八例。此书继《颅囟经》和北宋钱乙《小儿药证直诀》之后，继承了两书的儿科成就。根据小儿生理病理特点，以辨证为纲，分析小儿病源，说明症状，提出治则和方药，故名《陈氏小儿病源方论》。②

4. 针灸学

两宋时期，是中国针灸医学的极盛时期，南方的针灸学有了进一步的发展，王执中、闻人耆年便是宋代针灸学家的代表。

王执中，字叔权，瑞安（今属浙江温州）人。著有《针灸资生经》七卷。该书总结了宋朝以前《素问》《甲乙》《千金》《陆氏集验方》《明堂上下经》等医书的针灸学成果及民间散在的针灸临床经验，并阐述了王氏在经穴上的心得和体会，从而为后世研究经络针灸学说提供了极其宝贵的历史资料，堪称南宋针灸医学的代表作。《四库全书总目提要》评论说："经纬相资，各有条理，颇为明白易晓。"③

闻人耆年，槜李（今浙江嘉兴）人。其生平不详。宝庆二年（1226 年），著有《备急灸法》（又名《备急灸方》）一卷。此书荟萃了《肘后备急方》《千金方》《随身备急方》《延龄至宝方》等书中诸发、肠痈、附骨疽、皮肤中毒风、卒暴心痛、转胞、小便不通、霍乱、转筋、风牙痛、精魅鬼神所淫、夜魇不寤、卒忤死、溺水、自缢、急喉痹、鼻衄、妇人难产、小肠气、一切蛇伤、犬咬、狂犬咬毒等二十二种急性病症的灸法疗法。为了便于应用，并附图十七幅，使初学者可以按图取穴。

此外，庄绰的《灸膏肓腧穴法》（《膏肓灸法》）也有功于针灸学。作者在书中详细地考

① 〔清〕纪昀等：《钦定四库全书总目（整理本）》卷一〇三《子部十三・医家类一・小儿卫生总微论方》，中华书局 1997 年版，第 1343 页。

② 管成学：《南宋科技史》，人民出版社 2009 年版，第 167—169 页。

③ 〔清〕纪昀等：《钦定四库全书总目（整理本）》卷一〇三《子部十三・医家类一・针灸资生经》，中华书局 1997 年版，第 1345 页。

证了历代医经中有关灸膏肓腧穴法的同异，并记载了自己的亲身体验，自量寸以至补养方法，从而展示了当时出现的不同流派的灸膏肓腧穴法，有助于促进南宋针灸学的发展。

5. 法医学和解剖学

在法医学方面，从《礼记·月令》等文献的记载来看，我国法医学早在先秦时期就已经开始萌芽了。到宋代，特别是南宋，法医知识更是有了突飞猛进的发展，出现了郑克《折狱龟鉴》、桂万荣《棠阴比事》、赵逸斋《平冤录》、郑兴裔《检验格目》等一批法医检验的著作。淳祐七年(1247年)宋慈《洗冤集录》一书的问世，则标志着我国古代法医学的创立。它不仅是我国历史上第一部比较系统的法医学著作，而且也是世界上最早的法医学著作，它比西方最早的同类著作——意大利医生费德罗(FortunotoFedclo 1550—1630)的《医生的报告》(*DeRclationlucMedicorum*)还早三百五十多年。[1]

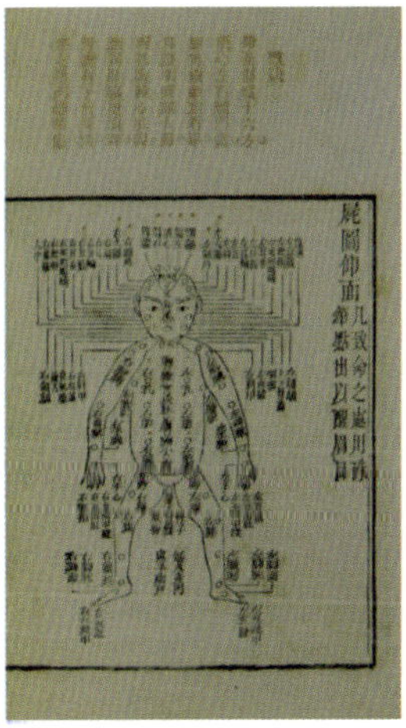

宋慈《洗冤录》书影[2]

宋慈(1186—1249)，字惠父，福建建阳人。曾在二十多年的官宦生涯中四任提点刑狱官，从而使他积累了丰富的法医检验经验。宋理宗淳祐七年(1247年)，他根据《内恕录》等数种法医专著的论述，并结合自己的审案检查经验，撰成《洗冤集录》一书。全书共五卷，五十三节，载尸体检查经验二百五十余条。其中，卷一载条令和总说，卷二载验尸，卷三至卷五备载各种伤、死的情况。它详细地记述了人体解剖、尸体检验、现场勘察、死伤原因鉴定、各种非正常死亡现象(如自缢、溺死、火死、毒死、杖死等)以及尸体变化的特征、各种毒物和急救、解毒的方法等，内容十分广泛。书末附有各种救死方法。在验尸的方法上颇有独到之处。验尸前，先用皂角水把尸体洗净，然后再用酒糟、五倍子、热米醋、白梅等洗罨伤痕局部，这样处埋后，可以便于观察和检验尸体。另外，该书记载的人工呼吸法、夹板固定伤断部位、迎日隔伞验伤，以及银针验毒、煤气中毒、明矾蛋白解砒毒等等，都合乎科学道理。而作者在书中记载的“滴血辨亲”，更是我国历史上最早的血型概念的记录。由于《洗冤集录》一书内容丰富，论述切实可用，因此自问世以来一直颇受人们的重视，即使到了清代，“官司检验”，该书仍被“奉为金科玉律”[3]。明代以后，此书传入朝鲜、日本等国，并被译成英、俄、日、朝、法等近10种文字，在世界各国产生了较大的影响。

---

① 〔宋〕宋慈：《洗冤集录》，前言，高随捷、祝林森译注，上海古籍出版社2008年版。

② 选自吕济民主编《古籍善本》上册，线装书局2006年版。

③ 〔清〕钱大昕：《十驾斋养新录》卷一四《洗冤录》，上海书店1983年铅印本，第330页。

在解剖学方面，北宋盱眙（今属江苏）人杨介在崇宁（1102—1106）期间整理的《存真图》，在当时具有世界先进水平[①]。该书对人体胸腹腔的前后左右各面、主要血管关系，以及消化、泌尿、生殖系统等都有详细的描述，为后世许多医书，如宋朱肱《内外二景圈》，明施沛《藏府指掌图书》、王圻《三才图会》、高武《针灸聚英》、杨继洲《针灸大成》等所引用。它标志着我国古代解剖学的巨大进步，为我国医学史提供了极其珍贵而形象具体的资料，促进了我国医学的发展。

6. 卫生学

两宋时期最著名的卫生学著作当推北宋兴化（今属江苏）人陈直所著的《养老奉亲书》[②]。该书首先提倡老人的精神休养，如节制忧愁悲哀等，鼓励老人适量进行游山旅行、弹琴作乐、赋诗作词等活动。其次，重视饮食营养，要求老人尽量饮用牛乳、羊肝羹等一些易消化吸收的食品。并根据多种食疗书籍，专立食治一门，载有老人所需富有营养的食谱，主张以食疗治病。另外，书中还载有多种健胃方剂以及通大小便和治风湿病的药方。由于此书比较实用，所以流行很广，并流传到后世[③]。

7. 基础医学

在基础医学方面，南方医家也在病因学和诊断学方面取得了较大的成就。

在病因学上，南宋浙江青田人陈言依据张仲景病因理论于孝宗淳熙元年（1174 年）著成《三因极一病证方论》一书。该书现通行本作 18 卷，181 门，1050 余方，综述脉法、诊例，内、外、妇、儿、五官各科。前论证候、病因，继列方药，文辞简要，条理清晰。所以，《四库全书总目》称赞此书"理致简赅，非他家鄙俚冗杂之比"[④]。由于它将繁复而众多的病因归纳为内因七情（喜、怒、忧、思、悲、恐、惊）、外因六淫（风、寒、暑、湿、燥、热）和不内外因（如饮食饥饱、跌损金疮、虫兽所伤等）三因，使中国古代的病因学说系统化了，从而促进了病因学的进一步发展。

关于诊断学方面，南方医家的名著有宋代许叔微《仲景三十六种脉法图》、南康（今属江西）人刘开《方脉举要》、南康崔嘉彦《脉诀》等书，在当时均有一定的影响。如崔嘉彦的《脉诀》，以《难经》所述的浮、沉、迟、数四脉为纲，论述所谓的"七表"（即浮、芤、滑、实、弦、紧、洪）、"八里"（即微、沉、缓、濇、迟、伏、濡、弱）及疾病的关系，有一定的学术价值。又

① 李约瑟先生说："宋朝的解剖学者，大约比蒙迪诺·德卢齐早一个世纪，可是没有发展下去。"详见《中国科学技术史》第 1 卷第 2 分册第 7 章，科学出版社 2006 年版，第 321 页。

② 该书又名《寿亲养老书》《寿亲养老新书》《安老怀幼书》等。

③ 何应忠：《论两宋时期的医学发展》，见《宋史研究论文集》，河南人民出版社 1984 年版。

④ 〔清〕纪昀等：《钦定四库全书总目（整理本）》卷一〇三《医家类一·三因极一病证方论》，中华书局 1997 年版，上册，第 1347 页。

如,《四库全书总目》称赞戴起宗的《脉诀刊误》“句句为辨,原书伪妄,殆抉摘无遗,于脉学殊为有裨”①。

(十四)造船技术

宋代是我国历史上造船业最繁盛的时期。在这一时期,我国的造船技术超过了世界上的任何一个国家。在唐中叶以前,往来于南洋的海船大都是外国的,在新旧《唐书》中,“西域舶”“西来夷舶”“蛮舶”“蕃舶”的名称屡见不鲜。中国人对外国船舶也是倍加赞赏,如唐代李肇《国史补》卷下载:“南海舶,外国船也。每岁至安南、广州。师子国舶最大,梯而上下数丈,皆积宝货。”但在唐末以后,中国的造船水平已经超过了外国。到了宋代,中国海舶以体积大、负载多、安全平稳、设施完备等著称于世,赢得了“世界最进步的造船匠”的誉称,再加上指南针在航海上的使用,更受到了各国客商的欢迎。中国的海洋船几乎垄断了西太平洋、印度洋的航行。当时不但中国客商坐中国制造的海船,而且连外国客商也都搭乘中国制造的海船。

宋海船铜镜

在这一时期,南方的造船业和造船技术,远非北方所能望其项背,它代表了当时中国及世界的造船水平,标志着中国古代造船技术臻于成熟。具体体现在以下几个方面:

1. 船型、船种多样化和专业化

首先从地区来看,宋代长江流域的造船业十分发达,造船业遍布南方各地。根据文献记载,宋代的公、私造船业所在地主要有两浙:温、明、台、越、严、衢、婺、杭、澉浦镇、湖、秀、华亭县、苏、许浦镇、镇江、江阴;福建:福、兴化、泉、漳;广南:广、惠、南恩、端、潮。江东:建康、池、徽、太平;江西:赣、吉、洪、抚、江;湖北:鄂、江陵、鼎、荆南;湖南:潭、衡、永;四川:嘉、泸、叙、眉、黔;淮南:楚、真、扬、无为。而广大的华北地区,只有三门、凤翔、开封、东西京濒河数地②。由此可见,宋代的公、私造船业基本上分布在南方。宋代所造的船只数量也反映了这一点。如在北宋天禧末年官场所造的2916艘船只中,南方所造的船只要占2315艘,其中虔州(治今江西赣州)

① 〔清〕纪昀等:《钦定四库全书总目(整理本)》卷一〇四《医家类一·脉诀刊误》,中华书局1997年版,上册,第1355页。

② 〔日〕斯波义信:《宋代商业史研究》第2章“宋元时期交通运输的发达”,东京风间书店1968年版。

605，吉州（治今江西吉安）525，明州（治今浙江宁波）177，婺州（治今浙江金华）105，温州 125，台州 126，楚州（治今江苏淮安）87，潭州（治今湖南长沙）280，鼎州（治今湖南常德）240，嘉州（治今四川乐山）45，而北方仅凤翔斜谷（今属陕西）600 艘①。到北宋后期，明州和温州的造船业已跃居全国首位，成为全国最重要的造船基地。当时南方有淮船、楚州船、合肥船、吴船、秀船、魏塘船、松江船、余杭船、浙江船、湖船、严船、婺船、衢船、徽船、温州船、鄞船、明州船、台州船、南船（主要是温州、台州、福建和广南地区的海洋船）、闽船（即福建船）、福州船、漳州船、广船、广东船、广西船、海南蕃舶、池州船、楚船、鼎州船、入峡船、嘉州船、蜀船等名称。其次从用途上来看，已能制造各种不同用途的专门船舶。如用于河上的有客船、航船、落脚头船、大滩船、舸船、舫船、飞篷船、纲船、米船、红油桐船、粪船、红座船、渔舟、钓艇、撩河船等；江海船舰则有海舶、大舰、网艇、渡船、客船等；用于湖上的则有御舟、湖舫、车船、钓鱼船、渔舟、瓜皮船、小脚船、采莲船、放生船等。第三，从其所造船舶的形式上看，已呈多样化，有舶、舸、舰、舸、舠、航、艇、舫等；从所造船舶的载重量来看，既有载重三百吨左右的大型远洋海船，也有仅载一二人的小船；从船的动力和船体的构造来看，有尖底船、平底船、浅底船、单桨船、多桨船、八橹船、六橹船、车船等；从船舶的数量上来说也十分浩大，总数不下万余只。可谓盛哉！②

李嵩《云天光中图》中的大型龙舟

宋佚名《江天楼阁图》中的大型江船

① 〔清〕徐松辑：《宋会要辑稿》食货四六之一，中华书局 1957 年版，第 6 册，第 5604 页。

② 参见〔日〕斯波义信：《宋代商业史研究》第 2 章“宋元时期交通运输的发达”，东京风间书店 1968 年版，第 73 页。王曾瑜：《宋代的造船业》，《文物》1975 年第 10 期。徐吉军：《论南宋临安的造船业》，《中国古都研究》第四辑，浙江人民出版社 1989 年版。

夏珪《西湖柳艇图》

李唐《江山小景图卷》中两艘张帆而行的客船

以车船的制作为例，它虽然始出于唐代，但是获得实际应用和发展却在南宋。它是一种以人力为动力的木船，但不用帆樯、篙桨之类的设备，而是安置轮子，边附短桨，由人踏动，激水行驶。其构造和设计原理和近代轮船已无甚差异。建炎四年(1130 年)，鼎州知州程昌寓研制成长二十至三十丈的车轮船，可载官兵七八百人。朝廷建造六艘备用。绍兴二年(1132 年)，右宣教郎知无为军王彦恢创制了一种小型的车船——"飞虎战舰"，船旁设有四轮，每轮有八叶桨片，四人旋斡，可日行千里。[①] 此后，南宋水军的木工高宣又对车船做了改进，建造了有八个轮桨的"八车船"。高宣被杨幺义军俘获后，又在洞庭湖创制了一种高大新型的战船——"杨幺车船"。[②] 这种车船一般是将车轮安置在船的两舷，左右对称，也有的在船尾再加一轮。"两边有护车板，不见其车"，以防敌人袭击和撞坏。每轮上装八个叶片，轮与轴连，轴上装置踏脚板，只要一声令下，犹如踏水车，水手一齐用力踩脚板，轴转轮动，"以轮激水"，好似许多支桨连续不断地划动，船行如飞。如果船要后退，只要向反方向踏就是了。进退自如，很是灵活。车船有大有小，其中，大者达三四十车。[③] 如杨幺用的"和州载"大车船，长三十余丈，宽四丈余，五层楼，装有二十四个车轮，每个车轮有十二个人踩踏。它的上层建筑分成三层，高达十丈以上，可以装载一千名士兵。船上设置有弓弩、抛石机、撞竿、灰弹、毒水等武器。这种以轮代桨的车船，是船

① 〔宋〕李心传：《建炎以来系年要录》卷五六，绍兴二年七月丁丑条，中华书局 1988 年版，第 2 册，第 983 页。

② 《杨幺事迹考证》载："水寨得车船的(船)样及都料手(高宣)后，于是杨幺造'和州载'二十四车大楼船，杨钦造二十四车船，夏诚造'大药山'船，刘衡造'大钦山'船，全琮造'小夹山'船。两月之间，水寨大小车楼船十余制样，势益雄壮。"

③ 〔宋〕李纲：《梁溪全集》卷一〇三《与宰相论捍贼札子》，载《李纲全集》，岳麓书社 2004 年版，第 985 页。

上推进装置方面的一个重大改革，成为一种半机械装置的先进战船，是当时最先进的船型。① 由于杨幺车船性能优越，所以起义军屡败官兵，使其"无功而还"。李心传《建炎以来系年要录》对此做了比较详细的记载：

[绍兴二年(1132年)十月己酉]诏湖北安抚使刘洪道、知鼎州程昌寓并力招捕湖寇杨太(按：即杨幺)。时太据洞庭，有众数万，太主诛杀，其党黄诚主谋画，诚之下又有周伦、杨钦、夏诚、刘衡之徒，大造车船及海鳅船，多至数百。车船者，置人于前后，踏车进退，每舟载兵千余人，又设拍竿击碎之，官军以此辄败。大率车船如陆战之阵兵，海鳅如陆战之轻兵。又伦、钦虽各有寨，而专倚舟以为强；诚、衡虽各有舟，而专倚寨以为固，此其所恃也。②

绍兴四年(1134年)，鼎州知州程昌寓所造车船已"通长三十丈或二十余丈，每支可容战士七八百人驾放"，专门用来镇压杨幺义军：

(绍兴四年，1134年)二月七日，知枢密院事张浚言："近过澧、鼎州询访得杨幺等贼众多，系群聚土人，素熟操舟，凭恃水险、楼船高大出入作过。臣到鼎州亲往本州城下鼎江阅视，知州程昌寓造下车船通长三十丈或二十余丈，每支可容战士七八百人驾放，浮泛往来可以御敌，缘比之杨幺贼船数少，臣据程昌寓申，欲添置二十丈车船六支，每支所用板木材料、人工等共约二万贯，若以系官板木止用钱一万贯，共约钱六万贯，乞行支降及下辰沅靖州计置板木，如系私下材植即行支给价钱和买使用。臣已于随行官兵请受钱物，辄那(挪)金三百两付程昌寓收管买木，及札下辰、沅、靖州多方计置应付去讫。所有少缺钱物望赐量度应副。"勘会程昌寓、折彦质已降指挥，两次各降过度牒五百道，依榷货务见买价直每道一百二十贯，总计价钱各六万贯，专充打造战船使用外，诏依其张浚已应副过金三百两，令程昌寓亦行打造战船买板木使用，仍仰辰、沅、靖州依已札下事理疾速计置，不得别致搔扰。③

岳飞破杨幺义军以后，南宋水军按照"杨幺车船"的式样又进行了扩建和改造，使车船成为当时水军最重要的战舰之一。④ 如绍兴五年(1135年)二月"丙寅，诏江东、浙西路

---

① 《宋史》卷三六五《岳飞传》，中华书局1977年版，第33册，第11384—11385页；〔宋〕李心传：《建炎以来系年要录》卷六六，绍兴三年六月甲午条，中华书局1988年版，第2册，第1116页；《杨幺事迹》卷上；《老学庵笔记》卷一，中华书局1979年版，第2页。

② 〔宋〕李心传：《建炎以来系年要录》卷五九，绍兴二年十月己酉条，中华书局1988年版，第2册，第1025—1026页。

③ 〔清〕徐松辑：《宋会要辑稿》食货五〇之一五、一六，中华书局1957年版，第6册，第5664页。

④ 《宋史》卷三六五《岳飞传》，中华书局1977年版，第33册，第11392页；〔宋〕岳珂：《金佗续编》卷五《丝纶传信录》卷四《再据刘愿申杨幺贼徒结连作过省札》，中华书局1988年版，第1214页。

各造九车战船十二艘，浙东造十三车战船八艘。时王瓔自荆湖得二巨舰以归，故命三路漕司仿其制为之"①。五月癸未，又诏江、浙四路共造五车十桨小船五十，仍以贴纳盐袋钱五万缗为造船之费。② 到南宋末年，西湖上"有贾秋壑(似道)府车船，船棚上无人撑驾，但用车轮脚踏而行，其速如飞"③。

这些车船多用于军事，在绍兴三十一年(1161 年)的采石之战中，南宋抗金名将虞允文就用这种威力极大的车船大败金兵。④ 到淳熙六年(1179 年)，马定远又在江西造"马船"一百只，船上暗装女头轮桨，可以拆卸。平时作渡船使用，运送军马；战时则改装成战船，用来迎敌。⑤ 这种新型的战渡两用船，不仅是对车船的发展，更体现出南宋船舶设计思想的灵活性。

车船无疑是宋代南方船工的出色创造。特别是"以轮激水，疾驶如羽(飞)"的"杨幺车船"，就其规模、成就和出现时间之早等各方面而论，都可堪称世界之最。在西方，车船的雏形始于 15 世纪，利用畜力达到初步应用则是 16 世纪⑥。这比起杨幺车船来，要晚 400 多年。

除车船外，南宋还出现了许多新式的战船，有的面阔底宽，适宜于海上作战；有的结构特别坚固，专用于冲击敌舰；有的载运量极大，适宜于战时运送物资。1203 年，池州(治今安徽贵池)秦世辅创制了铁壁铧觜海鹘战船。该船结构特别牢固，可用来冲击敌船⑦。此外，又有温州进士王宪于绍兴三十一年(1161 年)向朝廷献一种适于海战的舰船，即"平阳莆门寨所造巡船为式，每舟阔二丈有八尺，其上转板坦平，可以战斗"，船上配置有望斗、箭隔、铁撞、硬弹、石炮、火炮、火箭以及兵器⑧。特别是在咸淳八年(1272 年)襄阳(今湖北襄阳)保卫战中，民兵首领张贵所创造的百余艘当中无底、两舷有站板的特殊型式的战船，这种无底船设计更为巧妙：船中央竖旗帜，军士立于两舷，引诱元兵跳入船内，"敌

① 〔宋〕李心传：《建炎以来系年要录》卷八六，绍兴五年闰二月丙寅条，中华书局 1988 年版，第 2 册，第 1425 页。

② 〔宋〕李心传：《建炎以来系年要录》卷八九，绍兴五年五月癸未条，中华书局 1988 年版，第 2 册，第 1483 页。

③ 〔宋〕吴自牧：《梦粱录》卷一二《湖船》，浙江人民出版社 1984 年版，第 110—111 页。

④ 〔宋〕王应麟：《玉海》卷一四七《兵制·水战·绍兴海鳅船》，江苏古籍出版社、上海书店 1988 年版，第 5 册，第 2709 页。

⑤ 〔清〕徐松辑：《宋会要辑稿》食货五〇之二八，中华书局 1957 年版，第 7 册，第 5670 页。

⑥ 席龙飞、杨禧：《中国造船发展史》，武汉水运工程学院讲义，1985 年 6 月油印本。

⑦ 杜石然：《中国科学技术史稿》下册，科学出版社 1982 年版，第 14—15 页。

⑧ 〔宋〕李心传：《建炎以来系年要录》卷一九一，绍兴三十一年七月癸酉条，中华书局 1988 年版，第 4 册，第 3193 页。

皆竞跃以入，溺死者万余”①，给元军以沉重的打击。水军统制官冯湛在明州(治今浙江宁波)所制“湖船底战船”，是一种主要不靠使帆而更有赖于人之划力的多桨船，采用了“湖船底”“战船盖”“海船头尾”。其底是平底，可以在比较浅的泥沙水域中行驶。战船盖可以迎敌。这种船舶的性能极佳，往来快捷，江河湖海都可以行驶，可以说是一种综合各种船型之长处而设计出来的一种新式的中型快速舰艇。②

而既能捕鱼、又能作战的舠鱼船，同样是我国造船史上带有创造性的船只。舠鱼船又称刀鱼船、钓鱼船、钓漕，在李心传《建炎以来系年要录》中有载：“浙江民间有钓鱼船，谓之钓漕。其船尾阔可分水，面敞可容兵，底狭尖可以破浪，粮储器仗，置之簧版下，标牌矢石，分之两傍；可容五十卒者，面广丈有二尺，长五丈，率直四百缗。”③它主要活动于钱塘江下游及杭州湾沿海一带，是一种适用于近海海域的快速巡逻船。

2. 设计先进科学

据文献记载，宋时已能根据船的性能和用途的不同要求，预先设计制作船的模型或图纸，然后按照船模建造船只。如早在北宋时，福州人、知虔州张觷(？—1137)在造大船之前，曾经先造了一只木头小船，然后令船匠按照船模的尺寸放大十倍来建造大船。④ 到南宋时，这种依据船样造船之事已很普遍了。建炎元年(1127年)九月十六日，知扬州吕颐浩言：“沧州并滨州一带与北界地形邻接，最系要害去处，理宜措置合用舠鱼战船，已行画样颁下州县，欲令先次根刷应系官轻捷舟船随宜改造，如阙即于民间踏逐增价收买，改为战船，立限修整牢壮。”⑤绍兴三年(1133年)十二月一日，神武前军神前军统制荆南岳鄂潭鼎澧黄州汉阳军制置王瓒言：“鼎州画到大军船小样并长阔高卑步数，望于下地江分及江西荆湖南北两路各造一二十支付沿江备御使用。”诏令江南东西荆湖南北路帅司依样打造。⑥ 绍兴四年(1134年)十月，宋政权的泾原统制张中彦叛降金人⑦，于金正隆年间(1156—1161)奉命营建汴京(今河南开封)，他在建造汴河浮桥时，“舟之始制，匠者未得其法，中彦手制小舟才数寸许，不假胶漆而首尾自相钩带，谓之‘鼓子卯’。诸匠无不骇

① 〔宋〕周密：《齐东野语》卷一八《二张援襄》，中华书局1983年版，第340—343页。

② 〔清〕徐松辑：《宋会要辑稿》食货五〇之二二至二三，中华书局1957年版，第6册，第5667—5668页。

③ 〔宋〕李心传：《建炎以来系年要录》卷七，建炎元年七月己亥条，中华书局1988年版，第1册，第179页。

④ 《宋史》卷三七九《张觷传》，中华书局1977年版，第33册，第11696页。

⑤ 〔清〕徐松辑：《宋会要辑稿》食货五〇之八至九，中华书局1957年版，第6册，第5660—5661页。

⑥ 〔清〕徐松辑：《宋会要辑稿》食货五〇之一五，中华书局1957年版，第6册，第5664页。

⑦ 《宋史》卷二六《高宗三》，中华书局1977年版，第2册，第483页。

服，其智巧如此”[①]。此处“手制小舟才数寸许，不假胶漆而首尾自相钩带”，可能是采用“榫头穿逗，以凸凹来衔接”[②]的榫接法制作船模，然后根据船模来讲解浮船打造之法，可谓“智巧”。张中彦此法已是船模放样的造船技术，与现代造船中的放样原理基本一致。[③]淳熙八年(1181 年)，唐仲友造中津浮桥，“度高下，量广深，立程度，以寸拟丈，创木样置水池中。节水以箭，效潮进退，观者开喻，然后赋役”[④]，即先按百分之一的比例，用木样制作浮船模型，然后开工建造。宁宗嘉定十四年(1221 年)，温州曾经按照制置司发下来的两本船样，各建造了二十五艘海船。这种船样绘有船图，并注明船体和各部件的大小尺寸，还详细规定了用料、人工、等价等项。[⑤]

无疑，这种先做船模或制作图样，然后造船的方法，是船舶设计工艺中的一个重大突破和发展，它表明了当时人们已对船舶的结构、性能和特点等有了比较深入、系统、全面的认识，并为造船进行理论研究创造了条件。西方直到 16 世纪才出现简单的船图，比我国晚了三四百年。

3. 性能优良

两宋时期南方所造的船舶不仅巨大坚固，而且在船舶动力、船舶性能、船舶结构、水密隔舱、航行安全稳定等方面，都达到了当时世界的最高水平。这在远洋海舶的制作上体现得最为明显，它代表了宋代船舶建造的最高水平。时人吕颐浩对南宋各地海船的制造和制作技术做了说明：“海舟以福建船为上，广东、西船次之，温、明州船又次之。”[⑥]

从文献和泉州出土的南宋海船来看，南宋船舶在稳定性、快速性、耐波性和抗沉性等方面，已经比过去有了较大的提高。以水密隔舱为例，1974 年夏天在福建泉州湾后渚港出土的宋代海船已经采用了一种一舱破损不会导致全船沉没的设施。据《泉州湾宋代海船报告》所载，该船共分隔成 13 个舱，舱与舱之间的隔板是用杉木所制，厚达 10～12 厘米。船舷板是三重木板，共厚 18 厘米。各板之间采用榫接，隔舱板与船壳板衔接处用扁铁和钩钉紧紧相连，并用麻丝和桐油灰腻密板缝，构成了一道水泄不通的隔壁。船如触礁或互撞，部分舱因破损漏水，船只也不致沉没，仍可继续航行到港口，以待修理。[⑦] 这种

① 《金史》卷七九《张中彦传》，中华书局 1975 年版，第 1125 页。

② 冯汉镛：《宋代杰出的船业家》，《文史杂志》2000 年第 6 期。

③ 席龙飞：《中国造船史》第六章《宋代造船技术的进展与成熟》，湖北教育出版社 2000 年版，第 179 页。

④ 《嘉定赤城志》卷三《地里门三》，《宋元方志丛刊》第 7 册，中华书局 1990 年版，第 7302 页。

⑤ 〔清〕徐松辑：《宋会要辑稿》食货五〇之三四，中华书局 1957 年版，第 6 册，第 5673 页。

⑥ 〔宋〕吕颐浩：《忠穆集》卷二《论舟楫之利》，文渊阁《四库全书》本。

⑦ 参见泉州海外交通史博物馆编《泉州湾宋代海舶发掘与研究》一书，海洋出版社 1987 年版。并参见《泉州湾宋代海舶发掘简报》《泉州湾宋代海舶复原初探》两文，均载《文物》1975 年第 10 期。

良好的抗沉性技术世界上其他国家直到18世纪末才开始使用，比我国晚了1000多年[①]（原文如此，实际不到1000年，编者注）。为了加强船体、船具的坚固性，材料“皆以全木巨枋，搀迭而成”[②]。特别是多用“木性坚而善居水”的楠木，船侧板和壳板则用二重或三重木板。据周密《癸辛杂识》续集上《海蛆》云：“凡海舟必别用大木板护其外，不然则船身必为海蛆所蚀。”可见，当时的船匠已经注意到海蛆的侵蚀问题。此外，为了保证浮力，还对船体进行水密加工，用桐油、石灰艌缝，以防止船只漏水。海船的形体和设备，还具有快航的特点。海船一般尖底，如V字形。瘦削的截面，使其耐波性能良好，船的纵摇、升沉运动幅度减少，甲板上浪溅水也较少，同时减少它对快速性带来的不利影响。尖底与深吃水相结合，使其有较好的适航性，在受到横向风吹袭时抗横漂的能力也较强。据北宋末年徐兢著的《宣和奉使高丽图经》卷三四《客舟》所载，这种海船“上平如衡，下侧如刃，贵其可以破浪而行也”。航行主要依靠风力，“大樯高十丈，头樯高八丈，风正则张布帆五十幅，称偏则用利篷，左右翼张，以便风势。大樯之巅，更加小帆十幅，谓之野狐帆，风息则用之”。由于充分利用了各种不同形式的风帆，航行时“风有八面，唯当头不可行”。船腹两旁“缚大竹为橐以拒浪”，起到稳定船身、加速航行的作用。船尾舵有“大小二等”的正舵，还有三副舵，根据水的深浅和离岸的远近分别使用，对于掌握船的航向有很大的作用。船上还有铁锚和碇石，以保证船只的完全停泊。铁锚大者重数百斤，下有四爪[③]。碇石上连着“其大如椽”、长数百尺的藤索，用车轮转动上下。不仅近岸抛泊时可用铁锚、碇石，就是逆风时也可以用碇石使船只固定不走。[④] 这种四爪铁锚就是南宋独创的一种系泊船具，它有投入水中两爪抓地的优点，后逐渐被国内外广泛采用。

福建泉州后渚港出土的宋代海船

4. 载重量大

远洋船舶载重量大，也是南宋造船技术高超的一大标志。两宋时期，我国南方船工

① 金秋鹏：《中国古代的造船和航海》，中国青年出版社1985年版。

② 〔宋〕徐兢：《宣和奉使高丽图经》卷三四《客舟》，台北商务印书馆1971年版，第117页。

③ 〔宋〕周密：《癸辛杂识》续集上《海蛆》，中华书局1988年版，第157页。

④ 〔宋〕朱彧：《萍洲可谈》卷二，上海古籍出版社1989年版，第26页。

还能制造巨型的远洋海船和航行于长江中下游的万斛船。如北宋在明州(治今浙江宁波)所造的4艘出使朝鲜的“神舟”,长40多宋丈,折合成今天的公制为100多米,可载2万余斛,合今1100吨左右①,在当时无疑是“庞然大物”,以至神舟到达高丽时,“倾国耸观,而欢呼嘉叹”②。内河船只,其大者载重量也达万石以上。张舜民描述其在鄂州(治今湖北武昌)见到的万石船说:“丙戌,观万石船。船形制圆短,如三间大屋,户出其背,中甚华饰。登降以梯级,非甚大风不行,钱载二千(当作‘十’)万贯,米载一万二千石。”③

另据《梦粱录》卷一二《江海船舰》的记载,当时由临安所造的远航出海的海洋船舰,“大小不等,大者五千料,可载五六百人;中等二千料至一千料,亦可载二三百人;余者谓之钻风,大小八橹或六橹,每船可载百余人。”南宋时的一料等于一石,载重五千料就是五千石,折合成今制约为三百吨。载重两千料,折合成今制约为一百二十吨,“其长十余丈,深三丈,阔二丈五尺,可载二千斛粟”“每舟篙师、水师可六十人”④。这与日本人的记载大致吻合。当时由临安一带去日本等国的远洋商船,多是乘坐六七十人(最多不过百人左右)的小型的、轻便的帆船。⑤

宋代东南地区海船复原图与剖面图

除这种常见的大型远洋海船外,南宋还有一种大型远洋船舶——木兰舟。周去非《岭外代答》卷六《木兰舟》载广西航行于海上的民船,“浮南海而南,舟如巨室,帆若垂天之云,(舵)长数丈,一舟数百人,中积一年粮”。还在船上养猪、酿酒,置生死于度外。而开往阿拉伯地区的大船,可容纳千人以上。船上除摆摊售货外,还设有纺织作坊,出产纺

① 王曾瑜:《谈宋代的造船业》,《文物》1975年第10期。

② 〔宋〕徐兢:《宣和奉使高丽图经》卷三四《客舟》,台北商务印书馆1971年版,第117页。

③ 〔宋〕张舜民:《画墁集》卷八《郴行录》,文渊阁《四库全书》本。

④ 〔宋〕徐兢:《宣和奉使高丽图经》卷三四《客舟》,台北商务印书馆1971年版,第117页。

⑤ 〔日〕藤家礼之助:《日中交流二千年》,北京大学出版社1982年版;中村新太郎:《日中两千年》,吉林人民出版社1980年版;斯波义信:《宋代商业史》第二章《宋元时代交通运输的发达》,日本株式会社风间书房昭和43年版。

织产品。又说："盖其舟大载重，不忧巨浪而忧水浅也。"①如此大规模的海舶，在当时世界上是首屈一指的。

另外，在远洋船舶的设计上，还注意了中外客商和海员们的日常生活。为了让长期航行在茫茫大海上的中外客商和海员们能够过上比较舒适的海上生活，船上还设有装饰比较豪华、可以携带家属的幽静船舱。这从北宋晚期的文献记载中可以看出："其后一舱，谓之庍屋，高及丈余，四壁施窗户，如房屋之制，上施栏楯，采绘华焕，而用帟幕增饰，使者官属，各以阶序分居之"②。

由于南宋海船在载重量和适航性能等方面都处于世界前列而称雄于海上，因此当时往来一东西洋上的海船，几乎全是南宋的海船。

(十五)航海

两宋时期，我国南方的航海技术取得了重大的成就，除前述的指南针的实际应用外，还具体体现在以下几个方面：

一在海洋气象方面已经熟练地掌握了海洋季节风的规律，利用它出海或返航。如去日本一般都是利用初夏的西南季节风，回国时则利用春季的东北季节风。另外，船工们还能通过日月星辰变化的观察，正确地判断潮汐、风向和阴晴③。《梦粱录》卷一二《江海船舰》就记载了船工在气候预测方面积累了丰富的经验："舟师观海洋中日出日入，则知阴阳；验云气则知风气顺逆，毫发无差。远见浪花，则知风自彼来；见巨涛拍岸，则知次日当起南风；见电光则云夏风对闪。如此之类，略无少差。"

二在海洋潮汐的研究上也有了显著的进步。如北宋天圣三年(1025 年)，韶州曲江(今广东韶关)人余靖(1000—1064 年)在为燕肃《海潮图论》所作的序中已经阐明了潮汐与四季及朔望的关系。在当时，人们还把有关潮汐研究成果正确运用到航海上。1056 年吕昌明编制成《浙江潮候图》(又称《四时潮候图》)，这是一幅具有较大实用价值的实测潮汐表，它比欧洲最早(13 世纪)的潮汐表——大英博物馆所藏的"伦敦桥涨潮"时间表要早两个世纪④。另外，沈括对此也做出了杰出贡献。他在对潮汐迟到现象进行地区间对比、认识的基础上，给现在所说的"港口平均高潮间隙"做了明确的定义。"予常考其行节，每至月正临子、午，则潮生，候之万万无差。此以海上候之，得潮生之时。去海远，即须据地

① 〔宋〕周去非：《岭外代答》卷六《器用门·木兰舟》，中华书局 1999 年版，第 216—217 页。

② 〔宋〕徐兢：《宣和奉使高丽图经》卷三四《客舟》，台北商务印书馆 1971 年版，第 117 页。

③ 陈高华、吴泰：《宋元时期的海外贸易》，天津人民出版社 1981 年版，第 168 页。

④ 中国科学院自然科学史研究所地学史组主编：《中国古代地理学史》，科学出版社 1984 年版，第 258 页。

理增添时刻。”①即指出了理论上的大潮时刻与当地大潮实际出现之间有固定差数。有鉴于沈括等人在潮汐理论上的成就,李约瑟先生指出:“在十一世纪中,即在文艺复兴时期以前,他们(指中国)在潮汐理论方面一直比欧洲人先进得多。”②

三在天文航海技术方面,南方“舟师”已掌握了“牵星术”,“夜则观星,昼则观日”③,“惟视星斗前迈”④,即能通过对北极星高度的观测来判断地理纬度。据文献记载,13世纪末年意大利旅行家马可·波罗从中国福建泉州港出发,乘福船前往波斯,舟师就是根据对北极星高度的观测来判断船舶在海中的方位,这在当时是一项了不起的重大成就⑤。

四在测深技术方面,船工也已经比较熟练地掌握了深水测量技术,并且可以测出七十多丈的海水深度。如《梦粱录》卷一二《江海船舰》说:“若欲船泛外国买卖,则是泉州便可出洋,迤逦过七洲洋,舟中测水,约有七十余丈。”此外,根据该书的记载,当时船工还用测深设备来测知海底的情况,以确定船舶所处位置及能否停泊。“凡测水之时,必视其底,知是何等沙泥,所以知近山有港。”

五在航海图绘制上,已具有相当高的技术水平。所谓航海图,顾名思义就是在茫茫大海中引导船舶安全、正确航行的一种地图。由于宋代海上交通的发达,因此许多实用的航海图便应运而生了。北宋宣和五年(1123年)徐兢所著的《宣和奉使高丽图经》中曾有明确记载:“今既论潮候之大概于前,谨列夫神舟所往岛、洲、苫、屿而为之图。”⑥另据文献记载,在此之前,太平兴国三年(978年)正月,广州李符献有《海外诸域图》;咸平六年(1003年),广州凌策上《海外诸蕃地理图》。至于南宋的海图,王应麟《玉海》卷一五有《绍兴海道图》篇,载绍兴二年(1132年)“诏两浙路帅司,速遣官相度控扼次第,图本闻奏。”赵汝适《诸蕃志》中也载有一张南海诸岛的海图,这是我国记载最早的海图之一,惜此图早已失传,无法窥其面貌。柯劭忞《新元史》则提到南宋末年金履祥曾向南宋朝廷“进牵制捣虚之策,请以重兵由海道直趋燕蓟”,以解襄樊之围。为了便于宋军行动,他还详细地绘制了一幅航海图,备记海船沿途所经岛屿,“难易远近,历历可据以行”。这幅海图虽未受到南宋朝廷的重视,但对元代开辟海运起到了重要的参考作用。《新元史》卷二三四《金履祥传》载:“伯颜师入临安,得其书及图,乃命以宋库藏及图籍仪器由海道运燕京。

① 〔宋〕沈括:《梦溪笔谈·补笔谈》卷二《象数》,胡道静:《新校正梦溪笔谈》,中华书局香港分局1975年版,第299页。

② 〔英〕李约瑟:《中国科学技术史》第4卷第3分册《土木工程与航海技术》,科学出版社2008年版,第786页。

③ 〔宋〕朱彧:《萍洲可谈》卷二,上海古籍出版社1989年版,第26页。

④ 〔宋〕徐兢:《宣和奉使高丽图经》卷三四《半焦洋》,台北商务印书馆1971年版,第120页。

⑤ 〔法〕沙海昂注、冯承钧译:《马可·波罗行纪》,上海书店出版社2006年版,第359—360页。

⑥ 〔宋〕徐兢:《宣和奉使高丽图经》卷三四《海道》,台北商务印书馆1971年版,第116页。

其后朱清、张瑄献海漕之策，所由海道，视履祥图、书咫尺无异。”于是，元代统治者便下令将金履祥所绘的地图刻本付印，名《海道经》，用作海上漕运的实用航海图。《海道图》选取图文并茂的形式，把航海图与航路说明配置在一起。例如，从辽宁辽河口到长江内的太仓刘家港航图，其航路说明是：

> 辽河口开洋，顺风一日一夜，径至铁山（旅顺口）南面，山前带东二字，望南行使，径至成山，收入南洋。望正南行使，三日三夜径至桃花班水边；望东行使，见白水带西二字，勤戳点竿，寻投长滩一丈八尺，渐渐减至一丈五尺，望西行，戳扬子江洪。如寻不见洪内，望下使必见茶山。至茶山后水弱，船稍南面，坐茶山望西南行使，半潮便见崇明州。如若顺风，一潮送至刘家港。①

文中所说的这段约五百六十海里的航路，与现代航行所取的航向基本一致。可见它的准确性极高，在当时代表了世界先进水平，并且比西方国家的实用航海图要早出二百多年。②

（十六）金属冶炼技术

宋代的冶金技术，居世界最高水平。这主要体现在：水力鼓风机械的发明、煤的广泛使用、“吹灰法”的出现和胆铜法的推广、炼铁高炉的改进等等。长江流域对此也做出了自己卓越的贡献。

首先，在有色金属的开采与冶炼方面，南宋发明了炼银的重要方法——“吹灰法”。赵彦卫《云麓漫钞》卷二对此进行了较为全面的论述：“取银之法，每石壁上有黑路乃银脉，随脉凿穴而入，甫容人身，深至十数丈，烛火自照，所取银矿皆碎石，用臼捣碎，再上磨，以绢罗细。然后以水淘，黄者即石，弃去；黑者乃银，用面糊团入铅，以火煅为大片，即入官库，俟三两日再煎成碎银，每五十三两为一包。”较之赵彦卫《云麓漫钞》，南宋陈百朋《龙泉县志》的记载要详尽、具体得多：

> 五金之矿，生于山川重复高峰峻岭之间。其发之初，惟于顽石中隐见矿脉，微如毫发。有识矿者得之，凿取烹试，其矿色样不同，精粗亦异。矿中得银，多少不定，或一箩重二十五斤，得银多至二三两，少或三四钱。矿脉深浅不可测，有地面方发而遽绝者；有深入数丈而绝者；有甚微，久而方阔者；有矿脉中绝，而凿取不已，复见兴盛者，此名为过壁；有方采于此，忽然不现，而复发于寻丈之间者，谓之虾蟆跳。大率坑匠采矿，如虫蠹木，或深数丈，或数十丈，或数百丈。随其浅深，断绝方止。旧取矿携尖铁及铁锤，竭力击之，凡数十下，仅得一片。今

---

① 柯劭忞：《新元史》卷二三四《金履祥传》，中华书局1988年版。

② 参见中国航海学会《中国航海史（古代）》，人民交通出版社1988年版，第123页。

不用锤尖，惟烧爆得矿。矿石不拘多少，采入碓坊，舂碓极细，是谓矿末。次以大桶盛水，投矿末于中，搅数百次，谓之搅粘。凡桶中之粘分三等，浮于面者谓之细粘，桶中者谓之梅沙，沈于底者谓之粗矿肉。若细粘与梅沙，用尖底淘盆，浮于淘池中，且淘且汰，泛飏去粗，留取其精英者。其粗矿肉，则用一木盆如小舟然，淘汰亦如前法。大率欲淘去石末，存其真矿，以桶盛贮，璀璨星星可观，是谓矿肉。次用米糊搜拌，圆如拳大，排于炭上，更以炭一尺许覆之，自旦发火，至申时住火候冷，名窖团。次用烰银炉炽炭，投铅于炉中，候化即投窖团入炉，用鞴鼓扇不停手。盖铅性能收银，尽归炉底，独有滓浮于面。凡数次，炉爬出炽火，掠出炉面滓。烹炼既熟，良久，以水灭火，则银铅为一，是谓铅驼。次就地用上等炉灰，视铅驼大小，作一浅灰窠，置铅驼于灰窠内，用炭围叠侧，扇火不住手。初铅银混，泓然于灰窠之内，望泓面有烟云之气飞走不定，久之稍散，则雪花腾涌，雪花既尽，湛然澄澈。又少顷，其色自一边先变浑色，是谓窠翻（乃银熟之名）。烟云雪花，乃铅气未尽之状。铅性畏灰，故用灰以捕铅。铅既入灰，惟银独存。自辰至午，方见尽银。铅入于灰坯，乃生药中蜜陀僧也。①

由此可以看出，当时"吹灰法"的运用已经非常纯熟。在炼汞技术方面，孟煦盟的《金华冲碧龙虎丹经》对朱砂取汞有详尽的记载。吴悮的《丹房须知》载有炼汞的炉具——"未济炉""既济炉"等，都反映了当时先进的炼汞技术。

其次，在钢铁冶炼技术上，南宋出现了"铜合金铁"冶炼法。② 创始于魏晋的灌钢已在南方推行。如范成大《骖鸾录》中所载潭州醴陵县所产的方响铁，"其法以岁久铛铁为胜，常以善价买之，甚破碎者亦人用"，这可能就是使用"杂炼生铁"的灌钢法。广南西路梧州铁工创造的淋铜钢在中国冶金史上占有一定的地位，它对器物的防锈有着良好的作用。周去非《岭外代答》载："梧州生铁，无镕则如流水然；以之铸器，则薄几类纸，无穿破。凡器既轻，且耐久。诸郡铁工锻铜，得梧州铁杂淋之，则为至刚，信天下之美材也。"③杨宽对此进行了深入的研究，他指出："从这里，我们了解到两点：（一）宋代梧州生产的生铁质量很好，不但杂质少，比较纯粹，而且其中游离碳素比较细小，分布均匀，所以能够把铁器铸得很轻薄而'无穿破'，比较坚韧而能耐久。（二）当时的铁工，已能够用'锻铜'使'铁杂淋之'，冶炼成'至刚'的美材。无疑，他们在这时已经创造了铜合金铁的冶炼方法。铜合金铁冶炼法，是要使生铁中熔合一定分量的铜，一般不超过百分之二点五，至多不能超过百

① 〔明〕陆容：《菽园杂记》卷一四引南宋陈百朋《龙泉县志》，中华书局 1985 年版，第 175—176 页。
② 参见杨宽《中国古代冶铁技术发展史》，上海人民出版社 1982 年版，第 162—163 页。
③ 〔宋〕周去非：《岭外代答》卷六《梧州铁器》，杨武泉校注本，中华书局 1999 年版，第 216 页。

分之四，这样就能使它在空气中不生锈，变得更硬，使铁的质量和性能提高。”[1]此外，传统的“百炼钢”技术，至南宋时已经推广到了边远地区。如南宋初年的曾敏行，在其所著的《独醒杂志》中说：他在湖南见到瑶族人民的“黄钢刀”，能够一挥斩断牛腰。[2] 毫无疑问，这种黄钢刀就是经过百炼、从铁中取得“钢精”的。另据考古发现，江阴葛闳夫妇墓中出土的一把钢剑，经检测是我国目前发现的夹钢制品，在中国冶金史上具有较重要的意义。胆土淋铜法在长江流域开始兴起与推广，并使用胆铜法提高铜产量。沈括《梦溪笔谈》称：“信州铅山县（今属江西）有苦泉……挹其水熬之，则成胆矾，烹胆矾则成铜。”[3]由于信州铅山首先在宋代铜产诸场中采用了胆水浸铜法，所以当时有“铅山兴利，首鸠僝功”之说[4]。此后，饶州德兴张潜“博通方伎，得变铁为铜之法”。总结了这项经验，其子张甲在此基础上撰写成胆水浸铜的专著《浸铜要录》1 卷。到南宋时，工艺已经从北宋晚期的“煎铜法”发展为“淋铜法”，工艺更为简洁。南宋中叶洪咨夔撰的《大冶赋》就对淋铜法做了详尽的介绍：

> 其淋铜也，经始岑水，以逮永兴，地气所有，它可类称。土抱胆而潜发，屋索绹而亟乘，剖曼衍，攻崚嶒，浮埴去，坚壤呈。得鸡子之胚黄，知土骺之所凝。辇运塞于介蹊，烽积高于修楹，日愈久而滋力，矾既生而细碖。是设抄盆，筠络以度，是筑甓槽，竹笕以酾。散鋘叶而中铺，沃骺液而下渍。勇抱饔以潺湲，驯翻瓢而滂濞，分醨淡于淄渑，别清浊于泾渭。其渗泻之声，则糟丘厌酒于步兵之厨；其转引之势，则渴乌传漏于挈壶之氏。左挹右注，循环不竭，昼湛夕溉，熏染翕歙。[5]

第三，炼铁炉的改进。据《淳熙三山志》卷一四《炉户》记载，南宋时已有“高炉”“平炉”“小炉”等不同类型的炼铁炉。考古资料也证实了这一点。如安徽繁昌唐宋冶铁遗址发现较大的炼铁炉遗址六处，炉子结构与保留至今的桃形土高炉相近。其中一座的直径为 115 厘米，残高 60 厘米，炉身用长方形灰砖砌成，内搪耐火泥。炉门宽约 60 厘米。炉底下层铺长方形灰砖，上层搪耐火泥厚约 17 厘米[6]。因此有学者认为：“唐宋炼炉的基本形态与现代土高炉已较接近，炉子规模亦与其鼓风能力更相适应。”[7]

---

① 杨宽：《中国古代冶铁技术发展史》，上海人民出版社 2004 年版，第 172 页。

② 〔宋〕曾敏行：《独醒杂志》卷四，上海古籍出版社 1986 年版，第 36 页。

③ 〔宋〕沈括：《梦溪笔谈》卷二五《杂志二》，胡道静：《新校正梦溪笔谈》，中华书局香港分局 1975 年版，第 249 页。

④ 〔宋〕洪咨夔：《平斋文集》卷一《大冶赋》，《四部丛刊续编》本。

⑤ 〔宋〕洪咨夔：《平斋文集》卷一《大冶赋》，《四部丛刊续编》本。

⑥ 《文物》1959 年第 7 期《文物工作报道》安徽省部分。

⑦ 何堂坤等：《中华文化通志·纺织与矿冶志》，上海人民出版社 1998 年版，第 279 页。

第四，在煤炭的开发利用上，由于缺少矿脉的缘故，南宋虽然逊色于北宋，但也取得了可喜的成就。20世纪60年代初，考古工作者在广东新会发现了南宋末年用焦炭炼铁的遗址，[①]而欧洲人则是在18世纪时才发明了焦炭炼铁，比我国迟了五个世纪。因此，其在我国冶金史上以及煤炭开发史上均具有重大意义[②]。

(十七)造纸技术

两宋时期，造纸业占有重要的地位，当时我国主要的造纸基地均在南方长江流域一带，形成了两浙、川蜀、福建三大造纸中心并立的局面。[③] 在今日浙江境内有会稽和剡溪；在今日安徽境内有徽州和池州；在今日江西有抚州；今日四川有成都和广都[④]。此外，福建、湖北等地的造纸业也很发达。即使是僻远的广西的宾州一带，许多人家都以"造楮为业"[⑤]。毫无疑问，这是造纸专业化的反映。

其时南方的造纸规模和生产技术在前代的基础上又有了进一步的发展，远非北方所能望其项背。这体现在以下几个方面：

第一，从造纸学原理来看，南方已普遍由麻料纸过渡到用树皮纤维造纸。造纸原料远比过去丰富，主要有麻、竹、桑皮、楮、藤、苔、麦茎、稻秆等。这些原料经过备料、蒸煮、漂洗、捣叩、制浆、捞纸、压榨、干燥加工几个环节后，能够制造出各种不同品类的纸张，从而为纸品用途和消费的增多奠定了坚实的物质基础。现代著名造纸史专家潘吉星指出："宋元时期造纸领域内占统治地位的纸种，是竹纸和皮纸。""因此宋元书画、刻本和公私文书、契约中有许多仍用皮纸，其产量之大、质量之高大大超过隋唐五代。"[⑥]这一观点是符合历史实际的论断的。尤其是江浙一带所造的竹纸，比西方第一次用竹造纸早了近千年。除用纯竹纸外，两宋时期南方造纸工匠还将竹料与其他原料混合制浆造纸，这在造纸技术史上又是一项新的发明。另外，世界上用草类纤维造纸也以我国南方为最早。据北宋苏易简《文房四谱》卷四记载："浙人以麦茎、稻秆为之者脆薄焉。以麦藁、油藤为之者尤佳。"可见在10世纪时，我国南方已用麦秆、稻草来造纸，这比欧洲于1857至1860年才在英国第一次用西班牙草(Stipatenacissima)造纸要早800多年。

第二，生产规模进一步扩大。南宋政府为了制造楮币——会子，曾先后在徽州、成都

---

① 《南方日报》1961年10月20日第3版《本省首次发现古代炼铁遗址》。

② 许惠民：《南宋时期煤炭的开发利用——兼对两宋煤炭开采的总结》，《云南社会科学》1994年第6期。

③ 魏华仙：《宋代四类物品的生产和消费研究》，四川科学技术出版社2006年，第128页。

④ 李约瑟：《中国科学技术史》第5卷第1分册《纸和印刷》，科学出版社2018年版，第42页。

⑤ 〔宋〕王象之：《舆地纪胜》卷一一五《宾州·景物下》，中华书局1992年版，第3401页。

⑥ 潘吉星：《中国造纸史》，上海人民出版社2009年版，第261页。

设立造纸坊来生产印楮币的特殊用纸。这种纸张的主要原料是楮皮，因而会子亦被称作“楮币”或“楮钞”。同时，这种纸张的原料中也许还掺入了丝、别种纤维的成分，使之难以伪造。后因成都距都城临安路程太远，运费昂贵，孝宗于乾道四年(1168 年)开始在临安“赤山湖滨”设立官营的造纸作坊(即“造会纸局”)，“诏杭州置局于九曲池”，“安溪亦有局，仍委都司官属提领”。“工徒无定额，今在者一千二百人，咸淳五年(1269 年)之二月有旨住役”①。由此可见，这个专门生产用于印制纸币的纸张的“造会纸局”，其生产规模已经颇为可观。

第三，品种繁多，质量上乘，名纸迭出。以原料来说，则有藤纸、竹纸、麻纸、楮皮纸、桑皮纸等；以地区来说，南宋陈槱《负暄野录》卷下《论纸品》中就提到了南方知名的纸品，有四川的蜀笺、广都的“广都纸”、余杭的“由拳纸”、越州竹纸、抚州的“草钞纸”、湖北蒲圻“蒲圻纸”、福建建阳的“椒纸”、徽州新安“上供纸”玉版、吴笺等等。在这些纸品中，蜀笺中的隐花纸或水纹纸制造技术至少要比西方先进三五百年②。

在这些名目繁多的纸类中，藤纸占有重要地位。藤纸以藤条为原料，用其皮，故又名皮纸。它是南宋时期两浙地区的著名纸品，大量生产，有越藤、剡垂等品种。③ 这种纸张特别坚韧，耐磨性好，当时多用作官令纸。

当时知名的小井纸、赤亭纸、由拳纸等均为藤纸。“由拳藤纸”出自余杭县由拳村，早在北宋时就已经名闻一时，当地“多造纸袄为衣”④。蔡襄说：“今世纸多出南方，如乌田、古田、由拳、温州、惠州皆知名。”⑤李之仪还在杂书中对这种纸做了比较详细的描述：

> 由拳纸工所用法，乃澄心之绪余也。但其料或杂，而吴人多参以竹筋，故色下而韵微劣。其如莹滑受墨，耐舒卷适人意处非一种。今夏未涉秋，多暴雨，潮水大，圩田之水不能泄，吾之野舍，浸及外限，户内著屐乃可行。会庄夫以收成告，既来，复值雨，寸步不能施，终日临几案，忽忽无况。云破山出，时时若相慰藉者，邂逅邻人，出此纸见邀作字，既与素意相投，凡数十番，不觉写遍，安得能文词者，相与周旋，既为之太息，而又字画不工，似是此纸厄会所招也。⑥

---

① 〔宋〕吴自牧：《梦粱录》卷九《监当诸局》，浙江人民出版社 1984 年版，第 80 页；《咸淳临安志》卷九《造会纸局》，载《宋元方志丛刊》，中华书局 1990 年版，第 4 册，第 3438—3439 页。

② 李约瑟：《中国科学技术史》第 5 卷第 1 分册《纸和印刷》，科学出版社 2018 年版，第 84 页。

③ 据《元丰九域志》卷五载，杭州贡藤纸一千张；熙宁七年(1074 年)六月乙酉，杭州贡纸五万张(《续资治通鉴长编》卷二五四)。由此可见，杭州的藤纸制作早在北宋时就已经达到一定规模了。

④ 〔宋〕王辟之：《渑水燕谈录》卷九《杂录》，中华书局 1981 年版，第 117 页。

⑤ 〔宋〕蔡襄：《蔡忠惠集》卷三四《文房四说》，载《蔡襄集》，上海古籍出版社 1996 年版，第 628 页。

⑥ 〔宋〕李之仪：《姑溪居士文集》卷一七《庄居阻雨，邻人以纸求书，因而信笔》，中华书局 1985 年影印《丛书集成初编》本，第 2 册，第 131—132 页。

据此可知，由拳纸的制作受到澄心堂纸的影响，因其原料不纯，质量要比澄心堂纸差一点。但在当时因其具有莹滑、受墨、耐舒卷等优点，仍得到人们的喜爱。当时由拳纸的生产技术和质量均比过去有了进一步的提高。李祖尧注孙觌《与临安王宰》书中曰："由拳聚落名也，在临安县治之西数十里。村氓往往业纸以自给，其质匀细而重厚，为江浙冠，目曰由拳纸也。"①时人也认为由拳纸的质量仅在温州蠲纸之下。② 宋释文珦更有"丑梨生槜李，佳纸出由拳"的诗句。③ 因为质量好，故由拳纸被中央政府用作法令用纸。如南宋赵升《朝野类要》卷四《省札》载："自尚书省施行事，以由拳山所造纸书押给，降下百司监司州军去处是也。"越州剡溪所产的敲冰纸，也以洁白光滑得到时人的喜爱。吕本中诗："敲冰落手盈卷轴，顿使几案生清芬。"④极言此纸的可贵。《宝庆会稽续志》载："敲冰纸，剡所出也。张伯玉《蓬莱阁诗》：'敲冰成妙手，织素竞交鸳。'注：越俗呼敲冰纸。《新安志》：'纸，敲冰为之益佳。'剡之极西，水深洁，山又多藤楮，故亦以敲冰时为佳，盖冬水也。"⑤

竹纸大有后来居上之势，在宋代名冠一时。竹纸最早见于北宋，苏轼说："今人以竹为纸，亦古所无有也。"⑥然而当时由于技术水平的局限，竹纸的质量还比较差，韧性不强。北宋初年苏易简曾评价说："今江浙间有以嫩竹为纸，如作密书，无人敢拆发之，盖随手便裂，不复粘也。"⑦至南宋，当时的两浙一带盛产竹纸，如南宋陈槱《负暄野录》卷下《论纸品》载："今越之竹纸，甲于他处。"又说："吴人取越竹，以梅天水淋，晾令干，反复捶之，使浮茸去尽，筋骨莹澈，是为春膏，其色如蜡。若以佳墨作字，其光可鉴，故吴笺近出，而遂与蜀产抗衡。"绍兴"民家或以致饶。"⑧品种也较多，据《嘉泰会稽志》卷一七《纸》载："竹纸上品有三：曰姚黄，曰学士，曰邵公。……自王荆公好用小竹纸，士大夫翕然效之。建炎、绍兴以前，书简往来率多用焉。"质量已经有了大的提升，大都达到了薄、轻、软、细的标

① 〔宋〕孙觌：《内简尺牍》卷九，文渊阁《四库全书》本。

② 〔宋〕程棨：《三柳轩杂识·蠲纸》曰："温州作蠲纸，洁白坚滑，大略类高丽纸。东南出纸处最多，此当为第一焉。由拳皆出其下。"载陶宗仪《说郛》卷二四下，文渊阁《四库全书》本。

③ 〔宋〕释文珦：《潜山集》卷一二《闲居多暇追叙旧游成一百十韵》，文渊阁《四库全书》本。

④ 〔宋〕高似孙：《剡录》卷七《纸·敲冰纸》，《宋元方志丛刊》第7册，中华书局1990年版，第7247页。

⑤ 《宝庆会稽续志》卷四《纸》，《宋元方志丛刊》，中华书局1990年版，第7册，第7145页上。

⑥ 〔宋〕苏轼：《商刻东坡志林》卷九，《全宋笔记》第一编，大象出版社2003年版，第168页。

⑦ 〔宋〕苏易简：《文房四谱》卷四《纸谱》，《丛书集成初编》本，商务印书馆1960年版，第1493册，第53—54页。

⑧ 〔宋〕施宿等纂：《嘉泰会稽志》卷一七《纸》，《宋元方志丛刊》，中华书局1990年版，第7册，第7045页。

准，开始扬名天下，有“今越之竹纸甲于他处”①的美誉。《嘉泰会稽志》说：“剡之藤纸，得名最旧，其次苔笺。今独竹纸名天下。”又载书画家喜欢其原因有五大优点：“竹纸惟工书者独喜之：滑，一也；发墨色，二也；宜笔锋，三也；卷舒虽久，墨终不渝，四也；性不蠹，五也。”②

新安地区也出产不少佳纸，仅“上供纸”就有常样、降样、大抄、京运、三抄、京连、小抄七种，另称“七色”，岁供一百四十四万八千六百三十二张。“纸亦有麦光、白滑、冰翼、凝霜之目。今歙县、绩溪界中有地名龙须者，纸出其间，故世号龙须纸。”③《新安志》卷二《货贿》还指出：“大抵新安之水见底，利以沤楮，故纸之成振之似玉雪者，水色所为也。其岁晏敲冰为之者，益坚韧而佳。”新安玉版纸的质量也较好，陈槱《负暄野录》卷下《论纸品》云：“新安玉版，色理极细腻，然纸性颇易软弱。今士大夫多糨而后用，既光且坚，用其得法，藏久亦不蒸蠹。”

四川的蜀笺，元代费著《笺纸谱》所载：“笺纸有玉版，有贡余，有经屑，有表光。玉版、贡余杂以旧布、破履、乱麻为之，惟经屑、表光非乱麻不用。”④南宋人陈槱也说：“布缕为纸，今蜀笺犹多用之”⑤。成都西南郊的浣花溪一带是当地的造纸中心，形成了专门造纸的“纸户”：“府城之南五里有百花潭，支流为二，皆有桥焉，其一玉溪，其一薛涛。以纸为业者家其旁。”此处水质清澈，杂质少，造出的纸张洁白，如苏轼说：“成都浣花溪，水清滑胜常，以沤麻楮作笺纸，紧白可爱，数十里外便不堪造，信水之力也。”⑥谢景初（1020—1084）在“薛涛笺”制作工艺的基础上首创的“谢公笺”，为当时一种非常知名的彩色书画笺。其特点就是色彩丰富。据《笺纸谱》记载，“谢公笺”有十色，分别是深红、粉红、杏红、明黄、深青、浅青、深绿、浅绿、铜绿、浅云。苏易简在《文房四谱》中详细记载了这种纸的制作过程：“蜀人造十色笺，凡十幅为一榻。每幅之尾，必以竹夹夹之，和十色水逐榻以染。当染之际，弃置槌埋，堆盈左右，不胜其委顿。逮干，则光彩相宣，不可名也。然逐幅于方版之上研之，则隐起花木麟鸾，千状万态。又以细布，先以面浆胶令劲挺，隐出其文者，谓之‘鱼子笺’，又谓之‘罗笺’，今剡溪亦有焉。亦有作败面糊，和以五色，以纸曳过令沾濡，流离可爱，谓之‘流沙笺’。亦有煮皂荚子膏，并巴豆油，傅于水面，能点墨或丹青于

① 〔宋〕陈槱：《负暄野录》卷下《论纸品》，文渊阁《四库全书》本。

② 〔宋〕施宿等纂：《嘉泰会稽志》卷一七《纸》，《宋元方志丛刊》，中华书局1990年版，第7册，第7045页。

③ 〔宋〕罗愿：《新安志》卷二《货贿》，见萧建新、杨国宜校著《〈新安志〉整理与研究》，黄山书社2008年版，第61页。

④ 〔元〕费著：《笺纸谱》，载〔明〕杨慎：《全蜀艺文志》卷五六，线装书局2003年版，第1676页。

⑤ 〔宋〕陈槱：《负暄野录》卷下《论纸品》，文渊阁《四库全书》本。

⑥ 〔宋〕苏轼：《苏轼文集》卷七〇《书六合麻纸》，中华书局1986年版，第5册，第2231页。

上，以姜揾之则散，以貍须拂头垢引之则聚，然后画之为人物，砑之为云霞，及鸷鸟翎羽之状，繁缛可爱，以纸布其上而受采焉。”①现在世界各国通用的证券纸和信纸等水纹纸，都是根据这个原理制成的。由于蜀笺有许多道加工工序，纸质优良，在书写时不易走墨晕染，因此许多书画家喜使用蜀笺。如司马光曾称赞蜀笺道：“西来万里浣花笺，舒卷云霞照手鲜。书笥久藏无可称，愿投诗客助新篇。”②

广都的“广都纸”，是用楮皮为原料造的纸。“蜀中经史子集，皆以此纸传印”。又“凡公私簿书、契券、图籍、文牒，皆取给于是”。③

鄂州蒲圻纸“厚薄紧慢皆得中，又性与面粘相宜，能久不脱”，故也深受士大夫的喜爱，多作“传书”之用。④

福建建阳出产的“椒纸”更是名闻天下，这是一种金黄色的、加工精良的专为印刷所用的特制纸，系用山椒果实煮汁染成，不仅质地细薄有光，纸性坚韧耐久，而且因含有香茅醛、水芹萜等成分，带有一股浓郁的芳香，芳香持久，其香气据说可以延续数百年之久，还可以防虫避蠹，故称“椒纸”。这种纸不仅官府大量用它来印刷经史书籍，而且寺院道观也用于印制佛道经藏。

此外，据周密《癸辛杂识》所载，南宋还出产有一种可以防水的漆纸：“江州等处水滨产鱼苗，地主至于夏，皆取之出售，以此为利。……其法作竹器似桶，以竹丝为之，内糊以漆纸，贮鱼种于中……”⑤这种纸至今仍在某些工艺品上使用。临安的䌷纸，在南宋人文献中多有记载，如赵与时《宾退录》对临安䌷纸的特点及其名称的来由做了比较详细的记载：“临安有鬻纸者，泽以浆粉之属，使之莹滑，谓之䌷纸。”⑥由此可以看出，䌷纸具有洁白如莹、光滑如霜的特点。䌷纸由于质量好，便于书写，因此得到了朝野上下的喜爱。孝宗便非常喜欢这种纸，据周必大《玉堂杂记》记载，“御前设小案，用牙尺压䌷纸一幅，傍有漆匣小歙砚，置笔墨于玉格”⑦。上有所好，下有所趋。文人士大夫也是竞相用之。周密《癸辛杂识》前集《简椠》中就对此有记载：

> 简椠，古无有也。陆务观谓始于王荆公，其后盛行。淳熙末，始用竹纸，高数寸，阔尺余者，简版几废。自丞相史弥远当国，台谏皆其私人，每有所劾荐，必

① 〔宋〕苏易简：《文房四谱》卷四《纸谱》，文渊阁《四库全书》本。

② 〔宋〕司马光：《蜀笺二轴献太傅同年叶兄》，载〔明〕杨慎：《全蜀艺文志》卷一九，线装书局2003年版，第483页。

③ 〔元〕费著：《笺纸谱》，《全蜀艺文志》卷五六，线装书局2003年版，第1677页。

④ 〔宋〕陆游：《老学庵笔记》卷二，中华书局1979年版，第19页。

⑤ 〔宋〕周密：《癸辛杂识》别集上《鱼苗》，中华书局1988年版，第221页。

⑥ 〔宋〕赵与时：《宾退录》卷二，上海古籍出版社1983年版，第24页。

⑦ 〔宋〕周必大：《文忠集》卷一七五，文渊阁《四库全书》本。

> 先呈副，封以越簿纸书，用简版缴达，合则缄还，否则别以纸言某人有雅故，朝廷正赖其用。于是，旋易之以应课，习以为常。端平之初，犹循故态。陈和仲因对首言之，有云："稿会稽之竹，囊括苍之简。"正谓此也。又其后括苍为轩样纸，小而多，其层数至十余迭者，凡所言要切则用之，贵其卷还，以泯其迹。然既入贵人达官家，则竟留不遣，或别以他椠答之。往者御批至政府从官皆用蠲纸，自理宗朝亦用黄封简版，或以象牙为之，而近臣密奏亦或用之，谓之御椠，盖亦古所无也。

钱塘的油纸牢度较高，且可以防雨，故在当时往往用作窗纸。范成大曾有诗述及油纸的使用。① 当时临安城中从事油纸制作的人较多，成为都城众多的行业之一。《武林旧事》卷六《小经纪》中所列的"他处所无有"的行业中便有油纸制作一行。

第四，造纸技术有了新的突破。随着全国造纸业的发展，水碓普遍应用，从而节约了大量人力，有效地提高了造纸的生产效率。一些造纸新技术也纷纷应用，各地都因地制宜地选用造纸材料和纸药材料，使得可用于作为纸药的植物种类不断增多，开发出了多种植物泡制纸药。如周密《癸辛杂识》载："凡撩纸，必用黄蜀葵梗叶新捣，方可以撩，无则沾黏不可以揭。如无黄葵，则用阳桃藤、槿叶、野葡萄皆可，但取其不黏也。"②这些纸药捣汁后泡入纸槽，可以起到使纸纤维表面光滑的作用，促进了纸品质量的提高。这种用植物黄蜀葵梗叶黏液作造纸的悬浮剂，当以中国为最早。适应当时文化需要的书画用纸，成为大宗商品。"用粉花白纸者，有胡安国《稍疏奉问帖》、叶清臣《近遗帖》、叶适《牡丹诗帖》。宋高宗书《度人经》用澄心堂纸，《赐陈康伯敕》用白麻粉笺泥金龙凤边。范成大《垂诲帖》用白粉蜡纸。张即之《上问帖》用牙色印花粉笺，《从者来归帖》用牙色印花纸。陆秀夫《义山帖》用牙色印花纸。刘焘《昨夕帖》用画花白粉纸。"这些书法名帖所使用的纸品多是由普通纸进一步加工而成的，包含染色和印花等多道工序，价格自然也要比普通书写用的纸高得多。另外，南宋时期造纸技术的发展还体现在纸幅变宽、纸质均匀、染色与砑花等各个方面，表明了宋代造纸业已经达到一个更高的阶段。③

在这一时期，南方纸工还掌握了采用将故纸回槽、掺到新纸浆中造再生纸的工艺技术。这种纸，时称"还魂纸"。如马端临《文献通考》卷六中载南宋湖广等地造纸币"会子"（"湖会"）时，就曾用还魂纸。

（十八）瓷器制造技术

两宋时期，是我国瓷器发展史上一个十分重要的阶段，制瓷技术达到了纯熟完美的程

---

① 〔宋〕范成大：《石湖居士诗集》卷二一《大厅后堂南窗负暄》，载《范石湖集》，上海古籍出版社2006年版，第306页。

② 〔宋〕周密：《癸辛杂识》续集下《撩纸》，中华书局1988年版，第213页。

③ 王菊华等著：《中国古代造纸工程技术史》，科学出版社2006年版，第221、261—274页。

度。这时的瓷器，无论在胎质、釉料，还是在制作技术上，都达到了新的水平。全国形成了富有影响的八大窑系，即北方的定窑、磁州窑、钧窑、耀窑；南方的景德镇窑、越窑、龙泉窑和建窑。南北辉映，互为颉颃，其成就不相上下，构成了瓷器工艺技术繁花争艳的绚丽图景。

1. 名窑

(1)龙泉窑。龙泉窑是南方青瓷的代表，位于浙江南部瓯江两岸和松溪上游，以处州(今浙江丽水)龙泉为中心，并遍布周边地区的云和、丽水、遂昌、永嘉等县。它起源于唐，发展于北宋，而鼎盛于南宋。① 宋人庄绰就对此做了概括："处州龙泉县……又出青瓷器，谓之'秘色'，钱氏所贡，盖取于此。宣和中，禁庭制样须索，益加工巧。"②新中国成立后考古工作者曾对龙泉窑进行过两次较大规模的发掘和调查。调查证明，龙泉青瓷的原料产地就在窑址附近的山上，那里至今仍有供制瓷用的瓷土和紫金土。在窑址附近小溪边发现的石杵臼，证明当时已能用水碓粉碎瓷土。考古工作者还以大窑岙底发现的作坊遗址为例，复原了当时龙泉青瓷的工艺制作流程：该处作坊工场呈长方形，有三开间瓦房，总长 11.5 米，进深 6.3 米，大门在当心间，北间为烘烤间，北间西部和当心间西南有堆坯土和废坯胎的小屋。工场房后有淘洗池两个，池壁砖砌，口大底小，底铺黏土，池口外围砖墙一道，北面挖一进水沟，西面有一出水沟，通向另一池。在淘洗池西有长方形练泥池，口侈底敛，底中内凹，以大砖砌成，池周围有高岭土、瓷土渣等。作坊皆建于窑旁，淘洗池水利用山泉引入池内。在作坊中还发现制作瓷胎的轮盘基座。在各窑床堆积和作坊堆积中还发现了许多窑具、工具和瓷坯、未烧成的瓷器、印模等，从中可以了解龙泉窑从制坯、修坯、刻印花纹到上釉等工序流程。③ 龙泉窑的窑床结构为长条斜坡状，长 25～80 米不等，宽 1.5～2.8 米不等。坡度在 10～18 度之间，一般为前陡后缓，这是为了利用自然抽力代替风箱和烟囱的功能。窑中部的瓷器由于烧成温度及还原合适，胎、釉色泽良好；窑前部及尾部废品率高，胎易松软或开裂。④ 南宋时，龙泉窑得到了大的发展。明人郎瑛在《七修类稿续编》中说："南宋时有章生一、生二弟兄，各主一窑。生一所陶者为哥窑，以兄故也。生二所陶者为龙泉窑，以地名者。其色皆青，浓淡不一。其足皆铁色，亦浓淡不一。旧闻紫口，今少见也。惟土脉细薄，釉色纯粹者最贵。哥窑则多断纹，号百圾破。龙

① 学术界历史分期定为：从六朝至北宋初为初创期，从北宋中期至南宋中期为成长期，从南宋中期至元代为成熟期，明清两朝是龙泉青瓷的衰落期。(参见李家治《中国科学技术史·陶瓷卷》，科学出版社 1998 年版，第 286 页。)

② 〔宋〕庄绰：《鸡肋编》卷上，中华书局 1983 年版，第 5 页。

③ 《新中国的考古发现和研究》，文物出版社 1984 年版，第 640—641 页。

④ 《浙江省龙泉县青瓷窑址调查发掘的主要收获》，《文物》1963 年第 1 期；《龙泉溪口青瓷窑址调查纪略》，《考古》1962 年第 10 期。

泉窑至今温、处人称为章窑。”《景德镇陶录》卷六“哥窑”“章龙泉窑”也载：“哥窑土脉细紫，质颇薄，色青，浓淡不一，有紫口铁足，多断纹、隐裂如鱼子，釉惟米色、粉青二种，汁纯粹者贵”“章龙泉窑……土脉细腻，质薄，亦有粉青色、翠青色，深浅不一，足亦铁色，但少纹片，较古龙泉制度更觉细巧精致”“纯粹如美玉，为世所贵。”在中国制瓷史上，哥窑和弟窑极负盛名。哥窑同官窑、汝窑、定窑、钧窑并列为宋代五大名窑；弟窑也因其产品“青如玉、明如镜、声如磬”被后人誉为“青瓷之花”。

北宋龙泉窑五管瓶

南宋龙泉窑青瓷凤耳瓶①

南宋龙泉窑盘龙瓶

南宋龙泉窑鬲式炉

南宋龙泉窑把杯

南宋龙泉窑青瓷碗②

南宋龙泉窑盅

宋哥窑碗

① 浙江省文物局编：《意匠生辉：浙江历史遗产的文化品读》，浙江人民美术出版社2004年版。
② 选自浙江省文物局编《意匠生辉：浙江历史遗产的文化品读》。

(2)景德镇窑。景德镇瓷业兴起于北宋真宗景德年间(1004—1007),其时随着当地烧制技艺的日益精湛,产品的形制也日益精美,并在社会上产生了较大的影响,引起了统治者的重视。南宋周煇《清波杂志》曰:“饶州景德镇,陶器所自出,于大观间窑变,色红如朱砂,谓荧惑躔度临照而然。物反常为妖,窑户亟碎之。时有玉牒防御使(仲檝),年八十余,居于饶,得数种,出以相示,云:‘比之定州红瓷器,色尤鲜明。’”①正如蓝浦《景德镇陶录》卷五《景德窑》所说:“景德窑,宋景德年间烧造。土白壤而埴,质薄腻,色滋润。真宗命进御,瓷器底书‘景德年制’四字。其器尤光致茂美。当时则效著行海内,于是天下咸称景德镇瓷器,而昌南之名遂微。”又据该书记载,景德镇东南 10 公里外有湘湖窑,产有米色、粉青二色瓷器②。这种瓷器的胎质含二氧化硅高达 77%,含二氧化钛往往在 1%以下。湘湖窑影青瓷的白度和透光度最高,是宋代制瓷技术的代表③。到南宋时,景德镇瓷业得到了飞速发展。据统计,当时景德镇有瓷窑三百余座。瓷窑开始从农村向镇市集中,出现了独立的手工业作坊和细致的内部分工。南宋蒋祈《陶记》对其做了比较详细的记载:“景德陶,昔三百余座。埏埴之器,洁白不疵,故鬻于他所,有饶玉之称,其视真定红

江西省景德镇市出土
宋代青白釉褐彩生肖瓷俑④

江西省景德镇市出土
宋代青白釉牵马瓷俑⑤

① 〔宋〕周煇撰、刘永翔校注:《清波杂志校注》卷五《定器》,中华书局 1994 年版,第 213 页。

② 〔清〕蓝浦著、郑廷桂补辑:《景德镇陶录》卷五《湘湖窑》,浙江人民美术出版社 2019 年版,第 84 页。

③ 杜石然等主编:《中国科学技术史稿》下册,科学出版社 1985 年版,第 74 页。

④ 选自江西省博物馆、首都博物馆编《赣水流韵 辉耀千载》,文物出版社 2014 年版。

⑤ 选自江西省博物馆、首都博物馆编《赣水流韵 辉耀千载》。

瓷、龙泉青秘相竞奇矣。”①又说：“陶工、画工、土工之有其局；利坯、车坯、釉坯之有其法；印花、画花、雕花之有其技。秩序规制，各不相紊。”“进坑石泥，制之精巧；湖坑、岭背、界田之所产已为次矣。比壬坑、高沙、马鞍山、磁石塘，厥土、磁石仅可为匣模。”“攸山山槎灰之制釉者取之，而制之之法，则石垩炼灰，杂以槎叶木柿，火而毁之。必剂以岭背釉泥，而后可用。”②由此可以看出，其制瓷技术吸收了全国各地名窑的特长，采用刻花、划花、印花、堆贴、镂雕等技法，造型精巧优美，装饰俏丽丰富，“洁白不疵”，使产品赢得了“饶玉”之称，与真定红瓷、龙泉青瓷相媲美，成为南宋三大名瓷之一，产品远销海内外。

(3)建窑。建窑位于福建省建阳水吉镇，所产黑瓷碗盏是宋代名瓷之一，以烧造进贡朝廷用的黑釉茶盏闻名于世，其产品被誉为“天目瓷”。产品有黑釉、青釉、青黄釉和青白釉芒口器等种类。其中黑釉兔毫碗盏茶具，釉色滋润似漆，黑漆色中加有土黄色毫毛纹状，故被称为“兔毫釉”，最为名贵，是当时贵族官僚们“斗茶”的专用器皿。③ 其窑烧制的瓷器，多紫黑色，胎很厚，黑釉光亮如漆；有的还有土黄色毫纹或银色斑点。《景德镇陶录》卷七“建窑”条载：“碗盏多是敞口，体稍薄，色浅黑而滋润，有黄兔斑，滴珠大者真。宋时茶尚敞碗，以建安兔毫盏为上。”

宋建窑兔毫盏

宋建窑曜变黑釉盏

(4)越窑。越窑在北宋中期以前仍然很盛，有较大的影响。除生产大量的商品瓷外，还继续承烧一些宫廷用瓷。如宋代周密《志雅堂杂钞》中有“大宋兴国七年岁次壬午六月望日，殿前承旨监越州瓷窑务，赵仁济”的记载。但数量已远远不及五代时多。北宋中期以后，越窑迅速衰落，由北方的官、汝等窑及南方的龙泉窑取而代之。关于衰落原因，陈

① 白焜：《宋蒋祈〈陶记〉校注》，载《景德镇陶瓷》1981 年第 1 期；傅振伦《蒋祈〈陶记略〉译注》，《湖南陶瓷》1979 年第 1 期。

② 傅振伦：《蒋祈〈陶记略〉译注》，《湖南陶瓷》1979 年第 1 期。

③ 《“建窑”调查记》，《文物》1955 年第 3 期；《福建建阳水吉宋建窑发掘简报》，《考古》1964 年第 4 期。

南宋天青釉鸟食罐

万里在《瓷器与浙江》一书中认为："……嗣后忠懿归宋，不复需要此巨量越瓷之贡进，益以赵宋诸帝力戒奢侈，禁用金饰，恐怕越器就以这种情况而衰落下去。"①

(5)其他名窑。除上述四大名窑外，长江流域还有一些瓷窑也很著名。如南宋官窑、吉州窑、长沙窑等，在瓷器的烧制工艺上也都取得了突破性的进展，它们生产的产品名扬海内。

南宋在杭州凤凰山下建立的修内司官窑和郊坛官瓷，其产品与龙泉哥、弟窑青瓷齐名。南宋叶寘《坦斋笔衡》曰："本朝以定州白瓷器有芒，不堪用，遂命汝州造青窑器，故河北、唐、邓、耀州悉有之，汝窑为魁。江南则处州龙泉县，窑质颇粗厚。政和间，京师自置窑烧造，名曰官窑。中兴渡江，有邵成章提举后苑，号邵局，袭故京遗制，置窑于修内司，造青器，名内窑。澄泥为范，极其精致，釉色莹彻，为世所珍。后郊坛下别立新窑，比旧窑大不侔矣。余如乌泥窑、余杭窑、续窑，皆非官窑比。若谓旧越窑，不复见矣。"②

江西吉州窑，多产白色、紫色瓷器，"颇似定器"，有名于时。《景德镇陶录》卷七"吉州窑"条记载，宋代吉州有五窑，"惟舒姓烧者颇佳，舒翁工为玩具。翁之女名舒娇，尤善陶，其垆瓮诸色，几与哥窑等价。花瓶大者值数金，小者有花"。由此可见，吉州窑的彩绘瓷颇有声望，而剪纸贴花的技艺更是其独创。

江西省南昌县出土宋代吉州窑彩绘跃鹿卷草纹瓶③

江西省南昌县出土宋代吉州窑彩绘跃鹿牡丹纹盖罐④

宋代吉州窑剪纸贴花龙凤纹茶盏

① 陈万里：《瓷器与浙江》，中华书局1946年版，第9页。
② 〔元〕陶宗仪：《南村辍耕录》卷二九《窑器》，辽宁教育出版社1998年版，第346页。
③ 选自江西省博物馆、首都博物馆编《赣水流韵 辉耀千载》，文物出版社2014年版。
④ 选自江西省博物馆、首都博物馆编《赣水流韵 辉耀千载》，文物出版社2014年版。

邛崃窑是四川负有盛名的古窑。有学者指出："邛窑影响宋瓷甚巨，钧汝诸器，可为例证，论瓷者不可不知。"①省油灯是邛窑的独创，声名远扬，也开辟了陶瓷品新的应用领域。据陆游《老学庵笔记》载："宋文安公（宋白）集中有《省油灯盏》诗，今汉嘉有之，盖夹灯盏也。一端作小窍，注清冷水于其中，每夕一易之。寻常盏为火所灼而燥，故速干，此独不然，其省油几半。"②

四川博物院藏宋代邛窑省油灯

2. 陶瓷工艺的新成就

（1）坯体多次素烧多次上釉技术。宋人对于瓷器的赏鉴，以追求瓷器的质感丰厚、酷肖玉器为上品，如景德镇陶瓷一度有"饶玉"的美称，就是因为景德镇所产的青白瓷釉层厚、对光的折射和散射丰富，显现出玉一般的温润和光泽，因此闻名。为了达到与玉器相似的效果，宋代的窑场采用提高烧制温度和增加釉层厚度的方法，但是，窑温的提高会使坯体容易坍陷败坏，而釉层的增厚也会给烧造带来困难，因为坯胎和釉质的膨胀率不同，很可能会因为釉层太厚而导致瓷器在烧制过程中开裂。因此，尽管薄胎厚釉的瓷器可以体现玉器的光泽，但是烧造却非常困难。为了解决这一问题，宋代的制瓷工匠创造性地采用了对陶瓷坯体进行多次素烧和多次上釉的技术，从而使青瓷的釉层厚若堆脂，宛如美玉雕琢而成，从而把中国古代青瓷生产工艺推到了前所未有的高度，大大提高了青瓷的质量。③

科技史家通过对南宋郊坛下官窑陶瓷釉坯进行显微结构的分析，发现当时的人为了达到薄胎厚釉的目的，通过对坯体进行几次素烧，每次素烧后在坯体上以类似施釉方法

① 罗希成：《蜀故别录》，《风土杂志》1948 年第 2 期。

② 〔宋〕陆游：《老学庵笔记》卷一〇，中华书局 1979 年版，第 130 页。

③ 朱伯谦：《釉质肥润，珍世瑰宝——南宋官窑》，载《朱伯谦论文集》，紫禁城出版社 1990 年版，第 208 页。

将与坯体相同的材料附着在坯体上;釉质也不是一次敷上,而是多次上釉,并且逐次减少施釉厚度。最终呈现出由里到外一层层逐渐变薄,使各层釉之间处于压应力之下,相互牢固结合而不至于出现由于坯体和釉质的膨胀率不同导致瓷器开裂的结果。可以说,坯体多次素烧多次上釉且各层釉之间由里向外一层层变薄,这是南宋窑场制造薄胎厚釉而有纹裂陶瓷制品的关键所在。① 历代文献均对南宋官窑瓷器的质量给予高度的评价。南宋叶寘《坦斋笔衡》、顾文荐《负暄杂录》均言其"澄泥为范,极其精致,油色莹澈,为世所珍"。这种评价在当时及后世并无多少争议,所述也大致相同,当是自南宋以来世人的确论。南宋赵彦卫《云麓漫钞》卷一〇则从另一角度阐述了南宋官窑瓷器的质量,他说:"青瓷器,皆云出自李王,号秘色;又曰出钱王。今处之龙溪出者色粉青,越乃艾色……近临安亦自烧之,殊胜二处。"《云麓漫钞》成书于宋宁宗开禧二年(1206 年),当时龙泉窑已能生产粉青釉瓷器,临安官窑烧的瓷器质量比它好,说明在此以前官窑的工艺技术有了很大的提高。其时,瓷器的胎壁进一步减薄,特别是碗、盘、洗、碟的口腹部,胎厚仅一毫米左右,真是壁薄如纸,使瓷器更加轻巧优美。与此同时,釉层大大增厚。如工场中发现的已经上釉的素烧坯,釉层分三或四层,这说明此类瓷器的烧制需要经过三四次素烧和上釉的复杂工艺。其过程是:先将坯件在六百度左右的低温中素烧,使坯体干燥和增加机械强度,然后上第一次釉→二次素烧→上第二次釉→三次素烧→上第三次釉→四次素烧→上第四次釉,最后在龙窑中正式烧成。釉的厚度大多数在一毫米以上。釉色以粉青为最好,此外尚有青灰、淡黄、蜜蜡、鹅皮黄和浅紫色等,色泽淡雅,乳浊性良好,滋润如玉。釉层普遍有开片,其中青釉纹片较少,黄釉纹片细密。由于釉层丰厚,装坯用的窑具也由支钉改成垫饼,以免烧成时支钉尖被厚厚的釉层粘住,变成残次品。垫饼多数为扁圆形,装窑

南宋官窑八卦纹熏炉盖

南宋官窑葵口碗

南宋官窑镂空套瓶

① 陈全庆、周少华:《南宋郊坛官窑陶瓷釉坯显微结构研究》,《中国陶瓷》1994 年第 5 期。

南宋官窑米黄釉盘

南宋官窑碗底

南宋官窑贯耳瓶

南宋官窑修内司官窑簋式炉

南宋官窑樽式炉

南宋修内司官窑樽

时它放在坯件的底部或圈足下，所以与垫饼接触的器底或圈足底端的釉层必须刮去，烧成后无釉部分的胎面因经第二次氧化变成铁灰色，通称“铁足”。同时装窑时，器口朝上，在烧到一千二三百度高温时，上口部釉汁下流，釉层较薄，隐现胎骨的灰紫色，名为“紫口”。薄胎厚釉，釉层柔和如玉，开片疏密有致，紫口铁足，是南宋后期官窑青瓷的特点。

(2)烧窑过程中的“火照”技术。瓷器的烧制过程是一个非常重要的关键工序，稍有不慎，就有可能前功尽弃，因烧窑温度与火候没有把握好会烧出大量不合格的次品，甚至是所烧瓷器全部毁弃。为了有效地掌控炉温，提高烧制瓷器的合格率，浙江龙泉窑的工匠发明了“火照”技术。

火照又称试片、试火具、试火板等，统称为照子。它是专门用来测试瓷器焙烧时生熟程度的窑具。一般用瓷泥制作，也有用碗坯改制者，其形状有碗形、方形、长方形、梯形、多边形等，以三角形片状居多，上平下尖，上端都有圆孔，并多施釉。蒋祈在《陶记》中记述它的用途说：“火事将毕，器不可度，探坯窑眼，以验生熟，则有火照。”火照避免了烧制中火力不足或太过的情况，大大地提高了所烧瓷器的成品率，提高了工效。

(3)窑具和装烧方法的改进。为了获得高质量的瓷器，南宋窑工对窑具和装烧方法也做了很大的改进。窑具有匣钵、支圈、垫钵、垫饼、垫环、泥照等种。南宋窑工在吸取定窑装烧工艺的基础上，对匣钵加以改进和创新，采用了有匣和支圈代匣覆烧工艺，是其装烧工艺的一次突破，它不仅增加了装烧量，而且也对瓷器烧制存在的最大变形问题起到了决定性作用，大大提高了产品的质量。南宋初期发明"阶梯形垫钵覆烧法"，即"阶梯式支圈烧法"，与北宋中期的仰烧法相比，产品的变形率降低，装烧密度增大。南宋中晚期发明的"环状支圈覆烧法"（又称"环状式支圈覆烧法"），可以增加装烧密度四倍以上，并有减少变形、节约燃料等优点。而光泽柔和的粉青色釉龙泉瓷和碧绿的梅子青釉龙泉瓷的烧成，表明青瓷烧造技术已经达到了新的高峰。而白胎青瓷和黑胎青瓷，则是龙泉青瓷中最精致的代表作。①

以龙泉窑为代表的青瓷烧制技术已经达到了炉火纯青的地步。它那透明如镜的釉层，就像是在胎的表面罩上了一层薄薄的玻璃，釉色青翠，极少有开片与流釉现象，说明当时对釉料的配制和烧成气氛的控制已有相当高的水平。龙泉窑的匠师们对窑温和气氛的控制，在南宋的中晚期达到了炉火纯青的程度。匠师们通过长期实践，摸索和积累经验，凭借窑内火焰的颜色可以掌握与控制炉温。他们知道最初的赤色火焰，炉温在475℃，当赤色变为暗赤色时，炉温在475～650℃之间。火焰樱桃色时，炉温在650～750℃之间。火焰由樱桃色变为鲜红色时，火焰在750～820℃之间。火焰出现橘黄色时，窑温在820～900℃之间。当火焰由橘黄色变为黄色时，窑温升至900～1090℃之间。火焰出现淡黄色时，就达到了烧成温度，即1090～1320℃之间。火焰转为白色时，窑温继续升高，可达1320～1540℃。火焰出现灰白时是最高炉温，可超过1540℃。②

此外，南宋时期建窑、吉州窑的工匠们还使用了花釉器烧造技术，生产出了油滴、兔毫等名贵的陶瓷器皿；龙泉窑的工匠们通过对烧窑温度的控制，生产具有玉器外观的青瓷的技术等，都是这一时期工艺进步的具体反映。③

（十九）纺织技术

两宋时期，不仅丝织业发达，而且丝织业的生产技术也达到了世界最高的水平。在这一时期，纺织生产工艺已经臻于完善，特别是蚕桑丝绸生产已形成了一整套从栽桑、浴蚕乃至牵经络纬、上机织造及成衣的过程，生产工具已有脚踏缫车、高楼提花绫机、罗机

① 以上参见朱伯谦《龙泉青瓷简史》，载《朱伯谦论文集》，紫禁城出版社1990年版，第149—203页。戴粹新：《湖田古瓷窑匣钵的研究》，载《景德镇陶瓷学院学报》1982年第1期。刘新园：《景德镇湖田窑考察纪要》，《文物》1980年第11期。

② 石少华：《龙泉青瓷赏析》，学苑出版社2005年版，第229—243页。

③ 胡小鹏：《中国手工业经济通史·宋元卷》，福建人民出版社2004年版，第539、540页。

等，为明清时期的丝绸生产技术奠定了基础。①

在这一时期，南方地区在纺织技术上最突出的成就是纱罗锦缎等织物的织造方法和提花工艺以及棉织技术的发展。

1. 丝织技术

锦是各种丝织品中的精品，代表着当时丝织技术的最高水平。其时，其品种已经达到四十多种，其中蜀锦独步全国，时有蜀地“罗纨锦绮等物甲天下”之说②。仅元代费著《蜀锦谱》一书就载有八答晕锦、盘球锦、簇四金雕锦、葵花锦、六答晕锦、翠池狮子锦、天下乐锦、云雁锦、真红锦、大窠狮子锦、大窠马大球锦、双窠云雁锦、宜男百花锦、青丝锦、七八行锦、玛瑙锦、青绿云雁锦、青绿瑞草云鹤锦、青绿如意牡丹锦、真红双窠锦、真红宜男百花锦、真红穿花凤锦、真红雪花球露锦、真红樱桃锦、真红水林檎锦、秦州细法真红锦、鹅黄水林檎锦、秦州中法真红锦、秦州粗法真红锦、真红天马锦、真红湖州大百花孔雀锦、真红飞鱼锦、四色湖州百花孔雀锦、真红聚八仙锦、二色湖州百花孔雀锦、真红六金鱼锦等三十多个品种。③ 现存四川省博物馆的宋代八答晕锦，便是蜀锦中的代表作。此锦由三重纬纹织成，缎地、浮花，以红、绿、蓝、浅黄等色组成大小两种八瓣形图案和垂直交错的直条，空隙处填以卐字形花纹。川帛以色泽红亮最为艳丽，俗称“川红”。当然它除染色工艺高超外，还有赖于依照蚕的生活习性来精心培育出优良的原料丝。史载南宋人章岵在四川做官时，曾把吴罗、湖绫带到当地，与川帛一起染红后再带回到京师临安。经过梅雨季节返潮，吴罗、湖绫均出现了褪色现象，但川帛的色泽丝毫不变，“后询蜀人之由，乃云：‘蜀之蓄蚕，与他邦异。当其眠将起时，以桑灰喂之，故宜色。’然世之重川红，多以染之良，盖不知由蚕所致也”④。灯笼锦又名“庆丰年锦”或“天下乐锦”，是北宋文彦博在成都为官时首创的。锦上的图案是用金线织成，纹样以宫灯（代表“登”）为主，灯边饰以蜜蜂（代表“丰”），四角悬挂流苏（代表“谷”），常织成稻穗状，寓意“五谷丰登”，呈现出一派祥和富贵之意，极为明艳华贵，是蜀锦中有名的传统纹样之一。创于北宋的“落花流水锦”，则是成都织锦艺人根据唐代李白诗“桃花流水窅然去，别有天地非人间”⑤以及宋人词句“花落水流红”加以艺术概括而织成，色彩丰富、图案多姿、意境优美。从宋开始，到元、明时期，全国锦缎作坊都因袭并发展了这一品种图案，并为其他工艺品广泛采用，

---

① 朱新予主编：《中国丝绸史》，纺织工业出版社 1992 年版，第 207 页。

② 《宋史》卷二六七《樊知古传》，中华书局 1977 年版，第 26 册，第 9396 页。

③ 〔元〕费著：《蜀锦谱（及其他四种）》，《丛书集成初编》本，中华书局 1991 年版，第 1—4 页。

④ 〔宋〕吴曾：《能改斋漫录》卷一五《方物·川帛宜色》，中华书局 1979 年版，第 461 页。

⑤ 〔唐〕李白：《李白集》卷一九《山中问答》，上海古籍出版社 1980 年版，第 1095 页。

由一种变为十数种，通称为“落花流水”①，可见其精美和广泛影响。至南宋，织锦花色繁多，除前面所述蜀锦“落花流水锦”外，著名的还有南京云锦、苏州宋锦、建宁绿锦（时称“濯锦”）、杭州青红捻金锦、绒背锦、武康丝锦等。

缎在宋代也非常普遍，除民间常见的销金线缎外，还有混织染色线的花缎（即所谓的“锦襕缎子”）、绣色缎子，杭州是著名的产地。② 福州黄昇墓就曾出土过这种丝织品，洪皓《松漠记闻》也有记载。

绫为传统丝织品，名产有杭州的白编绫、柿蒂绫、狗蹄绫、樗蒲绫，吴兴樗蒲绫，明州的交梭吴绫、大花绫，越州寺院的寺绫，台州的花绫、杜绫、绵绫、樗蒲绫，梓州的白熟绫、白花绫，遂州的樗蒲绫，蓬州的综丝绫，阆州的莲绫，润州的方纹绫、水波绫。其中柿蒂绫，“花者为佳。内司有狗蹄绫，尤光丽可爱”。③ 绫的产量也极大，绍兴二十六年（1156年）七月二十七日，宋高宗曾下诏：“临安府岁贡御服绫二百匹，自二十六年以后，特与放免。”④从这一记载中，我们也可知这种绫的质量极佳。绫在福州黄昇墓和金坛周瑀墓均有出土。⑤

北宋牡丹莲蓬童子攀枝纹菱

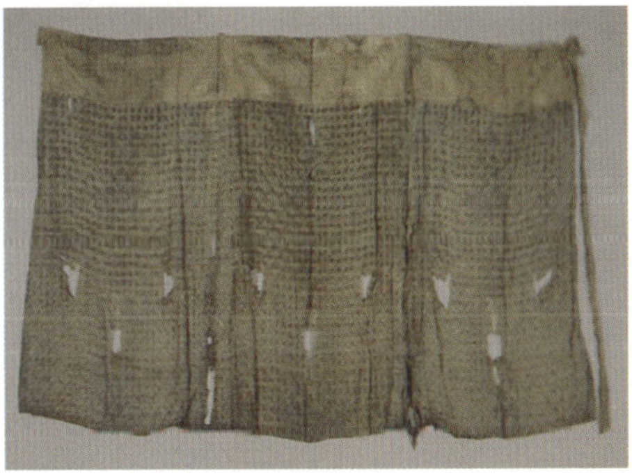

江西德安南宋周氏墓出土的星地折枝花纹绫裙

① 蜀锦史话编写组：《蜀锦史话》，四川人民出版社1979年版，第35页。

② 〔宋〕吴自牧：《梦粱录》卷四《观潮》，浙江人民出版社1984年版，第28页。

③ 《咸淳临安志》卷五八《丝之品》，载《宋元方志丛刊》，中华书局1990年版，第4册，第3871页。

④ 《宋会要辑稿》崇儒七之六三，中华书局1957年版，第3册，第2320页。《咸淳临安志》卷五九《土贡》作“临安府岁贡御服绫一百匹”（中华书局1990年版，第3879页）。又，《西湖游览志余》卷二《帝王都会》载：绍兴二十六年七月，诏罢临安府岁贡御服绫。上曰：“临安民有纳本户绢一匹，被退出，询之云：‘官中以不经揽户，不肯受。’朕令人以五千五百钱买之，乃是好绢。”（上海古籍出版社1998年版，第10页）

⑤ 俞敏敏：《浅议南宋丝绸和服饰文化》，《丝绸》2002年第5期。

福建福州南宋黄昇墓
出土的烟色梅花罗镶花边单衣①

福建福州南宋黄昇墓
出土的褐黄色罗镶花边广袖袍②

福州南宋黄昇墓出土的深烟色牡丹花罗背心

罗，是一种经丝经过绞转而织成的丝织品，南宋时有素、花、缬、熟、线柱、结罗、暗花、金蝉、博生等品种。其中，结罗又分为花、素两种，“染丝织者名熟线罗，尤贵”。③ 需要指出的是，博生罗是当时开发出来的新产品。它采用经线相互环结为链状的绞结方法织成，具有良好的服用性能，而且在外观上还有类似针织的效果，深受消费者的欢迎。但这种博生罗的制作工艺极为复杂，制作一匹费时五十多天。统治者往往用这种名贵的丝织品作为御赐品。如《武林旧事》卷八《人使到阙》载：“北使到阙……赐牲饩，折博生罗十匹。”名产有蜀州的春罗、单丝罗，杭州的素罗、花罗、缬罗、熟罗、线柱罗、暗花罗、金蝉罗、博生罗，越州宝花罗，婺州暗花罗、含春罗、红边贡罗和东阳花罗，润州罗等。特别是产于越州（治今浙江绍兴）的尼罗“近时翻出新制，如万寿藤、七宝火齐珠、双凤绶带，纹皆隐起，而肤理尤莹洁精致”④。

① 选自福建省博物馆编《福州南宋黄昇墓》，文物出版社 1982 年版。
② 选自福建博物馆编《福州南宋黄昇墓》。
③ 《咸淳临安志》卷五八《丝之品》，《宋元方志丛刊》，中华书局 1990 年版，第 4 册，第 3871 页。
④ 《嘉泰会稽志》卷一七《布帛》，《宋元方志丛刊》本，中华书局 1990 年版，第 7 册，第 7048 页。

纱至宋代，其生产技术更为成熟，规模也更大。各地名产有绵州巴西纱子，临川上饶醒骨纱，抚州的莲花纱，杭州的素纱、天净纱、三法纱、暗花纱、粟地纱、茸纱等，均为机坊所织。从福州黄昇墓和金坛周瑀墓出土的纱织品来看，这些纱织品已经具有良好的透明和飘逸效果。如绵州所产的"巴西纱子"，"一匹重二两，妇人制夏服，甚轻妙"①。与博生罗一样，三法暗花纱也是南宋临安丝织工人开发出来的丝织名品。这是一种二经相交起平行花的稀经密纬提花织物，织成以三行工斜形纹为基础的图案，底明花暗，故名三法暗花纱。这种纱的纹结组织看起来比较简单，实则不然。工匠们在制作时，充分利用纹纱的特点，采用了非常大胆的经纬密度配置，从而使织物呈现出透明、清新飘逸的特点，深受消费者的欢迎。同时，由于织物图案多取青铜器上常见的"矩纹"，因此民间又称其为"矩纹纱"。它弥补了因平纹花纹面积大而容易出现的发披现象，使其质量更胜一筹。

绢，为宋代最为普遍的一种丝织品。各地名产有睦州的交梭绢，江陵府锦绢，杭州的官机绢、杜村绢、唐绢，嘉兴魏塘密机绢，湖州安吉屑绢。其中的官机绢，顾名思义就是由官机出产。而在民间，机坊多织唐绢，南宋临安府於潜县所产的官绢就著名于时。据文献记载，临安城中名妓苏小娟的阿姐盼奴（另一说为苏小娟本人），一次就诱骗商人"於潜官绢"达百匹之巨。② 而梓州所"织八丈阔幅绢献宫禁，前世织工所未能为也"③。杜村出产的唐绢更为著名，时人称为"杜村绢"，该绢幅狭而机密，画家多用之。

绵，以临安、余杭、於潜白而细密者为佳。其产品"有绩绵、绩线为之者，谓之绵线紬，土人贵之"④。绍兴元年（1131 年），宋高宗慕余杭清水丝绵质地优良，特谕将其列为贡品。武康产的丝绵，时有"天鹅脂"之称。

绸，"有绵线织者，土人贵之"⑤。各地名产有杭州绵绸，嘉兴濮绸，温州的瓯绸，达州的蓝绸，涪州的绢绸等。清雍正《浙江通志》谨按："杭绸有一等最轻纤者，用湖水漂净，宜于染色，大红尤佳，以杭丝多锤炼故也。如帽缨一种，亦较胜于他处。绒丝等线亦然。是皆杭之专产。志物亦宜备焉。"⑥

---

① 〔宋〕吴曾：《能改斋漫录》卷一五《绵州八子》，上海古籍出版社 1979 年版，第 439 页。

② 〔明〕郎瑛：《七修类稿》卷二七《辩证类·苏小小考》，上海书店出版社 2001 年版，第 288 页。

③ 〔宋〕张邦基：《墨庄漫录》卷二《梓州阔幅绢》，中华书局 2002 年版，第 61 页。

④ 《咸淳临安志》卷五八《丝之品》，《宋元方志丛刊》本，中华书局 1990 年版，第 4 册，第 3871 页。

⑤ 〔宋〕吴自牧：《梦粱录》卷一八《特产·丝之品》，浙江人民出版社 1984 年版，第 163 页。

⑥ 〔清〕雍正《浙江通志》卷一〇一《物产一》，中华书局 2001 年版，第 5 册，第 2348 页。

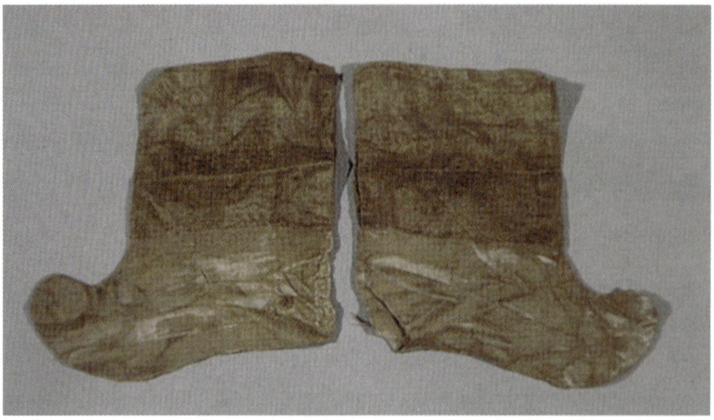

江西德安南宋周氏墓出土的绸女袜

缬，是中国古代的丝绸印染产品的总称。宋代长江流域的印染技术水平较高。如湖州在宋仁宗年间，就能在绫罗上印染成深红、浅红、淡红等色彩，这就是历史上著名的"湖缬"。"湖缬"的精美程度，实与玛瑙缬不分上下，故当时有人把它作为芍药新品种的名称，说其"红色深浅相杂，类湖缬"①。它在南宋临安城中极为常见，如"方形缬"，图案是一个方形环状；"玛瑙缬绢"，图案是鲜红色的玛瑙状花纹。产品有"绯锦缬衫""红缬锦团褡""红缬团花衫"等。临安生产的缬，人称为"京缬"，是当时十分抢手的品牌产品。刘克庄有诗称："儿女用京缬，经时买未归。似嫌无艾虎，不肯换生衣。"②这种蜡染技术后传入西南地区，宋代苗族的点蜡幔、瑶族的瑶斑布、溪州生产的溪斑布等，都是素负盛名的蜡染产品，年年要向宋廷上贡。其中点蜡幔的制作方法是用凸纹的点蜡工具蘸蜡点在织物上，每一种点蜡工具分别被刻成一排或一圈圆点，更复杂的是由圆点组成小花。这种方法宋人又称为"点蜡法"。③

绝，如奉化（今属浙江）生产的绝，"密而轻如蝉翼，独异他地"④。

克丝，在当时又称为刻丝或缂丝，是宋代著名的丝织品。其制作是用许多特制的小梭子，穿引各色丝线，根据画稿花纹色彩的轮廓边界，一小块一小块地盘织出来的。运用这种织法能织出极精细的花纹，但很费工夫，大件作品往往要几年时间才能织成。⑤ 唐代定州等地已生产有这种产品，并能织造出大幅的佛像。至北宋，这种技术更为成熟了，庄绰《鸡肋编》卷上载道："定州织'刻丝'，不用大机，以熟色丝经于木挣上，随所欲作花草禽

---

① 〔宋〕王观：《扬州芍药谱·湖缬》，《生活与博物丛书》本，上海古籍出版社1991年版，上册，第80页。

② 〔宋〕刘克庄：《后村居士大全集》卷二二《己卯端午十绝》，《四部丛刊初编》本。

③ 沈从文：《谈染缬》，载《龙凤艺术》，作家出版社1960年版。

④ 《宝庆四明志》卷四《叙产·布帛之品》，《宋元方志丛刊》本，中华书局1990年版，第5040页。

⑤ 祝慈寿：《中国古代工业史》，学林出版社1988年版，第96页。

兽状。以小梭织纬时，先留其处，方以杂色线缀于经纬之上，合以成文，若不相连。承空视之，如雕镂之象，故名‘刻丝’。”南宋时，临安、苏州、镇江、松江等地都出产有此种产品，其品种有花、素两种。当时的一部分克丝已经脱离了过去彩锦的装饰性质，从实用转向装饰化，向单纯欣赏的独立艺术发展，力求模仿名人书画，也就是评论家所说的“书画织物化，或织物书画化”。当时织物的大都是唐宋名画家的作品，采用细经粗纬的纬起花法，表现山水、楼阁、花卉、禽兽、翎毛和人物，以及正、草、隶、篆等书法。还涌现出了一批缂丝高手，如朱克柔、吴煦、沈子蕃等。其中以朱克柔最为著名，朱克柔是“云间（今上海松江区）人，宋思陵时以女红行世。人物、树石、花鸟精巧，疑鬼工。品价高，一时流传，至今尤成罕购”①。他能把唐代锦绣所不能表现的绘画作品，用缂丝巧妙地表现出来。作风洒脱、轻快，艺术造诣很高。② 以朱克柔《刻丝山茶图》为例，此图“蓝地方本，织水红山茶，绿叶掩映，一蝶飞来。针神绝技，足使黄、徐阁笔”③。

纻丝，是用染丝所织而成的，其花色有织金、闪褐、间道等几种。其中，“织金”是指在织物中嵌入捻金或片金；“闪褐”指的是织物的色彩具有闪光的效果；“间道”指的是织物的色彩间的排列，如“黑白相间”等。④

鹿胎，次者名透背。据明田汝成《西湖游览志余》卷一七《艺文赏鉴》所载：“鹿胎用白粉底，紫花样。”

总之，南宋生产的丝织品，品种丰富，质量高。它不仅深受国人喜爱，而且还远销到海外。如都城中的“妇女步通衢，以方幅紫罗障蔽半身，俗谓之盖头”⑤。曾任台州知州的唐仲友，曾在家乡婺州（今浙江金华市）开设彩帛铺，高价出售临安出产的暗花罗，仅一次的销售量就多达三四百匹。⑥ 而被封为清河郡王的张俊，更是利用其手中的职权，“广收绫锦奇玩、珍馐佳果及黄白之器”到海外贸易，“获利几十倍”⑦。

2. 棉织技术

棉花，海南黎族称为“吉贝”，原先盛行于岭南地区。如南宋周去非《岭外代答》卷六《吉贝》载：“雷、化、廉州及海南黎峒（人）富有，以（吉贝）代丝纻。雷、化、廉州有织匹，幅长阔而洁白细密者，名曰慢吉贝；狭幅粗疏而色暗者，名曰粗吉贝。有绝细而轻软洁白，服之且耐久

---

① 卞永誉：《式古堂书画汇考》卷三三《画三》，文渊阁《四库全书》本。

② 吴淑生、田自秉：《中国染织史》，上海人民出版社 1986 年版，第 186 页。

③ 卞永誉：《式古堂书画汇考》卷三三《画三》，文渊阁《四库全书》本。

④ 程长松编著：《杭州丝绸史话》，杭州出版社 2002 年版，第 26 页。

⑤ 〔宋〕周煇撰、刘永翔校注：《清波杂志校注》卷二《凉衫》，中华书局 1994 年版，第 53 页。

⑥ 〔宋〕朱熹：《晦庵集》卷一八《按唐仲友第三状》：“陆侃支公使库钱，往仲友私家婺州所开彩帛铺，高价买到暗花罗并瓜子、春罗三四百匹……”四川教育出版社 1996 年版，第 2 册，第 733 页。

⑦ 〔宋〕罗大经：《鹤林玉露》丙编卷二《老卒回易》，中华书局 1983 年版，第 269 页。

者。海南所织，则多品矣：幅极阔，不成端匹，联二幅可为卧单，名曰黎单；间以五采，异纹炳然，联四幅可以为幕者，名曰黎饰；五色鲜明，可以盖文书几案者，名曰鞍搭；其长者，黎人用以缭腰。南诏所织尤精好。白色者，朝霞也。国王服白氎，王妻服朝霞。唐史所谓白氎吉贝、朝霞吉贝是也。”赵汝适《诸蕃志》卷下《海南》曰：“吉阳军在黎母山（按：即海南五指山和黎母岭）之西南。……妇人不事蚕桑，惟织吉贝、花被、缦布、黎幕。”又云：“万安军在黎母山之东南。……妇媪以织贝为业，不事文绣。”①这里所谓的“黎幕”，即是丝和棉的混纺制品。例范成大《杜海虞衡志》说：“黎幕出海南，黎峒人得中国棉，拆取色丝，间木棉挑织而成，每以四幅联成一幕。”至南宋末年，棉花种植已经从岭南地区推广到了江南地区。理宗宝祐四年（1256 年），胡三省在《资治通鉴》卷一五九注“木棉”时说：

> 木棉，江南多有之。以春二三月之晦下子（籽）种之。既生，须一月三薅其四旁；失时不薅，则为草所荒秽，辄萎死。入夏渐茂，至秋生黄花结实。及熟时，其皮四裂，其中绽出如绵。土人以铁铤碾去其核，取如绵者，以竹为小弓，长尺四五寸许，牵弦以弹绵，令其匀细。卷为小筩，就车纺之，自然抽绪，如缫丝状，不劳纫缉，织以为布。自闽、广来者，尤为细密。方勺曰：闽、广多种木棉，树高七八尺，树如柞，结实如大菱而色青，秋深即开露，白绵茸然。土人摘取，去壳，以铁杖捍尽黑子，徐以小弓弹令纺起，然后纺织为布，名曰吉贝；今所货木棉，特其细紧者耳。当以花多为胜，横数之得百二十花，此最上品。海南蛮人织为巾，上出细字杂花卉，尤工巧，即古所谓白叠巾也。②

由此可以看出，当时的汉人已经创造出棉纺织上的一整套捍、弹、纺、织的生产工具，从而有力地促进了棉纺织生产技术的提高。1966 年，浙江兰溪南宋墓中出土了一条棉毯，长 2.51 米，宽 1.16 米，经纬条干一致，两面拉毛均匀，细密厚软。③ 这证明棉纺织业至南宋后期确已达到相当高的水平。

浙江兰溪南宋墓出土的棉毯

① 〔宋〕赵汝适原著、杨博文校释：《诸蕃志校释》，中华书局 1996 年版，第 218—219 页。
② 《资治通鉴》卷一五九，梁武帝大同十一年十二月条，中华书局 1956 年版，第 11 册，第 4934 页。
③ 汪济英：《兰溪南宋墓出土的棉毯》，《文物》1975 年第 6 期。

同时，在织造和染色技术上亦取得了较大的成就。据周去非《岭外代答》卷六《徭斑布》说到当时西南地区的瑶族人民已经广泛采用蜡染之法：“徭斑布，徭人以蓝染布为斑，其纹极细。其法，以木板二片，镂成细花，用以夹布，而熔蜡灌于镂中，而后用释板取布，投诸蓝中。布既受蓝，则煮布以去其蜡，故能受成极细斑花，炳然可观。故夫染斑之法，莫徭人若也。”又说这些地区的少数民族，能用棉花“间以五彩，异纹炳然，联四幅可以为幕者，名曰黎饰。五色鲜明，可以盖文书几案者，名曰鞍搭。其长者，黎人用以缭腰”①。说明在两广、海南等地区的人民，不仅能织白布，而且也能生产花色布，并将它作为“盖文书几案”的装饰物。

3. 纺织机具的改进

宋代脚踏缫车已经广泛使用。於潜县（今杭州临安）县令楼璹（1090—1162）所绘制的《耕织图》，绘有一台高楼式的束综提花机，这是我国目前发现的最早的提花机图像。在宋代以前，唐代人广泛使用的纺织机具是多综多蹑机。而宋代人创制的束综提花机，较之唐代的多综多蹑机在技术上已经有了很大的改进。多综多蹑机可织花纹不太复杂的锦绮等类丝织品，只需一人操作，宋代仍在广泛使用。② 但织造“对雉、斗羊、翔凤、游麟”之类复杂、大型的图案，非束综提花机不可。因此，束综提花机的发明是中国对于世界物质文明做出的重要贡献之一，也是当时世界上最先进的丝织生产工具，为南宋丝绸技术高度发达的重要标志。

束综提花机又分小花本和大花本两种。其中，束综小花本的具体图像直到南宋才出现，中国历史博物馆《耕织图》中的提花罗机和原藏北京故宫博物院《蚕织机》中的提花绫机均属此种机型。这类提花机的机身平直，中间高耸花楼，花楼悬挂线制花本（此即“束综”），专门一人拉动花本（此即“提花”），花本下连衢线，衢线穿过衢盘，下用竹制小棍（此即“衢脚”）使其悬垂于机坑之中。花楼前有两片地综，踏脚板通过鸦儿木将地综踏起，在此再设一人踏机用梭，即此机至少需两人同时操作，一坐花楼专司提花挽综，一坐机前专司踏机用梭。从南宋初年楼璹《耕织图》可知，提花机技术至南宋确已发展到成熟阶段。这种束综提花罗机的提花综更多，“一人提花，花样无穷”，能织出花纹极其复杂的“四经绞提花罗”。在北宋时，用提花机一般只要十一二日即可织出一匹罗；而到南宋时，由于技术更加发达，速度当更快了。纺织史家赵丰指出：宋代脚踏缫车的出现“标志着缫丝生产力的飞跃发展，脚踏可以减轻劳动强度，加快丝籰旋转速度，并可以把一只手从摇柄中解放出来，进行索绪、理绪、添绪等工作，利于提高丝质”。又说：“整个宋元明清时期，占

① 〔宋〕周去非：《岭外代答》卷六《服用门·吉贝》，上海远东出版社 1996 年版，第 129—130 页。

② 陈维稷：《中国纺织科学技术史》，第四章第三节，科学出版社 1984 年版。

据提花技术主流的就是这两种机型，一直用到20世纪初叶（1911年）杭州城内出现新式纹版提花机为止。”①

4. 纺织理论研究

在纺织理论研究上，南宋同样取得了显著的成就。於潜县（今杭州临安）县令楼璹所绘制的《耕织图》，就是其中的代表。

楼璹（1090—1162），字寿玉，一字国器，鄞县（今浙江宁波市鄞州区）人。初为婺州（今浙江金华）幕僚，绍兴初任於潜县令。后“除行在审计司，后历广闽舶使，漕湖北、湖南、淮东，摄长沙帅，维扬麾节十有余载，所至多著声绩，实基于此。晚而退闲，斥俸余以为义庄，宗党被赐者近五纪，则其居官时惠利之及民者多矣”②。官至朝议大夫。

楼璹撰《耕织图》，创作于绍兴三年至五年（1133—1135年）他任於潜县令之时。其时国家偏安不久，“高宗皇帝身济大业，绍开中兴，出入兵闲勤劳，百为栉风沐雨，备知民瘼，尤以百姓之心为心，未遑他务，下重农之诏，躬耕耤之”③。六年五月，提举浙西常平茶盐颜师鲁奏设劝课之法，欲重农桑，以广种植。在统治者的极力提倡下，“今乡民于己田连接闲旷硗确之地，垦成田园，用力甚勤”④。楼璹在担任於潜县令时，“笃意民事”，经常深入民间，了解农业耕作及蚕织生产操作的详细过程，“深念农夫、蚕妇之劳苦”，几经辛苦，“画成耕、织二图”。高宗皇帝召对，《耕织图》曾以进呈。宋高宗阅后，极为赞赏，并将《耕织图》“宣示后宫，书姓名屏间”，一时间名动朝野。据说，宋高宗和吴皇后十分喜欢楼璹的《耕织图》，吴皇后还曾命画院中的画家临摹此图的蚕织部分，并根据她自己的亲身经验，为画中的内容做了题注。⑤ 不久，便有官员将此书进行了刊刻，程珌《缴进耕织图札子》对此有比较详细的记载：

> 臣近因进读《三朝宝训》，内“农穑门”一段云：太宗朝有同州民李元真者，献《养蚕经》。太宗留其书于宫中，赐钱一万。臣读毕，奏云：“绍兴间有於潜令楼璹尝进《耕织图》。耕则自初浸谷以至舂簸、入廪，织则自初浴蚕以至机杼、剪帛，各有图画，纤悉备具，如在郊野，目击田家。高宗嘉奖，宣示后宫，擢置六院。绍兴帅臣汪纲，近开板于郡治。臣旦夕当缴进一本以备宴览，玉音嘉纳之。臣今已装背成帙，谨以进呈，伏望陛下置之坐隅，时赐睿览。一则知稼穑之艰难，

---

① 何堂坤、赵丰撰：《纺织与矿冶史》（此书纺织篇系赵丰所撰），《中华文化通志》第68本，上海人民出版社1998年版，第55、185页。

② 〔宋〕楼钥：《攻媿集》卷七六《跋扬州伯父〈耕织图〉》，文渊阁《四库全书》本。

③ 〔宋〕楼钥：《攻媿集》卷七六《跋扬州伯父〈耕织图〉》，文渊阁《四库全书》本。

④ 《宋史》卷一七三《食货志上一·农田》，中华书局1977年版，第13册，第4176页。

⑤ 林桂英、刘锋彤：《宋〈蚕织图〉卷初探》，载《文物》1984年第10期。

而崇节俭之化;二则念民生之不易,而轻租赋之敛。则高宗称赏其图之意,追今犹一日也,天下幸甚!”①

嘉定三年(1210年),楼璹侄子楼钥将家中所藏的此书副本呈献给东宫。②“伏望讲读余闲,俯赐观览,或可备知稼穑之艰难及蚕桑之始末,寘诸几案,庶几少裨聪明之万一,亦以见下寮拳拳之诚”③。与此同时,璹之“孙洪、深等虑其久而湮没,欲以诗刊诸石,钥为之书丹,庶以传永久”④。

楼璹的《耕织图》分为耕图和织图两大部分,其中“耕自浸种,以至入仓,凡二十一事;织自浴蚕,以至剪帛,凡二十四事。事为之图,系以五言诗一章,章八句。农桑之务,曲尽情状。虽四方习俗间有不同,其大略不外于此”⑤。即耕图二十一幅,织图二十四幅,每幅图都配有五言诗一首。⑥ 它以写实的手法,详尽地描绘了南宋临安一带农耕、蚕织的整个生产过程。特别是此图中的《织图》,对蚕桑丝绸生产过程的描述更是详尽,因此,它被人誉称为“我国最早完整地记录男耕女织的画卷”“世界上第一部农业科普画册”⑦。

楼璹《耕织图》中的织图部分,内容有浴蚕、下蚕、喂蚕、一眠、二眠、三眠、分箔、采桑、大起、捉绩、上蔟、炙箔、下蔟、择茧、窖茧、缫丝、蚕蛾、祀谢、络丝、经、纬、织、攀花、剪帛等。是中国历史上第一部完整记载蚕织生产全过程的画卷,它首次记载了我国蚕织生产中的几个重要生产技术,如绘有目前所见我国乃至世界上最早的脚踏缫丝车图像;绘有我国乃至世界上最早的提花机;绘有我国最早的窖茧技术图像,等等。这无疑推动了蚕织、棉纺生产技术的发展,并迅速传播到日本、朝鲜及东南亚各国。在它的影响下,18世纪后半叶法国工匠嘉卡消化并吸收改进了楼璹《耕织图》中提花机结构、操作原理,制成了机械式的嘉卡提花机,从而开创了法国产业革命丝织大工业生产机械程控提花机的新时代。

现选取“浴种养蚕”“贮茧缫丝”“经纬准备”三部分加以介绍:

(1)浴种养蚕。养蚕前首先要做的事是浴蚕,即在养蚕活动开始以前,先将布满蚕种的纸入浴消毒,以保证孵化出来的蚕儿健康。一般分两次进行,一次在寒冬腊月,一次在

---

① 〔宋〕程珌:《洺水集》卷二,文渊阁《四库全书》本。

② 〔宋〕王应麟:《玉海》卷一七八《食货·绍兴耕织图》,江苏古籍出版社、上海书店联合1988年版,第6册,第3275页。

③ 〔宋〕楼钥:《攻媿集》卷三三《进东宫耕织图札子》,文渊阁《四库全书》本。

④ 〔宋〕楼钥:《攻媿集》卷七六《跋扬州伯父〈耕织图〉》,文渊阁《四库全书》本。

⑤ 〔宋〕楼钥:《攻媿集》卷七六《跋扬州伯父〈耕织图〉》,文渊阁《四库全书》本。

⑥ 〔清〕纪昀等:《钦定四库全书总目(整理本)》卷一〇二《子部一二·农家类存目》,中华书局1997年版,上册,第1327页。

⑦ 中国农业博物馆编:《中国古代耕织图》,中国农业出版社1995年版,第33页。

谷雨前后,蚕儿孵化(催青)以前,"细研朱砂,调温水浴之……以辟其不详也"①。《蚕织图》所绘的应是催青以前的浴种场面。

养蚕开始后,先要暖种,以一定的温湿度让蚕儿孵化,然后下蚕(收蚁蚕)、喂蚕,蚕儿渐渐长大,经过一眠、二眠、三眠,成为大蚕,这时要为蚕儿分箔、并急采桑,等大蚕眠起后喂以大叶,然后将熟蚕上蔟(装山)结茧,很快,蚕蔟上布满了白色的蚕茧。最后下茧,整个养蚕过程才算告一段落。由于临安地处江南,养蚕季节潮湿多雨,故此在整个过程中必须以人工用火来控制蚕室的温湿度。《蚕织图》将养蚕的每一道步骤都做了详细描绘,包括蚕室用火,都用直观形象的方式做了表达。

(2)贮茧缫丝。蚕茧下簇后,不几天就要出蛾,因此必须采取措施,延迟出蛾时间。南宋采取的是盐浥法,这在《蚕织图》上有明确图示。宋代丝绸生产中的缫丝工艺已有生熟之分,机具则有南北之别。从《蚕织图》看,当时於潜一带使用的是南缫车和生缫工艺。生缫即缫鲜茧;而南缫车为宋代盛行的一种脚踏缫车,是从唐代手摇缫车发展而来的。北宋秦观《蚕书》中保存有至今关于脚踏缫车的最早、最详细的记载,但缺乏形象的佐证,而楼璹绘制的《蚕织图》却提供了脚踏缫车的具体形象,它将其结构与操作方法形象准确地表达了出来。从图中看,这种脚踏缫车由机架部分、集绪和拈鞘部分以及络绞和卷绕部分组成。整部缫车由脚踏板通过一个曲柄连杆机构而传动,缫车上的络绞装置与传动装置相连。整个络绞装置就是为了使丝均匀卷绕,不至于过偏。毫无疑问,南宋临安这种脚踏缫车的广泛使用,"标志着缫丝生产力的飞跃发展,脚踏可以减轻劳动强度,加快丝篗旋转速度,并可以把一只手从摇柄中解放出来,进行索绪、理绪、添绪等工作,利于提高丝质"②。此后,这种缫车直至明清均无大变。

(3)经纬准备。缫好的蚕丝还不能直接上机,织造之前要对丝线进行准备加工,包括络丝、并捻、整经和摇纬等工序。《蚕织图》中描绘了络丝、并捻和摇纬的工序和纺车,还有一幅对丝线进行过糊的图。过糊,今称"浆丝",目的是增加经丝的抱合力和强度,以承受织造时产生的各种张力。原来人们一直以为过糊出现在明代,《蚕织图》的发现使人们改变了这一看法,而且了解到南宋浙江用于过糊的工具与明代宋应星《天工开物》中描述的完全一致,亦可称为"印架"。③

除楼璹的《耕织图》外,宋末元初人薛景石所著的《梓人遗制》也是我国现存的唯一一部古代织机专著,其中书籍中载有"华机子"(即提花机)、"立机子""小布卧机子""罗机

---

① 〔宋〕陈旉:《农书》卷下《收蚕神之法篇》,文渊阁《四库全书》本。

② 何堂坤、赵丰撰:《纺织与矿冶志》(此书纺织篇系赵丰所撰),《中华文化通志》第68本,上海人民出版社1998年版,第55页。

③ 袁宣萍、徐铮:《浙江丝绸文化史》,杭州出版社2008年版,第62—64页。

子”等纺织机械，并绘有零件图和总机装配图等。①

（二十）找矿与采矿技术

宋代南方的找矿与采矿技术也有所发展。

在找矿技术方面，宋代的许多文献做了较多的记载。陈百朋所撰《龙泉县志》中的“采铜条”，为我们考察宋代的采铜、采银等技术提供了新的依据：

> 采铜法，先用大片柴不计段数，装叠有矿之地，发火烧一夜，令矿脉柔脆。次日火气稍歇，作匠方可入身动锤尖采打。凡一人一日之力，可得矿二十斤或二十四五斤。每三十余斤为一小箩。虽矿之出铜多少不等，大率一箩可得铜一斤。每铜一料用矿二百五十箩、炭七百担、柴一千七百段、雇工八百余。用柴炭妆（装）叠烧两次，共六日六夜，烈火亘天，夜则山谷如昼，铜在矿中既经烈火，皆成茱萸头出于矿面。火愈炽，则熔液成驼。候冷，以铁锤击碎，入大旋风炉连烹三日三夜，方见成铜，名曰生烹。有生烹亏铜者，必碓磨为末，淘去粗浊，留精英，团成大块，再用前项烈火，名曰烧窖。次将碎，连烧五火，计七日七夜。又依前动（入）大旋风炉连烹一昼夜，是谓成瓴者。瓴者，粗浊既出，渐见铜体矣。次将瓴碎，用柴炭连烧八日八夜，依前再入大旋风炉连烹两日两夜，方见生铜。次将生铜击碎，依前入旋风炉炼，如银之法，以铅为母，除滓浮于面外，净铜入炉底如水。即于炉前逼近炉口铺细砂，以木印雕字作“处州某处铜”印于砂上，旋以砂壅印，刺铜汁入沙匣，即是铜砖，上各有印文。每岁解发赴梓亭寨前，再以铜入炉炼成水，不留纤毫滓杂，以泥裹铁杓，酌铜入铜铸模匣中，每片各有蜂窠，如京销面，是谓十分净铜，发纳饶州永平监应副铸。大率铜所费不赀，坑户乐于采银而惮于采铜。铜矿色样甚多，炼火次亦各有异，有以矿石径烧成者，有以矿石碓磨为末如银矿烧窖者，得铜之艰，视银盖数倍云。

从上述南宋陈百朋所撰《龙泉县志》的记载中，可以确凿地证明当时已经普遍采用先进的“火爆法”采矿技术。所谓“发火烧一夜，令矿脉柔脆。次日火气稍歇，作匠方可入身动锤尖采打”，即利用热胀冷缩原理使矿脉或矿石酥松，以利开采和粉碎。火爆法的普及，大大地提高了宋代采矿者的劳动生产率，“凡一人一日之力，可得矿二十斤或二十四五斤”。这些记述不仅为后人研究古代矿业生产技术状况提供了极为珍贵的文字资料，而且标志着硫化矿炼铜技术在宋代已达到普及和娴熟的程度。②

---

① 薛景石：《梓人遗制》，载《永乐大典》卷一八五四。

② 王菱菱：《明代陆容〈菽园杂记〉所引〈龙泉县志〉的作者及时代——兼论宋代铜矿的开采冶炼技术》，《中国经济史研究》2001年第4期。

在沙金淘采方面，周去非《岭外代答》中有载：

广西所在产生金，融、宜、昭、藤、江滨，与夫山谷皆有之。邕州溪峒及安南境，皆有金坑，其所产多于诸郡。邕管永安州与安阯一水之隔尔，鹅鸭之属，至交阯水滨游食而归者，遗粪类得金，在吾境水滨则无矣。凡金不自矿出，自然融结于沙土之中，小者如麦麸，大者如豆，更大者如指面，皆谓之生金。昔江南遗赵韩王瓜子金，即此物也。亦有大如鸡子者，谓之金母，得是者，富固可知。①

在脉金生产技术方面，南宋末年人朱辅的《溪蛮丛笑》对辰州地区采金活动也有记载："丝金，沙中拣金，又出于石。碎石而取者，色视沙金为胜。金有苗路，夫匠识之，名丝金。"②可见当时人们已知以丝金为脉金矿床的苗路。成书于宝庆三年(1227 年)的《舆地纪胜》中载有湖南靖州(今靖县)开采金矿的步骤和工序：

金井邪直深浅不等，或十丈、或二十丈、或三十丈、或五十丈；或直或曲，或横或邪，固其苗脉所向而随之，至于水际而止。故春夏多为水所淹，秋冬则水泉收缩而可以取矣。然宝之所生，皆有礓石以为之墙壁，而取矿其中。善取者乃得其真矿，否则多杂礓礦。是故或厚或薄，或多或少，不能齐也。辨矿之术，铜豆为先，黄窠乌窠次之。若金星见于石，则兴废(发)之兆也。炉院在金场山之下。围以木栅，而臼杵布于四方；中为水池，而火堂环于其上。临池作亭，乃监官阅视之处也。每自井中凿来矿石，则载以柴而火之；淬以水而舂之。淘汰殆尽，而金始见矣。③

在冶炼银矿方面，赵彦卫《云麓漫钞》卷二对南宋高宗至孝宗时期建宁府松溪县瑞应银场的采银状况做了非常详细的记载：

取银之法，每石壁上有黑路乃银脉，随脉凿穴而入，甫容人身，深至十数丈，烛火自照，所取银矿皆碎石，用臼捣碎，再上磨，以绢罗细，然后以水淘，黄者即石，弃去；黑者乃银，用面糊团入铅，以火煅为大片，即入官库，俟三两日再煎成碎银，每五十三两为一包，与坑户三七分之，官收三分，坑户得七分。铅从官卖，又纳税钱，不啻半取矣。他日又炼，每五十两为一铤，三两作火耗。坑户为油烛所熏，不类人形；大抵六次过手，坑户谓之过池，曰过水池、铅池、灰池之类是也。④

这段记载反映了当时冶银工艺的水平，即从采掘到炼成，银的生产有六道工序，所谓"大

① 〔宋〕周去非：《岭外代答》卷七《生金》，杨武泉校注本，中华书局 1999 年版，第 269—270 页。

② 〔宋〕朱辅：《溪蛮丛笑·丝金》，文渊阁《四库全书》本。

③ 〔宋〕王象之：《舆地纪胜》卷七二《荆湖北路、靖州、通道县、景物上·金井》，中华书局 1992 年版，第 3 册，第 2420 页。

④ 〔宋〕赵彦卫：《云麓漫钞》卷二，中华书局 1996 年版，第 27—28 页。

抵六次过手，坑户谓之过池”。而其“每石壁上有黑路乃银脉，随脉凿穴而入”的记述，则反映了当时人已能正确认识到黑色辉银矿脉是银矿的脉络。

此外，在建筑技术上，始建于皇祐五年(1053 年)，完成于嘉祐四年(1057 年)，坐落于福建泉州洛阳江入海口上的洛阳桥(又称万安桥)。首创种蛎固基的技术，即在桥基和桥墩上种殖牡蛎，利用牡蛎石灰质贝壳附于石间繁殖的特性，使桥基与桥墩结成坚固的整体；还有“浮运架梁”技术，即利用潮水涨落，将 20～30 吨的大石块架上桥梁，开创了世界桥梁史上的先例；又沿桥位纵轴线抛石几万立方米，提升江底标高 3 米以上，在垫高的江底上建筑桥基，这是现代桥梁“筏形基础”的先驱。宁波保国寺是可与《营造法式》相印证的宋代木构建筑，堪称古建筑瑰宝。大雄大殿为寺院主体建筑，重建于北宋大中祥符六年(1013 年)，是浙江现存已知最早也是唯一的宋代木结构建筑，内部佛座上嵌有崇宁元年(1102 年)题刻。原大殿面阔、进深均为三间，平面略呈纵向长方形，通面阔 11.83 米，通进深 13.38 米。用瓜棱柱，天花装修集平棊、平暗、藻井于一身，重楣做法，彩绘斗栱，阑额七朱八白彩画，以及斗拱结构和细部手法等，构造做法丰富，宋代官式特征明显。1961 年，被公布为全国重点文物保护单位。

浙江宁波宋代木构建筑
遗迹保国寺大殿内景①

浙江宁波宋代木构建筑
遗迹保国寺大雄宝殿藻井②

二、学术思想

(一)经学与哲学

两宋时期，学术文化的主流为“宋学”。“宋学”是儒、释、道三家学说经过长时期的互相交流、互相斗争、互相排斥、互相渗透、互相摄取的一个产物，是汉学的对立物，是汉学

① 选自浙江省文物局编《意匠生辉：浙江历史遗产的文化品读》，浙江人民美术出版社 2004 年版。
② 选自浙江省文物局编《意匠生辉：浙江历史遗产的文化品读》。

李公麟《山庄图》(局部)

引起的一种反动[①]。

长江文化在两宋时期中国学术文化发展史上占有十分重要的地位。以时代而言，北宋时的湖学、濂溪学、洛学、关学、蜀学五家学术中，长江流域占其三；而南宋时的闽学、江西学、婺学、永嘉学、永康学以及介于两宋之间的湖南学，均在南方[②]。以人物而言，宋学中的重要人物绝大多数为南方人。如泰州如皋人胡瑗被《宋元学案》列为宋代学者之首，在北宋影响极大。据《吕氏家塾记》所载："安定先生自庆历中教学于苏湖间二十余年，束修弟子前后以数千计。是时方尚辞赋，独湖学以经义及时务[讲于]学中。"[③]临川王安石的出生虽稍晚于胡瑗，然而在宋学的建立方面却是更为重要的人物。邓广铭说："作为一个政治家来说，王安石是一个'援法入儒'的人；作为一个学问家来说，王安石却又是一个把儒释道三家融合为一的人。"[④]王氏之学在当时又称"介甫之学""荆公之学""金陵之学"等，其学说主要为心性义理之学。南宋赵彦卫《云麓漫钞》卷八说："王荆公为《新经》《说文》，推明义理之学。"学术地位和影响远在二程洛学（又称程学）之上，金人赵秉文言道："自王氏之学兴，士大夫非道德性命不谈。"[⑤]北宋蔡卞《王安石传》言曰："自先生泽竭，国异家殊，由汉迄唐，源流浸深。宋兴，文物盛矣，然不知道德性命之理。安石奋乎百世之下，追尧舜三代，通乎昼夜阴阳所不能测而入于神。初著《杂说》数万言，世谓其言与孟轲相上下。于是天下之士始原道德之意，窥性命之端。"[⑥]对这一点，连程氏兄弟本人也不得不承认："如介甫之学，佗便只是去人主心术处加功，故今日靡然而同，无有异者，所谓一正君而国定也。此学极有害。以介甫才辩，遽施之学者，谁能出其右？始则且以利而从其说，久而遂安其学。今天下之新法害事处，但只消一日除了便没事。其学化革了人心，为害最甚，其如之何！"[⑦]从程氏的感叹中，可以看出，"独行于世者六十年"的王氏之学，在北宋的学术文化发展史上占有主导的地位，可谓独占鳌头。正是"王安石始倡道德性命之学，给北宋中期以来已经

① 邓广铭：《略谈宋学》，见邓广铭、徐规等主编《宋史研究论文集》，浙江人民出版社1987年版。

② 夏君虞：《宋学概要》下篇第1章，上海商务印书馆1937年版。

③ 转引自南宋朱熹、李幼武编撰《五朝名臣言行录》，《四部丛刊》本。

④ 邓广铭：《略谈宋学》，见邓广铭、徐规等主编《宋史研究论文集》，浙江人民出版社1987年版。

⑤ 〔金〕赵秉文：《滏水集》卷一《太学·性道教说》，《四部丛刊》本。

⑥ 转引自晁公武《郡斋读书志》卷一二《王氏杂说十卷》，孙孟校证《郡斋读书志校证》，上海古籍出版社1990年版，下册，第525—526页。

⑦ 〔宋〕程颢、程颐：《河南程氏遗书》卷二下，见《二程集》第1册，中华书局1981年版，第50页。

复兴的传统儒学进一步注射了新鲜的血液，宋学从此进入了它的繁荣期”①。

湖南道州的周敦颐，是继胡瑗之后、王安石之前建立宋学过程中又一重要的人物，一向被视为“道学宗主”、理学开山祖。其学称为“濂溪之学”“濂学”，在当时卓有影响。朱熹在《袁州州学三先生祠记》中称赞他：“濂溪周公先生奋乎百世之下，乃始深探圣贤之奥，疏观造化之原而独心得之，立象著书，阐发幽秘，词义虽约，而天人性命之微、修己治人之要莫不毕举。”②张栻在《南康军新立濂溪祠堂记》中说：“自秦汉以来，言治者汩于五伯功利之习，求道者沦于异端空虚之说……故言治者若无预于学，而求道者反不涉于事……惟先生崛起于千载之后，独得微旨于残编断简之中……孔孟之意于以复明。至于二程先生，则又推而极之，凡圣人之所以教人，与学者之所以用工，本末始终，精粗赅备。于是……求道者有其序，而言治道者有所本矣。”③据文献记载，河南洛阳的程颢、程颐兄弟均受业于周敦颐，并在洛阳建立了“洛学”，为理学的真正建立奠定了基础。

周敦颐像

除上述三人外，苏州范仲淹，建昌军南城（今属江西）李觏，吉州庐陵（治今江西吉安）欧阳修，四川眉山苏洵、苏轼、苏辙，兴化军仙游（今属福建）蔡襄等，都是宋学草创期与繁荣期比较活跃的代表人物。如：

范仲淹是宋学初期开风气的领导人物。据文献记载，在天圣五年（1027年），他主持南京（今河南商丘）应天府学期间，就曾领导孙复、石介等人开宋代义理之学之先声的疑经活动。是时，“四方从学者辐辏，其后以文学有声名于场屋、朝廷者，多其所教也”。他不为传注所惑的大胆怀疑精神，不仅代表了这一历史时期年轻一代儒生对传统儒学的大胆挑战，而且为赵宋义理之学的开创打通了前进的道路④。他毅然肩负起重振儒家文化的重任，积极参与现实，参与政治，恪守道德规范，表现出高度的社会责任感和独立的人格意识，堪称楷模。每遇国家大事，总是奋不顾身，慷慨进言。⑤“言政教之源流，议风俗

① 陈植锷：《北宋文化史述论》，中国社会科学出版社1992年版，第235页。

② 〔宋〕朱熹：《朱熹集》卷七八，四川教育出版社1996年版，第7册，第4079页。

③ 曾枣庄、刘琳主编：《全宋文》卷五七四〇，上海辞书出版社2006年版，第255册，第382—383页。

④ 陈植锷：《北宋文化史述论》，中国社会科学出版社1992年版，第192页。

⑤ 〔宋〕王得臣：《麈史》卷上《忠傥》，上海古籍出版社1986年版，第17页。

之厚薄，陈圣贤之事业，论文武之得失。”①“每感激论天下事，奋不顾身，一时士大夫矫厉尚风节，自仲淹倡之。”②南宋罗大经褒扬道：“国朝人物，当以范文正为第一，富（弼）、韩（琦）皆不及。”③朱熹更是称颂有加：“本朝惟范文正公振作士大夫之功为多。”“范公平日胸襟豁达，毅然以天下国家为己任”“无一事不理会过。一旦仁宗大用之，便做出许多事业。”“至范文正时便大厉名节，振作士气。”④余英时认为，范仲淹是“以天下为己任”的“新儒学入世苦行的倡行者”，“以天下为己任”这句话“事实上也可以看作是宋代新儒家对自己的社会功能所下的一种规范性的定义（normative definition）”⑤。

欧阳修在开疑经方面做出过重大的贡献。他以深厚的学术根底和大无畏的革命精神，对在封建时代的政治、文化生活中具有至高无上地位的六经提出了尖锐激烈而又全面的质疑。稍后于欧阳修的临江军新喻（今江西新余）人刘敞，作为宋代疑经派后起之秀的重要代表人物，也对宋学做出了贡献。他长于《春秋》学，不拘传注，开宋人评论汉儒之先声。此外，永嘉学者王开祖和湖南衡山人廖偁等，都在疑经方面取得了较大的成就。

李觏和建州浦城人章望之，是北宋疑古派的代表，他们的活动使宋学与生俱至的怀疑精神进一步成长并汇归于实用之目的，朝着义理之学的目标又跨前了一步。

以苏洵、苏轼、苏辙父子三人为代表的蜀学，与王安石为代表的新学、张载为代表的关学、二程为代表的洛学并称于北宋。其学“最深于性命自得之际”，然其影响和成就远不及王学之大。

南宋时期中国的学术文化主要集中在南方，如钱塘江流域的浙学，闽江流域的闽学，赣江流域的江西学，湘江流域的湖湘学，眉江、资江流域的蜀学。“东南三贤”朱熹、张栻、吕祖谦影响尤大，再加上心学创始人陆九渊，开辟了宋代理学的新景象。

“浙学”，又称“浙东之学”“事功之学”，它主要包括以吕祖谦为代表的婺学、以陈亮为代表的永康学和以薛季宣、陈傅良、叶适为代表的永嘉学。黄宗羲《宋元学案》说：“宋之南也，浙东儒学极盛。”⑥“浙学”主张学术与事功的统一，强调实事实功，学术之目的在于经世致用，反对空谈心性。《宋元学案》说：“永嘉之学，教人就事上理会，步步着实，言之

① 〔宋〕范仲淹：《范文正公集》卷九《奏上时务书》，载《范仲淹全集》上册，四川大学出版社2002年版，第205页。

② 〔宋〕脱脱：《宋史》卷三一四《范仲淹传》，第29册，第10268页。

③ 〔宋〕罗大经：《鹤林玉露》乙编卷二《韩范用兵》，中华书局1983年版，第152页。

④ 以上所引见《朱子语类》卷一二九，中华书局1986年版，第3086、3087、3088页。

⑤ 〔美〕余英时：《士与中国文化》，上海人民出版社1987年版，第520页。

⑥ 〔清〕黄宗羲原本、黄百家纂辑、全祖望修订：《宋元学案》卷四九《晦翁学案下》，《黄宗羲全集》，浙江古籍出版社1986年版，第4册，第939页。下同，略。

必使可行，足以开物成务。”①这话概括了整个浙东学术的学术特征。在当时，“浙学”影响极大，与朱熹为代表的闽学、陆九渊为代表的江西学鼎足而立，成为当时最大的三股思想潮流。全祖望说：“乾、淳诸老既殁，学术之会，总为朱、陆二派。而水心（叶适）断断其间，遂称鼎足。”②吕祖谦是南宋浙学的代表人物。吕祖谦（1137—1181），字伯恭，号东莱，婺州（今浙江金华）人。他学术渊博，气度恢宏，不仅在学术上注重“中原文献之统”，并在其基础上兼融朱、陆之长，又兼取了永康、永嘉的事功之学，独辟富有特色的婺学。它盛行于乾、淳之际。《宋元学案》曰：“婺学最盛，东莱兄弟以性命之学起，同甫以事功之学起，说斋则为经制之学。考当时之为经制者，无若永嘉诸子，其于东莱、同甫皆互相讨论，臭味契合，东莱尤能并包一切。”③同时，擅长经史之学，在知识的价值取向上强调其实用价值的现实转换，倡导外王事业的创辟。他认为：“百工治器，必贵于有用。器而不可用，工弗为也；学而无所用，学将何为也耶？”④其学术于南宋学术及思想之发展影响颇深，与朱熹、陆九渊相鼎足，并与朱熹、张栻称“东南三贤”。全祖望《同谷三先生书院记》曰：“宋乾（道）、淳（熙）以后，学派分而为三：朱学也，吕学也，陆学也。三家同时，皆不甚合。朱学以格物致知，陆学以明心，吕学则兼取其长，而复以中原文献之统润色之。门庭径路虽别，要其归宿于圣人则一也。”⑤“以关、洛为宗，旁稽载籍，心平气和，不立崖异。”⑥陈亮（1143—1194），字同甫，世称龙川先生，婺州永康（今浙江永康）人。才气豪迈，十八九岁即著《酌古论》，“考古人用兵成败之迹”，自称“独好伯（霸）王大略，兵机利害”“慨然有经略四方之志”。《中兴五论》和四次《上孝宗皇帝书》，代表了陈亮的政治思想。他在三年时间里通过书信往来，与朱熹辩论“王霸义利”问题，这便是中国历史上著名的“王霸义利”之辩。陈亮一反程朱理学讳言功利的倾向，理直气壮地举起了功利主义旗帜，把功利与仁义统一起来，并以功利作为衡量仁义的标准。他批评程朱理学说：“今世之儒士，自以为得正心诚意之学者，皆风痹不知痛痒之人也。举一世安于君父之仇，而方低头拱手以谈性命，不知何者谓之性命乎？”⑦并从世界观上揭露了理学家脱离实际根源：“自道德性命之说一兴”“为士者耻言文章、行义而曰尽心知性，居官者耻言政事、书判而曰学道爱

① 《宋元学案》卷五二《艮斋学案》，《黄宗羲全集》第5册，第56页。

② 《宋元学案》卷五四《水心学案上》，《黄宗羲全集》第5册，第106页。

③ 《宋元学案》卷六〇《说斋学案》，《黄宗羲全集》第5册，第356页。

④ 〔宋〕吕乔年编：《丽泽论说集录》卷一〇《门人所记杂说二》，文渊阁《四库全书》本，第703册，第451页。

⑤ 《宋元学案》卷五一《东莱学案》，《黄宗羲全集》第5册，第7页。

⑥ 〔元〕脱脱：《宋史》卷四三四《吕祖谦传》，第37册，第12874页。

⑦ 〔宋〕陈亮：《陈亮集》（增订本）卷一《上孝宗皇帝第一书》，中华书局1987年版，第7页。

人，相蒙相欺以尽废天下之实，则亦终于百事不理而已。”①同时，他主张“人生只是要做个人”。所谓“做个人”就是要做一个“才、德双行，智勇、仁义交出而并见者”，做一个“推倒一世之智勇，开拓万古之心胸”的英雄豪杰，为国家、社会建立功业。叶适（1150—1223），字正则，学者称为水心先生，温州永嘉（今属浙江）人。南宋孝宗淳熙五年（1178 年）高中榜眼，历官宝文阁待制、江淮制置使。他是永嘉学派的代表人物，崇尚功利，主张“农商一体”，强调社会实践，务实求真。认为“君子不以须臾离物也”②。只有接触实际，才能获得真知，“故观众器者为良匠，观众方者为良医，尽观而后自为之，故无泥古之失而有合道之功”③。对于当时思想家长期争论的“道”与“器”的关系，他提出“物之所在，道则在焉”的著名论点：“道在物中，不能离物而独存。”“道虽广大，理备事足，而终归之于物，不使散流。”④叶适是南宋事功学说的集大成者。在朱熹的理学和陆九渊的心学盛行时，他的事功学说独树一帜，把功利主义学说推向一个新水平，确立了与理学、心学鼎足而立的地位。

吕祖谦像

陈亮像

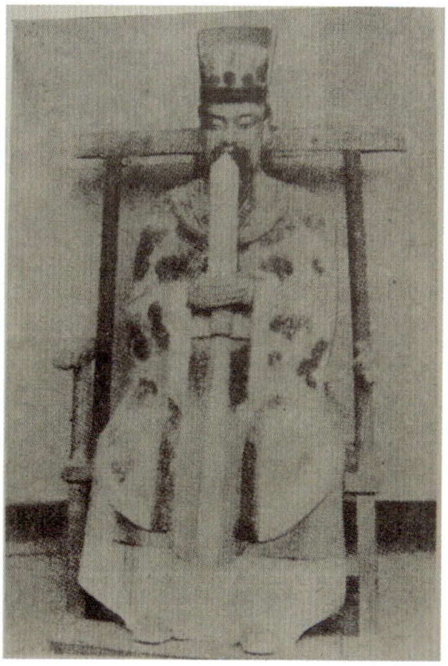

叶适像

闽学是指南宋以朱熹为代表的福建朱子学派，张岱年说：“朱熹的学说称为闽学，这是因为朱熹的学术活动主要是在福建一带进行的。闽学和北方的濂、洛、关之学并称‘濂、洛、关、闽’，是宋代占统治地位的思想。朱熹在世时，经常与江西陆九渊的心学、浙

① 〔宋〕陈亮：《陈亮集》（增订本）卷二四《送吴允成运干序》，中华书局 1987 年版，第 216 页。

② 〔宋〕叶适：《水心别集》卷七《进卷·大学》，载《叶适集》，中华书局 1961 年版，第 731 页。

③ 〔宋〕叶适：《水心别集》卷一二《法度总论一》，载《叶适集》，第 787 页。

④ 〔宋〕叶适：《习学记言序目》卷四七《皇朝文鉴一·四言诗》，中华书局 1977 年版，第 702 页。

江陈亮的功利之学进行辩论。学派和地域的划分有一定的关系。福建地区是朱学的根据地。”①在历史上，人们一般把杨时、罗从彦、李侗、朱熹作为闽学形成的传授系统。如清人蒋垣《八闽理学源流》卷一说：“杨时，闽之将乐人……东南推其程门正宗，遂为八闽理学之始。门人胡宏、罗从彦尤著。宏传之张栻，从彦传之李侗。侗传之朱熹。”清人陈衍锟《闻过斋集序》说：“闽学之倡也始于龟山（按指杨时），其盛也集于朱子，其末也振于西山（按指真德秀）。”集理学之大成的朱熹（1130—1200），字元晦，号晦庵，徽州婺源（今属江西）人。曾任福建同安主簿、知南康军、知漳州、秘阁修撰、焕章阁待制兼侍讲等官。但每次任官时间都不长，主要致力于教学与学术研究。广注经典，在经、史、子、集几方面都有广泛而深入的探讨。毫无疑问，朱熹是中国学术史上成就最高、影响最大的学者之一。他的学术思想综罗百代，吸收周敦颐“太极”观念、张载“气”的理论，主要发挥二程“理”的思想，提出理在气先，为气之本，是气之主，使二程的理本论更缜密深刻，把理学推向高峰②。朱熹认为讨论本体问题时必兼言理气：“天地之间，有理有气。理也者，形而上之道也，生物之本也。气也者，形而下之器也，生物之具也。是以人物之生，必禀此理然后有性，必禀此气然后有形。”③“理气二者是不能互相分离的关系：天下未有无理之气，亦未有无气之理。”④“理又非别为一物，即存乎是气之中；无是气，则是理亦无挂搭处。”⑤“天理只是仁、义、礼、智之总名；仁、义、礼、智便是天理之件数。”⑥其心性学说从肯定程颐“性即理”命题出发，主张“性只是理，万理之总名。此理亦只是天地间公共之理，禀得来便为我所有”⑦。“性，其理；情，其用。心者，兼性情而言，兼性情而言者，包括乎性情也。”⑧此外，朱熹还对《大学》的“格物致知”做了进一步的论述：“所谓致知在格物者，言欲致吾之知，在即物而穷其理也。盖人心之灵莫不有知，而天下之物莫不有理。惟于理有未穷，故其知有不尽也。是以《大学》始教，必使学者即凡天下之物，莫不因其已知之理而益穷之，以求至乎其极。至于用力之久，而一旦豁然贯通焉，则众物之表里精粗无不到，而吾心之全体大用无不明矣。此谓格物，此谓知之至也。”⑨他的这些学说构建起了一个完整的、严密的、系统的理学思想体系。同时，朱熹在经学、历史学、文学等各个学术领

① 高令印、陈其芳：《福建朱子学》，张岱年序，福建人民出版社 1986 年版。
② 袁尔钜：《从洛学到闽学》，《中州学刊》1991 年第 1 期。
③ 〔宋〕朱熹：《朱熹集》卷五八《答黄道夫》，四川教育出版社 1996 年版，第 5 册，第 2947 页。
④ 〔宋〕朱熹：《朱子语类》卷一，中华书局 1994 年版，第 2 页。
⑤ 〔宋〕朱熹：《朱子语类》卷一，中华书局 1994 年版，第 3 页。
⑥ 〔宋〕朱熹：《朱熹集》卷四〇《答何叔京》，四川教育出版社 1996 年版，第 4 册，第 1885 页。
⑦ 〔宋〕朱熹：《朱子语类》卷一一七，中华书局 1994 年版，第 2816 页。
⑧ 〔宋〕朱熹：《朱子语类》卷二〇，中华书局 1994 年版，第 475 页。
⑨ 〔宋〕朱熹：《四书章句集注》，中华书局 1983 年版，第 6—7 页。

域，均取得了杰出的成就。这些成就充分体现出清人全祖望在《宋元学案》中所说的“致广大，尽精微，综罗百代”的特点。闽学形成以后，迅速由福建传向全国各地，成为中国封建社会后期的正宗思想。并且传播到日本、朝鲜以及西方等国家和地区，成为一种世界性的学说。

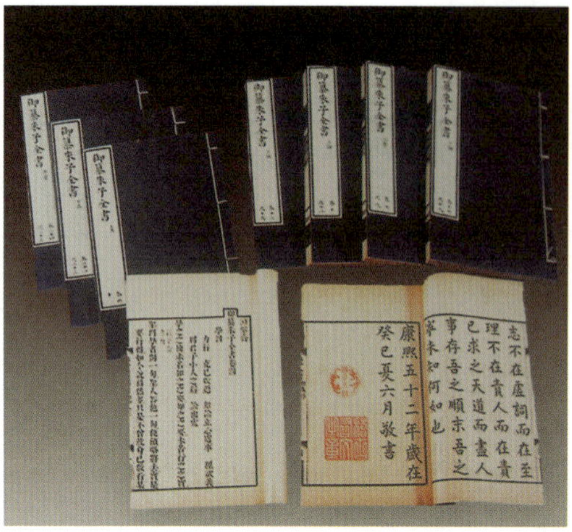

清熊赐履、李光地编《御纂朱子全书》①

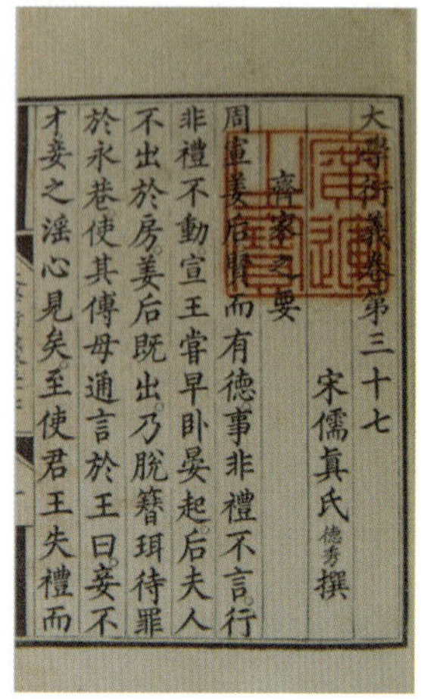

宋真德秀《大学衍义》②

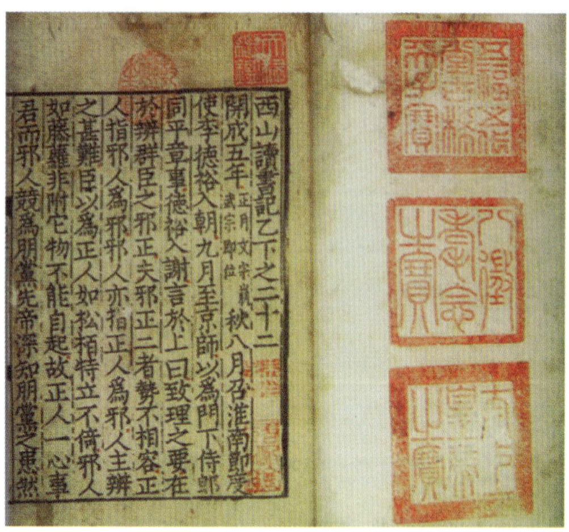

宋真德秀《西山读书记》(乙下)③

江西学因以陆九渊为代表，所以传统上又称为“心学”“陆学”“象山之学”“象山学派”。陆九渊为“心学”创始人，与兄陆九韶、陆九龄并称为“三陆子之学”。陆九渊(1139—1193)，字子静，因曾讲学于象山书院(今江西贵溪)，学者尊称象山先生，抚州金

① 选自吕济民主编《古籍善本》上册，线装书局2006年版。
② 选自吕济民主编《古籍善本》上册，线装书局2006年版。
③ 选自吕济民主编《古籍善本》上册，线装书局2006年版。

溪(今属江西)人。34 岁登进士第,历官隆兴府靖安县主簿、建宁府崇安县主簿、国子正。晚年出知荆门军,政绩著彰。中华书局 1980 年有点校本《陆九渊集》问世。其学以“心”为构成宇宙万物的本源,在象山之学中占有极其重要的地位,是其学术体系中的最重要范畴,他断言:“宇宙便是吾心,吾心即是宇宙”①。治学以“发明本心”为主,反对实践活动。有鉴于此,朱熹说:“陆子静之学,只管说一个心。”②陆九渊还强调心与理的同一,提出“心即理也”的命题,主张“心”与“理”完全合一,“人皆有是心,心皆具是理”③。他认为:“盖心,一心也;理,一理也,至当归一,精义无二,此心此理,实不容有二。”④“塞宇宙一理耳。上古圣人先觉此理,故其王天下也,仰则观象于天,俯则观法于地,观鸟兽之文与地之宜,近取诸身,远取诸物,于是始作八卦,此通神明之德,以类万物之情,于是有辞,有变,有象,有占,以觉斯民。”⑤“此理在宇宙间,未尝有所隐遁,天地之所以为天地者,顺此理而无私焉耳。人与天地并立而为三极,安得自私而不顺此理哉。”⑥陆九渊的“心学”学说被明代王守仁所继承,世称“陆王学派”或“陆王心学”。日本学者岛田虔次在评价心学时指出:心学之根本问题“无非是人性的问题。人的问题,可以划分为内在的主体性的人的概念,和以这个人的概念为根据的外在的客体性的实践这两个范畴。”⑦

湖湘学传统上又称为“湖南之学”“潭学”“湘学”等,以胡宏和张栻为主要代表。它包括以胡寅为代表的衡麓学派,以胡宏为代表的五峰学派,以张栻为代表的南轩学派以及胡大时、吴猎等为代表的岳麓学派。其学术源流是:胡安国发其源,胡宏开其端,张栻继其成,胡大时、吴猎等衍其流。⑧ 如真德秀说:“二程之学,龟山(杨时)得之而南,传之豫章罗氏(从彦),罗氏传之延平李氏(侗),李氏传之朱氏(熹),此其一派也。上蔡(谢良佐)传之武夷胡氏(安国),胡氏传其子五峰(胡宏),五峰传之南轩张氏(栻),此又一派也。”⑨胡宏(1105—1161),字仁仲,福建崇安(今福建省武夷山市)人,学者称“五峰先生”。著作有《知言》《五峰集》。⑩ 他奠定了湖湘学派的理论体系,全祖望评价说:“绍兴诸儒所造,莫出

---

① 〔宋〕陆九渊:《陆九渊集》卷二二《杂说》,中华书局 1980 年版,第 273 页。

② 〔宋〕黎靖德编:《朱子语类》卷一二四,中华书局 1994 年版,第 2981 页。

③ 〔宋〕陆九渊:《陆九渊集》卷一一《与李宰(二)》,中华书局 1980 年版,第 149 页。

④ 〔宋〕陆九渊:《陆九渊集》卷一《与曾宅之》,中华书局 1980 年版,第 4—5 页。

⑤ 〔宋〕陆九渊:《陆九渊集》卷一五《与吴斗南》,第 201 页。

⑥ 〔宋〕陆九渊:《陆九渊集》卷一一《与朱济道》,第 142 页。

⑦ 〔日〕岛田虔次:《中国近代思维的挫折》,甘万萍译,江苏人民出版社 2005 年版,第 2 页。

⑧ 《宋史全文》卷二九上《宋宁宗一》载:“杨时传郡人罗从彦,从彦传之李侗,侗传之朱熹,安国传其子宪,宪传之广汉张栻。栻,浚之子也。乾淳间与朱熹相往来讲切,后以道学为己任,学者号曰晦庵先生、南轩先生。东莱吕祖谦,其同志也。”

⑨ 〔宋〕真德秀:《西山读书记》卷三一《张子之学》,文渊阁《四库全书》本,第 706 册,第 106 页。

⑩ 中华书局 1987 年出版有点校本《胡宏集》。

五峰之上。其所作《知言》，东莱（吕祖谦）以为过于《正蒙》，卒开湖、湘之学统。”[1]胡宏在学术上主张“天命之谓性。性，天下之大本也”[2]。“性也者，天地之所以立也。”[3]“天者，道之总名也。”[4]“大哉性乎！万理具焉，天地由此而立矣。世儒之言性者，类指一理而言之尔，未有见天命之全体者也。”[5]张栻（1133—1180），字敬夫，号南轩，汉州绵竹（今四川绵竹）人。南宋初期名相张浚之子，随父徙居湖南衡阳。卒后追谥为“宣”，人称张宣公。在胡宏的调教下，张栻迅速成长为一位“闻道甚早”“学问甚正”的学者。之后又与朱熹、吕祖谦等著名理学家交游往来，切磋砥砺，学问更加精进，终成“一世学者宗师”[6]。主要著作有《南轩易说》三卷、《论语解》十卷、《孟子说》七卷、《南轩集》四十四卷。他对周敦颐的《太极图说》推崇备至，认为太极是宇宙的“生化之根”“易也者，生生之妙也；太极者，所以生生者也。”[7]“太极动而二气形，二气形而万物化生，人与物俱本乎此者也。”[8]“有太极则有物，故性外无物。”[9]其“渊源精粹，实自得于其心。而其妙乃在太极一图，穷二气之所根，极万化之所行，而明主静之为本，以见圣人之所以立人极，而君子之所当修为者”[10]。同时，张栻也很重视“心”的功用，他认为“心”与“太极”“性”等范畴一样，具有宇宙本原的意义，乃是宇宙的主宰：“理之自然谓之天，命于人为性，立于性为心。天也，性也，心也，所取则异，而体则同。”[11]“万事具万理，万理在万物，而其妙著于人心。一物不体则一理息，一理息则一事废。一理之息，万理之紊也；一事之废，万理之堕也。心也者，贯万事、统万理，而为万物之主宰者也。”[12]南宋湖湘学派曾经盛极一时，黄宗羲说：“湖南一派，在当时为最盛。”[13]并肯定了湖湘学派的名称和学术地位。然而，学术界长期以来对其不予重视，缺乏系统而全面的研究。事实上，这是极不公允的。与闽学、江西学、浙学一样，湖湘之学也是源远流长的，它在学术上有着自己独特的地位，在历史上曾经起过相当深远

① 《宋元学案》卷四二《五峰学案》，《黄宗羲全集》第4册，第669页。

② 〔宋〕胡宏：《知言疑义》，载《胡宏集》，中华书局1987年版，第328页。

③ 〔宋〕胡宏：《知言疑义》，载《胡宏集》，第333页。

④ 〔宋〕胡宏：《知言·汉文》，载《胡宏集》，第42页。

⑤ 〔宋〕胡宏：《知言·一气》，载《胡宏集》，第28页。

⑥ 〔宋〕陈亮：《陈亮集（增订本）》卷二九《与张定叟侍郎》，中华书局1987年版，第383页。参见蔡方鹿：《一代学者宗师（张栻及其哲学）》，巴蜀书社1990年版。

⑦ 〔宋〕张栻：《南轩集》卷一九《答吴晦叔（之五）》，文渊阁《四库全书》本，第1167册，第582页。

⑧ 〔宋〕张栻：《南轩集》卷一一《存斋记》，文渊阁《四库全书》本，第1167册，第521页。

⑨ 〔宋〕张栻：《癸巳孟子说》卷六《告子上》，文渊阁《四库全书》本，第199册，第478页。

⑩ 〔宋〕张栻：《南轩集》卷一〇《濂溪先生祠堂记（韶州）》，文渊阁《四库全书》本，第1167册，第512—513页。

⑪ 〔宋〕张栻：《癸巳孟子说》卷七《尽心上》，文渊阁《四库全书》本，第199册，第507页。

⑫ 〔宋〕张栻：《南轩集》卷一二《敬斋记》，文渊阁《四库全书》本，第1167册，第524—525页。

⑬ 《宋元学案》卷五〇《南轩学案》，《黄宗羲全集》第4册，第953页。

的影响和作用。衷尔钜先生认为:"胡宏创立的湖湘学派,是过渡到理学、心学和浙学的桥梁,而到张栻时的湖湘学派则与并存。因此,不可忽视这一学派对稍晚于它的各学派的影响。"①我们认为,这个评价是客观的、确切的。

张栻像

南宋蜀学以邛州蒲江人魏了翁为代表,他是宋代理学后期发展史上的重要代表人物。嘉定三年(1210 年),他在蒲江办起了有名的"鹤山书院","以所闻于辅广、李燔者开门授徒,士争负笈从之。由是蜀人尽知义理之学"②。他在学术上把朱熹的理学、陆九渊的心学融合为一体,并"兼有永嘉经制之粹而去其驳"③。主张"义理之说"是"千百载而一日,千万人而一心"④。凡"民心之所同,则天理也"⑤。他的理学思想在当时有较大的影响,时有"南方共宗鹤山老"⑥之称誉。此外,魏了翁在确立理学统治地位的过程中也起过重要作用。由于他对周敦颐、二程的大力表彰,使周、程的学术地位得到了封建最高统治者的正式承认,从而为程朱理学变成中国封建社会后期的官方哲学,起了先导的作用。时人陈元晋称赞魏了翁:"潜心大业,会同蜀、洛,上通洙泗之一源。"⑦明清之际著名学者黄宗羲也说:"盖元祐有洛蜀之争,二百年中,其学终莫能合。及后溪(刘光祖)与先生(李埴)兄弟(指埴与其兄壁)出,鹤山(魏了翁)继之,遂合其统焉。"⑧

需要说明的是,张栻也对蜀学做出过重要的贡献。对此,清代著名学者全祖望说:"宣公(张栻)居长沙之二水,而蜀中反疏,然自宇文挺臣(绍节)、范文叔(仲黼)、陈平甫(概)传之入蜀,二江之讲舍不下长沙。"又说:"淳熙、嘉定而后,蜀士宵续灯,雨聚笠,以从事于南轩之书,湖湘间反不如也。"⑨言下之意就是,张栻学说以其蜀中门人宇文绍节、陈概、范仲黼、范荪、范子该、范子长、宋德之、李壁、李埴、张庶等和在四川活动的外地学者李修己、张仕铨、吴猎等(亦为张栻门人)为代表,以成都二江为中心,以兴学聚讲为形式,得到了非常广泛的传播,逐渐在四川形成了一股倡导和传播以张栻为代表的理学的潮

① 衷尔钜:《南宋湖湘学派初探》,《中州学刊》1989 年第 4 期。

② 《宋史》卷四三七《魏了翁传》,中华书局 1977 年版,第 37 册,第 12965—12966 页。

③ 《宋元学案》卷八〇《鹤山学案》,《黄宗羲全集》第 6 册,第 125 页。

④ 〔宋〕魏了翁:《鹤山集》卷六五《题周子靖理斋铭后》,文渊阁《四库全书》本。

⑤ 〔宋〕魏了翁:《鹤山集》卷五二《达贤录序》,文渊阁《四库全书》本。

⑥ 〔宋〕家铉翁:《则堂集》卷五《伯成尝受学于河朔前辈鹤鸣翁,其学亦宗濂洛。赠以诗,勉其自拔于流俗》,文渊阁《四库全书》本。

⑦ 〔宋〕陈元晋:《渔墅类稿》卷二《上魏左史了翁启》,文渊阁《四库全书》本。

⑧ 《宋元学案》卷七一《岳麓诸儒学案》,《黄宗羲全集》第 5 册,第 865 页。

⑨ 《宋元学案》卷七二《二江诸儒学案》,《黄宗羲全集》第 5 册,第 882、884 页。

流，其盛况甚至还超过了张栻讲学的中心区域，即湖湘地区。张栻学说西返回蜀，以成都人范仲黼贡献最突出。史称："南轩虽蜀产，而居湖湘，其学未甚通于蜀。先生（仲黼）始从南轩学，杜门十年，不汲汲于进取。鹤山（魏了翁）谓其'剖析精微，罗络隐遁，直接五峰（胡宏）之传'。晦翁（朱熹）、东莱（吕祖谦）皆推敬之。后以著作郎知彭州，学者称为月舟先生。晚年讲学二江之上，南轩之教遂大行于蜀中。"①

（二）佛教

宋代，中国佛教经历了唐代鼎盛时期以后，开始由高峰向下衰落，理论日见衰微，组织也逐步溃散。为了求得生存，佛教不得不在"内而诸宗融合，外而三教合一"中寻找自己的生路。于是，不讲理论、修行简捷的禅宗和净土宗成为佛教诸宗的主流，诵佛念经、祈祷、超度亡灵等神学迷信逐渐取代了对佛学理论的探讨研究，使佛教进一步世俗化、中国化，在各地广为流行。② 这种重视现世利益且又简捷易行的佛教，以取得天堂入场券的廉价许诺和超度亡灵的花言巧语骗得了千千万万善良人们的信任。于是，"自佛法入中国，至宋兴，逾千年，衡岳、庐阜、钱塘、天台，佛僧之盛甲天下"③。"浮屠之寺庙被四海"④，"上自王公、下自民庶，莫不崇信其法"⑤。欧阳修说："佛法为中国患千余岁，世之卓然不惑而有力者，莫不欲去之。已尝去矣，而复大集，攻之暂破而愈坚，扑之未灭而愈炽，遂至于无可奈何。"⑥朱熹说："今老佛之宫遍满天下，大郡至逾千计，小邑亦或不下数十，而公私增益，其势未已。"⑦又曰："老氏煞清高，佛氏乃为逋逃渊薮。今看何等人，不问大人、小儿，官员、村人、商贾，男子、妇人，皆得入其门。最无状，是见妇人便与之对谈。"⑧胡寅说："自佛法入中国，以死生转化恐动世俗，千余年间，特立不惑者，不过数人而已。虽才智高明，鲜能自拔。"⑨吕午说："自天竺法入中国，其徒备着天堂地狱鬼神，为张因果罪福之说，以为人死为鬼，鬼复为人，随善恶报，还复无穷。若善男子善女人，悉当如是观。故其诱人甚速，入人甚深。无智愚皆知之，妇人女子亦信向焉。"⑩佛教思想深入人

---

① 《宋元学案》卷七二《二江诸儒学案》，《黄宗羲全集》第5册，第885页。

② 刘浦江：《宋代宗教的世俗化与平民化》，《中国史研究》2003年第2期。

③ 〔宋〕孙觌：《鸿庆居士集》卷二一《抚州曹山宝积院僧堂记》，文渊阁《四库全书》本。

④ 〔宋〕王安石：《王文公文集》卷三五《扬州龙兴寺十方讲院记》，上海人民出版社1974年版，第421页。

⑤ 〔宋〕陈襄：《古灵集》卷五《乞止绝臣僚陈乞创造寺观度僧道状》，文渊阁《四库全书》本。

⑥ 〔宋〕欧阳修：《居士集》卷一七《本论上》，《欧阳修集编年笺注》，巴蜀书社2007年版，第2册，第56页。

⑦ 〔宋〕朱熹：《朱熹集》卷一三《延和奏札七》，四川教育出版社1996年版，第2册，第531页。

⑧ 〔宋〕黎靖德编：《朱子语类》卷一二六《释氏》，中华书局1986年版，第8册，第3037页。

⑨ 〔宋〕胡寅：《斐然集》卷二〇《悼亡别记》，中华书局1993年版，第412页。

⑩ 〔宋〕祝穆、富大用：《古今事文类聚（前集）》卷三五《慈竺院记》，文渊阁《四库全书》本。

心，社会各阶层人士崇奉佛法，上自皇室、公卿官僚，下至普通平民百姓，信佛蔚然成风。佛教在中国社会的影响力空前扩大，正如陈寅恪所说："自宋以后，佛教已入中国人之骨髓，不能脱离。"①

周季常、林庭桂《五百罗汉图轴(施财贫者)》(局部)

在这一时期，南方佛教占有举足轻重的地位。

首先，南方学者在宋代佛教发展史上扮演了重要的角色。以宋代禅宗为例，其两个支派均为南方人所创。杨岐派的创始人为袁州宜春(今属江西)的方会(992—1046)，他学禅"得法"于楚圆，曾先后在袁州杨岐山和潭州云盖山"开堂说法"。因为他首住杨岐山，所以被后人称为"杨岐方会"。他的思想大致反映在《古尊宿语录》卷一九《袁州杨岐山普通禅院会和尚》(一卷)中。除方会外，绵州巴县(今四川绵阳)法演、彭州崇宁(今属四川)克勤、宣州宁国(今属安徽)宗杲等，都是杨岐派较有影响的人物。黄龙派的创始人为信州(今江西上饶)的慧南(1002—1069)，他为楚圆的"法嗣"，因"开山"于洪州(治今江西南昌)黄龙山崇恩禅院，而被称为"黄龙慧南禅师"。《禅林僧宝传》卷二二说黄龙"法席之盛"可以"追媲马祖、百丈"，由此可以想见当年慧南门庭的空前盛况。关于他的思想，《建中靖国续灯录》和《五家正宗赞》概括为"佛手""驴脚"和"生缘"，即所谓的"黄龙三关"。宋代的天台宗是禅宗之外的又一个比较活跃的佛教宗派，其代表人物也多为南方人。温州永嘉人义寂(919—987)，是宋代首倡天台教义者，可以说是宋代天台宗的"开山祖"。浙江四明(今宁波)人知礼，是宋代天台宗的"中兴"者。台州宁海人遵式是天台宗历史上与知礼齐名的高僧。姑苏常熟人悟恩(一作晤恩)，是天台宗历史上一位有独特影响的人物。钱塘人智圆，是天台宗"山外"派的代表人物，也是宋代佛教思想儒学化的重要代表人物②。宋代的净土宗也以南方为盛，如宋宗晓编纂的《乐邦文类》卷三《莲社会继祖五大法师传》里所列的净土宗五位"继祖"中，属于宋代的两位都是南方人。省常(959—1020)为钱塘(今浙江杭州)人，宗颐为襄阳(今属湖北)人。此外，钱塘僧延寿因提倡净土，被列入"莲宗七祖"之中。宋代华严宗亦然，其代表人物子璿为嘉禾(今浙江嘉兴)人，净源为泉州晋江人。宋代律宗的重要代表人物有两人，一为钱塘人允堪，一为余杭人元照。此外，律宗中的赞宁(浙江德清人)是一位在佛教文化史上颇有贡献的学者，他继南朝慧皎作《高僧传》、唐朝道宣作《续高僧传》之后，作有

① 吴学昭：《吴宓与陈寅恪》，清华大学出版社1992年版，第12页。

② 郭朋：《宋元佛教》，福建人民出版社1985年版，第170—175页。

《大宋高僧传》30 卷。另外他还作有《大宋僧史略》3 卷，也是一部相当重要的佛教史籍……由此可见，南方学者在宋代佛教发展过程中起了主导的作用。

其次，南方还刻印了大量的佛教典籍。据统计，两宋 300 余年间官私刻印《大藏经》共有五个版本，这五个版本都在南方刻印：①从宋太祖开宝四年至太平兴国八年（971—983）在成都开雕的《佛藏》，是我国第一次雕印《大藏经》，也是国内外各种《佛藏》的祖版。这次是官版，称“益州版”。因始刊于开宝年，或称《开宝藏》。②福建僧俗善男信女于神宗元丰三年至徽宗崇宁二年（1080—1103）在福州东禅等寺院开雕的《大藏经》，称《崇宁万寿大藏》，或称“东禅寺版”。③福州城内开元禅寺雕造有《毗卢大藏经》版，称“开元寺版”。④王永从于绍兴二年（1132 年）捐舍家财在湖州思溪圆觉禅院内开镂《大藏经》550 函，称《思溪圆觉藏》，简称《圆觉藏》。此外，思溪法宝资福禅寺刻有佛经 5740 卷，称《思溪资福藏》，简称《资福藏》。⑤苏州僧俗在平江府陈湖中碛砂延圣院设立大藏经局，刻称《碛砂藏》[①]。

（三）道教

两宋时期，宋初统治者对道教大力扶持和崇奉，宋太宗“创上清宫以尊道教，殿塔排空，金碧照耀”[②]。为强化皇权，宋真宗封其为道教尊神昊天上帝，又仿效唐朝李氏皇室利用道教祖师老子姓李的巧合，尊李耳为唐王室祖先的先例，下诏定赵氏始祖名讳为“赵玄朗”，诡称赵玄朗为九位人皇之一，“冠服如元始天尊”[③]，并先后为赵玄朗加封“九天司命上卿保生天尊”“东岳司命上卿佑圣真君”“圣祖上灵高道九天司命保生天尊大帝”的尊号，从而进一步突出了玉皇大帝的地位。大中祥符二年（1009 年），宋真宗还诏令“诸路州、府、军、监、关、县择官地建道观，并以‘天庆’为额”，从此，“天下始遍有道像矣”[④]。此后，宋徽宗出于抑制佛教的目的，自号“教主道君皇帝”，继真宗以后又掀起了一次尊崇道教的浪潮。大观元年（1107 年）二月，宋徽宗下令：“道士序位，令在僧上，女冠在尼上。”[⑤]政和四年（1114 年），他又下令比照北宋职官体系，设置了二十六等道阶。自此，“黄冠浸盛，眷待隆渥，出入禁掖，无敢谁何，号‘金门羽客’，恩数视两府者凡数人”[⑥]。于是，一个与地上的封建政权相呼应的以玉皇大帝为至尊，太上老君、托塔天王等文武大臣为辅佐，

① 张秀民：《中国印刷史》，上海人民出版社 1989 年版，第 152—153 页；吕澂：《中国佛学源流略讲》，中华书局 1979 年版，第 387—388 页。

② 〔宋〕田况：《儒林公议》卷上，《丛书集成初编》本，中华书局 1985 年版，第 2793 册，第 7 页。

③ 〔宋〕李焘：《续资治通鉴长编》卷七九，大中祥符五年十月戊午记事，第 1798 页。

④ 〔宋〕李焘：《续资治通鉴长编》卷七二，大中祥符二年十月甲午条，第 1637 页。

⑤ 〔宋〕杨仲良：《皇宋通鉴长编纪事本末》卷一二七《徽宗皇帝·道学》，《宛委别藏》本。

⑥ 〔宋〕朱弁：《曲洧旧闻》卷六《张待晨虚白不沾恩数》，中华书局 2002 年版，第 169 页。

机构齐全、等级分明的道教群仙图已经完整地描绘出来了。①

南宋佚名《高士图》

浙江德清南宋吴奥墓出土的

头戴道冠、身披宽袖道袍的道士塑像

宋代道教复兴，除了符箓道术和斋醮科仪进一步发展外，黄白术仍久盛不衰。而且在唐末五代内丹术兴起的基础上，佛道结合的内丹学达到了前所未有的发展水平。在南宋，出现了规模较小的新道派净明道、金丹派南宗、神霄派、清微派等。经过南宋众多内丹大师的传道度人活动，有关内丹修炼的思想逐渐传播到民间，形成一种普遍的社会思潮。“斥服食胎息为小道，金石符咒为旁门，黄白烧炼为邪术。惟以性命双修，为谷神不死、羽化登真之至诀。”②不仅如此，内丹修炼影响了各符箓道派，“江南地区的内丹道派也颇受雷法盛行的江南符箓诸派的影响而兼行符水”③。内丹术与符箓的结合成为这一时期道教发展的新特点。而长江流域地区的天地山川之气利于道教发展，南宋末年刘辰翁从天文地理角度指出：“斗为江湖，去虚危最近，观剑气者常在焉。丰城者未尝失，延平者未尝在也。仙圣往还一气，遇物成形。西山之下有剑焉，曰旌阳，东湖之上有剑焉，曰真武。其地合，其宿近，故其神最灵，豫章、吴、楚之间，又江湖也，斯堂也，应之矣。”④四川、江西是全国道教最为发达的地区，道教的发展达到了新的高峰，在中国道教发展史上占有重要的地位。以江西为例，这里的道教名山很多。据杜光庭《洞天福地·岳读名山记》，“三十六靖庐”中，江西有 14 所。又据《云笈七签·洞天福地》，江西有三十六小洞天中的 7 洞天，七十二福地中的 12 福地。宋代江西道教发展很快，较有影响力的道教派别

① 杨倩描：《南宋宗教史》，人民出版社 2008 年版，第 31—32 页。

② 李养正：《道教概说》，中华书局 1989 年版，第 136 页。

③ 任继愈：《中国道教史》，上海人民出版社 1990 年版，第 576 页。

④ 〔宋〕刘辰翁：《须溪集》，文渊阁《四库全书》本，上海古籍出版社 1987 年版，第 1186 册，第 482 页。

有天心派、神霄派、净明派、清微派等，在六朝时已形成的正一派、灵宝派也有一定的影响力，全国各地有道院、道观 340 所。四川青城山是神霄派与清微派的中心，一些著名道士在此传道。如神霄派的创始人之一王文卿就在青城山传道。其时，四川普州崇龛（今四川安岳县境）的陈抟和天台张伯端是其中的代表人物。

1. 陈抟的道教学说

陈抟（871—989），字图南，自号扶摇子，学者称白云先生，是中国道教史上一位非常重要的人物，道教徒把他奉为继老子、张陵之后的道教至尊，称为“陈抟老祖”。他出身贫寒，后唐时，举进士不第，遂不仕，入武当山，以山水为乐。宋太平兴国中，曾两度至汴京开封，为太宗所重，赐号希夷先生。所著除《无极图》《先天图》外，尚有《指玄篇》《三峰寓言》《高阳集》《钓潭篇》及诗 600 余首等[①]。

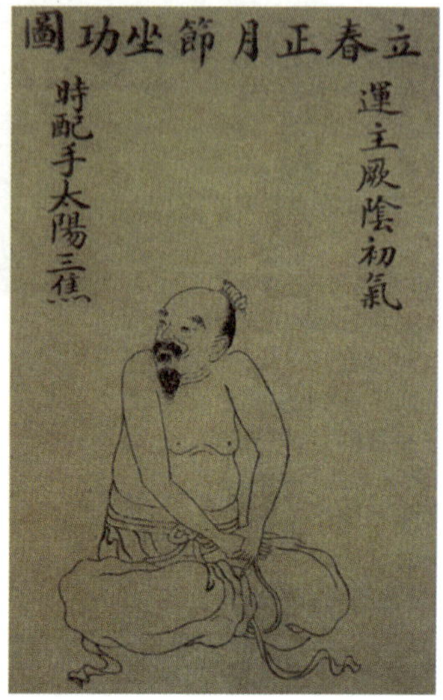

陈抟“二十四气坐功导治病”功法

陈抟的学说以传统的道家学说为核心，并吸收了儒家的易学观念和佛家的禅定学说。在中国学术文化史上，他首先运用佛教禅宗“唯心是法”的思想武器，公开向周、孔法统宣战，明白地指出儒家传统的易学仅为一家之言，并不能揽尽易道。这就为一种新的学说——宋明理学的形成，开辟了一条蹊径。第二，陈抟创立的先天易学开创了宋明以来易学研究的先河。第三，陈抟内丹修炼的学说为宋元道教内丹派的形成初步奠定了理论基础。第四，陈抟的宇宙生成论被周敦颐、邵雍吸收推衍，遂成为宋明理学的重要组成部分。邱汉生先生在《理学开山周敦颐》一文中认为：陈抟对理学开山祖周敦颐有直接而重要的影响，于理学“具有不可忽视的开源之功”[②]。蒙文通亦认为：“二程之学，于碧虚渊源之相关。”[③]第五，陈抟的《河图》《洛书》开后世研究河、洛的思潮。总之，他那精深广博的学说，成为两宋学术之渊源[④]。

2. 张伯端的道教学说

张伯端（987—1082），又名用成，字平叔，号紫阳山人，是道教金丹派南宗之开山祖。

---

① 《宋史》卷四五七《陈抟传》，中华书局 1977 年版，第 38 册，第 13420—13421 页；《东都事略》卷一一三《陈抟传》。

② 见《中国哲学》第 5 辑，三联书店 1981 年版。

③ 蒙文通：《陈碧虚与陈抟学派》，四川省立图书馆《图书集刊》1948 年第 8 期。

④ 贾顺先、戴大禄主编：《四川思想家》，巴蜀书社 1987 年版，第 181—222 页。

其《悟真篇·序》自称:“仆幼亲善道,涉猎三教经书,乃至刑法、书算、医卜、战阵、天文、地理、吉凶死生之术,靡不留心详究。”因累试不仕,遂向往道教,长期研究丹书。所著有《悟真篇》《禅宗诗偈》(又名《悟真篇拾遗》)《金丹四百字》《玉清金笥青华秘文金宝内炼丹诀》,均收入《道藏》之中。

张伯端在宗教归求过程中有三个不同阶段的思想:始则出儒入道,倡以道教内丹为中心的三教归一论;中则出道入禅,以彻了禅宗性学为归宿;终则禅道双融而酿成一种独具特色的内丹说①。他的内丹说集北宋内丹学之大成,大略以禅道结合、先命后性为特征,主张从传统内丹修命之门入手,修命时强调须用先天精气为药物,炼精气须用元神所生真意为主人,末后则以上求禅宗所求无生空寂、神通妙用之境为究竟归宿。一言以蔽之,可谓由道入禅②。所著的《悟真篇》是内丹丹法的重要经典著作之一,《四库全书总目》卷一四六评价说:“是书专明金丹之要,与魏伯阳《参同契》,道家并推为正宗。”

3. 其他人的道教学说和道教典籍的编纂

除上述两人外,北宋末年江西南丰道士王文卿(1093—1153)创立有神霄派;元初南昌西山隐居儒士刘玉(1257—1308)是净明道的代表人物。其他,如信州(治今江西上饶)道士张正随、温州道士林灵素、福建闽清白玉蟾、信州贵溪张留孙等,都是两宋时期著名的道教人物。

两宋时期南方学者不仅在道教的创宗立派中成就斐然,而且对道教书籍的搜集编修工作也做出了重要的贡献。如湖北安陆人张君房为宋代《道藏》的总修校者,编有《大宋天宫宝藏》4565卷,另又撮其精华部分辑成《云笈七签》122卷。

需要指出的是,宋代道教在民间的影响始终不如佛教。“道教之行,时罕尚习,惟江西、剑南人素崇重”,在其他地区并不盛行。宋人杜寅生曾对比佛、道两教的情况,分析了当时道教衰微的原因:“惟佛能揣人情而示以祸福、天堂、地狱,使人畏慕,而趣之者众;老氏独好言清净、虚无、神仙之术,其事冥深,不可质究,而从之者鲜。故欧阳子谓佛氏之动摇兴作,为力甚易,而道家非遭人主好尚,不能独兴。”③

三、史学

两宋时期,是中国史学最繁荣的时期。陈寅恪说:“中国史学莫盛于宋。”④邓广铭说:

① 任继愈主编:《中国道教史》,上海人民出版社1991年版,第497页。

② 任继愈主编:《中国道教史》,上海人民出版社1991年版,第497、504页。

③ 〔清〕张松孙等编:乾隆《盐亭县志》卷三《东关县天禄观记》,乾隆五十一年刻本。

④ 陈寅恪:《金明馆丛稿二编》,上海古籍出版社1980年版,第240页。

"宋代史学的发展所达到的水平，在中国封建社会历史时期内也是最高的。"①如以南北方而言，则南方的史学成就远非北方所能望其项背。

两宋时期，长江文化中的史学成就主要体现在以下两个方面：一是史家辈出，成就卓著；二是在史书体例上新意迭出。

(一)史家辈出，成就卓著

据统计，宋代有著作传世的史学家不少于130人，而绝大多数为南方人，如筠州(治今江西高安)刘恕(1032—1078)、临江新喻(今江西新余)刘攽(1023—1089)、兴化军莆田(今属福建)郑樵(1103—1162)、眉州丹棱(今属四川)李焘(1115—1184)、清江(今属江西樟树市)徐梦莘(1126—1207)、建安(今福建建瓯)袁枢(1131—1205)、隆州井研(今属四川)李心传(1166—1243)、安州安陆(今属湖北)宋祁(996—1061)、抚州南城(今属江西)陈彭年(961—1017)、杭州临安(今属浙江)钱俨(937—1003)、建昌南丰(今属江西)曾巩(1019—1083)、衢州开化程俱(1078—1144)、吉州永丰欧阳修(1007—1072)、成都华阳范祖禹(1041—1098)、蜀州新津张唐英(1029—1071)、眉州眉山史炤(约1092—约1161)、成都华阳王珪(1019—1085)、润州丹阳王存(1023—1101)、眉州眉山王偁、庆元(治今浙江宁波)王应麟(1223—1296)、徽州婺源朱熹(1130—1200)、泸州(今属四川)李攸、越州山阴(今浙江绍兴)陆游(1125—1210)、福州莆田陈均、湖州周密(1232—1298)、鄱阳洪皓(1088—1155)、临江徐天麟、温州永嘉徐自明、温州瑞安蔡幼学(1154—1217)、建宁建阳(今属福建)熊克等都闻名于当时。

两宋时期南方不仅史家众多，而且成就斐然，影响巨大。像李焘的《续资治通鉴长编》，是继踵司马光《资治通鉴》之名作，全书共计520卷，继承《资治通鉴》的体例，记述了整个北宋九朝168年的历史，是中国古代编年体史书之名著，征引广博，内容丰富，考订翔实，是研究北宋历史最基本的文献，被当时与后世所推崇。近代史学家金毓黻认为："《通鉴》一书，迄于五代，有宋以后，尚待续修，南宋李焘踵《通鉴》之例，备采北宋一祖八宗一百六十余年之事迹，起太祖建隆元年，迄钦宗靖康二年，以成一书。焘谦不敢言续《通鉴》；以光修《通鉴》时，先成《长编》，乃曰吾书可名《续资治通鉴长编》，及以其书上进，孝宗览之，则曰吾已许李焘题《续通鉴长编》矣。《通鉴》为时所重，至于如此，而焘书之可贵，亦由此见之矣。"②李心传的《建炎以来系年要录》则以200卷的篇幅详记了高宗一朝自建炎元年至绍兴三十二年(1127—1162)高宗一朝36年间的历史；内容丰富，编纂有法，与李焘之书同为世人所重。清人评价说：

---

① 邓广铭：《关于宋史研究的几个问题》，《社会科学战线》1986年第2期。

② 金毓黻：《中国史学史》，河北教育出版社2000年版，第265页。

"其书以国史、日历为主，而参之以稗官、野史、家乘、志状、案牍、奏议、百司题名，无不胪采异同，以待后来论定。故文虽繁而不病其冗，论虽歧而不病其杂，在宋人诸野史中，最足以资考证。"①余嘉锡在《四库提要辩证》卷五中认为："有宋一代史学之精，自司马光外，无如二李(引者按：二李系指李焘、李心传)。"郑樵《通志》是其毕生心血结晶，"五十载总为一书"。全书长达200卷，内容分为记、谱、传、略四门，记述了三皇到隋代的历史。清代章学诚给以较高的评价："郑氏《通志》，卓识名理，独见别裁，古人不能任其先声，后代不能出其规范，虽事实无殊旧录，而辨名正物，诸子之意寓于史裁，终为不朽之业矣。"②又说："郑樵生千载而后，慨然有见于古人著述之源，而知作者之旨，不徒以词采为文，考据为学也。于是遂欲匡正史迁，益以博雅，贬损班固，讥其因袭，而独取三千年来，遗文故册，运以别识心裁，盖承通史家风，而自为经纬，成一家言者也，学者少见多怪，不究其发凡起例，绝识旷论，所以斟酌群言，为史学要删，而徒摘其援据之疏略，裁剪之未定者，纷纷攻击，势若不共戴天，古人复起，奚足当吹剑之一吷乎？"③白寿彝认为："郑樵思想从千头万绪的历史现象中，描画出一幅百川汇于海、万国通诸夏的图景来。尽管他们所描画的这幅图景还远远不能反映出社会发展的基本规律，但这种设想在中世纪史学中仍是极其珍贵的。后来马端临在这方面有了进一步的发展。"④徐梦莘的《三朝北盟会编》长达250卷，记述了徽宗政和七年(1117年)到高宗绍兴三十二年(1162年)前后三朝46年间宋金和战的历史史料，按年、月、日标出事目，加以编排，故称为"北盟会编"。《四库全书总目》称其"所记金人事迹，往往传闻失实，不尽可凭。又当时臣僚札奏，亦多夸张无据之词。梦莘概录全文，均未能持择"。但"要其博赡淹通，南宋诸野史中，自李心传《系年要录》以外，未有能过之者"⑤。而朱熹《资治通鉴纲目》、袁枢《资治通鉴纪事本末》、熊克《中兴小纪》、李攸《宋朝事实》、陆游《南唐书》、欧阳修《新唐书》《新五代史》等，都是中国古代重要的史书。其他，如王应麟《玉海》《困学纪闻》，嘉兴叶隆礼

① 〔清〕纪昀等：《钦定四库全书总目(整理本)》卷四七《史部三·编年类·建炎以来系年要录二百卷》，中华书局1997年版，上册，第657—658页。

② 〔清〕章学诚：《文史通义》卷四《内篇四·释通》，《文史通义校注》，中华书局1985年，第376页。

③ 〔清〕章学诚：《文史通义》卷五内篇五《申郑》，《文史通义校注》，中华书局1985年，第463页。

④ 白寿彝：《郑樵对刘知几史学的发展》，《人民日报》1961年4月6日。

⑤ 〔清〕纪昀等：《钦定四库全书总目(整理本)》卷四九《史部五·纪事本末类·三朝北盟会编》，中华书局1997年版，上册，第676页。"三朝"指北宋徽宗赵佶、宋钦宗赵桓和南宋高宗赵构三朝。

《契丹国志》，史炤《资治通鉴释文》，婺源朱弁《曲洧旧闻》，朱熹《宋名臣言行录》，刘恕《十国纪年》《通鉴外纪》《疑年谱》《年略谱》，眉州杜大珪《名臣碑传琬琰集》，杭州杨大雅《两汉博闻》《职林》，李心传《旧闻证误》，范祖禹《唐鉴》《仁宗政要》《帝学》，吕祖谦《大事记》，苏辙《古史》，陈彭年《唐纪》《江甫别录》，张唐英《蜀梼杌》，明州鄞县袁褧《枫窗小牍》，耐得翁《都城纪胜》，温州周达观《真腊风土记》，四明（今浙江宁波）赵汝适《诸蕃志》，和州历阳（今安徽和县）徐兢《宣和奉使高丽图经》，李焘《续皇朝公卿百官表》《四系录》《历代宰相年表》《江左方镇年表》《天禧以来御史年表》《天禧以来谏官年表》，吉州庐陵（今江西吉安）李幼武《皇朝名臣言行续录》《四朝名臣言行录》《皇朝道学名臣言行录》，建宁崇安吴逵《帝王系谱》，抚州崇仁吴曾《能改斋漫录》《南北征伐编年》《南北分门别事类》，成都吴缜《新唐书纠谬》《五代史记纂误》，昆山吴仁杰《两汉刊误补遗》《汉通鉴》，金华兰溪吴师道《战国策校注》，饶州德兴（今属江西）汪藻《靖康要录》《金人背盟录》，钱塘（今浙江杭州）吴自牧《梦粱录》，眉州丹棱李埴《皇宋十朝纲要》，信州玉山（今属江西）汪应辰《唐书列传辨证》，安州安陆宋庠《纪年通谱》《掖垣丛志》《尊号录》，陆游《入蜀记》《老学庵笔记》，陈均《皇朝编年备要》（又称《宋九朝编年备要》）《中兴编年备要》，宜兴马令《南唐书》，休宁陈栎《历朝通略》，福州陈梦协《十七史蒙求》，维扬（今江苏扬州）马永易《元和朋党录》《唐职林》，庐州无为军（今安徽无为）王棫《泾川志》《燕翼贻谋录》，吉州庐陵（今江西吉安）罗泌《路史》，周密《武林旧事》《齐东野语》《癸辛杂识》，福州闽县（今福建福州）郑文宝《江表志》《南唐近事》《谈苑》，成都华阳王珪《两朝国史》，金华王益之《西汉年纪》《汉宫总录》《职源》，湖北安陆王得臣《麈史》，婺州（治今浙江金华）方勺《泊宅编》，抚州临川（今属江西）邓名世《哲宗实录》《宋朝宰相年表》《春秋类史》，苏州长洲叶清臣《春秋类纂》，浏阳欧阳玄《太平经国》，成都华阳范冲《辨诬录》《宰辅拜罢录》，温州瑞安陈傅良《历代兵制》《建隆编》，鄱阳彭大雅《黑鞑事略》，程俱《麟台故事》，曾巩《五朝国史》，永州祁阳路振《九国志》，蔡幼学《续百官公卿表》《年历》《大事记》《编年政要》《列传举要》，熊克《九朝通略》《北苑别录》，长沙孟瑜《野史》，建宁崇安（今福建武夷山市）胡宏《皇王大纪》，衢州西安（今浙江衢县）赵抃《成都古今记》，鄱阳洪迈《史记法语》《容斋随笔》《续笔》《夷坚志》，成都费枢《廉吏传》，成都费著《岁华纪丽谱》《笺纸谱》《蜀锦谱》《氏族谱》《器物谱》，湖州倪思《班马异同》，杭州钱易《南部新书》，清江徐筠《汉宫考》《修水志》，徐天麟《西汉会要》《东汉会要》，资州（治今四川资中北）郭居仁《蜀鉴》，婺州永康（今浙江永康）徐无党《五代史记注》，庆元慈溪（今属浙江）黄震《古今纪要》，永嘉徐自明《宋宰辅编年录》，台州黄岩孟梦恂《汉唐会要》，等等，都是当时史书中知名的作品。

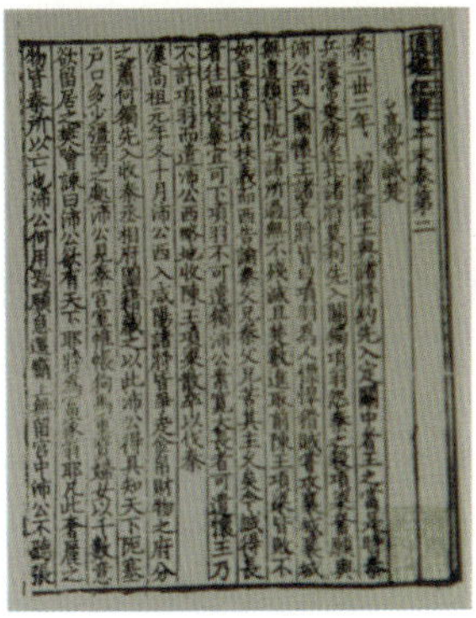

南宋淳熙二年广陵
郡庠刻本《通鉴纪事本末》

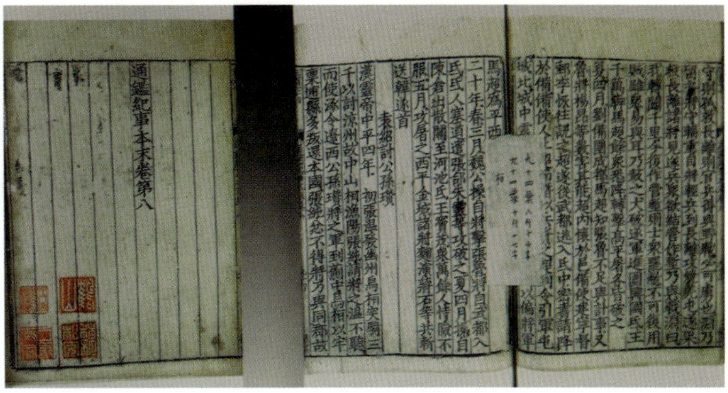

宋袁枢《资治通鉴本末》①

(二)史书体例新意迭出

宋代史书体例趋于完备，对此，南方学者做出了重要的贡献。

袁枢创立的纪事本末体是明清两代史家广为采用的史体。他鉴于编年、纪传两种传统体裁的缺陷，对司马光《资治通鉴》进行了改编，将其全书内容分门别类，以类排纂，汇列为 239 个专题，每题之下各依时间为序自为起讫而叙述之，故名“本末”。这个组织系统较编年体的《资治通鉴》更为精密明晰，保持了史实的完整性，有利于读者的阅读。由于它具有这些优点，所以自问世以来，颇得历代史家的好评。明人张溥《重刊通鉴纪事本末序》则说：“国之有史，史之有《通鉴》，《通鉴》之有《纪事本末》，三者不可一缺也。国史因人，《通鉴》因年，《本末》因事。人非纪传不显，年非《通鉴》不序，事非《本末》不明。学者欲观历代之史，则必先观《通鉴》，既观《通鉴》，不能即知其端，则必取《纪事本末》以类究之。此宋袁机仲先生之书，所以与司马同功也。”此外，又由于它“文省于纪传，事豁于编年”，为史书编纂又创一新的门径和方法。

纲目体为朱熹所创。他在所著的《资治通鉴纲目》一书中，以大字书为概括的提纲，小字详叙细节称目，故称“纲目”。它较单纯的编年叙事形式更为眉目清醒，颇便检阅，实为编年体本身体例的又一重大发展。虽然史料价值不大，但此书有创立新体裁的意义。因此，此书一出，不仅颇得历代统治者的赏识，而且在当时就效仿者接踵而起，如陈均的《九朝编年备要》、无名氏撰的《中兴两朝编年纲目》、无名氏撰的《续编两朝纲目备要》、金履祥《资治通鉴前编》和《举要》等。

金石学开创于刘敞、欧阳修，它是宋代史学家在史学领域中开辟的一个新领域，是史学的一个分支。蔡绦在《铁围山丛谈》卷四中说：“初，原父(刘敞)号博雅，有盛名。曩时

① 吕济民主编：《古籍善本》上册，线装书局 2006 年版。

出守长安，长安号多古簋、敦、镜、甗、尊、彝之属，因自著一书，号《先秦古器记》。而文忠公（欧阳修）喜集往古石刻，遂又著书，名《集古录》，咸载原父所得古器铭款。繇是学士大夫雅多好之，此风遂一煽矣。”在两宋时期，南方出现了一大批金石学者和金石学著作，如南宋钱塘（今杭州）薛尚功《历代钟鼎彝器款识法帖》20 卷，郑樵《石鼓文考》，洪适《隶释》27 卷、《隶续》21 卷，王象之《舆地碑记目》4 卷等。

最后，还应指出的是，两宋时期南方史学家对我国第一部编年体通史《资治通鉴》的编纂也做出过重大贡献。《资治通鉴》虽由陕州夏县（今属山西）司马光主编，然其修书时的三大助手——刘恕、刘攽、范祖禹均为南人。尤其是筠州人刘恕，对《资治通鉴》一书的“通部义例”、编次安排、编修断限等重要问题进行过深入的研究，全祖望称其“实系全局副手”。由此可见，《资治通鉴》一书的顺利完成，实是南北史学家通力协作的结果。

四、目录学

两宋时期，是目录学的兴盛时期。在这一时期，由于藏书业的发达，官私目录相继涌现，目录学研究也蓬勃开展起来。南方学者在宋代目录学上有两项突出的贡献，一是在官私书目的编制上成就卓著，二是对目录学理论的深入研究。

（一）官私书目的编制

首先从官修目录来看，宋代最著名的官修目录当推仁宗时所修的《崇文总目》。景祐元年（1034 年）欧阳修等奉敕开始编修，参与这项工作的主要有安州安陆（今属湖北）宋祁、应天宋城（今河南商丘）王洙等。此书仿照唐代《开元四部录》的体例，总括崇文院三馆秘阁图书，共著录图书 30669 卷，分 4 部 45 类，计经部 9 类，史部 13 类，子部 20 类，集部 3 类。尤其是在史部设立“目录”类，反映了目录学在当时的发展程度①。又把佛经、道经列为子部的两个类目。各类都有序，各书都有提要（释）。惜此书至元初已无完本，明清时只剩简目。但它在中国古代目录学发展史上具有重大影响，《四库全书总目》卷八五评论说：“百世而下，藉以验存佚，辨真赝，核同异，固不失为册府之骊渊，艺林之玉圃也。”姚名达认为：“向来撰目录者多据其所典藏之书而从事焉，或官府世守，或私家新收，于以登记名目，取便稽寻，其在当时当地之功效甚大。然时移世易，彼琅环插架之书既多毁灭，轴签编目之录亦鲜流传。后人欲考镜古代学术源流，书籍存佚，舍史籍中之艺文、经籍志，殆莫由焉。盖藏书目录，孤本单行，传抄者希，偶遭焚弃，便易佚亡。……史志之所以见重于世，即斯之由也。”②

① 来新夏等：《中国古代图书事业史》，上海人民出版社 1991 年版，第 200 页。

② 姚名达：《中国目录学史》，商务印书馆 1957 年《中国文化史丛书》本，第 197 页。

除《崇文总目》外，欧阳修对宋代史志目录的发展也作出了重要贡献。他编撰的《新唐书·艺文志》比《旧唐书·经籍志》更为完备，开创了补旧史艺文志的工作。另外，他还在分类和编次体例方面作了一些增改。第一，废除了旧志以部类为"家"的做法，而以学术流别作为部勒典籍的标准，使学术渊源和目录分类融会于一，对考镜学术源流提供了重要依据。第二，适当省并目录。如并霸史、儒史为一而去掉霸史的名称，以笔记杂著列入杂史类等。他的这一改进，在中国目录学发展史上有着重要的意义。他不仅继承了汉志、隋志的优良传统，而且为宋元《国史艺文志》《通志·校雠略》等提出了新的启示①。

南宋台州临海人陈骙所编的《中兴馆阁书目》也是宋代一部重要的官修目录。此书分为70卷，序例1卷，凡52门，共著录现存图书44486卷。惜此目已亡佚，现仅有赵士炜所辑《中兴馆阁书辑考》5卷。

其次，从私人藏书目录来看，南方出现了一些较有影响的著作，如南宋陈振孙的《直斋书录解题》、尤袤的《遂初堂书目》等。

陈振孙(1183—约1261)，字伯玉，号直斋，湖州安吉人。曾官至某部侍郎，以宝章阁待制致仕。卒赠光禄大夫。② 家藏书多至"五万一千一百八十余卷"③，在此基础上，他把历代典籍分为53类，其中经部10类、史部16类、子部20类、集部7类。每类之下，著录书名、卷帙、作者、版本，以及对著作得失的评述。《直斋书录解题》原为56卷，著录图书3096种51180卷。惜原本已佚，今所传乃清代四库馆臣修《四库全书》时从《永乐大典》中辑出，原书之56卷重编为22卷，收入武英殿聚珍版丛书，即今之通行本。今流行之辑本《直斋书录解题》共分五十三类，虽无经、史、子、集之名，而实际上依据隋唐以来目录学公认的四部次序排列。其分类状况是：经部：易类、书类、诗类、礼类、春秋类、孝经类、语孟类、谶纬类、经解类、小学类，共十种；史部：正史类、别史类、编年类、起居注类、诏令类、伪史类、杂史类、典故类、职官类、礼注类、时令类、传记类、法令类、谱牒类、目录类、地理类，共十六种；子部：儒家类、道家类、法家类、名家类、墨家类、纵横家类、农家类、杂家类、小说家类、神仙类、释氏类、兵书类、历象类、阴阳家类、卜筮类、形法类、医书类、音乐类、杂艺类、书类，共二十种；集部：楚辞类、总集类、别集类(上、中、下)、诗集类(上、中、下)、歌词类、章奏类、文史类，共七种。据研究，陈振孙《直斋书录解题》一书首创的解题部分，其主要内容有：①评论人物；②品评图书；③揭示图书内容；④记述选材范围；⑤志藏书时

① 赵吕甫：《欧阳修史学新探》，《历史教学》1963年第1期。

② 关于陈振孙之年历生平及姓名改易之具体情形，陈乐素所撰《〈直斋书录解题〉作者陈振孙》一文有较为翔实的考证(载上海《大公报》1946年11月20日《文史周刊》第6期，又载《求是集》第二集，广东人民出版社1984年版)。

③ 〔宋〕周密：《齐东野语》卷一二《书籍之厄》，中华书局1983年版，第217页。

间；⑥记版本异同；⑦注重当代图书著录①。这种解题目录编纂方法，不仅使书目起到了“考镜源流、辨章学术”的作用，而且开创了解题目录的风气，使其成为目录学的一个重要流派。南宋周密赞曰：“近年惟直斋陈氏书最多，盖尝仕于莆，传录夹漈郑氏、方氏、林氏、吴氏旧书至五万一千一百八十余卷，且仿《读书志》作解题，极其精详。”②《四库全书总目》称其“古书之不传于今者，得藉是以求其崖略；其传于今者，得藉是以辨其真伪，核其异同，亦考证之所必资，不可废也。”③陈振孙的《直斋书录解题》由此与济州巨野（今属山东）晁公武的《郡斋读书志》并称为宋代私家目录中的双璧。

尤袤（1127—1194），字延之，号遂初居士，常州无锡人。南宋高宗绍兴十八年（1148年）进士，官至礼部尚书兼侍读，谥“文简”。曾任馆职。《宋史》论曰：“尤袤学本程颐，所谓老成典刑者。立朝抗论，与人主争是非，不允不已。”他一生嗜书，因仰慕东晋名士孙绰（314—371）的人格风范，欣赏其所作《遂初赋》，故将无锡自宅“依山亭”改名为“遂初堂”，并以遂初自号，“光宗书扁赐之”④。里面藏书甚富，陈振孙《直斋书录解题》一书称“遂初堂藏书为近世之冠”。尤氏所撰《遂初堂书目》更是宋代私家藏书目录存于今者三种之一，地位极为独特。以“开书目记版本之先河”而知名于世。他在《遂初堂书目》中，把图书分成四部四十四类：经部厘为九类：经总类、周易类、尚书类、诗类、礼类、乐类、春秋类、论语类、小学类；史部剖为十八类：正史、编年、杂史、故事、杂传、伪史、国史、本朝杂史、本朝故事、本朝杂传、实录、职官、仪注、刑法、姓氏、史学、目录、地理；子部别为十二类：儒家、杂家、道家、释家、农家、兵书、数术家、小说、杂艺、谱录、类书、医书；集部析为五类：别集、章奏、总集、文史、乐曲。其分类体系的特点是：①崇奉理学，将神仙、道书统统归入道家，置于杂家之后。②史部特别注重近代史书。③创置乐曲类，并孟子入论语类，反映当时唐宋词的发展和南宋重四书、孔孟并提的现实。史部设史学类，使长期以来无所归属的这一类书籍有了合适的位置。姚名达对此极为肯定，说其“特别注重近代史书，在诸志中为特异”⑤。子部设谱牒类，这比郑樵在《通志·艺文略》以外专设《图谱略》妥当得多⑥。尤应指出的是，他首创的著录版本，使《遂初堂书目》成为我国古代最早的版本目录学著作。李万健将尤氏《遂初堂书目》收书特色概括为“四多”：抄本多，善本多，史书多，

① 来新夏等：《中国古代图书事业史》，上海人民出版社1991年版，第226页。

② 〔宋〕周密：《齐东野语》卷一二《书籍之厄》，中华书局1983年版，第217页。

③ 〔清〕纪昀等：《钦定四库全书总目（整理本）》卷八五《史部四十一·目录类一》，中华书局1997年版，上册，第1132页。

④ 〔元〕脱脱：《宋史》卷三八九《尤袤传》，中华书局1977年版，第34册，第11923—11944页。

⑤ 姚名达：《中国目录学史》，商务印书馆1957年《中国文化史丛书》本，第203页。

⑥ 来新夏等：《中国古代图书事业史》，上海人民出版社1991年版，第227页。

法书多。① 郑鹤声则将尤袤书目列为与正统目录相对的别录之首，云："此目最特异处，即在国史类外，又并列本朝杂史、本朝故事、本朝杂传三种，国史之名，包括本朝而有兼收并畜之意。"②

除上述三书外，荆州田镐编有《荆州田氏书目》3卷，著录家藏图书37000卷。庆元鄞县（今属浙江）高似孙的《史略》《子略》《经略》《纬略》《诗略》《骚略》则是宋代著名的专科目录学著作，在一定程度上反映了宋代目录学的重要成就。

（二）目录学的理论研究

两宋时期，南方学者对目录学的研究，当以郑樵成就最大。

郑樵（1104—1162），字渔仲，自号溪西逸民，学者称夹漈先生，莆田人，是一位卓有成就的目录学家。他的目录学思想主要集中在《艺文略》《校雠略》《图谱略》和《金石略》四略中，而尤以《校雠略》影响最巨。其特点有三：

第一，认为图书分类必须特别强调对学术源流的剖析。"必究本末，上有源流，下有沿袭，使学者易学，求者易求"，以达到"观图谱者可以知图谱之所始，观名数者可以知名数之相承……睹其书可以知其源流"的目的，并提出"类例既分，学术自明"的著名论点。

第二，制定全新的分类体系。郑樵在目录著录上贯彻"会通"思想，主张通录古今，不遗亡佚，以体现学术流变的总貌。为此，他创造了一个庞大的全新的十二类分类法。"这一体系的最明显特点在于突破了前此各种分类的束缚，尤其是从经部中把与现实政治有关的礼、乐，从子部中把与自然科学有关的一些类目如天文、五行、医方等二级类目提到与经子相等地位的一级目上来，更可见到郑樵对这些学科的超前认识。其次，他不仅在部类下较周详地划分了'百家'这样的二级目，而且还在'家'下又增设'三七一种'这样的三级目。类目的扩充使图书的归属能更接近于合理"③。这是我国目录学发展史上的一大进步。

第三，提出图书分类以及目录学的一些原则，主张图书著录通录古今，且以今书为重；以书名为主要著录标目；著录各书撰写提要，主张"泛释无义"；全面记有和兼录图谱、金石；编次图书，宜用众人之长，通力合作为之；归纳历史上编次图书的失误为"编次失书论""见名不见书论""编次之讹""编次不明"等，是图书分类编目工作中应注意的事项④。

总之，郑樵的目录学思想是非常丰富的、超前的，他的《通志·校雠略》更被后人推称为我国第一部系统的目录学专著，对此后目录学的发展产生了极其深远的影响。

---

① 李万健：《中国著名目录学家传略》，书目文献出版社1993年版，第75—76页。

② 郑鹤声：《中国史部目录学》，商务印书馆1956年版，第106页。

③ 来新夏：《古典目录学浅说》，中华书局1981年版，第127页。

④ 来新夏等：《中国古代图书事业史》，上海人民出版社1991年版，第229—230页。

五、文学

两宋时期，是中国文化繁荣昌盛的时期。郑振铎在论述这个时期的中国“中世文学”时，充满激情地写道：“欧洲文学史上的中世纪，是一个黑暗的时代，但我们的中世纪，却是那样的辉煌绚烂的一个大时代，几乎没有一纪一年不是天朗气清的‘佳日’。”①从地区的角度来说，长江流域的作者明显要盛于黄河流域。无论是作家的人数、作品的数量，都明显地超越北方。仅从词坛情况而言，据有的学者运用定量分析的方法，依照存词数量、历代品评、选本入选数量等六个指标，确定宋代词人中有一定成就和影响的词人约在300家左右，其中堪称“大家”和“名家”的词人排名前30位中，南宋就有辛弃疾、姜夔、吴文英、李清照、张炎、陆游、王沂孙、周密、史达祖、刘克庄、张孝祥、高观国、朱敦儒、蒋捷、刘过、张元幹、叶梦得等17人，超过北宋苏轼、周邦彦等13人，也能从某一视角说明南宋词坛不仅比之北宋旗鼓相当抑或稍胜之。② 至于南宋文学流派之活跃、文学社团活动之频繁、文学生态结构之均衡、文学批评理论之兴盛，都有不容忽视的上佳呈现。从《四库全书总目》来看，共收宋人别集382家、396种（存目除外），其中北宋115家、122种，南宋267家、274种③，南宋别集的著录数量为北宋的两倍多。这充分说明南宋士人的文化创作仍然充满活力。如果考虑到南宋国土和人口仅为北宋的约五分之三，南宋立国又比北宋短十五年左右（北宋从960年至1127年，为167年；南宋从1127年至1279年，为153年），更能见出南宋文学创作的繁荣盛况。如据唐圭璋《全宋词》共收词人1494家，词21055首，其中南宋词约为北宋的三倍。④

在这一时期，长江文化在传统文学上的成就，可以概括为以下三个方面：一是词的极盛；二是诗的发展和繁荣；三是古文的革新。

（一）词的极盛

词兴起于唐代，经五代至宋，达到了全盛，成为有宋一代文学的代表。后人对此推崇备至，周笃文在《宋词》一书中说：“在三百余年的两宋文坛上，最为成功，最有创造性，最蔚然成风气，也最能表现人们的真实感情生活的，就莫过于词了。词至宋代，真如娇花放蕊、丽日中天，充满了无穷的活力和光彩。”而自古以来所谓的“楚辞、汉赋、唐诗、宋词、元曲”之说，更成为千古之定论。

① 郑振铎：《插图本中国文学史》，北京出版社1999年版，第168页。
② 王兆鹏、刘尊明：《历史的选择——宋代词人历史地位的定量分析》，《文学遗产》1995年第4期。
③ 据笕文生、野村鲇子：《四库提要南宋五十家研究》前言，日本汲古书院2006年版。
④ 据南京师范大学《全宋词》检索系统之统计，含孔凡礼《全宋词补辑》。

以地域而论，宋词可谓为南方人的天下。据周笃文先生统计，在《全宋词》辑录的1331位词人中，籍贯、时代可考者为873人。其中，安徽（不含）以北约152人（其中北宋68人、南宋84人）；安徽（含）以南约721人（其中北宋159人、南宋562人）。北方占17.4%，南方占82.6%。以省份而言，两宋词家尤以江、浙、闽、赣为多，浙江209人、江西163人、福建123人、江苏87人。南人在两宋词坛上的活跃，以至于使宋词带有浓厚的"南方文学"色彩，富于南国之情调。

从成就而言，当推南人为最巨。如北宋前期的重要词人，首推江西临川晏殊（991—1055）、晏几道（约1030—约1106）父子，安州安陆宋祁，庐陵欧阳修，乌程（今浙江湖州）张先（990—1078），福建崇安（今武夷山市）柳永（约1004—1054），他们全部是南方人。晏殊的词即景抒情，曲折工巧，语言凝练自然，风格清丽，在北宋词坛有较大的影响。如他的"春风不解禁杨花，蒙蒙乱扑行人面"（《踏莎行》）、"无可奈何花落去，似曾相识燕归来"（《浣溪沙》）等句，都是历代传诵的名句。晏几道的词风与其父亲相似，但多一些真切的哀思。陈廷焯《白雨斋词话》说他"工于言情"，"而措词婉妙，则一时独步"。所作"落花人独立，微雨燕双飞"（《临江仙》）和"舞低杨柳楼心月，歌尽桃花扇底风"（《鹧鸪天》）等，都是脍炙人口的佳句。宋祁有"红杏枝头春意闹"（《玉楼春》）的名句，王国维评价道："'红杏枝头春意闹'，著一'闹'字，而境界全出。"张先因所作词中有"云破月来花弄影"（《天仙子》）、"娇柔懒起，帘幕卷花影"（《归朝欢》）和"柔柳摇摇，坠轻絮无影"（《剪牡丹》）等名句，被称为"张三影"；又称"张三中"，因他句中有"心中事、眼中泪、意中人"。柳永是北宋第一个专力写词的作家，自称"奉旨填词柳三变"，在词曲史上占有非常重要的地位。他与乐工一起创制的慢调，不仅使词体进一步完备，为宋词的繁盛奠定了基础；而且"开金元曲子的先河"①。北宋后期的重要词人，当推眉州苏轼、洪州分宁（今江西修水）黄庭坚（1045—1105）、扬州高邮秦观（1049—1100）、越州山阴（今浙江绍兴）贺铸（1052—1125）、钱塘（今浙江杭州）周邦彦（1056—1121），他们也都是南人。苏轼是继柳永之后给宋词发展以重大影响的词人，他的词写得豪迈奔放、清新洒脱，大大突破了词的传统藩篱，一扫柳词情绪消沉的余风，使词从"花间""樽前"走向较为广阔的社会，从而开创了豪放词风，对后来词坛产生了巨大的影响。南宋胡寅《题酒边词》评价说："及眉山苏轼，一洗绮罗香泽之态，摆脱绸缪婉转之度，使人登高望远，举首高歌，而逸怀浩气，超然乎尘垢之外。于是花间为皂隶，而柳氏为舆台矣。"他写的名篇《念奴娇·赤壁怀古》，是其豪放词最突出的代表作。苏轼之后，他门下出现了一大批出色的文学家，如号称"苏门四学士"的黄庭坚、秦观、晁补之、张耒以及他们的词友贺铸、毛滂等，个个做得好词，其中佼佼者当推有

① 李修生：《中国文学史纲要》（宋辽金元文学），北京大学出版社1987年版，第35页。

苏轼像

"词中美少年"之誉的秦观。秦观属于婉约派，词境凄婉。沈雄《古今词话》说："子瞻词胜乎情，耆卿情胜乎辞，辞情相称者，唯少游一人耳。"王国维《人间词话》说："词之雅郑，在神不在貌。永叔、少游虽作艳语，终有品格。"他的《踏莎行》（"雾失楼台"）、《满庭芳》（"山抹微云"）和《鹊桥仙》（"纤云弄巧"），都颇得词须"意细言长"之要旨，名动一时。贺铸的词风格多样，张耒《〈东山词〉序》："夫其盛丽如游金、张之堂，而妖冶如揽嫱、施之袂，幽洁如屈、宋，悲壮如苏、李，览者自知之。""一川烟草，满城飞絮，梅子黄时雨"是他的名句，曾传诵一时，他由此也获得了"贺梅子"的雅号。周邦彦是宋词发展史中承前启后的关键人物，他的词"言情体物，务极工巧"，为"格律派"的代表。王国维说他在词的律调上"两宋之间，一人而已"。历代文人士大夫对他的艳词更是推崇备至，称他为"词家之冠""词中的老杜"。

苏轼《西湖诗卷》

南宋前期的重要词人有济南（今属山东）李清照（1084—1155?）、洛阳朱敦儒（1081—1159）、福建永福张元幹（1091—1170?）、简州（治今四川简阳）张孝祥（1132—1169）、济南辛弃疾（1140—1207）、临江（今江西樟树市）向子諲（1085—1152）、山阴（今浙江绍兴）陆游（1125—1210）、婺州永康（今属浙江）陈亮（1143—1194）、吉州太和（今江西泰和）刘过（1154—1206）等，绝大多数是南人。张元幹是上承苏轼、下接辛弃疾的豪放派的重要作家，他的词风豪放不羁，感情深切，如他的两首《贺新郎・寄李伯纪丞相》、《贺新郎・送胡邦衡赴新州》，"慷慨悲凉，数百年后尚想其抑塞磊落之气"①。此外，张元幹还作有许多妩秀的作品，毛晋《芦川词跋》曰："人称其长于悲愤，及读《花庵》《草堂》所选，又极妩秀之致，其堪与《片玉》《白石》并垂不朽。"张孝祥的词以雄丽著称，其词直抒胸臆，气势豪迈，想象丰富，"嬉弄乐府，寓以诗人句法"。他的长调《六州歌头》《念奴娇・过洞庭》，都是名扬四海的杰作。陈廷焯《白雨斋词话》评价说："淋漓痛快，笔饱墨酣，读之令人起舞。"南宋后期的词家代表有饶州鄱阳姜夔（1155—1221）、汴京（今河南开封）史达祖、四明（今浙

① 〔清〕纪昀等：《钦定四库全书总目（整理本）》卷一九八《集部词曲类一・芦川词一卷》，中华书局1997年版，下册，第2789页。

江宁波)吴文英(1200？—1260?)、会稽(今浙江绍兴)王沂孙(约1232—约1290)、山阴(今浙江绍兴)高观国、吴兴(今浙江湖州)周密(1232—1308)、临安(今浙江杭州)张炎(1248—约1326)、莆田(今属福建)刘克庄(1187—1269)、庐陵(今江西吉安)刘辰翁(1232—1297)等,除史达祖外,均为南人。其中以姜夔的"清俊峭拔"、吴文英的"温丽细密"最为著名,明清词人多宗此二家。姜夔是南宋"格律派"词的主要代表人物,他的词格律严密,词风清俊峭拔。张炎《词源》评价说:"不惟清空,又且骚雅,读之使人神观飞越。"姜夔的咏梅词《暗香》《疏影》一向被认为是他的代表作,张炎《词源》称其"前无古人,后无来者,自立新意,真为绝唱。"吴文英有《梦窗词》,讲究音律,能自度曲,词风纷丽典雅,雕琢堆砌。

姜夔像

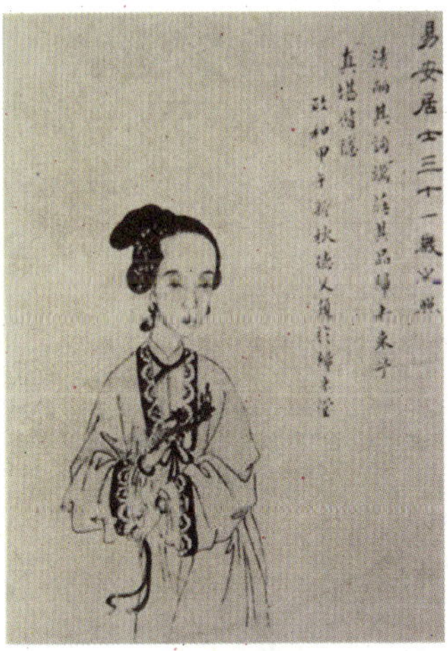

李清照像

李清照、朱敦儒、辛弃疾等虽然在籍贯上属于北方,但他们的词作大量创作于南方,当然也是长江文化中文学的重要组成部分。如才华横溢、抱负非凡的女作家李清照,于建炎二年(1128年)流亡到江南,绍兴二年(1132年)后定居都城临安及金华等地。此时她的诗词多忧国伤时之作,充分表现了她对国家命运的深切关怀:"生当作人杰,死亦为鬼雄。至今思项羽,不肯过江东。"①"千古风流八咏楼,江山留与后人愁。水通南国三千里,气压江城十四州。"②《永遇乐》:"落日熔金,暮云合璧,人在何处。染柳烟浓,吹梅笛怨,春意知几许。元宵佳节,融和天气,次第岂无风雨。来相召,香车宝马,谢他酒朋诗侣。中州盛日,闺门多暇,记得偏重三五。铺翠冠儿,捻金雪柳,簇带争济楚。如今憔悴,风鬟雾鬓,怕见夜间出去。不如向,帘儿底下,听人笑语。"③《声声慢》:"寻寻觅觅,冷冷清清,凄凄惨惨戚戚。乍暖还寒时候,最难将息。三杯两盏淡酒,怎敌他,晚来风急。雁过也,正伤心,却是旧时相识。满地黄花堆积,憔悴损,如今有谁堪摘?守着窗儿,独自怎生得黑?梧桐更兼细雨,到黄昏,点点滴滴。这次第,怎一个愁字了得!"④辛弃疾在词史上同样是一位划时代的作家。正如《四库全书总目》提要所

① 〔宋〕李清照:《李清照集校注》卷二《乌江》,王仲闻校注,人民文学出版社1979年版,第127页。
② 〔宋〕李清照:《李清照集校注》卷二《题八咏楼》,王仲闻校注,第120页。
③ 〔宋〕李清照:《李清照集校注》卷一《永遇乐·落日熔金》,王仲闻校注,第53页。
④ 〔宋〕李清照:《李清照集校注》卷一《声声慢·寻寻觅觅》,王仲闻校注,第64—65页。

云："其词慷慨纵横，有不可一世之概，于倚声家为变调。而异军突起，能于剪红刻翠之外，屹然别立一宗，迄今不废。"①如其的代表作《水龙吟·登建康赏心亭》："楚天千里清秋，水随天去秋无际。遥岑远目，献愁供恨，玉簪螺髻。落日楼头，断鸿声里，江南游子，把吴钩看了，阑干拍遍，无人会，登临意。　休说鲈鱼堪脍，尽西风，季鹰归未？求田问舍，怕应羞见，刘郎才气。可惜流年，忧愁风雨，树犹如此。倩何人，唤取红巾翠袖，揾英雄泪。"②

（二）诗的发展

诗歌经唐代极盛之后，到宋朝则别开生面，有了很大的发展。如从诗人和作品来说，可谓盛况空前。北京大学古文献研究所《全宋诗》编纂委员会历数年之艰辛，编成约 4000 万字的《全宋诗》，洋洋 50 册，收录作者 9000 余人，约为《全唐诗》的 4 倍，卷数和字数当为《全唐诗》的 5 倍。宋代诗人和诗作之多，说明宋代诗坛并不寂寞。如就个人的诗作数量来看，像陆游、杨万里这样的大诗人，各人所作的诗篇均在万首左右，也可谓前无古人。再就宋诗的艺术价值而言，并不逊色于唐诗，二者各领风骚数百年，"道并行而不相悖"。正是宋代诗人的自我省觉，方能于"菁华极盛、体制大备"的唐诗之后，独树一帜，自辟蹊径，自开户牖，以理入诗，产生了中国历史上最早的哲理诗，给人以"柳暗花明又一村"的感觉，从而使中国古代的诗歌宝库更加丰富多彩、绚丽多姿了。

陆游像

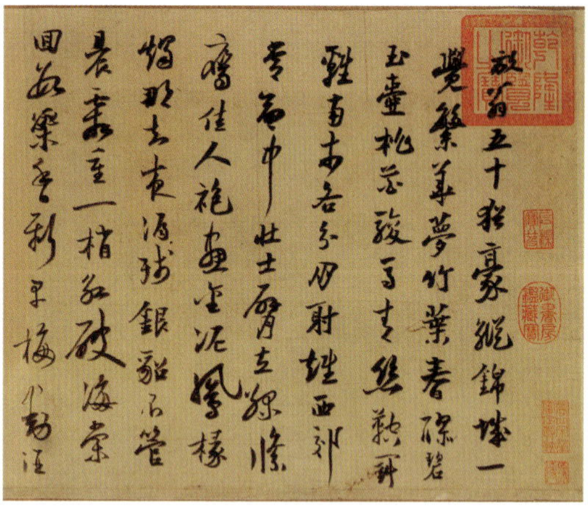

陆游自书诗卷

① 〔清〕纪昀等：《钦定四库全书总目（整理本）》卷一九八《集部五十一·词曲类一·稼轩词四卷》，中华书局 1997 年版，下册，第 2793—2794 页。

② 〔宋〕辛弃疾：《稼轩长短句》卷五，载徐汉明编《辛弃疾全集》，四川文艺出版社 1994 年版，第 78 页。

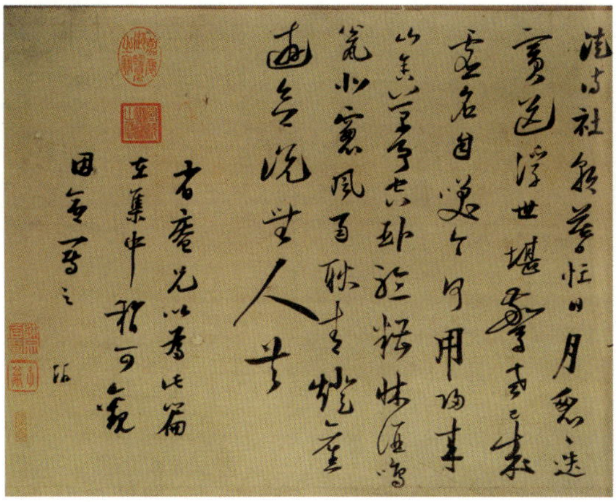

陆游自书诗卷 2

从地域上来看，宋代诗坛几为南方人独占。在清人吴之振、吕留良、吴自牧编刻的《宋诗钞》100 位诗家中，除 1 位籍贯不明外，有 89 位出自南方，北方仅为 10 人（其中山东 5 人、河南 4 人、河北 1 人）。而在南方的 89 位诗家中，又以浙江为最多，有 30 人；江西、福建、江苏次之，分别为 17 人、13 人、10 人；四川、安徽又次之，各为 8 人；另外，湖北、湖南、广东各有 1 人。现将他们的姓名按省域分布列于下：

浙江（30 人）：永嘉的陈傅良、薛季宣、叶适、赵师秀、翁卷、徐照、徐玑；杭州林逋、沈辽、沈遘、张儿成、汪元量、朱淑真；绍兴徐铉、陆游；台州黄岩戴敏、戴复古、戴昺；衢州西安赵抃、开化程俱；湖州德清沈与求；於潜道潜；婺州兰江范浚；鄞县楼钥；严州淳安何梦桂；温州平阳林景熙；金华王柏；淳安方逢辰；新昌吕定；苕川宋伯仁。

江西（16 人）：临川新喻孔武仲、孔文仲、孔平仲；吉州庐陵周必大、王庭珪、文天祥；吉州永丰欧阳修、安福刘弇、吉水杨万里；抚州临川王安石；洪州黄庭坚、裘万顷；南城李觏；江州王豫；信州弋阳谢枋得；新昌（今江西宜丰）惠洪。

福建（13 人）：福州闽县黄幹，永福张元幹，闽清葛长庚，福清郑侠，连江郑震、郑思肖，长溪谢翱，莆田林光朝、刘克庄、黄公度；建州崇安（今福建武夷山市）刘子翚；南剑沙县邓肃；邵武严羽。

江苏（10 人）：吴县叶梦得、范成大，扬州高邮秦观、陈造，镇江金坛刘宰，常州晋陵邹浩、孙觌，楚州淮阴张耒、山阳徐积，徐州彭城陈师道。

四川（8 人）：眉州眉山苏轼、丹棱唐庚，邛州蒲江魏了翁，梓州文同，绵州盐泉苏舜钦，恭州巴县冯时行，仙井监（治今仁寿）韩驹，青城（治今四川灌县东南）费氏。

安徽（8 人）：新安婺源王炎、朱松、朱槔、朱熹、许月卿，祁门方岳，休宁吴儆；宣州宣城梅尧臣。

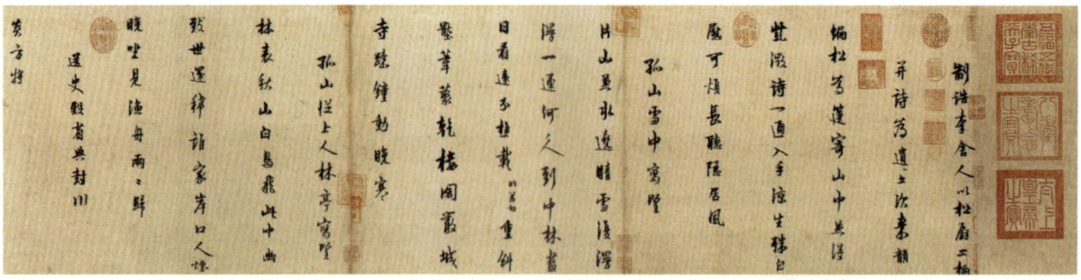

林逋自书诗卷

周必大像

文天祥像

湖北(1人):襄阳米芾。

湖南(1人):湘州梁栋。

广东(1人):韶州曲江余靖。

从宋诗的发展过程来看,南人一直占据着主导的地位。宋初盛行的西昆体,其代表人物绝大多数为南人,如建州杨亿(964—1020)、杭州钱惟演(962—1034)。他们的诗,音节铿锵,词采精丽,在当时曾风靡一时。不久,南方又产生了欧阳修、梅尧臣、苏舜钦三位大诗人,对传统的诗风进行革新,从而为宋诗的发展奠定了基础。《宋诗钞·宛陵诗钞》引元代龚啸的话说:“去浮靡之习于昆体极弊之际,存古淡之道于诸大家未起之先,此所以为梅都官诗也。”接着,王安石、苏轼两位大诗人继起,对宋诗的发展产生了很大的影响。王安石的诗歌反映现实生活既广且深,并惯用锋芒犀利的语言,表达自己新颖的思想。苏轼的诗歌则更多地反映知识分子的精神风貌和生活面貌,在宋代诗坛上具有极高的地位,朱自清在《宋五家诗钞》中评价说:“子瞻诗气象宏阔,铺叙宛转,子美(杜甫)之后,一人而已。”所创之“东坡体”,用清赵翼《瓯北诗话》中的评价是:“别开生面,成一代之大观。”“苏门四学士”之一的黄庭坚,也是北宋开一代诗风的宗师。他在诗法上主张“点铁成金”“夺胎换骨”,坚意创新。并自成一家,叫“山谷诗”,深受当时诗人喜爱,传习效仿,遂蔚成风气,号“江西诗派”。到南宋前期,陆游(1125—1210)、范成大(1126—1193)、杨万里(1127—1206)、尤袤(1127—1194)四人,被推为南宋的四大家(又称“中兴四大诗人”)。陆游是南宋最杰出的诗人，他的诗风一扫江西诗派的积弊，晓畅平易，精炼自然，圆转流畅，充满着浓厚的浪漫主义色彩和爱国主义思想，对当时及后世都产生了深远的影响，其诗被后人誉称为一代“诗史”。时人高度评价陆游的诗歌，认为其高处不减曹植、李白，其下处也能媲美岑参、刘禹锡，真积顿悟，精明之极反造疏淡。[①] 或称他“譬宗门中初祖，自过江后一人”；“诗倍太白子美，年高辕顾伏生”[②]。凡《诗经》之风雅，屈原之浪漫，陶渊明之淳朴，王维之静穆，岑参之恣肆，李白之状浪，杜甫之沉郁，梅尧臣之古淡，苏轼之飘逸，黄庭坚之学力，曾几之规矩，吕本中之流转，皆能在其中找到痕迹。[③] 钱锺书就认为陆游的诗篇，“一方面是悲愤激昂，要为国家报仇雪耻，恢复丧失的疆土，解放沦陷的人民；一方面是闲适细腻，咀嚼出日常生活的深永的滋味，熨帖出当前景物的曲折的情状”[④]。杨万里“精于诗，尝著《易传》行于世，光宗尝为书‘诚斋’二字。学者称诚斋先生”[⑤]。他的诗，初学江西诗派，又学王安石，最后自成一体，号“诚斋体”。在诗坛中创辟有一种新鲜泼辣的写法——“诚斋体”，以写景咏物见长。后人评价说：“诚斋大篇短章，七步而成，一字不改，皆扫千军、倒三峡、穿天心、出月胁之语”，气势雄健奔逸，至于“状物姿态，写人情意，则铺叙纤悉，曲尽其妙，笔端有口，句中有眼”，“是亦细大不捐，雅俗并陈”[⑥]。范成大擅写农村题材，在中国诗歌史上以“田园诗”著称，生动而真实地表现了南宋江南乡村的自然和社会的风貌。作品平易浅显，轻巧婉丽，温润精雅，不愧为南宋的一位大诗人。时人杨万里评价范成大的诗：“风神英迈，意气倾倒，拔新领异之谈，登峰造极之理，萧然如晋宋间人物。”“大篇决流，短章敛芒，缛而不酿，缩而不窘。清新妩丽，奄有鲍、谢；奔逸隽伟，穷追太白。求其只字之陈陈，一倡之呜呜而不可得也。今四海之内，诗人不过三四，而公皆过之无不及者。”[⑦]钱锺书则特别推崇范成大以《四时田园杂兴》为主的田园诗，认为比之陶渊明实有过之而无不及，主要在于对“百姓痛苦的体会”及同情，对“官吏横暴的愤慨”。又论其诗风格为轻巧，遣词造句较杨万里为“规矩和华丽”，但不及陆游“匀称和妥帖”，对他好用僻典和“多用释氏语”进行了批评，但仍钦佩范成大学问的

① 〔宋〕周必大：《文忠集》卷一八七，文渊阁《四库全书》本。

② 〔宋〕刘克庄：《后村先生大全集》卷三六《题放翁像二首》，四川大学出版社 2008 年版，第 961 页。

③ 郭预衡主编：《中国古代文学史》(三)，上海古籍出版社 2005 年版，第 192 页。

④ 钱钟书：《宋诗选注》，三联书店 2002 年版，第 270 页。

⑤ 〔元〕脱脱：《宋史》卷四三三《杨万里传》，中华书局 1977 年版，第 37 册，第 12870 页。

⑥ 〔清〕纪昀等：《钦定四库全书总目(整理本)》卷一六〇《集部十三·别集类十三·诚斋集一百三十二卷》，中华书局 1997 年版，下册，第 2142—2143 页。

⑦ 〔宋〕杨万里：《杨万里诗文集》卷八二《石湖先生大资参政范公文集序》，江西人民出版社 2006 年版，中册，第 1278 页。

"奇博"。① 南宋后期，诗坛以四灵派和江湖派影响最大。四灵派是指徐玑(1162—1214)、徐照(？—1211)、翁卷、赵师秀(1170—1220)四位永嘉诗人，因他们每人的字号中都有一个"灵"字，又同属温州永嘉人，创作的旨趣和风格相近，所以被称为"永嘉四灵"。他们的诗专工近体，尤其是五律；着意诗句的锻炼、字的推敲，颇有灵秀的意致。永嘉四灵诗影响的扩大，形成了所谓的江湖诗派。严羽《沧浪诗话》说："近世赵紫芝(师秀)、翁灵舒(卷)辈独喜贾岛、姚合之诗，稍稍复就清苦之风。江湖诗人多效其体，一时自谓之唐宗。"②江湖派以钱塘(今浙江杭州)陈起曾刻印的 62 家诗集《江湖小集》而得名，其代表人物是戴复古(1162—1252)、刘克庄(1187—1269)。他们的诗风受四灵派的影响，但诗体更为多样，境界更加宽阔。如戴复古诗笔俊爽，清健轻快。刘克庄的诗，感情沉重，笔风犀利。到南宋末年，诗坛以江西吉安文天祥(1236—1283)、钱塘汪元量(1241—1317?)、平阳林景熙(1241—1310)、长溪(今福建霞浦)谢翱(1249—1295)、福建连江郑思肖(1241—1318)为代表。文天祥的诗直抒胸臆，慷慨悲壮，感人至深。他的《过零丁洋》中的名句"人生自古谁无死，留取丹心照汗青"，已成为后世爱国志士的座右铭。

杨万里画像

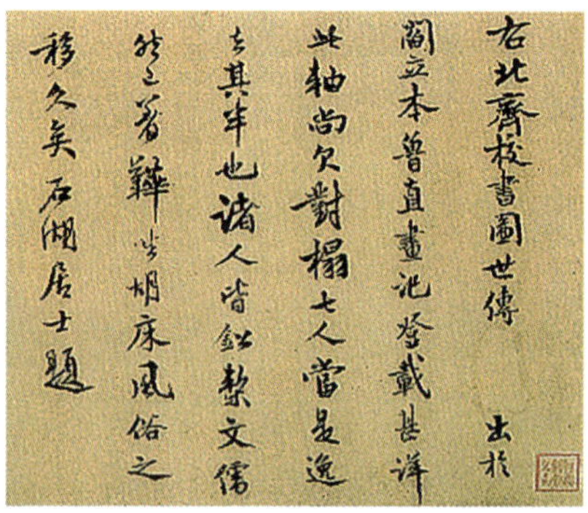
范成大《北齐校书图卷跋》

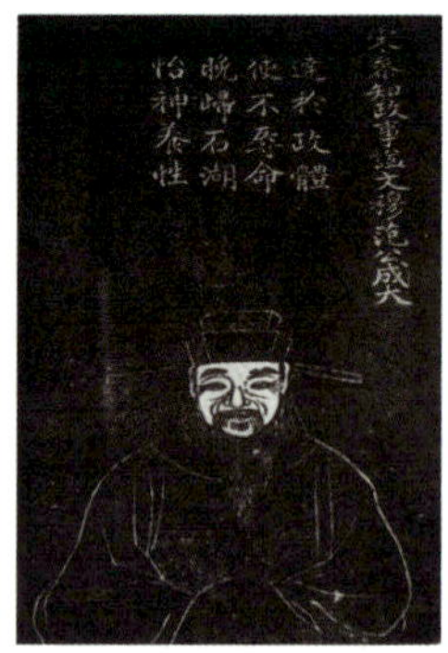
范成大石刻画像

(三)文的创新

宋代的古文运动，是我国古代散文发展的重要事件。

与上述的诗、词一样，南人在宋代古文运动中扮演了主要角色。后人所称的唐宋八大家，除唐代的韩愈、柳宗元外，宋代的六家欧阳修、王安石、苏洵、苏轼、苏辙、曾巩，均为南人。他们在与骈文的斗争中使宋代古文的内容和技巧更加成熟，从而对后代的散文创作产生了巨大的影响。

欧阳修是宋代古文运动的领袖，他在理论上继承了韩愈的道统说，认为道对文起决

---

① 参见钱锺书：《宋诗选注》，人民文学出版社 1982 年版，第 216—218 页。

② 〔宋〕严羽：《沧浪诗话校释·诗辨》，郭绍虞校释，人民文学出版社 1983 年版，第 27 页。

定作用，他直截了当地说：“我所谓文，必与道俱。”①又说：“道纯则充于中者实，中充实则发为文者辉光。”②嘉祐二年(1057 年)，欧阳修主持礼部考试期间，更是对当时士子所尚的“险怪奇涩之文”(时号“太学体”)，痛加排斥。他还勇于拔擢“长于草野，不学时文，词语甚朴，无所藻饰”的苏轼、苏辙、曾巩等人，并将他们置于登第士人之前列。从此，士林文风为之一变。欧阳修不仅为宋代古文运动的领袖，而且还创作出许多优秀的散文作品。《泷冈阡表》《朋党论》《醉翁亭记》《秋声赋》《有美堂记》等，都是传世之佳作。苏辙说他的文章：“天材有余，丰约中度，雍容俯仰，不大声色，而义理自胜。短章大论，施无不可。”③宋代古文运动经过欧阳修的推进，才真正深入社会生活的各个领域，形成平易畅达、从容婉转的新风格。

王安石的古文理论有两个重要方面：一是为文必须强调对现实政治有用，“务为有补于世而已矣”；二是以“适用为本”，修辞“为之容”，即形式为内容服务。他的散文，结构谨严，说理透彻，斩钉截铁。《上仁宗皇帝言事书》《答司马谏议书》《读孟尝君传》《游褒禅山记》等，都是脍炙人口、千古传诵的名作。

曾巩的散文有着独特的风格，《宋史》本传说：“曾巩立言于欧阳修、王安石间，纡徐而不烦，简奥而不晦，卓然自成一家，可谓难矣。”他的散文朴实简洁，雍容平和，委婉稳重，谨严周详。尤以序记文最为擅长，如方苞评价曾巩《战国策目录序》说：“南丰之文，长于道古，故序古书尤佳，而此篇及《列女传》《新序》目录序尤胜，淳古明洁，所以能与欧、王并驱，而争先于苏氏也。”其代表作除《战国策目录序》外，尚有《墨池记》《寄欧阳舍人书》等。

曾巩抄手石砚(江西省博物馆藏)

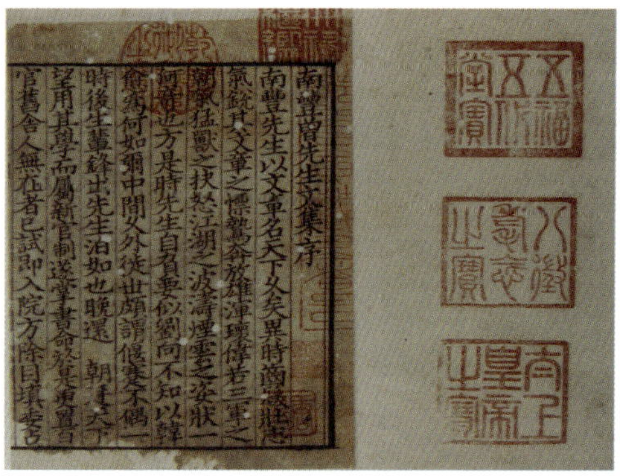
南豐曾先生文集序
南豐先生以文章名天下久矣
氣銳其文章之慓鷙奔放雄渾瓌偉若三軍之
猛獸之抉怒江湖之波濤煙雲之姿狀一
方是時先生自負要似劉向不知以韓
愈爲何如爾中間久外徙世頗謂偃蹇不偶一
時後生輩鋒出先生泊如也晚還 朝
曾巩《南丰曾子固先生集》(金刻本)

苏洵的文章杂出于荀卿、孟轲及《战国策》诸家，或纵横恣肆，气势磅礴；或曲折多变，

① 〔宋〕苏轼：《苏轼文集》卷六三《祭欧阳文忠公夫人文》，中华书局 1986 年版，第 5 册，第 1956 页。
② 〔宋〕欧阳修：《文忠集》卷六八《答祖择之书》，文渊阁《四库全书》本。
③ 〔宋〕苏辙：《栾城集·后集》卷二三《欧阳文忠公神道碑》，上海古籍出版社 1987 年版，下册，第 1432 页。

纡余委备；或镵刻凌厉，朴质高古。诚如曾巩所说："其指事析理，引物托喻，侈能尽之约，远能见之近，大能使之微，小能使之著，烦能不乱，肆能不流。其雄壮俊伟，若决江河而下也；其辉光明白，若引星辰而上也。"[①]欧阳修也称赞他的文章"以为贾谊、刘向不能过"。其成就主要在政论文，代表作有《六国论》。

苏轼的散文在唐宋八大家中，与韩愈、柳宗元、欧阳修并称。《文章精义》说："韩如潮、柳如泉、欧如澜、苏如海。"明代大文学家宋濂在《文原》中更是说"（古文）自秦以下莫盛于宋，宋之文莫盛于苏氏"。他的散文，气势纵横驰骋，"波澜迭出，变化无穷"。无论是论说文、记叙文、杂文、散文、赋，均多佳作。如论说文《教战守策》，切中时弊；《物候论》，变幻不羁，翻出新意。记叙文《方山子传》，跌宕有奇气；《喜雨亭记》构思新颖，文笔轻松；《石钟山记》见解独到。书札《答李端叔书》，亲切自然。前后《赤壁赋》，想象丰富，文字奇妙。这些都是千古传诵的名作。

苏辙像

苏辙是唐宋八大家之一，与父亲苏洵和长兄苏轼，合称"三苏"。他的散文也以政论文见长。《六国论》寄寓现实的感慨，剖辩明晰，论理严谨。他的记叙文，常借事明理，文势汪洋。如《黄州快哉亭记》，音调铿锵，色彩优美。《武昌九曲亭记》，情兴心思，俱入佳处，当推名作。

欧、王、曾及"三苏"之文，与唐代韩、柳之文一起，合称"唐宋八大家"，成为明清士子之楷模。

六、艺术

（一）绘画

1. 宋代绘画的兴盛

宋代是中国绘画史上的鼎盛时期，这个鼎盛，标志着我国中古时期绘画高峰的出现[②]。首先，从画家的人数来看，宋代画家多达千人左右，如《佩文斋书画谱》载有 986 人，《古今图书集成》"画部・名流列传"载有 943 人。而元末夏文彦《图绘宝鉴》及其补遗、续补，则载有宋代画家 853 人，就画家人数来说，几乎是唐五代总和的 2 倍多(唐 192 人，五代 110 人)，元代的 4 倍多(元代 190 人)。这些画家遍及宋代社会的各个阶层，上至帝王公侯，下至妓优奴婢，旁及释道，反映了宋代绘画艺术的鼎盛。据《画史汇传》所载，宋代

---

① 〔宋〕曾巩：《曾巩集》卷四一《苏明允哀辞》，中华书局 1984 年版，下册，第 560 页。

② 王伯敏：《中国绘画史》，上海人民美术出版社 1982 年版。

能画者，凡皇族11人，画史门623人，偏门10人，释70人，后妃9人，女史12人，妓女3人，共约738人。“所以，论述中国绘画史的，必当以宋这个光荣的时代为中心”①。其次，表现在一些画家对社会、对人生有了比较深刻的理解，以描写社会风俗、历史故实的作品大量产生。再次，在绘画理论上也“已进入文学化时期矣”②。昔人云：“唐人尚法，宋人尚神。”③这不仅仅是一字之异，而是反映了宋代画家在审美意识上的长足进步。第四，宋代绘画在内容上也比以前有了新的发展，山水、人物、花鸟等都并盛于世，真可谓“群山竞秀，万壑争流，法备而艺精”④了。

在这种氛围下，宋代长江流域的绘画艺术更是有了进一步的发展。山水画出现了新的变化。郑午昌《中国画学全史》认为：“南渡而后，山水画风大变。盖北宋诸家，自郭忠恕之屋木楼阁外，多尚水墨；综论其趋势，实偏重王维破墨之一派，即所谓南宗也。而南宗则有赵伯驹、李唐、刘松年、李嵩等，蔚荟于画院，笔尚细润，色主青绿，谓为院体画，实盛行李思训青绿之一派，盖北宗也。萧照、陆青、高嗣昌、阎中等，皆属之。马远、夏珪辈，则师李唐，多用水墨，行笔粗率，不主细润，虽同号院体，别开苍劲之风，盖已受董、巨、范、米之陶染，而合南北两宗为一道，论者谓山水画至是又一变矣。”⑤王伯敏也认为，南宋山水画“在北宋真实细致的刻画自然景色表现优美意境的基础上，进一步摆脱了全景式布局，而表现富有感情色彩和浓郁诗意的山水形象，水墨淋漓，健笔效擦，构思新颖，章法简洁，形成了鲜明的特色”⑥。人物画，特别是风俗画和历史故事画，成就斐然。苏汉臣、李嵩、梁楷、龚开等在绘画技巧上，都自立新意，有所贡献。尤其是梁楷所创的以水墨减笔画人物的崭新风格，开创了南宋写意人物画的新天地，为画史所重。南宋的花鸟画与山水画、人物画鼎足而立，其盛况不减北宋。据清代厉鹗《南宋院画录》一书所载，在南宋画院九十多位画家中，专画花鸟，或以人物、山水画擅长而又兼画花鸟者在半数以上。名家有李迪、李安忠、李嵩、法常、阎仲、吴炳、林椿、鲁宗贵、韩佑、宋纯、毛松、朱绍宗、王华、宋汝志、马世荣、马麟等十余人。他们或水墨，或工笔，或写意，或双钩，或没骨，或点染，或重彩，或淡彩，各有所长。

梁楷《泼墨仙人图》(局部)

① 郑振铎主编：《宋人画册》前言，浙江人民美术出版社2016年版。

② 郑午昌：《中国画学全史》第九章《宋之画学》，上海书画出版社1985年版，第200页。

③ 冯武：《书法正传》卷一〇《钝吟书要》，《国学基本丛书》本。

④ 〔清〕阮元：《畴人传》卷二〇《苏颂》，《丛书集成初编》本。

⑤ 郑午昌：《中国画学全史》，上海书画出版社1985年版，第207页。

⑥ 王伯敏主编：《中国美术通史》，山东教育出版社1987年版，第4册，第115页。

2. 南宋画院

南宋绍兴年间(1131—1162)，高宗仿宣和故事，置御前画院，后人称为绍兴画院。经高宗的多方经营，南宋画院画家云集，特别是流寓四方的北宋宣和画院的绝大多数名家，如李唐、朱锐、苏汉臣、刘宗古、李从训、李安忠等，纷纷回到院中，成为绍兴画院的中坚力量。同时，画院也吸收了许多新的画家，可谓人才济济，其盛况绝不逊于宣和画院。

南宋画院存在了一百多年，画院中有姓名可考的画家有近一百二十人。据《南宋院画录》一书所载，南宋画院仅高宗朝就有画家二十人，著名的有李唐、杨士贤、马公显、李迪、李安忠、李从训、朱锐、李端、张浃、刘宗古、顾亮、周仪、焦锡、阎仲、萧照等。此后，孝宗、光宗、宁宗、理宗等朝也拥有不少名家高手，如林椿、阎次平、马远、刘松年、梁楷、夏珪、李嵩、张茂、马和之、苏显祖、马麟、白良玉、陈宗训、陈清波、苏汉臣、鲁宗贵等。南宋统治者为画院画家提供了优厚的生活待遇和创作条件，使他们的才华得以施展，从而创作出了一大批精美的作品。

南宋画院的画事活动，内容十分丰富。宋高宗效法宋徽宗，直接参与画院之事。他很重视画学，派人各处访求法书名画，设法购回宣和画院散失的作品，并在装饰裁制方面格外讲究，印识题签也有一定的格式。当时宫中大量的书画收藏，为画院画家的学习、临摹提供了便利的条件。高宗还曾手书“李唐可比唐李思训”的题跋，以他自己喜爱的“金碧辉煌”的画风，作为品评画家水平的标准。除高宗外，其他几位皇帝也很关心画院之事。如宁宗赵扩就时常和杨后一起，为马远等人的作品题字写诗。

就画院画家而言，他们的创作活动主要围绕宫廷的需要进行。绘制人物肖像，是御前画工的重要任务。绍兴十三年(1143 年)、嘉泰二年(1202 年)、宝庆二年(1226 年)都曾诏画院画家图写功臣像。有一次，宋高宗命御前画家描绘曾海野的笑容，有人在画上添了一枝牡丹，并命徐本中作赞云：“一枝国艳，两鬓东风。”高宗看了十分满意。①

画院画家还经常为都城的宫殿寺观作壁画、屏风画。孤山凉堂位于西湖佳胜处，设置壮丽，专供皇帝游幸。萧照奉命去画那里三丈高的壁画。画成之后，高宗大为叹赏，赐以金帛。其他如显应观，也有萧照的山水壁画。显应观、五圣庙还有苏汉臣的人物壁画。临安北山鲍家田尼姑庵精美的梅花屏风，画院画家也有摹写。

为了向民间采风，画院画家还有描绘社会风俗和百姓生活的任务。许多来自民间的画家在这方面表现出了出色的成就。他们创作了《货郎图》《卖浆图》《沽酒图》等作品，反映当时都市生活的方方面面。画家们还将他们经历的社会变乱和对生活的感受都再现于画面之上。李唐的《晋文公复国图》、萧照的《光武渡河图》、刘松年的《风雪送粮图》、夏

① 〔宋〕张端义：《贵耳集》卷下，文渊阁《四库全书》本。

珪的《长江万里图》等，都是寓意很深的作品。①

3. 南方画家在艺术上的成就与地位

南方画家在艺术上的地位主要体现在以下几个方面：

一是画家辈出。首先就画家人数来说，根据《古今图书集成》“画部”“名流列传”辑录人物统计，南北方在北宋时的数字为173与194，南方虽比北方略少，但相差并不大；南宋时的数字为169与61之比，北方人才显然远远不及南方。

二是艺术成就卓著。在山水画上，江南人董源和洪州人巨然是宋代山水画南宗的代表，“淡墨轻岚为一体”，其成就“照耀古今，为百代师法”②。襄阳米芾（1051—1107）、米友仁（1086—1165）父子的山水画，自成一派，把传统的水墨渲染技法又向前推进了一大步。宋人赵希鹊在《洞天清禄集》中高度评价了米氏父子的云山。明代董其昌说：“唐人画法至宋乃畅，至米又一变耳。”至南宋，山水画取材、结构、笔墨等方面都出现了新的变化。王伯敏认为，南宋山水画“在北宋真实细致的刻画自然景色表现优美意境的基础上，进一步摆脱了全景式布局，而表现富有感情色彩和浓郁诗意的山水形象，水墨淋漓，健笔效擦，构思新颖，章法简洁，形成了鲜明的特色”③。其中，生活于都城临安的李唐、马远、刘松年、夏珪四位画家，在南宋山水画中具有重要的地位，被列为南宋四大家。尤其是“马、夏山水，一度是南宋占压倒之势的画派，他们的这种画风，不但至元代不衰，到了明代有更大的发展。他们的这种画风，还远及东洋，为日本画坛所尊重”④。

巨然《山居图》

刘松年，生卒年不详，钱塘（今浙江杭州）人。居清波门外，俗称暗门刘。为孝宗淳熙时（1174—1189）画院学生，光宗绍熙年间（1190—1194）任画院待诏。宁宗时（1195-1224）曾进《耕织图》，赐金带，院中人称为绝品。由此可见，刘松年生活于十二世纪后半期至十三世纪初期，工山水楼台人物，特别是其山水画兼具水墨及青绿两种形式，笔墨谨严，着色清丽，精致典雅，且多以江南茂林修竹、山明水秀的自然风光为题材。其画多作雪松，四围晕墨，松针先以墨笔疏疏画出，再以草绿间点，其干则用淡赭着半边，留上半者为雪。因其体格高雅，彩绘清润，故当时论者有刘、李、马、夏之称；又有冰清之誉。元代夏文彦《图绘宝鉴》评其“神气精妙，名过于师，院中人绝品也”。如其所作的《沉李浮瓜

① 陈野：《浙江绘画史》，杭州出版社2004年版，第107—110页。

② 〔元〕汤垕：《画鉴》，文渊阁《四库全书》本。

③ 王伯敏主编：《中国美术通史》，山东教育出版社1987年版，第4册，第115页。

④ 王伯敏：《中国绘画史》，上海人民美术出版社1982年版，第302页。

图》，绢本立轴，长三尺五寸，阔一尺九寸。二柳树下设椅案，石上列冰盘二，中累冰浮瓜果，一童龋瓜其傍。两人对弈，一人背立，反袖执绋沉思，一人左手执扇掩口，右手抚树而观。一童子捧果盘，倚阑立。案上陈设鼎彝文石，精妙绝伦。《竹里梅花图》绘竹里梅花，路径委曲，竹木交加，景趣幽雅。《溪隐图》《山田图》，翠屏削立云表，孤庄枕清涟，平畴来远风，各极其致。《刘昆故实图》，《书画汇考》评其“神气逼真，笔力老健，非元人可思议者”。《西湖春晓图》笔法秀美，设色古雅，堪与赵千里《桃园问津卷》相伯仲。《香山九老图》，人物、界画、林木、水石，各臻其妙。此外，其代表作尚有《四景山水图卷》《耕织图》《中兴四将图》《四园雅集图》《卧看南园十里春》《秋江行旅图》《罗汉图》《春山仙隐》《溪山楼阁》《春亭对弈图》《老子出关图》《卢仝烹茶图》《东山丝竹（谢安）》《浣花醉归（杜甫）》《仙居图》等。

刘松年《瑶池献寿图》

马远（1140 年前后—1225 年之后）①，字遥父，号钦山，原籍山西河中，后居钱塘（今浙江杭州）。光宗、宁宗时为画院待诏。他出身于绘画世家，曾祖马贲、祖父马兴祖、父亲马世荣、哥哥马逵以及他的儿子马麟，均是宋代皇家画院中名家高手，故此明朱谋垔《画史会要》说其家“一门五代皆画手”。其画师法李唐，山水、人物、花鸟，皆臻妙逼真，独步一时。他的水墨山水画别有创造，善用健硬有力的斧劈皴描绘峭拔雄奇的巨石和山势，给人以极其深刻的印象。取景构图也独具一格，往往以山水之一角而画出形象鲜明、诗意浓郁的江南景色，人称“马一角”②。如他“水墨西湖，画不满幅”③，令人玩味无穷。明曹昭《格古要论》曰：“马远师李唐，下笔严整。用焦墨作树石，枝叶夹笔；石皆方硬，以大劈斧带水墨皴甚古。全境不多，其小幅或峭峰直上而不见其顶，或绝壁直下而不见其脚；或近山参天而远山则低，或孤舟泛月而一人独坐，此边角之景也。”这种特色在水墨西湖画中体现得最为突出。其画中的树也颇具特色，多斜科偃蹇。明汪珂玉《珊瑚网》评曰：“丁香，范宽；雀爪，郭熙；火焰，李遵道；拖枝，马远。”④如其所画的松多作瘦硬如屈铁状，间作破笔，最有丰致，古气蔚然。如其《松涧盘桓图》，缣素本。松身

① 陈传席：《中国山水画史》，天津人民美术出版社 2001 年版，第 215 页。

② 明汪珂玉《珊瑚网》卷二九《马待诏鹤荒山水图》评价马远说：“评画者谓远画多剩山残水，不过南渡偏安风景耳，又世称马一角乃此。独大幅淋漓，满志瀑布，从天而下，洄旋曲涧，波涛汹涌，水纹作孙位笔法，亭台竹树间，幽人掀髯，吟眺山半，立鹤昂然者，所云鹤荒也。”

③ 〔清〕厉鹗：《南宋院画录》卷七《马远》引《曝书亭集》，浙江人民美术出版社 1982 年版，第 167 页。

④ 转引自清厉鹗《南宋院画录》卷七《马远》，浙江人民美术出版社 1982 年版，第 166、167 页。此语不见文渊阁《四库全书》本明汪珂玉《珊瑚网》。

墨痕堆起，应用易水轻烟，画法精妙不必言。代表作有《踏歌图》《水图》《华灯侍宴图》《寒江独钓图》《孝经图》《观梅图》《观瀑图》《雪滩双鹭图卷》《梅石溪凫图》《四景图》等，这些作品都是意境深远的佳品。以马远所绘的《山水》十二幅为例，状态各不相同，特别是江水尤为奇绝，“出笔墨蹊径之外，真活水也”①。古人评曰：“山林、楼阁、人物、花鸟、虫鱼皆有定形，独水之变不一，画者每难之，故东坡以为尽水之变惟蜀两孙。两孙死，其法中绝。今观远所画水，纡余平远，盘回澄深，汹涌激撞，输写跳跃。风之涟漪，月之潋滟，日之澒洞，皆超然有咫尺千里之势，所谓尽水之变，岂独两孙哉？”②

夏珪，字禹玉，钱塘（今浙江杭州）人。曾任宁宗、理宗两朝画院待诏，阶训武郎（正八品），赐金带。工山水，又工人物。酝酿墨色，丽如染傅，笔法苍老，墨汁淋漓。风格类似于马远，特别是山水布置中的皴法，但其意尚苍古而简淡，喜用秃笔。后世并称为“马、夏”，同为南宋院体山水画的大家。大体上说，马远画“意深”，夏珪画“趣性”。明曹昭《格古要论》评价说：“夏珪山水布置皴法与马远同，但其意尚苍古而简淡，喜用秃笔。树叶间有夹笔，楼阁不用尺界画，信手画成，突兀奇特，气韵尤高。”明朱谋垔《画史会要》评“院人中山水，自李唐以下，无出其右”。元人饶太虚《山水家法》也曰：“夏珪夹笔作树，梢间有丁香枝，树叶间有夹笔。人物面目，点凿为之，衣褶柳梢，间有断缺。楼阁不用尺界，只信手为之，笔意精密，奇怪突兀，气韵尤高，故当为一代名士。”③元代夏文彦《图绘宝鉴》一书也有同感，云其人物画“高低酝酿，墨色如傅粉之色，笔法苍老，墨汁淋漓，奇作也”④。其画传世者有《名山藏书图》《灞浐微行图》《南宫避风图》《柏人宵征图》《博陆问玺图》《张陵叱剑图》《秋风斜谷图》《五月渡泸图》《岘首读碑图》《楼船济江图》《明皇吹笛图》《羯鼓催花图》《灵武分兵图》《剑阁题诗图》《右军洗砚图》《剡溪夜棹图》《灞桥诗思图》《溪桥暗雪图》《千山碁雪图》《雪夜归帆图》《雪景图》《远山图》《小景》《溪山清远图》《江山佳胜图》《西湖柳艇图》《长江万里图》等。这些画作多是长卷巨制，气势磅礴，景物变化万千。如其《雪江归棹卷》，于浦溆曲岸间作麂眼短篱，丛竹蒙茸，雪屋数椽，掩映林薄中，极荒寒之趣。《千岩竞秀图》，岩岫萦回，层见叠出，林木楼观，深邃清远，非庸工俗史所能造。《长江万里图》，往往泼墨纵笔，浓淡酝酿，出于自然。画中泉流回互，跳珠喷雪，可骇可愕。至于滥觞之后，直下一泻，舟楫纵横，旅店隐见，渡口渔舠，林边鸦点，烟峦云树，戍楼城郭，无不极其精妙。其布局更是巧妙精致，别出新意。喜用半边，如《雪冈楼阁图》，气色如新，丘壑紧密，画在下段，上则空之，

① 《南宋院画录》卷七《马远》，浙江人民美术出版社 1982 年版，第 181 页。

② 《南宋院画录》卷七《马远》，浙江人民美术出版社 1982 年版，第 181 页。

③ 〔清〕厉鹗：《南宋院画录》卷六《夏圭》，浙江人民美术出版社 1982 年版，第 147、146 页。

④ 〔元〕夏文彦：《图绘宝鉴》卷四《宋・夏珪》，韩放主校点《历代名画记》附，京华出版社 2000 年版，第 266 页。

故谚云："夏半边，马一角。"

马远《山径春行图》(局部)

在南宋山水画上，与水墨苍劲派画风齐行于时的还有以赵伯驹、赵伯骕兄弟为代表的青绿派画风。该派的画风虽不及水墨派影响之大，但在南宋前期也曾盛极一时。

除水墨、青绿两派外，江参的江山无尽、马和之的柳堤平远、宋道的闲谈简远、阎次平的水村放牧、朱环瑾的雪山行旅、宋迪的潇湘八景、梁楷的雪景山水、赵芾的万里江山、赵葵的画古人诗意、莹玉涧的湖山秀色等等，都无一不在南宋山水画上呈放异彩，各臻专长，有所创造。

在花鸟画上，四川成都黄居寀(933—?)"钩勒填彩，旨趣浓艳"的画风，曾一度成为北宋画院的"标准"，而且"较艺者，视黄氏体制为优劣去取"。汉州人赵昌(? —约 1016)，他的写生花鸟和他的画风，给北宋画院转变黄氏体制以重大的影响，并获得了"写生逼真，时未有其比"的美称。长沙人易元吉(1001—1065)的花鸟画写生，也达到了"古人所未至"的成就。濠梁(今安徽凤阳东)人崔白所作花鸟"体制清赡，作用疏通"，突破了画院里保持了将近一个世纪的"黄氏体制"。在墨梅、墨竹、墨花、墨禽方面，梓州永泰(今四川盐亭县东北)文同(1018—1079)的墨竹，有"湖州派"之称，郭若虚《图画见闻志》、米芾《画史》和《宣和画谱》等，都对之有极高的评价。如郭若虚说文同的墨竹"富潇洒之姿，逼檀栾之秀，疑风可动，不笋而成者也"。苏轼在中国绘画史上的最大贡献是对文人画的发展，孙承泽评价他的枯木竹石画说："东坡悬崖竹，一枝倒垂，笔酣墨饱，飞舞跌宕，如其诗，如其文。"黄山谷说苏轼画古木"胸中原自有丘壑，故作老木蟠风霜"。他的画，素为朝野所重。至南宋，花鸟画与山水画、人物画鼎足而立，其盛况不减北宋。据清代厉鹗《南宋院画录》一书所载，在南宋画院九十多位画家中，专画花鸟，或以人物、山水画擅长而又兼画花鸟者在半数以上。名家有李迪、李安忠、李嵩、法常、阎仲、吴炳、林椿、鲁宗贵、韩佑、宋纯、毛松、朱绍宗、王华、宋汝志、马世荣、马麟等十余人。他们或水墨，或工笔，或写意，或双钩，或没骨，或点染，或重彩，或淡彩，各有所长。南宋花鸟画的创作题材，种类繁多，十分丰富。花卉植物题材主要有梅花、兰花、水仙、杏花、荷花、菊花、桃花、梨花、海棠、丁香、蔷薇、芍药、百合、山茶、鸡冠花、栀子花、万年青、牵牛花、红蓼、芦苇、萱草、紫薇、木樨、芭蕉、蜀葵、枫树、松树、柳树、竹、梧桐，以及水果葡萄、枇杷、樱桃、荔枝、石榴、香橼、橙、橘、桃等；动物则有牛、羊、犬、猫、鹿、猿、龙、兔、马、虎、鸳鸯、鹧鸪、山雀、鹦鹉、鸜鹆、黄鹂、蝴蝶、蜻蜓、鹌鹑、松鼠、白头翁、鹰、雉、鸡、鸽、鸠、凫、鹭、雁、鹊、鹤、蝉、莺、燕、鱼等等。其中，江西清江（今樟树市）人扬无咎（1097—1169）是两宋之交重要的画梅专家，世有"村梅得雅俗共赏"之谓。海盐人赵孟坚（1199—1264），亦极写意之能事，他画梅、竹、松、水仙、兰花等作品，注意书法与画法的结合，代表了宋末文人画的艺术特色。福建连江人郑思肖（1241—1318）的墨兰画，寄托着"亡国"的沉痛心情，所作的《墨兰图》，虽寥寥数笔，但能表露出一种清绝的风致。汤正仲的"倒晕"花卉，徐禹功的墨梅，赵孟淳的墨竹，都反映了南宋文人画俊雅文秀、清逸洒脱的艺术风格。名作则有夏珪《秋溪放犊图》，李迪《春郊牧羊图》《羊图》《雪中归牧图》《归牧图》《雪树寒禽图》《枫鹰芦雉图》《狸奴蜻蜓图》《雏鸡待饲图》《木芙蓉图》，法常《松树八哥图》，马远《梅石溪凫图》，林椿《果熟来禽图》，马麟《层叠冰绡图》，陈居中《柳塘牧马图》《四羊图》，李椿《牧牛图》，毛益《萱草狗儿图》《蜀葵游猫图》，陈容的多幅各种形态的龙图，以及佚名《出水芙蓉图》《垂杨飞絮图》《蜀葵图》等等。这些众多的花鸟画，不仅形象逼真，而且传神达意，栩栩如生，惟妙惟肖，有"天然运用之妙，无刻画拘板之劳"，表达了作者优美的情感和意境，体现了南宋画家们法度精严的功力，有力地推动了中国古代花鸟画的发展。

人物画，特别是风俗画和历史故事画，成就斐然。首先题材范围比过去更加广阔，仕女、圣贤、僧道、田家、渔夫、山樵、村牧、行旅、婴戏等都被列入题材之中。安徽舒城人李公麟（1049—1106）作出了杰出的贡献，他"扫去粉黛，淡毫轻墨"的"白描"画法，著称于世，苏轼称赞他"胸中有千驷，不惟画肉兼画骨"。风俗画有苏汉臣《百子嬉春图》《二童赛枣图》《婴儿斗蟋蟀》《婴儿戏浴图》《秋庭戏婴图》《五瑞图》《大傩图》《货郎图》，李嵩《货郎图》《服田图》《岁朝图》《骷髅幻戏图》，梁楷《六祖伐竹》《泼墨仙人》《太白行吟图》，龚开《中山出游图》，刘松年《耕织图》，马远《踏歌图》，毛文昌《村童入学图》，楼璹《耕织图》，朱锐《雪天运粮图》《盘车图》，阎次平《牧牛图》，李迪《风雪归牧图》。

历史故事画有李唐《伯夷叔齐采薇图》《晋文公复国图》，萧照《光武渡河图》《中兴瑞应图》，陈居中《文姬归汉图》《胡笳十八拍》《望贤迎驾图》，刘松年《中兴四将》及李嵩画宋江等三十六人像等。这些画作，形象逼真，不落陈套，在思想性和艺术性方面都达到了较高的水准。以李唐《伯夷叔齐采薇图》为例，此画画的是商末周初的伯夷、叔齐因商亡国，"不食周粟"，避于首阳山，采薇度日，直到饿死的故事。作品十分注重人物情态的刻画与苍凉气氛的渲染。两位主人公支撑着瘦弱的身体，脸上呈现出坚毅的神情。李唐无疑想通过这种意味深长的喻劝来激发南宋军民反抗金人入侵的斗志。从绘画技法来看，这幅画确实达到了无可挑剔的境地。稍显工整的人物勾勒和粗笔阔墨的山水背景是那样的完美和谐，而叔齐的乐观爽朗和伯夷的深沉盘郁，更显示了李唐超乎常人的塑造人物内在性格的能力。① 马远的名作《踏歌图》，画中点缀性地描绘了几位欢乐的村民，在风和日丽的田埂上踏歌而行，其生动的情态仿佛呼之欲出。唐文凤《跋马远山水图》云："自史皇作画，创制六法，下逮秦汉间，混朴未散，古质尚存。唐以下，则人文日滋，新巧杂出。所谓上古之画，迹简而意澹；中古之画，细密而精微也。至唐王泼墨辈出，扫去笔墨畦畛，乃发新意，随赋形迹，略加点染，不待经营而神会天成，自成一家矣。宋李唐得其不传之妙，为马远父子师。及远，又出新意，极简淡之趣，号'马半边'。今此幅得李唐法，世人以肉眼观之，则无足取也；若以道眼观之，则形不足而意有余矣。"②李嵩于嘉定四年（1211 年）所作的《货郎图》，描绘一位挑担摇鼓、走乡串村贩卖日用品的老货郎来到村中，引起妇女及儿童们喜悦的情景。货担里装满货物，甚至连货郎身上、腰间也挂着数不清的商品。画面左角几株垂柳和平远空旷的草坡，渲染出乡村山野的情致。绕着货郎共有十四人，有疏有密地组成一个横围，烘托了争睹竞买的气氛。围观的童婴，或张臂招呼同伴，或贪婪地目睹着琳琅满目的货物，或欢喜得蹦跑跳跃。几位母亲一边照看着自己的孩子，一边与货郎讨价还价，场面十分热闹，朴素而感人，为同类作品中最好的。李嵩的《骷髅图》，团扇绢面，大骷髅提小骷髅戏一小妇人，妇人抱一小儿乳下，下有货郎担，皆零星百物可爱。此外，李嵩的《明皇斗鸡图》《市担婴戏图》《月夜看潮图》《赤壁图》《松风高卧图》等也是这方面的佳作。

在绘画技巧上，苏汉臣、李嵩、梁楷、龚开等，都自立新意，有所贡献。尤其是梁楷所创的以水墨减笔画人物的崭新风格，开创了南宋写意人物画的新天地，为画史所重。传为苏汉臣所作的《秋庭戏婴》，不惟婴儿神完气足，而且墨石花卉亦十分精妙。这幅作品的构思非常新奇，画幅重心位置画一块笔直挺立的园林巨石，石根草叶茂盛，从右侧伸展出一丛大朵芙蓉和小瓣秋菊，游戏的儿童置于左下部。巨大的立石，宽敞的环境和童婴幼小的身躯形成了鲜明的对比。画中婴童一男一女，一小一大，似为姐弟。他们身穿细软轻薄的衣衫，围立在华丽的花凳旁，聚精会神地玩着推枣的游戏。画家着重眼神的刻画，乌黑闪亮的眸子，显出天真活泼的童稚之心；衣纹勾勒细利流畅，充分表现了下垂轻爽的质感。男孩花裤上的印花一一描出，十分深入细腻。花丛中另一只花凳上散乱地堆

① 吴山明、董文运编著：《人物百家》，黑龙江美术出版社 2001 年版。以下不另注。

② 〔明〕田汝成：《西湖游览志余》卷一七《艺文赏鉴》，上海古籍出版社 1998 年版，第 260—261 页。作者按：此处的"马半边"应为"马一角"。

放一些儿童玩具，更增添了儿童游戏的气氛。梁楷的《李白行吟图》是一幅精彩绝伦的水墨写意画。作品以简洁飘逸的笔墨勾画出诗人吟诗觅句时昂首缓步的神态和卓荦不群的品格，无疑称得起古今表现诗人李白的最佳作品。《泼墨仙人图》则以阔笔酣墨泼出仙人的醉态，仅以细笔勾出夸张的眉眼、仙风道骨脱脱落落。另一幅《泼墨仙人》（布袋和尚）描绘的是一位笑口常开的存世弥勒活佛，在画中，梁楷把细笔勾勒和阔墨浑洒和谐完美地统一在一起。

李嵩《西湖图》

三是绘画理论的深入发展。南方学者绘画理论研究比较重要的论著，宋代有邓椿的《画继》，黄休复的《益州名画录》，米芾的《画史》；元代有夏文彦的《图绘宝鉴》，王绎的《写像秘诀》，管道昇的《墨竹谱》，李澄叟的《画说》，汤垕的《画鉴》等。四川双流人邓椿的《画继》是续《历代名画记》《图画见闻志》而作的又一部画史论著，所载画家起自北宋熙宁七年（1074 年），至南宋乾道三年（1167 年）止，共 210 余人，分门立传，并记述名画、画论和轶事。此后，宋末上海人庄肃作《画继补遗》，续补画家 84 人，时间自绍兴元年（1131 年）至德祐年间（1275 年），分上下两卷。江夏（今湖北武昌）人黄休复的《益州名画录》，成书于景德三年（1006 年），是一部地区性的绘画史，记载中晚唐、五代至宋初成都地区的绘画活动。米芾的《画史》，是一部绘画鉴评著作，又名《米海岳画史》，共 1 卷。作者举其平生所见（间或有未见者）晋以来名画，评论优劣，鉴别真伪，考订谬误，标出特点，以及装裱、收藏和有关逸事等。此外，如毗陵（今江苏常州）人董羽的《画龙辑议》、沈括的《图画歌》、黄庭坚的《山谷题跋》、苏轼的论画诗文、庐陵（治今江西吉安）罗大经的《画说》等等，都对绘画理论作了探讨和研究，反映了他们的画学思想，对当时和后世都起了相当大的影响。

由此可见，两宋时期南方的绘画艺术，达到了一个新的高度。在这个时期，南方画家辈出，成就辉煌；花鸟、山水、人物等竞相争艳，不断创新，精彩纷呈，呈现出千姿百态的繁荣景象。在宋元中国绘画史上，谱写了极其重要的新篇章。

(二)书法

两宋时期的书法艺术，虽不及唐代之繁盛，也远远逊色于同时期的文学和绘画艺术，但就整体而言，“别有一番新的局面、新的意趣、新的成就”①。

两宋时期南方地区的书法艺术，远远盛于北方，具体体现在以下几个方面：

一是名家迭出，别具新意。据元末明初陶宗仪《书史会要》一书所载，宋代善书者共383人，其中绝大多数为南人。以名家而言，宋代“苏黄米蔡”四大家均出于南方；其他，如扬州广陵徐铉、绵州盐泉苏舜钦、越州山阴（今浙江绍兴）杜衍、杭州钱塘林逋、苏州吴县范仲淹、抚州临川王安石、兴化仙游蔡京、和州乌江张孝祥、越州山阴陆游、苏州吴县范成大、徽州婺源（今属江西）朱熹、邛州蒲江魏了翁、和州张节之、饶州鄱阳姜夔、湖州吴兴周密、吉州庐陵（今江西吉安）文天祥、嘉兴海盐赵孟坚等，都是当时名闻一世的书法家。或其书法，能承前启后；或其所作，能卓然成家。以宋代四位大家为例，苏轼的楷书便在唐人之外自成一体，雄健而俊秀，丰腴而清雅，被后人推为宋代第一大家。黄庭坚善草书，楷法亦自成一家，落笔奇伟，丰筋多力，以横逸为功，其变无端。米芾书学羲之，篆宗史籀，隶法师宜官，行草得力于王献之；且皆从真楷来，故落笔不苟，而点画所至，深有意态，每出新意于法度之中，而绝出笔墨畦径之外。蔡襄真、行、草、隶皆优入妙品，以其遗力余意，变为飞白；又以散笔作草书，谓之散草，或曰飞草；其法生于飞白，亦自成一家。吴说（？—1169尚在世），字傅朋，号练塘，钱塘（今浙江杭州）人。擅长各种书艺，特别是他的游丝书，甚有古篆柳叶体笔意，为宋代南渡后向古法复归潮流中的一个突出代表。诸体杂糅，但无造作与不协调之嫌，反而给我们带来耐看耐赏的审美效果。他上承北宋米芾，下接元代的赵孟頫、明代的董其昌，为正统书风的继承人。② 高宗赵构洞精笔法，见吴说作品后，叹赏不已，他在《翰墨志》一书中赞曰：“绍兴以来，杂书、游丝书，惟钱塘吴说。”明董其昌《画禅室随笔》卷一也评价说：“傅朋正书为宋朝第一，今观《九歌》，深得《兰亭》《洛神》遗意。”他的作品在当时深受人们喜爱。都城临安许多寺院、亭阁挂有其题写的匾阁额。如周密《癸辛杂识》续集上《接待寺》载：“杭之北关接待寺，寺额乃吴傅朋书，‘敕赐妙行之院’初扁甚小，其后展而大之，殊乏书体。其右庑有古观音殿，亦傅朋书，极佳。”其传世书札主要有《昨晚帖》《门内聚星帖》（以上藏故宫博物院）《二事帖》《明善宗簿帖》《私门帖》《叙慰帖》（以上藏台北故宫博物院）《阁中帖》《下车帖》（均藏上海博物馆）、《门内眷聚帖》（《三希堂法帖》第十六册摹刻）。米友仁书法全仿其父，是南宋前期比较著名的一位书法家。时人魏了翁称“元晖虽不逮其父，然如王谢家子弟，竟自有一种风格也”③。后人

---

① 徐无闻：《关于宋代书法史的研究》，见《国际宋代文化研讨会论文集》，四川大学出版社1991年版。

② 朱仁夫：《中国古代书法史》，北京大学出版社1992年版，第382页。

③ 〔宋〕魏了翁：《鹤山题跋》卷四《跋米友仁帖》，卢辅圣主编：《中国书画全书》第1册，上海书画出版社1993年版，第916页。

以为“宋之有元章、元晖，犹晋之有羲之、献之”①。其传世书迹不多，所见者主要是书札和题跋两类。除丛帖传刻的一部分外，书札墨迹主要见《动止持福帖》和《录示文字帖》两种。

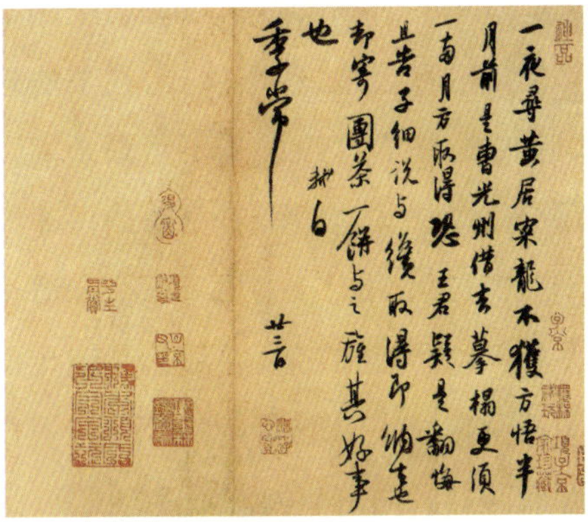

苏轼《一夜贴》

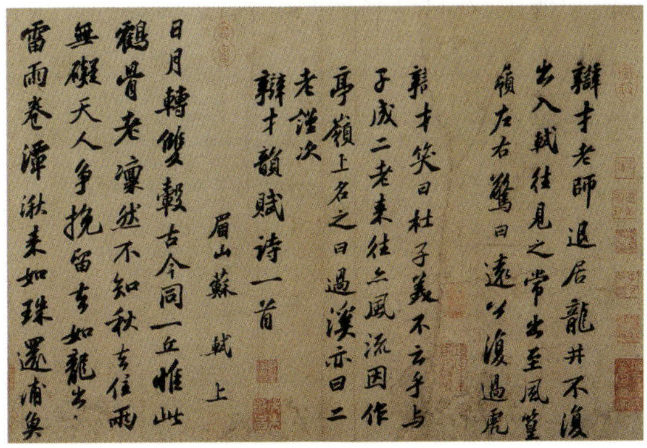

苏轼《辩才帖》(局部)

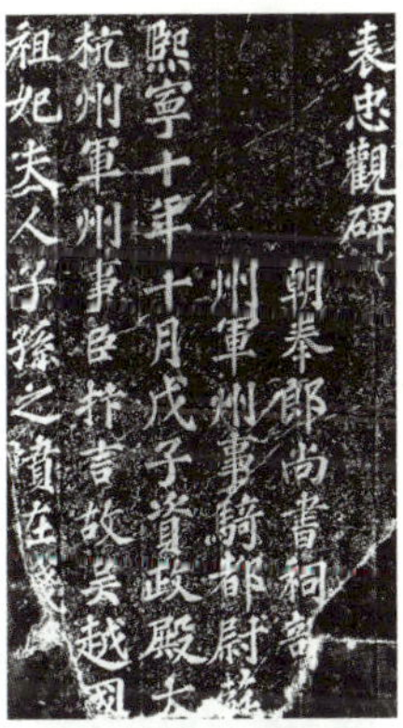

苏轼《撰表忠观碑》

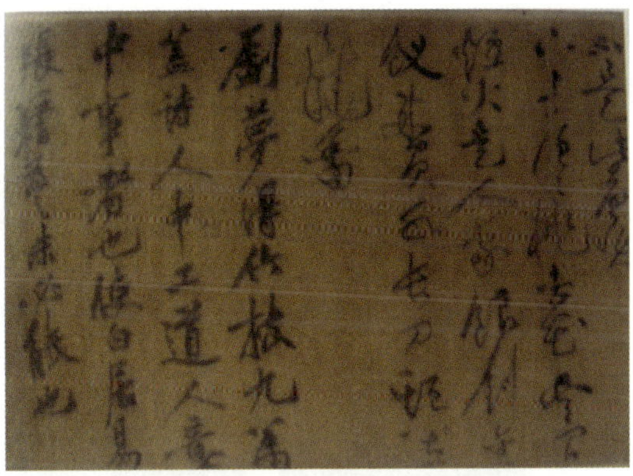

黄庭坚草书《刘梦得竹枝词》卷

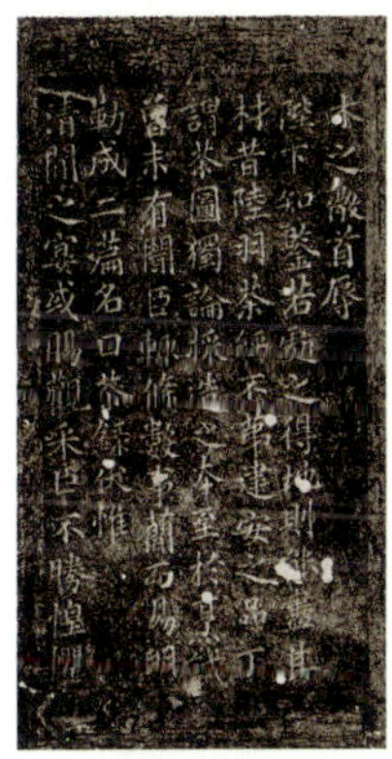

蔡襄《茶录》1

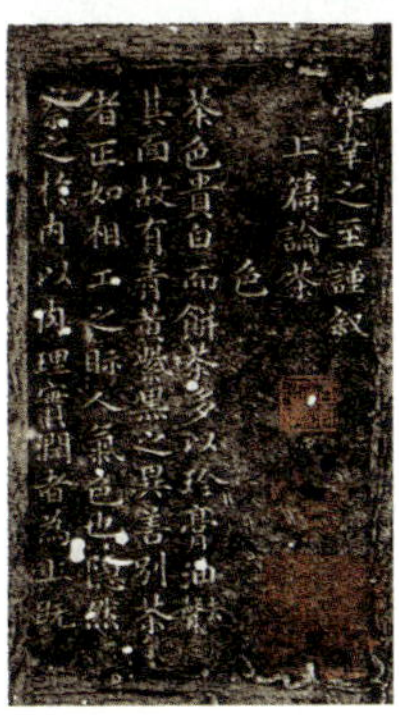

蔡襄《茶录》2

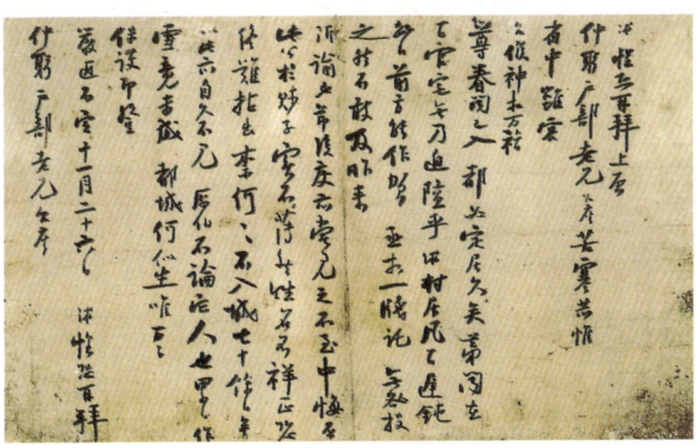

陆游《苦寒帖》

米芾书游龙井记碑拓片

① 董史《皇宋书录》引清乾道年间吕企中跋《豫章所刻法帖》，《知不足斋丛书》本。

二是书法论著空前丰富。北宋吴县朱长文的《墨池编》是一部书学论著汇编，原为20卷，明以后并作6卷。他广泛收辑前人的书法论著，分为字学、笔法、杂议、品藻、赞述、宝藏、碑刻、器用等8门，是分类研究书法的第一部著作。篇末附有编者对各问题的考核、分析和评述，有自己独到的见解，是研究中国古代书法史的重要著作之一。邵武（今属福建）黄伯思（1079—1118）的《东观余论》，由其子言及裒其平日议论、题跋而成，在书法理论上多有精辟见解。如运笔，他指出“侧、掠、努、趯，皆有成规；若法度礼乐不可斯须离”，等等。欧阳修《集古录》既是金石学的开山之作，也是书法理论的名著，对书法的评述颇多创发。米芾的《书史》《海岳名言》都是有关书法鉴赏评述的名作。《书史》又称《米海岳书史》，共2卷，在书中，作者将平生所见闻的历代法书名迹，考订真伪，并叙述其流传渊源及跋尾、装裱、摹拓等情况，为研究中国书法史的重要文献之一。姜夔的《读书谱》根据唐代孙过庭《书谱》，在真书、草书以及用笔、用墨、临摹、方圆、向背、位置、疏密、风神、迟速、笔势、情性、血脉、书丹等方面，都作了相应的发挥，较之《书谱》更显精深、系统。元末陶宗仪的《书史会要》则是一部书学史传著作。此外，如苏轼的《东坡题跋》、黄庭坚的《山谷题跋》等也都以随笔札记的形式记述了自己在书法上的艺术主张和创作心得。

米芾像

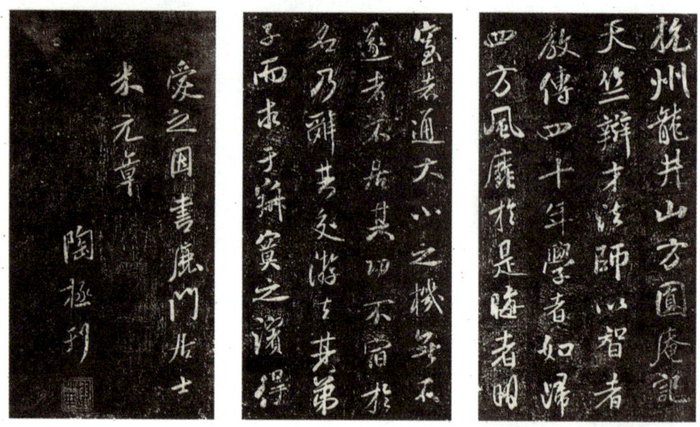

米芾墨迹《杭州龙井方圆庵记》

（三）音乐

唐安史之乱以后，“中国音乐南方化的格局便已奠定。后来，只有以金院本和元杂剧为代表的北曲艺术，曾对这一格局作过较有力的冲击”①。但中国音乐艺术南盛于北的局面已无法扭转。

两宋时期，南方地区在音乐上的成就主要体现在以下几个方面：

---

① 王小盾：《南乐北渐和中国音乐风格的形成》，《中国社会科学》1990年第5期。

1. 曲艺音乐的发展和繁荣

两宋时期，南方民间曲艺音乐的品种很多，比较重要的有陶真、唱赚、鼓子词、诸宫调等。

民间音乐又可分为市民音乐与乡村音乐。其中为了适应城镇市民的文艺生活需要而兴起的说唱音乐，在南宋得到了迅猛的发展。从文献记载来看，南宋的市民音乐深受北宋东京的影响。毛开《樵隐笔录》载："绍兴初，都下盛行周清真《咏柳·兰陵王慢》，西楼、南瓦皆歌之，谓之'渭城三叠'。以周词凡三换头，至末段声尤激越，惟教坊老笛师能倚之以节歌者。其谱传自赵忠简家。忠简于建炎丁未九日南渡，泊舟仪真江口，遇宣和大晟乐府协律郎某。叩获九重故谱，因令家伎习之，遂流传于外。"在频繁的官府公筵及三学斋会、缙绅同年会、乡会等活动中，均可见到歌唱演员们大展身手的场面。绍兴年间，都城临安酒肆中有道人携乌衣椎髻女子买斗酒独饮，女子歌词以侑，云："朝元路，朝元路，同驾玉华君。千乘载花红一色，人间遥指，是祥云回望海光新。"又歌云："东风起，东风起，海上百花摇。十八风鬟云半动，飞花和雨，着轻绡归路碧迢迢。""烟漠漠，烟漠漠，天淡一帘秋。自洗玉舟斟白醴，月华微映，是空舟歌罢海西流。"凡九阕，内容均高精莫测，疑非人世语。有人将歌词抄下后问一学问高深的道人，道人指出"此赤城韩夫人所制《水府蔡真君法驾导引曲》也"。乌衣女子疑龙云。[①] 正由此，都城临安汇集了许许多多来自全国各地的知名演员。对此，吴自牧《梦粱录》卷二〇《妓乐》有详细的记载：

> 朝廷御宴，是歌板色承应。如府第富户，多于邪街等处择其能讴妓女顾倩祗应。或官府公筵及三学斋会、缙绅同年会、乡会，皆官差诸库角妓祗直。自景定以来，诸酒库设法卖酒，官妓及私名妓女数内拣择上中下者，委有娉婷，委媚桃脸樱唇，玉指纤纤，秋波滴溜，歌喉宛转，道得字真韵正，令人侧耳，听之不厌。官妓如金赛兰、范都宜、唐安安、倪都惜、潘称心、梅丑儿、钱保奴、吕作娘、康三娘、桃师姑、沈三姐等，及私名妓女如苏州钱三姐、七姐、文字李惜惜、鼓板朱一姐、媳妇朱三姐、吕双双、十般大、胡怜怜、婺州张七姐、蛮王二姐、搭罗丘三姐、一丈白杨三妈、旧司马二娘、裱褙陈三妈、屐片张三娘、半把伞朱七姐、轿番王四姐、大臂吴三妈、浴堂徐六妈、沈盼盼、普安安、徐双双、彭新等后辈，虽有歌唱者，比之前辈终不如也。

在此社会风气下，当时生活在都市中的士大夫往往蓄养有擅长音乐的歌伎，范成大、姜夔便是其中的典型代表。如陆友仁《研北杂志》卷下载："小红，顺阳公青衣也，有色艺。顺阳公之请老，姜尧章诣之。一日授简征新声，尧章制《暗香》《疏影》二曲，公使二伎习

① 〔宋〕陈与义：《无住词·法驾导引》，《陈与义集》，中华书局1982年版，下册，第482页。

之，音节清婉。尧章归吴兴，公寻以小红赠之。其夕，大雪过垂虹，赋诗云：'自琢新词韵最娇，小红低唱我吹箫。曲终过尽松陵路，回首烟波十四桥。'尧章每喜自度曲，吹洞箫，小红辄歌而和之。顺阳公，即范石湖。"银花，何氏女，因家贫，卖与高文虎为婢。善小唱、嘌唱，凡唱得五百余曲；又善双韵弹得赚五六十套。①

南宋刘松年《十八学士图》中的音乐演奏

与市民音乐相比，乡村音乐的成就则要逊色得多。陶真是一种用琵琶或鼓伴奏的说唱艺术，在农村中颇为流行。陆游《小舟游近村舍舟步归》诗中第四首所写的"斜阳古柳赵家庄，负鼓盲翁正作场。死后是非谁管得，满村听说蔡中郎"②，就描写了当时农村演唱陶真的情况。另据《西湖老人繁胜录》记载，当时临安十三军大教场等宽阔所在，也有"路岐人"在表演陶真，听者"尽是村人"。

乡村音乐根植于民众之中，其特点是通俗易懂，非常口语化，琅琅上口。王灼《碧鸡漫志》便曰："盖隋以来，今之所谓曲子者渐兴，至唐稍盛。今则繁声淫奏殆不可数。古歌变为古乐府，古乐府变今曲子，其本一也。"这从当时流行的一些曲子中可以看出：

《吴中舟师歌》：

月子弯弯照九州，几家欢乐几家愁。

几家夫妻同罗帐，几家飘散在他州。③

《竹枝歌》：

张哥哥，李哥哥，大家着力一齐拖。

---

① 〔宋〕周密《癸辛杂识》别集下《银花》，中华书局1988年版，第272—274页。

② 〔宋〕陆游：《剑南诗稿》卷三三，载《陆游集》，中华书局1976年版，第2册，第870页。

③ 见明冯梦龙所编《山歌》卷五，江苏古籍出版社2000年版。但此歌的部分歌词，在南宋赵彦卫《云麓漫钞》卷九和杨万里：《诚斋诗集·朝天续集》卷三〇《竹枝歌》有载。

一休休，二休休，月子弯弯照几州。①

这两首歌据宋赵彦卫《云麓漫抄》卷九所载，“此两句乃吴中舟师之歌，每于更阑，月夜操舟荡桨，抑遏其词而歌之，声甚凄怨”。在唱法上，是由一人领唱、众人帮腔，即杨万里《竹枝歌》中所说的“一人唱了千人和”。杨万里在夜里乘船出行时也听到过拉纤船夫们整夜在唱《竹枝歌》。对于船夫们唱这种劳动号子的目的和所表达的情调，杨万里有着相当的理解，认为是“以相其劳者”，即调节精神，解除疲劳。

又，《鹊桥仙》：

说盟说誓，说情说意，动便春愁满纸。

多应念得脱空经。是那个先生教底？

不茶不饭，不言不语，一味供他憔悴。

相思已是不曾闲，又那得工夫咒你？②

在这首歌曲中，歌伎对男子的虚情假意表达出怀疑的心情，反映了她们对爱情的真挚追求，同时它也非常生动地反映了下层民众的悲惨生活及其对社会的不满情绪。

而南宋湖南醴陵士人《咸淳甲子又复经量》歌：

宰相巍巍坐庙堂，说着经量，便要经量。

那个臣僚上一章，头说经量，尾说经量。

轻狂太守在吾邦，闻说经量，星夜经量。

山东河北久抛荒，好去经量，胡不经量？③

这首歌在曲调上名《一剪梅》，痛快淋漓地揭露了统治者劳民伤财的“经量”制度。

2. 琴曲的新发展和琴史等的研究

器乐在南宋也有了新的发展。据《都城纪胜》《武林旧事》《梦粱录》等书记载，当时民间流行着几种器乐合奏形式：一种叫“细乐”，是用箫管、笙、篥、嵇琴、方响等乐器合奏；一种叫“清乐”，是用笙、笛、觱篥、方响、小提鼓、拍板、札子等合奏，或用很多龙笛齐吹；一种叫“小乐器”，是由一二人作独奏或小型的合奏，如双韵合阮咸，嵇琴合箫管，锹琴合葫芦，

① 〔宋〕杨万里《诚斋诗集·朝天续集》卷三〇载《竹枝歌》有序：“晚发丹阳馆下，五更至丹阳县。舟人及牵夫终夕有声，盖讴吟啸谑，以相其劳者。其辞亦略可辨，有云：‘张哥哥，李哥哥，大家着力一齐拖。’又云：‘一休休，二休休，月子弯弯照几州。’其声凄婉，一唱众和，因檃栝之为《竹枝歌》云。”（《杨万里诗文集》上册，江西人民出版社2006年版，第493页）

② 〔宋〕周密：《齐东野语》卷一一《蜀娼词》：“蜀娼类能文，盖薛涛之遗风也。放翁客自蜀挟一妓归，蓄之别室，率数日一往。偶以病，少疏，妓颇疑之，客作词自解，妓即韵答之。”中华书局1983年版，第195页。

③ 见明陈耀文辑《花草粹编》卷一三，文渊阁《四库全书》本。

琴独弹十四弦，吹赚动鼓板等①；一种叫“鼓板”，主要是用拍板、鼓和笛等三种乐器合奏，或用札子、水盏、锣等击乐器合奏。器乐独奏也已达到相当高的造诣，在当时，笛、箫、笙、觱篥等管乐器，琵琶、筝、十四弦、琴等弦乐器，方响等击乐器，都曾用于独奏表演。

觱篥，高承《事物纪原》卷二引令狐揆《乐要》云：“筚篥出于胡中，或云龟兹国也。徐景山云：‘本胡人牧马，截骨为筒，用芦贯吹之，以惊群马，因而为窍，以成音律。今胡部在管音前，故世亦云头管。’”其曲目有《万寿永无疆》《圣寿齐天乐慢》《永遇乐慢》《赏仙花慢》《柳初新慢》《上林春》《万岁梁州》《圣寿永》《庆寿新》《庆芳春慢》《庆箫韶慢》《筵前保寿乐》《万花新》等，著名演员有王恩、周润、杨茂、王荣显、刘昌、齐汝贤、陆恩显、王荣祖、王荣显、姜师贤、刘昌、杨彬、王福、杜明、喻祥、周忠恕、夏福、徐珏、周喜、闻澄、沈寿、丁预、郑亨、周佐、杨瑾、沈康、郑聪、莫寿、潘显祖、时润、胡佾、周信、李圭、李润、史显、金寿等。

笛，据《文献通考》卷一三八《乐考十一》云：“横吹自北国，梁横吹曲曰：下马吹笛是也。今教坊用横八孔鼓吹，世俗号为龙头笛。”宫中时常演奏，颇为壮观。如《都城纪胜·瓦舍众伎》载：“淳熙间，德寿宫龙笛色，使臣四十名。每中秋或月夜，令独奏龙笛，声闻于人间，真清乐也。”又，周密《癸辛杂识》别集下《德寿赏月》载：“德寿宫有桥，乃中秋赏月之所。桥用吴璘所进阶石甃之，莹彻如玉，以金钉铰。桥下皆千叶白莲花。御几、御榻，至于瓶炉、酒器，皆用水精为之。水南岸皆宫女童奏清乐，水北岸皆教坊乐工吹笛者，至二百人。”其曲有《帝寿昌慢》《寿南山慢》《上苑春慢》《降圣乐慢》《延寿曲慢》《庆千秋》等。著名演员有杨德茂、潘俊、卢宁、彭俊、贺昌、贺寿、胡师文、寿椿、姚宝、张茂祖、崔兴、朱珍、张茂才、金贵、潘显祖、沈寿、周兴、李大用、董大有、金明、赵喜、莫及、张春、叶茂、胡宁、任显、张椿、孙宁、彭进、李荣、全宁、金彦恭、董喜、王佑、来亨、王喜、顾和、顾松、金显、董宁、杜松、李桩、张椿、何福、管思齐、朱喜、花椿、李拱辰等。如卢长笛，生平不详。善吹长笛，名闻于南宋都城临安。吴文英《醉桃源·赠卢长笛》词云：“沙河塘上旧游嬉，卢郎年少时。一声长笛月中吹，和云和雁飞。惊物换，叹星移。相看两鬓丝。断肠吴苑草萋萋，倚楼人未归。”②

---

① 另据〔宋〕灌园耐得翁《都城纪胜·瓦舍众伎》所载，“渤海乐一拍子，至于十拍子，又有拍番鼓子、敲水盏锣板、和鼓儿，皆是也”。载《南宋古迹考（外四种）》，浙江人民出版社1983年版，第87页。

② 〔宋〕吴文英：《梦窗稿·甲稿》卷一，文渊阁《四库全书》本。

大足南宋石刻中的女子吹笛

李嵩《听阮图》

宋佚名《拨阮图》

宋佚名《竹林拨阮图》

笙，据《文献通考》卷一三八《乐考十一》云："宋朝大乐所传之笙，并十七簧，外设二管，不定置，谓之义管。每变均易调，则更用之。世俗之乐，非先王之制也。"其曲有《升平乐慢》《恋春光慢》《庆寿乐慢》《长生宝宴乐》《诧娇莺慢》《月明对花灯慢》《寿长春》等，著名演员有侯璋、叶茂青、任荣祖、董茂、张瑾、潘宝、姚拱、范椿、孙昌、臭正、周珍、马椿、姚舜臣、陈保等。

方响，据《文献通考》卷一三四《乐考七》云："方响，后世或以铁为之。教坊燕乐用焉非古制也，非可施之公庭，用之民间可也。"其曲有《万方宁慢》《碧牡丹慢》《尧阶乐慢》《圣寿永》《玉京春慢》《惜春》等，著名演员有余胜、彭先、刘民和、黄桂、姜大亨、张荣等。

琵琶，据《文献通考》卷一三七《乐考十》云："唐乐有大小琵琶之制。今教坊所用，乃其曲头者，非直颈也。"其曲有《捧瑶卮慢》《福寿永康宁》《会群仙》《寿齐天》等，著名的演奏家有王荣祖、俞达、豪俊民、豪俊迈、段继祖等。

嵇琴曲有《花梢月慢》《寿炉香慢》等，著名的演奏家有李松、侯端、孙民显等。史卫卿《听演师琴》诗赞曰："禅悟却参琴，山高水复深。七弦手共语，万籁耳无音。激烈鬼神泪，发挥天地心。秋风时一曲，怀古更伤今。”①

筝曲，有高双调《聚仙欢》《出墙花慢》《月中仙慢》等，演奏家有陈仪、豪辅文、吴宣、豪俊贤、徐显祖、张广、侯端等。

箫曲，有《缕金蝉慢》《玉箫声》等，演奏家有傅昌宁、朱明复、李允信等。

管下独吹，有无射商《柳初新》。

杖鼓，据沈括《梦溪笔谈》所载：“唐之杖鼓，本谓之‘两杖鼓’，两头皆用杖。今之杖鼓，一头以手拊之，则唐之‘汉震第二鼓’也。明帝、宋开府皆善此鼓。其曲多独奏，如鼓笛曲是也。今时杖鼓，常常只是打拍，鲜有专门独奏之妙。”②

拍板，据《文献通考》卷一三九《乐考十二》云：“拍版长阔如手，重大者九版，小者六版，以韦编之。胡部以为乐节，盖以代抃也……宋朝教坊所用六版，长寸，上锐薄而下圆厚，以檀若桑木为之。”这些种类乐器的演奏家，有朱尧卿、冯喜、时忠、施荣、朱拱辰、周忠、李显、姚宝、叶茂、李荣祖等。

诸部合奏曲，有《万寿无疆薄媚》《齐天乐》《老人星降黄龙》《碎锦梁州歌头》《万寿兴隆乐》《六幺》《梅花伊州》等大曲或法曲。

此外，周去非《岭外代答》卷七《乐器门·平南乐》也讲到“合乐”在广西世间流行的情况：

> 广西诸郡人多能合乐，城郭、村落，祭祀、婚嫁、丧葬，无一不用乐。虽耕田，亦必口乐相之。盖日闻鼓笛声也。每岁秋成，众招乐师教习子弟，听其音韵，鄙野无足听，唯浔州平南县系古龚州，有旧教坊乐甚整。异时有以教坊得官乱离至平南，教土人合乐，至今能传其声。

由此可以看出，音乐在广西等地的少数民族的生活中也占有非常重要的地位。

在古琴方面，南宋出现了以杰出的演奏家、作曲家郭沔为代表的浙派。郭沔（1190前—1260后），字楚望，永嘉（今属浙江）人。以善琴名淳祐、景定年间（1241—1264），为浙派的创始人。他在都城临安张岩家客居期间，继承并整理了韩侂胄家祖传的嵇康《四弄》等古琴谱。袁桷《琴述赠黄依然》一文对其传承作了详细的阐述：

> 自渡江来，谱之可考者曰阁谱，曰江西谱。阁谱由宋太宗时渐废，至皇祐间复入秘阁，今世所藏金石图画之精善，咸谓阁本，盖皆昔时秘阁所庋。而琴有阁谱，亦此义也。方阁谱行时，别谱存于世良多。至大晟乐府证定，益以阁谱为

① 〔宋〕陈起：《江湖后集》卷一一，文渊阁《四库全书》本。

② 〔宋〕沈括：《梦溪笔谈》卷五《乐律一》，胡道静：《新校正梦溪笔谈》，中华书局香港分局1975年版，第59页。

贵，别谱复不得入，其学寖绝。绍兴时，非入阁本者不得待诏，私相传习，媚熟整雅，非有亡蹙愤遽之意而兢兢。然国小而弱百余年间，盖可见矣。曰江西者，由阁而加详焉。其声繁，以杀其按抑也，皆别为义例。秋风巫峡之悲壮，兰皋洛浦之靓好，将和而愈怨，欲正而愈反，故凡骚人介士，皆喜而争慕之，谓不若是，不足以名琴也。方杨氏谱行时，二谱渐废不用，或谓其声与国亡相先后，又谓杨氏无所祖，尤不当习。噫！杨司农匿前人以自彰，故所得谱皆不着本始，其为今世所议，无可言。余尝习司农谱，又数与徐天民还往，知其声非司农所能意创，间以问天民，时天民夸诩犹司农也，谩对焉，终不以悉。余益深疑之，而莫以据。后悉得广陵张氏谱，而加校焉。则蔡氏《五弄》，司农号为精加紬绎，皆张氏所载，独杨氏隐抵不述耳。今世琴调清商，号为最多。郭茂倩记古乐府，琴辞亦莫盛于清商。杜佑氏叙论雅乐，谓楚汉旧声犹传于琴家蔡氏《五弄》、楚调《四弄》，至唐犹存。则今所谓五弄，非杨氏私制明。甚议者悉去之，不可也。按广陵张氏，名岩，字肖翁，嘉泰间为参预。居霅时，尝谓阁谱非雅声，于韩忠献家得古谱，复从互市密购，与韩相合，定为十五卷，将锓于梓。以预韩氏边议罢去。其客永嘉郭楚望独得之，复别为调曲，然大抵皆依蔡氏声为之者。楚望死，复以授刘志芳。志芳之传愈尊，而失其祖愈远。天民尝言，杨司农与敏仲少年时亦习江西。一日，敏仲由山中来，始弄楚望商调。司农惊且喜，复以金帛令天民受学志方。故今紫霞独言刘郭，而不言广陵张氏传授，皆杨氏与其客自私之蔽。越有徐理氏，与杨同时，有《奥音玉谱》一卷以进，《律鉴琴统》入官。其五弄与杨氏亦无异。晚与杨交，杨亟重之，益知楚汉旧声非杨氏所作。余来京师，见鼓琴者与绍兴所尚微近，第重缓如宽厚长者。余不能以是说告之也。黄君依然，豫章太史之裔，以琴游公卿，余未识之，而余之嗜琴，当有同者，故书其源绪，以解夫今世之惑，而因以告之。①

宋俞德邻撰《佩韦斋辑闻》卷一载有一则体现他高超琴艺的故事：有一天，临安郡守赵资政在雁浥阁招待客人饮酒，席间请郭楚望表演琴艺。时值月夜，郭楚望鼓琴一再行，忽见有物，似鱼非鱼，四次跳跃于水池中。郡守赵资政觉得非常奇，不知是什么原因。第二天，他再次请郭楚望鼓琴。待琴一弹，又出现了昨夜一样的情景。于是，在次日郡守赵资政令人将池水弄干，以搞清其原因。最后，在池中捞到了一件无射律管。因此件无射律管沉埋水中甚久，“适鼓无射调声应气求”，故至如此。令人殊为惊奇。所创作品有《潇湘水云》《秋鸿》《飞鸣吟》《泛沧浪》《春雨》等琴曲，这些作品在后世都深有影响，其中以

① 〔元〕袁桷：《清容居士集》卷四四，文渊阁《四库全书》本。

《潇湘水云》最为著名。《潇湘水云》是作者感慨于祖国沦亡而作，“寓其惓惓之意”，全曲音调流畅，跌宕起伏，颇具山歌色彩，充分反映了作者极高的艺术修养。郭沔（楚望）的高足有刘志方、毛逊、徐宇、杨缵等，都是当时名闻一时的琴家。杨荫浏《中国古代音乐史稿》评价说：“当时政府只重视宋初以来宫廷御用的一些琴谱，称为‘阁谱’，郭沔却轻视阁谱而特别注意当时民间流行的琴曲；当时一般的琴家重视弹奏已有的旧曲，郭沔一派的琴家，却除了弹奏旧曲之外，又以实际行动，投入新声的创作。所以，无论在整理旧谱方面，在提倡创作方面，和在传授古琴艺术方面，这一派的琴家，都曾起过一定的作用。在当时的三个古琴流派中，浙派独独得到人们较高的推崇，这是和郭沔等的努力不能分开；而郭沔等琴家之所以能有较高的成就，则又与其跳出保守思想的束缚，能从广大的民间吸收新的养料不能分开。”①此后，天台的刘志方、三衢（今浙江衢县）毛敏仲、严陵徐天民、钱塘杨缵等纷纷追随于他，遂在古琴历史上形成了一个重要的琴派——浙派，并取代了宋代江西琴派。毛、徐两人在杨缵的主持下，汇编有历史上收曲最多的《紫霞洞琴谱》（已佚）。此外，毛敏仲创作的琴曲《樵歌》《渔歌》《山居吟》，徐天民的《泽畔吟》，刘志方的《鸥鹭忘机》等，都一直流传至今，人称“浙谱”。

张岩，字肖翁，大梁人，徙家扬州。绍熙末，渡江居湖州。据《宋史》卷三九六本传所载，为乾道五年（1169 年）进士，历任光禄大夫、参知政事兼同知国用事等职。开禧二年（1206 年），迁知枢密院事。明年，除督视江淮军马，未几罢去。因曾向琴师郭楚望学得琴曲《乌夜啼》，人称张乌夜。又将韩侂胄祖传古谱与民间野谱合编为《琴操谱》十五卷、《调谱》四卷。

刘志方，字号不详，天台（今属浙江）人。为郭楚望的入室弟子。在都城临安时，毛敏仲、徐天民等人均向其学艺。作有《忘机》《吴江吟》等琴曲。

宋刘松年《琴书乐志图》局部

杨缵，字继翁，号守斋，又号紫霞翁，钱塘（今浙江杭州）人。为宁宗皇后杨氏的侄孙。官至司农卿，赠少师。他深于琴艺，妙解音律乐理，以雅琴名于时，是宋末格律派的倡导者和西湖吟社的发起者与头领。曾积极资助三衢毛敏仲、严陵徐天民向刘志方学习郭楚望的传谱。元代袁桷《琴述赠黄依然》就评价说：“钱塘杨司农以雅琴名于时，有客三衢毛敏仲、严陵徐天民在门下，朝夕损益琴理，删润别为一谱，

① 杨荫浏：《中国古代音乐史稿》上册，人民音乐出版社 1981 年版，第 377—378 页。

以其所居曰紫霞名焉。”①《紫霞洞琴谱》共十三卷，收有四百六十八首琴曲，为当时收录最丰富的大型琴谱。在编纂的过程中，杨缵扮演了非常重要的角色，并对浙派古琴的形成作出了重要的贡献。周密就曾赞道：“翁往矣！回思著唐衣，坐紫霞楼，调手制闲素琴，作新制《琼林》《玉树》二曲，供客以玻璃瓶洛花，饮客以玉缸春酒（原注：翁家酿名），笑语竟夕不休，犹昨日事。”②

毛逊，字敏仲，以字行，三衢（今浙江衢州）人。南宋末年到京城学琴，成为杨缵门客，时从刘志方学郭楚望传谱。创作琴曲较多，有《渔歌》《樵歌》《庄周梦蝶》《列子御风》《山居吟》《禹会涂山》《佩兰》等。其中，《渔歌》《樵歌》的艺术水平甚高，深受琴家推重。晚年北上元大都，把《禹会涂山》改名为《上国观光》，准备以此献给元世祖，但未能如愿，客死于馆舍。

徐天民，名宇，号雪江，又号飘翁，严陵（今浙江建德）人，杨缵门客，曾仕至国史实录院校勘官。丞相江万里表知安吉州，辞不受归，以琴自乐。琴得东嘉郭楚望、天台刘志方之传，并与杨缵、刘志方一起编纂《紫霞洞琴谱》。创作琴曲较多，现存《神奇秘谱》中的《泽畔吟》为其作品之一。其琴艺甚高，南宋末年江湖诗人李龏有《浙西宪台夏夜听雪江徐天民琴》诗：“火天月满绣衣庭，秋思从君指下生。莫怪老怀眠不得，七弦弹出蟹行声。”③又，汪元量《听徐雪江琴》诗赞曰：“徐卿寒夜弹玉琴，冻云妒月波澄阴。海上神峰削幽翠，十二楼前玉妃坠。湘娥素女相对泣，翠竹苍梧泪痕湿。幽兰不香蕙花死，千愁成怨青枫里。风敲叶脱雨如啸，百鸟喧啾孤凤叫。老龙吐珠赤洒洒，山鬼摇檫走堂下。徐卿徐卿且停手，呼儿割鸡酌春酒。曲高调古人不识，侧耳西楼咽筝笛。”④

3. 富有时代意义的音乐理论与音乐思想

两宋时期，南方学者对于音乐理论与音乐思想多有创见，取得了令人瞩目的重大成就。如周敦颐、沈括、郑樵、王灼、蔡元定、朱熹、姜夔、张炎等人都曾著文谈及音乐问题，而且出现了像福州陈旸《乐书》、建阳蔡元定《律吕新书》、临安（今浙江杭州）张炎《词源》、四川遂宁王灼《碧鸡漫志》等一批比较重要的音乐专著。

《乐书》又称《陈旸乐书》，成书于徽宗建中靖国元年（1101 年）前。全书共 200 卷，目录 20 卷，是历史上较早出现的一种音乐百科著作。全书前 95 卷摘录《周礼》《仪礼》《礼记》《诗经》《书经》《春秋》《周易》《孝经》《论语》《孟子》等书中有关音乐的文字，为之训义，以阐述儒家音乐思想。后 105 卷论述律吕五声、历代乐章、乐舞、杂乐、百戏等，并记述前

① 〔元〕袁桷：《清容居士集》卷四四《琴述赠黄依然》，文渊阁《四库全书》本。

② 〔宋〕周密：《齐东野语》卷一八《琴繁声为郑卫》，中华书局 1983 年版，第 339 页。

③ 〔宋〕陈起：《江湖后集》卷二〇，文渊阁《四库全书》本。

④ 〔元〕汪元量著、孔凡礼辑校：《增订湖山类稿》卷四，中华书局 1984 年版，第 125 页。

代和当代的民间音乐、少数民族和外国音乐，以及各种乐器，并附图说明，对研究中国音乐史有重要参考价值。

郑樵的音乐理论，见于其所著的《通志》一书。在该书卷四九《乐略第一》中的《乐府总序》《正声序论》和《祀飨正声序论》等篇中，他提出了“声贵”“积风”和“积雅”的学说。所谓“声贵”，就是要重视曲调，“应知古诗之声为可贵也”（《乐府总序》）。他认为，音乐应以歌词为基础，歌词通过曲调才能表现出它的作用。所谓“积风”和“积雅”，是指他在《祀飨正声序论》篇中针对《诗经》中所列的《风》《雅》《颂》三类歌曲之间，认为是先有民歌、后有歌曲的观点，用他的话来说，是“积风而雅，积雅而颂”。

蔡元定（1135—1198）在音乐理论上的成就是对《燕乐》的研究。他著有《燕乐》一书，书中他提出了十八律，在理论上合理地解决了三分损益律的转调问题，从而使三分损益律的理论达到了更加完善的地步，因此有一定的科学价值。①《律吕新书》约成书于宋孝宗淳熙十三年（1186 年），分上下两卷，作者在书中主要探讨了音律中的旋宫问题，并提出了十八律理论。

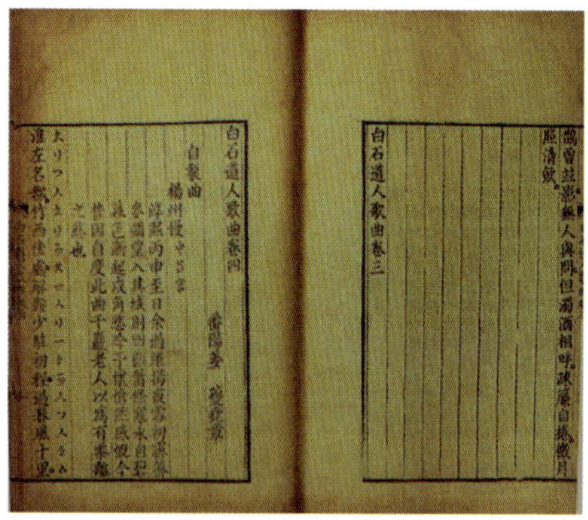

姜夔《白石道人歌曲》

姜夔（1155—1221），字尧章，号白石道人，饶州鄱阳（今江西鄱阳）人。他擅长七绝，尤以词妙绝天下，代表雅词、乐词在南宋的最高艺术成就，被后人称为“南渡第一人”“词仙”。又工作曲，在乐理上自成一家。庆元三年（1197 年），他进《大乐议》和《琴瑟考古图》各一卷，论列古今乐制问题，提出整理宫廷音乐的意见，但未被宁宗采纳。五年，他又上《圣宋铙歌鼓吹曲》歌词十四首。所著有《白石道人歌曲》六卷，收入他作的《扬州慢》《鬲溪梅令》《暗香》《疏影》《长亭怨慢》等词曲，其中有祀神曲《越九歌》十首，旁缀律吕字谱，自度曲令、慢、近、犯十七首（内旧曲填词二首、范成大作曲一首），旁缀工尺谱；琴歌《古怨》一首，旁缀减字谱。这些工尺谱、减字谱为历代不断刊印流传的最早曲谱，对研究中国音乐史具有重要的历史意义。

张炎（1248—1320），字叔夏，号玉田，晚号乐笑翁，临安（今浙江杭州）人。曾祖父镃，祖父濡，父枢，皆是精通音律的词家。其父张枢，畅晓音律，著有《寄闲集》，旁缀音谱。张炎因父辈交往而得声律之学于杨缵、毛敏仲、徐南溪等人。宋亡后，因家产丧失，遂浪迹江湖。他曾北游燕京，想谋求一官半职，但却失意而归家乡杭州。著有音乐论著《词源》，其书共两卷，上卷论乐律，有五音相生、律生八十四调、古今谱字、管色应指字谱、律吕四

① 杨荫浏：《中国古代音乐史稿》上册，人民音乐出版社 1981 年版，第 442—456 页。

犯、结声正讹、讴曲旨要等十四目；下卷论创作，有音谱、拍眼、制曲、令曲、杂论及杨守斋作词五要等十六目。在书中，他非常强调填词与音调的关系，并在《词源》的《讴曲旨要》《音谱》《拍眼》等篇章中讲到了一些与音乐唱法、咬字、拍子、曲式等方面有关的问题，多有创见。如他在《讴曲旨要》提出“腔平字侧莫参商，先须道字后还腔”的观点，这种观点与后来艺人们所说的“字正腔圆”的要求非常契合。因此，这是一部研究宋代音乐史非常重要的参考书。

王灼认为歌曲起源于人的心，即思想感情，承认根据音乐填词和根据诗词配合音乐，两者同时存在，各有其合理性。歌有其思想、感情方面，也有其音乐形式方面，并认为前者是“本之性情”（基于思想感情），后者是“稽之度数”（合于形式）。他著的《碧鸡漫志》一书共 5 卷，论述了上古至唐代歌曲的流变，考证《霓裳羽衣曲》《凉州》等 28 首唐代乐曲的得名来由、历史沿革及其与宋词的关系，颇多精辟之见。对北宋的一些词家做了介绍和批评，对唐代乐曲，在源流、标题、宫调等方面进行了考证。因此，本书也是研究宋代音乐史的重要资料。此外有关北宋民间艺人张山人、孔三传和宋词音乐的记载，均系作者亲身见闻，具有较高的史料价值。①

在琴曲新发展的同时，南方学者还对古琴理论、琴史等问题进行了深入的研究，做出了成就。如北宋江陵人崔遵度作有《琴笺》2 卷（今佚）。吴县朱长文所作的《琴史》，是我国现存最早的琴史专著。全书共 6 卷，前 5 卷按时代顺序收载 156 位琴家及与琴有关的事迹，并有所辨正或评述。末卷为琴艺的专题论述。南宋和州张岩撰有《琴操谱》15 卷、《调谱》4 卷。南宋福建南溪琴家徐理著有《奥音玉谱》《琴统》等等。

此外，当时修内司所刊的《混成集》一书，也是一部集大成的歌谱著作，收录有一百余种歌曲，古今歌词之谱靡不备具。其中仅大曲一类，就有数百解，其他由此可知矣。然而在这一百余种歌曲中，有谱无词者居半。②

（四）戏曲

两宋时期，是南方戏曲艺术全面繁荣的时期。如杂戏虽在唐代成都就已出现了，但到了宋代，其演出规模更大。据庄绰《鸡肋编》卷上所载：北宋“成都自上元至四月十八日，游赏几无虚辰。使宅后圃名西园，春时纵人行乐。初开园日，酒坊两户各求优人之善者，较艺于府会。以骰子置于合子中撼之，视数多者得先，谓之‘撼雷’。自旦至暮，惟杂戏一色。坐于阅武场，环庭皆府官宅看棚。棚外始作高凳，庶民男左女右，立于其上如

① 吉联抗辑译：《宋明音乐史料》，上海文艺出版社 1986 年版；夏野：《中国古代音乐史简编》，上海音乐出版社 1989 年版，第 129—132 页。

② 〔宋〕周密：《齐东野语》卷一〇《混成集》，中华书局 1983 年版，第 187 页。

山。每诨一笑，须筵中哄堂，众庶皆噱者，始以青红小旗各插于垫上为记。至晚，较旗多者为胜。若上下不同笑者，不以为数也”①。从中可见当时已经出现了民间酒商出资、在官府园林举办长达数月的杂戏演出活动的先例，这是过去所没有的现象。具体来说，体现在以下几个方面：

1. 南戏的形成和发展

南戏又称戏文②，是南宋时期长江以南的戏剧形式，它最早产生于两宋之交的温州，故又名温州杂剧或永嘉杂剧。元代叶子奇说：“俳优戏文，始于《王魁》，永嘉人作之。”③明代祝允明《猥谈》说：“南戏出于宣和之后，南渡之际，谓之温州杂剧。”徐渭《南词叙录》则进一步指出：“南戏始于宋光宗朝，永嘉人所作《赵贞女》《王魁》二种实首之。故刘克庄有‘死后是非谁管得，满村听唱蔡中郎’之句。或云，宣和间已滥觞，甚盛行则自南渡，号曰永嘉杂剧，又曰鹘伶声嗽。其曲则宋人词而益以里巷歌谣，不叶宫调，故士大夫罕有留意者。”④由此可知，南戏形成的时间为宣和之后南渡之际这段时间，即12世纪初叶⑤。

南戏是北宋中原地区杂剧南流的产物。从南戏流行的地域来看，主要盛行于长江以南的广大东南沿海地区。王国维《宋元戏曲考》说：“戏文之名，出于宋元之间，其意盖指南戏。”据文献记载，南戏最初仅是一种民间小戏，“其曲则宋人词而益以里巷歌谣，不叶宫调，故士夫罕有留意者”⑥。到两宋之际，随着宋王朝的南渡和中原人口大量迁移闽浙等地，北宋杂剧也随之从中原地区逐渐向四川、淮南及闽浙等地流传，使当地的戏曲艺术得到了丰富和提高，发展为南戏艺术。它在南方极为盛行，这从朱熹的门生陈淳（1153—1217）给漳州知府傅伯成的一封题为《上傅寺丞论淫戏书》中可以看出：

> 某窃以此邦陋俗，常秋收之后，优人互凑诸乡保作淫戏，号‘乞冬’。群不逞少年，遂结集浮浪无图数十辈，共相唱率，号曰‘戏头’。逐家裒敛钱物，豢优人作戏，或弄傀儡。筑棚于居民丛萃之地，四通八达之郊，以广会观者。至市廛近地，四门之外，亦争为之，不顾忌。今秋自七八月以来，乡下诸村，正当其时，此

① 〔宋〕庄绰：《鸡肋编》卷上，中华书局1983年版，第20—21页。

② 如南宋周密《癸辛杂识》别集上《祖杰》称：“乃撰为戏文，以广其事。”中华书局1988年版，第263页。

③ 〔元〕叶子奇：《草木子》卷四下《杂俎篇》，中华书局1959年版，第83页。

④ 〔明〕徐渭：《南词叙录》，李复波、熊澄宇注释《南词叙录注释》，中国戏剧出版社1989年版，第1页。鹘伶声嗽，意为玲珑的腔调，是宋人市语。

⑤ 刘念兹：《南戏四考》，见赵景深主编《中国古典小说戏曲论集》第2辑，上海古籍出版社1987年版。

⑥ 〔明〕徐渭：《南词叙录·叙文》，李复波、熊澄宇：《南词叙录注释》，中国戏剧出版社1989年版。

风在在滋炽，其名若曰戏乐。……①

到绍熙至咸淳间(1190—1265)，南戏已在南宋都城临安取得了重要地位。南戏中的《王焕》一剧就曾在南宋末年的都城临安风行一时。元代刘一清《钱塘遗事》卷六《戏文诲淫》载："湖山歌舞，沉酣百年，贾似道少时，佻挞尤甚。自入相后，犹微服闲行，或饮于伎家。至戊辰(1268年)、己巳(1269年)间，《王焕》戏文盛行于都下，始自太学，有黄可道者为之。一仓官诸妾见之，至于群奔。"这反映了在贾似道当权的时候，南戏的著名剧目《王焕》已经"盛行于都下"了。当然，在当时临安演出的远不止这《王焕》一出剧目，据周密《武林旧事》卷一〇"宫本杂剧段数"记载，南宋临安演出的杂剧曲目非常丰富，达280种之多，其中比较重要的剧目有《赵贞女蔡二郎》《王魁负桂英》《乐昌分镜》《张协状元》等。

今人路工根据陈淳《上傅寺丞论淫戏书》，提出了以下四个重要的论点，他说：

……但是我们从这篇反面文章里，却可以证明我国戏曲发展历史中几个重要的问题：一、戏曲是农村里产生的，是农民自己创造的娱乐活动。戏曲活动是和生产紧密联系的，文中的"乞冬"，就是指农民在秋收后演戏，祈求明年丰收。二、戏曲活动都是在秋收后的生产空隙期间进行的。文中所谓"淫戏"，就是演主张爱情自主的故事，所谓"逐家裒敛钱物"，应该说是农民自愿出钱组织的娱乐活动。三、当时(1197年)的戏曲活动，已经从农村发展到城市里，而且有了固定的剧场——戏棚。当时演出，不仅是两二个人扮演的《杂剧》，而且有"数十辈""共相唱率"的"戏头"，即大戏班演大戏。四、当时福建的戏曲已经是广泛的群众娱乐活动，而且相沿成俗，每年秋收后都要演戏。可见福建的戏曲活动，开始甚早。一篇陈淳的反面文章，却证明了宋代南戏广泛发展的空前情况。②

南戏的表演与杂剧相比较简单，演员们在木板搭成的舞台上表演节目，演出的节目有历史戏《鸿门宴》《霸王别姬》《东晋》《西都》等，又有传说和故事戏《夸父追日》《昆仑奴》《赵贞女》《王魁》等。毫无疑问，这种戏剧表演已与过去单纯的歌舞戏或讽刺剧截然有别，它有故事内容，有人物角色，有音乐唱腔，有表演技术，有服装道具，有脸谱化妆等等，已经具有南戏体制的规模了。

南戏的唱腔多取自南方民间流行的村坊小曲和里巷歌谣，同时也吸收了当时民间的《唱赚》，并且继承了其前久已经流行的词调和歌舞大曲的音乐等，歌词明白如话。这一特点在《张协状元》中就颇具代表性：

〔字字双〕(丑作小二挑担出唱)一石两石米和谷，也一担担。两桶三桶臭

① 〔宋〕陈淳：《北溪大全集》卷四七，文渊阁《四库全书》本。

② 路工：《宋陈淳的禁戏书》，载1962年3月26日《人民日报》的《读书见闻录》。

物事，也一担担。四把五把大枥柴，也一担担。豆腐一头酒一头，也一担担。

〔麻婆子〕（净出唱）二月春光好，秧针细细抽。有时移步出田头，蚪儿无数水中游。婆婆傍前捞一碗，急忙去买油。

当然，这也必须合乎人物的身份地位，如张协的唱词，那就文雅得多了。

与北杂剧中的一本戏只能由主角独唱到底不同，南戏是生、旦、净、末、丑等各种角色都能唱，既可轮唱，也可合唱，这极大地丰富了演员们的表演能力。例《张协状元》第四十五出的一曲：

〔鹅鸭满渡船〕（净）我公休去你门家里，好好看孩儿。（末）一味闲言语。（外）我讨你，去当孩儿面。（丑）亲嫡女看养你脸儿美。（合）随后去嫁良婿。（外）大婆辞已，逻逼行李。（合）添个轿儿抬。（净）我自行将去。（合）分明是前世里曾契，到今世重会面做儿女。

这一支曲由四个角色分唱，而且还合唱两次，可见其格式是相当自由灵活的。同时，值得指出的是，它的每一场戏不限于一个套曲，有时甚至用了两个或三个不同宫调的套曲，在乐曲的配置上也与多数角色都能歌唱的表演程式有关。

南戏所存的剧目不多，现仅有《张协状元》《王焕》《王魁负桂英》《乐昌分镜》《赵贞女蔡二郎》《陈巡检梅岭失妻》等数个。从它们的故事结构和文词等来看，似以产生于南宋初年的《张协状元》较为古老，它们都具有很强的现实性和斗争性。据载，《张协状元》是当时温州地区的"九山书会"根据《状元张协传》改编而成，反映了当时存在的社会现实问题，谴责了张协这类骤致高位后忘恩负义的卑鄙行为。从该本戏文来看，已经具有完整的故事情节、曲折起伏的戏剧矛盾、齐全的角色行当以及丰富的表演形式等等，这都是以前所无法比拟的。因此，它标志着中国戏曲的真正形成。

但正因为南戏具有很强的现实性和斗争性，故为统治阶级所害怕。陈淳《上傅寺丞论淫戏书》中指出南戏"其实所关利害甚大：一、无故剥民膏为妄费；二、荒民本业事游观；三、鼓簧人家子弟玩物丧恭谨之志；四、诱惑深闺妇女出外动邪僻之思；五、贪夫萌抢夺之奸；六、后生逞斗殴之忿；七、旷夫怨女邂逅为淫奔之丑；八、州县一庭纷纷起狱讼之繁，甚至有假托报私仇击杀人无所惮者。其胎殃产祸如此，若漠然不之禁，则人心波流风靡无由而止，岂不为仁人君子德政之累？"因此，他希望漳州知府傅伯成加以禁止。[①] 另据明祝允明《猥谈》所说，他曾见到过南宋时期的档案，里面便有赵闳夫禁演南戏的榜文。

南戏的产生虽晚于宋杂剧，但它突破了杂剧中只演滑稽戏的惯例，并出现了某些悲喜剧题材，表明戏曲形式已完全成熟，由此它一向被后人视为是我国戏曲艺术正式成立

① 〔宋〕陈淳：《北溪大全集》卷四七，文渊阁《四库全书》本。

的标志。

2. 杂剧的进一步发展

杂剧或称为杂戏，是由参军戏发展而成的以滑稽为主的科白戏。① 北宋时在东京已很盛行；至南宋更是有了进一步的发展。如南宋管理宫廷音乐的教坊，惟以杂剧为正色②。瓦子中也常表演杂剧，例临安北瓦的莲花棚常演“御前杂剧”，著名艺人有赵泰、王侯喜、宋邦宁、何宴清、锄头段子贵。在这种艺术氛围下，涌现出了许多著名艺人。仅《武林旧事》一书中就列举有著名艺人四十一人，包括上述五人在内。如果再加上其他诸书的记载，南宋教坊艺人则多达六七十人。③ 是时，民间还成立了表演杂剧的社，叫做绯绿社。④

南宋杂剧表演不仅包括戏头、引戏、装孤等内容，而且还具备末、副末、副净、旦、贴等角色。演出时，一场分两段：前一段叫“艳段”；后一段是“正杂剧”。《武林旧事》卷一《圣节》所载“天基圣节排当乐次”，所有“杂剧”都是先“做”一段，后“断送”一段。如“吴师贤以下，做《君圣臣贤爨》，断送《万岁声》”。每一场以“末泥”（或称戏头）为首长，共有四至五个脚色，“先做寻常熟事一段，名曰艳段”。除“末泥”以外，还有“引戏”“副净”（或称“次净”）、“副末”及“装旦”或“装孤”。《都城纪胜・瓦舍众伎》说：“末泥色主张，引戏色分付，副净色发乔，副末色打诨，又或添一人装孤。其吹曲破断送者，谓之把色。”就是说，末泥管“主张”，负责戏中的主旨；引戏管“分付（咐）”，即管剧情的介绍和脚色的排练；⑤副净是剧中主角，其在剧中的职责是“发乔”，即要按剧情的发展装模作样，突出表现滑稽可笑的样子；副末是配角，“打诨”是其主要职责，即按主角的演出而说笑逗趣，其演技重在表现口舌的机敏慧黠。“装旦”是装扮戏中的女角色，因为当时御前杂剧的演员全是男性。“装孤”是装扮剧中的官员⑥。王国维在《宋元戏曲史》中认为：“至装孤、装旦二语，亦有可寻味者。元人脚色中有孤有旦，其实二者非脚色之名；孤者，当时官吏之称；旦者，妇女之

---

① 如灌园耐得翁《都城纪胜・瓦舍众伎》云其“大抵全以故事世务为滑稽”。载《南宋古迹考（外四种）》，浙江人民出版社 1983 年版，第 86 页。

② 〔宋〕吴自牧：《梦粱录》卷二〇《妓乐》：“散乐传学教坊十三部，唯以杂剧为正色。”浙江人民出版社 1984 年版，第 191 页。

③ 《梦粱录》卷三《宰执亲王南班百官入内上寿赐宴》、卷二〇《妓乐》，浙江人民出版社 1984 年版，第 16—20、191—193 页；〔宋〕西湖老人：《西湖老人繁胜录・瓦市》，载《南宋古迹考（外四种）》，浙江人民出版社 1983 年版，第 113 页。

④ 因演员所穿的服装为绯、绿两色，故名。

⑤ 王国维在《宋元戏曲史》第七章《古剧之结构》中认为：“主张、分付，皆编排命令之事，故其自身不复演剧。”（上海古籍出版社 1998 年版，第 60 页）

⑥ 杨宽：《中国古代都城研究》，上海古籍出版社 1993 年版，第 405 页。

称。其假作官吏妇女者，谓之装孤、装旦则可；若径谓之孤与旦，则已过矣。孤者，当以帝王官吏自称孤寡，故谓之孤；旦与旦不知其义。然《青楼集》谓张奔儿为风流旦，李娇儿为温柔旦，则旦疑为宋元倡伎之称。优伶本非官吏，又非妇人，故其假作妇人者，谓之装孤、装旦也。”①《武林旧事》卷四《乾淳教坊乐部》所载的杂剧，一甲有戏头、引戏、副末、装旦各一人，次净有三人。其余三甲都只有戏头、引戏、次净、副末各一人（包括祗应的一甲）。此外，在当时民间的杂剧演出中，已有女艺人参与演出的现象。如《武林旧事》卷六《诸色伎艺人》所列举的杂剧名艺人中，就有慢星子和王双莲两人注明是“女流”。

宋佚名《杂剧打花鼓图》

杂剧在官方部色中，虽然地位已较重要，以正色领袖诸部，但其表演的内容仍然局限于诙谐嘲弄这方面。《梦粱录》卷二〇《妓乐》云：

> 散乐传学教坊十三部，唯以杂剧为正色。旧教坊有筚篥部、大鼓部、拍板部。色有歌板色、琵琶色、筝色、方响色、笙色、龙笛色、头管色、舞旋色、杂剧色、参军等色。但色有色长、部有部头。……且谓杂剧中末泥为长，每一场四人或五人。先做寻常熟事一段，名曰艳段。次做正杂剧，通名两段。末泥色主张，引戏色分付，副净色发乔，副末色打诨。或添一人，名曰装孤。先吹曲破断送，谓之把色。大抵全以故事，务在滑稽，唱念应对通遍。此本是鉴戒，又隐于谏诤，故从便跣露，谓之无过虫耳。若欲驾前承应，亦无责罚。一时取圣颜笑。凡有谏诤，或谏官陈事，上不从，则此辈妆做故事，隐其情而谏之，于上颜亦无怒也。又有杂扮，或曰杂班，又名纽元之，又谓之拔和，即杂剧之后散段也。顷在汴京时，村落野夫，罕得入城，遂撰此端。多是借装为山东、河北村叟，以资笑端。今士庶多以从省，筵会或社会，皆用融和坊、新街及下瓦子等处散乐家，女童装末，加以弦索赚曲，祗应而已。

这种寓讥讽于滑稽之中的杂剧表演，在当时人的文献中颇多记载，如刘绩《霏雪录》载：“高宗时，饔人瀹馄饨不熟，下大理寺。优人扮两士人，相貌各异，问其年，一曰甲子生，一曰丙子生。优人告曰：‘此二人皆合下大理。’高宗问故，优人曰：‘饿子、饼子皆生，与馄饨不熟者同罪！’上大笑，赦原饔人。”又，岳珂《桯史》卷七《优伶诙语》载：“秦桧以绍兴十五年四月丙子朔，赐第望仙桥。丁丑，赐银绢万疋两，钱千万，彩千缣，有诏就第赐燕，假以

① 王国维：《宋元戏曲史》第七章《古剧之结构》，上海古籍出版社1998年版，第60页。

教坊优伶，宰执咸与。中席，优长诵致语，退，有参军者前，褒桧功德。一伶以荷叶交椅从之，诙语杂至，宾欢既洽，参军方拱揖谢，将就倚，忽坠其幞头，乃总发为髻，如行伍之巾，后有大巾镮，为双叠胜。伶指而问曰：'此何镮？'曰：'二胜镮。'遽以朴击其首曰：'尔但坐太师交椅，请取银绢例物，此镮掉脑后可也。'一坐失色。桧怒，明日下伶于狱，有死者。"罗大经《鹤林玉露》丙编卷三《圣贤豪杰》载："端平间，真西山参大政，未及有所建置而薨。魏鹤山督师，亦未及有所设施而罢。临安优人，装一儒生，手持一鹤，别一儒生与之邂逅，问其姓名，曰：'姓钟名庸。'问：'所持何物？'曰：'大鹤也。'因倾盖欢然，呼酒对饮。其人大嚼洪吸，酒肉靡有孑遗。忽颠仆于地，群数人拽之不动。一人乃批其颊大骂曰：'说甚《中庸》《大学》，吃了许多酒食，一动也动不得！'遂一笑而罢。或谓有使其为此以姗侮君子者，京尹乃悉黥其人。"《湖海新闻夷坚续志》前集卷一《烦恼自取》载："韩侂胄用兵既败，须发俱白，困闷莫知所为。一日，上赐侂胄宴，有伶人为戏，一人曰樊迟，一人曰樊哙，旁又有一人曰樊恼，又设一人揖问迟曰：'谁与汝取名？'对以'夫子所取'，则拜之曰：'是圣门之高弟也。'又揖问哙曰：'尔谁取名汝？'对曰：'是高祖所命。'则拜曰：'真汉家之名将也。'又揖问恼曰：'尔名谁取？'恼曰：'樊恼自取。'……"又同卷《俳优戏语》载："史弥远为相时，士夫多钻刺得官。伶人俳优者，一人手执一石，用一木钻钻之，久而不入，其一人以物击其手曰：'汝不去钻弥远，却来钻弥坚，可知道钻不入事。'史公听而不怒。"理宗时，丁大全与董宋臣表里为奸，临安杂剧艺人用杂剧讥讽这种政治局面为"丁丁董董"。①

宋佚名《眼酸药图》

另外，优人杂剧，必装官人，号为"参军色"。如赵彦卫《云麓漫钞》卷五载："本朝景德三年，张景以交通曹人赵谏，斥为房州参军。景为《屋壁记》，曰：'近到州，知参军无员数，无职守，悉以旷官败事达戾改教者为之。凡朔望飨宴，使预焉。人一见必指曰参军也，倡优为戏，亦假为之，以资玩戏。'今人多装状元进士，失之远矣。"由此可见，这种戏曲到南宋时已具有一定的格局，"大抵全以故事，务在滑稽，唱念应对通遍。此本是鉴戒，又隐于谏诤，故从便跣露，谓之无过虫耳"②。通篇以唱、念、应对的方式，表演故事的内容，力求使人发笑，达到劝谏的目的。它已经完全从过去的"散乐"或"百戏"中脱离出来，正式成

① 〔明〕田汝成：《西湖游览志余》卷二《帝王都会》，上海古籍出版社1998年版，第26页。

② 〔宋〕吴自牧：《梦粱录》卷二〇《妓乐》，浙江人民出版社1984年版，第191页。另《梦粱录》卷三《宰执亲王南班百官人内上寿赐》载："是时教乐所杂剧色何雁喜、王见喜、金宝、赵道明、王吉等，俱御前人员，谓之'无过虫'。"(浙江人民出版社1984年版，第16—20页)

为一门相对独立的舞台艺术。

南宋杂剧的曲目极其丰富，从《武林旧事》卷一〇《官本杂剧段数》所列举的资料来看，已达二百八十种之多：

《争曲六幺》　　《扯拦六幺》(三哮)
《教声六幺》　　《鞭帽六幺》
《衣笼六幺》　　《厨子六幺》
《孤夺旦六幺》　　《王子高六幺》
《崔护六幺》　　《骰子六幺》
《照道六幺》　　《莺莺六幺》
《大宴六幺》　　《驴精六幺》
《女生外向六幺》　　《慕道六幺》
《三偌慕道六幺》　　《双拦哮六幺》
《赶厥夹六幺》　　《羹汤六幺》
《索拜瀛府》　　《厚熟瀛府》
《哭骰子瀛府》　　《醉院(陈刻"县")君瀛府》
《懊(陈刻"燠")骨头瀛府》　　《赌钱望瀛府》
《四僧梁州》　　《三索梁州》
《诗曲梁州》　　《头钱梁州》
《食店梁州》　　《法事馒头梁州》
《四哮梁州》(陈刻"伊州")　　《领伊州》
《铁指甲伊州》　　《闸五伯伊州》
《裴少俊伊州》　　《食店伊州》
《桶(陈刻"橘")担新水》　　《双哮新水》
《烧花新水》　　《简帖薄(陈刻"补")媚》
《请客薄媚》　　《错取薄媚》
《传神薄媚》　　《九妆薄媚》
《本事现薄媚》　　《打调薄媚》
《拜褥薄媚》　　《郑生遇龙女薄媚》
《大地大明乐》　　《打球大明乐》
《三爷老大明乐》　　《列女降黄龙》
《双旦降黄龙》　　《柳玭陈刻"比"上官降黄龙》
《赶厥胡渭州》　　《单番将胡渭州》

《银器胡渭州》
《看灯胡渭州》三厥
《入寺降黄龙》
《榆标降黄龙》
《打地铺逍遥乐》
《病郑逍遥乐》
《崔护逍遥乐》
《瀍湎(陈刻“面”)逍遥乐》
《单打石州》
《和尚(陈刻“石和”)那石州》
《赶厥石州》
《塑金刚大圣乐》
《单打大圣乐》
《柳毅大圣乐》
《霸王中和乐》
《马头中和乐》
《大打调中和乐》
《喝贴万年欢》
《托合万年欢》
《讶鼓儿熙州》
《骆驼熙州》
《二郎熙州》
《大打调道人欢》
《会子道人欢》
《双(陈刻“打”)拍道人欢》
《越娘道人欢》
《打勘长寿仙》
《偌卖妲长寿仙》
《分头子长寿仙》
《棋盘法曲》
《孤和法曲》
《藏瓶儿法曲》
《车儿法曲》
《病爷老(陈刻无“老”字)剑器》
《霸王剑器》
《黄杰进延寿乐》
《义养娘延寿乐》
《扯篮(陈刻“槛”)儿贺皇恩》
《催妆贺皇恩》(三偌)
《封陟中和乐》
《唐辅采莲》
《双哮采莲》
《病和采莲》
《诸宫调霸工》
《诸宫调卦册儿》
《相如文君》
《崔智韬艾虎儿》
《王宗(陈刻“崇”)道休妻》
《李勉负心》
《四郑舞杨花》
《四偌皇州》
《槛偌宝(陈刻“保”)金枝》磕瓦
《浮沤传永成双》
《浮沤暮云归》
《老孤嘉庆乐》
《两相宜万年芳》
《进笔庆云乐》
《裴航相遇乐》
《能知他泛清波》
《三钓鱼泛清波》
《五柳菊花新》
《梦巫山彩云归》
《青阳观碑彩云归》
《四小将整乾坤》

《四季夹竹桃花》

《牛五郎罢金征》

《三十拍爨》

《百花爨》

《门子打三教爨》

《大孝经孙(陈刻“狐”)爨》

《说月爨》

《醉青楼爨》

《钱手帕爨》小字太平歌。“帕”陈刻“拍”

《醉花阴爨》

《鶻爨》(“鶻”陈刻“鹘”,“鶻”字无考。)》

《大彻底错爨》

《睡爨》

《上借门儿爨》

《夜半乐爨》

《借衫爨》

《调燕爨》

《木兰花爨》

《醉还醒爨》

《扑蝴蝶爨》

《钟馗爨》

《恋双双爨》

《像生爨》

《思乡早行孤》

《迓鼓孤》

《讳药(陈刻“乐”)孤》

《小暮故孤》

《孤惨》

《三孤惨》

《四孤夜宴》

《四孤披头》

《病孤三乡题》

《禾打千秋(陈刻“春”)乐》

《新水爨》

《天下太平爨》

《三十六拍爨》

《孝经借衣爨》

《喜朝天爨》

《风花雪月爨》

《宴瑶池爨》

《诗书礼乐爨》

《钱爨》

《《借听爨》

《黄河赋爨》

《门儿爨》

《抹紫粉爨》

《火发爨》

《烧饼爨》

《棹孤舟爨》

《月当听爨》

《闹夹棒爨》

《闹八妆爨》

《铜博爨》

《恼子爨》

《金莲子爨》

《睡孤》

《论禅孤》

《大暮故孤》

《老姑(陈刻“孤”)遣妲》

《双孤惨》骨突肉

《四孤醉留客》

《四孤好》

《四孤擂》

《王魁三乡题》

《强偌三乡题》

《文武问命》

《两同心卦铺儿》

《一井金卦铺儿》

《满皇州卦铺儿》

《变猫卦铺儿》

《白苎卦铺儿》

《探春卦铺儿》

《庆时丰卦铺儿》

《三哮卦铺儿》

《三哮揭榜》

《三哮上小楼》

《三哮文字儿》

《三哮好女儿》

《三哮一檐脚》

《褴哮合房》

《褴哮店休妲》

《褴哮负酸》

《秀才下酸擂》

《急慢酸》

《眼药酸》

《食药酸》

《风流药》

《黄元儿》

《论淡》

《医淡》

《医马》

《调笑驴儿》

《雌虎》崔智韬

《解熊》

《鹘打兔变二郎》

《二郎神变二郎神》

《毁庙》

《入庙霸王儿》

《单调霸王儿》

《单调宿》

《单背影》

《单顶戴》

《单唐突》

《单折洗》

《单兜》

《单搭手》

《双搭手》

《双厥送》

《双厥投拜》

《双打球》

《双顶戴》

《双园子》

《双索帽》

《双三教》

《双虞候》

《双养娘》

《双快(陈刻“抉”)》

《双捉》

《双禁师》

《双罗罗啄木儿》

《赖房钱啄木儿》

《围城啄木儿》

《大双头莲》

《小双头莲》

《大双惨》

《小双惨》

《小双索》

《双排军》

《醉排军》
《双卖妲》
《三入舍》(陈刻“三合人”)
《三出舍》(陈刻“三出合”)
《三笑月中行》
《三登乐院公狗儿》
《三教安公子》
《三社争赛》
《三顶戴》
《三偌一赁驴》
《三盲一偌》
《三教闹著棋》
《三借窑货儿》
《三献身》
《三教化》
《三京下书》
《三短》
《打三教庵宇》
《普天乐打三教》
《满皇州打三教》
《领三教》
《三姐醉还醒》
《三姐黄莺儿》
《卖花黄莺儿》
《大四小将》
《四小将》
《四国朝》
《四脱空》
《四教化》
《泥孤》

可惜这些杂剧脚本只存目录，剧本的内文没有流传下来。据近人王国维依据这个目录分析，其中用大曲的一百零三本，用法曲的四本，用诸宫调的两本，用普通词调的三十五本。他认为，南宋杂剧多用歌曲演出，并夹杂一些滑稽的杂剧，并保存有一部分北宋的戏曲在内①。另据近人考证，目前已知其内容情节的，有五十多种。这些杂剧曲目都具有一定的故事情节，并非随意命名。如《崔护》《莺莺》《王子高》《裴少俊》《郑生遇龙王献媚》《柳毅传书》《裴航》《钟馗》《封陟》等，便在明清时期的某些地方剧种中属于流行剧目。其作者，在绍兴间著名的有丁汉弼、杨国祥两人。②

3. 傀儡戏

傀儡戏即今日所说的木偶戏，在南宋极为风行，仅在临安官巷口和苏家巷两处就集中了二十四家。其表演的种类在北宋东京杖头傀儡、悬丝傀儡、走线傀儡、药发傀儡、水傀儡的基础上，又增加了肉傀儡这个新项目，能够表演“敷演胭粉、灵怪、铁骑、公案、史书历代君臣将相故事话本”③。仅《武林旧事》卷二《舞队・大小全棚傀儡》中就列举有七十

① 王国维:《宋元戏曲史》第五章《宋官本杂剧段数》，上海古籍出版社1998年版，第45—52页。

② 〔宋〕灌园耐得翁:《都城纪胜・瓦舍众伎》，载《南宋古迹考(外四种)》，浙江人民出版社1983年版，第86页。

③ 〔宋〕吴自牧:《梦粱录》卷二〇《百戏伎艺》，浙江人民出版社1984年版，第194页。

个傀儡戏节目。因其节目繁多，周密只好用“其品甚伙，不可悉数”加以概括。

这种盛况在福建等地也可见到，如朱熹的门生陈淳（1153—1217）在给漳州知府傅伯成的信中说：“某窃以此邦陋俗，常秋收之后，优人互凑诸乡保作淫戏，号‘乞冬’。群不逞少年，遂结集浮浪无图数十辈，共相唱率，号曰‘戏头’。逐家裒敛钱物，豢优人作戏，或弄傀儡。”①为此，统治者“约束城市、乡村，不得以禳灾祈福为名，敛掠钱物，装弄傀儡”②。

傀儡戏主要依靠小说、讲史的话本或杂剧演出，也有相同的脚色，而且角又有细旦、粗旦之分。其中，杖头傀儡表演方法是表演者用竹竿擎着傀儡，有手无足，弄者自下而上抽动，著名艺人有陈中喜。悬丝傀儡用线系着傀儡的头部及四肢，自上而下牵提。著名艺人有卢金线。药发傀儡则用烟火、爆竹等引发来进行表演。水傀儡，顾名思义就是在水中表演，有兼弄“水百戏”的，使得“鱼龙变化夺真”，著名艺人有刘小仆射。肉傀儡，据《都城纪胜·瓦舍众伎》所云：“以小儿后生辈为之”，当是以小孩或后生戴面具模仿傀儡的动作表演的。

这些傀儡戏不仅深受民众的普遍喜爱，而且还得到帝王宫妃和大臣们的赏识。如宋理宗在一次宫廷祝寿宴上，就曾连续三次演出了傀儡戏《踢架儿》《鲍老》《群仙会》。③ 而董宋臣更是逢迎理宗之意，宫中进倡优、傀儡诸戏以奉帝为娱乐。又，宋俞文豹《吹剑录外集》载：韩侂胄晚年时曾置宴于南园，族子判院出席了此次宴会。席间有献牵丝傀儡为土偶负小儿者，名为迎春黄胖。韩氏回头对族子包道成说：“汝名能诗，可咏。”包道成即承命作诗曰“一人头上又安人，脚踏虚空舞弄春。莫教线断儿童手，骨肉都为陌路尘。”④

李嵩《骷髅幻戏图》

刘松年《傀儡婴戏图》

① 〔宋〕陈淳：《北溪大全集》卷四七《上傅寺丞论淫戏书》，文渊阁《四库全书》本。

② 〔宋〕朱熹：《朱熹集》卷一〇〇《劝谕榜》，四川教育出版社 1996 年版，第 8 册，第 5102 页。

③ 〔宋〕周密：《武林旧事》卷一《圣节·天基圣节排当乐次》，浙江人民出版社 1984 年版，第 14—17 页。

④ 《西湖游览志余》卷四《佞幸盘荒》记载其诗略异，云：“脚踏虚空手弄春，一人头上要安身。忽然线断儿童手，骨肉都为陌上尘。”（上海古籍出版社 1998 年版，第 64 页）

宋代表演傀儡戏的高手艺人也甚多,《梦粱录》卷二〇《百戏伎艺》载:"如悬线傀儡者,起于陈平六奇解围故事也,今有金线卢大夫、陈中喜等,弄得如真无二,兼之走线者尤佳。更有杖头傀儡,最是刘小仆射家数果奇,大抵弄此多虚少实,如巨灵神姬大仙等也。其水傀儡者,有姚遇仙、赛宝哥、王吉、金时好等,弄得百怜百悼。兼之水百戏,往来出入之势,规模舞走,鱼龙变化夺真,巧艺如神。"《武林旧事》卷六《诸色伎艺人》则载有"陈中喜、陈中贵、卢金线、郑荣喜、张金线、张小仆射(杖头)、刘上仆射(水傀儡)、张逢喜(肉傀儡)、刘贵、张逢贵(傀儡)"十人。

4. 影戏

影戏又称皮影戏,《都城纪胜·瓦舍众伎》曾解释道:"影戏,凡影戏乃京师人初以素纸雕镞,后用彩色装皮为之。其话本与讲史书者颇同,大抵真假相半,公忠者雕以正貌,奸邪者与之丑貌,盖亦寓褒贬于市俗之眼戏也。"影戏采用的是讲史的话本编剧,着重刻划历史人物忠奸不同的形象。

影戏源于唐五代,在北宋东京时已盛行于世,如仁宗时,街上有人"作影人",表演三国时期的战争故事,当演到关公被斩时,观众纷纷为之泪下。[①] 时人有诗赞道:

三尺生绡作戏台,全凭十指逞诙谐。
有时明月灯窗下,一笑还从掌握来。[②]

至南宋时,影戏更是风靡一时。《梦粱录》卷二〇《百戏伎艺》载都城临安"有弄影戏者。元汴京初以素纸雕镞,自后人巧工精,以羊皮雕形,用以彩色妆饰,不致损坏。杭城有贾四郎、王升、王闰卿等,熟于摆布,立讲无差。其话本与讲史书者颇同,大抵真假相半。公忠者雕以正貌,奸邪者刻以丑形,盖亦寓褒贬于其间耳。"

当时除普通影戏外,尚有所谓"大影戏"一种,即由人扮演的影戏。《武林旧事》卷二《元夕》曰:"或戏于小楼,以人为大影戏,儿童喧呼,终夕不绝。"大小影戏各有班社,前者称"傀儡社",后者称"绘革社"。除演出于民间瓦舍外,亦入内廷应承。以艺人而言,仅《武林旧事》卷六《诸色伎艺人》影戏门列举的名艺人就多达二十二人:贾震、贾雄、尚保义、贾伟、贾仪、贾佑、伏大、伏二、伏三、沈显、陈松、马俊、马进、王三郎(升)、朱佑、蔡谘、张七、周端、郭真、李二娘(队戏)、王润卿、黑妈妈。其中,尚保义(一作仪)、贾雄两人是北瓦中著名的影戏艺人。后三人为女艺人。

5. 瓦子的大发展

瓦子为宋代一种固定的大型演艺场所,在长江流域得到大的发展。从当时的文献记

① 〔宋〕高承:《事物纪原》卷九《影戏》,《丛书集成初编》本,第 4 册,第 352 页。
② 〔宋〕洪迈:《夷坚志·三志辛》卷三《普照明颠》,中华书局 1981 年版,第 3 册,第 1405—1406 页。

载来看，临安瓦舍的范围和规模，大小并不相同，多者有五十多座勾栏或乐棚、露台。① 当时，瓦舍作为大型的固定剧场，有以下几个问题值得大家特别注意：

第一，瓦舍拥有固定的演员队伍。如杭州艺人小张四郎，"一世只在北瓦，占一座勾栏说话，不曾去别的瓦作场"②。

第二，瓦舍不受时间限制，不受气候变化影响。从文献记载来看，瓦舍设有早、晚场。早场在凌晨五更便已开始，而夜场关门则至深夜，如《西湖老人繁胜录·瓦市》载："独勾栏瓦市稍远，于茶中作夜场。"

第三，瓦舍勾栏中配置有相应的灯光设施。

第四，瓦舍勾栏中的密封和通风设施齐全，可遮拦风、雨、雪，使冬天不致太冷，夏天不致太闷热，以保证全天候演出。

第五，瓦舍勾栏理当有相应的扩音设备。像容纳数千人之多的大勾栏，若演出"浅斟低唱"的说唱节目，如果没有扩音设备，是不可能的。③

第六，瓦舍中表演的节目"百戏杂陈"，名目繁多。据《梦粱录》《武林旧事》《都城纪胜》《西湖老人繁胜录》等书所载，南宋都城临安瓦舍中的"百戏伎艺"有唱赚、诸宫调、转踏、大曲、清乐、小唱、弹唱、京词、崖词、耍令、商谜、相扑、女飐、踢弄、踏索、打硬、举重、射弩、竹马、蛮牌、神鬼、扑旗、夹棒、吟叫、合生、象生、道情、泥丸、头钱、沙书、弄水、舞旋、舞绾、鲍老、筑球、下棋、小说、烟火、说药、捕蛇、消息、参军、杂剧、院本、鼓子词、说诨话、学乡谈、教走兽、乔相扑、教飞禽、教虫蚁、装秀才、放风筝、七圣法、划旱船、耍和尚、村田乐、马后乐、藏去之术等六七十种技艺。

第七，瓦舍中除有勾栏演艺服务外，尚有一整套与其相关的服务设施，如茶坊、酒肆、饮食店铺、歌楼、妓院、浴堂等，使人们在此获得全方位的娱乐与满足。如南瓦有酒店熙春楼，中瓦内有王妈妈家茶肆及刊印书籍的张家书铺，北瓦内有起店数家。这些店铺一般以出售食品和工艺品为主。如《梦粱录》卷一三《诸色杂货》便载临安瓦市中有"行娇惜、宜娘子、秋千稠糖、葫芦、火斋郎果子、吹糖麻婆子孩儿"，以及"糕粉孩儿、鸟兽、像生花朵、风糖饼、十般糖鸡头担儿、罐儿、碟儿、小酒器、鼓儿、板儿、锣儿、刀儿、枪儿、旗儿、马儿、闹竿儿、花篮、龙船、黄胖儿、麻婆子、桥儿、棒槌儿、槌儿，及影戏线索、傀儡儿、狮

① 勾栏的本意原为栏栅或栏杆之意，在古代或作勾阑、钩栏，指用栏杆或绳索、幕幛等围成一个圈子，成为一个演出场所，由专业艺人在里面表演节目。而露台为一种露天的戏台，始于汉文帝时期，在唐代已经用于乐舞百戏表演。乐棚也是一种戏台或剧场，又因人们往往在乐棚上要装饰一些花彩之物，故时人又称为彩棚。

② 〔宋〕西湖老人：《西湖老人繁胜录·瓦市》，载《南宋古迹考（外四种）》，浙江人民出版社 1983 年版，第 113 页。

③ 程民生：《略论宋代市民文艺的特点》，《史学月刊》1998 年第 6 期。

子、猫儿”等，值得注意的是，这些商品有许多是模仿戏剧人物及其道具的工艺品或食品，供人赏玩品食。

（五）舞蹈

南宋统治者留恋歌舞艺术，一味追欢逐乐。正如《都城纪胜》叙录所说：“宋自南渡之后，半壁仅支，而君若臣，溺于宴安，不以恢复为念。西湖歌舞，日夕留恋，后市前朝夸富庶，歌楼酒馆斗笙丝。”

舞蹈艺术可分为宫廷舞蹈与民间舞蹈两种。

1. 宫廷舞蹈

南宋宫廷活动，如节庆、寿诞等，常以舞蹈助兴。汪元量《凤鸾双舞》词便云：

> 慈元殿，薰风宝鼎，喷香云飘坠。环立翠羽，双歌丽调，舞腰新束，舞缨新缀。金莲步、轻摇彩凤儿，翩翻作势。便似月里仙娥谪来，人间天上，一番游戏。圣人乐意。任乐部箾韶声沸。众妃欢也，渐调笑微醉。竞奉霞觞，深深愿、圣母寿如松桂。迢递。更万年千岁。①

南宋宫廷舞蹈以表演人物故事的大曲舞最为盛行。它以乐曲作为伴奏的舞曲和歌唱的曲谱进行演出，形成一套比较复杂的表演程序。按照惯例，舞蹈演员一般都是在“曲破”以后表演的。在节奏紧促的音乐声中，演员们边歌边舞，演出各种舞姿优美典雅的节目。

关于大曲舞，《梦粱录》卷三《宰执亲王南班百官入内上寿赐宴》中有载：

> 每遇供舞戏，则排立叉手，举左右肩，动足应拍，一齐群舞，谓之“挼曲子”。第一盏进御酒，歌板色，一名唱中腔一遍讫，先笙与箫笛各一管和之，又一遍，众乐齐和，独闻歌者之声。宰臣酒，乐部起倾杯。百官酒，三台舞旋，多是浑裹宽衫，舞曲破攧，前一遍，舞者入，至歇拍，续一人入，对舞数拍，前舞者退，独后舞者终其曲，谓之“舞末”。

从这段文字记载中，我们可以看出大曲舞的舞蹈形式主要有群舞、对舞、独舞三种，其基本的动作则有“排立叉手”“举左右肩”“动足应拍”“一齐群舞”等等，演员大多穿着宽大的长袖大衫，戴着具有滑稽意味的“浑裹”，舞曲则由同一宫调的若干“遍”组成，而每一“遍”又含有“破”“攧”“歇遍”等舞乐。

宫廷大曲舞的曲目甚多，它们大多是具有人物、情节的叙事性舞蹈，优美典雅，诙谐风趣。如《莺莺六幺》表演莺莺与张生的爱情故事，《郑生遇龙女薄媚》表演太学郑生在龙

① 〔元〕汪元量著、孔凡礼辑校：《增订湖山类稿》卷五，中华书局1984年版，第162页。

宫巧遇龙女的神话故事,《柳毅大王乐》表演柳毅传书的神话故事,《裴少俊伊州》表演裴少俊与李千金相爱而私自结合的爱情故事,《梦巫山彩云归》表演楚襄王阳台梦会神女的神话故事,等等。

大曲舞的舞谱,在周密《癸辛杂识》后集《舞谱》中有比较详细而全面的记载,据其所载,仅德寿宫舞谱就有《五花儿》《雁翅儿》《龟背儿》等种,这些舞蹈动态舞式非常繁杂,令人眼花缭乱:

> 予尝得故都德寿宫舞谱二大帙,其中皆新制曲,多妃嫔诸阁分所进者。所谓谱者,其间有所谓:
>
> 左右垂手:双拂、抱肘、合蝉、小转、虚影、横影、称里;
>
> 大小转撺:盘转、叉腰、捧心、叉手、打场、搀手、鼓儿;
>
> 打鸳鸯场:分颈、回头、海眼、收尾、豁头、舒手、布过;
>
> 鲍老掇:对窠、方胜、齐收、舞头、舞尾、呈手、关卖;
>
> 掉袖儿:拂、躜、绰、觑、掇、蹬、焌;
>
> 五花儿:踢、搕、刺、攧、系、搠、捽;
>
> 雁翅儿:靠、挨、拽、捺、闪、缠、提;
>
> 龟背儿:踏、儹、木、折、促、当、前;
>
> 勤步蹄:摆、磨、捧、抛、奔、抬、撅。
>
> 是亦前所未闻者,亦可想见承平和乐之盛也。

从这份极其珍贵的舞蹈史料中,包括了手、袖、眼神、身段、步态和舞蹈队形等九类六十三项动态舞式。由此,我们可以看出中国古代的舞蹈技艺发展到南宋时已经达到了新的高峰。

孝宗时为相的史浩,著有《鄮峰真隐大曲》二卷,里面收录有当时宫廷中表演的采莲舞、太清舞、柘枝舞、花舞、剑舞、渔父舞,有歌词、勾队、放队、乐语。且诸舞曲之间,各具当时歌舞之状,可以见其时声容之美。① 如其《采莲舞》:

> **五人一字对厅立。竹竿子勾。念:**
>
> 伏以浓阴缓辔,化国之日舒以长。清奏当筵,治世之音安以乐。霞舒绛彩,玉照铅华。玲珑环佩之声,绰约神仙之伍。朝回金阙,宴集瑶池。将陈倚棹之歌,式侑回风之舞。宜邀胜伴,用合仙音。女伴相将,采莲入队。
>
> 勾念了,后行吹双头莲令,舞上,分作五方。竹竿子又勾,念:
>
> 伏以波涵碧玉,摇万顷之寒光;风动青蘋,听数声之幽韵。芝华杂沓,羽幰

① 刘永济:《宋代歌舞剧曲录要元人散曲选》,中华书局2007年版,第40页。

飘飖。疑紫府之群英，集绮筵之雅宴。更凭乐部，齐迓来音。

勾念了，后行吹采莲令，舞转作一直了，众唱采莲令：

练光浮，烟敛澄波渺。燕脂湿、靓妆初了。绿云伞上露滚滚，的皪真珠小。笼娇媚、轻盈伫立。无言不见仙娥，凝望蓬岛。玉阙葱葱，镇锁佳丽春难老。银潢急、星槎飞到。暂离金砌，为爱此、极目香红绕。倚兰棹。清歌缥渺。隔花初见，楚楚风流年少。

唱了，后打吹，分作五方。竹竿子勾，念：

伏以遏云妙响，初容与于波间；回雪奇容，乍婆娑于泽畔。爱芙蕖之艳冶，有兰芷之芳馨。蹀躞凌波，洛浦未饶于独步。雍容解佩，泣皋谅得以齐驱。宜到阶前，分明祗对。

花心出，念：

但儿等玉京侍席，久陟仙阶；云路驰骖，乍游尘世。喜圣明之际會，臻夷夏之清宁。聊寻泽国之芳，雅寄丹台之曲。不惭鄙俚，少颂升平。未敢自专，伏候处分。

竹竿子问，念：

既有清歌妙舞，何不献呈？

花心答，问：

旧乐何在？

竹竿子再问，念：

一部俨然。

花心答，念：

再韵前来。

念了，后行吹采莲曲破。五人众舞。到入破，先两人舞出，舞到裀上住，当立处迄。又二人舞，又住，当立处。然后花心舞彻。竹竿子念：

伏以仙裾摇曳，拥云罗雾縠之奇；红袖翩翻，极鸾翮凤翰之妙。再呈庆瑞，一洗凡容。已奏新词，更留雅咏。

念了，花心念诗：

我本清都侍玉皇，乘云驭鹤到仙乡。轻舠一叶烟波阔，嗜此秋潭万斛香。

念了，后行吹渔家傲。花心舞上，折花了，唱渔家傲：

蕊沼清冷涓滴水。迢迢烟浪三千里。微孕青房包绣绮。熏风里。幽芳洗尽闲桃李。羽氅飘萧尘外侣。相呼短棹频偎倚。一片清歌天际起。声尤美。双双惊起鸳鸯睡。

唱了，后打吹渔家傲。五人舞，换座，当花心立人念诗：

我昔瑶池饱宴游，朅来乐国已三秋。水晶官里寻幽伴，菡萏香中荡小舟。

念了，后行吹渔家傲。花心舞上，折花了，唱渔家傲：

翠盖参差森玉柄。迎风浥露香无定。不著尘沙真体净。芦花径。酒侵酥脸霞相映。棹发木兰烟水暝。月华如练秋空静。一曲悠扬沙鹭听。牵清兴。香红已满蒹葭艇。

唱了，后行吹渔家傲。五人舞，换座，当花心立人念诗：

我弄云和万古声，至今江上数峰青。幽泉一曲今凭棹，楚客还应着耳听。

念了，后行吹渔家傲。花心舞上，折花了，唱渔家傲：

草软沙平风掠岸。青蓑一钓烟江畔。荷叶为裀花作幔。知谁伴。醇醪只把鲈鱼换。盘缕银丝杯自暖。篷窗醉著无人唤。逗得醒来横脆管。清歌缓。彩鸾飞去红云乱。

唱了，后行吹渔家傲。五人舞，换座，当花心立人念诗：

我是天孙织锦工，龙梭一掷度晴空。兰桡不逐仙槎去，贪撷芙蕖万朵红。

念了，后行吹渔家傲。花心舞上，折花了，唱渔家傲：

太华峰头冰玉沼。开花十丈干云杪。风散天香闻四表。知多少。亭亭碧叶何曾老。试问霏烟登鸟道。丹崖步步祥光绕。折得一枝归月峤。蓬莱岛。霞裾侍女争言好。

唱了，后行吹渔家傲。五人舞，换座，当花心立人念诗：

我入桃源避世纷，太平才出报君恩。白龟已阅千千岁，却把莲巢作酒樽。

念了，后行吹渔家傲。花心舞上，折花了，唱渔家傲：

珠露漙漙清玉宇。霞标婥约消烦暑。时驭清风之帝所。寻仙侣，三千仙仗临烟渚。舴艋飘飖来复去。渔翁问我居何处。笑把红蕖呼鹤驭。回头语。壶中自有朝天路。

唱了，后行吹渔家傲。五人舞，换座如初。竹竿子勾，念：

伏以珍符荐至，朝廷之道格高深；年谷屡丰，郡邑之和熏遐迩。式均欢燕，用乐清时。感游女于仙衢，咏奇葩于水国。折来和月，露浥霞腮。舞处随风，香盈翠袖。既徜徉于玉砌，宜宛转于雕梁。爰有佳宾，冀闻清唱。

念了后，众唱画堂春：

彤霞出水弄幽姿。娉婷玉面相宜。棹歌先得一枝枝。波上画鲸飞。向此画堂高会。幽馥散、堪引瑶卮。幸然逢此太平时。不醉可无归。

唱了，后行吹画堂春。众舞，舞了众又唱河传：

蕊宫阆苑。听钧天帝乐，知他几遍。争似人间，一曲采莲新传。柳腰轻，莺舌啭。逍遥烟浪谁羁绊，无奈天阶，早已催班转。却驾彩鸾，笑容斜盼。愿年年陪此宴。

唱了，后行吹河传，众舞。舞了，竹竿子念遣队：

浣沙一曲媚江城，雅合凫鸥醉太平。楚泽清秋余白浪，芳枝今已属飞琼。歌舞既阑，将好去。

念了，后行吹双头莲令。五人舞转作一行，对厅杖鼓出场。

从上面可以看出，此舞曲有吹、有唱、有念、有舞。吹者乐调，唱者曲词，念者勾遣队词及诗，舞者有花心舞、五人舞、二人舞、众舞。又有竹竿子与花心问答之词，有折花之姿势。其乐调有双头莲令二叠，一用之最前，一用之最末。采莲令共二叠，采莲曲破一叠，渔家傲共十叠，画堂春一叠，河传一叠。曲词同乐调，唯双头莲令无词。其组织井井有条，大抵取大曲入破以后稍变化之而成。竹竿子者，勾遣队人，手执竹竿拂子，以供指挥者。舞者皆扮作仙女，一人为花心，扮作玉皇大帝的女侍；其余四人中一人扮作瑶池仙女，一人扮作吹笙仙女，一人扮作织锦天孙，一人扮作桃源仙女。此五人各念诗一首，表明身份。念诗后，花心唱词一首，词语亦合其身分。每舞必有唱，唱一词毕，则吹此词之乐调以应之。其舞有分作五方者，有转作一直者，有转作一行者，有换坐者。出场时，有杖鼓。表现了太平盛世宫廷与官府及文人士大夫之歌舞盛会的景象。①

2. 民间舞蹈

民间舞蹈活动相当盛行，据文献记载，每年腊月下旬开始，城中就陆续有舞队出动，到正月初一后日渐增多，至正月十五元宵节时达到了最盛。如《武林旧事》卷二《元夕》载：

都城自旧岁冬孟驾回，则已有乘肩小女、鼓吹舞绾者数十队，以供贵邸豪家幕次之玩。……三桥等处，客邸最盛，舞者往来最多。每夕楼灯初上，则箫鼓已纷然自献于下。酒边一笑，所费殊不多。往往至四鼓乃还。自此日盛一日。姜白石有诗云："灯已阑珊月色寒，舞儿往往夜深还。只应不尽婆娑意，更向街心弄影看。"又云："南陌东城尽舞儿，画金刺绣满罗衣。也知爱惜春游夜，舞落银蟾不肯归。"吴梦窗《玉楼春》云："茸茸狸帽遮梅额，金蝉罗翦胡衫窄。乘肩争看小腰身，倦态强随闲鼓笛。问称家在城东陌，欲买千金应不惜。归来困顿殢春眠，犹梦婆娑斜趁拍。"深得其意态也。至节后，渐有大队如四国朝、傀儡、杵歌之类，日趋于盛，其多至数千百队。天府每夕差官点视，各给钱酒油烛多寡有

① 刘永济：《宋代歌舞剧曲录要元人散曲选》，中华书局2007年版，第46—47页。

差。且使之南至升旸宫支酒烛，北至春风楼支钱。终夕天街鼓吹不绝。都民士女，罗绮如云，盖无夕不然也。至五夜，则京尹乘小提轿，诸舞队次第簇拥前后，连亘十余里，锦绣填委，箫鼓振作，耳目不暇给。

以民间舞蹈专业团体而言，南宋都城临安就不下数十个。“姑以舞队言之，如清音、遏云、棹刀、鲍老、胡女、刘衮、乔三教、乔迎酒、乔亲事、焦锤架儿、仕女、杵歌、诸国朝、竹马儿、村田乐、神鬼、十斋郎各社，不下数十”①。《武林旧事》卷二《舞队》的记载更为详细，据其所载，当时的舞队有：

大小全棚傀儡：查查鬼、李大口、贺丰年、长瓠敛（长头）、兔吉（兔毛大伯）、吃遂、大憨儿、粗旦、麻婆子、快活三郎、黄金杏、瞎判官、快活三娘、沈承务、一脸膜、猫儿相公、洞公觜、细旦、河东子、黑遂、王铁儿、交椅、夹棒、屏风、男女竹马、男女杵歌、大小斫刀鲍老、交衮鲍老、子弟清音、女童清音、诸国献宝、穿心国入贡、孙武子教女兵、六国朝、四国朝、遏云社、绯绿社、胡安女、凤阮嵇琴、扑胡蝶、回阳丹、火药、瓦盆鼓、焦锤架儿、乔三教、乔迎酒、乔亲事、乔乐神（马明王）、乔捉蛇、乔学堂、乔宅眷、乔像生、乔师娘、独自乔、地仙、旱划船、教象、装态、村田乐、鼓板、踏橇（宋刻“踏跷”）、扑旗、抱罗装鬼、狮豹、蛮牌、十斋郎、耍和尚、刘衮、散钱行、货郎、打娇惜。其品甚伙，不可悉数。

从上述文献记载来看，可见当时民间的舞蹈节目丰富多彩，令人目不暇接。从这些文献记载中，我们还可以得知，纯粹的舞蹈表演节目并不多，大多是杂技、歌唱、舞蹈化的武术和体技表演，也以许多是以舞蹈动态语言为主的戏剧性小品，如《孙武子教女兵》及许多的“乔××”。“乔”在这里可以理解为乔装、模仿和扮演之意。②

以下根据文献记载，对其择要介绍：

舞旋是一种以旋转动作为主要技巧的舞蹈。吴自牧《梦粱录》卷三《宰执亲王南班百官入内上寿赐宴》载：“百官酒，三台舞旋，多是浑裹宽衫，舞曲破攧，前一遍，舞者入，至歇拍，续一人入，对舞数拍，前舞者退，独后舞者终其曲，谓之‘舞末’。”除宫中外，民间也有舞旋表演，《梦粱录》卷二〇《妓乐》载“街市有乐人三五为队，擎一二女童，舞旋唱小词，专沿街赶趁”。其著名艺人，《武林旧事》卷一《圣节》载舞旋色有范宗茂。

舞蕃乐，是少数民族的舞蹈，著名艺人有张遇喜。这种舞蹈形象在四川大足石窟宝顶山的“六师外道”雕像中有生动的反映：六个外道听到谤佛不孝的话后，喜不自禁，有的奏乐，有的舞蹈。其中一男舞者正揽袖勾腿、张口欢笑而舞。此人高鼻深目，为胡人像。

① 〔宋〕吴自牧：《梦粱录》卷一《元宵》，浙江人民出版社 1984 年版，第 3 页。

② 王克芬：《中国舞蹈发展史》，上海人民出版社 2004 年版，第 274 页。

有学者认为，这也许是宋代的雕工塑匠捕捉了西域少数民族舞蹈而创造的艺术形象。①

舞判又名“跳钟馗”“跳判官”。据孟元老《东京梦华录》卷七《驾登宝津楼诸军呈百戏》载：“又爆仗一声，有假面长髯，展裹绿袍靴简，如钟馗像者。傍一人以小锣相招，和舞步，谓之舞判。”观众看了这种舞蹈，往往觉得生动有趣，捧腹大笑。在南宋，民间舞蹈中的钟馗，是一个面丑心善、可敬可爱的形象。如《梦粱录》卷六《除夜》载：每当腊月，街市上一伙伙驱祟“打夜胡”舞队和宫廷大傩仪式中，都有判官钟馗的形象。

抱罗装鬼为一种假面舞蹈。表演时，舞者假面，穿着青帖金花短后衣、帖金黑色裤子，披着头发，光着脚，手中拿着一面大铜锣，边敲边舞。舞蹈时，随着身姿的变化进退，时而绕场跳跃，时而向观众“口吐狼牙烟火”。

舞剑、舞斫刀是一种由武术演变而来的舞蹈。

棹刀又称为斫刀、倬刀、七圣刀等，是一种舞蹈化、带情节的武术、技击表演。北宋《东京梦华录》卷七记载的《七圣刀》，其表演场景是：开始时响一声爆仗，在烟火弥漫之际，七个“披发文身、着青纱短后之衣、锦绣围肚看带”的人物出场，除一人戴“金花小帽执白旗”外，其余都裹着头巾。他们执着真刀，相互格斗击刺，作出破面剖心之势。舞蹈惊险，气氛神异。这种舞蹈在南宋时犹存，《梦粱录》卷一《元宵》有载。

舞蛮牌是一种大型的舞蹈节目，它由古代的武舞发展演变而来，表演时十分壮观。据孟元老《东京梦华录》卷七《驾登宝津楼诸军呈百戏》记载：“乐部举动，琴家弄令，有花妆轻捷军士百余，前列旗帜，各执雉尾、蛮牌、木刀，互变开门夺桥等阵，然后列成偃月阵，凡五七对。乐部复动蛮牌令，数内两人，出阵对舞，如击刺之状，一人作奋击之势，一人作偃仆出场，凡五七对，或以枪对牌、剑对牌之类。”从这一记载中，可以看出，这个舞蹈既有数百人的群体舞，也有两人的对舞。因其表演时，以蛮牌为主要的表演道具，故名。南宋时，此种舞蹈非常流行。宋赵彦卫《云麓漫抄》卷一二载：“今之舞蛮牌，即古武舞，舞三台与调笑即古文舞，盖古舞皆有行缀。自《大曲》《柘枝》之类遍行于宇宙间，而古舞亡矣。今反以三台为简澹。”

扑旗子是一种以旗帜为主要表演道具的舞蹈。表演时，一舞者头扎红巾，手中不停地弄着大旗；另一人也是头扎红巾，“手执两白旗子，跳跃旋风而舞，谓之扑旗子”②。这种舞蹈，在今天的戏曲表演中，常用于激烈的打斗场面。旗子飘拂卷扬，与筋斗、腾跃、滚翻等高难度技巧动作紧密结合，丝丝入扣，分毫不差。人在旗中飞舞，旗在人中卷扬，这是武术与舞蹈的巧妙结合。旗子的颜色按剧情不同而定，水战时多用浅绿淡蓝，陆战时多

---

① 王克芬：《中国舞蹈发展史》，上海人民出版社 2004 年版，第 283 页。

② 〔宋〕孟元老：《东京梦华录》卷七《驾登宝津楼诸军呈百戏》，中华书局 1982 年版，第 194 页。

用红旗，以烘托激烈红火的战斗气氛。

舞鲍老是一种滑稽舞蹈，早在北宋东京时就已流行。时人杨大年有诗描述道："鲍老当筵笑郭郎，笑他舞袖太郎当。若教鲍老当筵舞，转觉郎当舞袖长。"①舞者人数较多，多达数百人。他们头戴假面具，衣着长袖的衣服，动作仿照傀儡，呈现出笨拙诙谐的丑态，引人发笑。如《水浒传》第三三回描述道："那舞鲍老的，身躯扭得村村势势的。宋江看了，呵呵大笑。"至南宋，这种舞蹈艺术更是有了进一步的发展，时有"福建鲍老""川鲍老"等名称，可见其带有不同的地方特色，且人数也较多。如《西湖老人繁胜录》载："福建鲍老一社有三百余人，川鲍老亦有一百余人。"鲍老的种类也越来越多，出现了"交衮鲍老""斫刀鲍老"等。

旱划船，又称旱龙船、跑旱船、划旱船等，是一种船舞。表演时，一人扮作船妇，驾着布帛装饰的船具，另一人或几人扮作船夫，拿着竹棍代篙或桨，在陆地上模仿水中划船的样子，时而舞步轻快，时而神情紧张，象征着船顺风顺水或遇急流险滩时的情景，动作逼真。② 另从范成大《上元纪吴中节物俳谐体三十二韵》诗句"旱船遥似泛"及自注"夹道陆行，为竞渡之乐，谓之《划旱船》"来看，这种舞蹈有时表演的是龙舟竞渡的情景。③

村田乐是一种表现农村劳动人民生活的舞蹈，乡土气息非常浓厚。范成大曾有诗描述临安灯节上表演该舞的情景："村田蓑笠野，街市管弦清。"前句下自注"村田乐"。宋伯仁《村田乐》诗赞道："打稻天如二月天，满村和气乐丰年。田翁烂醉身如舞，两个儿童策上船。"④

十斋郎又称舞斋郎。斋郎是唐宋时期掌管太庙或郊社祭祀仪式的一般官员，本应讲求仪表端正无疾，但在宋代这一官位可以用钱来捐买，因此称职者不多，于是人们便用舞蹈予以讽刺。它以风趣怪异的形态，刻画了那些笨拙无能、滑稽可笑的官员的丑陋形象，编入民间舞队加以表演。⑤ 如时人叶绍翁《四朝闻见录》卷五《犬吠村庄》中就记载有人"舞斋郎以悦侂胄之四夫人"之事。

狮豹，为一种拟兽舞，早在唐代就很流行。这种兽舞在文献中有记载，如《东京梦华录》卷七《驾登宝津楼诸军呈百戏》曰："次《狮豹》入场，坐作进退奋迅举止毕。"绘画作品也有表现，如南宋苏汉臣所绘的《百子嬉春图》中，就有这种舞蹈：两个小儿披狮皮装扮成

---

① 〔宋〕陈师道：《后山集》卷二三《诗话》，文渊阁《四库全书》本。

② 周宝珠：《宋代东京研究》，河南大学出版社 1992 年版，第 459 页。

③ 〔宋〕范成大：《石湖居士诗集》卷二三《上元纪吴中节物俳谐体三十二韵》，载《范石湖集》，上海古籍出版社 2006 年版，第 326 页。

④ 〔宋〕陈起：《江湖小集》卷七二，文渊阁《四库全书》本。

⑤ 王克芬：《中国舞蹈发展史》，上海人民出版社 2004 年版，第 276 页。

一头大狮子，旁边四个小儿或牵狮头，或持小鼓追赶狮子，或舞蹈嬉戏。陈旸《乐书》所绘的狮子舞图，纹饰更为繁缛华丽，为宋代狮子舞的生动写照。

乘肩舞是城中颇具特色的一种舞蹈，其特征是少女乘在成人肩上作舞。如《梦粱录》卷二〇《伎乐》载："街市有乐人三五为队，擎一二女童舞旋。"由此可见，这种舞蹈是舞者乘在别人的肩头或被举在空中作舞，舞态主要靠袅娜腰肢和柔软的手臂来表演。后世的"抬阁""飘色"等舞蹈便承继于此。另从文献记载来看，这种舞队的数量也极其可观，《武林旧事》卷二《元夕》云："都城自旧岁冬孟驾回，则已有乘肩小女、鼓吹舞绾者数十队。……自此以后，每夕皆然。"

总之，这些舞队的"首饰衣装，相矜侈靡，珠翠锦绣，眩耀华丽"。如傀儡、杵歌、竹马之类，多至十余队。每当正月十二、十三两日，国忌禁乐之时，"则有装宅眷笼灯，前引珠翠，盛饰少年尾其后，诃殿而来"①。如果路人突然遇到，根本无法辨其真伪。此外，还有扮作小生意人者，如卖蜂糖饼、小八块风子，卖字本，虔婆卖旗儿之类，以博得观众的一笑。

这些民间舞蹈团体，来自全国各地甚或域外，各具特色，如"清乐社（有数社，每不下百人）：鞑靼舞、老番人、耍和尚；斗鼓社：大敦儿、瞎判官、神杖儿、扑蝴蝶、耍师姨、池仙子、女杵歌、旱龙船"②。

他们的舞蹈技巧也达到了较高的水平，据《西湖游览志余》卷一六《香奁艳语》载："与淑真同时，有魏夫人者，亦能诗，尝置酒以邀淑真，命小鬟队舞，因索诗，以'飞雪满群山'为韵。淑真醉中，援笔赋五绝云：'管弦催上锦裀时，体态轻盈只欲飞。若使明皇当日见，阿蛮无计恍杨妃。'又云：'香茵稳衬半钩月，往来凌波云影灭。弦催紧拍促将遍，两袖翻然作回雪。'又云：'柳腰不被春拘管，凤转鸾回霞袖缓。舞彻伊州力不禁，筵前扑簌花飞满。'又云：'占断京华第一春，清歌妙舞实超群。只愁到晓人星散，化作巫山一段云。'又云：'烛花影里粉姿闲，一点愁侵两点山。不怕带他飞燕妒，无言逐拍省弓弯。'不惟词旨艳丽，而舞态之妙亦可想见也。"

由于临安的舞蹈艺术十分发达，故此涌现出了许多著名的艺人。著名的舞蹈演员有张遇春、刘仁贵、宋十将、常十将、错安头、欢喜头、柴小升哥、林赛哥、张名贵、花念一郎、花中宝等。其中，谢兴哥、花春、王铁一郎、王铁三郎四人以跳神鬼舞著称。③

据文献记载，南宋宫廷仙韶院里有一个大名鼎鼎的菊夫人，由于其舞艺精湛，人称为

① 〔宋〕周密：《武林旧事》卷二《舞队》，浙江人民出版社 1984 年版，第 34 页。

② 〔宋〕西湖老人：《西湖老人繁胜录》，载《南宋古迹考（外四种）》，浙江人民出版社 1983 年版，第 100 页。

③ 〔宋〕周密：《武林旧事》卷六《诸色伎艺人》，浙江人民出版社 1984 年版，第 110—111 页。

"菊部头"。她表演的《凉州舞》无人能及。《凉州》亦作《梁州》，本是唐代著名的软舞，具有鲜明的西域地方特色。唐玄宗时，宫廷女舞人悖拏儿手执金碗，即兴舞《凉州》，深得玄宗的赞赏。菊夫人是否也执金碗而舞，我们今日不得而知，只知她的舞蹈技艺非常出色，但并未得到高宗赵构的宠爱，于是托病出宫，改嫁他人。高宗退位后，居于德寿宫。有一天，他在宫中令舞人演《凉州舞》，但舞伎的表演不能令他满意。于是，他想起了过去的菊夫人，宣其第二次入宫。①

除菊夫人外，宫廷中知名的舞人尚有郭琼琼和许柔柔等人。如《武林旧事》卷七《乾淳奉亲》载：淳熙三年(1176 年)八月二十一日，宫中寿圣皇太后寿宴时，酒行至"第七盏，小刘婉容进自制《十色菊》《千秋岁》曲破，内人琼琼、柔柔对舞"。

(六)曲艺

曲艺即说唱艺术，自唐代正式形成以来，至宋代已发展成为一种门类众多的艺术形式，出现了专门从事某种艺术形式(即曲种)的民间艺人，并出现了集中的市场(瓦舍)，形成了本门艺术的基本观众群，这标志着我国古代的说唱艺术至此已达到了繁荣的阶段。

关于宋代曲艺的门类，孟元老《东京梦华录》卷五《京瓦伎艺》曾有详细记载：

> 崇观以来，在京瓦肆伎艺：张廷叟，孟子书主张。小唱：李师师、徐婆惜、封宜奴、孙三四等，诚其角者。嘌唱弟子：张七七、王京奴、左小四、安娘、毛团等……讲史：李慥、杨中立、张十一、徐明、赵世亨、贾九。小说：王颜喜、盖中宝、刘名广……孔三传耍秀才诸宫调。毛详、霍伯丑商谜。吴八儿合生。张山人说诨话。刘乔、河北子、帛遂、胡牛儿、达眼五重明、乔骆驼儿、李敦等杂班。外入孙三神鬼。霍四究说三分。尹常卖五代史。文八娘叫果子。其余不可胜数。不以风雨寒暑，诸棚看人，日日如是。

此外，《武林旧事》《梦粱录》《西湖老人繁胜录》等书也有相似的记载，从这些文献记载中，我们可以看出，其时的说唱艺术门类有孟子书、嘌唱、讲史、小说、诸宫调、商谜、合生、说诨话、杂班、说三分、说五代史、叫果子等。

1. 说书

说书是宋代瓦子勾栏中最为常见的曲艺节目，王国维《宋元戏曲史》说："此种说话，以叙事为主，与滑稽剧之但托故事者迥异。因发达之迹，虽略与戏曲平行；而后世戏剧之题目，多取诸此，其结构亦多依仿为之，所以资戏剧之发达者，实不少也。"②其话本因其内容的不同，又可分为讲史、说经、小说三类。

① 〔宋〕周密：《齐东野语》卷一六《菊花新曲破》，中华书局 1983 年版，第 294 页。
② 王国维：《宋元戏曲史》，上海古籍出版社 1998 年版，第 29 页。

(1)讲史。讲史也称演史，就是依据史书敷张演说历史故事，特别是战争一类的历史故事。这些艺人的文化素质较其他演员要高，历史知识更是非常渊博，因此他们的艺名，男的往往是贡士、进士、解元、书生、宣教之类，或许都是因科场失利或对这种技艺有爱好的读书人。而女的艺名，都称小娘子。如《梦粱录》卷二〇《小说讲经史》说："讲史书者，谓讲说《通鉴》、汉唐历代史文传，兴废争战之事，有戴书生、周进士、张小娘子、宋小娘子、丘机山、徐宣教。"《武林旧事》卷六《诸色伎艺人》更载有"乔万卷、许贡士、张解元、周八官人、檀溪子、陈进士、陈一飞、陈三官人、林宣教、徐宣教、李郎中、武书生、刘进士、巩八官人、徐继先、穆书生、戴书生、王贡士、陆进士、丘几山(一作机山)、张小娘子、宋小娘子、陈小娘子"等二十多位"演史"名家。正因为如此，他们不但善于讲说，而且有的还能编写高质量的话本。

由于都城中讲史之风盛行，以致民间也涌现出了不少好谈古今之人，如时人张仲文《白獭髓》载："绍兴间，行都有三市井人，好谈今古，谓戚彦、樊屠、尹昌也。戚彦乃皇城司快行，樊屠乃市肉，尹昌乃佣书。有无名人赋诗曰：'戚快樊屠尹彦时，三人共坐说兵机。欲问此书出何典，昔时曾看王与之。'(注：'与之乃说书史人。')"当时，宫中一位名叫纲的内侍也擅长说话，宋高宗很欣赏他，时常叫他讲说历史故事。

据文献记载，早在北宋初年，民间便有艺人在街头讲说汉代韩信的故事："(党进)过市，见缚栏为戏者，驻马问：'汝所诵何言？'优者曰：'说韩信。'进大怒，曰：'汝对我说韩信，见韩即当说我。此三头二面之人。'即令杖之。"①此虽是党进不识文墨而闹出的笑话，但说明当时民间已有讲说历史故事的说书活动。三国故事是宋人最喜爱的历史故事，故当时艺人以"说三分"最为盛行。苏轼《东坡志林》便记载了这一情况："王彭尝云，涂巷中小儿薄劣，为其家所厌苦，辄与钱，令聚坐听古话。至说三国事。闻刘玄德败，颦蹙有出涕者；闻曹操败，即喜唱快。是以知君子小人之泽，百世不斩。"②另外，梁、唐、晋、汉、周五代争战的历史也是宋人比较爱听的故事，尹常卖就是经常在汴京大内前讲说五代史的著名艺人。至南宋时，临安瓦子中具有"讲史"一类技艺的人才也较多。绿天馆主人所撰《古今小说》序云："南宋供奉局有说话人，如今说书之流。其文必通俗，其作者莫可考。泥马倦勤，以太上享天下之养，仁寿清暇，喜阅话本，命内珰日进一帙，当意则以金钱厚酬。于是内珰辈广求先代奇迹及闾里新闻，倩人敷演进御，以怡天颜。然一览辄置，卒多浮沉内廷，其传布民间者，什不一二耳。"据《西湖老人繁胜录》载，北瓦十三座勾栏中，常

① 〔宋〕江少虞：《宋朝事实类苑》卷六四《谈谐戏谑·党太尉》，上海古籍出版社1981年版，下册，第851页。

② 〔宋〕苏轼：《东坡志林》卷一《涂巷小儿听说三国语》，中华书局1981年版，第7页。

有两座勾栏专说史书，如“乔万卷、许贡士、张解元”。《武林旧事》卷六《诸色伎艺人》“讲史”一类列举有著名艺人二十三人，包括上述数人在内，其中北瓦的三人排名最先。他们讲述的历史故事，除沿袭北宋外，也有所发展。罗烨《醉翁谈录》在分析“小说”时，曾说到当时“讲史”的情况，他说：“说征战有刘、项（刘邦、项羽）争雄，论机谋有孙、庞（孙膑、庞涓）斗智；新话说张、韩、刘、岳（张浚、韩世忠、刘锜、岳飞），史书讲晋、宋、齐、梁，《三国志》诸葛亮雄材，《收西夏》说狄青大略。说国贼怀奸从佞，遣愚夫等辈生嗔；说忠臣负屈啣冤，铁心肠也须下泪。”①这里所说的“收西夏说狄青大略”和“新话说张、韩、刘、岳”，便是南宋的新创作。此外，据《梦粱录》卷二〇《小说讲经史》所载：“又有王六大夫，元系御前供话，为幕士请给，讲诸史俱通，于咸淳年间，敷演《复华篇》及《中兴名将传》，听者纷纷，盖讲得字真不俗，记问（闻）渊博甚广耳。”这里提到的《复华篇》②和《中兴名将传》，也是讲南宋初期张、韩、刘、岳等人抗金的英雄事迹。和王六大夫一样，王防御也是一位有杰出艺术修养的说话人。他号委顺子，曾在御前供奉。明代李日华《紫桃轩又缀》卷一对其有详细的记载：“宋王防御者，号委顺子。方万里挽之曰：‘温饱逍遥八十余，稗官原是汉虞初。世间怪事皆能说，天下鸿儒有不如。耸动九重三寸舌，贯穿千古五车书。《哀江南赋》笺成后，从此韦编饱蠹鱼。’盖防御以说书供奉得官，兼有横赐，既老，筑委顺堂以居，士大夫乐与之往还。世传《委堂图》，盖宋人笔也；而或附之赵荣禄为鲜于太常写，吾不知其解。”

由于这种“新说话”在南宋晚期具有重大的政治现实意义，因而“听者纷纷”，十分卖座。但由此因口舌罹祸的事也不断，如一位名叫张本的说话人，因其“念诗讥讽及谈说本朝国事为戏”，触犯了统治阶级的忌讳，故被杖脊送千里外州军编管。③

（2）说经。说经是演说佛经上故事，“说诨经”是演说佛经中有趣的故事，而“说参请”则是讲宾主参禅悟道的故事，它们都是从唐代寺院中的“俗讲”发展而来的。例《都城纪胜·瓦舍众伎》曰：“说经谓演说佛书。说参请，谓宾主参禅悟道等事。”《大唐三藏取经诗话》是南宋人最喜爱听的节目。其著名艺人，据《西湖老人繁胜录》所载，有长啸和尚、彭道安（名法和）、陆妙慧（女）、陆妙净（女）。周密《武林旧事》卷六《诸色伎艺人》还载有余信庵、周太辩（和尚）、达理（和尚）、啸庵、隐秀、混俗、许安然、有缘（和尚）、借庵、保庵、戴

① 〔宋〕罗烨：《新编醉翁谈录》甲集卷一《小说开辟》，辽宁教育出版社 1998 年版，第 4 页。

② 《复华篇》当是《福华编》之误，是书为景定元年（1260 年）贾似道命他的门客廖莹中、翁应龙等人编撰而成，歌颂其鄂州解围之功。如周密《志雅堂杂钞》卷下《书史》条云：“廖群玉诸书，则始于景开《福华编》，备载江上之功，虽夸张过实，然文字古雅颇奇，可喜，江子远、李祥文诸公皆有跋。”

③ 〔宋〕李心传：《建炎以来系年要录》卷六一，绍兴二年十二月己丑条，中华书局 1988 年版，第 2 册，第 1046 页。

悦庵、息庵、戴忻庵。

(3)小说。小说是从讲史演变而来的一种说话艺术,明代郎瑛《七修类稿》载:"小说,起宋仁宗。盖时太平盛久,国家闲暇,日欲进一奇怪之事以娱之,故小说得胜。头回之后,即云:'话说赵宋某年,閶阎淘真之本之起。'亦曰:'太祖太宗真皇帝,四帝仁宗有道君。'"①小说以话说烟粉、灵怪、传奇、公案等题材为主,如南宋周密所购到的北本小说中仅灵怪类就有《四和香》《豪侠张义传》《洛阳古今纪事》三本。其表演时,有简单的乐器伴奏,时称为银字儿。据文献记载,"小说"因题材丰富,说话人讲技高超,成为"说话"中最为卖座的一种。耐得翁《都城纪胜·瓦舍众伎》说:"最畏小说人,盖小说者能以一朝一代故事,顷刻间提破。"从各种文献记载来看,"小说"艺人是各色艺人中名演员最多的。在《武林旧事》卷六《诸色伎艺人》中,"小说"一类著名艺人多达五十二人,远多于北宋汴京。他们是蔡和、李公佐、小张四郎、朱修、孙奇、任辩、施珪、叶茂、方瑞(一作方端)、刘和、王辩、盛显、王琦、陈良辅、王班直、翟四郎(升)、粥张二、许济、张黑剔(剔一作踢)、俞住庵、色头陈彬、秦州(一作泰州)张显、酒李一郎、乔宜(一作乔宣)、王四郎(明)、王十郎(国林)、王六郎(师古)、胡十五郎(彬)、故衣毛三、仓张三、枣儿徐荣、徐保义、汪保义、张拍(一作张柏)、张训、沈佺、沈喎咒、潮水周、爊肝朱、掇条张茂、王三教、徐茂(象牙孩儿)、王主管、翁彦、嵇元、陈可庵、林茂、夏达、明东、王寿、白恩义、史惠英(女)。在这些"小说"艺人中,朱修、孙奇两人专门在德寿宫表演,任辩、施珪、叶茂、方瑞、刘和五人专在宫廷中表演。而蔡和、李公佐、史惠英(女)、小张四郎四人,则专门在北瓦子中表演,特别是小张四郎"一世只在北瓦,占一座勾栏说话,不曾去别瓦作场,人叫做小张四郎勾栏"②。这说明小张四郎所说的"小说",深受市民的欢迎,在很长一段时期具有号召力,因而能够一世在临安最大瓦子中独占一座勾栏说话。

当时说话人中最有名的往往要被皇帝找去供奉内廷,作为御用的艺人。③ 如宋高宗赵构做了太上皇以后,常在德寿宫以话本小说消遣。如淳熙八年(1181 年)正月元日,孝宗"侍太上于椤木堂香阁内说话,宣押棋待诏,并小说人孙奇等十四人,下棋两局,各赐银、绢"④。另据元杨维桢《送朱女士桂英演史序》载:

> 钱塘为宋行都,男女痡峭,尚妩媚,号笼袖骄民。当思陵上太上皇号,孝宗

---

① 〔明〕郎瑛:《七修类稿》卷二二《辩证类·小说》,上海书店出版社 2001 年,第 229 页。

② 〔宋〕西湖老人:《西湖老人繁胜录·瓦市》,载《南宋古迹考(外四种)》第 113 页,浙江人民出版社 1983 年版。

③ 《古今小说序》:"南宋供奉局,有说话人如今说书之流。其文必通俗,其作者莫可考。泥马倦勤,以太上享天下之养,仁寿清暇,喜阅话本,令内珰日进一帙,当意,则以金钱厚酬。"

④ 〔宋〕周密:《武林旧事》卷七《乾淳奉亲》,浙江人民出版社 1984 年版,第 122 页。

奉太皇寿，一时御前应制多女流也。若棋待诏为沈姑姑，演史为张氏、宋氏、陈氏，说经为陆妙慧、妙静，小说为史惠英，队戏为李瑞娘，影戏为王润卿，皆中一时慧黠之选也。两宫游幸聚景、玉津内园，各以艺呈，天颜喜动，则赏赉无算。①

由此可见高宗、孝宗对小说的嗜好。《今古奇观》序说："至有宋孝皇以天下养太上，命侍从访民间奇事，日进一回，谓之说话人。"李䌹就是一位在绍兴年间宫廷说话的伎艺人。他原是大将刘光世的部下，在军中担任奏报文学的职务。刘因其家贫，曾送给他五十金。因其能讴词，善小说，进入宫中任睿思殿祗候，并授秉义郎。后因贪污事发，被张浚告发，除名，送至浔州编管，死于贬所。② 王六大夫因其会编会说，也深得理宗的赞许。《梦粱录》卷二〇《小说讲经史》载："又有王六大夫，元系御前供话，为幕士请给，讲诸史俱通，于咸淳年间敷演《复华篇》及《中兴名将传》，听者纷纷，盖讲得字真不俗，记问渊源甚广耳。"

南宋"小说"话本都已不存，我们所知的篇目有一百几十种，从内容上可以分成许多门类。《都城纪胜·瓦舍众伎》说："小说，谓之银字儿，如烟粉、灵怪、传奇。说公案，皆是朴刀、杆棒、发迹、变泰之事；说铁骑儿，谓士马金鼓之家。"就是把"小说"分成烟粉、灵怪、传奇、公案、铁骑儿五门。《梦粱录》又把朴刀、杆棒等从公案中分出，各为一类。宋末罗烨《醉翁谈录》甲集《小说开辟》，也说"有灵怪、烟粉、传奇、公案，兼朴刀、杆棒、妖术、神仙"，并且在每类之下列举了小说篇目，总共有一百多种，现摘录如下：

夫小说者，虽为末学，尤务多闻，非庸常浅识之流，有博览该通之理。幼习《太平广记》，长攻历代史书。烟粉传奇，素蕴胸次之间；风月须知，只在唇吻之上。《夷坚志》无有不览，《琇莹集》所载皆通。动哨、中哨，莫非东山笑林；引倬、底倬，须还《绿窗新话》。论才词，有欧、苏、黄、陈佳句；说古诗，是李、杜、韩、柳篇章。举断摸按，师表规模，靠敷演令看官清耳。只凭三寸舌，褒贬是非；略传万余言，讲论古今。说收拾寻常有百万套，谈话头动辄是数千回。说重门不掩底相思，谈闺阁难藏底密恨。辨草木山川之物类，分州军县镇之程途。讲历代年载废兴，记岁月英雄文武。有灵怪、烟粉、传奇、公案，兼朴刀、杆棒、妖术、神仙。自然使席上风生，不枉教坐间星拱。说《杨元子》《汀州记》《崔智韬》《李达道》《红蜘蛛》《铁瓮儿》《水月仙》《大槐王》《妮子记》《铁车记》《葫芦儿》《人虎传》《太平钱》《芭蕉扇》《八怪国》《无鬼论》，此乃是灵怪之门庭。言《推车鬼》《灰骨匣》《呼猿洞》《闹宝录》《燕子楼》《贺小师》《杨舜俞》《青脚狼》《错还魂》《侧金盏》

① 〔元〕杨维桢：《东维子集》卷六，文渊阁《四库全书》本。

② 〔宋〕李心传：《建炎以来系年要录》卷一〇六，绍兴六年十月丙申条，中华书局1988年版，第3册，第1715页。

《刁六十》《斗车兵》《钱塘佳梦》《锦庄春游》《柳参军》《牛渚亭》，此乃为烟粉之总龟。论《莺莺传》《爱爱词》《张康题壁》《钱榆骂海》《鸳鸯灯》《夜游湖》《紫香囊》《徐都尉》《惠娘魄偶》《王魁负心》《桃叶渡》《牡丹记》《花萼楼》《章台柳》《卓文君》《李亚仙》《崔护觅水》《唐辅采莲》，此乃谓之传奇。言《石头孙立》《姜女寻夫》《忧小十》《驴垛儿》《大烧灯》《商氏儿》《三现身》《火枕笼》《八角井》《药巴子》《独行虎》《铁秤槌》《河沙院》《戴嗣宗》《大朝国寺》《圣手二郎》，此谓之公案。论这《大虎头》《李从吉》《杨令公》《十条龙》《青面兽》《季铁铃》《陶铁僧》《赖五郎》《圣人虎》《王沙马海》《燕四马八》，此乃为朴刀局段。言这《花和尚》《武行者》《飞龙记》《梅大郎》《斗刀楼》《拦路虎》《高拔钉》《徐京落草》《五郎为僧》《王温上边》《狄昭认父》，此为杆棒之序头。论种《搜神记》《月井文》《金光洞》《竹叶舟》《黄粱梦》《粉合儿》《马谏议》《许岩》《四仙斗圣》《谢溏落梅》，此是神仙之套数。言《西山聂隐娘》《村邻亲》《严师道》《千圣姑》《皮篋袋》《骊山老母》《贝州王则》《红线盗印》《丑女报恩》，此为妖术之事端。也说《黄巢拨乱天下》，也说《赵正激恼京师》。说征战有《刘项争雄》，论机谋有《孙庞斗智》。新话说张、韩、刘、岳；史书讲晋、宋、齐、梁。《三国志》诸葛亮雄材；《收西夏》说狄青大略。说国贼怀奸从佞，遣愚夫等辈生嗔；说忠臣负屈啣冤，铁心肠也须下泪。讲鬼怪，令羽士心寒胆战；论闺怨，遣佳人绿惨红愁。说人头厮挺，令羽士快心；言两阵对圆，使雄夫壮志。谈吕相青云得路，遣才人着意群书；演霜林白日升天，教隐士为初学道。噇发迹话，使寒门发愤；讲负心底，令奸汉包羞。讲论处不滞搭、不絮烦，敷演处有规模、有收拾。冷淡处提掇得有家数，热闹处敷演得越长久。曰得词，念得诗，说得话，使得砌。言无讹舛，遣高士善口赞扬；事有源流，使才人怡神嗟讶。

从这一文献记载中，我们可以得知，“烟粉”是讲烟花粉黛、男女爱情的故事，如《钱塘佳梦》《锦庄春游》之类。“灵怪”是讲神怪故事，如《八怪图》《无鬼论》之类。“传奇”讲情节离奇的故事，如《惠娘魄偶》《王魁负心》之类。“公案”讲著名的案件，如《姜女寻夫》《大朝国寺》之类。“朴刀”讲武功和战斗，如《杨令公》《青面兽》之类。杆棒讲武打，如《花和尚》《武行者》之类。所说“发迹变泰”，当是讲寒门发迹和转危为安的掌故。至今流传的古小说，其中有些就是南宋话本，而且讲到有关临安的故事，如《西湖三塔》《西山一窟鬼》等。

2. 鼓子词

鼓子词是一种以支曲叠唱为基本形式的说唱技艺，以鼓板伴奏。其表演形式，除一人讲说或兼唱外，还有若干人组成的“歌伴”同时兼管“和”唱及器乐的伴奏。这些伴奏乐器除鼓外，还有管乐器和弦乐器。它在当时深受文人士大夫的喜爱，常在宴会饮酒时作为娱乐。甚至还传入宫中。据周密《武林旧事》卷七《乾淳奉亲》载，淳熙十一年（1184 年）六月初一日，太上皇赵构与孝宗皇帝到飞来峰等处游乐，时有“后苑小厮儿三十人，打息气唱道情。太上云：‘此是张抡所撰《鼓子词》。’”

鼓子词目前只存有北宋时的曲艺作品《元微之崔莺莺商调蝶恋花词》①，从这篇鼓子词来看，其形式为说唱相间，说白部分即引用元稹《会真记》，原文或取其意，歌唱部分以“商调蝶恋花”为曲调演唱，全篇共十二首“商调蝶恋花”穿插，引入唱词时用“奉劳歌伴，先定格调，后听芜词”或“奉劳歌伴，再和前声”为过渡。

3. 诸宫调

诸宫调又称为诸般宫调，因其打破原来只在一个宫调中选曲的束缚，而采用不同宫调的曲子组成叙事的小单元（即乐段），故名。它一般说唱长篇的传奇、灵怪的故事，以琵琶等乐器伴奏，并夹杂着说白。据文献记载，这种艺术的发展过程大约是在北宋熙宁至元祐（1068—1094）年间经泽州（治今山西晋城）艺人孔三传之手完成的。它在音乐上吸收了唐宋以来大曲、词调、缠令、缠达等不同宫调曲子的优点，使音乐更加丰富多彩、优美动人。如王灼《碧鸡漫志》卷二载：“熙、丰、元祐间……泽州有孔三传者，首创诸宫调古传，士大夫皆能诵之。”至南宋时，迅速在广大南方地区流行开来。当时唱诸宫调的名家多数是女艺人，例《梦粱录》卷二〇《妓乐》说：“说唱诸宫调，昨汴京有孔三传编成传奇灵怪，入曲说唱。今杭城有女流熊保保及后辈女童皆效此，说唱亦精，于上鼓板无二也。”《武林旧事》卷六《诸色伎艺人》列举的高郎妇、黄淑卿、王双莲、袁太道四人中，高郎妇和王双莲也是女艺人。另据文献记载，宋代还曾用诸宫调演唱杂剧，如宋元南戏《张协状元》开场时，就有说唱诸宫调一段用作自报家门的“家门大意”。

4. 合生

宋代合生是从唐代发展而来的，一种以说话为主、其间穿插歌舞的艺术。据《都城纪胜·瓦舍众伎》载：“合生与起令、随令相似，各占一事。”又，洪迈《夷坚志·支志乙》卷六《合生诗词》载：“能于席上指物题咏，应命辄成者，谓之合生。其滑稽含玩讽者，谓之乔合生。盖京都遗风也。”其著名艺人，据《西湖老人繁胜录》等书所载，有双秀才。

5. 商谜

商谜是一种类似于今日猜谜游戏表演的艺术。《梦粱录》卷二〇《小说讲经史》解释曰：“商谜者，先用鼓儿贺之，然后聚人猜诗谜、字谜、戾谜、社谜，本是隐语。有道谜，来客念思司语讥谜，又名打谜。走智，改物类以困猜者。正猜，来客索猜。下套，商者以物类

① 此作品在赵令畤《侯鲭录》卷五中有详细的记载，中华书局 2002 年版，第 135—143 页。

相似者讥之，又名对智。贴套，贴智思索。横下，许旁人猜。问因，商者喝问句头。调爽，假作难猜，以走其智。杭之猜谜者，且言之一二，如有归和尚及马定斋，记问博洽，厥名传久矣。”陶宗仪《辍耕录》卷二八《丘机山》载：“丘机山，松江人。宋季元初以滑稽闻于时，商谜无出其右。遨游湖海间，尝至福州，讥其秀才不识字。众怒，无以难之。一日构思一对，欲令其辞屈心服。对云：‘五行金木水火土。’丘随口答云：‘四位公侯伯子男。’其博学敏捷类如此。”此外，据《武林旧事》卷六《诸色伎艺人》所载，其他著名艺人还有“胡六郎、魏大林、张振、周月岩（江西人）、蛮明和尚、东吴秀才、陈赟、张月斋、捷机和尚、魏智海、小胡六、马定斋、王心斋”十三人。

6. 说诨话

说诨话又称“谈诨话”，以滑稽玩讽的十七字诗为主要形式，具有通俗诙谐的特点，类似今日的单口相声。王灼《碧鸡漫志》卷二载：“作滑稽无赖语，起于至和、嘉祐之前，犹未盛也。熙、丰、元祐间，兖州张山人以诙谐独步京师，时出一两解。”关于张山人其人，洪迈《夷坚志·乙志》卷一八《张山人诗》有载：“张山人，自山东入京师，以十七字作诗，著名于元祐、绍圣间，至今人能道之。其词虽俚，然多颖脱，含讥讽，所至皆畏其口，争以酒食钱帛遗之。”又，王辟之《渑水燕谈录》卷一〇亦载有其人其事：“往岁有丞相薨于位者，有无名子嘲之，时出厚赏购捕造谤。或疑张山人寿为之，捕送府。府尹诘之，寿云：‘某乃于都下三十余年，但生而为十七字诗鬻钱以糊口，安敢嘲大臣？纵使某为，安能如此着题？’府尹大笑遣去。”南宋亦盛行这一艺术，著名艺人有蛮张四郎。

7. 像生

像生是一种以摹仿叫声或“台阁故事”“装变大公”等为主的口技。《都城纪胜·社会》中所载的“小女童像生叫声社”，便是学习这种技艺的社团组织。《西湖老人繁胜录》一书中所说的“装秀才”“学乡谈”便属此，前者著名艺人有花花帽孙秀、陈斋郎两人，后者则以方斋郎为代表。

8. 涯词

涯词又称为崖词，因其唱词比较文雅，故在官宦子弟或文人中极为流行①，与讲史、杂剧等曲艺并称于世。如耐得翁《都城纪胜·瓦舍众伎》中说：“凡傀儡敷演烟粉灵怪故事，铁骑公案之类，其话本或如杂剧，或如崖词，大抵多虚少实，如巨灵神、朱姬大仙之类是也。”

① 如《西湖老人繁胜录》云：“唱涯词，只引子弟。”载《南宋古迹考（外四种）》，浙江人民出版社 1983 年版，第 113 页。

9. 杂扮

杂扮又称杂班、经元子(或作纽元子)、拔和(或作技和),与像生一样亦是一种摹仿的技艺,为杂剧之散段。《都城纪胜·瓦舍众伎》说:"在京师时,村人罕得入城,遂撰此端,多是借装为山东、河北村人,以资笑。今之打和鼓、捻梢子、散耍皆是也。"由此可见,这种伎艺类似于今日的喜剧,专以农民为取笑对象。南宋临安的著名艺人有铁刷汤、江鱼头、兔儿头、菖蒲头、眼里乔、胡蜀葵、迎春蛩、卓郎妇、笑靥儿、科斗粉、韵梅头、小菖蒲、金鱼儿、银鱼儿、胡小俏、周乔、郑小俏、鱼得水(旦)、王道泰、王寿香(旦)、厉太、顾小乔、陈橘皮、小橘皮、菜市乔、自来俏(旦)"等二十六人①。

10. 吟叫

吟叫,又称叫声、叫果子,是根据民间各种歌吟和卖物之声,运用当时作曲手法而创造出来的一种歌曲形式。它原是北宋都城开封市场上商贩叫卖时的一种广告行为,其目的是以响亮优美、悦耳奇特的声音招徕顾客。如当时的开封街巷上,"卖花者以马头竹篮铺排,歌叫之声,清奇可听,晴帘静院,晓幕高楼,宿酒未醒,好梦初觉,闻之莫不新愁易感,幽恨悬生"②。至北宋中期,随着宋仁宗的去世,遂使其成为一门曲艺门类应运而生了。高承《事物纪原》卷九载:

> 嘉祐末,仁宗上仙。自帝即位,至是殆五十年(当为四十二年,编者注),天下稳于丰乐,不意邦国凶变之事。而英宗谅阴不言,能昭其功。然四海方遏密,故市井初有叫果子之戏。其本盖自至和、嘉祐之间,叫紫苏丸洎乐工杜人经十叫子始也。京师凡卖一物,必有声韵,其吟哦不同。故市人采其声调,间以词章,以为戏乐也。今盛行于世,又谓之吟叫也。③

此后,这种曲艺一直盛行于世,如南宋都城临安在南宋末年时尚有姜阿得、钟胜、吴百四、潘善寿、苏阿黑、余庆等吟叫艺人。④

11. 嘌唱

北宋时嘌唱在东京已很流行,至南宋时又有了发展。这是一种以击鼓敲盏等打击乐

---

① 〔宋〕周密:《武林旧事》卷六《诸色伎艺人》,浙江人民出版社1984年版,第109页。

② 〔宋〕孟元老:《东京梦华录》卷七《驾回仪卫》,邓之诚注,中华书局1982年版,第200页。

③ 《都城纪胜·瓦舍众伎》也载:"叫声,自京师起撰,因市井诸色歌吟卖物之声,采合宫调而成也。若加以唱为引子,次用四句就入者,谓之下影带。无影带者,名散叫。若不上鼓面,只敲盏者,谓之打拍。"(载《南宋古迹考(外四种)》,浙江人民出版社1983年版,第87页)又,《梦粱录》卷二〇《妓乐》载:"今街市与宅院,往往效京师叫声,以市井诸色歌叫卖物之声,采合宫商成其词也。"浙江人民出版社1984年版,第193页。

④ 〔宋〕周密:《武林旧事》卷六《诸色伎艺人》,浙江人民出版社1984年版,第113—114页。

伴奏歌唱令曲小词的曲艺形式，如《都城纪胜·瓦舍众伎》解释道："嘌唱，谓上鼓面唱令曲小词，驱驾虚声，纵弄宫调，与叫果子、唱耍曲儿为一体。"起初它只流行于街市，如北瓦中就有著名艺人樊华①。此后，它又流行到官府宅院中，故《都城纪胜·瓦舍众伎》说道："今宅院往往有之。叫声，自东京起撰，因市井诸色歌吟卖物之声，采合宫调而成也。若加以嘌唱为引子，次用四句就入者，谓之下影带。无影带者，名散叫。若不上鼓面，只敲盏者，谓之打拍。"《梦粱录》卷二〇《妓乐》亦说："若唱嘌耍令，今者如路岐人王双莲、吕大夫唱得音律端正耳。今街市与宅院，往往效京师叫声，以市井诸色歌叫卖物之声，采合宫商成其词也。"由于嘌唱比较庸俗低下，故此遭到一些文人士大夫的非议，如程大昌便说道："凡今世歌曲，比古郑、卫又为淫靡。近又即旧声而更加泛滟者，名曰嘌唱。"②其著名艺人，据《武林旧事》卷六《诸色伎艺人》所载，仅丁未年拨入勾栏弟子嘌唱赚色，就有"施二娘、时春春、时佳佳、何总怜、童二、严偏头、向大鼻、葛四、徐胜胜、耿四、牛安安（牛一作朱）、余元元、钱寅奴、朱伴伴"十四人。另外，《西湖老人繁胜录》载有"樊华"一人。

12. 小唱

小唱即以拍板合他乐演唱歌曲。如《都城纪胜·瓦舍众伎》载："唱叫：小唱谓执板唱慢曲、曲破，大率重起轻杀，故曰浅斟低唱。"其著名艺人有萧婆婆、贺寿、陈尾犯、画鱼周、陆恩显、笙张、周颐斋、仵都事、丁八等。其中萧婆婆专门在韩太师府表演。③

13. 唱赚

唱赚是南宋绍兴年间临安民间艺人在北宋缠令、缠达的基础上发展起来的一种说唱艺术，盛行于南方。《都城纪胜》"瓦舍众伎"条释道："赚者，误赚之义也。令人正堪美听，不觉已至尾声。"据学者研究，赚的含义有三：一是曲体之"赚"；二是歌法之"赚"；三是曲牌之"赚"。④ 另南宋耐得翁《都城纪胜》记载，绍兴年间（1131—1162），有技艺人张五牛因动听鼓板（即鼓、笛、拍板的合奏）技艺中"太平令"和"赚鼓板"音乐上抑扬起伏的繁复变化得到启发，遂吸收了慢曲、曲破、大曲以至当时流行的嘌唱、耍令、叫声及少数民族音乐番曲等的唱调，重新改造了"赚"的声腔与唱法，创造了曲牌之"赚"。他的这一创造，使唱

① 〔宋〕西湖老人：《西湖老人繁胜录》，载《南宋古迹考（外四种）》，浙江人民出版社1983年版，第113页。

② 〔宋〕程大昌：《演繁露》卷九，文渊阁《四库全书》本。

③ 〔宋〕周密：《武林旧事》卷六《诸色伎艺人》，浙江人民出版社1984年版，第107—108页。

④ 李昌集：《中国古代散曲史》，华东师范大学出版社1991年版，第49页。

赚兼收了各种乐曲和唱腔的长处①，错落有致，异常引人。② 由于唱赚节拍抑扬而歌声嘹亮，所以在当时极为盛行，不仅在瓦舍中演唱，而且也在士大夫的筵宴上和寺院盛会上演唱。据《梦粱录》卷二〇《妓乐》载，当时御街中段融和坊、新街及下瓦子等处，便住有"散乐家"，"女童装末，弦索赚曲"，以供筵会或集会的招请演唱。这里所谓的"女童装末"，是说把女童作为"装末"的角色，表演故事的剧情。又《都城纪胜·瓦舍众伎》说："今又有覆赚，又且变花前月下之情及铁骑之类。"可见这种曲艺又具有戏曲的性质。由于唱赚以鼓板伴奏，有的还加以笛子助奏，唱者自己击鼓扣板，颇与后来唱大鼓书的情形类似。由于唱赚所用曲牌极其广泛，因此难度较大，《都城纪胜》说："凡唱赚最难，以其兼慢曲、曲破、大曲、嘌唱、耍令、番曲、叫声诸家腔谱也。"然而其腔调非常优美，所以很受文人士大夫和平民百姓的喜爱。在南宋说唱技艺中，其盛况仅次于小说和讲史。当时临安书会中有"李霜涯作赚绝伦"，并有唱赚艺人的社会组织"遏云社"。著名的艺人，据《武林旧事》记载，有濮三郎、扇李二郎、郭四郎、孙端、叶端、牛端、华琳、黄文质、盛二郎、顾和、马升、熊春、梅四、汪六、沈二、王六、许曾三、邵六(伟)、小王三、媳妇徐、沈七、谢一珪等二十二人。③

关于唱赚歌词，南宋陈元靓《事林广记》续集卷七《文艺类四》保存有一套当时唱赚的资料——《圆社市语》，它用九支曲子歌咏一个子弟到园社中与女子社员蹴球的事。前有"遏云要诀""遏云致语"，后有"驻云主张"。"遏云要诀"是讲述唱赚规则的；"遏云致语"为《鹧鸪天》一首，是在筵席上唱赚时用的开场词曲；"驻云主张"是描述唱赚情况的。它所歌唱的范围相当广泛，既有"乐道山居水居清雅之词""风情花柳艳冶之曲"，也有"花前月下之情及铁骑之类"。

---

① 如灌园耐得翁《都城纪胜·瓦舍众伎》说："凡赚最难(《梦粱录》凡下有'唱'字)，以其兼慢曲、曲破、大曲、嘌唱、耍令、番曲、叫声诸家腔谱也。"载《南宋古迹考(外四种)》，浙江人民出版社 1983 年版，第 87 页。

② 灌园耐得翁《都城纪胜·瓦舍众伎》说："中兴后，张五牛大夫因听动鼓板中，又有四片《太平令》或赚鼓板(即今拍板大节抑扬处是也)，遂撰为'赚'。"(载《南宋古迹考(外四种)》，浙江人民出版社 1983 年版，第 87 页)《梦粱录》卷二〇《妓乐》也有相同的叙说："唱赚在京时，只有缠令、缠达。有引子、尾声为缠令。引子后只有两腔迎互循环，间有缠达。绍兴间有张五牛大夫，因听动鼓板中有《太平令》或赚鼓板，即今拍板大节抑扬处是也，遂撰为赚。赚者，误赚之义也，正堪美，不觉已至尾声，是不宜为片序也。又有覆赚，其中变化前月下之情及铁骑之类。今杭城老成能唱赚者，如窦四官人、离七官人、周竹窗、东西两陈九郎、包都事、香沈二郎、雕花杨一郎、招六郎、沈妈妈等。凡唱赚最难，兼慢曲、曲破、大曲、嘌唱、耍令、番曲、叫声，接诸家腔谱也。若唱嘌耍令，今者如路歧人王双莲、吕大夫唱得音律端正耳。今街市与宅院，往往效京师叫声，以市井诸色歌叫卖物之声，采合宫商成其词也。"浙江人民出版社 1984 年版，第 193 页。

③ 据《西湖老人繁胜录》等书所载。

14. 耍令

耍令也是民间颇为流行的说唱艺术。据《武林旧事》卷六《诸色伎艺人》所载，“唱耍令”的著名艺人有大祸胎、小祸胎、李俊、香陈渊（一作陈香渊）、大小王、熊二、路淑卿、陈昌、叶道（道情）、王保、王定、陆槐、郭忠、牛昌、郭双莲、陈新、徐喜、吴昌、赵防御（双目无御前）。

15. 唱拨不断

民间说唱艺术之一。据《武林旧事》卷六《诸色伎艺人》所载，“唱拨不断”的著名艺人有张胡子、黄三两人。

16. 唱京词

据《武林旧事》卷六《诸色伎艺人》所载，“唱京词”的著名艺人有蒋郎妇、孟客、吴郎妇、马客四人。

17. 弹唱因缘

据《武林旧事》卷六《诸色伎艺人》所载，“弹唱因缘”的著名艺人有童道、费道、蒋居安、陈端、李道、沈道、顾善友、甘道、俞道、徐康孙、张道等。从这一记载中，我们可以看出，该说唱的艺人以道人居多，因此有学者认为这是一种以道教故事为题材的说唱。

18. 陶真

陶真是一种以鼓或琵琶伴奏的说唱艺术，最早见于南宋《西湖老人繁胜录》。从其所载“听淘真，尽是村人”，可知陶真早在南宋时就为农民所喜爱。南宋爱国诗人陆游所写“斜阳古柳赵家庄，负鼓盲翁正作场。死后是非谁管得，满村听说蔡中郎”①，就是对当时浙东地区说唱陶真的实际描写。

（七）杂技和魔术

两宋时期长江流域的杂技表演有较大的发展，对此文献记载颇多，如《梦粱录》卷二〇《百戏伎艺》载：“百戏踢弄家，每于明堂郊祀年分，丽正门宣赦时，用此等人，立金鸡竿，承应上竿抢金鸡。兼之百戏，能打筋斗、踢拳、踏跷、上索、打交棍、脱索、索上担水、索上走装神鬼、舞判官、斫刀蛮牌、过刀门、过圈子等。理庙时，有路岐人，名十将宋喜、常旺两家。有踢弄人，如谢恩、张旺、宋宝哥、沈家强、自来强、宋达、杨家会、宋赛歌、宋国昌、沈喜、张宝哥、常家喜、小娘儿、李显、沈喜、汤家会、汤铁柱、庄德、刘家会、小来强、鲍哥儿、

① 〔宋〕陆游：《剑南诗稿》卷三三《小舟游近村舍舟步归》（第4首），《陆游集》，中华书局1976年版，第2册，第870页。

宋定哥、李成、庄宝、潘贵、宋庆哥、汤家俊等。遇朝家大朝会、圣节，宣押殿庭承应。则官府公筵，府第筵会，点唤供筵，俱有大犒。又有村落百戏之人，拖儿带女，就街坊桥巷，呈百戏使艺，求觅铺席宅舍钱酒之资。且杂手艺，即使艺也，如踢瓶、弄碗、踢磬、踢缸、踢钟、弄花钱、花鼓槌、踢笔墨、壁上睡、虚空挂香炉、弄花球儿、拶筑球、弄斗、打硬、教虫蚁、弄熊、藏人、烧火、藏剑、吃针、射弩端、亲背、攒壶瓶等，绵包儿、撮米酒、撮放生等艺。淳祐以后，艺术高者有包喜、陆寿、施半仙、金宝、金时好、宋德、徐彦、沈兴、赵安、陆胜、包寿、范春、吴顺、金胜等。此艺施呈，委是奇特；藏去之术，则手法疾而已。”耐得翁《都城纪胜·瓦舍众伎》亦载：“杂手艺皆有巧名：踢瓶、弄碗、踢磬、弄花鼓捶、踢墨笔、弄球子、椤筑球、弄斗、打硬、教虫蚁，及鱼弄熊、烧烟火、放爆仗、火戏儿、水戏儿、圣花、撮药、藏压药、法傀儡、壁上睡，小则剧术射穿、弩子打弹、攒壶瓶(即古之投壶)、手影戏、弄头钱、变线儿、写沙书、改字。”

苏汉臣《杂技戏孩图》

从上面这些文献记载中，我们可以看出，杂技到南宋时有以下三个方面主要特点：一是活动重点已从宫廷走向民间；二是演出形式别具多样，不仅在精致厅堂、勾栏瓦舍演出规模盛大的百戏杂技，而且也在广场及江湖水面等处表现各种杂技；三是节目繁多，技艺趋向小型、精巧，形成了形体技艺、力技、高空节目、杂手艺、踢弄、幻术、马戏、动物戏、口技、乔戏、彩扎、烟火等杂技节目类型。精彩的节目除上竿抢金鸡、踢拳、打筋斗、踏跷、上索、打交辊、脱索、索上走、索上担水、索上装鬼神、舞斫刀、舞蛮牌、舞剑、过刀门、过圈了等以外，尚有小型动物戏和称作“撮弄”的手技、魔术等等，其中游戏、魔术等类杂技还可分为许多节目，如游戏就可分为使棒、打硬、举重、蹴球、射弩、打弹、泥丸、放风筝、烟火、攒壶瓶等节目；魔术可分为藏人、藏剑、烧火、弄水、壁上睡、吃针、壶空挂香炉等节目。这些杂技项目，其训练之有素，动作之惊险，手法之巧妙，变幻之神奇，都令人叹为观止。下面择要作一介绍。

1. 爬竿

爬竿古称缘杆，是百戏中的一种，也是宋代常见的杂技节目之一。表演时，先是将数丈长的杆子固定在地上的某一点，人缘杆而上，并在杆上做出各种惊险优美的动作。① 如《梦粱录》卷五《明禋礼成登门放赦》曰：“宰执百官立班于丽正门下，驾兴，宫架乐作，上升

① 〔宋〕周密《武林旧事》卷一《登门肆赦》云：“金鸡竿，长五丈五尺，四面各百戏，一人缘索而上，谓之抢金鸡。”

楼，而‘扇盖初临楼槛外，卷帘敞坐正临轩，要令祭泽该方国，先示尧民肆罪恩’。丈竿尖直，上有盘，立金鸡，衔红幡，上书‘皇帝万岁’。盘底以红彩索悬于四角，令四红巾百戏人争先沿索而上，先得者执金鸡嵩呼谢恩。前辈有诗曰：‘立起青云百尺盘，文身骁勇上鸡竿。嵩呼争得金幡下，万姓均欢仰面看。’”

艺人上竿时有锣鼓声送上竿，如周密《齐东野语》卷八《曹西士上竿诗》：“赵南仲以诛李全之功见忌于赵清臣。史揆每左右之，遂留于朝。其后恢复事起，遂分委以边阃。赴镇之日，朝绅置酒以饯。适有呈缘竿伎者，曹西士赋诗云：‘又被锣鼓送上竿，这番难似旧时难。劝君着脚须教稳，多少旁人冷眼看。’未几，师果不竞。”它是一项既惊险、难度又大的杂技，宋代有一些艺人为此献出了自己的生命。叶梦得《避暑录话》卷三载：“仁庙初即位，秋宴百戏。有缘橦竿者，忽坠地碎其首死。上恻然怜之，命以金帛厚赐其家，且诏自是橦竿减去三之一。晏元献作诗，纪之曰：‘君王特轸推沟念，诏截危竿横赐钱。余往在从班侍燕时，见百戏橦竿才二丈余，与外间绝不同。一老中贵人为余言。’后阅元献诗，果见之庙号，称仁信哉！”

2. 水上杂技

水上杂技也颇为盛行，其中以弄潮最为典型。

弄潮之风，最早是来自为在怒潮中迎迓因忠谏而死的伍子胥这一神话传说。由此演变而来的迎潮、观潮、弄潮民俗，在唐代便已形成。如唐代诗人白居易《重题别东楼》诗注中说：“余杭风俗，每岁八月迎涛，弄水者悉举旗帜焉。”①

至宋代，这种弄潮之风更是盛行。数百名擅长游泳的人，文身披发，或手拿大彩旗，或手持清凉伞，争先鼓勇，溯迎而上，出没于鲸波万仞中，腾身百变，表演惊险节目，以此夸能。而豪民贵族，争赏银彩。② 对于吴儿善泅者这种惊险刺激的表演，当时文人多有描述，如北宋词人潘阆有词云：

> 长忆观潮，满郭人争江上望。来疑沧海尽成空，万面鼓声中。弄潮儿向涛头立，手把红旗旗不湿。别来几向梦中看，梦觉尚心寒。③

但钱塘江潮流凶险万分，每年总有不少人因弄潮被潮水淹死。有鉴于此，北宋时曾一度受到地方长官的禁戒。如英宗治平二年（1065 年），蔡襄知杭州时见因弄潮而往往有沉没的事故，就颁布《杭州戒弄潮文》，文曰：

> 斗牛之分，吴越之中，唯江涛之最雄，乘秋风而益怒。乃其俗习，于以观游。

---

① 〔唐〕白居易：《白居易集》卷二三，上海古籍出版社 1999 年版，第 348 页。
② 〔宋〕周密：《武林旧事》卷三《观潮》，浙江人民出版社 1984 年版，第 45 页。
③ 〔宋〕潘阆：《酒泉子》其一〇，唐圭璋编：《全宋词》，中华书局 1965 年版，第 1 册，第 5 页。

厥有善泅之徒，竞作弄潮之戏。以父母所生之遗体，投鱼龙不测之深渊，自为矜夸。时或沉溺，魂魄永沦于泉下，妻孥望哭于水滨。生也有涯，盍终于天命；死而不吊，重弃于人伦。推予不忍之心，伸尔无穷之戒。所有今年观潮，并依常例。其军人百姓辄敢弄潮，必行科罚。①

李嵩《夜月观潮图》

南宋时，临安的弄潮之风仍然沿袭不衰。例《西湖老人繁胜录》云："钱塘江，城内外市户造旗，与水手迎潮，白旗最多，或红或用杂色，约有五七十面，大者五六幅，小者一两幅，亦有挂红者，其间亦有小儿在潮内弄水。"《梦粱录》卷四《观潮》载："其杭人有一等无赖不惜性命之徒，以大彩旗，或小清凉伞、红绿小伞儿，各系绣色缎子满竿，伺潮出海门，百十为群，执旗泅水上，以迓子胥弄潮之戏，或有手脚执五小旗浮潮头而戏弄。"《武林旧事》卷三《观潮》载："吴儿善泅者数百，皆披发文身，手持十幅大彩旗，争先鼓勇，溯迎而上，出没于鲸波万仞中，腾身百变，而旗尾略不沾湿，以此夸能。而豪民贵宦，争赏银彩。"正因为弄潮风气盛行，故此产生了哑八、谢棒杀、画牛儿、僧儿数位"弄水"高手。②

3. 口技

口技节目最具代表性的当推"百禽鸣"。所谓"百禽鸣"，就是模仿百鸟叫声的口技。《梦粱录》卷三《宰执亲王南班百官入内上寿赐宴》载："乐未作，殿前山棚彩结飞龙舞凤之形，教乐所人员等效学百禽鸣，内外肃然，止闻半空和鸣，鸾凤翔集。"这种惟妙惟肖的口技，恐怕今人也很难企及。表演口技的艺人也极多，《武林旧事》卷一《圣节》中所列的祗应人，载有"百禽鸣胡福等二人"。

4. 动物表演

动物表演的节目极其丰富，有大象、熊、猴子、马、羊、驴、乌龟、鱼、蛇、蚂蚁等表演的节目。这些动物杂技，无论从节目的设计，还是训练和表演方法上都达到了较高的水平。

(1)马戏。马戏在宋代以表演御马之技巧最多，"先一人空手出马，谓之引马。次一人磨旗出马，谓之开道。旗次有马上抱红绣之球，系以红线索掷下于地上，数骑追逐射之。左曰仰手射，右曰合手射，谓之拖绣球。又以柳枝插于地，数骑以划子箭，或弓或弩

① 〔宋〕蔡襄：《蔡忠惠集》卷三四《杭州戒弄潮文》，载《蔡襄集》，上海古籍出版社 1996 年版，第 620 页。

② 〔宋〕周密：《武林旧事》卷六《诸色伎艺人》，浙江人民出版社 1984 年版，第 114 页。

射之，谓之蜡柳枝。又有以十余小旗，遍装轮上而背之出马，谓之旋风旗。又有执旗挺立鞍上，谓之立马。或以身下马，以手攀鞍而复上，谓之骗马。或用手握定镫袴，以身从后秋来往，谓之跳马。忽以身离鞍，屈右脚挂马鬃，左脚在镫，左手把鬃，谓之献鞍，又曰弃鬃。背坐或以两手握镫袴，以肩着鞍桥，双脚直上，谓之倒立。忽掷脚着地，倒拖顺马而走，复跳上马，谓之拖马。或留左脚着镫，右脚出镫离鞍，横身在鞍一边，右手捉鞍，左手把鬃，存身直一脚顺马而走，谓之飞仙膊马。又存身拳曲在鞍一边，谓之镫里藏身。或右臂挟鞍，足着地顺马而走，谓之赶马。或出一镫坠身着秋，以手向下绰地，谓之绰尘。或放令马先走，以身追及握马尾而上，谓之豹子马。或横身鞍上，或轮弄利刃，或重物，大刀，双刀，百端讫”。[①] 从这一记载可以看出，宋人的御马之技可谓绝唱。

南宋同样有马戏。孝宗为了收复中原，以马球作为训练骑兵部队军事技能的重要手段。他自己非常喜欢骑马打球，在宫中设立射驰场，时时去玩弄。岳珂《桯史》卷二《隆兴按鞠》记载：

> 隆兴初，孝宗锐志复古，戒燕安之鸩，躬御鞍马，以习劳事，仿陶侃运甓之意，时召诸将击鞠殿中，虽风雨亦张油弈，布沙除地。

足见其打马球劲头之大，为此他还“堕马失臂……摧折濒死”，并损伤了一只眼睛。[②] 在帝王的影响下，一些重视军事的大臣也把打马球作为部队训练的重要手段。如《宋史》卷一九四《兵志八》云：“时试之弓弩，课之武艺。暇则驰马击球以为乐。”

（2）驯象、熊及猴子。大象表演在《西湖老人繁胜录》一书中有载，据该书“象院”条说：“外国进大象六头、骆驼二头，内有一雌象，叫作三小娘子，于荐桥门外造象院顿之。每日随朝殿官到门前唱喏，待朝退方回。前有鼓锣各数队，杂彩旗三四十面。象背各有一人，裹帽执镢，着紫衫，人从都着衫戴帽。路中敲鼓鸣锣，引入象院。”熊表演的节目有耍棒。如《武林旧事》卷六《诸色伎艺人》中所说的艺人李三，就是以教熊使棒出名的。猴子表演的节目，主要有“斗叶猢狲”。此类著名艺人，据《武林旧事》卷六《诸色伎艺人》所载，有“猢狲王”等。

（3）鸟类表演。鸟类表演极其普遍，如《西湖老人繁胜录》载祠山张王生辰庙会时，有“赛诸般花虫蚁：鹅黄百舌、白鹈子、白金翅、白画眉、白青菜、白角全眉、白青头、芦花角全、芦花画眉、鹅黄相思、紫鹈绣眼、金肚钿瓮、秦吉了、倒挂儿、留春莺，宠尤非细”。著名的节目有“老鸦下棋”“鹌鹑弩”“蜡嘴舞斋郎”等。以灵禽演剧为例，此戏“以蜡嘴鸟作傀

① 〔宋〕孟元老：《东京梦华录》卷七《驾登宝津楼诸军呈百戏》，中华书局 1982 年版，第 195 页。

② 《叶适集·水心文集》卷一六《著作正字二刘公墓志铭》，中华书局 1961 年版，第 302—303 页；《鹤林玉露》丙编卷一《大悲阁记》，中华书局 1983 年版，第 240 页。

儡，唱戏曲以导之，拜跪起立，俨如人状。或使之衔旗而舞，或写八卦名帖，指使衔之，纵横不差。或抛弹空中，飞腾逐取。谓之灵禽演剧”。张仲文《白獭髓》便载有这方面的故事：“宁庙朝高文虎知贡举日，以天子大采朝日为赋题，试贡士，而举人困厄于此，学舍皆叹怨。后文虎因作西湖放生池碑，误引故事，及上殿堕笏失仪，两学斋舍裒金作彩帐，赠教禽兽伎人赵十一郎，寓意以讥之。其中有云：“鼠猴搢笏而不失其仪。”士有所愧。禽鸟认书而咸知所出，人反不知。后伎人因从官梁季珌作宾沈诜辈，与高君会于官苑，召至呈伎，因以此帐张于园，高君见之曰：‘此必淳为之耳。’淳台州人，后于毛自知榜第三名及第。”此类教飞禽虫蚁的著名艺人，据《武林旧事》卷六《诸色伎艺人》所载，有“赵十一郎、赵十七郎、猢狲王”等。

(4)呈水嬉。鱼和乌龟等表演的节目主要有教鱼跳刀门、鱼鳖起舞、乌龟迭塔、乌龟踢弄等。周密《癸辛杂识》后集《故都戏事》载：“呈水嬉者，以髹漆大斛满贮水，以小铜锣为节，凡龟、鳖、鳅、鱼皆以名呼之，即浮水面，载戏具而舞。舞罢即沈，别复呼其他，次第呈伎焉。此非禽兽可以教习，可谓异也。”又，《西湖老人繁胜录》载祠山张王生辰庙会时，“社火内有鱼儿活檐，上有金龟、金鳝、金虾、金鳅、玳瑁龟、玳瑁虾、白龟、金鯵、金田螺之类”。当时，赵喜创作的“七宝水戏”就常去宫廷表演。①

乌龟表现的节目有叠塔、虾蟆作法等，陶宗仪《南村辍耕录》卷二二就详细载有他的亲身所见：“余在杭州日，尝见一弄百禽者。蓄龟七枚，大小凡七等。置龟几上，击鼓以使之，则第一等大者先至几心伏定，第二等者从而登其背，直至第七等小者登第六等之背，乃竖身直伸其尾向上，宛如小塔状，谓之乌龟叠塔。又见蓄虾蟆九枚，先置一小墩于席中，其最大者乃踞坐之，余八小者左右对列。大者作一声，众亦作一声；大者作数声，众亦作数声。既而小者一一至人者前点首作声，如作礼状而退。谓之虾蟆作法。”

(5)弄蛇。据周密《癸辛杂识》后集《故都戏事》载，南宋都城临安太庙前住着一个名叫戴生的人，此人不仅善于捕蛇、养蛇，而且还擅长弄蛇。他把各种捉来的蛇分别存放在大大小小的竹笼中，每日喂以肉，如遇他呼唤，蛇能按他的声音作盘旋升降，观者无不拍手称绝。此外，据《武林旧事》卷六《诸色伎艺人》所载，其“捕蛇”高手尚有戴官人。

(6)蚂蚁角武。据《宋稗类钞》卷七《工艺》所载，此节目是用黄、黑色两批蚂蚁，各列左右，以大者为将领，插旗为号；一鼓对垒，再鼓交战，三鼓分兵，四鼓偃旗归穴。

5. 手技

手技在当时称为“撮弄”，这种小杂技在南宋自成一行，时有撮米酒、撮放生等节目。其节目主要依靠道具机关的灵巧和表演者的以假乱真的表演，以达到巧妙的变化效果。

① 〔宋〕周密：《武林旧事》卷七《乾淳奉亲》，浙江人民出版社1984年版，第125页。

吴自牧在《梦粱录》中称赞“此艺施呈，委是奇特；藏去之术，则手法疾而已”。[①] 如有一次宋理宗生日时，姚润就曾表演撮弄杂技“寿果放生”，即从寿桃中飞出小鸟来，令观者目瞪口呆。其高手除上述的姚润外，据《武林旧事》卷六《诸色伎艺人》所载，尚有林遇仙、赵十一郎、赵家喜、浑身手、张赛哥、王小仙、姚遇仙、赵念五郎、赵世昌、赵世祥、金宝、施半仙、金逢仙、小关西、陆寿、包显、女姑姑、施小仙等。

杂技表演中的踢弄，在南宋也比较流行。其节目主要有踢瓶、弄碗注、弄丸、踢磬、踢钟、弄头钱（一作弄花钱）、弄花鼓槌、踢笔墨、弄花球等。擅长踢弄的高手较多，《武林旧事》卷六《诸色伎艺人》便载有“吴金脚、耍大头、吴鹞子”三人。

所谓弄碗注，就是玩弄瓷碗、注等器具。北宋夏竦咏弄碗注诗赞云：“舞拂挑珠复弄丸，遮藏巧便百千般。”[②]南宋时，这种技艺也流传于世。其著名艺人，据《西湖老人繁胜录》所载：“踢瓶弄碗：张宝歌。”

弄丸在古代文献中也有记载，如元代宁志老人所编的《丸经》，其书卷上所载的一首民歌，便将宋人球类比赛时的动人场面生动而又精彩地表现了出来，其歌曰：“废球棒，磨靴底。眼睛饱，肚里饥。靴皮脸，拖狗皮。输便怒，赢便喜。吃别人，不回礼。”《武林旧事》卷六《诸色伎艺人》载有“泥丸”高手四人，即：王小仙、施半仙、章小仙、袁丞局（一作承局）。

6. 踏索

踏索即走索，又称絙戏。马端临《文献通考》卷一四七《乐考二十・散乐百戏》：“絙戏，汉世以大丝绳系两柱头间，相去数丈，两倡对舞行于绳上，对面道逢，肩相切而不倾。张衡所谓跳丸，剑之挥霍走索上而相逢是也。梁三朝伎谓之高絙，或曰戏绳，今谓之踏索焉。”《武林旧事》卷六《诸色伎艺人》载有“顶橦踏索”的高手四人，即：李赛强、一块金、李真贵、闲生强。

7. 幻术

幻术在北宋时期就已经非常流行了，如《铁围山丛谈》卷四载：“百戏诸伎甚精者，皆挟法术。元丰中有艺人，善藏舟，用数十人举而置之，当场万众不见也。尝经御楼前，上下莫不骇异。裕陵见之，曰：‘其人但行往来于舟上耳。’”到南宋时，则其技艺更进步了。魔术可分为藏人、藏剑、烧火、弄水、壁上睡、吃针、壶空挂香炉等节目。《梦粱录》卷二〇《百戏伎艺》便载有这些节目。

① 〔宋〕吴自牧：《梦粱录》卷二〇《百戏伎艺》，浙江人民出版社 1984 年版，第 194 页。

② 〔宋〕魏泰：《东轩笔录》卷二，中华书局 1983 年版，第 16 页。

第七节　泽被海外的长江文化

两宋时期的中外文化交流较之汉唐不仅在地域上有了进一步的发展，达到了中国古代文化交流史上前所未有的高度，直接和北非、东非国家有了交往，而且在与周围国家文化交流的范围和内容上也有了新的突破。这表现在文化物品上，过去以出口丝织品为主，而两宋时期的中国除出口丝织品外，瓷器占有突出地位。特别是这一时期中国火药、指南针、活字印刷术的西传，影响并推动了世界文明的进程，为欧洲资本主义萌芽的出现和发展创造了重要的条件。与此同时，由于周围国家文化的进步，两宋时期中国向外国学习的东西也多起来了。宋、元统治者在外来文化的吸收上，也大多采取积极的、主动的姿态，摄取了外国文化中许许多多优秀的成分，滋补、充实和发展了本民族的文化。如朝鲜的纸、墨制造技术，越南的“李朝兵法”，印度的佛教文化，阿拉伯人的数学、医学和建筑技术，埃及的天文学等等。这种文化交流，较之唐代那种以中国单向输出为主的文化交流有了进一步的提高，它大大地促进了两宋时期中国文化的繁荣和高度发展。

南海一号出土的瓷器

南海一号出土的瓷器

南海一号出土的金器

具有海洋文化特征的长江文化，在两宋时期的中外文化交流上，更是凭借其雄厚的物质基础和殷实的精神财富，扮演了主要的角色。它不仅将自己的优秀文化源源不断地输送到邻近的朝鲜、日本、越南、印度及中亚、西亚等国家和地区，而且还利用自己强大的文化力度，将长江文化辐射到离自己很远的欧、非大陆，从而在中外文化交流史上，谱写了光辉灿烂的新篇章。同时，长江文化也吸收海外文化的先进成分。如孝宗隆兴元年(1163年)七月二十五日，中书门下省言："窃见近来临安府士庶，服饰乱常，声音乱雅，如插棹篦、吹鹧鸪、拨胡琴、作胡舞之类已降指挥严行禁止外，访闻归朝、正等人往往不改胡服，及诸军有仿效蕃装，所习音乐杂以胡声……"①乾道四年(1168年)七月，又有臣僚言："临安府风俗，自十数年来……声音乱雅，好为胡乐，如插棹篦，不问男女；如吹鹧鸪，如拨胡琴，如作胡舞，所在而然。……今都人，静夜十百为群，吹鹧鸪，拨胡琴，使一衣黑衣而舞，众人拍手和之，道路聚观，便同夷路……"②绍熙年间(1190—1194)，袁说友上奏曰："臣窃见今来都下一切衣冠服制习外国俗，官民士庶浸相效习，恬本知耻。……紫袍紫衫，必欲为红赤紫色，谓之顺圣紫。靴鞋常履，必欲前尖后高，用皂草，谓之不到头。巾制，则辫发低髻为短统塌顶巾。棹篦，则虽武夫力士，皆插巾侧。如此等类，不一而足。"③由此可见，海外文化也对南宋长江文化的发展与繁荣产生过一定的影响。

一、长江文化与东亚文化

(一)长江文化与日本文化

在宋代，统治者对中日文化交流采取积极、主动的姿态。据统计，仅在北宋160多年时间里，去日本的宋船数有据可查的就达70多艘次，而且其中没有一只能够断定为日本

① 《宋会要辑稿》刑法二之一五六，中华书局1957年版，第7册，第6573页。

② 〔宋〕潜说友：《咸淳临安志》卷四七《秩官五》，中华书局1990年版，第3775页。

③ 〔宋〕袁说友：《论衣冠服制》，明杨士奇等撰：《历代名臣奏议》卷一二〇《礼乐》，上海古籍出版社1989年，第1591页。

的商船，这清楚地表明了赵宋王朝对中日文化交流的高度重视。又有学者依据日本学者森克己先生的研究成果①和松浦章先生的研究成果②进行统计后发现，在 960—1279 年之间，宋朝海商赴日贸易达 105 次，其中北宋时期为 93 次，南宋时期为 12 次。有姓名可考的就达 82 次。很多海商多次往返于宋朝和日本之间，例如朱仁聪 8 次，曾令文 5 次，孙忠 5 次，周文裔 5 次，周良史 4 次，李充 4 次，慕宴诚 3 次，张守隆 3 次，周文德 3 次等。③

据日本学者木宫泰彦研究，“这时往来于日华之间的宋朝商船，一般是搭乘六七十人的小型帆船，大都从两浙地方出发，横渡东中国海，到达肥前的值嘉岛，然后再转航到筑前的博多，这似乎和唐末五代时的情况没有什么两样”。④ 而这些去日的宋朝商人，绝大多数来自南方。他们带去的商品，也主要是产于中国南方的锦、绫、茶碗、绘画、书籍、文具以及香料、染料、药材等。从日本买回的物品，则主要是沙金、水银、绵、绢、布等，此外还有泥金画、贝壳镶嵌的漆器、琥珀和水晶制的念珠、扇子、屏风等工艺美术品。

日本敦贺市出土的宋代湖州六花铜镜

在中国南方商人纷纷赴日的同时，日本僧侣和商人出于对中国长江文化向往之强烈感情，也源源不断地来到中国，特别是当时经济、文化最为发达的江南地区。据日本学者统计，“在整个北宋时代的一百七十余年间，入宋的僧侣是二十余人，但在南宋的一百五十余年间，仅史料上载明的入宋僧侣就超过了百人。这个僧侣数可与唐代的鼎盛时期相匹敌”⑤。日本高僧成寻来到杭州时，曾在《参天台五台山记》卷一中对杭州的商业繁华盛况作了极为详细的生动描述：

> 四月廿二日(辛未)……戌时，吴船头林廿郎、李二郎，相共出见市，以百千七宝庄严，一处或二三百灯，以琉璃壶悬并，内燃火玉，大径五六寸，小三四寸，每屋悬之，色青赤白等也。或悬玉帘庄严，女人咔琴吹笙，伎乐众多，不可思议。或作种种形象，以水令舞、令打鼓、令出水，二人如咒师回转，二人从口吐水，高四五尺，二人从肘出水，高五尺，二人驰马，总百余人。造立高台，人形长五寸

① 〔日〕森克己:「日・宋・麗交通貿易年表」、『新訂日宋貿易の研究』所収、東京:(株)勉誠出版、2008 年 12 月。

② 〔日〕松浦章:《从海洋史的角度看前近代东亚海域间的交流》，韩升译，载于上海社会科学院《传统中国研究集刊》编辑委员会编《传统中国研究集刊》第六辑，上海人民出版社 2009 年版。

③ 薛豹、游彪:《赴日宋朝海商初探——以宁海周氏家族为中心》，《浙江学刊》2012 年第 4 期。

④ 〔日〕木宫泰彦:《日中文化交流史》，商务印书馆 1980 年版，第 245 页。

⑤ 〔日〕藤家礼之助:《日中交流二千年》，北京大学出版社 1982 年版，第 139 页。

许，种种巧术，不可宣尽。每见物人与茶汤，令出钱一文。市东西卅余町，南北卅余町，每一町有大路，小路百千，卖买不可言尽。见物人满路头并舍内，以银茶器每人饮茶，出钱一文。……

从这段文献记载中，我们可以看出这里的商家店铺鳞次栉比，街头店内到处是行人，给一文钱就可以用银制的茶器喝茶。而夜市中不可或缺的灯火，点燃后装在琉璃壶中，呈现出青、赤、白等颜色，每一处都要悬挂上二三百个之多，以致整个夜市灯火辉煌，如同白日，极其壮观。为了招徕客人，店家还采用了各种各样的表演手法、魔术和奇技等，特别是众多的戏水师，更是技艺惊人。总之，如此壮丽的尽善尽美的夜市——在那时日本的都城京都一带完全是无法想象的，所以使当时的留学僧成寻等人惊异得瞠目结舌——这样大规模的夜市，同时也毫无疑问地表明了杭州都市商业的发达。与日僧相比，日商也毫不示弱，他们大批来到两浙、福建等地经商。

1. 长江文化对日本文化的影响

从双方的文化交流来看，当以长江文化对日本文化的影响为大，具体体现在以下几个方面：

（1）茶与茶道。日本的茶文化虽然在七八世纪时已在中国大陆的影响下兴起，但到10世纪以后才丰富起来。据文献记载，南宋时，日本禅宗始祖荣西曾于1168年、1187年两次入宋，来到天台山学习禅学，前后时间在宋总计达四年零九个月。其间，他不仅潜心钻研禅学，而且亲身体验了宋朝的饮茶文化及茶的效用，深深感到将中国茶文化普及到故国的重要性。回国后，他不仅将从中国携去的茶籽在肥前的背振山上种植，而且还根据《太平御览》中有关茶茗的史料，撰成日本历史上的第一部茶书《吃茶养生记》，向日本人民传播中国的茶文化。自此以后，日本的公家（皇室、贵族、僧侣）和武家（将军、大名、武士）都以饮茶为乐事，并将此风扩展到民间，饮风大盛。荣西由此被日本人民推为"日本的陆羽"、日本的茶圣。到1259年，日僧南浦绍明到余杭径山寺研究佛学的同时，也将该寺盛行的"茶宴""点茶法"、僧人饮茶礼仪以及所用的"抹茶"传播到日本，又使饮茶无形中成为日本人社交、联谊的一种社会活动，从而进一步促进了日本茶道文化的发展。

日本大本山
太平寺藏道元自画像

（2）饮食。南宋佛家寺院中的素食就曾全面推广到日本。据文献记载，南宋宁宗嘉定十六年（1223年），日本高僧道元在与明州阿育王寺典座（即为众僧做饭的厨师）多次交谈后，回国撰写成《典座教训》《赴粥饭法》《正法眼藏·示库院文》三书。

(3)陶瓷制造。起源于这一时期的日本陶瓷，也是从中国南方传入的。据载，1222 年日本陶祖藤四郎曾从僧人道元入宋，来到福建天目山学习制陶技术。经过 5 年的勤学苦练后，他回到了日本，在尾张的濑户开窑。他烧制的陶器，在茶褐色的底上施黄釉，创制出具有中国南方陶瓷风格的"濑户烧"，从而为日本制陶技术开辟了新的纪元。

(4)印刷术。两宋时期，中国南方的印刷技术曾对日本产生重大的影响。在当时，南方两浙、四川、福建等地所刻的书籍大量输入日本，对日本印刷业和文化的发展起了促进作用。朱子学者熊禾在崇化同文书院上梁文中载："儿郎伟，抛梁东，书籍高丽日本通。"① 特别是南宋福圣寺僧人兀庵普宁（蜀人）去日后，开创了镰仓时期禅籍刊印的风气。于是在 1247 年，日本有人托名"陋巷子"，以宋婺州（治今浙江金华）本为据，翻刻朱熹的《论语集注》10 卷，这是日本印刷中国儒书的开始。

(5)建筑。两宋时期，长江文化输出至日本的建筑技术有所谓的"天竺式"和"唐式"两种。"天竺式"是在 12 世纪末到 13 世纪初重建东大寺大佛殿时由督工的俊乘坊重源所带去的。重源为了重建大佛殿作准备，曾先后三次赴中国考察宋地的建筑样式。在此期间，他还曾把周防的木材运到浙东，建筑明州育王山的舍利殿等，在大型建筑上积累了实际经验。回国后，重源在南宋工匠陈和卿协助下，完成了东大寺的重建工作。从此以后，由南宋两浙地区传入的天竺式建筑，逐渐向日本各地传播。唐式（又名"禅宗式"）也是由入宋僧荣西从两浙地区传入日本的。荣西在留宋期间曾营造天台山万年寺三门的两廊、智者大师的塔院，还襄助过明州天童山千佛阁的工事，取得了许多有关建筑工程的深刻经验。回国后，他在日本所建的博多圣福寺、镰仓寿福寺、京都建仁寺，就模仿了南宋江南地区的禅寺建筑。后来入宋僧道元所建山城兴圣寺及中国去日禅僧兰溪道隆、无学祖元等修建建长寺、圆觉寺，都采用南宋禅院五山十刹的建筑风格。随着日本禅宗的兴盛，这种建筑也盛行于日本，对日本建筑产生重大影响。

(6)造船与航海。两宋时期，日本商船渡海贸易日益增多，表明这一时期日本的造船和航海事业在中国的影响下已取得了长足的进步。在平安朝文学（例如《宇津保物语》）中还带着恐怖的心情来描写横阻在日中之间的波涛汹涌的大海，而在镰仓时期的《源平盛衰记》中则非常轻松地写道："横越本朝与大宋之间之大海，已极寻常，甚为容易。"无疑，这是日本商船"学习了宋船的造船术和航海术，大大减少了像过去遣唐使船那样遇难的不幸事件"②，而两宋时期造船和航海事业最为发达的两浙、福建地区居功尤大。

(7)纺织。由于中国南方地区的纺织品源源不断地运到日本和入宋僧对中国纺织技

① 王耀华：《福建文化概览》，福建教育出版社 1994 年版，第 580 页。

② 〔日〕藤家礼之助：《日中交流二千年》，北京大学出版社 1982 年版，第 136 页。

术的学习，日本的纺织品生产也迅速发展起来。据文献传说，日本"博多织"的纺织方法，就是由随同东福寺僧人元尔一同入宋的弥左右卫门带回日本的。到了镰仓时代的中期，日本就开始出现了中国织品的仿制品。

(8)医学。两宋时期，中国南方地区的医学曾对日本产生过一定的影响。日僧荣西留居天台山等寺院时，曾向宋朝医家学过医学。1223年，随同日僧道元入宋的木下道正(俗名藤原隆英)，就曾将从江南名医学得的解毒丸制法传入日本。宋慈所著的法医学著作也在此时传到日本，并一直沿用到19世纪。

(9)佛教。两宋时期，长江文化对日本文化最突出的贡献，是把佛教禅宗传入日本。禅宗虽然在中国唐代时就已经开始影响日本，但在南宋之前始终被日本人看成是佛教的一个异派，并没有受到多大的重视。到中国南宋时期，日本因为镰仓幕府北条氏掌权后急于进一步掌握全国的教权，遂引进与日本公家无任何关系的中国式的禅宗。1187年，日僧明庵荣西(即千光法师)在第二次入宋时从天台山万年寺的虚庵怀敞学禅。怀敞移居明州天童山后，他随从前去继承他的法统。1191年回国后，他在日本招徒建寺，大力宣扬禅教，成为日本禅宗的始祖。1223年，荣西弟子希玄道元入宋，从天童山长翁如净受曹洞禅正脉，回国后成为日本曹洞宗的始祖。此后，日僧圆尔辨圆、神子荣尊、性才法心、随乘湛慧、妙见道祐、音(禅人)、一翁院豪、觉琳等因慕南宋禅心，相继入宋参谒径山的无准师范。随着日本禅宗的兴盛，日本禅僧入宋的增多，宋朝僧人来到日本的也逐渐多了起来。1246年，南宋中国禅僧兰溪道隆①(大觉禅师，1213—1278)率领他的弟子义翁绍仁(普觉禅师)、龙江等数人来到日本，这是中国禅僧来到日本的开始。兰溪道隆抵日后两年，即1248年，因执政北条时赖的敦请，住在粟船的常乐寺，并于次年(1249年)在这里修建了僧堂。这便是镰仓第一个禅宗道场。1253年，北条时赖又于巨福吕地狱谷建成巨福山建长寺，以道隆为开山第一祖。1255年，北条时赖又发心劝募，筹造一个大钟，道隆亲作铭文，自署"建长禅寺住持宋沙门道隆"。日本禅寺之名由此而始。从此，"向来和天台、真言混在一起的禅宗，到此获得完全独立的地位"②。在道隆之后，1260年南宋南禅福圣寺僧

宋代高僧

无准师范像

① 兰溪道隆，僧姓冉氏，祖籍四川涪江，曾经师事北磵居简、痴绝道中和无准师范三位禅师，居明州天童山。

② 〔日〕木宫泰彦：《日中文化交流史》，商务印书馆1980年版，第364—365页。

人兀庵普宁①来到日本，传播禅学，并感化了执政的北条时赖，“使他达到大彻大悟的境界，使镰仓武士和禅宗结合起来，在这方面作出很大贡献”②。到宋末元初，无学祖元③、一山一宁④等禅宗高僧又相继赴日，弘扬禅法，对于镰仓时代的武家文化均有极大的影响。

(10)儒学。在禅学传入日本的同时，以朱熹为代表的南宋儒学也于13世纪初传入日本。1199年，日僧不可弃俊芿(大兴正法国师)携其弟子安秀、长贺来宋，先后到台州天台山、明州雪窦山、临安府径山学禅。又从明州景福寺的如庵学律3年，还从秀州华亭县超果教院的北峰宗印学天台8年。后住在临安府的下天竺，和禅、教、律的名僧论道，并交结钱相公、史丞相、楼参政、杨中郎等公卿士大夫。1211年他归国时，携有佛教典籍1008卷，世俗典籍919卷，碑帖96卷。其中世俗典籍中，有儒家书籍256卷，杂书463卷⑤。虽然这些儒家书籍的名称不得其详，但我们可以肯定有不少书籍当与长江文化有关。此外，俊芿的弟子闻阳湛海首次入宋时也带回经论数千卷。又，东福寺的开山祖师圆尔辨圆也于1241年从南宋两浙地区带回典籍达数千卷，藏在普门院的书库中，并亲自著《三教典籍目录》。据目录所载，南方学者所撰的儒家书籍主要有张九成《中庸说》2册，朱熹《大学》1册、《大学或问》3册、《中庸或问》7册、《论语精义》3册、《孟子精义》3册、《论语直解》3册、《集注孟子》3册，吕祖谦《吕氏诗纪》5册(此即《吕氏家塾读诗纪》)等等，毫无疑问，“这些典籍对于日本五山儒学、诗文学的兴盛起过作用，是不待言的”⑥。

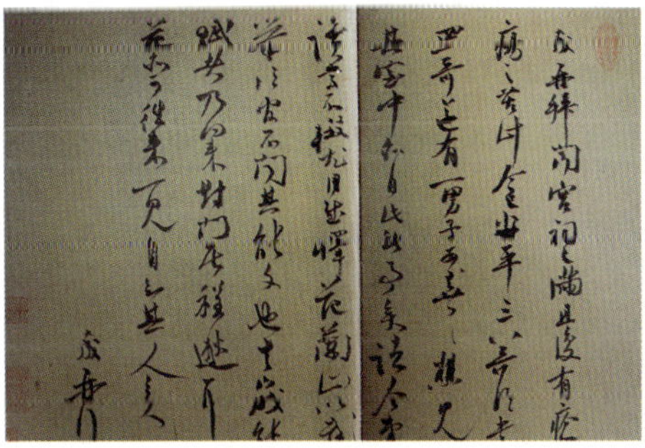

南宋张九成书尺牍《宫祠帖》

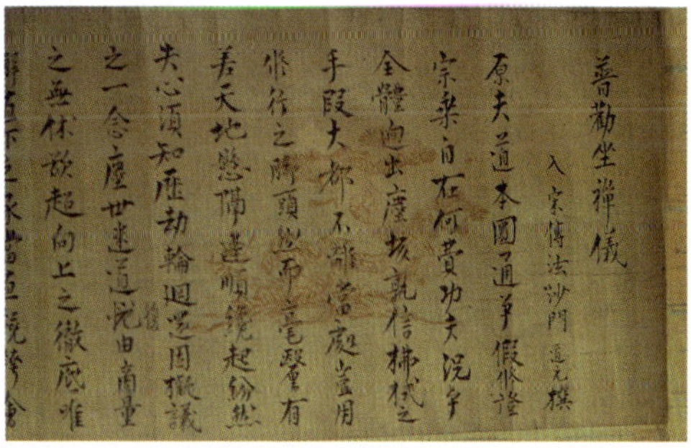

日本大本山太平寺藏普劝坐禅仪

① 普宁，蜀人，出家于南京蒋山，参天童育王师范得法。出世历径山、灵隐、天童、灵岩诸刹。于景炎元年(1276年)圆寂。

② 〔日〕木宫泰彦：《日中文化交流史》，商务印书馆1980年版，第364—365页。

③ 祖元(1226—1286)，号无学，会稽(今浙江绍兴)人。住临安(今杭州)，得法于无准师范，有盛名于都下。元初去日，于镰仓说禅，传临济家法。

④ 一宁(1247—1317)，台州临海人。俗姓胡，号一山。曾于天台山修学禅宗，后住普陀山。大德三年(1299年)奉命出使日本。居日本19年，传授禅宗学说，并在此形成“一山派”，影响极大，被尊为“国师”。

⑤ 〔日〕僧信瑞：《泉涌寺不可弃法师传》。

⑥ 〔日〕木宫泰彦：《日中文化交流史》，商务印书馆1980年版，第353页。

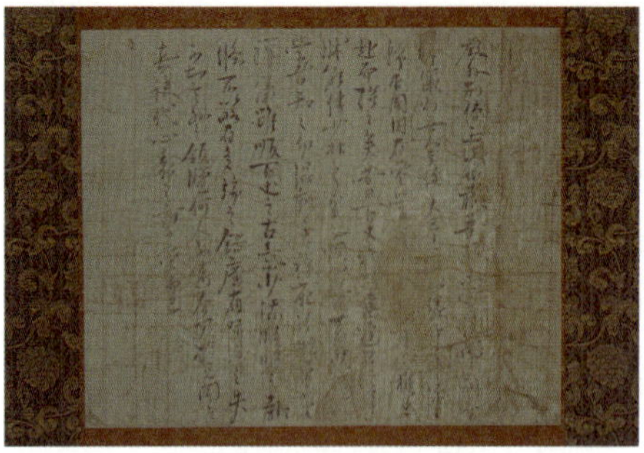

日本大本山太平寺藏普劝坐禅仪撰述记

(11)书画艺术。两宋时期，是中国书画艺术繁荣的时期。在这一时期，长江文化曾对日本镰仓时代书画的勃兴产生了重要的影响。以书法来说，米芾、苏轼、黄庭坚等人的书法，影响远及于日本，禅林间流行着所谓“东坡、山谷、味噌、酱油”的谚语，由此也足以想见其脍炙人口的程度。在他们之后，南宋鄞县人张即之(字温夫，号樗寮)，更是以其结体厚重、笔力雄强的书法名噪当世，驰誉东瀛，在日本禅林间深受欢迎，日本至今仍保存有他的墨迹。日本的书法家纷纷以他们为法。荣西在南宋留居期间，曾专门学习过黄庭坚的书法。其弟子道元来南宋留学期间，同样学习黄体。1235 年，日本僧人圆尔辨圆来宋学习张即之书法，并得到无准师范的书法真传。他回日本时还曾带回不少法帖、碑版和墨迹。在圆尔辨圆之前，泉涌寺的不可弃俊芿于 1211 年从宋朝归国时也带回法帖、御笔、堂帖等碑文 76 卷……在日本书法界学习中国南方书法艺术的同时，一些中国学者也将中国书法艺术传播到日本。兰溪道隆与擅长“黄体”的荣西在当时的日本禅林中并称两大书派。无学祖元、一山一宁等赴日的中国南方高僧也擅长书法。在他们的影响和培养下，当时日本能书的僧人辈出，其中如京都天龙寺的开山祖梦窗疏石、东福寺的学僧虎关师练、大德寺的开山祖师宗峰妙起等，俨然是黄庭坚、张即之等人书法在日本的再现①。再以绘画艺术来说，日本镰仓文化中肖像画的流行，就与长江文化的影响密切有关。由于中国禅宗师徒间有“顶相授受”制度(即师父把自己的画像授与弟子，表示认可)，许多入宋禅僧归国时经常带回中国师僧的肖像，从而推动了日本肖像画的发展，在形成或手法方面都给予了写实风格的影响。与此同时，盛行于中国南方地区的花鸟山水画、水墨画也开始传入日本，并随之在日本出现了模仿这些内容、具有中国南方地区绘画风格的绘画作品。

(12)武士道。日本武士道的产生和发展，同长江文化的影响不无关系。兰溪道隆在日传播禅学时，专以寡欲朴素为宗旨，除三衣一钵而外，不求居所，不贪衣食，遵循百丈禅

① 叶喆民：《中日书法艺术的交流》，载《故宫博物院院刊》1979 年第 1 期。

师“一日不作一日不食”的精神，专心修道，这种情况可能感动了爱好勤俭朴素的北条时赖和镰仓武士。而且丛林规矩的严正，禅僧们机锋锐利的态度等，也可能深为重礼节、尚意气的镰仓武士们所喜欢。后来，兀庵普宁到日本后，使北条时赖在禅学上达到了大彻大悟的境界，这对一般的镰仓武士给予了极大的刺激。而祖元、道元等人对生死的看法，更使热心参禅后的镰仓武士在精神上突破了生死的牢关，一旦临事，得以“立处皆真，随处为主”。这对于后来日本武士道的发展产生了颇大的影响①。

除上述外，长江文化还对日本文化的文学、语言、雕塑及风俗习惯等方面产生过深远的影响，此不赘述。

2. 日本文化对长江文化的影响

当然，这一时期的日本文化也影响过长江文化。木宫泰彦在所著的《日中文化交流史》中指出：“在文化交流方面……北宋时代是试图复兴因唐末五代纷乱而一度衰退的文化的时代，而在日本则是藤原时代，日本文化极为繁荣的时期。因此，日本虽汲取了宋朝文化，但也向宋朝输出日本文化，以补对方的缺陷，彼此之间的文化地位，大致处于对等状态。但到了南宋时代，中国已经完成了很有特色的宋代文化，而日本则为了适应新兴武家的爱好，正在试图建立新文化，因此，又和遣唐使时代大量移植唐朝文化一样，一再努力吸取宋朝的新文化。”具体来说，日本文化对两宋时期长江文化的影响体现在以下几个方面：

(1)逸书的保存和归还。如日本宽和二年(986 年)“正月，僧源信托宋商周文德献给天台山国清寺自著《往生要集》、慈惠大师作《观音赞》、庆宝胤作《十六祖相赞》《日本往生传》、源为宪作《法华经赋》等”②。杭州奉先寺僧源清，曾于宋至道元年(995 年)托商人以《法华示珠指》等七卷经籍送日本比睿山，要求交换天台宗始祖智者大师所作的《仁王般若经疏》，以补足中国的阙佚。日方答应照办，并于次年 12 月，以当时的天台座主觉庆的名义，赠以智者大师所著的《仁王般若经疏》等。这类例子在当时颇多，无疑促进了两宋时期长江文化的发展和繁荣。

(2)日用工艺品。日本的刀剑、扇子、描金、螺钿等日用工艺品，在促进长江文化的发展方面也作出了贡献。如日本的刀就很受中国南方士大夫的赞赏。司马光在所作的《日本刀歌》中极其赞赏。郑思肖在《心史大义》中也曾说“倭刀极利”。沈括《梦溪笔谈》卷二一《异事》对倭刀的描述更加形象化，他说：“钱塘闻人绍有一剑，以十大钉钉柱中，用剑挥

① 〔日〕木宫泰彦：《日中文化交流史》，商务印书馆 1980 年版，第 376 页。

② 〔日〕森克己引用资料为《天台霞标》，森克己：《新訂日宋貿易の研究》，第 402 页，东京：(株)勉诚出版 2008 年版。

之，十钉皆断，隐如秤星，而剑锋无损。屈之如钩，纵之复直，非常铁也。”①日本创制的折扇，在两宋时期也传入南方。当时的一些中国人还根据日本扇的特点，为其取了一些颇为形象的名称，如“折扇”“折叠扇”“折迭扇”等。北宋中书舍人朱翌《生查子·咏折迭扇》一词云：

宫纱蜂趁梅，宝扇鸾开翅。数折聚清风，一捻生秋意。

摇摇云母轻，袅袅琼枝细。莫解玉连环，怕作飞花坠。②

又，李龏《折迭扇》诗：

尺素裁成半叶荷，竹批六夹影相罗。

玉人笑把遮羞面，还向缘边见笑涡。③

但当时中国人对折扇或折迭扇的名称却甚为混乱，有称为“日本扇”的，如苏辙《杨主簿日本扇》诗：

扇从日本来，风非日本风。风非扇中出，问风本何从？

风亦不自知，当复问太空。空若是风穴，既自与物同。

同物岂空性，是物非风宗。但执日本扇，风来自无穷。④

有俗称为“倭扇”的，如宋邓椿《画继》卷一〇《杂说》：“倭扇以松板两指许砌迭，亦如折迭扇者。其柄以铜黡钱环子黄丝绦，甚精妙。板上罨画山川人物松竹花草，亦可喜。竹山尉王公轩惠恭后家尝作明州舶官，得两柄。”有称“聚扇”的，如周密《癸辛杂识》续集卷下《倭人居处》云：“其聚扇，用倭纸为之，以雕木为骨，作金银花草为饰，或作不肖之画于其上。”

北宋后期，宋人便根据这些来自日本、高丽的折叠扇加以仿制，并在国内的一些大中城市中迅速推广开来。赵彦卫《云麓漫钞》卷四曰：“今人用折叠扇，以蒸竹为骨，夹以绫罗，贵家或以象牙为骨，饰以金银，盖出于高丽。《鸡林志》云：‘高丽叠纸为扇，铜兽靥环，加以银饰，亦以画人物者，中国转加华侈云。’”邓椿《画继》卷一〇：“又有用纸，而以琴光竹为柄，如市井中所制摺迭扇者。但精致非中国可及，展之广尺三四，合之止两指许。所画多士女乘车跨马、踏青拾翠之状，又以金银屑饰地面，及作云汉、星月、人物，粗有形似，其来远磨擦故也。其所染青绿奇甚，与中国不同，专以空青海绿为之。近年所作，尤为精巧。”

① 此条记载又见〔明〕田汝成：《西湖游览志余》卷二〇《熙朝乐事》，上海古籍出版社1998年版，第299页。

② 〔宋〕朱翌：《潜山集》补遗《生查子·咏折迭扇》。参见〔宋〕洪迈：《容斋随笔·四笔》卷一三《二朱诗词》，上海古籍出版社1978年版，下册，第763—764页。

③ 〔宋〕陈起：《江湖后集》卷二〇，文渊阁《四库全书》本。

④ 〔宋〕苏辙：《栾城集》卷一三，上海古籍出版社1987年版，上册，第321页。

至南宋时，折扇已进入人们的日常生活，在市场上广为流行，到处可见了。[①] 并成为艺术家描画的对象。如苏汉臣《蕉荫击球图》中，观球女子面前放着一把折叠扇。1977 年江苏常州武进县村前乡南宋五号墓出土了一件戗金漆奁，名为“人物花卉纹朱漆戗金莲辨式奁”，戗金漆奁的盖面上有一幅戗画《柳荫拂暑图(园林仕女消夏图)》中，就有一仕女手执纨扇、一仕女轻摇折扇的形象，其折扇扇骨历历可数，这也是目前见到的折扇的最早画面，时间为南宋中期。

南宋朱漆戗金菱花式
人物花卉纹奁盖面特写

南宋朱漆戗金菱花式
人物花卉纹奁盖面特写局部

宋代中国所产的折扇，从目前唯一传世的南宋人作折叠扇面《柳桥归骑图》来看，其形制和日本所藏扇面相同，扇面上下比例差距较小，扇骨较少，限于四、六骨之间，不类明代十六骨。扇面除少数用绫绢外，多数用纸裱糊。

另据文献所载，折叠扇一般还设有扇坠。如《湖海新闻夷坚续志》前集卷一《失物复还》载道：“建炎中，高宗幸四明，尝执一折叠扇，中有玉孩儿为扇坠。”

如果说中国团扇传入日本，丰富了日本文化的话，那么，日本发明的折扇传入中国，则导致了中国扇的一场革命。此后，折扇逐渐取代了团扇的主导地位，成为中国最为盛行的一种扇子，并对中国文化产生了极其广泛而深远的影响。

日本首创的泥金画漆，对两宋时期江南地区的漆器工艺曾产生过一定的影响。螺钿虽由中国发明，并在唐时传入日本，但到了宋朝，日本螺钿工艺已超过中国，“物像百态，颇极工巧”[②]，很受中国人的喜爱。

---

① 如《梦粱录》卷一三记都城临安铺席中有“周家折叠扇铺”；邓椿《书继》有“如市井中所制折叠扇者”之语；又，日本冢田大峰《随意录》曰：“倭语谓叠扇为加波保利，是蝙蝠之倭名，盖以形似焉，名也。异邦素无叠扇，而今有之，仿我方之制。”

② 〔宋〕方勺：《泊宅编》卷三，中华书局 1983 年版，第 16 页。

当然，日本文化对两宋时期长江文化的影响远不止这两个方面。如建筑用的木材，就多来自日本。《建炎以来朝野杂记》甲集卷一《孝宗恭俭》载：淳熙年间，宋孝宗作"翠寒堂于禁中，以日本松木为之，不施丹雘，其白如象齿"。在这里，因史料、篇幅所限，恕不一一展开论述了。

（二）长江文化与高丽文化

两宋时期，长江文化与高丽文化的交流非常频繁，关系密切。

两宋时期长江文化与高丽文化的交流主要通过海道进行。如宋朝去高丽的商人和使臣，一般都以明州和泉州作为主要出发地或主要停靠站。宋徽宗政和七年（1117 年），为了加强与高丽的联系，专门在明州设置高丽司，叫来远局，造两只巨船、百只画舫，负责接待高丽使臣①。当时，双方的海道联系由于中国南方地区造船和航海技术的提高已变得非常方便。据《宣和奉使高丽图经》卷三记载，从明州或泉州去高丽，船舶乘夏至以后的南风，顺利时不过 5 日就可到达高丽海岸。

由于海道联系非常方便，所以双方的人员往来非常频繁，人数空前。据文献记载：北宋仁宗宝元元年（1038 年）有明州商人陈亮和台州商人陈维绩等 147 人②；宋徽宗崇宁二年（1103 年）有明州教练使张宗闵、许从等与纲首汤炤等 38 人③。宋高宗绍兴八年（1138 年）三月，宋商吴迪等 63 人持明州牒赴高丽④。绍兴三十二年（1162 年），宋都纲（管理全国放事务官员）侯林等 43 人带高丽牒赴高丽⑤。像这样的事例在当时不胜枚举，估计两宋期间中国南方地区赴高丽的商人、士大夫当在数千人以上⑥。当然，高丽客人来中国南方的当也为数不少。如南宋时，有一年到达江阴军的高丽商船就有六七艘之多⑦。

韩国新安沉船出水的青瓷鬲式炉

在当时，不仅高丽商船往来络绎不绝，而且高丽使臣自政和以来每年也来华朝贡，在明州登陆，

① 〔宋〕罗濬等：《宝庆四明志》卷六《叙赋下·市舶》，《宋元方志丛刊》本，第 5 册，第 5054 页。

② 郑麟趾：《高丽史》卷六，靖宗四年八月戊子条。

③ 郑麟趾：《高丽史》卷一二，肃宗八年二月己巳条。

④ 郑麟趾：《高丽史》卷一六，仁宗十六年三月庚子条。

⑤ 郑麟趾：《高丽史》卷一八，毅宗十六年三月戊午条。

⑥ 据朝鲜学者金庠基《丽宋贸易小考》统计，在两宋时期到高丽贸易的商人和水手，有记载可考的约有 5000 人之多，这还不包括中国方面的记载。

⑦ 〔宋〕袁燮：《挈斋集》卷一七《朝请大夫赠宣奉大夫赵公墓志铭》，文渊阁《四库全书》本。

造成了明州"困于供给"的局面。由此可见,高丽使臣来宋朝贡的队伍颇为壮观。

双方贸易的货物更是品种繁多。据《宝庆四明志》卷六《叙赋下·市舶》的记载,由高丽向中国南方地区出口的商品有:"细色:银子、人参、麝香、红花、茯苓、蜡。粗色:大布、小布、毛丝布、䌷、松子、松花、栗、枣肉、榛子、椎子、杏仁、细辛、山茱萸、白附子、芜荑、甘草、防风、牛膝、白术、远志、茯苓、姜黄、香油、紫菜、螺头、螺钿、皮角、翎毛、虎皮、漆(出新罗,最宜饰镴器,如金色)、青器、铜器(近年禁不出)、双瞰刀、席、合簟。"而中国南方地区向高丽出口的货物中,茶、丝、绢、绣、瓷器、药材、书籍、红花、染料、佛具以及海南出产的犀牛、象牙、香药等。

从当时的文献记载,两宋时期长江文化与高丽文化的交流具体可以归纳为以下几个方面。

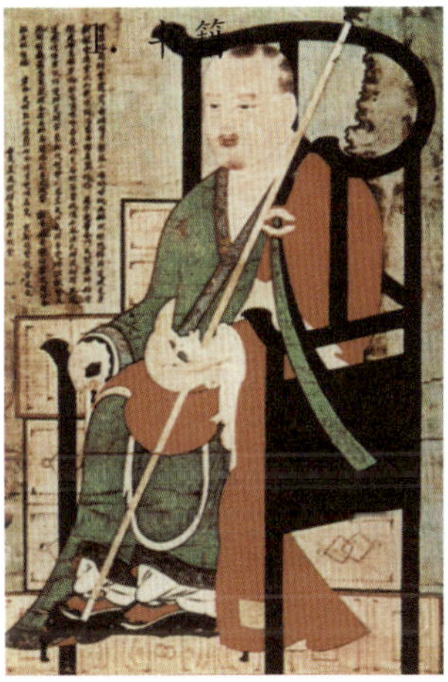

义天像

高丽统治者十分仰慕长江文化,不断派人到中国文化最发达的江南地区搜集中国书籍。元祐四年十一月三日,龙图阁学士、朝奉郎、知杭州苏轼《论高丽进奉状》:"臣伏见熙宁以来,高丽人屡入朝贡。至元丰之末十六七年间,馆待赐予之费不可胜数。两浙、淮南、京东三路筑城造船,建立停馆,调发农工,侵渔商贾,所在骚然,公私告病。朝廷无丝毫之益,而夷虏获不赀之利。使者所至,图画山川,购买书籍……"①高丽朝廷曾出高价委托福建商人徐戬在杭州雕刻夹注《华严经》,用海船运回高丽②。另据《高丽史》卷二四《忠肃王世家》记载,高丽政府曾派人到中国江南购书,其中一次就购回"经籍一万八百卷"。此外,来到中国南方的高丽商人、高丽僧人也大量把中国书籍运入高丽。元祐二年(1087 年),高丽僧人义天来到明州学习佛经,其间收集到佛经经典 3000 余卷,带回国内,并编成《新编诸宗教藏总录》,收书 1000 部,共 4700 多卷。同时他还按目录镂版刊印,并以《华严经》180 卷寄赠钱塘(今浙江杭州)慧因寺③。高丽商人也喜欢用人参等物换取书籍,因此中国的"建本文字"(福建路建州出版的书籍)在高丽深受欢迎④。另外,中国赴高丽的商人投其所好,往往将书籍大量运到高丽出售。如 1027 年,

① 〔宋〕苏轼:《苏轼文集》卷三〇《论高丽进奉状》,中华书局 1986 年版,第 3 册,第 847 页。

② 〔宋〕苏轼:《苏轼文集》卷三〇《论高丽进奉状》,中华书局 1986 年版,第 3 册,第 848 页。

③ 〔宋〕罗濬等:《宝庆四明志》卷六《叙赋下·市舶》,《宋元方志丛刊》本,第 5 册,第 5055 页。

④ 〔宋〕赵汝适:《诸蕃志》卷上《新罗国》,杨博文校释:《诸蕃志校释》,中华书局 1996 年版,第 152 页。

江南人李文通等到高丽献（卖给官方）书册多达597卷。当然，在江南书籍大量流入高丽的同时，许多高丽人的著述也先后传到中国南方。如义天的《圆宗文类》、金富轼的《三国史记》等。

2. 印刷术

两宋时期中国南方地区的印刷技术曾对高丽产生过一定的影响。1087年高丽僧人义天回国时，从明州带去《清凉疏》雕版，对当时高丽的雕版印刷事业起了推动作用。

3. 佛教

佛教是两宋时期长江文化与朝鲜文化交流的主要内容之一。1087年，高丽僧义天曾到杭州、明州等地学习天台宗教义。在杭州慧因禅院，义天曾出资“印造经论疏钞七千有余帙”，于是禅院僧徒“晋仁等以例授状乞易禅院为教院”，得宋哲宗诏准。义天回国后，大力弘布天台宗教义，成为高丽天台宗的初祖。并继续与杭州慧因教院保持着联系，曾“以青纸金书晋译《华严经》三百部”并建经阁之赀，托商船带给慧因教院。因此，慧因教院又被称作“高丽院”。

4. 陶瓷

瓷器是当时中国输入高丽的主要货物之一。近年在南浦附近海底发现的沉船，在已打捞出的7000多件遗物中，瓷器达6000多件（其中青瓷器达3000多件）。这些瓷器大多为浙江龙泉窑系青瓷和江西景德镇窑系的影青瓷，品种有碗、盘、钵、罐、壶、枕、瓶等①。它们大量输入高丽，无疑对当地的陶瓷工艺产生深远的影响。据《宣和奉使高丽图经》记载，大约在11世纪中叶，在高丽的西南部已出现了与越窑极相似的青瓷。由于这些高丽青瓷是受越州等窑的影响，按还原焰的窑法进行生产的，在器形、花纹上都带有越窑的痕迹，所以出使过高丽的徐兢说：高丽的瓷器和中国的“越州古秘色……大概相类”②。

5. 医学

两宋时期，中国南方地区的医学也曾对高丽发生过影响。如，1074年扬州医学助教马世安等8人到高丽传播医学，受到高丽国王的优待。1080年，马世安奉宋朝廷之命再次到高丽进行医学教习。

6. 茶文化

徐兢《宣和奉使高丽图经》载：“土产茶，味苦涩，不可入口。惟贵中国腊茶，并龙凤

① 李德金等：《朝鲜新安海底沉船中的中国瓷器》，《考古学报》1979年第2期。

② 〔宋〕徐兢：《宣和奉使高丽图经》卷三二《器皿·陶炉》，台北商务印书馆1971年版，第116页。

赐团。自锡赉之外，商贾亦通贩。故迩来颇喜饮茶，益治茶具，金花乌盏，翡色小瓯，银炉汤鼎，皆窃效中国制度。凡宴则烹于廷中，覆以银荷，徐步而进。候赞者云：'茶遍。'乃得饮。未尝不饮冷茶矣。馆中以红俎布，列茶具于其中，而以红纱巾羃之。日尝三供茶，而继之以汤。丽人谓汤为药，每见使人饮尽，必喜。或不能尽，以为慢己，必怏怏而去。故常勉强为之啜也。"①

此外，两宋时期江南地区的书画、文学、纺织及风俗习惯等都曾对高丽文化产生或多或少的影响。如江南地区出产的"五色缬绢"在高丽国就极为畅销②。"其丝线织纴，皆仰贾人自山东闽浙来"③。高丽王朝所需的奇花异草及建筑用的琉璃瓦等，也常由中国"南商"从江南运去④。

当然，高丽文化对长江文化的发展和繁荣也产生过一定的影响。如高丽的丝织品曾向中国南方地区大量输出，这些"文罗花绫、紧丝锦罽"的精美织物⑤，深受中国人的喜爱。高丽产的铜器、螺钿器，"工技至巧"⑥，深受江南士人的赏识。新罗漆比中国漆容易干，而且光泽漂亮，所以当时江南地区制造的漆器都喜欢用新罗黄漆罩光⑦。另外，"洁白如玉"的高丽布⑧、精致优美的高丽青瓷，在江南地区也受人欢迎。

松扇，王云《鸡林志》云："高丽松扇，揭松肤柔者缉成，文如棕心，亦染红间之。"也有记载以水柳木皮制成的，如宋邓椿《画继》卷一〇《杂说》载："高丽松扇如节板状，其土人云非松也，乃水柳木之皮，故柔腻可爱。其纹酷似松柏，故谓之松扇。东坡谓'高丽白松，理直而疏，析以为扇，如蜀中织棕榈心。'盖水柳也。"黄庭坚曾写有多首与高丽松扇有关的诗歌，如其《戏和文潜谢穆父松扇》诗：

猩毛束笔鱼网纸，松柎织扇清相似。
动摇怀袖风雨来，想见僧前落松子。
张侯哦诗松韵寒，六月火云蒸肉山。
持赠小君聊一笑，不须射雉彀黄间。⑨

---

① 〔宋〕徐兢：《宣和奉使高丽图经》卷三二《器皿·茶俎》，台北商务印书馆1971年版，第109页。

② 〔宋〕赵汝适：《诸蕃志》卷上《新罗国》，杨博文校释：《诸蕃志校释》，中华书局1996年版，第152页。

③ 〔宋〕徐兢：《宣和奉使高丽图经》卷二三《土产》，台北商务印书馆1971年版，第81页。

④ 《高丽史》卷一三《睿宗世家二》、卷二八《忠烈王世家一》。

⑤ 〔宋〕徐兢：《宣和奉使高丽图经》卷二三《土产》，台北商务印书馆1971年版，第81页。

⑥ 〔宋〕徐兢：《宣和奉使高丽图经》卷一九《工技》，台北商务印书馆1971年版，第68页。

⑦ 张政烺等：《五千年来的中朝友好关系》，开明书店1951年版，第52页。

⑧ 〔宋〕徐兢：《宣和奉使高丽图经》卷二三《土产》，台北商务印书馆1971年版，第81页。

⑨ 北京大学古文献研究所编：《全宋诗》，北京大学出版社1995年版，第17册，第11389页。

画折扇，在宋代文献中多有述及。如郭若虚《图画见闻志》卷六《高丽国》曰："彼使人每至中国，或用折迭扇为私觌物。其扇用鸦青纸为之，上画本国豪贵，杂以妇人、鞍马，或临水为金砂滩，暨莲荷、花木、水禽之类，点缀精巧；又以银泥为云气月色之状，极可爱，谓之倭扇，本出于倭国也。近岁尤秘惜，典客者盖稀得之。倭国，乃日本国也。"又，宋邓椿《画继》卷一〇《杂说》："又有用纸而以琴光竹为柄，如市井中所制折迭扇者，但精致非中国可及，展之广尺三四，合之止两指许。所画多作士女乘车跨马踏青拾翠之状。又以金银屑饰地面，及作云汉星月人物，粗有形似，以其来远磨擦故也。其所染青绿，奇甚，与中国不同，专以空青海绿为之。近年所作尤为精巧。亦有以绢素为团扇，特柄长数尺为异耳。"《鸡林志》云："高丽迭纸为扇，铜兽靥环，加以银饰，亦有画人物者。"黄庭坚《谢郑闳中惠高丽画扇》二首：

会稽内史三韩扇，分送黄门画省中。
海外人烟来眼界，全胜博物注鱼虫。

蘋汀游女能骑马，传道蛾眉画不如。
宝扇真成集陈隼，史臣今得杀青书。①

白折扇由高丽国所产的楮纸制成。据《鸡林志》云："高丽楮纸，光白可爱，号曰白硾纸。"华镇《高丽扇》诗：

排�贴楮缀南金，舒卷乘时巧思深。
何必月团裁尺素，自多清爽涤烦襟。
挥来振鹭全开羽，叠去栟榈未展心。
利用已宜勤赏重，更堪精制出鸡林。②

这种卷舒自如的高丽折扇一进入中国，便深受宋人喜爱，成为当时人馈赠用的珍贵礼品。北宋林逋有诗《李翰林寄松扇及诗乃答之》云：

编松为箑寄山中，兼得紫微诗一通。
入手凉生殊自慰，可烦长听隐居风。③

苏轼《和张耒高丽松扇》诗：

---

① 〔宋〕黄庭坚：《山谷诗集注》卷七，《黄庭坚诗集注》，中华书局2003年版，第1册，第285—286页。

② 〔宋〕华镇：《云溪居士集》卷九《高丽扇》，文渊阁《四库全书》本。

③ 〔宋〕林逋：《林和靖集》卷四《制诰李舍人以松扇二柄为遗亦火来韵》，浙江古籍出版社1986年版，第155页。

可怜堂堂十八公，老死不入明光宫。

万牛不来难自献，裁作团团手中扇。

屈身蒙垢君一洗，挂名君家诗集里。

犹胜汉宫悲婕妤，网虫不见乘鸾子。①

钱勰曾于北宋元丰七年(1084年)出使高丽，归来时携带回大量的松扇。后来他就用这种扇子送友人，友人收到礼品后则赋诗以谢。如北宋黄庭坚《次韵钱穆父(勰)赠松扇》：

银钩玉唾明茧纸，松箑轻凉并送似。

可怜远度帻沟溇，适堪今时襬襶子。

丈人玉立气高寒，三韩持节见神山。

合得安期不死药，使我蝉蜕尘埃间。②

甚至高丽出产的奇异花木，也被引入江南地区。如《武林旧事》卷三《社会》载有"高丽、华山之奇松，交、广海峤之异卉"。

二、长江文化与东南亚文化

两宋时期，高度发达的长江文化对今天东南亚地区越南、菲律宾、马来西亚、印度尼西亚、泰国、老挝、柬埔寨、缅甸、文莱等国的古代文化产生过广泛而深刻的影响。

由于两宋时期中国南方地区经济文化的繁荣及其与东南亚地理位置的接近，两者之间的文化交流在前代的基础上有了进一步的发展。首先从长江文化在东南亚地区的辐射范围来看，已达到数十个国家和地区③。赵彦卫《云麓漫钞》对此曾有非常详细的记载：

福建市舶司，常到诸国舶船：

大食、嘉令、麻辣、新条、甘秠、三佛齐国，则有真珠、象牙、犀角、脑子、乳香、沉香、煎香、珊瑚、琉璃、玛瑙、玳瑁、龟筒、栀子、香蔷薇、水龙涎等。

真腊(亦名真里富)、三泊、缘洋、登流眉、西棚、罗斛、蒲甘国，则有金颜香等。

渤泥国则有脑版。

阇婆国多药物。

占城、目丽、木力千、宾达侬、胡麻、巴洞、新洲国，则有夹煎。

---

① 〔宋〕苏轼：《苏轼诗集》卷二九，中华书局1982年版，第5册，第1526—1527页。

② 北京大学古文献研究所编：《全宋文》，北京大学出版社1995年版，第17册，第11389页。

③ 〔宋〕赵汝适《诸蕃志》共载有50余国，见杨博文：《诸蕃志校释》，中华书局1996年版。

佛啰安、朋丰、达啰啼、达磨国，则有木香。

波斯兰、麻逸、三屿、蒲哩唤、白蒲迩国，则有吉贝布、吉贝纱。

高丽国则有人参、银、铜、水银、绫布等。

大抵诸国产香略同。以上舶船候南风则回，惟高丽北风方回。凡乳香有拣香、缾香分三等、袋香分三等、榻香、黑榻、水湿黑榻、缠末。如上诸国，多不见史传，惟市舶司有之。①

据此可知，赵彦卫《云麓漫钞》所载宋代福建市舶司常到诸国船舶，计有 31 国。其中与宋朝关系最为密切的有交趾（今越南北部）、占城（今越南南部）、三佛齐（今印尼苏门答腊岛东部）、阇婆（印尼爪哇岛中部）、兰无里（今印尼苏门答腊岛西北角亚齐）、真腊（今柬埔寨）、暹（今泰国北部）、罗斛（今泰国南部）、蒲甘（今缅甸中部）、吉兰丹（今马来西亚吉兰丹）、蒲端（今菲律宾班乃岛西部之武端）、麻逸（今菲律宾棉兰老岛）等。

其次，由于两宋时期中国文化重心的南移，长江文化对东南亚各国的文化辐射力也显著增强。瓷器、丝绸纺织、造船、航海、手工艺、建筑、医学、天文历法、宗教、文学、书画、戏剧、语言文字等等，都对当地文化的发展产生新的启迪、新的推动。其中尤以陶瓷、纺织、佛教和语言风俗的影响最为突出。

1. 陶瓷

陶瓷是两宋时期我国向东南亚地区输出的极为重要的外销物品。从宋代赵汝适的《诸蕃志》和元代汪大渊的《岛夷志略》等书的记载来看，东南亚各国都曾大量进口中国的陶瓷产品，数量极为庞大。宋人朱彧《萍洲可谈》详细记载了商船贩运中国瓷器的情况："舶船深阔各数十丈，商人分占贮货，人得数尺许，下以贮物，夜卧其上。货多陶器，大小相套，无少隙地"②。瓷器的品种主要有青白花碗、水坛、大瓮、小罐、盆钵、水埕等。当时浙江处州和福建泉州、德化等地出产的瓷器在东南亚地区最为著名，不少国家专门进口"处瓷""青处瓷""处州磁水坛"等。真腊则行销"泉州之青瓷器"。此外，广东瓷窑、江西景德镇瓷窑的产品也很受东南亚地区人民的欢迎。近年来，这些产品在东南亚国家均有大量出土。如菲律宾通过对八打雁的卡拉塔甘地区、马尼拉的圣安娜、马尼拉东南雷库那湖西侧内湖遗址进行的几次发掘，出土了大约 4 万件瓷器，其中宋瓷有越瓷系刻花青瓷，龙泉窑刻花五管瓶、梅瓶，福建泉州、德化窑的刻花青白瓷、青白褐斑瓷，以及建窑黑瓷。元代瓷器出土数量最多，主要是江西景德镇的青白、青花、

① 〔宋〕赵彦卫：《云麓漫钞》卷五，中华书局 1996 年版，第 88—89 页。
② 〔宋〕朱彧：《萍洲可谈》卷二，上海古籍出版社 1989 年版，第 26 页。

釉里红等品种。另外还有龙泉窑青瓷、德化窑印花瓷等等①。马来西亚的沙捞越河三角洲的圣土邦及其附近的桑吉布亚、桑吉加昂和尼亚大窟周围，则发掘出许多福建泉州、德化，广东潮安、广州西村窑的青白瓷。还有浙江沿海瓷窑所产的青瓷、福建建窑的黑瓷。元代以德化窑瓷器最多②。泰国沿岸也发现有好几艘沉没的两宋时期的中国商船，其中一艘就出土了近千件中国瓷器……无疑，这些中国南方陶瓷器的输入，不仅对东南亚地区的精神文化和物质文化起到了重大的影响，而且还推动了当地制瓷技术的提高和发展。

2. 纺织

纺织品也是两宋时期中国南方地区向东南亚各国出口的大宗货物，很受当地人民欢迎。真腊"欲得唐货"，"其地想不出金银，以唐人金银为第一，五色轻缣帛次之，其次如真州之锡镴，温州之漆盘，泉州之青瓷器，及水银银朱纸札、硫黄、焰硝、檀香、白芷、麝香、麻布、黄草布、雨伞、铁锅、铜盘、水朱桐油、篦箕、木梳、针，其粗重则如明州之席。甚欲得者，则菽麦也，然不可将去耳"③。真里富"其所用绯红罗绢、瓦器之类，皆本朝商舶到彼博易"④。凌牙斯加国（今泰国的北大年）也输入中国江南生产的荷池缬绢和瓷器⑤。

3. 佛教

两宋时期中国南方地区的佛教文化对东南亚地区曾产生一定的影响。据缅甸《琉璃宫史》记载，缅王阿奴律陀执政（1044—1077）不久，闻知中国云南大理国崇信佛教，并有一枚神圣的佛牙，于是亲率其子江喜佗和四员大将到大理国求取佛牙。虽未如愿，但得到了大理国王的热情款待，在大理逗留了3个月之久，回国时又获得大理国王赠送的一尊碧玉佛像，欣喜异常，于是返国后将这尊碧玉佛像供奉在蒲甘王宫中，成为历代缅王顶礼膜拜的纪念圣物⑥。

---

① 沈福伟：《中西文化交流史》第五章《宋元时期中西交通和文化传播》，上海人民出版社2006年版。

② 王文强：《略述我国陶瓷的外销及其影响》，见《中国古代陶瓷的外销》，紫禁城出版社1988年版。

③ 〔宋〕周达观：《真腊风土记·欲得唐货》，文渊阁《四库全书》本。

④ 〔清〕徐松辑：《宋会要辑稿》蕃夷四之九九，中华书局1957年版，第8册，第7763页。

⑤ 〔宋〕赵汝适：《诸蕃志》卷上《凌牙斯加国》，杨博文校释：《诸蕃志校释》，中华书局1996年版，第45页。

⑥ 陈炎：《中缅文化交流两千年》，见周一良主编《中外文化交流史》，河南人民出版社1987年版，第13—17页。

4. 风俗习惯

两宋时期，中国东南沿海地区的商人大批来到东南亚地区经商，而且“十去九不还”，与当地土著居民婚娶繁衍。他们的定居，无疑也将长江文化移植到这些地区，对当地文化的发展产生了十分深远的影响。如，汪大渊的《岛夷志略》曾描述了当时菲律宾人民崇尚中国南方风俗的情况：“男子常附舶至泉州经纪，罄其资囊，以文其身。既归其国，则国人以尊长之礼待之，延之上座，虽父老亦不得与争焉。习俗以其至唐，故贵之也。”而中国的文字亦备受东南亚各国的尊重。元代周致中在《异域志》一书中就曾提到暹罗国人“其名姓皆以中国儒名称呼”。赵汝适《诸蕃志》卷上“三佛齐国”条中，同样有“国中文字用番书……亦有中国文字，上章表则用焉”之语。这表明，当时的一些东南亚国家在中国南方移民的影响下已使用了中国文字。

再次，由于双方文化交流的深入，我国南方士大夫对东南亚地区文化的认识也更为清晰、全面。如南宋永嘉人周去非的《岭外代答》、四明（今浙江宁波）人赵汝适的《诸蕃志》，元代温州周达观的《真腊风土记》、南昌汪大渊的《岛夷志略》等书，都详细记载了东南亚各国的文化风貌，是我们研究东南亚地区古代历史与文化必不可少的重要参考著作。

周去非《岭外代答》

当然，在长江文化源源不断地输入东南亚地区的同时，也引进了当地的文明，促进了两宋时期长江文化的发展和繁荣。下面列举数例：

1. 占城稻

占城稻是占城国（今越南中南部）人民培植起来的一种优质稻种，因产占城而得名。具有稻穗长而无芒、粒细小、抗旱力强、生长期较短、成熟快等特点，适合大面积推广。北宋真宗大中祥符年间，江淮、两浙一带经常发生旱灾，稍遇干旱灾害，水稻就失收。此前福建、两广地区已大面积引种了占城稻，效果较好。有鉴于此，大中祥符五年（1012 年），真宗“以江淮、两浙稍旱即水田不登，遣使就福建取占城稻三万斛，分给三路为种，择民田高仰者莳之”，大力推广占城稻①。宋真宗还令人将种植方法写成榜文，大量雕版印刷，命转运使公布于众，清楚明白地指导农民何时浸种、如何掌握发芽标准、如何整治秧田、何时插秧等：

① 《宋史》卷一七三《食货志上一·农田》，中华书局 1977 年版，第 13 册，第 4162 页；参见〔宋〕李焘：《续资治通鉴长编》卷七七，大中祥符五年五月戊辰，第 1764 页。

其法曰：南方地暖，二月中下旬至三月上旬，用好竹笼，周以稻秆，置此稻于中，外及五斗以上，又以稻秆覆之，入池浸三日，出置宇下，伺其微熟如甲诉状，则布于净地，候其萌与谷等，即用宽竹器贮之，于耕了平细田停水深二寸许布之，经三日，决其水，至五日，视其苗长二寸许，即复引水浸之一日，乃可种湇。如淮南地稍寒，则酌其节候下种，至八月熟。①

宋代引进的占城稻谷

在政府的大力推广下，加上本身的优势，占城稻很快就在长江流域安家落户了，在地势较高、易受旱灾的土地上栽培较广。施宿《嘉泰会稽志》卷一七《草部》便载："会稽之产稻之美者，紫珠便粮，散黄籼粳贯，乌黏粳贯，蚤占城（蚤占城，土人皆谓之金成，不知何义也？一名六十日。相传云唐太宗伐占城国，得其种）；其次则曰白婢暴、红婢暴、八十日（三者亦占城之属，秋初乃熟，其收晚于早占城）三种，秋初乃熟；又有红占城，八月乃刈，其得霜乃熟者，曰寒占城。"长江流域山区、半山区较多，一遇天旱，水稻田易遭旱灾袭击，而占城稻既可以在地高缺水的地方种植，"不择地而生"，"不问肥瘠皆可种"②，对土地肥力要求不高，适于普遍栽种，"耐水旱而成实时早"，单产又比较高，一岁可以收获两次；加上它又有省功、生长期短等的优点，使得种稻的面积不断扩大，产量大增。此外，两浙路农民在生产实践中还不断培育出许多优良的稻种，大幅度提高了农田的单位面积产量和粮食总产量。③ 何炳棣认为：占城稻早熟而且耐旱，而这些正是传统中国水稻品种的不足。因此占城稻引进后，导致了稻作向供水较紧的高田地区扩展，并引起农民致力于培育早熟品种。早熟品种的进一步发展，又大大保证了一年二熟制的成功，从而成为过去一千年间中国土地利用和粮食生产的第一次长期的革命。④

2. 泼水节

缅甸新年的泼水节也在元代传入云南西双版纳和德宏傣族景颇族自治州一带兄弟民族地区。

① 〔清〕徐松辑：《宋会要辑稿》食货六三之一七至一八，中华书局1957年版，第7册，第5995页。

② 舒璘：《舒文靖集》卷下《与陈仓论常平》，文渊阁《四库全书》本。

③ 参见游修龄：《占城稻质疑》，《农业考古》1983年第1期。

④ 何炳棣（Ho, Ping—ti）：Studies on the Population of China, 1368—1953, Harvard University Press1959年版，第8章第1节。

3. 贝

据日本学者杉木直治郎认为："唐至元时代云南地方原住民族广泛使用贝货的贝，产自南海，是从泰国转送到云南地方的。"①

4. 香料

香料是中药的重要原料之一，在宋代各种医学著作中，以香药为原料的汤剂或成药不下二三百种②。而香药的主要产地为东南亚和大食诸国，如真腊的沉香、金颜香、笃耨香、黄熟香、苏木，阇婆的檀香、丁香，占城的生香、沉香、麝香木等，都是当地的名产。因此，这些香料的引进，无疑促进了中国古代医药事业的发展。

三、长江文化与南亚文化

两宋时期，长江文化与南亚诸国（特别是印度）的文化交流，已发生了重大的变化，过去那种带有狂热而浓厚宗教色彩的文化交流已很难寻觅到，代之而起的是以海路为主要交流渠道，具有浓厚商业文化色彩的文化交流。

在当时，中国南方所造的海舶是双方文化交流的媒体。赵汝适《诸蕃志》所载的南毗国、故临国、胡茶辣国、麻啰华国、注辇国、鹏茄啰国、南尼华罗国、细兰国等，都在南亚地区，与我国南方地区都有文化联系。

商品交换是长江文化与南亚文化交流的主要内容之一，而陶瓷在其中占有举足轻重的地位。

14 世纪的非洲大旅行家伊本拔图塔说，中国瓷器品质最佳，远销印度和其他国家。考古发现证实了他的记载。如印度科罗曼德海岸的阿里卡曼陀古址，曾出土有 9—10 世纪的越窑瓷器、龙泉青瓷等瓷片；1975 年，斯里兰卡考古工作者在本国北部曼台曾发掘出我国 12 世纪以来的宋代陶瓷③；1977 年，斯里兰卡北部贾夫纳附近海滩又发现北宋时期的中国陶瓷器 500 多件④。

另外，中国南方的建筑技术也曾对南亚文化产生了一定的影响。据元代汪大渊的《岛夷志略》记载，南宋咸淳三年（1267 年），中国南方地区的航海者在印度的尼伽八丹港建立了一座四方形的"高数丈"的砖塔，印度人俗称为中国塔。这座塔造型和艺术风

① 〔日〕杉木直治郎：《中世纪时期的云南贝币》，《史学研究》第 41 号。

② 关履权：《宋代广州的海外贸易》，广东人民出版社 1987 年版，第 123—124 页。

③ 《人民日报》1975 年 7 月 26 日报道。

④ 《人民日报》1977 年 11 月 4 日报道。

格与印度塔截然不同，具有较高的艺术价值，被视为一个“饶有趣味之建筑物”。

南亚文化，特别是印度文化对长江文化同样产生过重大的影响。印度的佛教文化几乎影响到两宋时期长江文化的每一个层面。以建筑文化为例，如宋太宗时来中国的印度僧人罗护哪，曾在“泉（州）之城南”创建宝林院①。又有“天竺讲僧”助建泉州开元寺东塔②，此塔为八角七层的花岗岩大石塔，造型雄伟，坚固而美观，反映了印度文化石构建筑和石雕艺术的高度成就。

四、长江文化与西亚文化

两宋时期，长江文化与西亚阿拉伯地区的文化交流十分频繁。据《岭外代答》《诸蕃志》《岛夷志略》等书记载，当时中国南方与西亚阿拉伯地区有文化往来的国家计有：白达（今伊拉克巴格达）、弼斯罗（今伊拉克东南沿海的巴士拉）、勿斯离（今伊拉克北部的摩苏尔）、瓮蛮（阿拉伯半岛东部的阿曼）、勿拔（今阿曼的木尔巴特）、层檀（今沙特阿拉伯西部）、麻嘉（今沙特阿拉伯麦加）等。当时，两地之间的商人、海员、工匠、旅行家、学者等频繁往来。仅就元代而言，著名的旅行家就有杨枢、汪大渊，从而促进了双方的物质交流和文化传播。

（一）长江文化对阿拉伯文化的影响

海外贸易在两宋时期长江文化与阿拉伯文化的关系中占据着主导的地位。通过这种密切的具有浓厚商业文化色彩的文化交往，长江文化也将其影响扩大到阿拉伯地区：

1. 陶瓷

中国南方所产的陶瓷，深受阿拉伯地区人民的喜爱，是两宋时期中国南方地区对阿拉伯地区输出的极为重要的外销货物。如《宋史》记载：“（开宝）四年（971 年），置市舶司于广州，后又于杭、明州置司，凡大食（阿拉伯半岛南部）古逻、阇婆、占城、勃泥、麻逸、三佛齐诸蕃并通贸易，以金银、缗钱、铅锡、杂色帛、瓷器，市香药、犀象、珊瑚、琥珀、珠琲、镔铁、鼊皮、瑇瑁、玛瑙、车渠、水精、蕃布、乌樠、苏木等物。”③

2. 指南针和航海技术

指南针是我国在十二三世纪通过海道传入阿拉伯地区的。当时，阿拉伯和波斯商

① 〔宋〕赵汝适：《诸蕃志》卷上《天竺国》，杨博文校释：《诸蕃志校释》，中华书局 1996 年版，第 86 页。

② 〔明〕释元贤：《泉州开元寺志》，民国 16 年黄氏重刊本，第 7—9 页。

③ 《宋史》卷一八六《食货志十八·互市舶法》，中华书局 1977 年版，第 13 册，第 4558—4559 页。

人到中国经商，多至印度的故临（今印度的奎隆），改乘船身大、结构坚、航速快，又有指南针导航的中国船只。反之亦然。《岭外代答》载："故临国与大食国相迩，广舶四十日到蓝里住冬，次年再发舶，约一月始达。……中国舶商欲往大食，必自故临易小舟而往。虽以一月南风至之，然往返经二年矣。"①

这样，中国的航海技术自然被阿拉伯商人所熟悉，并传入阿拉伯地区。据法国学者雷诺（J. T. Reinaud）和茅里（A. Mau-ry）的研究，阿拉伯海员使用罗盘的确切时间是在13世纪初年②。阿拉伯矿物学家贝伊拉克·卡巴扎吉（Bailakal-Qa-bajaqi）在1282年写成的《商人辨识珍宝手鉴》一书中说：当他乘船航行于叙利亚海上从特里波利前往亚历山大里亚城的时候，海员使用借助木片或苇箔托浮在水面上的磁针辨别方向。"海员们说，航行在印度洋上的船长们不用这种木片托浮的指南针，而用中空的磁铁制成一种磁鱼，磁鱼投入水中之后浮在水面，头尾分别指示北方和南方"。另外，中国舟师发明的"牵星术"也同时传入阿拉伯。

3. 医学

中国的医药对阿拉伯文化也产生了重大影响。中国的"脉学"在11世纪就已经传到波斯。波斯名医拉希杜丁·法杜拉在1313年编的《中国医学百科全书》中，对脉学、解剖学、胚胎学、产科学和药理学等都有论及。波斯医学家阿维森纳的《医典》，也论述了中国脉学。此外，中药中的干良姜（即上等干姜）、麝香、大黄、樟脑等，都是阿拉伯人从中国进口的主要药物。10世纪马苏第的《黄金草原》中说："中国人往往携带麝香在海上作长途旅行，使麝香暴露在潮湿之中和恶劣气候条件中。如果中国人不这样糟蹋麝香，而是装入密封的玻璃器皿里运往阿曼、波斯、伊拉克等各伊斯兰教国家，那么中国麝香就会和吐蕃麝香的质量一样好。"

4. 炼金炼丹术

阿拉伯的炼金炼丹术从理论到操作技术都受到中国长江文化的影响。一些阿拉伯作家认为司星相和炼金的学艺之神来自中国。炼金术的基本理论"平衡学说"也受到中国道家的影响，试图通过摄取化学物质（金丹）来达到长生不老，并提出了阴阳（月、日）控制六种金属的学说。在具体的操作技术方面，阿拉伯的炼金术从中国引进了汞、铅、脑砂等矿物和药物。阿拉伯炼金术中的"硫黄—水银法"基本上是中国的基

① 〔宋〕周去非：《岭外代答》卷二《外国门上·故临国》，中华书局1999年版，第90—91页。

② 张广达：《海舶来天方，丝路通大食——中国与阿拉伯世界的历史联系的回顾》，见周一良主编《中外文化交流史》，河南人民出版社1987年版，第771—772页。

于阴阳学说的“黄牙—姹女法”炼丹的翻版①。

其他，如长江文化中的丝织技术、雕版印刷技术等都对阿拉伯文化产生过一定的影响。

(二)阿拉伯文化对长江文化的影响

当然，两宋时期的长江文化也吸收了许多阿拉伯文化的成分，其中主要有：

1. 伊斯兰教及其建筑艺术

两宋时期，阿拉伯人大量来到我国南方的广州、泉州、杭州等港口城市经商，并一度垄断了地中海、印度洋、南洋、南中国海的航行。周去非《岭外代答》说：“诸蕃国之富盛多宝货者，莫如大食国。其次阇婆国，其次三佛齐国，其次乃诸国耳。”②

王禹偁《小畜集》卷一四“记孝”条也说：“占城、大食之民，岁航海而来，贾于中国者多矣。”来华的大食商人既多，每遇伊斯兰节日则需有礼堂或代用的建筑物，于是他们便将信奉的伊斯兰教及其建筑艺术也带到了中国南方。据统计，12 世纪以来，广州、泉州、扬州等地所建清真寺不下六七十座，其中最著名的有：北宋大中祥符二年(1009 年)由耶路撒冷人阿哈玛特捐资修建的泉州艾苏哈卜寺，1310 年伊朗设拉子人贾德斯出资重修；南宋绍兴年间(1131—1162)撒那威(即尸罗夫)人纳只卜·穆兹喜鲁丁修建的泉州伊斯兰教清净寺；南宋德祐元年(1275 年)，补好丁修建的扬州清真寺。此外，阿拉伯人还于绍兴末年在泉州建立了蕃汉公墓。他们的住宅建筑也富有民族特色，如南宋时，番禺(今广东广州)“海獠杂居，其最豪者蒲姓，号白番人，本占城之贵人也。既浮海而遇涛，惮于复反，乃请于其主，愿留中国，以通往来之货。主许焉，舶事实赖给其家。岁益久，定居城中，屋室稍侈靡逾禁。使者方务招徕，以阜国计，且以其非吾国人，不之问，故其宏丽奇伟，益张而大，富盛甲一时”。据岳珂亲眼所见，这位蒲姓的“占城贵人”，实是一位大食富商，其住宅建筑“层栖杰观，晃荡绵亘，不能悉举”。“獠性尚鬼而好洁，平居终日，相与膜拜祈福。有堂焉，以祀名，如中国之佛，而实无像设，称谓聱牙，亦莫能晓，竟不知何神也。堂中有碑，高袤数丈，上皆刻异书如篆籀，是为像主，拜者皆向之。旦辄会食，不置匕箸，用金银为巨槽，合鲑炙、粱米为一，洒以蔷露，散以冰脑。坐者皆置右手于褥下不用，曰此为触手，惟以溷而已，群以左手攫取，饱而涤之，复入于堂以谢。居无溲匽。有楼高百余尺，下瞰通流，谒者登之。以中金为版，施机蔽其

① 张广达：《海舶来天方，丝路通大食——中国与阿拉伯世界的历史联系的回顾》，见周一良主编《中外文化交流史》，河南人民出版社 1987 年版，第 769—770 页。

② 〔宋〕周去非：《岭外代答》卷三《外国门下·航海外夷》，杨武泉校注本，中华书局 1999 年版，第 126 页。

下，奏厕铿然有声，楼上雕镂金碧，莫可名状。有池亭，池方广凡数丈，亦以中金通甃，制为甲叶而鳞次，全类今州郡公宴燎箱之为而大之，凡用鉟铤数万。中堂有四柱，皆沉水香，高贯于栋，曲房便榭不论也。尝有数柱，欲翋于朝，舶司以其非常有，恐后莫致，不之许，亦卧庑下后。有窣堵波，高入云表，式度不比它塔，环以甓，为大址，累而增之，外圜而加灰饰，望之如银笔。下有一门，拾级以上，由其中而圜转焉如旋螺，外不复见其梯磴。每数十级启一窦，岁四五月，舶将来，群獠入于塔，出于窦，啁哳号嘑，以祈南风，亦辄有验，绝顶有金鸡甚巨，以代相轮。……其挥金如粪土，舆皂无遗，珠玑香贝，狼藉坐上，以示侈。……后三日，以合荐酒馔烧羊以谢大僚，曰：'如例。'龙麝扑鼻，奇味不知名，皆可食，迥无同槽故态。羊亦珍，皮色如黄金，酒醇而甘，几与崖蜜无辨。独好作河鱼疾，以脑多而性寒故也。"①由此可见，其风俗和建筑对长江文化产生了一定的影响。

2. 风俗

阿拉伯人来到中国南方后，还带来了伊斯兰教的民俗。朱彧《萍洲可谈》有非常详细的记载，现摘录数条：

广州蕃坊，海外诸国人聚居，置蕃长一人，管勾蕃坊公事，专切招邀蕃商入贡，用蕃官为之，巾袍履笏如华人。蕃人有罪，诣广州鞫实，送蕃坊行遣。缚之木梯上，以藤杖挞之，自踵至顶，每藤杖三下折大杖一下。盖蕃人不衣裈袴，喜地坐，以杖臀为苦，反不畏杖脊。徒以上罪则广州决断。蕃人衣装与华异，饮食与华同。或云其先波巡尝事瞿昙氏，受戒勿食猪肉，至今蕃人但不食猪肉而已。又曰汝必欲食，当自杀自食，意谓使其割己肉自啖，至今蕃人非手刃六畜则不食，若鱼鳖则不问生死皆食。其人手指皆带宝石，嵌以金锡，视其贫富，谓之指环子，交祉人尤重之，一环直百金。最上者号猫儿眼睛，乃玉石也，光焰动灼，正如活者，究之无他异，不知佩袭之意如何。有摩娑石者，辟药虫毒，以为指环，遇毒则吮之立愈，此固可以卫生。②

广中富人，多畜鬼奴，绝有力，可负数百斤。言语嗜欲不通，性淳不逃徙，亦谓之野人。色黑如墨，唇红齿白，发鬈而黄，有牝牡，生海外诸山中。食生物，采得时与火食饲之，累日洞泄，谓之换肠。缘此或病死，若不死，即可蓄。

① 〔宋〕岳珂：《桯史》卷一一《番禺海獠》，中华书局1981年版，第125—127页。
② 〔宋〕朱彧：《萍洲可谈》卷二，上海古籍出版社1989年版，第27—28页。

久蓄能晓人言，而自不能言。有一种近海野人，入水眼不眨，谓之昆仑奴。①

乐府有“菩萨蛮”，不知何物，在广中见呼蕃妇为“菩萨蛮”，因识之。②

广州蕃坊，见蕃人赌象棋，并无车马之制，只以象牙、犀角、沉檀香数块，于棋局上两两相移，亦自有节度胜败。予以戏事，未尝问也。③

余在广州，尝因犒设，蕃人大集府中。蕃长引一三佛齐人来，云善诵《孔雀明王经》。余思佛书所谓《真言》者，殊不可晓，意其传讹论，喜得为证，因令诵之。其人以两手向背，倚柱而呼，声正如瓶中倾沸汤，更无一声似世传《孔雀真言》者。余曰其书已经重译，宜其不同，但流俗以此书荐亡者，不知中国鬼神如何晓会。④

余在广州购得白鹦鹉，译者盛称其能言。试听之，能蕃语耳。嘲哳正似鸟声，可惜枉费教习，一笑而还之。⑤

3. 摩尼教在东南沿海地区的盛行

摩尼教是三世纪波斯人摩尼创建的一种宗教，信奉二宗三际论。所谓二宗指光明和黑暗，即善与恶。所谓“三际”即初际、中际和后际，即过去、现在和未来。这种宗教理论认为，在未有天地之前，存在着光明王国与黑暗王国，前者善美，后者丑恶，互不干扰。后来黑暗侵入光明，引起大战，遂进入中际阶段。在中际，光明与黑暗混合，天地和人类便是这种混合的产物。摩尼认为，世界末日终将到来，地球将毁灭，光明和黑暗又将分开，回到初际的情景，这亦是后际。摩尼教的创立，正是为了超度人类的灵魂，使之摆脱黑暗，早日回归光明王国。摩尼教的理论，源自波斯的袄教（拜火教），同时吸收了基督教、佛教的思想材料，但又有自己独特的体系。⑥

摩尼教创立后，迅速由波斯向周围地区传播。一般认为，唐朝初期已进入中国。安史之乱发生后，唐朝借用回鹘军队平乱。回鹘可汗信奉摩尼教，借助于北方回鹘的势力，摩尼教在唐朝境内得到很大的发展。9 世纪 40 年代初，回鹘败于北方另一个游牧民族黠戛斯，向西迁徙。会昌三年（843 年），唐武宗下令取缔佛教，同时也禁止摩尼教活动，摩尼教受到沉重打击。到了宋朝，摩尼教常被称为明教，逐渐与中国传统的佛

① 〔宋〕朱彧：《萍洲可谈》卷二，上海古籍出版社 1989 年版，第 28 页。

② 〔宋〕朱彧：《萍洲可谈》卷二，上海古籍出版社 1989 年版，第 29 页。

③ 〔宋〕朱彧：《萍洲可谈》卷二，上海古籍出版社 1989 年版，第 29 页。

④ 〔宋〕朱彧：《萍洲可谈》卷二，上海古籍出版社 1989 年版，第 29 页。

⑤ 〔宋〕朱彧：《萍洲可谈》卷二，上海古籍出版社 1989 年版，第 30 页。

⑥ 林悟殊：《摩尼的二宗三际论及其起源初探》，见《摩尼教及其东渐》，中华书局 1987 年版，第 12—34 页。

教、道教相结合，主要活动于东南沿海的地区。四明（今浙江宁波）、台州、温州等地都有摩尼教活动的记载。北宋宣和二年（1120 年）十一月四日，“臣僚言：‘温州等处狂悖之人，自称明教，号为行者。今来明教行者各于所居乡村建立屋宇，号为斋堂，如温州共有四十余处，并是私建无名额佛堂。每年正月内，取历中密日，聚集侍者、听者、姑婆、斋姐等人，建设道场，鼓扇愚民，夜聚晓散。一、明教之人所念经文及绘画佛像，号曰《讫思经》《证明经》《太子下生经》《父母经》《图经》《文缘经》《七时偈》《日光偈》《月光偈》《平文策》《汉赞策》《证明赞》《广大忏》《妙水佛帧》《先意佛帧》《夷数佛帧》《善恶帧》《太子帧》《四天王帧》。已上等经佛号，即于道释经藏并无明文该载，皆是妄诞妖怪之言，多引尔时明尊之事，与道释经文不同。至于字音，又难辨认。委是狂妄之人伪造言辞，诳愚惑众，上僭天王、太子之号。’”①

南宋后期，有人说，摩尼、白莲、白云，“此三者皆假名佛教以诳愚俗，犹五行之有沴气也”②。可见当时摩尼教已经“假名”佛教，可以称为摩尼教的佛教化。与此同时，也存在摩尼教“依托于道”的现象。四明（今浙江宁波）的崇寿宫，本是摩尼教寺，在南宋时逐渐道教化。摩尼教在南方流传过程中，逐渐与当地原有的佛教、道教相混合，不外是两个原因。一种是借此逃避官府的注意，一是为了便于自身的传播。

此外，在教育和医学等方面，阿拉伯地区的文化对长江文化也有较大的影响。如在教育上，北宋徽宗大观、政和年间（1107—1117），侨居广州、泉州等地的阿拉伯商人，请求宋朝政府允准在广州、泉州建立“番学”③，得到了批准。它的兴建无疑促进了中国和阿拉伯文化的交流和发展。在医学上，除香药等阿拉伯和波斯药材大量进入中国外，一些阿拉伯和波斯药方也传入中国，促进了中国医药事业的发展。

五、长江文化与非洲文化

两宋时期，长江文化与非洲文化的交流在前代的基础上有了进一步加强，这主要反映在以下几个方面：

第一，与长江文化有关系的非洲国家或地区有了进一步的扩大。唐帝国曾以宏大的气魄开辟了由南中国海经印度洋到达非洲的“陶瓷之路”，但其影响仅及非洲的东南岸。而至两宋时期，长江文化波及今天北非的埃及、苏丹、摩洛哥，东非的埃塞俄比亚、索马里、肯尼亚、坦桑尼亚，中南非的津巴布韦、莫桑比克、扎伊尔、赞比亚、马拉维、博

① 〔清〕徐松辑：《宋会要辑稿》刑法二之七八，中华书局 1957 年版，第 7 册，第 6534 页。
② 〔宋〕僧志磐：《佛祖统纪》卷五五《事魔邪党》，文渊阁《四库全书》本。
③ 〔宋〕蔡绦：《铁围山丛谈》卷二，中华书局 1983 年版，第 27 页。

茨瓦纳、马达加斯加、毛里求斯、南非等国和地区。

第二，文化交流的内容也更加丰富多彩。陶瓷是长江流域向非洲地区输出的重要物品。越窑青瓷，龙泉窑青瓷，景德镇窑青白瓷、青花瓷，德化窑瓷等，都是两宋时期中国南方地区向非洲地区出口的主要瓷种，深受非洲人民欢迎。大量中国南方瓷器的输入，影响遍及非洲的上层社会，以致一些学者认为“东非的历史乃是由中国的瓷器所写成的”①。

第三，双方对各自文化的认识进一步加强。在赵汝适的《诸蕃志》和周去非的《岭外代答》里，曾有专条述及非洲文化，尤其是比较详细地谈到了非洲的尼罗河文明。同样，到过中国的非洲商人和旅行家肯定也将大量先进的长江文化信息带回非洲。例如摩洛哥学者大旅行家伊本·白图泰在他的游记中，不仅详细地介绍了中国南方地区的造船、陶瓷、纺织、航海等物质文化和科技文明，而且还特别注意当时中国南方的社会风俗、社会心理等精神方面的文明。

所有这些，都表明两宋时期的长江文化和非洲文化的交流在深度和广度上有了进一步的发展。

六、长江文化与欧洲文化

这一时期，中国对欧洲的文化交流首推长江文化的影响为大，这体现在以下几个方面：

1. 陶瓷

随着宋瓷对非洲的大量输出，一些瓷器也辗转来到了欧洲。在当时，意大利的主要贸易城市威尼斯和热那亚的商人，都很热心从小亚细亚和埃及的商埠转贩华瓷到欧洲②。

2. 航海罗盘(指南针)

到两宋时期，中国发明的航海罗盘传到了欧洲。1190 年，欧洲的尼坎姆首次提到磁罗盘，紧接其后的是 1205 年的德·普洛文和 1218 年的德·维特利，然后再是 1269 年时皮里格里努斯的简要而又伟大的论著。到 14 世纪初，意大利人阿马尔费塔尼又

① 费里曼—格连维尔：《坦噶尼喀海岸中世纪史》(G. S. Freeman-Grenville, The Medieval History of the Coast of Tanganyika, Berlin, 1962 年)，第 35 页。

② 朱杰勤：《十七八世纪华瓷传入欧洲的经过及其相互影响》，见《中外关系史论文集》，河南人民出版社 1984 年版。

发明了罗盘卡（附在磁针上的定向盘，而不是围绕着磁针的定向盘）①。指南针的传入欧洲，推动了欧洲航海活动的大规模展开，成为哥伦布等航海家"地理大发现"的必要技术手段。

此外，两宋时期长江文化中的绘画、医药及工艺美术等也都对欧洲文化产生过一定的影响。例如锡耶纳画家西蒙尼·马尔蒂尼（活动年代在1315至1344年间），他不仅对中国丝绸很熟悉，可能也通过这一渠道而获得了若干有关中国工笔画和横轴长卷画法的信息②。

① 潘吉星主编：《李约瑟文集》，辽宁科技出版社1986年版，第503、509页。

② 朱龙华：《从"丝绸之路"到马可·波罗》，见周一良主编《中外文化交流史》，河南人民出版社1987年版，第281—283页。

第八章　元代长江文化的高潮

对于元代文化，历来评价不一。在相当长的时间内，除了元曲之外，元代社会黑暗、元代文化“衰敝”的看法，是颇为流行的。元朝君主多不习汉文化，元朝儒生地位极其低下，甚至有“九儒十丐”之说，是得出上述看法的重要论据。① 20 世纪下半叶以来，随着中外学术界有关研究的不断深入，现在完全可以说，元代是继唐、宋之后我国文化的又一个高潮时期。在元代，文化的多数领域都有很大的成就，有些甚至超越了前代。元代杂剧是中国古代文艺的一座高峰，无须多说。随着多达六十卷的《全元文》（北京师范大学古籍研究所主编）问世和《全元诗》（中国社会科学院文学研究所主编）编纂工作的进行，有元一代诗文数量远远超出以前的估计，而且其中不乏上乘之作，别具特色。以史学论，《蒙古秘史》是我国第一部少数民族用自己文字撰写的历史著作，意义重大，体裁新颖，在世界史学发展史上亦有其独特的地位。以地理学论，众多域外行记的出现，具有重要学术价值，元代学者接受外来的影响，已把眼光投向域外的世界，绘制出包括中亚、西南亚，以及非洲、欧洲等地区在内的地图，其意义更不待言。如此等等。至于元朝君主多不习汉文化和元朝文人地位极其低下之类说法，则是片面的，不准确的。

第一节　元朝的文化政策和文化发展阶段

元代社会，总的来说，其经济、政治和文化生活都是前代的延续。从经济生活来说，封建的土地所有制以及建立在这种所有制基础上的阶级关系，仍占主导地位。从政治生活来说，中央集权的官僚制度占有统治地位。从文化生活来说，儒家学说仍是思想的主流。但是，元代社会也有很多不同于前代的地方，如实现了中国历史上前所

① 过去有元代人分十等、九儒十丐之说，其实这是误传。元朝没有十等户的区分，当然也不存在“九儒十丐”的问题。因下面论述时涉及，此不赘述。

未有的统一，结束了长达数百年的南北分裂局面，并使许多边疆地区归属中央政权管辖之下。这种国家的大统一，实现了前所未有的文化大交流，特别是长江文化与中原黄河文化、北方草原文化等的交流。

在宋与辽、金先后对峙的时代，南北双方隔阂很深，彼此设置种种障碍，文化的交流只是偶然的、个别的。例如南方盛行理学，而在金朝统治下的北方，则对此有兴趣者为数寥寥。蒙古（元）军南下之后，理学北上，逐渐成为全国思想界的主流。在元朝统一以后，南北人物彼此往来，互相切磋，无论对文学艺术创作，或是学术研究，都起了极其有益的作用。据文献记载，从元朝统一全国之日起，北方人口就大量向南方流动。到至元二十年（1283 年），南流人口已达 15 万户，相当于北方总户数的 1/10 以上①。对此，郑思肖《心史・大义略叙》描述说，蒙古人视“江南如在天上，宜乎谋居江南之人，贸贸然来”。周密《癸辛杂识》说：“今回回皆以中原为家，江南尤多。”②杨维桢说：“民望南如流水之欲东。”③在这些南迁的北人中，有许多是北方著名的曲家、诗人，如胡祇遹、徐琰、王恽、鲜于枢、侯克中、卢挚等，都先后出游东南一带的扬州、建康、平江、镇江、杭州等城市，或在这一地区任职④。因此，他们的南下无疑有利于中国南北文化的交流和发展。南北的绘画、书法，原来风格不同，统一以后互相影响，取得了更大的成就。杂剧南移，推动了南方戏剧的发展。还有《大一统志》的编纂，是南北各族学者共同努力的结果，而大统一的局面则是此书能够编成的前提。许多作家能够游历南北名山大川，了解风土人情，开阔了视野，所以写出美妙的诗文。而边疆地区归附元朝以后，和中原地区关系日益紧密，中原传统文化远播边疆各地，边疆各族的文化也相继传入中原，产生了程度不等的影响，使中原文化更加丰富多彩。一大批蒙古人和西北各族成员来到中原后，接受中原传统文化，并在文学艺术和学术上有所发明创造。以中原传统文化为主的多民族文化共同发展，形成元代文化一大特色，这正是大统一的结果。

一、元朝的等级制度和文化政策

蒙古族长期过着游牧的生活方式，“生长鞍马间，人自习战，自春徂冬，旦旦逐猎，

① 〔明〕宋濂等：《元史》卷一七三《崔彧传》，中华书局 1976 年版，第 4040 页。

② 〔宋〕周密：《癸辛杂识》续集卷上《回回送终》，中华书局 1988 年版，第 142—143 页。

③ 〔元〕杨维桢：《东维子文集》卷四《送徐州路总管雷侯序》，《四部丛刊初编》缩印本，第 32 页。

④ 李国平：《元杂剧南流史初探》，载《河北学刊》1988 年第 3 期。

乃其生涯”①。他们“逐水草放牧”,“皆以黑车白帐为家”②。这种民族习性和与之相适应的经济形态,使草原游牧文化的发展水平远远低于长江文化和黄河文化,并且素来为汉族文化所鄙视。郑思肖《心史·大义略叙》曰:

旧鞑靼所居,并无屋宇,毡帐为家,得水草处即住,兽皮为衣。无号令以合同出入。不识四时节候,以见草青为一年,人问岁数,但以几度草青为答。

自忒没真驱金酋入南,嘉定癸酉岁,据古幽州为巢穴,即亡金僭称“燕京大兴府”也。渐学居屋,亦荒陋。逮咸淳间,鞑僭取大宋开封府大内式,增大新创,始略华洁。虏民咸可造穹庐,与鞑主通语。鞑法,人凡相见,来不揖,去不辞,卑求尊,跪而语。鞑礼止于一跪而已。双足跪为重,单足跪次之。

忽必烈篡江南后,一应渐习僭行大宋制度……终非其本心。故辫发囚首,地坐无别,逆心恶行,灭裂礼法,卒不能改也……鞑人甚耐寒暑、雨雪、饥渴,深雪中可张幕露宿,今皆不惧热,且惯于乘舟,高山穷谷马皆可到。

裹粮以肉为粆,干贮为备,饥则水和而食,甚涨,饱可一二日。搅马乳为酒,味腥酸,饮亦醉。群虏会饮,杀牛马曰“大茶饭”,但饮酒曰“把盏”。杂坐喧溷,上下同食,举杯互饮,不齿残秽。饮酒必囚首,毡藉地坐,以小刀刺肉食;授人,人即开口接食,为相爱。卑者跪受赐。行坐尚右为尊。久不相见,彼此两手相抱肩背,交颈摇首啮肉,跪膝摩膁,为极殷勤。鞑主剃三搭辫发,顶笠穿靴,衣以出袖海青衣为至礼。其衣于前臂肩间开缝,却于缝间出内两手衣裳袖,然后虚出海青两袖,反支悬纽背缝间,俨如四臂。谀虏者妄谓郎主为“天蓬后身”。衣曰“海青”者,海东青,本鸟名,取其鸟飞迅速之义;曰“海青使臣”之义亦然。虏主、虏吏、虏民、僧道男女,上下尊卑,礼节服色一体无别。云“三搭”者,环剃去顶上一弯头发,留当前发,剪短散垂,却析两旁发,垂绾两髻,悬加左右肩衣袄上。曰“不狼儿”,言左右垂髻,碍于回视,不能狼顾,或合辫为一,直拖垂衣背。男子俱戴耳坠。

随着元灭南宋,全国一统,这种相对落后的草原游牧民族文化也迅速影响到了整个长江流域,并给长江文化以极大的冲击。就政治状况来说,作为北方民族统一王朝,元朝的统治带有很强的民族歧视与压迫色彩,形成了一套著名的民族等级制度——四等人制。在文化上,元朝统治者推行的废弃科举、重吏轻儒等一系列政策,将全国居民按职业和民族分成各种户,称为诸色户计,儒户是其中之一。按照国家的政策,儒户的

① 〔宋〕赵珙著、王国维笺证:《蒙鞑备录笺证》,《蒙古史料四种》本,第 12 页。
② 〔元〕李志常著、王国维注:《长春真人西游记注》卷上,《蒙古史料四种》本,第 18 页。

主要义务是上学读书，但读书人可以免当杂泛差役，地位与僧、道户相近。这些措施和政策，对正在迅猛发展中的长江文化不啻是一次非常重大的打击。

元代白文“伯畿印章”“鲜于枢伯畿父”铜印

蒙古骑兵作战图

蒙古骑兵押送战俘图

（一）民族等级制度——四等人制

就政治状况来说，元朝实行了一套著名的民族等级制度——四等人制。所谓四等人制，即元朝统治者按照被征服次序的先后，将全国居民分为蒙古、色目、汉人、南人四个等级，各有不同的地位和待遇。蒙古人作为元朝的“国族”，也称“自家骨肉”，是统治者依赖的基本力量。蒙古以外的西北、西域各族人，包括唐兀（即西夏）、汪古、回回、畏兀儿、哈剌鲁、钦察、吐蕃等等，统称为色目人，系取“各色名目”之义。他们是蒙古统治者的主要助手，能享受种种特权。四等人中的“汉人”是一个狭义概念，主要指淮河以北原金朝统治区以及较早为蒙古征服的四

忽必烈像

川、云南地区的汉族人。另外长期以来居于北中国的契丹、女真人也包括在“汉人”之内，他们中的绝大多数在元朝已趋于汉化。南人则指最后被征服的原南宋统治区（元朝江浙、江西、湖广三行省）内的居民①。

四等人的地位和待遇也极不平等。在官吏任用方面，蒙古人、色目人从中央到地方各级官署占据高位，百官皆以蒙古人为长，享受种种特权；汉人、南人则处处受歧视，尤以南人为甚，除极少数之外只能屈居下僚，升迁无门。省部、台院虽“参用南人”，但南人多无实权②。就法制而言，处处维护蒙古人、色目人的利益，汉人、南人的权益得不到保护，有时连人身和财产的安全都受到侵犯。元朝统治者曾经规定：蒙古人因争执殴打汉人，汉人不得还手，只许向官府申诉，违者一律治罪。此外，元朝统治者还禁止汉人、南人畜鹰犬为猎；禁止或限制汉人、南人祈神赛社、习学枪棒武术以至演唱戏文、评话等。就文化而言，在学校教育、科举考试、语言文字的使用等方面，也表现出明显的民族歧视，儒户应受优待，而元朝政府中当政的蒙古、色目官员，很多人对中原传统文化怀有成见，由此对儒户心存轻视甚至敌意，强迫他们和民户一样承担杂泛差役和各种苛捐杂税。因此，儒户的实际处境远逊于同时代的僧、道户，和以前各朝士人享受的优遇，更难以相提并论。

四等人制的形成有一个过程。忽必烈即位之初，汉族官僚在政权中不仅不受歧视，而且掌握着主要权力。中统三年李璮之乱后，忽必烈的重要谋士、元初制度主要创建者之一、中书平章政事王文统受牵连被处死，大大增加了忽必烈对汉人的疑忌情绪，色目官僚集团乘机崛起。色目人大都有较高文化水平，长于经商理财，或擅长一些特殊技艺，而且远来中土，在汉地无势力基础，因而与蒙古统治者结合紧密，颇受倚重。至元二年（1265 年）二月，元廷规定：“以蒙古人充各路达鲁花赤，汉人充总管，回回人（按即指色目人）充同知，永为定制。”③在中央机构官员的任命上，经过一段时间的摸索与调整，也逐渐形成一套不成文的规定：以蒙古人为长，以下参用汉人和色目人。其基本精神是在不能不使用汉人的情况下，另外委派色目人分任事权，进行牵制，并由蒙古人居高监视。平宋以后，忽必烈亦酌情起用南方降臣，其中一部分人因与北方官僚有矛盾，投靠色目权臣桑哥，并随桑哥的倒台而受到牵连，南士在仕途上也因而一蹶不振。这样到忽必烈在位末年，蒙古、色目、汉人、南人四等级序列已经形成，以后更进一步贯彻于具体政策规定，从而成为法定制度。

① 蒙思明：《元代社会阶级制度》，中华书局 1980 年版，第 25—68 页。

② 〔清〕赵翼：《廿二史劄记》卷三〇《元制百官皆蒙古人为之长》，中国书店 1987 年版，第 433—434 页。

③ 〔明〕宋濂等：《元史》卷六《世祖纪三》，中华书局 1976 年版，第 106 页。

四等人制总的精神，首先是区分蒙古、色目人和汉族人（包括汉、南人）两大集团，保证蒙古贵族的统治地位。其次还有一层意义，即在被统治的汉族人民中制造分裂，将其分为汉人、南人两部分，从而便于蒙古统治者自上操纵、控制。江南地广人众，是元朝主要经济命脉所在和文化最发达的地区，而南人却居于四等人最底层，他们与北方汉人间自宋金对峙以来形成的畛域之见也因而不能泯灭。“南北之士，亦自町畦以相訾甚，若晋之与秦，不可与同中国。”①这对元和元以后中国政治的发展，都有很大的消极影响。

（二）重吏轻儒

元朝统治者在用人政策上重吏轻儒，政治上并未充分向儒士阶层敞开仕途。在元朝统治者看来，“儒者之说，急于所缓。高而迂，滞而疏”②。认为“俗儒之无用，今可弃也；俗吏之不堪用，今不可缺也。以可弃之儒而视不可缺之吏，儒固不胜吏也”③。在这种“儒吏颠倒不如人”的特定历史环境下，当时社会形成了一种对文化发展极为不利的文化氛围：知识分子轻则被人称为“腐儒”“酸秀才”，重则“武夫豪卒诋诃于其前，庸胥俗吏姗侮于其后”④“官司轻视学舍，厌鄙儒生，凡遇科差，无所不至”⑤。忽必烈即位之初，一度重用儒臣，但儒臣的好运只是昙花一现。随着忽必烈的“潜邸旧侣”或老或卒，淡出政坛，儒臣基本上被排挤离开了重要的行政岗位，仅有少数人负责教育、著作、顾问以点缀“文治”而已。时人王恽对这一变化概括说：

国朝自中统元年以来，鸿儒硕德，济之为用者多矣。如张（文谦）、赵（璧）、姚（枢）、商（挺）、杨（果）、许（衡）、二王（鹗、磐）之伦，盖尝忝处朝端，谋王体而断国论矣。固虽圣神广运于上，至于弼谐赞翼，俾之休明贞一，诸人不无效焉。今则曰：彼无所用，不足以有为也。是岂智于中统之初，愚于至元之后哉？予故曰：士之贵贱，特系夫国之重轻，用于不用之间耳！⑥

元末人余阙也说：

我国初有金、宋，天下之人，惟才是用之，无所专主，然用儒者为居多也。自至元以下，始浸用吏。虽执政大臣，亦以吏为之。由是中州小民粗识字能

① 〔元〕余阙：《青阳集》卷四《杨君显民诗集序》，《四部丛刊续编》本，第 7 页。

② 〔元〕袁桷：《袁桷集》卷二三《赠孟久夫南台掾序》，吉林文史出版社 2010 年版，第 372 页。

③ 陆文圭：《墙东类稿》卷六《送冯伯亨序》，《常州先哲遗书》本，第 2 页。

④ 陆文圭：《墙东类稿》卷六《送萧仲坚序》，第 3 页上。

⑤ 〔清〕阮元：《两浙金石志》卷一四《元嘉兴路儒人免役碑》，清光绪浙江书局刻本。见国家图书馆善本金石组编《辽金元石刻文献全编》第 2 册，北图出版社 2003 年版，第 330 页。

⑥ 〔元〕王恽：《秋涧集》卷四六《儒用篇》，《元人文集珍本丛刊》本，台北新文丰出版公司 1985 年版，第 2 册第 59 页。

治文书者，得入台阁，共笔札，累日积月，皆可以致通显。而中州之士见用者遂浸寡。[①]

忽必烈对儒臣的"重轻"和"用与不用"，由"用儒者为居多"到"浸用吏"的变化，直接原因是他在理财、征伐等问题上与儒臣产生了分歧，认为后者"不识事机"[②]，故而加以疏远。其深层原因，则在于蒙古统治者实用主义的统治意识。他们并未受到汉族社会崇奖士人、鄙视胥吏传统观念的影响，相反却认为官、吏之间"靡有轻贱贵重之殊，今之官即昔之吏，今之吏即后之官"[③]。此前金朝已常用士人，甚至是进士担任吏职，如工作成绩出色，不难升任高官。元朝更进一步，选拔官员多取于吏，"天下之大，簿书期会之繁，因仍金旧，悉付以吏，任之既久，趋之者日益众"[④]。绝大部分士人要想入仕，必须以学生或教官身份转充吏职，与胥吏在同一起跑线上竞争，基本没有优势可言。儒臣们多次呼吁开设科举，为士人提供一条入仕捷径，然而却都是"议者不一而罢"[⑤]。加上民族等级制度的推行，没有特殊出身背景的儒士"淡文章不到紫薇郎，小根脚难登白玉堂"[⑥]。这样，儒士阶层尽管并未受到刻意的歧视，但失去了传统的"读书做官"优先权，"或习刀笔以为吏胥，或执仆役以事官僚，或作技巧贩鬻以为工匠商贾"，以致"天下习儒者少"[⑦]。其社会地位也不免大受影响，"举世皆曰儒者执一而不通，迂阔而寡要，于是士风大沮"[⑧]。甚至有"大元制典，人有十等。一官二吏，先之者贵之也，贵之者谓有益于国也。七匠八娼，九儒十丐。后之者贱之也，贱之者谓无益于国也。嗟乎卑哉！介乎娼之下丐之上者，今之儒也……儒不胜其苦，逃而入僧入道入医入匠者什九。建安科举士余二万户，儒者六百，儒贵欤？贱欤？荣欤？辱欤？可以发一慨也"一类愤激的说法。[⑨]

需要指出的是，蒙古统治者在征服中原过程中，铁骑所至，进行了残酷的屠杀和破坏。但他们十分重视各类技术人才，对医、卜、工匠等各类专业技术人才，通常都与宗教

① 〔元〕余阙：《青阳集》卷四《杨君显民诗集序》，《四部丛刊续编》本，第 7 页。

② 〔明〕宋濂等：《元史》卷二〇五《阿合马传》，第 4560 页。

③ 〔元〕吴澄：《吴文正公集》卷一四《赠何仲德序》，《元人文集珍本丛刊》，台北新文丰出版公司 1985 年版，第 3 册，第 267 页。

④ 〔元〕许有壬：《至正集》卷五九《侍御史慕公墓志铭》，《元人文集珍本丛刊》，第 7 册第 276 页。

⑤ 〔元〕蒲道源：《闲居丛稿》卷一〇《跋秋谷平章试院中所作诗》，《景印文渊阁四库全书》，台北商务印书馆 1986 年版，第 1210 册，第 654 页。

⑥ 〔元〕杨朝英辑：《朝野新声太平乐府》卷二《水仙子 · 归兴》，文学古籍刊行社 1995 年版。

⑦ 〔明〕宋濂等：《元史》卷八一《选举志一 · 科目》，第 2017 页。

⑧ 〔元〕王恽：《秋涧集》卷四〇《故翰林学士紫山胡公祠堂记》，《元人文集珍本丛刊》本，第 1 册第 540 页。

⑨ 〔宋〕谢枋得：《叠山集》卷二《送方伯载归三山序》，《景印文渊阁四库全书》，台北商务印书馆年 1986 版，第 1184 册，第 871 页。参见〔宋〕郑思肖：《心史》卷下《大义略叙》。

徒一样加以保护。在蒙古贵族眼里，这类“实用”型人才要比儒士更有价值。如《元史》卷125《高智耀传》载：

宪宗（蒙哥汗）即位，智耀入见……帝问：“儒家何如巫、医？”对曰：“儒以纲常治天下，岂方技所得比。”帝曰：“善，前此未有以是告朕者。”

蒙古统治者对汉地的歌舞艺术也比较喜爱。南宋使臣赵珙记述在蒙古军中见闻，提到“国王（按：指蒙古大将木华黎）出师，亦以女乐随行，率十七八美女，极慧黠。多以十四弦弹大官乐等，拍手为节，甚低，其舞甚异”①。窝阔台汗灭金后伐南宋，还专门派人随军搜求“儒、道、释、医、卜、酒工、乐人”②。在这种情况下，投充乐工以自保乃至谋生是很常见的事。忽必烈还对前代视为“方技”“杂流”的各种专业技术及其人才予以较高地位，这是元朝与其他朝代很不相同的地方。忽必烈曾说：“朕求贤三十年，惟得窦汉卿（默）及李俊民二人。”③于人才济济的“潜邸旧侣”中特别看重窦、李，是因为窦默通医而李俊民工术数，与他人相比皆有实用的一技之长。④ 至元十三年（1276 年）江南初平，即下诏访求“前代圣贤之后，高尚僧、道、儒、医、卜筮，通晓天文历数，并山林隐逸名士”⑤，将医卜方技与“前代圣贤之后”并列征聘。时人记载：“国家数路取人，阴阳、卜筮无不与，至则馆集贤而廪给之。”⑥这种不拘一格、重视专门技术的用人方针，致使在铨选上，“百家九流之人，亦杂出于其间……士之所以求进者，亦不专以儒术”⑦。《元史》卷 203《方技传》序称：“元有中土……以术数言事辄验，及以医著效，被光宠者甚众。”“而以工艺贵显，亦附见焉。”通过医、卜、工匠一类“杂途”入仕，乃至位居高官，在元代颇不乏人。⑧ 关于医疗和术数，还在全国广设医学、阴阳学，进行专业教育。对此，后文还要述及。

与此同时，广大士人仕途断绝，往往“混于杂役，堕于屠沽，去为黄冠”⑨，也有相当一部分人适应社会需要，投身于市井艺术创作。王国维分析说：“盖自唐宋以来，士之竞于

① 〔宋〕赵珙著，王国维笺证：《蒙鞑备录笺证》，《蒙古史料四种》本，第 18—19 页。

② 〔元〕姚燧著，查洪德编辑点校：《姚燧集》卷一五《姚文献公神道碑》，人民文学出版社 2011 年版，第 215 页。

③ 〔明〕宋濂等：《元史》卷一五八《窦默传》，第 3733 页。

④ 陈高华：《论窦默》，《中国史研究》1995 年第 2 期。

⑤ 《元典章》卷二《圣政一·举贤才》，陈高华、张帆等点校，中华书局、天津古籍出版社 2011 年版，第 45 页。

⑥ 〔元〕张之翰：《西岩集》卷一三《鲁叔宁〈古村易说〉序》，吉林文史出版社 2009 年版，第 165 页。

⑦ 〔元〕朱德润：《存复斋集》卷四《送强仲贤之京师序》，《四部丛刊续编》本，第 17 页。

⑧ 高伟对元朝以医入仕的现象进行了研究。参阅高伟《元代医家入仕现象初探》，《兰州大学学报》1994 年第 4 期；《元朝君主对医家的网罗及其影响》，《兰州大学学报》1999 年第 4 期。凭借卜筮术数、营造工艺等特长仕至高位者也很多，散见元代碑传。

⑨ 〔宋〕彭大雅、徐霆著，王国维笺证：《黑鞑事略笺证》，王国维《蒙古史料四种》本，第 15 页。

科目者，已非一朝一夕之事。一旦废之，彼其才力无所用，而一于词曲发之。且金时科目之学，最为浅陋。此种人士一旦失所业，固不能为学术上之事，而高文典册又非其所素习也。适杂剧之新体出，遂多从事于此，而又有一二天才出于其间，充其才力，而元剧之作，遂为千古独绝之文字。"①

（三）科举制度的长期废弃

从前面的论述中，我们可以看出宋代长江文化的繁荣与科举制度密切相关。而元朝统治者长期废弃科举，汉族知识分子通过科举踏上仕途的道路一直阻滞不畅，这无疑对长江文化的发展极其不利。许有壬说："中原贡举废将九十年，江南亦四十年。有壬少时，先公教之曰：'金源分裂，且事贡举。国家之大，未有不行，但迟速有时耳。'"②直到主张以儒治国的元仁宗即位，才重新提出"求贤取士，何法为上"③的问题。皇庆二年（1313年）末，元朝廷才决定恢复从忽必烈开国以来停废达半个世纪之久的科举制度。然而就其规模来说，远远不及唐宋，仅是统治者借以笼络汉族知识分子的政治装饰品而已。就连这样规模的科举考试，也曾一度中断。

元代科举考试，每三年举行一次，分乡试、会试、殿试三道。乡试科场在全国共设17处，从赴试者中选合格者300名到大都会试。其名额分配详见下表：

		蒙古	色目	汉	南	小计
行省十一	辽阳	5	2	2	—	9
	河南	5	5	9	7	26
	陕西	5	3	5	—	13
	甘肃	3	2	2	—	7
	岭北	3	2	1	—	8
	江浙	5	10	—	28	43
	江西	3	6	—	22	31
	湖广	3	7	—	18	28
	四川	1	3	5	—	9
	云南	1	2	2	—	5
	征东	1	1	1	—	3

① 〔清末民初〕王国维：《宋元戏曲史》第九章《元剧之时地》，上海古籍出版社1998年版，第77页。

② 〔元〕许有壬：《至正集》卷五〇《故承务郎江西等处儒学副提举叶先生墓碑》，《元人文集珍本丛刊》第7册，第240页。

③ 〔元〕黄溍：《金华集》卷四三《柏铁木儿家传》，《四部丛刊》本，第9页。

续表

		蒙古	色目	汉	南	小计
宣慰司二	河东	5	4	7	—	16
	山东	4	5	7	—	16
直隶省部四	大都	15	10	10	—	35
	上都	6	4	4	—	14
	真定等	5	5	11	—	21
	东平等	5	4	9	—	18
合计	75	75	75	75	300	

（四）文化专制政策

元朝统治者还在文化领域内推行文化专制政策。以戏剧为例，《通制条格》云："除系籍正色乐人外，其余农民市户良家子弟，若有不务本业，习学散乐，般唱词话，并行禁约。"①《元史》云："诸妄撰词曲，诬人以犯上恶言者，处死。"②《元典章》云："今后不拣什么人，十六天魔休唱者，杂剧里休做者，休吹弹者。"③而南戏在元代初期更是一度受到压制以至摧残，据《农田余话》所言：元朝统治者曾明令"禁戏文、杂剧、评语等项"。延祐六年（1319 年），元朝统治者又接二连三地向江浙、江西等地发出严禁"赛社""立集场"的禁令。

当然，忽必烈及其继承者的这种文化领域内的专制色彩，相对于明清两朝来说并不算突出，基本不以文字疑似之事坐人重罪，较为宽容。据史载："至元九年……中书省咨，木八剌脱因乃蒙古文字译该，不拣谁，自底勾当里争竞喝叫、折证钱债其间里，不拣甚么田地里，上位的大名字休提者。那般胡提着道的人，口里填土者。"④这是有关避讳的规定。但此制似乎执行不严，很难找到因避讳不谨而获罪的案例。明人郎瑛评论说："元主质而无文，讳多不忌，故君臣同名者众。后虽有讳法之禁，不过临文缺其点画。……暗合于礼，足见嘉也。"⑤有学者举出不少元诗当中语及"虏""胡""腥膻"等字词，以及体现"颂汉""怀宋"心理的作品，并未遭到查禁问罪，"说明了有元一代，在思想文化领域中，在对文人写作上，是宽容放任的"⑥。元杂剧中常见指斥时政的内容，语辞切直，较少避忌，也

① 〔元〕《通制条格》卷二七《杂令·搬词》，黄时鉴校点：浙江古籍出版社 1986 年版，第 288—289 页。

② 〔明〕宋濂等：《元史》卷一〇四《刑法志三·大恶》，第 2651 页

③ 《元典章》卷五七《刑部十九·诸禁·杂禁·禁治妆扮四大天王等》，第 1939 页。

④ 《元典章》卷五三《刑部十五·诉讼·折证·大名字折证的休提》，第 1777 页，

⑤ 〔明〕郎瑛：《七修类稿》卷二六《辩证类》"元朝讳谥"条，上海书店出版社 2001 年版，第 280 页。

⑥ 周湘瑞、韦庆缘：《从元诗例证看元代宽容现象》，《社会科学研究》1994 年第 6 期。参阅杨镰：《元诗史》，人民文学出版社 2003 年版，第 9—14 页。

说明相同的问题。总的来说，蒙古统治者长期保持着“质而无文”、粗犷豁达的游牧民族性格，对汉族士人虽未予重用，但也不从思想和言论上挑剔、敏感、吹毛求疵。明人祝廷心总结说：“元氏之全有中国者九十有二年，不以政柄属诸士，而亦不以法度诛之。故士之仕者，苟循理自守，则可以致名位而无患祸。”①这应当说是元朝值得肯定的地方。

二、元代思想文化领域呈现的复杂、矛盾态势

这个时代的思想文化领域，呈现复杂、矛盾的态势。总的来说，怀念故国的遗民思想，随着金、宋的灭亡，在北方和南方都出现过，但延续时间不长。由于元朝统治的巩固，加上尊孔和推崇儒术政策的推行，大多数汉人、南人中的士人很快便认同元朝的统治，纷纷谋求入仕，歌功颂德的诗文随处可见。然而，严酷的民族压迫和民族歧视的现实，不能不激发他们中很多人对社会的强烈不满，在诗文中有的呼叫抗议，有的则趋于消极避世。还有一些士人转而在通俗文艺创作中寻求安身立命之地，他们的加盟导致了杂剧、小说的繁荣。

作为意识形态的宗教，是文化的一个重要组成部分。有元一代，宗教在社会各阶层的精神生活中占有头等重要的地位。蒙古族原来信奉萨满教，这是原始的万物有灵信仰。成吉思汗建国后向外发展，接触到多种宗教。大蒙古国的诸汗认识到宗教有利于统治的巩固，对各种能为自己“告天祝寿”的宗教原则上都是保护和支持的，当然有时也根据需要和爱好而有轻重之分。忽必烈登上统治宝座后，继续采取保护、支持各种宗教的政策，但在佛、道之争中明显倾向佛教，特别尊奉藏传佛教。元朝以后诸帝对宗教的态度都沿袭忽必烈的政策，没有大的改变。由此，元朝多种宗教并存，各种庙宇林立，多种多样的宗教活动连年不绝，声势之盛为前代所未有，成为这一时代文化生活中的一大景观。这一时期，宗教对文化的其他领域有很大的影响，特别是哲学、诗歌、散文、戏曲、绘画等等，最为明显。

元朝统一以后，南、北经济有很大的差异，以长江流域浙西（今江苏南部和浙江北部）为中心的江浙行省，是全国最富庶的地区，也是人文荟萃之地，多种文化形式都有发展，而北方除大都之外，相对来说近乎停滞，元朝南北文化的发展不平衡，对以后的中国文化产生了深远影响。

元代文化还有一个特点，那便是俗文化的发达。元朝俗文化发展已经成为一种潮流，不仅话本小说、民间说唱技艺有所发展，杂剧、南戏和散曲，有些完全可以归入俗文化范畴，有些则介乎雅、俗之间。此外，还出现了用白话文或语体文写作的通俗史书，以及

① 〔明〕祝廷心：《药房居士集序》，《皇明文衡》卷四〇，《四部丛刊初编》本，第5—6页。

经典的“直解”等。元代俗文化的兴盛，在中国古代文化发展史上是具有重要意义的现象。原因主要有二：一是宋代以来城市经济的发展，城市商人和手工业者对俗文化有需求；二是入居中原的蒙古、色目人希望了解中原传统文化，而传统的雅文化使他们望而生畏，俗文化易于理解，符合他们的需要。也就是说，俗文化在元代的兴盛，也有着深刻的社会背景。

文化是社会的上层建筑。元代社会的这些特点，在文化上必然有所表现，这些表现实际上也正是元代文化不同于前代之处。

三、元代文化的发展阶段

一个时代的文化是该时代政治、经济的反映。社会的变迁，特别是政治生活的发展变化，必然会对文化产生巨大影响。要想正确了解一个时代的文化发展，必须和该时代社会、政治生活的变化联系起来考察。

（一）世祖、成宗、武宗时期（1260—1313）

这一阶段有两件对文化有深远影响的大事：一件是忽必烈即位后，鼓吹“文治”，采用“汉法”，但同时又多方维持蒙古传统，于是形成了混杂中原传统政体和漠北旧俗的行政体制；另一件是元灭南宋，结束了长期的南北分裂，实现了空前规模的统一局面。忽必烈改国号为“大元”。元朝实际统治的范围、对象与前四汗时期有很大不同。前四汗时期的蒙古国，以漠北的哈剌和林（今蒙古国哈尔和林）为都城，除了蒙古本土之外，凡是蒙古人征服之地，都是大汗统治的疆土。忽必烈改国号以后的元朝，以大都（今北京）为都城，统治的范围主要是金、宋、大理、西夏的故土和吐蕃、畏兀儿地面，中亚及其以西广大地区，分别建立了察合台、窝阔台、钦察、伊利四大汗国，钦察汗国是成吉思汗长子术赤后人建立的，伊利汗国创立者则是蒙哥汗的另一个兄弟旭烈兀。四大汗国中的伊利、钦察汗国与元朝保持着友好的关系，承认元朝的宗主地位，察合台和窝阔台两汗国的当政者则不时与元朝发生冲突。政治形势的变化使元朝的政治、经济以及文化政策都发生了变化。

儒学是“汉法”的思想基础，孔子是儒学的象征，推行“汉法”便要尊孔崇儒。忽必烈为了标榜“文治”，采取了若干尊孔和抬高儒学地位的措施，如在各地建立宣圣庙、恢复或新建各级地方官学、建立中央国子学、整顿和推行儒户制等。成宗铁穆耳下诏中外尊奉孔子，建立大都宣圣庙。武宗海山加封孔子为大成至圣文宣王，这是一个“阔得可怕的头衔”①，后代一直沿用。但是，无论忽必烈或是铁穆耳、海山，对孔子和儒学的尊重更多是表面的，实际上是有很大保留的，迟迟不肯实行科举制度，便反映出他们对儒学和儒生的

① 鲁迅：《在现代中国的孔夫子》，《且介亭杂文二集》，人民文学出版社1973年版，第79—85页。

真实态度。

在忽必烈时期，设置了若干与文化有关的机构。在中央设有翰林国史院、国子监与国子学、蒙古国子监与蒙古国子学、秘书监、兴文署等，其他如太史院、仪凤司、教坊司等，亦与文化有关，管理宗教则有宣政院、集贤院、崇福司、回回哈的司等。在地方则有儒学提举司和各级地方官学、蒙古提举学校官和各级蒙古字学，以及管理各种宗教的地方机构。这些机构的设置，大多沿袭前代，也有不少是元朝首创。这些机构在蒙古前四汗时期都是没有的。文化机构的设置，表明忽必烈认识到文化的重要性，这与前四汗大不相同。

这一阶段元朝统治者仍奉行对各种宗教都加护持的政策，但其中又有区别。佛、道之争在忽必烈统治前期仍在继续，至元十七至十八年(1280—1281)间举行的第三次佛道辩论，仍以道教失败告终。终忽必烈之世，道教受到相当的压制，到元成宗上台后才有所改变，但地位一直在佛教之后。佛教、道教内部都有派系的斗争。忽必烈最尊崇的是藏传佛教中的萨迦派，其领袖八思巴被尊为帝师，以后萨迦派的领袖亦都享有同样的头衔。藏传佛教地位之显赫、声势之盛，是其他教派所无法比拟的。这一阶段，伊斯兰教和基督教在中原和江南亦有相当规模的传播。元朝的都城大都，南方的海港城市泉州，都是多种宗教并存之地，从而形成了多种文化互相辉映的局面。

这一阶段北方理学的代表人物许衡、窦默等受到忽必烈的尊重，许衡及其弟子掌教国学，理学成为官方哲学。南方理学继续发展，代表人物是吴澄。在南方，史学继承前代的传统取得新的成就，胡三省的《通鉴音注》和马端临的《文献通考》是有代表性的作品，“遗民情结”在这些作品中都有所表现。元朝以官方力量编纂《大一统志》，用以表现大一统国家的空前规模。黄河河源的考察，《真腊风土记》和《大德南海志》的撰写，是地理学的成就。这些都与国家的统一有密切的关系。

这一阶段北方诗(包括诗、词、散曲)文名家有刘秉忠、刘因、卢挚、姚燧等。他们的作品大多已摆脱“遗民情结”的窠臼，题材比较广泛，风格多样。统一以后南方诗文名家有周密、方回、戴表元、汪元量、袁桷、赵孟頫等，南宋亡国在这些作者思想上打下深刻的烙印，故国之思时时可见。其中有些人出仕新朝，在作品中常流露出矛盾甚至痛苦。藏族作家萨班·贡噶坚赞的《萨迦格言》，另具特色，是诗坛的奇葩。

杂剧在这一阶段趋于成熟。杂剧创作的中心是大都，有影响的作者几乎都是四等人中的汉人。最著名的杂剧作家有王实甫、马致远等。这一阶段杂剧内容广泛，许多作品在不同程度上反映了当时复杂的社会矛盾，对不合理的社会制度和各种弊端进行揭露和批判。杂剧在城市、乡间广泛演出，成为当时最重要的一种娱乐形式。

前四汗时期，北方没有出现有成就的书画名家。这一阶段，北方名画家有高克恭、李衎、刘贯道等，南方名画家有钱选、龚开、赵孟頫、任仁发等。在书法艺术方面，北方最著名的是鲜于枢，南方有赵孟頫、邓文原等。南北统一带来南北书画艺术的广泛交流，赵孟頫、邓文原北上，高克恭、李衎、鲜于枢南下，以及他们之间的交往，对书画艺术的发展起了很好的推动作用。赵孟頫在书画和诗文众多领域中都有杰出的成就，是当时文坛和艺坛当之无愧的领袖人物，对后代也有很大的影响。

元"八思巴文"漆碗

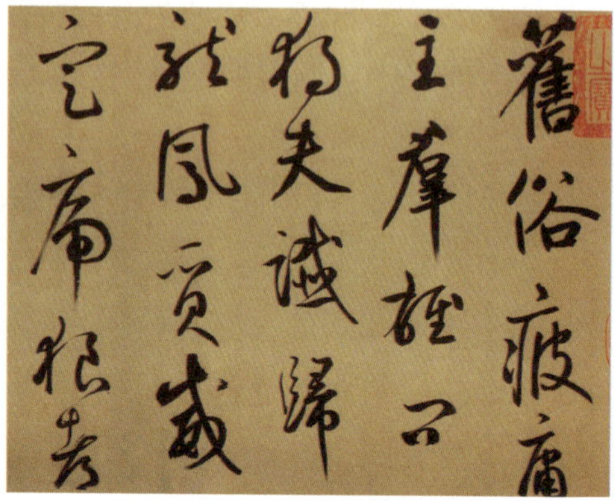

鲜于枢书法作品

钱选《归去来辞图卷》

钱选《杨贵妃上马图》

（二）从仁宗即位到元朝灭亡（1314—1368）

这一阶段元朝诸帝的汉文化修养有明显的提高，特别是仁宗爱育黎拔力八达、文宗图帖睦尔以及顺帝妥懽帖睦尔。从仁宗起，元朝在尊尚儒学方面比前一阶段有很大的进步，表现在：(1)在长期停顿以后重新确立了科举取士制。(2)由断断续续的儒臣进讲经史发展成固定的经筵进讲制度。(3)加大尊孔力度，以宋、元二代理学家从祀孔子，对孔子父母以及儒家代表人物加以王、公封号。这些举措都是以官方的名义确认理学是儒学的正统，从而确立了其在思想文化领域的统治地位。这一阶段还建立了奎章阁学士院、艺文监等新的文化机构，奎章阁后改为宣文阁，艺文监改为崇文监。这些机构的设立，是统治者爱好汉文化的表现。

尽管如此，仁宗和以后诸帝对于各种宗教特别是藏传佛教的崇奉和爱好，仍然远大于儒学。元朝诸帝都耗费大量钱财兴建佛寺、道观，远非学校所能比拟；元仁宗时命各地立帝师八思巴寺，其规制要大过孔子庙，这件事很典型地说明了儒学和宗教在统治者心目中的不同地位。而且，在元朝上层蒙古、色目贵族官僚中间，一直存在反对、排挤汉文化的强大势力，科举取士名额有限，而且一度中断，便是这种势力作用的结果。

各种宗教在这一阶段都有所发展，其中佛教特别是藏传佛教声势远在其他宗教之上。道教正一派的分支玄教地位特殊，与宫廷关系密切。有名望的僧人、道士与文人交往成为一时风气。中国和日本、高丽之间僧人来往频繁。基督教、伊斯兰教的影响进一步扩大。基督教、伊斯兰教的传播是元代中外文化交流的重要组成部分。此外，摩尼教和印度教则只在较小范围内传播。

受科举取士制的刺激，学校教育有新的发展，地方官学遍及各地，不少边疆地区亦有设置。书院讲学在江南比较流行。科举制确立了程、朱理学在思想文化领域的统治地位，但理学的另一支陆学仍在某些地区存在，调和朱、陆的思想仍有相当的影响。

“宗唐复古”成为文坛的风气。诗歌散曲方面的代表人物，前有“四大家”(虞集、揭傒斯、杨载、范椁)，后有杨维桢、张翥、王冕、张可久、睢景臣等。散文名家有虞集、欧阳玄、柳贯、许有壬等。南人占有多数。随着大批蒙古、色目人入居中原，他们中涌现出一批以汉文写作而卓有成就的文人，其中著名的有马祖常、萨都剌、贯云石、廼贤等。这一阶段，元朝由盛转衰，政治腐败，天灾频繁，经济凋敝，民不聊生，动乱接连发生，终于汇成绵延十余年之久的全国规模的农民战争。这一阶段前期的作家不乏歌颂元朝统治以及沉迷于风月的作品，后期的作者，面对社会巨大动荡的现实，很多人写下感事伤时之作，记述人民大众的苦难，使文坛风气为之一变。

全国统一后，不少杂剧作家和演员相继南下，在他们的影响下，南方也有一批剧作者和演员成长起来。到仁宗时，杂剧创作中心已从大都移到以杭州为中心的江浙一带。与此同时，杂剧创作也呈现出由盛而衰的趋势，数量减少、题材贫乏、缺乏生命力。南戏是从南宋后期起便在浙东一带流行的一个地方剧种，入元以后延续下来，杂剧南移对南戏的提高产生了积极的促进作用。元末高明创作《琵琶记》，标志着南戏进入一个新阶段。

杂剧、南戏都在舞台上演出。在舞台上演出的还有傀儡戏和各种说唱技艺，话本（讲史和小说）的创作和说唱伎艺有着密切的关系。

黄公望《快雪时晴图》

这一阶段之初，赵孟頫仍是艺坛的盟主，继起的知名画家大多是南人，除后代盛称的“四大家”（黄公望、倪瓒、王蒙、吴镇）外，还有唐棣、朱德润、王振鹏、柯九思、王冕等。著名书家有夔夔、揭傒斯、杨维桢、周伯琦、郭畀等，亦以南人居多。不少人兼工书画诗文，追求“神似”和诗、书、画相结合的“文人画”成为画坛的主流。大体来说，元代画家可以分为文人画家和职业画家两大类，职业画家又可分为宫廷画家和民间职业画家（工）。当然，这个区分只是相对的。至于著名的书法家，主要是文人。

史学和地理学在这一阶段有很大成绩。经过长期的酝酿，顺帝时完成了宋、辽、金三史的修纂。历朝实录和《经世大典》等政书的编纂，为当代史积累了资料。苏天爵对文献的整理，对当代史有很大的贡献。吐蕃地区产生了藏族的一部重要史籍《红史》。朱思本绘制《舆地图》对后世有深远的影响。李泽民的《声教广被图》中标明了非洲、欧洲的位置，这在中国地图发展史上还是第一次，有关资料应源自伊斯兰地理学。行记和方志类的作品亦有新的收获。

书籍是文化的载体。元人著作无论数量和质量都相当可观，不少作品具有很高的价值。和前代一样，元代书籍出版可分为官府刻书，书院、官学刻书，私宅刻书，民间书坊刻书和寺观刻书。其中书坊刻书的数量最多。就地区而言，南方的出版业远远超过北方，福建建阳有大量民间书坊，是当时全国的书籍出版中心。多种佛教《大藏经》和多种民族文字著作的出版，是元代出版业的特色。出版业的兴盛，从一个侧面反映出元代文化的繁荣。

第二节　抗争中的长江文化

由于长江文化与草原游牧文化相距太远，无法在短期内完全融合统一，因而这两种文化在元代始终呈冲突对抗状态。面对元朝统治者的无情摧残，长江文化不得不在现实之外寻找摆脱困境的途径，重新评估传统文化和自身价值，并以一种不合常态的形式表现出来。

一、文士隐逸之风的盛行

面对元朝统治者在政治上的黑暗统治和科举不正常、南士地位低下的现状，长江流域出现了一股文士隐逸之风：

谢枋得（1226—1289），字君直，号叠山，信州弋阳（今属江西）人。宋理宗宝祐四年（1256 年）进士，宋末官至江西招谕使、知信州。抗战失败后，家人多死难，枋得藏匿山谷，后出山卖卜谋生。至元二十三年（1286 年），南宋降臣程钜夫奉诏求贤江南，枋得名在荐中，坚辞不赴。二十五年，他又受到另一名降臣留梦炎的推荐，仍作书力拒，词旨激烈。福建行省参政魏天祐将他拘禁起来，强行押解北上。枋得宁死不屈，以绝食明志，次年卒于大都。当时元朝在江南的统治已经趋于稳定，不少南方士人屈从于元廷的威逼利诱，出山任职，谢枋得却不为所动，尝借梅自喻云“岁寒心肠如铁石，不与万物同摧残”，①节操耿耿，誓死殉国。其诗虽不工修饰，而正气磅礴，大义凛然。

元佚名绘《名贤四像》

郑思肖（1239—1316，一作 1241—1318），字忆翁，号所南，福州连江（今属福建）人。宋末太学生。元军南下时，“扣阙上疏”，要求抗战。② 宋亡，流寓苏州佛寺，所居萧然，终身不娶，坐卧不向北。“遇岁时伏腊，辄野哭，南向拜而返，人莫测焉”③。其名、字、号皆宋

① 〔宋〕谢枋得撰，熊飞等校注：《谢叠山全集校注》卷五《赠画梅吴雪坞》，华东师大出版社 1991 年版，第 126 页。

② 〔元〕陶宗仪撰，李梦生校点：《南村辍耕录》卷二〇《狷洁》，上海古籍出版社 2012 年版，第 226 页。

③ 〔元〕王逢撰，李军点校：《梧溪集》卷一《题宋太学郑上舍〈墨兰〉》，《元代古籍集成》，北京师范大学出版社，第 45 页。

亡后新取，隐含故国之思。以画知名，尝自题所画菊：“宁可枝头抱香死，何曾吹落北风中！”①他曾将一些言辞激烈的反元怀宋诗文，编为《心史》，藏于苏州承天寺井中，直到明末才被人发现，流布于世。

郑思肖《墨兰图》

谢翱（1249—1295），字皋羽，号晞发子，福州长溪（今福建霞浦）人。宋末举进士不第。文天祥起兵勤王，谢翱倾家资率乡兵参加，事败，流匿民间。文天祥就义于大都，谢翱与友人在富春江畔的西台吊祭，作《登西台恸哭记》述其事。谢翱《晞发集》卷7《哭所知》也是哀悼文天祥的作品：

总戎临百粤，花鸟瘴江村。
落日失沧海，塞风上蓟门。
雨青余化血，林黑见归魂。
欲哭山阳笛，邻人亦不存。

林景熙（1242—1310），字德旸，号霁山，温州平阳（今属浙江）人。宋末太学生，曾任泉州教授，宋亡不仕。至元二十一（1284年）至二十二年，元江南释教总摄杨琏真伽发掘会稽（今浙江绍兴）南宋诸帝后陵，以厌胜之术弹压江南反元斗争，并劫掠陵中珍宝。② 景熙与唐珏、王英孙、郑朴翁等人秘密收拾陵中遗骨，瘗葬于兰亭山南，并在坟上栽植冬青树作为标识。一时遗民诗文中提到冬青树，均以暗喻故国之思。如《酬谢皋父（翱）见寄》云：

① 〔宋〕郑思肖：《寒菊》，见陈福康辑校《郑思肖集》，上海古籍出版社1991年版，第290页。

② 杨琏真伽发陵时间，诸书记载不一，今从欧阳光说。参阅欧阳光：《与元初遗民诗社有关的一次政治活动——六陵冬青之役考述》，收入氏著《宋元诗社研究丛稿》第135—150页，广东高等教育出版社1996年版。

入山采芝薇，豺虎据我丘。
入海寻蓬莱，鲸鲵掀我舟。
山海两有碍，独立凝远愁。
美人渺天西，瑶音寄青羽。
自言招客星，寒川钓烟雨。
风雅一手提，学子屦满户。
行行古台上，仰天哭所思。
余哀散林木，此意谁能知?
夜梦绕句越，落日冬青枝。①

龚开(1221—1307年?)，字圣与，号翠岩，淮阴(今江苏淮阴)人。在南宋末年曾任两淮制置司监当官，参加过抗元的斗争。南宋灭亡后，往来于杭州、平江(今江苏苏州)等地，以卖画维持生计。

金履祥(1232—1303)，字吉父，号次农，兰溪(今属浙江)人。入元后生活了近30年，一直在家乡隐居授徒，“上下岩谷，追逐云月，寄情啸咏，视世故泊如也”②。

史蒙卿(1247—1306)，字景正，号果斋，一号静清，鄞县(今宁波)人。为宋末进士，入元不仕。“晚岁罹厄穷，讲道不辍，从者益众”③。

胡一桂(1247—?)，字庭芳，号双湖，徽州婺源(今江西上饶婺源)人。南宋乡贡进士，入元后一直居家讲学，仁宗延祐初卒。

熊禾(1253—1312)，建阳(今属福建)人。入元不仕，载书入武夷，筑洪源书堂，聚生徒讲学，从游者甚众。

杜本(1276—1350)，清江(今属江西樟树市)人。隐居天台，学者称清碧先生，脱脱召为国史编修，称疾固辞。

许谦(1270—1337)，字益之，金华(今属浙江)人。从金履祥学，以道自乐，不应辟举，地方官多次辟荐，包括聘请他为科举乡试主考，均予推辞。四方来受业者甚众。

此外，义乌王祎(1322—1373)，师事黄溍，元末上书时宰论政，不报，隐居青岩山。金华叶颙(1300—?)，字景南，一字伯恺，自号云颙天民，元末隐居不出，不求仕进，居艾蓉峰顶，寄情吟啸，有《樵云独唱》6卷。抚州危复之，宋太学生，入元屡辞荐辟，隐紫霞山中。

① 〔宋末元初〕林景熙:《霁山文集》卷二,《景印文渊阁四库全书》,台北商务印书馆1986年版,第1188册,第709页。

② 〔明〕宋濂等:《元史》卷一八九《金履祥传》,第4316页。

③ 〔元〕袁桷著,李军等校点:《清容居士集》卷二八《史君墓志铭》,吉林文史出版社2010年版,第430页;《宋元学案》卷八七《静清学案》,《黄宗羲全集》第6册,第423页。

山阴全璧，入元不仕，居杭城东，世称城东处士。义乌丁存，屡辟明经，不就，晚年优游盘谷，四方学者群趋之。天台丁复，放情诗酒，浪迹江淮间，晚寓金陵。著《桧亭集》9卷。兰溪于石，宋亡，高隐不仕，作诗豪宕苍劲，肖其为人。南康庐山人于立，学道会稽山中，以诗酒放浪江湖间，时居吴中，与顾瑛友善。湖州方召(1225—1330)，宋末通判惠州，入元不仕，居诸暨。浦江方凤(1240—1321)，宋末以特恩授容州文学，入元不仕，浪游江南，与当时名士如方回、牟巘、戴表元、仇远等皆联文字交。

王蒙《春山读书图》

在当时的南方，像这样的例子真是不胜枚举，他们或者放浪形骸，倚红偎翠，浅斟低唱，追求浪漫刺激的两性生活；或者忘情于山水自然，得意于物我一体的情感交流，颓放地吟风啸月，有意地隔离自我，陶醉于一种近乎麻木的自适；或者在宗教教义的领悟中，感受到人世无常，提取出一种虚无的人生认识，自警之外又用于劝世；或者在传统文化的认同中，获得一种源远流长的人格力量，找到自身的价值，充满自信地傲视芸芸众生，表现出一种顽强的生存意识①。这种隐逸之风，绝不是对蒙古贵族入主中国的妥协认可，而是一种抗争，是一种强调个体感性冲动的思想解放运动，它使长期囿于封建统治思想的士子们获得了一种回归自己本体的觉醒。

二、元末士人的动向

元末社会的动荡局面，自至正十一年(1351年)白莲教徒首事，到至正二十八年(1368年)明军进占大都，共延续十八年。由北方游牧民族建立的元朝终被推翻，汉族王朝明朝取而代之。与普通的王朝嬗代不同，这次政权更迭具有一定的“民族革命”色彩，故而明太祖北伐檄文提出“驱逐胡虏，恢复中华”的口号。然而另一方面，元朝毕竟是一个汉族模式王朝，且维持大一统局面七八十年，在时人眼里仍然是中国历代正统王朝当中的一环。况且元末民众起义的深层原因，主要并不在于民族冲突，而在于统治腐败、贫富分化、剥削苛重、天灾人祸等社会矛盾，与其他朝代末年的社会动乱性质并无大异②。正因如此，元末士人的动向，也就与其他朝代末年社会动乱中士人的动向大体相同。其中绝大多数人对下层民众发起的反抗运动，都抱仇视和抵制的态度；对于元朝的腐败统治虽感痛惜甚至愤恨，但在思想感情上终不能轻易与之决裂。一些人从维护“纲常名教”的角度出发，

① 吴建国：《元曲作家的悲观心理与情感特征》，《华东师范大学学报》1988年第6期。
② 参阅蒙思明《元代社会阶级制度》第216—226页的有关分析，中华书局1980年版。

拒绝与反元势力合作，甚至不惜为元朝殉节；一些人为形势所迫，暂时栖身于一些地方割据集团，而仍念念不忘元廷。即使是明朝开国的佐命文臣，加入新朝也多有不得已之处，并且始终对元朝怀有眷恋之情。这些思想和行为取向，出现于带有“民族革命”色彩的朝代更迭之际，还是颇堪玩味的。钱穆曾就此慨叹说：

> 胡元入主，最为中国史上惊心动魄一大变。元人用兵得国之残暴，其立制行政之多所剧变，而中国全境沦于异族统治之下，亦为前史所未遇。未及百年，乱者四起，明祖以平民崛起为天子，为汉高以下所仅有。读史者岂不曰驱除胡虏，重光中华，其在当时，上下欢欣鼓舞之情当如何？而夷考其实，当时群士大夫之心情，乃及一时从龙佐命诸名臣，其内心所蕴，乃有大不如后人读史者之所想象。
>
> 明祖开国，虽曰复汉唐之旧统，光华夏之文物，后人重其为民族革命，然在当时文学从龙诸臣，意想似殊不然。或则心存魅廷，或则意蔑新朝。虽经明祖多方敦迫，大率怯于进而勇于退，实乏同仇敌忾之忱，更无踊跃奋迅之致，一若不得已而有浼者。①

钱氏从现代民族国家观念的角度讨论元明鼎革，所言褊狭，不甚得当，但他所揭示的问题，确实触及了当时时代的脉搏，值得进行深入研究。

大抵中国古人论华夷之别，不重血统而重文化。罗泌《路史·国名纪》云：“《春秋》用夏变(于)夷者夷之，夷而进至中国则中国之。”对国家的认识，也绝无现代的领土国家、民族国家观念，而是笼统的“天下国家”。在正常情况下，“天下国家”的基本格局是内华夏，外夷狄；华夏为主，夷狄宾服；天下有道，守在四夷；华、夷之间并没有严格的地理分界线。而特殊情况下，夷狄入主华夏，“进至中国”，只要采用“中国”的文化、制度，也不是不可以接受的。元初郝经为蒙古入主中原辩护说，“今日能用士，而能行中国之道，则中国之主也”②，就是这种观念的绝好例证。当然元朝汉化迟滞，“行中国之道”不很彻底，但在时人看来，这基本上是量的问题，不是质的问题。中原士人固不待言，即使在从未被北方民族征服过的江南，尽管曾有不少遗民坚持民族气节、拒绝与元廷合作，然而随着时间推移，绝大部分士人还是认同了元朝统治，“由反元而变为拥元”③。加上传统忠君观念深入人

---

① 钱穆：《读明初开国诸臣诗文集》《读明初开国诸臣诗文集续篇》，均载钱穆《中国学术思想史论丛(六)》，安徽教育出版社 2004 年版，第 77、176 页。

② 〔元〕郝经：《陵川文集》卷三七《与宋国两淮制置使书》，《北图古籍珍本丛刊》本，第 91 册，第 819 页。

③ 劳延煊语。参阅氏著：《元初南方知识分子——诗中所反映出的片面》，《香港中文大学中国文化研究所学报》10 卷上(1979 年)。并参陈得芝：《论宋元之际江南士人的思想和政治动向》，《南京大学学报》1997 年第 2 期。

心，君臣之义被视为“无所逃于天地之间”的人生基本伦理，在元朝统治下生活、特别是出生于元朝的士人，也就视元朝统治为天经地义之事，华夷之辨渐渐被有意无意地淡化了。明初方孝孺总结说：

> 俗之相成，岁熏月染，使人化而不知。在宋之时，见胡服、闻胡语者，犹以为怪。主其帝而虏之，或羞称其事。至于元百年之间，四海之内，起居饮食，声音器用，皆化而同之。斯民长子育孙于其土地，习熟已久，以为当尔。昔既为其民矣，而斥之以为夷狄，岂不骇俗而惊世哉！①

元末的反元起义，在饱受儒家礼教熏陶的士人眼里，当然是“骇俗而惊世”的叛逆行为，何况许多起义者并没有明确将元朝斥为“夷狄”，对民族观念的利用并不充分。②

从元末整个社会来看，士人的经济生活条件并不处于社会底层，相当一部分人具有中上水平。蒙古统治者在政治上重吏轻儒，又有一套民族等级制度，士人特别是南方士人仕途不畅，很难施展“用世”的抱负，固毋庸讳言。然而另一方面，元朝赋税不重，法网宽松，属于“中产阶级”的士人生活相对比较优裕而闲适，在经济最发达、士人比例最高的江南尤为如此。例如元末昆山富豪顾瑛，在家乡斥资营建以“玉山草堂”为主的园林群体，日夜招引文士，饮酒赋诗，彼此唱和。根据他自己编纂的《玉山名胜集》，从至正八年（1348 年）到至正二十年，在其园林中举行的大小集会共五十余次，参与的士人至少达到 140 余人。“这些集会在时间的延续性、地域的广袤性、文化的多层性、艺文的综合性以及审美的世俗性等方面都是空前的，历史上一些以风流文采为人称道的文人雅集……都无法比拟。”③管中窥豹，可见当时江南士人生活。故而钱穆指出：“元虽不贵士，然其时为士者之物业生活，则超出于编户齐氓甚远。……故元代之士，上不在廊庙台省，下不在阎闾畎亩，而别自有其渊薮窟穴，可以藏身。”“元廷虽不用士，而士生活之宽裕优游，从容风雅，上不在天，下不在地，而自有山林江湖可安，歌咏觞宴可逃，彼辈心理上之不愿骤见有动乱，亦宜然矣。”④即使在一些经济不够发达的地区，士人的心态也是“终若依恋元廷，冀

---

① 〔明〕方孝孺：《逊志斋集》卷二《后正统论》，宁波出版社 2000 年版，第 58 页。

② 元末起义的主要组织方式是利用民间宗教，号召社会下层反抗社会上层的统治。刘福通等首事者提出“贫极江南，富称塞北”和“龙飞九五，重开大宋之天”，夹杂了地域观念和政权观念，华夷之辨的民族观念不够突出。到朱元璋正式宣称“驱逐胡虏，恢复中华”时，元朝灭亡的大局早已决定了。

③ 陈建华：《元末东南沿海城市文化特征初探》，《复旦学报》1988 年第 1 期。陈建华在文中总结说：元末东南地区“新的富豪阶层大都喜爱结交文士，推奖艺文。他们往往慷慨资助文学家、艺术家”。由于当地城市经济的发达，“文士们在满足富豪的文化需求的同时，也得到自己的衣食之源……当时一般市民的文化需求，亦有利于文士获得其生存的独立性”。参阅〔清〕赵翼：《廿二史札记》卷三〇《元季风雅相尚》，中国书店 1987 年版，第 445 页。

④ 钱穆：《读明初开国诸臣诗文集》，钱穆：《中国学术思想史论丛（六）》，安徽教育出版社 2004 年版，第 123—124 页。

其犹有可为，而使我仍得苟安于乡里，犹可以讲学著书传道自尊”①。故此，有学者认为：“由于儒家传统理想的淡化和沿海经济的有效开发，促进人的才智与激情的迸放，人的个性的多样呈现；长期蛰伏的人生意欲开始苏醒，甚至意识到自身的存在价值。虽然这种表现是处于萌芽状态的，还伴带着历史文化的深刻痕迹。价值观念的个人化倾向亦是元末东南城市文化达到一定程度的产物，当人们在多样选择中发觉跻身仕途并非唯一或最佳的人生出路，在品尝丰富的物质生活而激起追求的欲望时，就会对儒家的伦理信条感到厌倦；同时，当人们脱离宗族与土地的束缚，体味到尊敬与荣誉的获得来自自身的努力而不是自然的赐予时，便对自然取一种观赏、审美的态度，甚至借自然表现其个性。在三四十年间，东南沿海城市中集合着一群创造的巨匠，在各个领域里产生了不朽的杰作：杨维桢、高启的诗，施耐庵的小说《水浒传》，高明的剧本《琵琶记》，黄公望、倪瓒、吴镇、王蒙的绘画，还有王冕的梅花写真、张渥‘前无古人’的‘白描法’、秦简夫的《东堂老》、夏庭芝的《青楼集》、钟嗣成的《录鬼簿》、顾坚的‘昆山腔’、顾瑛及其玉山草堂的建筑群体与文人雅集。”②

明代吴伟绘《铁笛图》中杨维桢

元代东南地区士风的世俗化和个性化，确实达到了历史的新高度，表现出一种要求把握现世和历史、或向奥秘世界探求的创造意向；从不同侧面表达了长江文化中那种蓬勃向上、开拓进取的文化精神。诸暨杨维桢的“异端”思想就突出代表了元代长江文化中这种文化精神。他在《大人词》中说：“有大人，曰铁牛。绛人甲子不能记，曾识庖牺兽尾而蓬头。见炼石之女补天漏，涿鹿之帝杀蚩尤。上与伊周相幼主，下与孔孟游列侯。衣不异，粮不休。男女欲不绝，黄白术不修。其身备万物，成春秋。故能后天身不老，挥斥

① 钱穆：《读明初开国诸臣诗文集续篇》，钱穆：《中国学术思想史论丛（六）》，台北东大图书有限公司 1978 年版。

② 陈建华：《元末东南沿海城市文化特征初探》，《复旦大学学报》1988 年第 1 期。

八极隘九州。太上君，西化人，自谓出于无始劫，荡乎宇宙如虚舟，其生为浮死不休。安知大人自消息，天子不能子，王公不能俦，下顾二子真蜉蝣。”①这种代表世俗意欲的自我精神的激扬莽荡，是对儒家伦理纲常的蔑视，对封建社会的叛离。此外，他还在《我我说》等诗文中进一步宣扬“人欲”，强调“我”的价值，从而在一定程度上冲击了建筑在尊卑贵贱等级基础上的封建主义理论构架。元末人李士瞻说：“本朝自立国以来，仁义忠孝之道陶濡百年，士大夫以名节自立者风满天下。兵兴十年余，仗节死义之人，固不为少。”②赵翼对《元史》中的材料进行统计，发现“（元朝）末年仗节死义者，乃多在进士出身之人”，慨叹“诸人可谓不负科名者哉！而国家设科取士，亦不徒矣”。他举出的“殉难”进士包括蒙古人泰不华、丑闾、普颜不花、月鲁不花，色目人余阙、迈里古思，汉人李黼、李齐、郭嘉、王士元、赵琏、孙撝，南人周镗、聂炳、刘耕孙、彭庭坚。③ 这份名单当然是很不完全的。仅列于《元史·忠义传》的殉难进士（不包括乡试中举而会试落第的“乡贡进士”），他就漏掉了石普、黄绍两人。实际上更值得注意的，是一些没有进士“科名”的殉难者，尤其是其中的南士。这些人对于我们讨论元末士人动向，或许更具研究价值。此处暂时举出一“官”一“民”两个典型人物：刘鹗和郑玉。

刘鹗（1290—1364），字楚奇，永丰（今属江西）人。少习举业，屡试不第。出游求官，被荐举为扬州儒学学录，由此入仕。虽有诗文名，颇得朝中翰苑名士赏识，但却长期沉滞于教官、掾吏身份，难获显达。曾有诗备述仕途辛酸：

> 归来乎！丈夫既不能如田千秋，一言悟主生封侯。又不能如主父偃，奏书直上黄金殿。君臣千载遇合难，饭牛长夜何漫漫。胡为久客众公间，进退俯仰多腼颜。归来乎！孟尝君，不可作，平原君，骨亦枯，买丝欲绣空模糊。迩来卿相不好儒，客且无履安得珠。虽云二子未尽道，尚能与客相倾倒。白玉楼空燕不飞，黄金台圮生秋草。归来乎！京师不可以久留。岁晚霜雪侵貂裘，山中风月如清流，醉余菊花簪满头。千秋奚足顾，主父焉能俦？归来乎！先人有书今尚存，青灯夜雨当细论。孰云落落苦难合，有志可致乎青云。他年岁君在癸酉，看花烂醉琼林酒。④

在朝中儒臣的勉励下，他总算没有“归来乎”。到至正十年（1350 年）六十岁时，做到

① 〔元〕杨维桢：《铁崖乐府》卷三，《杨维桢诗集》，浙江古籍出版社 1994 年版，第 37 页。

② 〔元〕李士瞻：《经济文集》卷四《题王彦方小传后》，《景印文渊阁四库全书》，台北商务印书馆 1986 年版，第 1214 册，第 475 页。

③ 〔清〕赵翼：《廿二史札记》卷三〇《元末殉难者多进士》，中国书店 1987 年版，第 445—446 页。

④ 〔元〕刘鹗：《惟实集》卷六《归来乎》，《景印文渊阁四库全书》，台北商务印书馆 1986 年版，第 1206 册，第 339 页。

了六品官翰林修撰。不久天下即乱。至正十二年，元廷“遴选守令”，刘鹗被“超试”三品官江州路（治今江西九江）总管。如果不是爆发动乱，作为一名年逾花甲的南儒，他断无“超试”路总管的机会。此后，刘鹗历任广东廉访副使、广东宣慰使、江西行省参政，官位虽高，但一直身居动乱前线，栉风沐雨，备尝艰辛。其诗作对元末混乱局面有痛切的描述，痛惜、无奈、愤恨之情跃然纸上。刘鹗《感怀三首》：

一

丧乱八九年，乾坤日流血。
人心久不古，伦义悉磨灭。
豺虎在城市，生民半鱼鳖。
张弓不得射，令我重呜咽。
欲付之忘言，宁无愧司臬？

二

醉者常百千，醒者才一二。
苟或不自持，醒者亦复醉。
诸君愿正大，政好持善类。
庶几纲目张，或可起憔悴。
政事如修明，盗贼亦人尔！
无令贾长沙，痛哭至流泪。

三

丧乱靡有定，天下尤全材。
苟不事淫酗，辄复多疑猜。
徒知尚权势，不恤治体乖。
生民化盗贼，田里多蒿莱，
狂澜亦既倒，纵挽不可回。
愿忍贾生泪，且进渊明杯。①

但他对元朝的忠心是绝无动摇的：

世祖成宗德业深，百年培植士如林。
登车揽辔平生志，孝子忠臣万古心。②
忧国忧君臣杜甫，无聊无赖只吟诗。

① 〔元〕刘鹗：《惟实集》卷四《感怀三首》，《景印文渊阁四库全书》，第 1206 册，第 324—325 页。
② 〔元〕刘鹗：《惟实集》卷七《寄士彦佥宪十绝》，《景印文渊阁四库全书》，第 1206 册，第 357 页。

当时一片心如血，赢得千秋万古知。

监司待我真骨肉，我敬监司如父兄。

纵使监司如可负，敢欺明主负朝廷？①

至正二十四年，陈友谅部攻陷赣州，刘鹗被俘，绝食六日而卒。遗言谓其子："吾平生志在忠孝，不幸遇执，不能报国，死不瞑目！"又留遗书云："生为元朝臣，死作元朝鬼。忠节既无惭，清风自千古。"②

郑玉（1298—1358）③，字子美，号师山，歙县（今属安徽）人。以理学知名。与刘鹗一样，郑玉也是应举不第，科举之路没有走通。后来绝去仕进之意，隐居讲学，名声反而日显，至正十五年（1355 年）被元廷征聘为翰林待制，以布衣径擢五品。此时天下已乱，元廷此举虽有"举遗逸"故事可循，但也明显带有笼络南方士人的用意。郑玉对于这一他人艳羡、视为难得的殊遇，坚辞不就。郑玉《让官表》云：

> 臣窃惟迩年以来，士大夫贪得患失，尸位素餐，廉耻日丧，风俗日坏，养成今日之祸，以致盗贼蜂起，生民涂炭，以致陛下宵衣旰食，忧形辞色。……今臣复蹈前辙，贪冒恩荣，不知退避，岂惟负陛下知人之明，抑亦有妨朝廷进贤之路，非臣所以报陛下，亦非陛下所以望于臣也。……然酒与帛，天下所以奉陛下者，陛下得以私与人，臣不敢辞也。名与器，祖宗所以遗陛下，使与天下贤者共之，陛下不得私以与人，臣不敢受也。④

他同时表明，不受官爵只是出于励名节、正风俗的考虑，并非拒绝与朝廷合作，因此提出"容臣以布衣赴阙，入觐清光，摅其一得之愚，以为涓埃之助，然后退处山林，咏歌尧舜，以乐太平"。使臣也对他的辞官要求"坚拒不允，必欲令自赴都陈恳，逼迫上道"。到达杭州，终因劳累患疾，无法航海北行，重返家中。⑤ 郑玉虽未曾出仕，但一向倡言忠义，曾上书丞相，请求为南宋忠臣文天祥立庙，称"国家之事有本有末，国家之政有重有轻，……何谓本，纲常是也，何谓重，忠义是也"⑥。既受元廷征聘，更坚定了"殉国"之心。朱元璋部进占徽州后，郑玉坚拒朱军出山合作的要求，谓"吾荷国厚恩，偷生苟容，何面目立于天地间耶?"绝食数日而死。给学生的遗书说："人言食人之食，则死其事，未食其食，奚死？然揆之吾心，未获所安。先哲论殷三仁胥获本心，士临事恶可不尽其本心哉？吾初欲慷慨

① 〔元〕刘鹗：《惟实集》卷七《野史口号碑四十四首》，《景印文渊阁四库全书》，第 1206 册，第 359、361 页。

② 〔元〕刘鹗：《惟实集》附录《刘鹗墓志铭》，《景印文渊阁四库全书》，第 1206 册，第 373 页。

③ 关于郑玉的生卒年，参阅韩志远《元代著名学者郑玉考》，《文史》第 45 辑。

④ 〔元〕郑玉：《师山集》卷一《让官表》，《景印文渊阁四库全书》，台北商务印书馆 1986 年版，第 1217 册，第 4—5 页。

⑤ 〔元〕郑玉：《师山集》卷一《上汉儿执政书》，《景印文渊阁四库全书》，第 1217 册，第 7 页。

⑥ 〔元〕郑玉：《师山集》遗文卷三《与丞相书》，《景印文渊阁四库全书》，第 1217 册，第 81—82 页。

杀身以敦风化，既不获遂志，今将从容就死以全节义耳。”给族孙郑忠的遗书，则特别强调自己的死“所以为天下立节义，为万世明纲常”，要求亲属不必“区区悲慕”①。

元末诸割据势力当中，张士诚据有苏、杭地区，此处经济富庶，士人最为集中。张士诚虽行割据之实，然于至正十七年（1357 年）即已受元官爵，奉元正朔，并重开海运，运粮接济元廷。他还大力招贤纳士，“欲以好士要誉，士有至者，不问贤不肖，辄重赠遗，舆马居室，无不充足”。于是士人纷纷往依，据称其幕府中“客之所聚者几七千人”②。其中如临川人饶介、临海人陈基、桐川人钱用壬，都是曾在元廷任职的名士，钱用壬还是至正十四年进士南士第一名。又如著名诗人“吴中四杰”高启、杨基、张羽、徐贲，都曾托庇于张氏割据政权。张士诚招纳的这些士人，相当一部分是本来忠于元廷的。如元朝行枢密院判官迈里古思镇守绍兴，“士大夫咸声随影附，争游其门以自效”。迈里古思死后，所部士人大都投入张士诚麾下。③ 浦江（今属浙江）人戴良，当朱元璋初定金华时被罗致入幕，不久即脱身逃走，依附于张士诚。另外，同样受元官爵而割据浙东沿海的方国珍，也“招延士大夫，折节好文，与中吴（指张士诚）争胜”④。江浙地区有名的士人，可以说大部分被张、方两人招纳。当然也有不少人拒绝与割据势力合作。泰定四年（1327 年）进士、老资格的诸暨名士杨维桢，就坚辞张士诚征聘，隐居松江，饮酒赋诗而不出。至正十四年进士、平阳人陈高，初任庆元路录事——地处方国珍的势力范围——忽然辞官而去，“及方氏至，欲招至之而无从得矣”。他自号“不系舟渔者”，为躲避骚扰，“周流东西，所在常使人不知，所至未尝终月淹也”⑤。至正二十七年，朱元璋完全控制浙东，陈高遂抛弃妻子，南奔福建陈友定，又航海北行至中原，投奔元朝将领扩廓帖木儿，寻即去世。

一小部分元末士人参加了朱元璋部队，后来成为明朝的开国功臣。至正十五年（1355 年）朱元璋由淮西渡长江，取太平（今安徽当涂），当地儒士陶安、李习、潘庭坚等加入朱部。陶安、李习都是元朝乡贡进士，参加会试不第，授书院山长，仕途郁郁不得志。动乱爆发之初，陶安即曾在文章中痛切批评元廷歧视南人的政策，认为这是致乱之由：

> 数十年来，南人不得仕省台院部，仅补远道宪史。……向使累朝股肱耳目之臣祇率世祖旧章，南北人才视之无间，俾其君子汇进，小人爰戴，而致治之美垂衍无疆。夫何妄生区别于一统之朝，日益猜忌怀愤，诸人亦以摈弃不录，构衅

① 〔元〕汪克宽：《环谷集》卷八《师山先生郑公行状》，《景印文渊阁四库全书》，第 1220 册，第 725—726 页；〔元〕郑玉：《师山集》遗文卷三《与族孙忠》，《景印文渊阁四库全书》，第 1217 册，第 86 页。

② 《明太祖实录》卷二五，吴元年九月辛巳；杨维桢：《东维子文集》卷八《送王公入吴序》，《四部丛刊初编》缩印本，第 59 页。

③ 〔元〕戴良：《九灵山房集》卷一三《送董郎中序》，吉林文史出版社 2009 年版，第 142 页。

④ 〔清〕钱谦益：《列朝诗集小传》甲前集《刘左司仁本》，上海古籍出版社 1959 年版，第 43—44 页。

⑤ 〔元〕陈高：《陈高集》附录《陈子上先生墓志铭》，浙江古籍出版社 2014 年版，第 239 页；〔明〕苏伯衡：《苏平仲集》卷五《陈子上存稿序》，《四部丛刊初编》缩印本，第 64 页。

引类，发于长淮数千里间，蔓延江左，干戈烂漫，亦有以致之也。①

出于对元廷的失望，陶安成为较早投身反元势力的士人之一。他劝说朱元璋“不杀人，不掳掠，不烧房屋，首取金陵以图王业”②，为朱元璋事业的发展指出了正确方向。无独有偶，三年后朱军占领徽州，当地儒生朱升也向朱元璋提出了“高筑墙、广积粮、缓称王”③的战略原则。不过朱升并没有立即在朱元璋政权中任职。至正十九年，朱元璋进占浙东的婺、衢、处三州，次年隆重征聘浙东名士刘基、宋濂、章溢、叶琛至应天府（今南京），称“我为天下屈四先生”④。此举对扩大朱元璋政权在士人阶层中的影响，意义十分重大。此前朱元璋搜罗到的士人，主要是一些乡里“遗贤”，声望远不及张士诚麾下的那些名士。虽企图争取名望较高的郑玉，但他拒不合作，以死明志。刘基等四人就不同了。刘基、宋濂两人在元末“起东南、负重名”，“学术醇深，文章古茂，同为一代宗工”⑤。刘基是元文宗至顺元年（1330 年）进士，他与章溢、叶琛都曾仕元为官，积极参与镇压反元起义，包括与朱元璋部对抗。宋濂虽未仕元，但也曾在至正九年被元廷征召为翰林国史院编修官，以亲老为由未就任。同样是以处士征为翰林，他比郑玉还要早五年。这“四先生”也的确为明朝的建立作出了重大贡献。不过，即使像刘基、宋濂这样的明朝开国儒臣，也仍然是“时时推尊胜国（指元朝）……时时怀想，若情所不能已”；“适逢明祖龙兴，因缘时会，殆非其夙所抱负”⑥。在元朝的仕宦和“名士”经历，还成为他们一个沉重的历史包袱，入明以后仕途坎坷，精神抑郁，皆与之有关。⑦难怪钱穆将元明之际士人的恋元情结称为“是时代之风气，亦时代之心情也”⑧。

第三节　元代长江文化复兴的基础

一、元代长江流域经济的繁荣

大一统局面带来了农业生产的恢复和发展。北方农业在金元之际的战乱中受到了

① 〔元〕陶安：《陶学士集》卷一四《送许经历序》，《北图古籍珍本丛刊》第 97 册，第 200 页。

② 〔明〕刘辰：《国初事迹》，见〔明〕邓士龙辑《国朝典故》，北京大学出版社 1993 年版，第 67 页。

③ 《明史》卷一三六《朱升传》，中华书局 1974 年版，第 3929 页。

④ 《明史》卷一二八《章溢传》，第 3790 页。

⑤ 《明史》卷一二八《宋濂传》，同卷卷末《传赞》，第 3784、3792 页。

⑥ 钱穆语，见《读明初开国诸臣诗文集》，钱穆：《中国学术思想史论丛（六）》，安徽教育出版社 2004 年版，第 92—93 页。

⑦ 参阅杨讷：《刘基事迹七考——兼析〈诚意伯刘公行状〉的撰写时间与作者》，萧启庆编：《蒙元的历史与文化：蒙元史学术研讨会论文集》上册，台北学生书局 2001 年版，第 17—68 页。

⑧ 钱穆：《读明初开国诸臣诗文集》，钱穆：《中国学术思想史论丛（六）》，安徽教育出版社 2004 年版，第 120 页。

巨大破坏。随后忽必烈推行重农政策，渐有恢复。江南地区所受战争破坏相对较轻，因此南方农业恢复更快，在宋代基础上取得更进一步的成就。由来已久的南、北方经济差异，在元朝进一步加大。南方江浙、江西、湖广三行省的税粮总数占全国一半以上，其中仅江浙一省即超出全国的三分之一。以手工业中的造纸业为例，明人曹昭《格古要论》记载元代的纸品说："元有彩色粉笺、蜡笺、黄笺、花笺、罗纹笺，皆出绍兴。又有白箓纸、观音纸、清江纸，皆出江西。"

"张成造"剔红栀子花纹圆盘

1956年湖南常德出土的元代青花人物玉壶春瓶

1956年湖南常德出土的元代青花鱼藻纹瓷盘

元"寓居长沙"故事纹铜镜

元代菱花形凤纹银果盒

元"至元己卯"镈钟

元代菱花形凤纹银果盒正面

元代龙纹银盏托

元代雁纹玉镶件

元代银匜

江西省博物馆藏的元代青花釉里红堆塑楼阁式人物谷仓

江西省博物馆藏的元代青花釉里红堆塑四灵塔式盖罐

龙泉窑青釉葵花形大盘

元代的江浙行省地处东南沿海，富庶甲于天下，“民物殷盛，国家经费之所从出”①，是元朝政府财赋倚仗之地。《元史》言：“江浙财赋，居天下十七。”②当时仅江浙行省一年就可向中央政府提供26.9万锭的商税，占全国商税总额的35%。③ 而江浙行省之富庶，则首推两浙。阎复说：“惟两浙，东南上游，襟江带湖，控扼海外。诸番贸迁有市舶之饶，岁入有苏湖之熟，榷货有酒盐之利，节制凡百余城，出纳以亿万计，实江南根本之地。盖两浙安则江南安，江南安则朝廷无南顾之忧。”④

而江浙行省又首推杭州治所。苏天爵《浚治杭州河渠记》说：“杭州为东南一大都会，山川之盛跨吴越、闽浙之远，土贡之富，兼荆广、川蜀之饶。”⑤当时的杭州为江南地区的政治、经济与文化中心，同时，它同西北的和林（即今蒙古后杭爱省厄尔得尼召北）、北方的

① 〔元〕黄溍：《金华黄先生文集》卷二四《江浙行中书省平章政事安庆武襄王神道碑》，《四部丛刊初编》本，第11页。

② 〔明〕宋濂等：《元史》卷一八三《苏天爵传》，第4226页。

③ 喻常森：《元代海外贸易》，西北大学出版社1994年版，第8页。

④ 〔元〕阎复：《江浙行中书省新署记》，见周南瑞编：《天下同文甲集》卷七，《雪堂丛刻》本，第35页。

⑤ 〔清〕嵇曾筠等：《雍正浙江通志》卷五二《水利一》，中华书局2001年版，第4册，第1403页。

大都(即今北京)并称为全国三大都会,其政治、军事,尤其是经济地位相当重要。史载其时在杭州"城厢内外者,无虑数十万家"①。由于宋元鼎革之际,杭州的都市经济并没有遭到严重的战火破坏,仍然是中国甚至世界上最繁华的商业都市。"九衢之市肆不移,一代之繁华如故。"②官僚、富室照旧过着奢靡生活,以至于至元年间到杭州的意大利旅行家马可·波罗看后,惊叹杭州是"世界最富丽名贵之城"③。各地官员、富家和文人雅士,都沿着运河,奔向这文化发达、经济繁盛、湖山如画、仕女云集的名城,纷纷来游,或者长期寓居。诚如杨维桢咏西湖诗中所说:"苏小门前花满株,苏公堤上女当垆。南官北使须到此,江南西湖天下无。"④特别是北方南下的文人,更是对杭州和西湖好评如潮。如元代大戏曲家关汉卿【南吕·一枝花】《杭州景》赞美杭州是"普天下锦绣乡,寰海内风流地"⑤。唐兀人完泽《和西湖竹枝词》也说:"游人往来多如蚁,半是南音半北音"⑥。

马可·波罗游记中的水城杭州

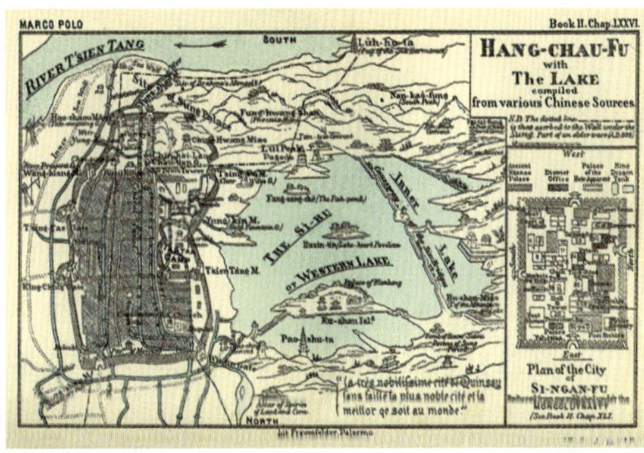

马可·波罗游杭州时的地图

元代杭州的手工业高度发达。丝绸纺织业继续发展。由于杭州丝织业的发达,精美的丝织物不仅成了广大市民日常衣着的重要面料,还深受蒙古王公贵族的青睐。马可·波罗游历杭城时,就发现杭州人多衣丝绸,十分美丽动人:"居人面白形美,男妇皆然,多衣丝绸,盖行在全境产丝甚饶,而商贾由他州输入之数尤难胜计。"⑦蒙古皇妃公主也常差人来杭催办上等丝绸袢袄等物,并由驿道递运到大都⑧。至元十六年(1279年)九月,元

① 〔清〕光绪《杭州府志》卷一九《公署》,民国八年(1919年)卢永祥铅印本。

② 〔元〕孟祺:《贺平宋表》,见《元文类》卷一六,《国学基本丛书》本,商务印书馆1958年版,第202页。

③ 〔法〕沙海昂注、冯承钧译:《马可·波罗行纪》,上海书店出版社2006年版,第330页。

④ 〔元〕杨维桢:《铁崖乐府》卷一〇《西湖竹枝歌》,《杨维桢诗集》,浙江古籍出版社1994年版,第133页。

⑤ 〔元〕关汉卿著、王学奇等校注:《关汉卿全集校注》,河北教育出版社1990年版,第771页。

⑥ 〔清〕顾嗣立编,吴申扬点校:《元诗选》癸集之庚上,中华书局2001年版,第987页。

⑦ 〔法〕沙海昂注、冯承钧译:《马可·波罗行纪》,上海书店出版社2006年版,第337页。

⑧ 陈高华、张帆等点校:《元典章》卷三六《兵部三·驿站·铺马·铺马不搬运诸物》,第1276页。

世祖忽必烈"诏行中书省左丞忽辛兼领杭州等路诸色人匠；以杭州税课所入，岁造缯缎十万以进"①。从以行省左丞兼管诸色人匠和岁进缯缎之多，亦可见丝绸纺织业之盛。杭州所产的丝织物，不仅远销大都等北方地区，而且还出口到高丽、钦察汗国等地，深受人们喜爱。凡此种种，均说明杭州丝绸纺织业的发达水平了。

元代缂丝玉兔云肩残片

同时，杭州是江南地区制糖最多的地方，可称得上是制糖业中心之一。杨瑀记载一则故事，说是有位唐兀人，名李朵儿只，汉名希谢，号贺兰，阶左丞，至元年间为处州（今浙江丽水）路总管，当地"所产荻蔗，每年供给杭州砂糖局煎熬之用。糖官皆主鹘回回，富商也。需索不一，为害滋甚。李公一日遣人来杭果木铺买砂糖十斤，取其铺单，因计其价，比之官费有数十倍之远"②。这则故事反映出杭州制糖业发达之事实，而且透露出一个值得注意的问题，即当时主鹘回回即犹太人所经营的砂糖局，在一定程度上控制着杭州的制糖业，垄断着市场砂糖的价格。酿酒业进一步发展。当时，不仅传统的江南米酒继续生产，而且有可能已引进了波斯、阿拉伯地区的阿剌吉酒（即蒸馏酒，白酒）的酿制技术。马可·波罗说杭州本地不产葡萄，也不生产葡萄酒，干葡萄及葡萄酒由他国输入。"但土人习饮米酒，不喜饮葡萄酒。""有若干商店仅售香味米酒，不断酿造，其价甚贱。"③稍晚来华的意大利传教士鄂多立克也记载杭州"始终有大量的面食和猪肉，米和酒。酒又称为米酿（bigni），享有盛名"④。一些官僚、士大夫对这种外来的烈性强、浓度高的酒赞叹不

① 〔明〕宋濂等：《元史》卷一〇《世祖纪七》，第215—216页。

② 〔元〕杨瑀撰，李梦生校点：《山居新语》，上海古籍出版社2012年版，第12页。

③ 〔法〕沙海昂注、冯承钧译：《马可·波罗行纪》，上海书店出版社2006年版，第336页。

④ 〔意大利〕鄂多立克：《鄂多立克东游录》32《关于杭州（Cansay）城，它是世上最大的城市》，何高济译，中华书局1981年版，第68页。

已，有的还吟诗作文：“钱塘官酒秋仍绿，更与灵胥酹一瓢。”[①]“柳花吹香扑酒缸，酒波滟滟如春江。”[②]“何处被花恼不彻，嬉春最好是湖边。……段家桥头猩色酒，重典春衣沽十千。”[③]“外湖里湖花正开，风情满意看花来。白银大瓮贮名酒，翠羽小姬歌《落梅》。”[④]酿酒业的发达，使官府酒课收入大大提高。元初方回有“酒垆日征七百万”（十贯为万钱）[⑤]之说。吴师道指出：“问江浙财赋之渊，经费所仰，曰盐课、曰官田、曰酒税，其数至不轻也。以三者而论，盐课两浙均之，官田浙西为甚，酒税止于杭城而已。”[⑥]由此可见杭州酒课在江浙行省财政收入中所占的分量之重。元代杭州的竹胎漆器被伊本·白图泰视为“当地的特产之一”，漆器盘子，一套十个，“极为轻巧”“当地人还用这种竹子制作一些奇巧的盘子，即使从高处落地，也不会碎裂。虽于盘中放置热菜热饭，也不会变形、褪色”[⑦]。可见工艺之精、用途之广，产品还系列化、成套化，反映出漆器制作技术之高和生产规模之大。

杭州还是全国刻书中心之一。元军进占临安后，“以许衡言，遣使至杭州等处，取在官书籍版刻至京师”[⑧]。此后，皇家帝师所用之佛经亦刻于杭州。史称杭州所刻印的八藏经文进呈给中书省后，复被转赐河西之地（即今甘肃一带）[⑨]。杭州白云宗僧、普宁寺住持道安、如一、如志等发起刊刻《大藏经》6010卷，现称元本或普宁寺本。西夏文《大方广佛华严经》（一称河西字《大藏经》）共3620余卷，于大德年间刊刻于杭州大万寿寺。自宋季开雕的碛砂版藏经也在元代完成，共达6300余卷。元官修《辽史》《金史》《宋史》共791卷，亦由杭州路儒学“锓梓印造装褙”。苏天爵的《国朝文类》、马端临的《文献通考》等20多种书籍，均在杭州印造。由此足见印刷业发达之一斑。

杭州所造的龙舟湖船，名扬天下。至大十四年四年（1311年）九月，都水监卿木八剌沙曾欲传旨给驿到杭州取所造龙舟，结果被省臣谏阻，刚登基的仁宗皇帝不得不下诏止之。[⑩] 皇家到杭州征造龙舟，说明杭州所造龙舟在全国有相当的名望。杭州金银打造业同样著名。元时像郑元祐所记的家住拱北楼之西的师姓打银匠人和作坊仍很多。他们

---

① 〔元〕陈基：《陈基集》卷八《次韵孟天伟郎中看潮十首》，吉林文史出版社2009年版，第74页。

② 〔元〕萨都拉：《雁门集》卷九《走笔赠燕孟初》，上海古籍出版社1982年版，第239页。

③ 〔元〕杨维祯：《嬉春体五首》，《杨维祯诗集》，第379页。

④ 〔元〕张昱：《张光弼诗集》卷二《纵饮》，《元代古籍集成》本。

⑤ 〔元〕方回：《桐江续集》卷一三《苦雨行并序》，《景印文渊阁四库全书》，台北商务印书馆1986年版，第1193册，第369页。

⑥ 〔元〕吴师道：《吴师道集》卷一九《国学策问四十道》，吉林文史出版社2008年版，第402页。

⑦ 〔埃及〕教育部颁、马金鹏译：《伊本·白图泰游记》，宁夏人民出版社1985年版，第560页。

⑧ 〔明〕宋濂等：《元史》卷一〇《世祖纪七》，第200页。

⑨ 《经世大典·站赤》，《永乐大典》卷一九四二一，中华书局影印本，第7230页。

⑩ 〔明〕宋濂等：《元史》卷二四《仁宗纪一》，第546页。

往往兼营几业，“营利非一端”。他们能打造各种金银饰品，借以营利谋生①。对于一个俗尚奢靡、女尚妩媚的百万人口的大都市来说，金银打造业的兴盛可想而知。

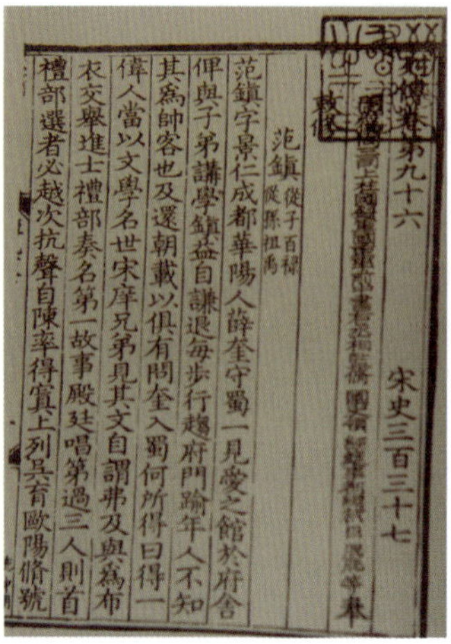

元代杭州刻印的《宋史》

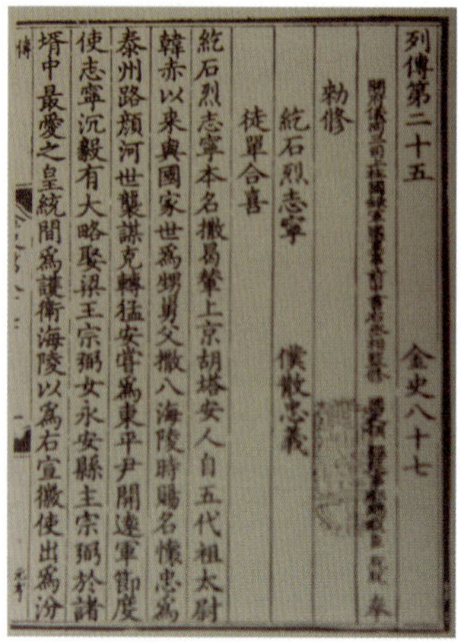

元代杭州刻印的《金史》

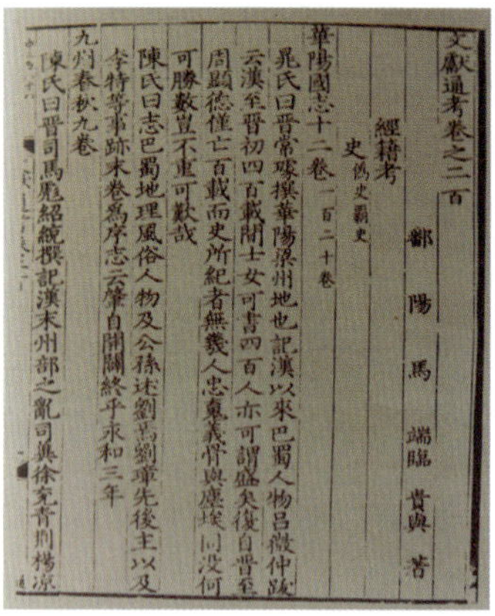

元泰定元年西湖书院刻印的《文献通考》

元至大年间杭州刻印的《博古图录》

元代杭州街坊市井格局，仍以南宋时御街（今中山路）为中轴干道，依市河纵横排列，屋庐之前为街面，设店铺，屋庐之后为河渠，通舟楫。屋庐之间排列紧密，即所谓“杭郡民庐，比辏如栉”，而最热闹繁华的中心地段是寿安坊（一称花市，即今官巷口），“当阛阓四达之冲”，为“最嚣处也”②。这个闹市区，“人马杂沓，声嚣若雷，气滃如雾”③，人处其中，可真要目不暇接、头昏眼花了。马可·波罗对杭州市场和商业有详尽描述，在主干街两侧有大市场十所，小市无数，市场周围商店里售卖各种货物，如香料、首饰、珠宝、米酒等

① 〔元〕郑元祐：《遂昌山人杂录》，《丛书集成》本，第 3 页。

② 〔明〕徐一夔著，徐永恩校注：《始丰稿校注》卷二《晏居记》，浙江古籍出版社 2008 年版，第 26 页。

③ 《始丰稿校注》卷五《云林小隐记》，第 100 页。

等，没有人能相信有足够食粮可供如此多市民之需，在集市之日，买卖之人在市场里摩肩接踵，车船运货络绎不绝，单每天胡椒进口量就达 43 担。① 马可·波罗的这些介绍，使我们了解了杭州市井之稠密、商品之丰富、商业之繁荣。

当时的商人大致有两类，一是行商，二是坐贾。行商包括国内其他地方来杭的商人，以及外国商人。时人感叹说："且夫苏杭，商旅之所集也。他郡□会苏杭未尝会也。移越羸，散诸商旅所集之地，不亦可乎？"②有个真州巨商，"每岁贩鬻至杭州"③。通过行商的来杭经商贸易，各地之特产名产纷纷汇聚杭城市中，增加了货源，丰富了杭州人民的生活品。坐贾大多是亦工亦商的作坊主兼店主，他们在沿街设店铺，屋后置坊场，自做自卖。马可·波罗说城中有很多富商巨贾，贸易之巨，无人能言其数。他们大多是居于杭州的本地人，也有外来的商人。伊本·白图泰也说，在杭州遇到过埃及富商，他因爱杭州西湖风光秀美，就定居下来，其子孙往来贸易，把南洋各地的象犀珠玉香药珍宝舶来杭州出售④。元时杭州有珠宝巷，就是外来商人开设珠宝店的地方，至今犹存地名。这些外来商人以回回人居多，兼有行商、坐贾于一身的特殊身份。

当时店铺里出售货物，开具铺单，类似现今的收据、发票之类。如犹太人在杭州所开的果木铺出售商品时，即开具铺单⑤。商品的价格受市场供需影响。商品多则价贱，少则价贵。如米价，一旦发生雨灾，洪水泛滥，运河水运受阻，外粮不入，常导致米价大幅度上涨，严重影响市民生活。

此外，许多饮食服务性行业所开设的酒楼、饭店、面铺以及浴堂等，也遍布全城大街小巷。例如浴室，宋时即有香水行，井亭桥东有甘泉坊。元时，浴堂业仍很兴旺。至于酒楼饭馆之类，元时亦十分繁盛。

元代杭州百万市民，每天的副食、蔬菜、禽蛋、水果等，以及柴、炭之类的燃料，多依郊区及外地运入。马可·波罗就对杭城的农产品供应之充裕、消费量之大而感叹不已。他说每星期有三天为集市之日，有四至五万人运载消费百货来此交易，各种野味、蔬果、肉食等应有尽有，尤其是鲜鱼交易量巨大。⑥ 据记载，元时杭州的瓜果市场已有西瓜以及其他西域佳果面市。杭州诗人吾衍的《西瓜诗》，用"邵圃失颜色，翠华射玻璃"；"玉露滴苍

① 〔法〕沙海昂注、冯承钧译：《马可·波罗行纪》，上海书店出版社 2006 年版，第 336 页。

② 〔元〕陈旅：《陈众仲文集》卷九《王经历惠政记》，北京图书馆出版社 2005 年版。

③ 〔明〕田汝成：《西湖游览志余》卷一九《术技名家》，上海古籍出版社 1998 年版，第 281 页。

④ 〔埃及〕教育部颁、马金鹏译：《伊本·白图泰游记》，宁夏人民出版社 1985 年版，第 557 页。

⑤ 〔元〕杨瑀：《山居新语》，上海古籍出版社 2012 年版，第 12 页。

⑥ 〔法〕沙海昂注、冯承钧译：《马可·波罗行纪》，上海书店出版社 2006 年版，第 336 页。

佩，月冰散红犀”①之句，来描述西瓜品色之鲜艳夺目、味道之甘冽可口。曾住杭僧大䜣也有记述西域瓜果的诗，中有“殊方嘉实未知名”“把玩乍疑金粟碎”“红鲜色映调盘露，浆液寒生玉井冰”之句②。可见，当时西域瓜果贩入杭州并不多，故文士诗僧少见为怪，作诗记之。事实上，当时从中亚到杭州已有陆路商道，西域瓜果以及葡萄酒的输入是完全可能的。“钱塘陆海之府，鱼盐蜃蛤之所产，羽革竹箭之所生，象犀珠玉之所聚”③，短短几句话，把杭州物产之丰、物货汇集之多，道得详尽无遗了。

二、元代长江流域教育的复苏

经金末战乱，北方学校隳废，百不一存。忽必烈即位后，于中统二年（1261 年）八月降诏，设立诸路提举学校官，秩从六品，选博学老儒充任。北方各地的官办儒学，渐次得以恢复。至元七年，颁布立社法令，规定农村中五十家立为一社，互助劝农，同时每社均立社学，择通晓经书者为师，在农闲季节进行教学活动。平宋以后，南方原有的儒学、书院大部分都延续下来，而社学之制也在南方得到推广。

（一）学校

元朝地方学校的建设，早于中央官学。中统二年（1261 年），也就是忽必烈即位次年，翰林学士承旨王鹗奏请委任“博学老儒”提举各路学校，于是下诏设立“诸路提举学校官”，一以王万庆、敬铉等三十人充任。诏称：“诸路学校久废，无以作成人材，今拟选博学洽闻之士以教导之。凡诸生进修者，仍选高业儒生教授，严加训诲，务要成材，以备他日选擢之用。仍仰各路官司常加主领敦劝。”④这份文件的意义，在于正式宣布恢复地方官学设置，并将发展教育明确规定为地方政府的一项职责。平宋以后，南宋的地方官学大多保留下来，毁于战乱的也逐渐重建。以后历朝皇帝即位，颁发诏书都要讲到保护学校、发展教育的问题。元朝疆域辽阔，很多前代王朝管辖所不及的边远地区，在元朝的统一兴学政策下都建立了官学，“于是遐陬绝漠，先王声教之所未暨者，皆有学焉”。加上官府和社会创办的书院、劝农机构大司农司主管的农闲学校社学，以及蒙古字学、医学、阴阳学等专科学校，元朝地方学校的总体数量是相当大的。所以元朝官修政书《经世大典》自

① 〔元〕吾衍：《竹素山房诗集》卷一，《景印文渊阁四库全书》，台北商务印书馆 1986 年版，第 1195 册，第 745 页。

② 〔元〕释大䜣：《蒲室集》卷五《谢张雪峰司农惠西域诸果》，《景印文渊阁四库全书》，台北商务印书馆 1986 年版，第 1204 册，第 552 页。

③ 〔明〕徐一夔：《始丰稿校注》卷三《序灌园生》，第 52 页。

④ 〔明〕宋濂等：《元史》卷四《世祖纪一》，第 74 页；〔元〕王恽：《秋涧集》卷八二《中堂事记下》，《元人文集珍本丛刊》本，第 2 册，第 386 页。

诩说:“列圣相承,百年之间,幅员万里,黉舍相望,何其盛也!”①

儒学学生人数多寡不一,少者十数、数十人,多者一二百人,通常视当地学校的经济状况而定。总体而言,江南儒学生员相对较多,北方较少,级别高的儒学生员相对较多,级别低的较少。日常教学活动,大致在世祖忽必烈末年到成宗前期形成了较为固定的制度。全体儒学生员,每月逢朔(初一)、望(十五)日齐集学校,拜谒孔子像,然后听教官讲解经书。如有事不能出席,必须事先请假。朔望以外,15～30岁的生员每天都要坐斋读书,习作经义、杂文、律诗等,教官每月考试计分,年终排定名次。排名在前者,次年正月经本路官员复试,取第一名申报上司,作为“岁贡”即毕业充任重要机构吏职的人选。30岁以上的生员不必天天坐一斋。如非儒户,即可从事其他职业。如系儒户,仍需在家读书教学,不满50岁的还要定期向学校上交作业,每季度第一月作经赋,第二月作论,第三月作经疑和史评。这样“各务进德修业,以待选用”,要是从事了与儒户身份不符的其他职业、活动,就可能受到“削籍为民,依例当差”的处罚。8～15岁的生员,则在儒学中的“小学”读书,先学朱熹《小学》,次及《孝经》《论语》《孟子》等经书,同时学习书法,以颜真卿的“颜体”为范本。根据现有史料,上述制度首先是在儒学教育最发达的江南推行的,②其他地区的儒学教育或许没有江南那样复杂和严格,但基本内容应无大异。

地方儒学的办学经费,主要来自学田。“宋平,凡江之南,财之储府库、赋之产山泽者,悉输京师,独遗贡庄学田,仍畀之学,俾资教育。”③后来元廷一度将南方学田收归官有,到至元二十九年(1292年)仍下诏:“江南州县学田,其岁入听其自掌,春秋释奠外,以廪师生及士之无告者。”④至元三十一年,成宗即位,在即位诏书中要求“其无学田去处,量拨荒闲田土,给赡生徒”⑤。

元朝的地方学校,除官办儒学外,还有书院、蒙古字学、医学、阴阳学和社学。书院在后三类学校,将在下文叙述。社学是在乡村基层兴办的农闲学校。至元七年(1270年),元廷颁布立社法令,农村中大致每五十家立为一社,作为生产互助和基层管理组织。统一后,又将社制推广到南方。立社条例中规定:“每社设立学校一所,择通晓经书者为学师,于农隙时分各令子弟入学,先读《孝经》《小学》,次及《大学》《论》《孟》、经史,务要各知

① 《经世大典序录·礼典·学校》,见〔元〕苏天爵:《元文类》卷四一,《国学基本丛书》本,商务印书馆1958年版,第548页。

② 以上见〔元〕佚名:《庙学典礼》卷五《行台坐下宪司讲究学校便宜》《行省坐下监察御史申明学校规式》,浙江古籍出版社1992年版,第97—111页。

③ 〔元〕姚燧:《姚燧集》卷五《崇阳学记》,第89页。

④ 〔明〕宋濂等:《元史》卷一七《世祖纪十四》,至元二十九年正月甲辰条,第358页。

⑤ 《元典章》卷二《圣政一·兴学校》,中华书局、天津古籍出版社2011年版,第50页。

孝悌忠信，敦本抑末。”①

（二）书院

“书院之设，莫盛于元。”②王颋曾检索史料，列举出408所元代书院的名称，元代书院的实际数量肯定远在此上，③只不过有此兴彼废，最盛的时候同时存在书院多少，难以确知。大体上，江南的江浙、江西、湖广三行省文化发达，又有南宋时期的基础，故书院较多；北方的书院原来几乎是空白，在元代虽不断兴建，仍难与江南相比。岭北、辽阳、云南等边陲地区，尚未发现有书院的建置。据《宋元明清书院概况》一文统计，长江流域位居第一，占元代全国书院总数的65%强；黄河流域上升为27.95%，居第2位；珠江流域降为6%强。从各省来看，江西仍居第1位，占29.37%；浙江次之，占13.28%；湖南居第3位，占9.79%。三省合计52.44%，超过半数。

元代的书院根据其建立情况，可分为三种类型：

第一类是南宋遗留下来的书院。如道州路濂溪书院，是南宋时为纪念周敦颐而建。入元以后，廉访分司官员因该书院匾额为宋理宗御书，又藏有南宋省札，建议予以收缴，又行文当地官府，将学中周敦颐塑像改塑为孔子像。江南行御史台察院予以驳斥，以为周敦颐“学绩千载，道传二程，维持纲常，发明仁义，实大惠于学者，乃有功于圣门，学被斯民，礼宜通祀，岂止乡土一祠而已”，书院中的“亡宋御书牌匾，即系前代事理”，不必追究。上报中央御史台，也认为廉访分司的建议属于“动众扰人事理，难议施行”。濂溪书院避过了这场危机，一直存在下来，到顺帝至正初年又予重修。④ 又如南宋遗民方逢辰在宋末建立的石峡书院，经过战乱，当地“民居尽毁，而书院岿然。劫火之余，葺治既完，而诸生稍稍来集”。元廷“因其故额而设山长员，始领于有司”⑤。“始领于有司”是南宋旧有书院入元以后的共同趋向，元廷通过委任山长，将其纳入国家教育系统进行管理。有的书院在此过程中被换了新的名称。如纪念朱熹讲学而建的奉化龙津书院，至元十八年（1281年）更名文公书院；建于辛弃疾故居的广信书院，大德二年（1298年）更名稼轩书院。⑥ 南

① 《元典章》卷二三《户部九·农桑·立社·劝农立社事理》，第920页。

② 〔明末清初〕孙承泽：《春明梦余录》卷五六《首善书院》，北京古籍出版社1992年版，第1144页。

③ 王颋：《元代书院考略》，《中国史研究》1984年第1期。参阅徐梓：《元代书院研究》，社会科学文献出版社2000年版，第162—164页。

④ 〔元〕佚名：《庙学典礼》卷四《还复濂溪书院神像》，浙江古籍出版社1992年版，第86—88页；〔元〕欧阳玄：《欧阳玄集》卷五《道州路重修濂溪书院记》，吉林文史出版社2009年版，第47—48页。

⑤ 〔元〕黄溍：《金华集》卷三〇《蛟峰先生阡表》，第5—6页；卷一六《石峡书院诗序》，第3页，《四部丛刊》本。

⑥ 〔元〕任士林：《松乡集》卷一《重建文公书院记》，清光绪刊本；〔元〕戴表元：《戴表元集》卷一《稼轩书院兴造记》，浙江古籍出版社2014年版，上册，第41页。

宋著名的白鹿洞书院，则在泰定元年(1324 年)由当地行政长官、南康路总管汪从善进行了大规模重修。①

第二类是元朝地方官府主持兴建的书院。当然这些书院一定“领于有司”，是典型的官学化书院。按照元朝诸帝诏旨，地方行政、监察机构皆有兴学之责。除路府州县额设一所的庙学外，书院也是重要的兴学对象。地方官府所建书院，大都以纪念某位“先贤”为事由。苏天爵云：“今国家承平既久……部使者按临所经，又即山林胜地访求先贤遗迹，以广为学之所。”②汪古人赵世延在四川廉访使任上，还曾筹划修建纪念南宋理学名儒张栻的紫岩书院，离任之后，亦由当地官员毕其役。③ 黄溍作《代浙东宪使请立耶律文正公书院公牒》，提出为许衡的弟子、曾经三任国子祭酒的耶律有尚建立纪念书院。文中称颂耶律有尚是“前代贤王之贵胄，本朝上相之诸孙，负深沉不器之资，怀耿介拔俗之志，爰亲师而取友，用修己而治人”。然后论述耶律有尚在教育文化领域的地位和功绩说：

> 粤若世祖之时，咸宗许氏(衡)之学。克嗣其业，允属于公。卓居辈行之先，式膺付托之重。一贯忠恕之妙，独传于曾参；三千弟子之徒，同师于有若。凡升堂而入室，必蹈矩而循规。一从国学之建官，三为祭酒以设教。启前贤之蕴奥，示后学之楷模。青青子衿，睹时髦之杰出；戋戋束帛，承天宠之褒嘉。逮请老而悬车，复兴叹于当宁。特驰乘传，加锡上尊。高朗令终，既疏封而告第；华皓一节，已定谥而易名。

再后就是兴建书院的必要性：

> 孰知乡邦之旧居，尚缺礼祠之精舍。当职久司风纪，博采舆言，谓后人苟获瞻其仪刑，虽异世亦将知所观感。宜立书院，而修其祀事；仍置山长，以领其生员。庶几人材之作兴，可备国家之任使。诚非小补，是用申明④。

尽管不知道这份建议后来是否被采纳，但元代官府兴建书院的思路，可略见其一斑。

第三类是私人兴办的书院。其一办学经费由私人筹措，朝廷予以承认，赐以书院匾额，并为设置教官。这类书院又有两种不同情况：一种同样是纪念“名贤”的书院，但却并非官府倡修，而是由“名贤”的子孙向朝廷申请创办。如南宋后期名儒真德秀、魏了翁的后人，一再申请为真、魏两人建学立祠，终于获准建立了西山(真德秀别号)书院和鹤山

① 〔元〕邵亨贞：《野处集》卷三《汪公行状》，《景印文渊阁四库全书》本，第 6 页。

② 〔元〕苏天爵：《滋溪文稿》卷二《浯溪书院记》，中华书局 1997 年版，第 21 页。

③ 〔元〕程钜夫：《程钜夫集》卷七《南阳书院碑》，吉林文史出版社 2009 年版，第 74 页；卷一三《鲁斋书院记》，第 151—152 页；〔元〕张养浩：《张养浩集》卷四《敕赐成都紫岩书院记》，吉林文史出版社 2008 年版，第 125—126 页。

④ 〔元〕黄溍：《金华集》卷一九，第 15—16 页。

（魏了翁别号）书院。福建“建宁一郡（指建宁路，治今建瓯），书院凡七，皆朱子之游息，或因其师友门人而立者也”①。另一种情况与“名贤”无关，仅是“好事之家慕效而创为之”②，出于发展地方教育的目的而兴办。如新安人胡淀鉴于“科举未兴，学者但知临晋帖、诵晚唐诗，笔迹声气稍似之，哆然以士自名，漫不知经学为何事”，在家乡创办了明经书院，“三年始底于成，告于有司。又三年始从所请，延明师，膳养讲肄，日以为常，远近来者如归”③。这类书院，大多数是由私学、义学升格而成的。海盐州人冯氏“病其乡闾无有讲学之地，创为闾塾”，捐田一百亩，“择勤敏者长之，而以其所入延士之有学行者为塾师，且给午饷，使竟日不替于学”。知州赵孟贯“署为冯氏义塾，俟有成效，将请于朝如书院”④。

三、元代长江流域刻书的发达

元代刻书业以长江流域最为发达。当时的中央刻书大多指定江浙行省承担，一则因为江浙财力雄厚，二则江浙刻工、印刷水平较高。如辽、金两史修成后，便“将这史书令江浙、江西二省开板，就彼有的学校钱内就用”，各印造一百部上送。《宋史》修成后，亦由中书省指令江浙行省“精选高手人匠，就用赍去净稿依式镂板，不致差讹，所用工物，本省贡士庄钱内应付”⑤。御史台将有关文书先后编辑成《宪台通纪》和《宪台通纪续集》两书，前者“于南台官钱内应付开板纸札工本”开造印书，后者“于南台赃罚钱应付工本纸札，教浙西廉访司”印造⑥。这些书籍分别由江浙和江西行省、南台、浙西廉访司直接派遣官员，招募工匠，开工印造，不经过出版机构。中央一些机构也可以根据工作的需要，通过中书省，指令行省印造某种书籍。如大德四年（1300 年）太医院刊行的《圣济总录》（这是宋徽宗时纂修的一部医书），是由江浙行省派官监督印造的。司农司几次刊行《农桑辑要》，都是通过中书省，奏奉圣旨，交给“江浙行省开工印造”的。⑦

① 〔元〕虞集：《道园学古录》卷六《魏氏请建鹤山书院序》，《四部备要》本，第 5—6 页；卷三六《考亭书院重建文公祠堂记》，第 10 页。

② 〔元〕黄溍：《金华集》卷一四《重修月泉书院记》，第 5 页。

③ 〔元〕胡炳文著，江增华校注：《云峰胡先生文集校注》卷一《代族子淀上草庐吴先生求记明经书院书》，安徽师范大学出版社 2015 年版，第 1 页。

④ 〔元〕苏天爵：《滋溪文稿》卷三《新乐县壁里书院记》，第 32—34 页；〔明〕徐一夔著，徐永恩校注：《始丰稿校注》卷四《冯氏义塾记》，第 88 页。

⑤ 《金史》后附《金史公文》，中华书局 1975 年版。《宋史》后附《中书省咨文》，中华书局 1977 年版。

⑥ 〔元〕赵承禧编撰：《宪台通纪·序》，〔元〕唐惟明编纂：《宪台通纪续集·序》，《永乐大典》卷二六〇八、二六〇九，并见王晓欣点校：《宪台通纪（外二种）》，浙江古籍出版社 2002 年版，第 4、87 页。

⑦ 〔元〕司农司：《农桑辑要》卷首《咨文》，见缪启愉《元刻农桑辑要校释》，农业出版社 1988 年版，第 1—2 页。

至于地方各级行政机构(行省、路、府、州、县)下面都没有专门的出版机构,一般也不过问书籍出版事宜。至元二十六年(1289 年)福建行省参知政事魏天祐在福州“命工翻刊”“蜀本《通鉴》”,于二十八年刻成,这应是他个人的兴趣。①

地方的学校(包括各级官学和书院)在书籍出版方面起着重要的作用。元朝的地方学校一般都有学田和房产,可以收取地租和房租维持学校的各项开支。有的地方学校田产众多,除了日常开支外还有盈余,便可用来刻书。元朝地方政制,分行省、路、府、州、县,行省不设学校,路、府、州、县均有儒学。一般来说,路学规模较大,府、州、县学规模有限,有力量刻书的,主要是路学。近代著名藏书家叶德辉曾罗列见于明、清两代著录的元代学校刊本共 50 种左右,绝大多数为路学刊本,个别为州学、府学刊本,亦有以路学为主、联合州学县学共同刊行者。从地区分布而言,刊行这 50 种左右书籍的儒学主要分布在长江以南,有浙西(嘉兴路学、杭州路学、平江路学、无锡州学)、浙东(绍兴路学、庆元路学、婺州路学)、江东(宁国路学、饶州路学、集庆路学)、江西(赣州路学、瑞州路学、信州路学、临江路学、龙兴路学、抚州路学)、福建(漳州路学、福州路学)等地区,位于江北的只有扬州路学和中兴路学。② 扬州路治即今江苏扬州,中兴路治即今湖北江陵,两地都邻近长江,亦是富庶之地。这 50 种左右书籍,从时间来区分,刊行于世祖到武宗时期的有十余种,刊行于仁宗至顺帝时期的有三十余种,特别是顺帝时期,近二十种。也就是说,元代地方儒学的书籍出版,就地区而言以江南路学为主,就时间而言以仁宗至顺帝时期为主。这 50 种右右书籍的情况,应该说是有代表性的。地方儒学刻书可以成宗大德年间“九路刻十史”为代表。此事始于大德九年(1305 年),参与者为宁国路学、徽州路学、饶州路学、集庆路学、太平路学、池州路学、信州路学、广德路学和铅山州学,实为八路学、一州学共同参与,原计划刻十七史,但只完成十史。后来集庆路学藏有各种史书的版片,很可能便是此次“九路刻十史”的产物。③

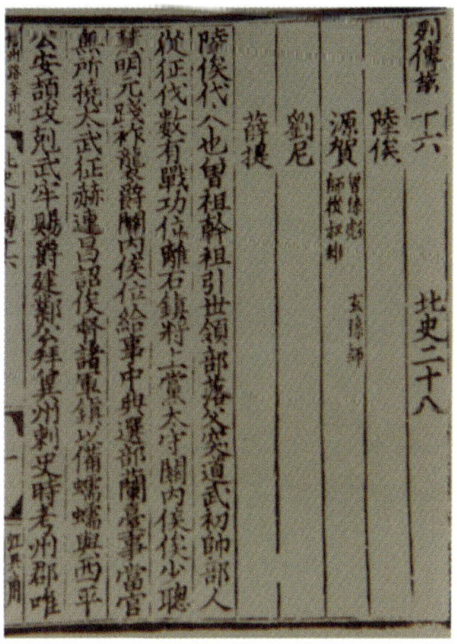

元代信州路儒学刻印的《北史》

书院刻书以杭州西湖书院最有名。有时书院与地方儒学合作刻书,如《至正金陵新志》便是由集庆(元文宗时

① 傅增湘:《藏园群书经眼录》卷三《史部一》,中华书局 1983 年版,第 234 页。按,此本栏外有解“解物人沈盛、沈茂”字样,下有花押,说明刻成后曾解赴中央。此书或亦系中央下达的任务。

② 〔清末民初〕叶德辉:《书林清话》卷四《元监署各路儒学书院医院刻书》,北京燕山出版社 1999 年版,第 100 页。

③ 〔元〕张铉:《至正金陵新志》卷首《江南行台文移》,南京出版社 1991 年版,第 3 页。

改金陵为集庆，即今江苏南京）路学与溧阳州学、溧水州学、明道书院共同刊行的。溧阳、溧水均属集庆路，明道书院在集庆。

地方儒学和书院刊刻的书籍，以经、史居多，前代或当代名人的诗文集亦占相当比重，此外有医书、字书、类书等。儒学和书院刊行的书籍，一般来说，不以牟利为目的，质量较好。清初学者顾炎武说："闻之宋元刻书皆在书院，山长主之，通儒订之，学者则互相易而传布之。故书院之刻书有三善焉：山长无事而勤于校雠，一也；不惜费而工精，二也；板不贮官而易印行，三也。"①书院刻书的优点，儒学也是具备的。书院和儒学刊行的书籍，很多是中央机构或地方监察部门下达的任务。如史学家苏天爵的名著《国朝文类》，经翰林国史院官员建议，由中书省"移咨江浙行省，于钱粮众多学校内，委官提调，刊勒流布"。后来由西湖书院刻版印行。② 地方监察机构即各道廉访司。上述"九路刻十史"便是江东建康道肃政廉访司副使伯都发起，廉访司"遍牒九路"，由九路（实为八路一州）儒学协力完成的，③九路（八路一州）都是江东建康道行使监察权力的地区。又如，至正五年（1345 年）江西湖东道肃政廉访司根据廉访使沙剌班的建议，行文抚州路儒学，刊印虞集的文集《道园类稿》。④ 后至元五年（1339 年）江北淮东道廉访司根据廉访使苏天爵的建议，上报御史台，要求刊印马祖常的文集。经御史台批复后，"发下本路（扬州路—引者）儒学，依上刊板，传布施行"。此前扬州路儒学还曾根据监察部门的要求刊行王结的文集。⑤ 由廉访司发起印书的例子还有不少。前已有人指出，中央机构和地方监察机构下达印书任务，"事不一例，然多在江浙间。"⑥这是因为江浙一带儒学、书院经费比较充足的缘故。此外也有地方行政机构下令学校印书的情况，但为数不多。明代有人说："元人刻书，必经中书省看过，下所司，乃许刻印。"⑦博学如钱大昕亦说："诸路儒生著述，辄由本路官呈进，下翰林看详，可传者命各行省檄所在儒学及书院以系官钱刊行。"⑧这种说法流行颇广，迄今仍有人相信，甚至以此断言元朝各级政府对书籍出版实行严格的管理，进而推

① 〔清〕顾炎武：《日知录》卷一八《监本二十一史》，见黄汝成释《日知录集释》，花山文艺出版社 1991 年版，第 803 页。

② 〔清〕王国维：《两浙古刊本考》卷上，谢维扬、房鑫亮主编：《王国维全集》第 7 卷，浙江教育出版社、广东教育出版社 2009 年版，第 52—55 页。

③ 〔清〕于敏中等：《天禄琳琅书目》卷五《元版史部》。上海古籍出版社 2007 年版，第 139 页。

④ 〔元〕虞集：《道园类稿》卷首《宪司牒文》，《元人文集珍本丛刊》，第 5 册，第 254—255 页。

⑤ 〔元〕马祖常：《马祖常集》附录五《至元五年江北淮东道肃政廉访司请刊马祖常文集文录》，吉林文史出版社 2010 年版，第 333 页。

⑥ 〔清末民初〕叶德辉：《书林清话》卷七《元时官刻书由下陈请》，第 180 页。

⑦ 〔明〕陆容：《菽园杂记》卷一〇，中华书局 1985 年版，第 129 页。

⑧ 〔清〕钱大昕：《元史艺文志》第一，《嘉定钱大昕全集》本，江苏古籍出版社 1997 年版，第 5 册，第 2 页。

论在这方面元代比其他朝代表现更为突出。这显然是上面一些例子造成的以偏概全的误会。事实上由政府指令出版的书籍为数有限，书院、儒学刊行的书籍，还有很多是自已决定的，与中央机构或地方监察机构无关，并不存在普遍由各路呈报并经“翰林”审查批准的问题。而且，大量民间出版的书籍都与政府机构没有关系。总的来说，有元一代，政府对书籍出版是很少过问的，并不存在严格的管理。

元代民间出版事业相当兴旺。当时的民间出版事业可分私宅印书和书肆印书两种，而以书肆为主。叶德辉曾将宋、元两代民间印书事业加以比较，他说：“元时书坊所刻之书，较之宋刻尤夥，盖世愈近则传本多，利愈厚则业者众，理固然也。”①以地区而言，元代民间出版业最发达的地区是福建的建宁路(路治，今福建建瓯市)，特别是建宁路下辖的建阳县(今福建建阳市)，在中国出版史上享有盛名的麻沙和书坊(即崇化)就在这里。②建宁古称建安，早在南宋时期，建安就号为“图书之府”③。元代，建阳书坊名称可考者近40家，其中著名的有余氏勤有堂、刘氏翠岩精舍、刘氏日新堂、虞氏务本堂、郑氏宗文堂等。“夫宋刻书之盛，首推闽中，而闽中尤以建安为最，建安尤以余氏为最。”④这种情况，继续到元代，余氏勤有堂仍是当地出版业的龙头。建阳之外，杭州、大都、平阳等地，都有相当规模的书坊。此外，其他地区亦有一些印书坊肆。

叶德辉说：“大抵有元一代，坊行所刻，无经史大部及诸子善本，惟医书及帖括经义浅陋之书传刻最多。”⑤其实，坊肆所刻书籍中，经史子集亦占相当比重，因为在当时经史及诸子中亦有能赢利的畅销书。以余氏勤有堂而论，所出书现存而年代可考者有20种左右，其中经、史即有12种，文集2种。上述建阳其他书坊亦都刊刻数量不等的经史类书籍和各种文集。⑥ 书坊刊刻的亦有善本，不能一概而论。例如，建阳余氏勤有堂刻印的《集千家注分类杜工部诗》《国朝名臣事略》(苏天爵著)，郑氏宗文堂刻《静修先生文集》(刘因著)等，都是印刷精良、很有价值的好书。当然，书坊刻书，以牟利为目的，必须迎合社会的需要。从现存的元版书籍来看，有四类书是书坊所出而书院、儒学很少过问的。一是医书，二是学校和科举应试用书，三是日用类书，四是通俗文艺作品。医书如余氏勤有堂的《增注太平惠民和剂局方》、建安叶氏广勤堂的《王氏脉经》等。学校和科举应试用

① 〔清末民初〕叶德辉：《书林清话》卷四《元私宅家塾刻书》《元时书坊刻书之盛》，第108—122页。

② 麻沙、书坊(崇化)两地相距十里，人们习惯将两地刻本统称为“麻沙”本。见谢水顺、李珽《福建古代刻书》，福建人民出版社1997年版，第118页。

③ 〔宋〕祝穆撰、祝洙增订：《方舆胜览》卷一一《福建路·建宁府》，中华书局2003年版，上册，第181页。

④ 〔清末民初〕叶德辉：《书林清话》卷二《宋建安余氏刻书》，第53—54页。

⑤ 〔清末民初〕叶德辉：《书林清话》卷四《元时书坊刻书之盛》，第122页。

⑥ 谢水顺、李珽：《福建古代刻书》，福建人民出版社1997年版，第185—211页。

书如建安虞氏务本堂和余氏勤德堂共同刊行的《类编历举三场文选》①等。日用类书有建阳郑氏积诚堂刊印的《事林广记》(后至元本)、②《事文类聚翰墨大全》。③ 通俗文艺作品主要是杂剧和小说等。存世的杂剧刻本多题“古杭新刊”，刊于杭州。小说有建安虞氏刊刻的《新刊全相平话》等。书坊出书，无论品种或数量都要多于官府和儒学、书院刊书。当然，书坊所出书籍之中，有相当部分是为抢占市场匆忙制作的，刻版（版面设计、刻工）、印刷、纸张、装帧的质量都比较差。

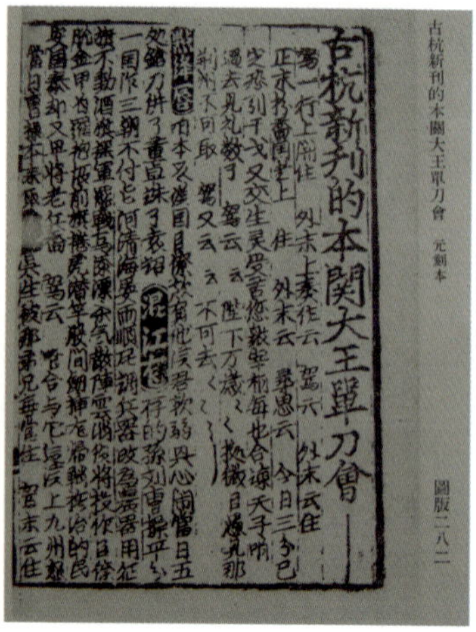
古杭新刊的本關大王單刀會

古杭新刊的本關大王單刀會　元刻本

圖版二八二

古杭新刊的本关大王单刀会书影

民间刻书之另一种，便是私宅刻书，或称家刻。最有名的是相台岳氏荆溪家塾刻印的《九经三传》，相台是义兴（今江苏宜兴）古名。④ 此外，有花溪沈伯玉刻《松雪斋文集》，花溪在浙江归安。从现存的文献来看，元代私宅刻书为数有限，比不上前代。叶德辉说：“元时私宅刻书之风，亦不让于天水。”这个说法是可疑的。事实上，他所列举“元私宅家塾刻书”，有不少其实是书坊刻书，如刘君佐翠岩精舍。

元代宗教经典刻印颇为兴盛，特别是佛教经典印造甚多，其中以《大藏经》的印造最为突出。元代南方至少有四部汉文大藏经版，分别是：(1)《碛砂藏》，这部藏经的印造始于南宋。南宋宝祐六年（1258 年）绩砂延圣院发生火灾，经板损失严重。入元以后，补雕经板，得到官方的支持，重新印行。《碛砂藏》佛经的扉画上有一行文字：“都功德主江淮诸路释教都总统永福大师杨琏真伽。”⑤成宗大德十年（1306 年），行宣政院使张闾“捐舍净财一百定刊雕大藏经文”。他还享有“劝缘都功德主”的称号，可见他和杨琏真伽一样是《碛砂藏》的积极支持者。河南行省左丞朱文清、江浙行省参政张文虎都为《碛砂藏》捐赀。⑥ 张文虎是张瑄之子。朱文清（朱清）与张瑄出身海盗，降元后经营海运，成为江南两大豪门，势倾一时。《碛砂藏》还有一个重要支持者是松江府僧录（地方僧官的名称）管主

① 此书刻印于至正辛巳（1341 年），所收为元朝前八科科举考试的各类文章，供应试者揣摩之用。国内只有残本，元刻全本存日本嘉业堂文库。此类科举程文当时书坊印行甚多，但流传至今绝少。

② 《事林广记》成书应在南宋末，存世元刻有 3 种，除了积诚堂刊本外，还有建阳椿庄书院刊本（故宫藏至顺本）和西园精舍刊本（日本内阁文库藏至顺本）。此书原来应是坊刻本，后来建阳有的书院看到有利可图，亦加以翻印。

③ 此书一般认为是建阳书坊出品，但未署书坊名。

④ 此书过去一般认为是南宋岳珂家塾刊本。经张政烺先生考定为元刊本，见张政烺《读〈相台书塾刊正九经三传沿革例〉》，《张政烺文史论集》，中华书局 2004 年版，第 166—188 页。

⑤ 李际宁：《中国版本文化丛书・佛经版本》，江苏古籍出版社 2002 年版，第 140 页。

⑥ 《碛砂藏》佛经卷末题记，见李富华、何梅：《汉文佛教大藏经研究》，宗教文化出版社 2003 年版，第 269 页。

八，和杨琏真伽一样也是西夏人。管主八先后捐资印造大量佛经，他见“平江路碛砂延圣寺大藏板未完，遂于大德十年闰正月为始，施财募缘，节续雕刊，已及一千余卷”①。这是管主八在大德十年腊月（十二月）写下的文字，在此以后，他继续为之施财募缘。这些权势者的支持，为《碛砂藏》的印造提供了有力的保证。相形之下，民间的捐助已退居次要了。（2）《普宁藏》，是余杭（今浙江余杭）南山大普宁寺刊行的一种藏经，并因此得名。宋元之际，“湖州路思溪法宝寺大藏经板，泯于兵火，只字不存”。入元以后，一浙西部分僧人商议，请湖州妙严寺主持古山道安“与白云一宗协力开刊”新的藏经。道安向新成立的江淮释教总摄所报告此事，“准给文凭”，亦即同意印造。总摄所又“转呈檐八上师引觐，皇帝颁降圣旨护持宗门作成胜事”。檐八又作胆巴，西番（今藏族）人，深得忽必烈宠信，是当时地位仅次于帝师的佛教领袖。他带领道安觐见忽必烈，道安因此得到皇帝颁发的保护支持修造大藏经的诏书。道安是已知的江南僧侣觐见元朝皇帝的第一人，他还被授予浙西道杭州等路白云宗僧录的头衔，并成为余杭大普宁寺的住持，大普宁寺因此成为新版大藏经印造之地。可知《普宁藏》的印造从一开始便得到官方的大力支持。在普宁寺还成立了专门负责印造事宜的大藏经局，组织庞大，分工细致，有的负责印造的各项技术工作，有的负责收藏，有的负责化缘（平江、湖州、嘉兴、杭州四路分别有人负责），还有一批杭州各寺名僧分别校勘经、律、论藏，而江淮释教总统所的总统、总摄和其他官员都列名其中，分别是都劝缘、观缘、劝缘。这部大藏经的印造过程中，上述浙西四路的僧俗有大量的捐献。这一印选工程“始自丁丑，讫于庚寅，凡一十四载”。丁丑是至元十四年（1277 年），庚寅是至元二十七年（1290 年）。② 后来陆续有所补充。与其他几种藏经不同，《普宁藏》完全是元代新刻的。问世后，流通甚广。远在其他各种大藏经之上。（3）《崇宁藏》，原是宋代福州东禅寺印造的，在元代继续印行。福建泉州开元寺收藏有大德九年（1305 年）泉州人施资印造的该藏经本。英宗至治年间（1321—1323 年），僧人祖意因《崇宁藏》经板“岁月浸久，蠹坏滋

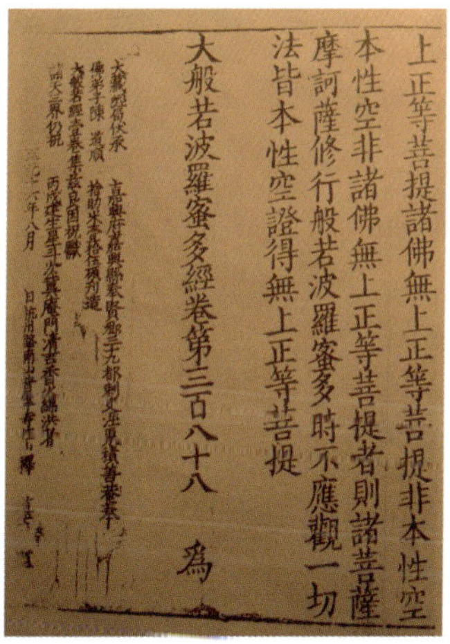
上正等菩提諸佛無上正等菩提非本性空
本性空非諸佛無上正等菩提者則諸菩薩
摩訶薩修行般若波羅蜜多時不應觀一切
法皆本性空證得無上正等菩提
大般若波羅蜜多經卷第三百八十八　為

《普宁藏》书影

① 《碛砂藏》的《大宗地玄文本论》卷三后管主八题记，见王国维：《两浙古刊本考》卷上《杭州府刊板》，谢维扬、房鑫亮主编：《王国维全集》第 7 卷，浙江教育出版社、广东教育出版社 2009 年版，第 58—59 页。

② 《普宁藏》臣字函《普贤行愿品》卷尾如志题记，转引自李富华、何梅《汉文佛教大藏经研究》，宗教文化出版社 2003 年版，第 318、334、323 页。

多”，便“募缘雕换万板，以寿其传”①。东禅寺元末毁于兵火，经板亦毁。② (4)《毗卢藏》，原由福州开元寺印造。元大德八年至十年间(1304—1306 年)，开元寺曾进行修补经板的工作。元武宗至大元年(1308 年)泉州佛寺曾集资用开元寺版印行③。仁宗延祐二年(1315 年)建宁路建阳县(今属福建)报恩万寿堂“募众雕刻毗卢大藏经板”④。现存《毗卢藏》佛经卷末有“都大劝缘荣禄大夫特加开府仪同三司吴国公亦黑迷失”一行。亦黑迷失是畏兀儿人，元朝上层官僚，曾多次奉命出使海外。⑤ 元代畏兀儿人大多信奉佛教，亦黑迷失亦不例外。可知白莲宗雕印《毗卢藏》得到了亦黑迷失的支持。许多僧俗民众为《毗卢藏》的印造捐资，其中有的远在河南行省的光州固始县。《毗卢藏》的重雕印造吸引远距离的信徒，这是其他几部藏印雕造中罕见的，大概应归功于白莲宗的号召能力。白莲宗刊印的《毗卢藏》残本在中国、日本都有发现。元朝末年，福建“宣政分院请师(释逆川——引者)住东禅废刹，不一载间，殿堂矗如，门庑森如，藏库煜如。……补刊开元藏经板，仍印施之”⑥。逆川住持东禅寺，应是因《崇宁藏》经板已毁，故将开元寺保存的《毗卢藏》经板补刊印造。也就是说，建阳白莲宗刊印《毗卢藏》后，开元寺的《毗卢藏》经板仍然存在。

上述都是汉字《大藏经》。元代还曾刊行河西字《大藏经》。河西字即西夏文字。至元三十一年(1294 年)四月，元成宗嗣位。十一月，“罢宣政院所刻河西《藏经》板”⑦。可知忽必烈时代主管佛教事务的宣政院曾有刊印河西字《藏经》之举，但具体情况不详。在《碛砂藏》所收《大宗地玄文本论》后有松江府僧录管主八的题记，叙述自己刻经的功劳，其中说：“钦睹圣旨，于江南浙西道杭州路大万寿寺雕刊河西字《大藏经》三千六百二十余卷，《华严》诸经忏板，至大德六年完备。”曾多次印造，仅管主八便“印造三十余藏”，与其他佛教经典一起，“施于宁夏永昌等路寺院，永远流通”⑧。大德六年是 1302 年。杭州大万寿寺是西湖孤山上的一座佛寺，系杨琏真伽强夺道观改造而成。杨琏真伽是西夏后裔，大万寿寺刊印河西字《藏经》应与之有关。当时印造三十余藏，施于宁夏(路治今宁夏银川)、永昌(路治今甘肃永昌)等处寺院，这些都是西夏故地。后来又陆续加印，总数应

---

① 日本京都南禅寺藏《瑜珈师地论》卷四九刊记，转引自《汉文佛教大藏经研究》，第 189 页。

② 〔元〕陈高著，郑立于点校：《陈高集》卷一二《重建东禅报恩光孝寺记》，第 180—182 页。

③ 李富华、何梅：《汉文佛教大藏经研究》，宗教文化出版社 2003 年版，第 217、221 页。

④ 《毗卢藏》大宝积经卷首题记，引自杨讷：《元代白莲教研究》，上海古籍出版社 2004 年版，第 105 页。

⑤ 其生平见〔明〕宋濂等：《元史》卷一三一《也黑迷失传》，第 3198—3200 页。

⑥ 〔明〕宋濂：《宋文宪公全集》卷一一《净慈顺公逆川瘗塔碑铭》，《四部备要》本，第 17 页。

⑦ 〔明〕宋濂等：《元史》卷一八《成宗纪一》，第 389 页。

⑧ 转引自王国维：《两浙古刊本考》卷上《杭州府刊板》，《王国维全集》第 7 卷，第 58 页。

在百部以上，有些残本流传至今。①

《大藏经》的流通则有两种途径：一种是免费赠送。其中有朝廷和权贵刊造，赠送各地寺院。例如武昌《大藏经》版运到大都后，“印本流传天下，名山巨刹则赐之”②。高丽忠宣王王璋将王位让给儿子，长期居住在大都。他笃信佛教，仁宗皇庆元年（1314 年）派人“届古杭印造大藏尊经五十藏，施诸名刹”③。也有僧官出资刊造，向寺院赠送，如上述管主八印造河西字佛经，此外他还印造“汉本《大藏经》五十余藏”散布各处。又如陇西（今甘肃陇西）人李慧月，曾在福建和嘉兴任僧官，曾“舍梯己财，铺陈惠施，印造十二之大藏”。李慧月和管主八一样，是西夏人。“印造十二之大藏”应指印造十二部《大藏经》。他印造的是《碛砂藏》和《普宁藏》。④ 另一种则是定价出售，订购者主要是各地寺院。至元二十六年（1289 年）山东灵岩寺曾派人到江南寻求《大藏经》，听说普宁寺“已具经律论完本，遂购而航致之”⑤。北方临济宗雪堂禅师名重一时，“若京师之开泰、大名之临济、汴梁之慧安、嵩阴之罗汉、丰州之法藏、洛阳之发祥、潞邑之胜觉、京兆之开元、西京之护国、郑州之洞林，皆礼请住持，书疏迭至，辄忻然受之。……今上（成宗铁穆耳——引者）在潜邸，师尝奉命持香礼江浙名蓝，法航所至，州府寮属作礼供养，日积弊（币）贽，购所谓五千余卷满二十藏，为函一万有奇，浮江逾淮，辇运毕至。凡所统十大寺，率以全藏授，仍请卫法玺书，寺给一诵”。北方有弘法藏，为什么北方寺院还要远涉江、淮，前往南方购买《大藏经》？原因是《弘法藏》价格过于昂贵。“京师弘法寺素有板本，惟其楮墨之工，为费不赀，故所在名刹倾竭资产有不能致者。”《普宁藏》显然价格低廉，因而销路较好。日本寺院亦遣人来中国南方购买《大藏经》，有的购买《普宁藏》，有的则“携带黄金百镒从元朝买来了福州版《大藏经》”⑥。

此外，还有一些寺院，刊印若干佛教经典，供僧尼和信徒使用。例如中兴路（路治今湖北荆州）资福寺刊印的朱墨两色套印《金刚般若波罗蜜经》。

《大藏经》和若干佛教经典的刊印，是元代出版事业兴旺的一个重要方面，对于佛教文化的传播有很大的作用。

① 史金波：《西夏佛教史略》第 9 章第二节“河西字《大藏经》的刻印”，宁夏人民出版社 1988 年版。

② 〔元〕程钜夫著，张文澍校点：《程钜夫集》卷一八《大慈化禅寺大藏经碑》，吉林文史出版社 2009 年版，第 232 页。

③ 《高丽国相元公置田碑》，载李翥《慧因寺志》卷七《碑记》，《武林往哲遗著》本。

④ 李际宁：《中国版本文化丛书・佛经版本》下编《历代大藏经西夏遗民李慧月的法宝因缘》，江苏古籍出版社 2002 年版，第 141—147 页。

⑤ 张起岩：《灵岩寺创建龙藏殿记》，大壑：《净慈寺志》卷一六《古迹一》，《武林掌故丛编》本。

⑥ 〔日〕木宫泰彦：《日中文化交流史》，中译本，商务印书馆 1980 年版，第 406 页。

四、元代长江流域藏书的兴盛

元代公私藏书不如宋代，但仍有相当规模。而其他民族文字的图书，进入官府收藏之列，则应视为元代图书收藏一大特色。在中国古代藏书发展史中，元代是不应忽视的。

元朝的藏书可以分为四类：一是官府，二是书院学校，三是私人，四是寺观。

（一）官府藏书

官府藏书主要是中央的秘书监。至元九年（1272 年）元朝设置秘书监，其主要职能是“掌历代图籍并阴阳禁书”①。至元十一年（1274 年）正月，秘书监在一件文书中说：“照得本监钦奉圣旨，见收阴阳禁书并一切回回文字。”②大概在成立之初，秘书监主要收藏的是阴阳禁书和“回回文字”书籍。平定江南以后秘书监的收藏有很大变化。至元十二年（1275 年）八月，忽必烈下令进攻南宋都城临安（今浙江杭州）。九月，秘书监长官等上奏，建议保护南宋秘书省收藏的书籍和各地的书板：“[秘书省]内有《乾坤宝典》并阴阳一切禁书及本监应收经籍图书书画等物，不教失落见数”，以及“江南诸郡多有经史书籍文板，都教收拾见数，不教失散”，忽必烈接受这一建议，为此下达了诏令。③ 十三年（1276 年）南宋朝廷投降，元朝派遣专人将宋朝秘书省收藏的经籍等物运回大都，由秘书监收藏。④由此汉文书籍成为秘书监收藏的主要部分。至元十四年，秘书监中仅因损坏加以裱褙的书籍文册即有 6762 册。⑤

（二）学校和书院藏书

元朝各地的书院、儒学，就藏书而言情况很不一样。一部分书院、儒学有数量不等的藏书，以供师生学习、研究之用，但相当多的书院、儒学（特别是县学）没有或很少有专藏书。蒙古灭金和元灭南宋的战争，对书院和学校的藏书破坏很大。集庆（今江苏南京）路学，原来藏书“卷帙以数千计，归附兵火散失，荡无一存”⑥。镇江（今属江苏）路学的藏书，“归附后散轶甚多，所存者不及十二三耳”⑦。元贞元年（1295 年）江南行御史台批复的一件文书中说：“各处学校……及置买《四书》《九经》《通鉴》各一部，装背完整，以备检阅，不

---

① 〔明〕宋濂等：《元史》卷九〇《百官志六》，第 2296 页。

② 〔元〕王士点、商企翁编：《秘书监志》卷五《秘书库》。浙江古籍出版社 1992 年版，第 102 页。

③ 〔元〕王士点、商企翁编：《秘书监志》卷五《秘书库》，第 100 页。按，《元史》卷八《世祖纪五》载，十二年九月丙申，“括江南诸郡书版及临安秘书省《乾坤宝典》等书”。不如《秘书监志》所载明确。

④ 〔元〕王士点、商企翁编：《秘书监志》卷五《秘书库》，第 100—101 页。《元史》卷九《世祖纪六》至元十三年二月丁巳、三月丁卯、十月丁亥等条，均有括书和北运的记载。

⑤ 〔元〕王士点、商企翁编：《秘书监志》卷六《秘书库》，第 104 页。

⑥ 〔元〕张铉纂：《至正金陵新志》卷九《学校志》，南京出版社 1991 年版，第 321 页。

⑦ 〔元〕俞希鲁编纂：《至顺镇江志》卷一一《学校·儒学》，江苏古籍出版社 1990 年版，第 438 页。

许借出学。……其余路学一体施行，实为相应。”①置买几种书籍是就福州路学说的，可知福州路学原来连这几种最基本的经史书籍都没有，而福建地区的其他路学也差不多，所以要“一体施行”。福建在元代文风颇盛，路学尚且如此，府、州、县学及书院可想而知。福建儒学藏书的状况应是有相当代表性的。又如庆元路（路治今浙江宁波）是经济和文化都比较发达的地区，但当地的儒学和书院藏书也是有限的。据元末庆元的方志记载，庆元路学藏书不过70种，奉化州儒学藏书9种153册，另有活字版印本1部20册，昌国州儒学藏书31种，象山、慈溪、鄞县三县儒学都无藏书。定海县儒学在泰定年间“出学粟”到杭州购入经史子集各类书籍2246卷，790册，为全路之冠。庆元路有书院6所，仅杜洲书院藏书8种、180册，其余均无。② 当然也有一些例外。镇江路儒学藏书在散轶之余尚有228部1392册，可以说是比较丰富的。③ 少数规模较大的书院、儒学建有专门用来藏书的场所，称为尊经阁，亦有藏书阁等名称。袁州（今江西宜春）路学“作尊经阁于讲堂之北若干步，基崇八尺，深四十尺，广五十尺，楹之高如深之数……东南学校建立之盛莫或加矣”④。袁州南轩书院原有藏书阁，因水灾“圮焉”，顺帝至元四年（1338年）重建，“复藏书之旧观，阁凡三层，皆出飞檐，以远风雨”⑤。建昌路新城（今江西黎川）县学“为书阁于讲堂之左，其崇二丈有八尺，纵三丈有九尺，横三丈”⑥。袁州路学尊经阁和新城县学书阁的规模可能是不多见的。儒学的藏书，除供师生阅读外，有的还对外开放，“有欲假者，许就观焉”⑦。

（三）私人藏书

据学者统计，元代有明确记载可考、藏书数千卷以上的藏书家有127人。其中汉人、南人有113人，蒙古、色目14人。汉人、南人藏书家中又以南人居多。⑧ 私家藏书，一般来说种类广泛，医卜方技、稗官小说无所不包，这和书院、学校藏书大不相同。⑨ 在汉人、南人藏书家中有不少是世代相继的，如浙东袁桷，是有名的学者，从曾祖父起就收藏图书，他

① 〔元〕佚名：《庙学典礼》卷五《行台坐下宪司讲究学校便宜》，第103—104页。

② 〔元〕《至正四明续志》卷七、卷八《学校》，《宋元四明六志》本，第6526—6560页；〔元〕袁桷：《袁桷集》卷一八《定海县学藏书记》，第310—311页。

③ 〔元〕俞希鲁编纂：《至顺镇江志》卷一一《学校・儒学》，第438—441页。

④ 〔元〕虞集：《道园学古录》卷三六《袁州路儒学新建尊经阁记》，第1页。

⑤ 〔元〕虞集：《道园学古录》卷三六《南轩书院新建藏书阁记》，第11—12页。

⑥ 〔元〕虞集：《道园类稿》卷二三《建昌路新城县重修宣圣庙学记》，《元人文集珍本丛刊》，第5册，第593页。

⑦ 〔元〕贝琼：《贝琼集》卷四《松江府儒学藏书记》，吉林文史出版社2010年版，第29页。

⑧ 傅璇琮等：《中国藏书通史》，宁波出版社2000年版，上册，第470—478页。

⑨ 〔元〕陶宗仪：《南村辍耕录》卷二七《庄蓼塘藏书》，第302页；〔元〕郑元祐：《郑元祐集》卷九《颍昌书院记》，吉林文史出版社2010年版，第140—141页。

"承祖父之业，广蓄书卷，国朝以来，甲于浙东"①。值得注意的是，北方藏书家收藏的书籍，大多来自南方。真定（今河北正定）苏天爵，是著名史学家，积数世之力，"藏书万卷"。他的曾祖父"作屋三楹，置书数十卷"。祖父"又手自钞校得数百贮之"。到他父亲时，"渐市书以益之，又尝因公事至江之南，获万余卷以归"②。这种现象说明当时南方印刷业远比北方发达，同时也从一个侧面显示出南北统一对文化的促进作用，反映了长江文化对草原文化的影响。蒙古、色目藏书家的出现，是这一时期藏书事业的一个特色。他们收藏的都是或主要是汉文书籍。上面提到的张炻，因任镇江路达鲁花赤，得以购书八万卷，而以其中万卷赠济南路学。而冯梦周"为平江路推官，得《庸》《学》《语》《孟》善本并小学书"③。

（四）佛寺和道观藏书

佛寺和道观的藏书以佛道经典为主，兼及其他。前面说过，元朝官方和民间都曾刊印各种《大藏经》，分布于南北各佛寺。元朝规模较大的佛寺都有藏经场所，如集庆（今南京）太平兴国禅寺有经楼，④大都（今北京）大承天护圣寺是元文宗为自己祈福而建造的佛寺，"西殿庋金书大藏经，皇后之所施也。东殿庋墨书大藏经，岁庚午上所施也"⑤。道教宫观亦有藏书之所。南方正一道祖庭龙虎山上清正一宫有藏室，"以木为柜，置室中，高若干尺，内广围径若干尺，觚其隅为八面，面为方格，以次受盛经之函。刻木为天人神仙地灵水官飞龙翥凤之属，附丽其上，皆涂以金。中立巨木贯之，下施盘轮令可关以旋转，言象天运焉。"这种书柜的设计不仅称得上"缔构雄丽"，而且可以旋转，便于使用，称得上构思工巧，是以前没有过的。⑥ 抚州（今江西临川）玄都观亦有藏室，"崇深宏伟，耸动观瞻，中藏圣贤经传，历代史记，与夫诸子百家之书，靡不存贮"⑦。除了道家经典外还收藏其他书籍，这是不多见的。但道教宫观的藏书不如佛教寺院。

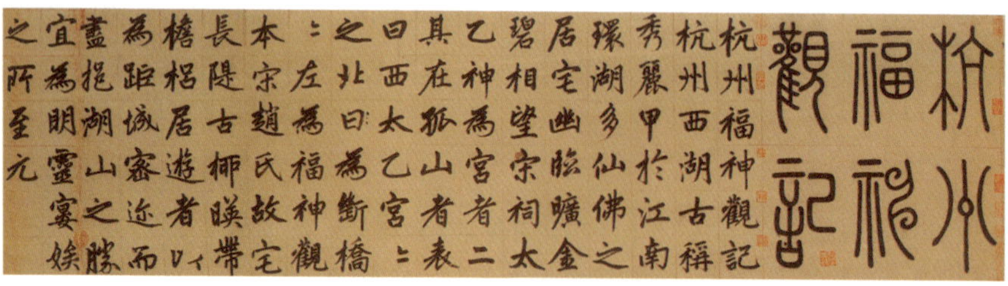

赵孟頫《杭州福神观记》局部

① 〔元〕孔齐：《至正直记》卷二《别业蓄书》，上海古籍出版社 1987 年版，第 39—40 页。

② 〔元〕宋本：《滋溪草堂记》，见〔元〕苏天爵：《元文类》卷三一，《国学基本丛书》本，第 408—409 页。

③ 〔元〕郑元祐著，邓瑞全等校点：《郑元祐集》卷九《颍昌书院记》，第 140 页。

④ 〔元〕虞集：《道园学古录》卷二四《集庆路重建太平兴国禅寺碑》，第 9 页。

⑤ 〔元〕虞集：《道园学古录》卷二五《大承天护圣寺碑》，第 3 页。

⑥ 〔元〕虞集：《道园学古录》卷四五《龙虎山道藏铭》，第 1 页。

⑦ 〔元〕吴澄：《吴文正公集》卷二五《抚州玄都观藏室记》，《元人文集珍本丛刊》，第 3 册，第 447 页。

第四节　京杭大运河的开通与南北文化的交流

一、沟通南北的京杭大运河和海运航线

(一)京杭大运河

至元初年，元世祖忽必烈迁都燕京(即今北京)，先称中都，再称大都，全国政治中心移至北方，并逐步实现了大统一，大大加强了中国南北方的经济和文化联系。但因北宋以来北方长期战乱，经济凋敝，发展滞后；而与此同时，南方则获得新的开发，社会经济有了长足的发展，以致“元都于燕，去江南极远，而百司庶府之繁，卫士编民之众，无不仰给于江南”①。南粮北运，急需开辟联结南北方的交通大动脉。而沟通南北的大运河，在宋金对峙时期已多处淤塞。正是在这一大背景下，至元二十六(1289 年)到二十八年，元廷先后在山东开凿会通河，在大都近郊开凿通惠河，经重新疏凿，改变了运河过去迂回曲折的航线，河道基本取直，航程大为缩短，运粮船可以直接驶入大都积水潭(今北京北什刹海一带)停泊。这条从大都抵达杭州的京杭大运河，使前代呈多枝型分布的运河转变为单线型的大运河，从而把各大经济区更紧密地联系起来，成为中国运河变迁史上继隋代以后又一次重大转变，奠定了此后京杭运河的基本走向及规模。从此，“江淮、湖广、四川、海外诸番土贡、粮运、商旅懋迁，毕达京师”②。这条河道在明、清两代一直发挥着重要作用。

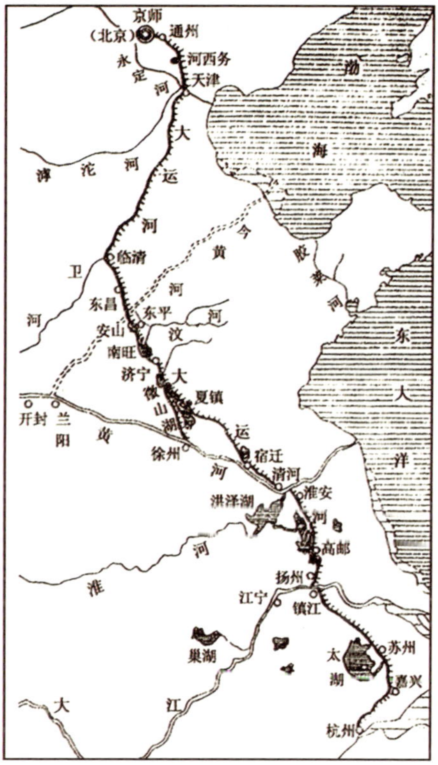

元代大运河路线图

(二)海运航线

不过，元朝会通河、济州河一则经常遭到黄河冲决，二则水源不足，不胜重载，所以终元一代漕粮以海运为主。这在当时的文献中有记载：

① 〔明〕宋濂等：《元史》九三《食货志一》，第 2364 页。

② 〔元〕苏天爵辑撰：《元朝名臣事略》卷二《丞相淮安忠武王》，中华书局 1996 年版，第 20 页。

海船万户府言："山东宣慰使乐实所运江南米，陆负至淮安，易闸者七，然后入海，岁止二十万石。若由江阴入江，至直沽仓，民无陆负之苦，且米石省运估八贯有奇。乞罢胶莱海道运粮万户府，而以漕事责臣，当岁运三十万石。"诏许之。①

元朝政府在其初年即设立海运万户府，下设 11 个千户所，其中浙江有杭州、嘉兴、温台等 3 所。至大四年（1311 年）调整裁并为平江香糯所、常熟江阴所、昆山崇明所、松江嘉定所、杭州嘉兴所、温台所、庆绍所等 7 个千户所，分别掌管海运事项。

元朝海运漕粮的航线，以刘家港（今江苏太仓浏河镇）至直沽口为主要航道，傍海而北，途经万里长滩、青水洋、黑水洋、莱州大洋。也有从庆元（今宁波）诸港出海运粮入京。浙江漕粮多由刘家港聚集起运，从皇庆元年（1312 年）开始，也有从庆元烈港（今宁波沥港）直接运送入京。每年二月由长江口之刘家港入海，自崇明东入黑水洋，取直线北行，绕胶东半岛入渤海，抵直沽。顺风时，十天即可驶完全程。海船在直沽交卸完毕，于五月返航，复运夏粮北上，八月再度回航。海运形成制度后，规模不断扩大，与运河共同成为元朝的重要经济命脉。

虽然海运是元代漕运的主要方式，但大运河在整个漕运体系中仍有举足轻重的地位，特别是对浙江来说。浙江漕粮运输的路线中就有经过运河的部分。"一方面，浙江沿海地区的漕粮，包括温州在内的 20 余处运粮船，一般先通过海路运至刘家港，然后再继续运往北方……另一方面，浙江其他地区的漕粮，尤其是浙西的漕粮，首先仍要通过内河航运输送到刘家港，然后再赴海北上。所以浙江境内的内河漕运在元朝仍占有重要地位。"②而漕运数量以江浙行省计每年达 200～280 余万石。而杭州便扮演了中转站的角色，运河航运亦十分发达。"至元十五年（1278 年），江浙行省的省治机构从扬州移到杭州，整个行省征收的税粮和财赋，均向杭州集中，然后从杭州纲运大都，每年到杭州港的税粮就有 450 万石，其中有一半上下的税粮从杭州通过河、海联运转输大都。"③

从杭州到大都的运河航程，需时约两个月。伊本·白图泰在游记中说："从汗沙（即杭州）至汗八里城，为六十四日程。"④拉施特丁则说，船从汗八里到行在（杭州），其间约为四十日途程⑤。可见南下与北上所需的时间相差约二十天。

① 〔明〕宋濂等：《元史》卷一五《世祖纪十二》，第 319 页。

② 童隆福主编：《浙江航运史（古近代部分）》，人民交通出版社 1993 年版，第 91 页。

③ 吴振华编著：《杭州古港史》，人民交通出版社 1989 年版，第 194 页。

④ 〔埃及〕教育部颁、马金鹏译：《伊本·白图泰游记》，宁夏人民出版社 1985 年版，第 560 页。

⑤ 〔波斯〕拉施特主编，余大钧、周建奇译：《史集》卷一，商务印书馆 1983 年版，第 2 分册，第 323 页。

二、理学的北传

理学的最早发祥地在北宋统治下的中原地区，金灭北宋后，随着宋室南迁与大批知识分子南下，江南地区逐渐发展成为新的理学重镇。金朝统治下的北方，则以苏学为最盛。当时科举取士，首重词赋，次及经义，经义之科，则以传统注疏为主。在此风影响下，北方士人对理学大都懵懂无知，“说经止传疏义，为文尽习律赋”。“士大夫往往局于此，不能多读书”①。不过，即便如此，理学的影响也并没有就此销声匿迹，残支余脉一直不绝如缕。

就在中原地区理学发展衰而不绝的同时，南宋的理学著作也开始向北传播，元人许有壬尝回忆说：“理学至宋始明，宋季得朱子而大明。前辈言，天限南北，时宋行人箧《四书》至金，一朝士得之，时出论说，闻者叹竦，谓其学问超诣，而是书实未睹也。”②许有壬所说《四书》，当指朱熹的《四书集注》。由于中都得到此书的馆伴使秘不示人，造成此书在当时流传不广。③ 金贞祐南迁后，学术思潮发生重大转折，不少南宋理学家著述“浸淫而北，赵承旨秉文、麻征君九畴始闻而知之，于是自称为道学门弟子”④。当时北传理学著作有广泛影响者，主要有《诸儒鸣道集》与《道学发源》二书。

《诸儒鸣道集》为宋儒所辑，收录了周敦颐《通书》，司马光《迂书》，张载《正蒙》《经学理窟》《横渠语录》，程颢、程颐《二程语录》，谢良佐《上蔡先生语录》，刘安世《元城先生语录》《谭录》《道护录》，江公望《心性说》，杨时《龟山语录》《安正忘荃集》，刘子翚《崇安圣传论》，张九成《横浦日新》等两宋重要理学著作。这些著作绝大多数为长江流域的学者所写，它们在北方的流传，使中原士人对两宋时期长江文化中的理学思想有了一个较为全面的了解。

《道学发源》由金尚书省诸生傅起等刊行，以南宋理学家张九成的经解为主，并加入张载的《东铭》《西铭》及刘子翚的《圣传论》等理学文献。赵秉文、王若虚分别为该书撰写了引与后序。赵秉文高度评价了张九成等理学家的贡献，称：“九成之解，足以起发人之善心，由之足以见圣人之蕴。……愚谓虽圆顶黄冠，村夫野妇，犹宜家置一书。……至于载之《东》《西铭》、子翚之《圣传论》，譬之户有南北东西，由之皆可以至于堂奥。”⑤王若虚

① 〔元〕苏天爵：《滋溪文稿》卷八《静修先生墓表》，中华书局1997年版，第111页；〔金〕刘祁：《归潜志》卷七，中华书局1983年版，第72页。

② 〔元〕许有壬：《至正集》卷三三《性理一贯集序》，《元人文集珍本丛刊》，第7册，第171页。

③ 〔元〕许有壬：《圭塘小稿》卷六《雪斋书院记》，《景印文渊阁四库全书》，第1211册，第620页。

④ 〔元〕郝经：《陵川文集》卷二六《太极书院记》，《北图古籍珍本丛刊》，第91册，第709页。

⑤ 〔金〕赵秉文：《滏水集》卷一五《道学发源引》，《四部丛刊》本，第3—4页。

则对宋理学的价值作出总体评价，指出：

> 自宋儒发扬秘奥，使千古之绝学一朝复续，开其致知格物之端，而力明乎天理人欲之辨，始于至粗，极于至精，皆前人之所未见，然后天下释然，知所适从，如权衡指南之可信，其有功于吾道岂浅浅哉。国家承平既久，特以经术取人，使得参稽众论之所长，以求夫义理之真，而不专于传疏，其所以开廓之者至矣！①

赵、王两人都是金末很有影响的文章大家，他们对理学的重视，无疑推动了北方士人研习理学的风气，扩大了长江文化在中原地区的影响。

金朝灭亡后，随着蒙宋战争的大规模爆发与南北隔绝状态的被打破，南宋理学的北传，无论是在规模还是在影响方面，都远远超过了以往。1235 年蒙古大军南下伐宋时，杨惟中担任军前行中书省事，姚枢则奉命于军中搜求儒、道、释、医、卜等各类人才。结果，凡"得名士数十人，收集伊洛诸书，载送燕都"②。此次所得名士，包括了赵复、窦默、砚坚等一大批日后有影响的理学人物，为理学的进一步北传奠定了基础。时人郝经称："金源氏之亡，淮、汉、巴、蜀相继破没，学士大夫与其书遍于中土，于是北方学者始得见而知之。""近岁以来，吴楚、巴蜀之儒与其书浸淫而北，至于秦雍，复入于伊洛，泛入三晋、齐鲁，遂至燕云、辽海之间。"③即是有感于这一形势而言。自此，理学在北方的传播开始进入一个崭新阶段。

这一阶段的理学北传，以赵复的贡献最为突出。《元史》对他评价很高，甚至称："北方知有程朱之学，自复始。"赵复在德安（今属江西）被俘后，得到了姚枢的悉心照顾。"先是，南北道绝，载籍不相通。至是，复以所记程、朱所著诸经传注，尽录以付枢。"④在他的影响下，姚枢、杨惟中等人成为较早一批理学信徒。北上燕京后，赵复埋头致力于理学思想的传播，名气越来越大。"游其门者将百人，多达才其间。""燕之士大夫闻其议论证据，翕然尊师之，执经北面者二毛半焉。"⑤到庚子（1240 年）、辛丑（1241 年）年间，杨惟中以中书令当国，遂"建太极书院于燕都，立祠于院，以祀周子，以二程、张、杨、游、朱六子配食，岁时释菜，尊为先师"。"刻《太极图》及通书《西铭》等于壁，请云梦赵复为师儒，右北平王

---

① 〔金〕王若虚：《滹南遗老集》卷四四《道学发源后序》，辽海出版社 2000 年版，第 553 页。

② 〔元〕郝经：《陵川文集》卷三五《故中书令江淮京湖南北等路宣抚杨公神道碑铭》，《北图古籍珍本丛刊》，第 91 册，第 802 页。

③ 〔元〕郝经：《陵川文集》卷二六《太极书院记》，《北图古籍珍本丛刊》，第 91 册，第 709 页；卷二四《与汉上赵先生论性书》，第 685 页。

④ 〔明〕宋濂等：《元史》卷一八九《赵复传》，第 4314 页。

⑤ 〔元〕姚燧：《姚燧集》卷四《序江汉先生事实》，第 63 页；〔元〕杨宏道：《送赵仁甫序》，李修生主编：《全元文》卷九，江苏古籍出版社 1997 年版，第 1 册，第 192 页。

粹佐之，选俊秀之有识度者为道学生”①。赵复在传播理学期间，“以周、程而后，其书广博，学者未能贯通，乃原羲、农、尧、舜所以继天立极，孔子、颜、孟所以垂世立教，周、程、张、朱氏所以发明绍续者，作《传道图》，而以书目条列于后；别著《伊洛发挥》，以标其宗旨。朱子门人，散在四方，则以见诸登载与得诸传闻者，共五十有三人，作《师友图》，以寓私淑之志。又取伊尹、颜渊言行，作《希贤录》，使学者知所向慕，然后求端用力之方备矣”②。此后，赵复离燕南下，在中原各地广为游历，并印《伊洛发挥》数百本随身携带，以为馈赠之物。③ 他的这次旅行，无疑使长江文化中的理学在北方的传播范围更为广阔。

元灭南宋，南北一统，大大加快了长江文化中的理学在北方传播的速度。此前像朱熹《四书集注》这样的重要理学著作虽已北传，但“板本至者尚寡，犹不能无事手录”，直到“混一东南，书颇易致”，才有刊本广泛流行。④ 南儒张须出自朱熹嫡传，“中州士大夫欲淑子弟以朱子《四书》者，皆遣从须游，或辟私塾迎之”。豫章（今江西南昌）人熊朋来隐居教授，“取朱子《小学》书，提其要领以示之，学者家传其书，几遍天下”⑤。这段时期，蒙古统治者采纳、利用儒学的注重点有所变化，更多地将其作为思想钳制工具来使用。理学在这方面较之传统儒学更有优势，因此日益受到统治者的重视。⑥ 至元二十四年立国子监，重开国学，教法一沿许衡之旧。地方儒学、书院教育，又皆以国学为取法。《小学》《四书集注》等理学著作，因而成为从中央到地方学校教育的基本内容。这对长江文化中的理学普及有着决定性的影响。袁桷说：

> 世祖皇帝一海寓，定胄子学取文公训注为学制，郡县益遵守。⑦

虞集也说：

> 国家提封之广，前代所无。而自京师通都大府，至于海表穷乡下邑，莫不建学立师，授圣贤之书以教乎其人。群经四书之说，自朱子折衷论定，学者传之。我国家尊信其学，而讲诵授受必以是为则，而天下之学皆朱子之书。⑧

成宗大德五年（1301 年），王恽记述北方《四书》流行情况说：“近年，上而公卿大夫，下

---

① 〔元〕郝经著：《陵川文集》卷三四《周子祠堂碑》，《北图古籍珍本丛刊》，第 91 册，第 783 页；卷二六《太极书院记》，第 709 页。

② 〔明〕宋濂等：《元史》卷一八九《赵复传》，第 4314 页。

③ 〔元〕杨宏道：《送赵仁甫序》，李修生主编：《全元文》卷九，江苏古籍出版社 1997 年版，第 1 册，第 192 页。

④ 〔元〕虞集：《道园学古录》卷三九《跋济宁李璋所刻九经四书》，《四部备要》本，第 7 页。

⑤ 〔明〕宋濂等：《元史》卷一八九《张须传》，第 4315 页；卷一九〇《熊朋来传》，第 4335 页。

⑥ 参阅姚大力：《金末元初理学在北方的传播》，元史研究会编《元史论丛》第二辑，中华书局 1983 年版。

⑦ 〔元〕袁桷：《袁桷集》卷一八《鄮山书院记》，吉林文史出版社 2010 年版，第 301 页。

⑧ 《道园学古录》卷三六《考亭书院重建文公祠堂记》，第 9—10 页。

而一邑一乡之士，例皆讲读，佥谓精诣理极，不可加尚。”大德七年，姚燧则说：“今也四海匪独士子，凡筐篋之吏，求售于时，其诵而习，亦先《四书》。”世代以吏为业、仕至宰执、成宗时退休居家的何荣祖，也写出了“名教无穷乐，真知在暮年，中庸万事毕，太极一心全”的诗句。① 可见到14世纪初，长江文化中的理学在社会上已经广泛为人接受。

三、杂剧南下

在元代，首次出现了在全国范围内广泛流行、产生众多作家和作品、比较成熟的戏曲形式，这就是元杂剧。它是元代最具特色和创造性的文艺体裁，但因属于俗文学范围，在古代相对来说不受研究者的重视。王国维指出：“凡一代有一代之文学。楚之骚，汉之赋，六代之骈语，唐之诗，宋之词，元之曲，皆所谓一代之文学，而后世莫能继焉者也。独元人之曲，为时既近，托体稍卑，故两朝史志与《四库》集部均不著于录，后世儒硕皆鄙弃不复道……遂使一代文献，郁堙沉晦者且数百年。”所谓元曲，在广义上包括杂剧、散曲两种形式，但多数时候主要指元杂剧，王国维采取的也是后一种用法，故而他接下来就说：“往者读元人杂剧而善之，以为能道人情，状物态，词采俊拔，而出乎自然，盖古所未有，而后人所不能仿佛也。”②

元曲包括散曲和戏剧（杂剧和南戏），而杂剧是这一时期文艺的真正代表，正如王国维于《宋元戏曲史》中所言：“北剧、南戏，皆至元而大成，其发达，亦至元代而止。”③它在中国文学史上与唐诗、宋词并称于世。

杂剧产生于北方以大都为中心的地区。早期著名的杂剧作家都是北方人，优秀演员也是一样。从世祖到成宗、武宗时期，可以说是杂剧的鼎盛期，在此期间产生了一批有影响的作品，在城乡到处演出，成为当时上自宫廷、下至民间受到广泛欢迎的一种艺术形式。当全国统一以后，随着南北隔绝局面的解除以及运河的开凿和海运的开辟，中断一百余年的南北水运得以复通，富商大贾运载货物的舟楫，往来不绝。关汉卿、马致远、郑光祖、尚仲贤、戴善甫、张寿卿、侯正卿等北方大批杂剧作家和著名演员珠帘秀等纷纷南下，汇集南宋故都杭州及其周围地区（当时的浙西④），或定居或游宦。吸引他（她）们南下和定居的原因，主要因为江南物质生活优裕、文化底蕴深厚。大约到元中期，元杂剧达到

① 〔元〕王恽：《秋涧集》卷四三《义斋先生四书家训题辞》，《元人文集珍本丛刊》第2册，第28页；〔元〕姚燧：《姚燧集》卷一八《领太史院事杨公神道碑》，第281页；《斋居杂言》，见〔元〕苏天爵：《元文类》卷六，第64页，《国学基本丛书》本。

② 〔清末民初〕王国维：《宋元戏曲史》自序，上海古籍出版社1998年版，第1页。

③ 〔清末民初〕王国维：《宋元戏曲史》第十六章《余论》，上海古籍出版社1998年版，第128页。

④ 元代的浙西，包括杭州、平江（苏州）、嘉兴、湖州、常州、建德、镇江七路和松江府，相当于今天浙江北部和江苏南部的大部分地区。

山西洪洞县广胜寺元代壁画中的杂剧场面

鼎盛，杭州作家云集，人才辈出，他们在这里创作的作品汗牛充栋，呈现出杂剧创作和表演的繁荣局面，一时间盛况确实不亚于大都时期，卓然成为元杂剧后期的中心。据元人钟嗣成《录鬼簿》和元末明初人贾仲明《录鬼簿续编》及明初朱权《太和正音谱》记载，元杂剧作家总数约为200人，而据现有资料所知浙江籍的就有40人左右。其中杭州籍及附近作家计23人，在杭州的外地作家20人左右，占元杂剧作家总数的五分之一。有鉴于此，王国维《宋元戏曲史》中说："至中叶以后，则剧家悉为杭州人，中如宫天挺、郑光祖、曾瑞、乔吉、秦简夫、钟嗣成等，虽为北籍，亦均久居浙江。盖杂剧之根本地，已移而至南方，岂非因南宋旧都，文化颇盛之故欤！"①

元代戏曲大师关汉卿，在元军灭宋以后不久，即从大都来到杭州，从事杂剧创作。关汉卿生平史料寥寥，最早的记载见于元后期人钟嗣成《录鬼簿》："关汉卿，大都人，太医院尹（一本作太医院户），号已斋叟。"由此许多学者认为关汉卿的籍贯在大都（今北京）。也有人根据一些晚出的史料，认为其籍贯为祁州伍仁村（今属河北安国）或解州（今山西运城），只不过后来生活在大都而已。② 有学者认为，"或并去太医院尹之职而仅为伶人编剧以为生，此其既为职业的编剧者，故所作殊夥"③。关汉卿在杂剧发展史上地位非常重要。明初朱权《太和正音谱》卷上《古今群英乐府格势》称关汉卿"初为杂剧之始"，说明他很可能是北杂剧定型过程中的关键人物。他创作的杂剧作品，就今所知有66种，尚存者18种（其中有一些是否确系他的作品还存在争议）。就内容而言，包括公案剧、爱情剧、历史剧、文人逸事剧等，题材广阔，内涵丰富，极大地开拓了杂剧的表现功能。公案剧《窦娥冤》《蝴蝶梦》《鲁斋郎》，爱情剧《救风尘》《调风月》《拜月亭》《望江亭》，

关汉卿像

① 〔清末民初〕王国维：《宋元戏曲史》第九章《元剧之时地》，上海古籍出版社1998年版，第77页。

② 参阅蔡美彪：《关汉卿生平考略》，南京大学历史系元史研究室编《元史论集》，人民出版社1984年版。金文京：《关汉卿身世考》，北京师范大学古籍所编《元代文化研究》第一辑，第515—526页，北京师范大学出版社2001年版。

③ 郑振铎：《插图本中国文学史》，人民文学出版社1982年版，第641页。

历史剧《单刀会》尤其著名，思想境界深刻、人物刻画生动、语言朴素自然，均是不可多得的杰作。王国维评论说："关汉卿一空倚傍，自铸伟词，而其言曲尽人情，字字本色，故当为元人第一。"①据学者研究，关氏六十多部剧作中的大部分当写于杭州。关汉卿所作的套曲【南吕·一枝花】《杭州景》极其具体而生动地描绘了元初杭州街市的繁荣及湖山的秀丽景象：

> 普天下锦绣乡，寰海内风流地。大元朝新附国，亡宋家旧华夷。水秀山奇，一到处堪游戏，这答儿忒富贵。满城中绣幕风帘，一哄地人烟凑集。
>
> 【梁州】百十里街衢整齐，万余家楼阁参差，并无半答儿闲田地。松轩竹径，药圃花蹊，茶园稻陌，竹坞梅溪。一陀儿一句诗题，一步儿一扇屏帏。西盐场便似一带琼瑶，吴山色千叠翡翠。兀良、望钱塘江万顷玻璃。更有清溪绿水，画船儿来往闲游戏。浙江亭紧相对，相对着险岭高峰长怪石，堪羡堪题。
>
> 【尾】家家掩映渠流水，楼阁峥嵘出翠微，遥望西湖暮山势。看了这壁，觑了那壁，纵有丹青下不得笔。②

郑光祖，字德辉，平阳襄陵（今山西襄陵）人。元曲四大家之一。以儒任杭州路小吏而定居于杭州。秀丽的风光和繁奢的风俗，给他的杂剧创作注入了新的内涵，从而名震天下，声闻闺阁。杭州的戏剧界的作家和演员们都尊他为尊称之为"郑老先生"。所作杂剧今知有 18 种，现存 8 种。其中《倩女离魂》《王粲登楼》《㑳梅香》等较著名。《倩女离魂》写少女张倩与书生王文举相爱的故事，情节新奇，曲文艳丽，描写细腻，景情交融，历来脍炙人口，称得上元杂剧后期中的佳作。《王粲登楼》依据王粲的《登楼赋》，并虚构情节，铺衍而成，无论思想内容或故事情节而言，都无多大意义。唯第三折[迎仙客]以下数曲，写王粲漂泊他乡，登楼思家，为元、明论曲家所称道。他死后火葬于西湖灵芝寺，送葬之人多为文坛才子，以诗文相吊。

马致远，字东篱，大都（今北京）人。为元代四大曲家之一。他于元世祖至元二十年（1283 年）调江淮行省，辖区改称江浙行省后出任江浙行省务提举，从此长住杭州，至晚年退出官场，仍隐居杭州西郊乡村，其所作【双调】《观潮》"浙江亭，看潮生，潮来潮去原无定。唯有西山万古青，子陵一钓多高兴，闹中取静"；"白发劝东篱，西村最好幽栖"云云，正是这一时期生活的写照。剧作《陈抟高卧》《任风子》《黄粱梦》等神仙道化剧，明显地表现了他退隐林泉、受道教影响之后的出世思想，这些剧作当均写于杭州。另据《寒山堂曲

① 〔清末民初〕王国维：《宋元戏曲考》第十二章《元剧之文章》，上海古籍出版社 1998 年版，第 103—104 页。

② 〔元〕关汉卿著、王学奇等校注：《关汉卿全集校注》，河北教育出版社 1990 年版，第 771 页。

谱》注，南戏《牧羊记》亦为马致远任江浙省务提举时所作，至今昆剧尚能演出其中《看羊》《望乡》等八出。

白朴(1226—?)，原名恒，字太素，一字仁甫，号兰谷，隩州(今山西河曲)人。父白华，金末进士。白朴出生于金末丧乱之中，幼年曾从著名文学家元好问学习，后随父流寓真定，依附于军阀史天泽。成年后出外漫游，并开始创作杂剧。元灭南宋后，白朴也到过江南，晚年约在至元十七年(1280 年)徙居建康(今南京)，也曾多次到过杭州游览，并作剧多种，其中著名的有《钱塘梦》一剧。现知其创作杂剧 16 种，存者仅《梧桐雨》和《墙头马上》二种。前者以浓厚的抒情意味见长，后者以生动的戏剧冲突取胜，反映出作者驾驭和运用不同艺术风格的能力。

当时的杭州，不仅聚集着大量的杂剧作家，同时也汇集着许多著名的演员。据元末夏庭芝《青楼集》记载：自元初至此书写成的至正十五年(1355 年)的 80 年间，元代演员共有 150 人左右。北方杂剧名伶南下杭州者有珠帘秀、曹娥秀、顺时秀、天然秀、天锡秀等，她们原先大多是大都名妓。珠帘秀，姓朱，与关汉卿同时，是元初著名女杂剧演员，元夏庭芝《青楼集》称她姿容姝丽，“杂剧为当今独步”①。她来杭州后，与散曲作家、江南浙西道提刑按察使胡紫山有过交往②。胡紫山看了珠帘秀的杂剧表演后，非常赞赏，除了作【沉醉东风】曲相赠，称她的表演如“锦织江边翠竹，绒穿海上明珠”外，还绘声绘色地描摹她所创造的各种角色，说她戴“危冠”即成道士，剃“圆颅”即成和尚，穿“褒衣”即成儒生，戴“武弁”(军帽)即成兵士；扮卜者能言人祸福，扮医者能决人死生；饰母亲则慈贤，饰妇人则孝贞，饰媒婆则雍容巧辩，饰闺秀则旖旎娉婷；谈百货则行商坐贾，勤四体则女织男耕；居家则父慈子孝，立朝则君臣圣明。总之，她饰演的各种人物形象，从名公贵卿，到三教九流，无不形神逼真，“外则曲尽其态，内则详悉其情。心得三味，天然老成”③。另据元佚名《绿窗纪事·作文别妓》载：“钱塘道士洪丹谷与一妓通，因娶为室。……先是胡紫山以此妓名珠帘秀，尝拟《沉醉东风》曲以赠之。”元陶宗仪《辍耕录》中也载：“钱塘道士洪丹谷，与一妓通，同娶为室。病且革，顾谓洪曰：‘妾死在旦夕，卿须自执薪，还肯作一转语乎？夫妾，歌儿也，卿能集曲调于未死时，使预闻之，虽死无憾矣。’洪固滑稽轻佻者，遂作

---

① 〔元〕夏庭芝著，孙崇涛、徐宏图笺注：《青楼集笺注》，中国戏剧出版社 1990 年版，第 82 页。

② 李修生《元代杂剧演员朱帘秀》(载《戏曲研究》第五辑，第 239 页)一文认为，珠帘秀与胡紫山的交往，正值胡紫山任“江南浙西道提刑按察使”，时在至元二十六至二十七年(1289—1290)。

③ 〔元〕胡祗遹：《胡祗遹集》卷八《朱氏诗卷序》，吉林文史出版社 2008 年版，第 207 页。孙崇涛、徐宏图：《青楼集笺注》，中国戏剧出版社 1990 年版，第 83 页。

文……听罢，一笑而卒。”[①]从上述可知，珠帘秀不仅到杭州，还嫁给道士洪丹谷达二十年之久，最后老死在杭州。

四、南北书画界等的接触与交流

画家、书法家以地域来区分，生长在北方的有高克恭、李衎、刘贯道、李肖岩、何澄、鲜于枢等，生长在南方的有赵孟頫、钱选、任仁发、邓文原、龚开、郑思肖等。元朝的统一，使得长期不通声气的南北书画界有了开阔眼界和互相接触交流的可能。赵孟頫、邓文原等到北方做官，高克恭、李衎、鲜于枢等到江南任职，彼此声气相求，互相切磋，“异时论至元间中州人物极盛，由去金亡未远，而宋之故老遗民往往多在。方车书大同，弓旌四出，蔽遮江淮，无复限制，风流文献盖交相景慕，惟恐不得一日睹也”[②]。其中如赵孟頫、高克恭、鲜于枢、邓文原等都结下了深厚的友谊。[③] 高克恭、赵孟頫曾共同创作。“不见湖州三百年，高公尚书生古燕。西湖醉归写古木，吴兴为补幽篁妍。……赵公自是真天人，独与尚书情最亲。高怀古谊两相得，惨淡酬酢皆天真。”[④]高克恭曾说：“子昂写竹，神而不似；仲宾写竹，似而不神，其神而似者，吾之两此君也。”[⑤]这段话道出了高克恭在艺术上的自负，同时也反映出南北画家之间存在互相切磋、彼此促进的亲密关系。最能说明南北统一推动艺术进步的例子，应数李衎对自己创作历程的分析。李衎原在北方学画，以金朝王庭筠、王曼庆父子的作品为榜样，虽知王庭筠宗北宋文同，但不得见，常以为恨。元灭南宋后，李衎来到杭州，经友人介绍才见到文同真迹，以及唐代萧悦、五代李颇的作品。他感叹道：“幸际熙朝，文物兴起，生辇毂之下，齿荐绅之列，薄宦驱驰，辱遍交贤士大夫，讲闻稍详，且竭余力求购数年，于墨竹始见黄华老人（即王庭筠——引者），又十年始见文湖州，又三年于画竹始见萧、李，得之如此其难也，彼穷居僻学当何如耶！”另一方面，来到江南，也使他对各种竹有更多的认识。“行役万余里，登会稽，历吴楚，逾闽峤，东南山川林薮，游涉殆尽。所至非此君者，无以寓目，凡其族属支庶形色情状，生聚荣枯，老

① 〔元〕陶宗仪：《南村辍耕录》卷一五《与妓下火文》，第 167—168 页。

② 〔元〕柳贯：《柳贯集》卷一八《跋鲜于伯机与仇彦中小帖》，浙江古籍出版社 2014 年版，下册，第 485 页。

③ 〔元〕柳贯：《柳贯集》卷一一《夷门老人杜君行简墓碣铭》，浙江古籍出版社 2014 年版，上册，第 300—301 页。

④ 〔元〕陶宗仪：《南村辍耕录》卷二六《诗画题三绝》，第 293 页；〔元〕虞集：《道园学古录》卷二《题高彦敬尚书、赵子昂承旨共画一轴为户部杨侍郎作》，《四部备要》本，第 4 页。诗中“湖州”指北宋画竹名家文同。

⑤ 〔元〕王逢：《梧溪集》卷五《高尚书〈墨竹〉为何生性题》，《元代古籍集成》本，第 259 页。

稚优劣，穷诹熟察，曾不一致。”江南之行，李衎得以观摩前人名作，并深入竹乡实地考察，两者结合，使他的创作迈上了新台阶。①

李衎之子李士行，字遵道(1282—1348)，少年时代随父在江浙一带活动。“及见故国遗老，而吴兴赵公孟頫、渔阳鲜于公枢则又从学朝夕者也”。既有家学渊源，又得到赵孟頫、鲜于枢的指点，“故其歌诗字画，悉有前人风致”。“仁庙在位，崇尚艺文。近臣以君名荐，令人召之。君以所画《大明宫图》入见，上嘉其能，命中书与五品官，偕集贤侍读商公琦同在近列。”后官至黄岩知州。②

此外，由于运河交通非常方便，因此当时许多来自西域、信仰伊斯兰教的回民侨居杭州，在荐桥门一带形成了回民聚居的街坊。例如信奉伊斯兰教的回回人、曾任宜兴同知的舍剌甫丁，“急流勇退，隐居于杭之丰乐桥东旧班前，筑池圃，植花竹，为高世避贤之举。……葬于钱塘之西湖南园，从治命也”③。元代诗人丁鹤年、萨都剌等便是杭州回回人中的杰出代表。萨都剌晚年“寓居武林，博雅工诗文，每逢日晴美，辄肩一杖挂瓢笠，脚踏双不借走两山间，凡深岩邃壑，人迹所不到者，无不穷其幽胜，至得意处，辄席草坐，徘徊终日，不能去兴，至则发为诗歌。今两山多有遗墨”。而《西湖十景词》尤脍炙人口，竟莫知所终④。所建清真寺至少有 3 座。如目前尚存保佑坊的清真寺，就是在延祐年间(1314—1320)由回回大师阿老丁重建，后至正年间又予重修，其主殿无梁殿至今尚存。南屏山畔的南园废址，是杭州回回人的“丛冢”(即集体墓地)所在。宋末元初的周密在《癸辛杂识》对此作了详细的记载：

> 回回之俗，凡死者专有浴尸之人，以大铜瓶自口灌水，荡涤肠胃秽气，令尽。又自顶至踵净洗。洗讫，然后以帛拭干，用纻丝或绢或布作囊，裸而贮之，始入棺殓。棺用薄松板，仅能容身，他不置一物也。其洗尸秽水则聚之屋下大坎中，以石覆之，谓之招魂。置桌子坎上，四日一祀以饭，四十日而止。其棺即日便出瘗之聚景园，园亦回回主之。凡赁地有常价，所用砖灰匠者，园主皆有之，特以钞市之。直方殂之际，眷属皆剺面，捽披其发，毁其衣襟，躃踊号泣，振动远近。棺出之时，富者则丐人持烛撒果于道，贫者无之。既而各随少长，拜跪如俗礼，成服者，然后咭靴尖以乐，相慰劳之，意止令群回诵经。后三日，再至瘗所，富者多杀牛马以飨其类，并及邻里与贫丐者。

① 〔元〕李衎：《竹谱详录》，《知不足斋丛书》本。

② 〔元〕苏天爵：《滋溪文稿》卷一九《李遵道墓志铭》，第 213—214 页。

③ 〔清〕阮元主编：《两浙金石志》卷一六《元舍剌甫丁墓碣》，浙江古籍出版社 2012 年版，第 395 页。

④ 〔清〕李卫修：《西湖志》卷二〇《名贤二》引《两浙名贤录》，王国平主编《西湖文献集成》，杭州出版社 2004 年版，第 5 册，第 1549—1550 页。

或闻有至瘗所，脱去其棺，赤身葬于穴，以尸面朝西云。①

始建于元代的杭州凤凰寺

浙江杭州凤凰寺穹顶富有伊斯兰教文化特色的彩绘

浙江杭州凤凰寺礼拜堂装饰

第五节　辉煌的文化成就

元朝疆域辽阔，国内各民族之间和中外之间经济、文化交流的加强，促进了长江文化的发展。其时的长江文化，在元代文化中占有举足轻重的地位，其时中国文化仍然呈现出南重北轻的现象。与宋代相比，元代长江文化的发达程度总体上有所不及，但在某些方面则又有过之。

① 〔宋〕周密：《癸辛杂识》续集卷上《回回送终》，中华书局1988年版，第142—143页。

一、文学

元朝前期，南北由分裂重归一统。但就传统文学诗文创作领域而言，南北文坛仍然在一段时间内保留着各自的发展趋势和风格特色，尚未完全融合。钱基博评论说："元能兼并金宋之土地，而未统一南北之文学。北方文学衍金之元好问一派，文宗韩（愈）以矫苏（轼），诗反黄（庭坚）以为唐。……南士则承南宋，文格不变而诗格变，以唐矫宋，以晋参唐，意趣冲旷，语参游仙，一祛西江（引者按：指江西诗派）粗犷之弊，而趋于和雅。"①大抵金朝和南宋的文坛，在创作风格上起初都继承北宋传统，尤其受到苏轼、黄庭坚的影响。此后各自发展、扬弃，从不同途径走向"宗唐得古"的复古之风，又为以后的统一和融合奠定了基础。

（一）南宋遗民文学

在元朝前期的南方文坛，论及内容充实、深邃和具有时代风格，则应当首推南宋遗民文学。清初钱谦益概括说：

> 孟子曰："诗亡然后《春秋》作。"《春秋》未作以前之诗，皆国史也。……驯至于少陵（即杜甫——引者），而诗中之史大备，天下称之曰"诗史"。唐之诗入宋而衰，宋之亡也，其诗称盛。皋羽之恸西台，玉泉之悲竺国，水云之苕歌，《谷音》之越吟，如穷冬冱寒，风高气栗，悲噫怒号，万籁杂作。古今之诗莫变于此时，亦莫盛于此时。至今新史盛行，空坑、厓山之故事，与遗民旧老，灰飞烟灭。考诸当日之诗，则其人犹存，其事犹在，残篇啮翰，与金匮石室之书并悬日月。谓诗之不足以续史也，不亦诬乎？②

钱氏所言虽限于诗，但实可涵盖包括词、文在内的南宋遗民文学特征。

所谓遗民，本指身处易代之际、忠于旧朝、抗节不仕新朝的士人。而宋元鼎革与普通的改朝换代又有重大的不同。蒙古起自朔漠，一统天下，汉族王朝的血脉完全断绝，江南地区首次沦入北方游牧民族统治，沧桑巨变，自古所未有。与前代遗民相比，南宋遗民除了普通的故主之思外，更增添了坚贞的民族正气和炽热的爱国激情。较之前代遗民文学（包括金遗民文学），南宋遗民文学不仅哀痛情绪更加深切，而且又具有一种激昂慷慨的"孤忠""大节"心声。南宋末年的卑弱萎靡、雕镂藻饰文风，到遗民中扫除殆尽。遗民方凤说：

> 今夫水，虽万折必东焉。鸟兽大者丧其群，过乡翔回焉，鸣号踯躅焉，小者

① 钱基博：《中国文学史》中册，中华书局1993年版，第757页。

② 〔清〕钱谦益：《牧斋有学集》卷一八《胡致果诗序》，上海古籍出版社1996年点校本。

至于燕雀，犹有啁噍之顷焉，由人心生也。使遭变而不悲《黍离》，居夔而不念仪髦，望白云而不思亲，过州西门、闻山阳笛而不怀故，是无人心也，而尚复有诗哉？①

国破家亡、陵谷变迁的经历，使他们超越了嘲风弄月、无病呻吟的个人情感体验，开始用文笔抒发家国之痛、反思历史，表彰气节，贬抑势利，为宋代文坛谱写了一曲悲壮的尾声。

南宋遗民文学的成就以诗最盛，代表人物有谢枋得、郑思肖、谢翱、林景熙、汪元量等。谢枋得的诗虽不工修饰，而正气磅礴，大义凛然。郑思肖曾将一些言辞激烈的反元怀宋诗文编为《心史》，藏于苏州承天寺井中，直到明末才被人发现，流布于世。谢翱的不少诗作借用传统意象表达故国之思，悲凉哀婉，意境深远，达到很高的艺术水平。如《晞发集》卷6《效孟郊体七首》之四：

落叶昔日雨，地上仅可数。
今雨落叶处，可数还在树。
不愁绕树飞，愁有空枝垂。
天涯风雨心，杂佩光陆离。
感此毕宇宙，涕零无所之。
寒花飘夕晖，美人啼秋衣。
不染根与发，良药空尔为！

由于谢翱在遗民中素有诗名，至元二十三年（1286年）他受浦江人吴渭的聘请，与另两位遗民诗人方凤、吴思齐共同主办诗社"月泉吟社"，以《春日田园杂兴》为题，发起一次大规模的征诗活动，从江南各地征得诗作2735首，从中评出优秀作品280首，排定名次，各赠奖品。当时"南宋遗民故老，相与唱叹于荒江寂寞之滨，流风余韵，久而弗替，遂成风会"②，这次征诗活动就是一次遗民诗歌的大规模唱和。全祖望评价说："月泉吟社诸公，以东篱北窗之风抗节季宋，一时相与抚荣木而观流泉者，大率皆义熙人相尔汝，可谓壮哉！"③

林景熙论诗，慕杜甫、陆游，盖因爱国精神相激荡，引为同调。《霁山集》卷3《题陆放翁诗卷后》：

① 〔元〕方凤：《仇仁父诗序》，见方勇辑校《方凤集》，浙江古籍出版社1993年版，第64页。
② 〔清〕赵翼：《廿二史札记》卷三〇《元季风雅相尚》，中国书店1987年版，第445页。
③ 〔清〕全祖望：《鲒埼亭集》外编卷三四《跋月泉吟社后》，《四部丛刊》本。

天宝诗人诗有史，杜鹃再拜泪如水。
龟堂一老旗鼓雄，劲气往往摩其垒。
轻裘骏马成都花，冰瓯雪碗建溪茶。
承平麾节半海宇，归来镜曲盟鸥沙。
诗墨淋漓不负酒，但恨未饮月氏首。
床头孤剑空有声，坐看中原落人手。
青山一发愁蒙蒙，干戈况满天南东。
来孙却见九州同，家祭如何告乃翁？

汪元量(1241—1317?)，字大有，号水云，钱塘(今浙江杭州)人。善琴，为南宋末年宫廷琴师。宋亡，随太后、幼帝北迁，曾在元廷任职，以琴艺供奉，其《歌楼感事》一诗便对此作了说明：“昔年同辈载花仙，此日登临籍妓员。恩赐舞衣香未歇，御书歌扇墨犹鲜。碧云翼翼金钗滑，红雪翩翩玉佩圆。却把向来供奉曲，酒边对客续朱弦。”①他还常去狱中看望民族英雄文天祥，并为他演奏《胡笳十八拍》等琴曲。② 至元二十五年(1288 年)，自请出家为道士，因得南归。次年，他回到了杭州，定居于西湖畔，曾结诗社于杭州，后不知所终。作品主要有《醉歌》10 首、《越州歌》20 首、《湖州歌》98 首，结集名为《湖山类稿》《水云集》，有“宋亡之诗史”之称。③ 他在南宋身份低微，本不厕于士大夫之列。虽滞留元廷，而心系故土，无时不以家国为念。身经乱离，“其亡国之戚，去国之苦，艰关愁叹之状，备见于诗，微而显，隐而彰，哀而不怨，欷歔而悲，甚于痛哭”④。其《醉歌》十首之四：“六宫宫女泪连连，事主谁知不尽年。太后传宣许降国，伯颜丞相到帘前。”之五：“乱点连声杀六更，荧荧庭燎待天明。侍臣已写归降表，臣妾佥名谢道清。”之十：“伯颜丞相吕将军，收了江南不杀人。昨日太后请茶饭，满朝朱紫尽降臣。”⑤这三首《醉歌》极言宋廷降附时的屈辱情状，斥责了太皇太后率先屈膝向元兵投降，而满朝朱紫贵的王公大臣毫无气节向元称臣，南宋皇朝就此覆灭。另一位遗民刘辰翁在诗后批注：“忍见，忍见！”⑥《越州歌》20 首，描述元兵入杭、至“三十六宫随辇去”的悲惨情景。如其三：“东南半壁日昏昏，万骑临轩趣幼君。三十六宫随辇去，不堪回首望吴云。”⑦因为亡国，所以日昏昏，“趣幼君”，趣不是

① 〔元〕汪元量：《增订湖山类稿》卷四，孔凡礼辑校，中华书局 1984 年版，第 121 页。
② 参阅王国维：《观堂集林》卷二一《书宋旧宫人诗词湖山类稿水云集后》，中华书局影印本。
③ 〔清〕陆心源：《宋史翼》卷三五《汪元量传》；孔凡礼：《汪元量事迹编年》，见《增订湖山类稿》，第 281 页。
④ 赵文则：《书汪水云诗后》，见孔凡礼辑校《增订湖山类稿》，中华书局 1984 年版，第 188 页。
⑤ 〔元〕汪元量：《增订湖山类稿》卷一《醉歌》，第 13—16 页。
⑥ 〔元〕汪元量：《增订湖山类稿》卷一《醉歌》，第 14 页。
⑦ 〔元〕汪元量：《增订湖山类稿》卷一《越州歌》其二，第 59 页。

催促，而是逼迫，真是亡国之痛，所以“不堪回首望吴云”。此可谓“感时花溅泪，恨别鸟惊心”同调也。至于《湖州歌》98首，依次记述元兵入杭，宋室投降，及元量随行“杭州万里到幽州”的所历所感，多用白描，少发议论，而亡国之痛力透纸背。湖州歌之湖州，指杭州城北傍运河，南宋时商贸极为热闹湖州集市。宋室被掳北去人员沿运河乘船经此地而去到大都的。这组诗其一至其六写元兵入杭，宋室投降；其七至其六十八写赴大都及赴大都时途中情况；其六十九至九十八写抵大都之情况。这98首《湖州歌》非作于一时，至大都后集其成。如前六首：

一

丙子正月十有三，挝鞞伐鼓下江南。

皋亭山上青烟起，宰执相看似醉酣。

二

万马如云在外间，玉阶仙仗罢趋班。

三宫北面议方定，遣使皋亭慰伯颜。

三

殿上群臣默不言，伯颜丞相趣降笺。

三宫共在珠帘下，万骑虬须绕殿前。

四

谢了天恩出内门，驾前喝道上将军。

白旄黄钺分行立，一点猩红似幼君。

五

一掬吴山在眼中，楼台叠叠间青红。

锦帆后夜烟江上，手抱琵琶忆故宫。

六

北望燕云不尽头，大江东去水悠悠。

夕阳一片寒鸦外，目断东南四百州。①

时人周方比喻汪元量的诗是“再嫁妇人望故夫之陇，神销意在，而不敢出声哭也”。赵文则说：“读汪水云诗而不堕泪者，殆不名人矣。”②

词是文学史上最能代表宋代特色的文体。遗民中以词擅名者亦不乏人。刘辰翁（1232—1297），字会孟，号须溪，庐陵（今江西吉安）人。理宗景定三年（1262年）进士。为

① 〔元〕汪元量：《增订湖山类稿》卷一《湖州歌》，中华书局1984年版，第36页。

② 赵文则：《书汪水云诗后》，〔元〕汪元量：《增订湖山类稿》，第186—187页。

江西诗派后劲，又以擅长评点前人诗文知名，被誉为“中国历史上第一个文学评点大师”①。其作品传世者，以词的成就最高，其中大部分作于宋亡以后，感怀时事，悼念故国，格调哀婉深沉。如《须溪集》卷八《柳梢青·春感》：

铁马蒙毡，银花洒泪，春入愁城。笛里番腔，街头戏鼓，不是歌声。那堪独坐青灯，想故国，高台月明。辇下风光，山中岁月，海上心情。

张炎（1248—？），字叔夏，号玉田，钱塘人，祖籍秦州成纪（今甘肃天水）。南宋初年大将张浚六世孙。生于富贵之家，早年生活豪奢，宋亡后家道败落，流离江湖。他是宋元之际词坛上的重要人物，“所作往往苍凉激楚，即世抒情，备写其身世盛衰之感，非徒以翦红刻翠为工”②。如《山中白云词》卷1《高阳台·西湖春感》：

接叶巢莺，平波卷絮，断桥斜日归船。能几番游，看花又是明年。东风且伴蔷薇住，到蔷薇，春已堪怜。更凄然，万绿西泠，一抹荒烟。

当年燕子知何处？但苔深韦曲，草暗斜川。见说新愁，如今也到鸥边。无心再续笙歌梦，掩重门，浅醉闲眠。莫开帘，怕见飞花，怕听啼鹃。

另外重要的遗民词家还有周密、王沂孙等。周密（1232—？），字公谨，号草窗，湖州（今属浙江）人。出身于官僚世家，以门荫入仕，宋亡隐居，致力著述，先后撰著《齐东野语》《癸辛杂识》《武林旧事》《浩然斋雅谈》等书，多记宋元之际史事。有《草窗词》传世。王沂孙，字圣与，号碧山，会稽（今浙江绍兴）人。早年事迹不详，元初曾任庆元路儒学正，有《碧山词》传世。两人词作均善于使事用典，以寄托兴亡之感。在蕴涵故国之思的同时，艺术上也都达到很高水平。

遗民诗词作家也有不少散文名作。如谢翱《晞发集》卷10《登西台恸哭记》哀悼文天祥死难，悲愤之情发自肺腑，感人至切。谢枋得《叠山集》卷1《上丞相留忠斋书》坚拒仕元，义正词严，掷地有声。

在经历了宋元之际的历史动荡和重组之后，《黍离》《麦秀》之思，铜驼荆棘之哀，并不仅限于遗民，而是南方士人中相当普遍的情感。与抗节不仕的遗民相比，还有许多士人立场不够坚定，出山与元廷合作，成了变节的“贰臣”。人是复杂的，这些“贰臣”尽管为元朝效劳，却也有缅怀故国之情，形之于诗，不乏佳作。典型例子为赵孟頫。赵孟頫（1254—1322），字子昂，号松雪道人，湖州人。宋太祖子秦王赵德芳后裔，以荫补官。至元二十三年被程钜夫荐举入仕，拜兵部郎中，累官至翰林学士承旨，死后封魏国公。他可以说是元朝前期南方士人在元朝比较“显达”的代表人物。其《松雪斋集》卷4《岳鄂王墓》：

① 孙琴安：《中国评点文学史》，上海社会科学院出版社1999年版，第67—68页。
② 《四库全书总目》卷一九九《集部·词曲类二·山中白云词》，中华书局1965年版，第1822页。

鄂王坟上草离离，秋日荒凉石兽危。
南渡君臣轻社稷，中原父老望旌旗。
英雄已死嗟何及，天下中分遂不支。
莫向西湖歌此曲，水光山色不胜悲！

身为南方士人，而且还是南宋宗室，出山仕元，心理压力也是巨大的。到了晚年，悔恨、自责的心情屡见于赵孟頫诗作。如《罪出》诗云："在山为远志，出山为小草。古语已云然，见事苦不早。……谁令堕尘网？宛转受缠绕。昔为水上鸥，今如笼中鸟。"①他还曾自嘲："我生瘦软乏骏骨""一生事事总堪惭"②。这一类自悔自责诗句，同遗民文学中的自勉明志诗句一样，都从不同侧面反映了一代士人的生活悲剧。

此时重要的南方作家，还有方回、戴表元、程钜夫、袁桷、吴澄等人。方回（1227—1305），字万里，号虚谷，徽州歙县（今属安徽）人。宋末任严州知府，元军南下时率先迎降，得任建德路总管。人品卑污，在当时广受抨击。但他工于吟诗，其《桐江续集》所收入元后诗作，多达2700余首，作品之繁富，为当时南士之冠，其中也不乏反映社会现实的佳篇。③ 戴表元（1244—1310），字帅初，庆元奉化（今属浙江）人。南宋进士，入元隐居，成宗时一度出任地方学官，有《剡源集》传世。诗文清新雅洁，被尊为元初东南的"文章大家"。④ 方、戴两人在文学理论方面，也都有一定的建树。

（二）全国统一后的诗文创作

随着全国的统一，文化教育事业逐渐恢复和发展，南北文坛经过相当长时间的交流和磨合，风气渐趋一致。仁宗即位以后提倡"文治"，重开科举。这些因素的相互作用，导致诗文创作日趋兴盛，作品数量增多，一批有影响的作者相继出现。

这一阶段长江流域最著名的诗文作者当推虞集和揭傒斯。虞集（1272—1348），字伯生，号道园，崇仁（今江西崇仁）人。是理学家吴澄的学生。成宗大德六年（1302年）为大都路儒学教授。至大四年（1311年）转国子博士，正八品。仁宗延祐元年（1314年）改太常博士，仍为正八品。四年（1317年）迁集贤修撰，秩正七品。五年，改翰林待制兼国史院编修官，秩从六品。泰定元年（1324年）升国子司业，正六品。三年（1326年），迁秘书少监，从五品。文宗开奎章阁，虞集深受宠任，已见前述。数年之内，官至翰林侍讲学士，从二品。顺帝即位，谢病归。至正八年（1348年）去世，年七十七岁。虞集著作宏富，是元代

① 〔元〕赵孟頫：《赵孟頫文集》卷二，上海书画出版社2010年版，第17页。
② 〔元〕赵孟頫：《赵孟頫文集》卷三《赠相者》、卷五《自警》，第41、102页。
③ 参阅杨镰：《元诗史》，人民文学出版社2003版，第357—360页。
④ 〔明〕宋濂等：《元史》卷一九〇《戴表元传》，第4336—4337页。

诗文作品最多的作者之一，传世有《道园学古录》《道园遗稿》等。

元虞集像

虞集的诗文，在当时已受推崇，后代亦有很高评价。元末王祎说："海内学者士大夫所取法"的"国朝之文"，只有"柳城姚公"（姚燧）、"清河元公"（元明善）、"蜀郡虞公"（虞集）、"金华黄公"（黄溍）和苏天爵五人。① 清代编《四库全书总目提要》，在评论《道园学古录》时说："有元一代，作者云兴，大德、延祐以还，尤为极盛，而词坛宿老，要必以集为大宗。"②虞集可以说是赵孟頫以后的文坛领袖。在他生前，人们便认为他的文章可与唐代韩愈相提并论，"后韩子而继出者，士论有所归矣"③。明初有人说，他的诗作，在元朝堪称第一，"然光芒变化，诸体咸备，当推道园，如宋朝之有坡公也"④。将虞集诗文与韩愈、苏轼相比，可以说是过誉，但可看出他在当时文坛的崇高地位。

这一时期文坛另一位重要人物揭傒斯（1274—1344），字曼硕，富州（今江西丰城）人。父揭来成，南宋乡贡进士。家贫力学，受程钜夫赏识。仁宗时，到大都，因程钜夫等推荐，入翰林国史院为编修，正八品。文宗开奎章阁，为授经郎，正七品，地位比不上虞集，也不如柯九思。顺帝登基后，虞集失宠退休，揭傒斯地位逐步提高。后至元元年（1335 年）任翰林待制，迁集贤直学士、奎章阁供奉学士。至正二年（1342 年）升侍读学士。"以庶士起远方而徊翔于清途三十年"，此时才于数年之内，由正五品升为从二品，"实异数也"⑤。有趣的是，虞集在文宗朝数年间由正五年升至从二年，而揭傒斯则在顺帝前期重复了这一过程，比虞集正好晚了 10 年。从至正三年起，参与辽、金、元史的修撰，因劳累得病于四年去世，年 71 岁。传世有《揭文安公集》。⑥ 其"为文叙事严整而精核，持论一主于理，语简而洁。诗长于古乐府选体，清婉丽密而不失乎情性之正，律诗伟然有盛唐风"。当时已有"儒宗文师"之称。⑦ 有人认为，"揭曼硕文章居虞之次，如欧之有苏、曾"。清人编纂的

① 〔明〕王祎：《王忠文公集》卷一六《上苏大参书》，《文渊阁四库全书》本，第 1226 册，第 338 页。

② 《四库全书总目》卷一六七《集部二十·别集类二十·道园学古录》，中华书局 1965 年版，第 1440 页。

③ 至正五年宪司呈文，载〔元〕虞集：《道园类稿》卷首，《元人文集珍本丛刊》，第 5 册，第 254—255 页。

④ 〔明〕瞿佑：《归田诗话》卷下《退朝口号》，《知不足斋丛书》本，第 1 页。

⑤ 〔元〕黄溍：《金华集》卷二六《揭文安公神道碑》，《四部丛刊》本，第 19 页。

⑥ 〔元〕黄溍：《金华集》卷二六《揭文安公神道碑》，第 16—22 页。

⑦ 李梦生点校，改题《揭傒斯全集》，上海古籍出版社 1985 年版。

《四库全书总目提要》认为这个评价"其殆定论乎！"①也就是说揭傒斯诗文的成就仅次于虞集，两人都是元代后期文坛的领袖人物，可以相提并论的。

元末欧阳玄说："皇元混一之初，金宋旧儒布列馆阁……承平日久，四方俊彦萃于京师，笙镛相宣，风雅迭唱，治世之音，日益以盛矣。"他认为虞集的作品便是这种风气的代表。② 至正五年(1345 年)江西宪司(肃政廉访司)为出版虞集文集发送的牒文中说："我圣元区宇光大，治化休明，时运之盛，亘古所无。而任制作之重，亦必有其人焉。伏睹前翰林侍讲学士、资德大夫虞集，阀阅名家，久居禁近，以文章道德，黼黻皇猷。"因而要出版其著作，"岂惟可以为法后学，实足以彰国家制作之盛"③。"治化之音""黼黻皇猷"确实表明了虞集诗文的特色，用今天的话来说，也就是讴歌升平，对元朝统治起粉饰的作用。揭傒斯的"文章纯深尔雅，警发愦愦……掌斯文于玉堂，赞皇猷之光大"④。其基本倾向和虞集是相同的。两人的作品中，官场应用文字和应酬文字占有很大比重。以虞集来说，"至治、天历，公仕显融，文亦优裕。一时宗庙朝廷之典册，公卿大夫之碑版，咸出公手，粹然自成一家之言"⑤。以揭傒斯来说，"国家大典册文元勋茂德当得铭者，必以命公。人子欲显其亲者，莫不假公文以为重"⑥。这些奉命谀墓之作，固然可以获得声名甚至丰厚的报酬，⑦但是很难在思想上、艺术上有大的成就。虞集、揭傒斯都崇尚理学。虞集是元代理学大师吴澄的弟子，对提倡理学可以说不遗余力。他与佛、道两教上层人物多有交往，不少诗文与此有关。相对来说，揭傒斯不大讲理学，与僧、道亦有交往，但不如虞集之多。文人与僧、道交往，这是当时的一种社会风气，虞、揭亦不例外。

虞集虽然受帝王眷遇，但因为是"南人"，常有被排挤、受攻击的痛苦，晚年被卷入元朝帝位争夺的漩涡中，几遭不测，因而诗文中常有退隐田里的想法。"忆江南"在他的诗词中反复出现："京国多年情态改，忽听春雨忆江南。""为报道人归去也，杏花春雨在江南。"⑧柯九思被贬逐回南后，虞集作《风入松》一阕寄赠，终句是："重重帘幕，寒犹在，凭谁寄金字泥缄。为报先生归也，杏花春雨江南。"⑨此词一时脍炙人口，既道出了对柯九思的

① 《四库全书总目》卷一六七《集部二十·别集类二十·文安集》，第 1441—1442 页。

② 〔元〕欧阳玄：《雍虞公文集序》，《道园类稿》卷首，《元人文集珍本丛刊》，第 5 册，第 252—253 页。

③ 〔元〕虞集：《道园类稿》卷首，《元人文集珍本丛刊》，第 5 册，第 254 页。

④ 〔元〕欧阳玄：《欧阳玄集》卷一五《翰林国史院祭揭侍进文》，第 204 页。

⑤ 〔元〕欧阳玄：《雍虞公文集序》，见《道园类稿》卷首，《元人文集珍本丛刊》，第 5 册，第 252 页。

⑥ 〔元〕黄溍：《金华集》卷二六《揭文安公神道碑》，《四部丛刊》本，第 21 页。

⑦ 揭傒斯受命撰《明宗皇帝神御殿碑》，"文成，赐楮币万缗，白金五十两，中宫所赐白金数亦如之"。"客有为人谒文而私其金者，他客发其事，公曰：已受之矣。人尤服公雅量。"可知为人作文亦有报酬，见〔元〕黄溍：《金华集》卷二六《揭文安公神道碑》，第 21 页。

⑧ 〔元〕虞集：《道园学古录》卷四《腊日偶题》，第 9 页；《听雨》，第 4 页。

⑨ 〔元〕虞集：《道园学古录》卷四四，第 11 页。

同情，又婉转地表达了他在仕途与退隐之间的矛盾心情。虞集还有一些追念南宋的诗文，如《跋宋高宗亲札赐岳飞》《陈炤小传》《挽文山丞相》等。《跋宋高宗亲札赐岳飞》表彰岳飞的抗金事迹；[①]《陈炤小传》颂扬陈炤死守常州抗元的英雄行为；[②]《挽文山丞相》诗，对慷慨就义的文天祥表示了同情和景仰："徒把金戈挽落晖，南冠无奈北风吹。"[③]但是这与以前遗民们的诗文是不同的。那时南宋亡国不久，遗民怀念故国，旨在反对元朝；此时元朝统治已巩固，鼓吹前人的"忠烈"，是为元朝臣子树立榜样。虞集与元顺帝有过一段对话："又一日，受命记一古寺，稍陈前代遗迹。有构饰于上者，谓公前代相臣子孙，适美前事尔。他日入见，上以是语之。对曰：前代已远，臣庶子孙思其父祖，固不忘其所事。此可为忠孝。臣愚不足以及此。但臣以疏庸，遭遇圣代，致位通显。他日臣之子孙以臣遭遇，世世毋忘本朝厚恩，亦忠孝之劝也。故臣谓能为此言于上前者，亦必忠孝之人也。'上目近臣叹异之。"[④]可见虞集的诗文涉及"前代遗迹"，曾被人告发。但他以"忠孝之劝"作解释，得到元朝皇帝的理解。这也应是他作此类诗文的主要动机，当然，作为"南人"和南宋丞相之后，在内心保存文献以及表彰前人的复杂情绪，这也是很自然的。揭傒斯早年生活颇为坎坷，"奔走衣食于四方"，"触冒乎炎埃雨雪之间，或过午而未食，或既夕而犹迈"，因而对民间疾苦有所了解。[⑤] "寒就江南暖，饥就江南饱，莫道江南恶，须道江南好。"曲折地表现了对元朝歧视"南人"政策的不满。[⑥] "去年旱毁才五六，今年家家食无粟。高囷大廪闭不开，朝为骨肉暮成哭。"[⑦]随着政治地位的改变，他的诗文便以颂圣、酬答为主，间亦有涉及民间疾苦之处，但已不多见了。

就文章而言，这一阶段著名作家还有柳贯、黄溍、马祖常、欧阳玄等。柳贯（1270—1342），字道传，浦江（今属浙江）人。起家县学教谕，官至翰林待制（从六品）。传世有《柳待制文集》。黄溍（1277—1357），字晋卿，义乌（今浙江义乌）人。延祐二年（1315 年）首科进士，官至翰林直学士（从二品）。传世有《金华先生文集》。欧阳玄（1283—1352），字原功，号圭斋，浏阳（今属湖南）人。延祐二年与黄、马同榜进士及第，官至翰林学士承旨（从

① 〔元〕虞集：《道园学古录》卷四〇，第 8—9 页。

② 〔元〕虞集：《道园学古录》卷四四，第 11 页。

③ 〔元〕虞集：《道园遗稿》卷三，至正十四年刻本，第 2 页。

④ 〔元〕欧阳玄：《欧阳玄集》卷九《虞雍公神道碑》，吉林文史出版社 2009 年版，第 108 页。

⑤ 〔元〕揭傒斯：《揭傒斯全集》文集卷二《上李秦公书》，上海古籍出版社 1985 年版，第 270—272 页。

⑥ 《揭傒斯全集》诗续集《题芦雁四首》，第 245 页。按〔元〕孔齐《至正直记》卷三《曼硕题雁》云："豫章揭翰林曼硕《题雁图》云：'寒向江南暖，饥向江南饱。物物是江南，不道江南好。'盖讥色目、北人来江南者贫可富、无可有而犹毁辱骂南方不绝，自以为右族身贵，视南方如奴隶。然南人亦视北人加轻一等，所以往往有此诮。"（上海古籍出版社 1987 年版，第 111 页）所引诗文字有出入。

⑦ 《揭傒斯全集》诗集卷一《大饥行》，第 32 页。

一品）。传世有《圭斋集》。柳贯、黄溍、欧阳玄与虞集、揭傒斯年龄相近，除柳贯外其余五人入仕时间虽有迟早，但最终都得高官，而且都曾在中央文化教育部门任职。柳贯、黄溍和虞集、揭傒斯在当时就有“儒林四杰”之称。① 元末陈旅曾评论说：“天历以来，海内之所宗者，唯雍虞公伯生、豫章揭公曼硕、乌伤黄公晋卿及公（柳贯——引者）四人而已。”宋濂引用这段话，并说：“识者以为名言。”②可见他们在当时文坛的地位。柳、黄亦长于官场应用文字，黄溍尤为突出。③ 欧阳玄虽不在“四杰”之列，但在虞、揭、黄之后，他实际上成为朝廷中各种重要文字的主要作者，“凡宗庙朝廷雄文大册，播告万方制诰，多出玄手”④。这几位文章大家，都以擅长官场应用文字著称。当然，他们有些关于山水园林、兴学修桥以及书画题跋的短篇散亦颇有可取之处。但总的说来，这一阶段甚至可以说整个元代，并没有真正出色的雄文名篇，比不上唐、宋两代的成就。

这一阶段诗词的成就，应该说在散文之上。诗词的主要作者，有虞集、揭傒斯、范梈、杨载、萨都剌、迺贤、王冕、杨维桢等，虞、揭、范、杨在当时齐名，后来有“元诗四家”之称。范梈（1272—1330），字德机，清江（今属江西）人。“家贫早孤”，曾“假阴阳之技以给旅食”。后受荐为翰林编修，迁廉访司照磨（正九品）、知事（正八品）等。⑤ 杨载（1271—1323），字仲弘，祖籍浦城（今属福建），父杨起潜迁居杭州，故为杭州人。“以布衣召入，擢翰林院编修。延祐二年（1315 年）首科进士，为浮梁州同知（从六品）。⑥ 范梈“浮沉下僚，又不获中寿”⑦，在仕途上是较坎坷的。杨载的境遇与范梈相似。他们的经历与虞、揭有很大的差别。“延祐、天历之间，风气日开，赫然鸣其治平者，有虞、杨、范、揭。”⑧范、杨与虞、揭的诗歌风格差别很大，⑨但都以歌颂“治平”为主旨，却是相同的。范、杨诗作中也同样有颂扬圣君名相的作品，还有不少怀才不遇、期待进用的诗篇。范梈入仕后曾先后到

① 〔明〕宋濂等：《元史》卷一八一《柳贯传》，第 4189 页。

② 〔明〕宋濂：《柳待制文集跋》，《柳贯集》，浙江古籍出版社 2014 年版，下册，第 560 页。

③ 虞集、黄溍所作碑铭传记，有许多蒙古、色目达官显贵；揭傒斯、柳贯所作碑铭传记，大多为汉、南中层官员或士人。由此可以看出，“四杰”在当时地位实际上有很大的差别。

④ 〔明〕宋濂等：《元史》卷一八二《欧阳玄传》，第 4198 页。

⑤ 〔元〕吴澄：《吴文正公集》卷四二《故承务郎湖南岭北道肃政廉访司经历范亨父墓志铭》，《元人文集珍本丛刊》，第 4 册，第 23—24 页。

⑥ 〔元〕黄溍：《金华集》卷三三《杨仲弘墓志铭》，第 4—5 页。

⑦ 〔元〕吴澄：《吴文正公集》卷四二《故承务郎湖南岭北道肃政廉访司经历范亨父墓志铭》，《元人文集珍本丛刊》，第 4 册，第 24 页。

⑧ 顾嗣立：《寒斤诗话》，转引自《揭傒斯全集》附录四“评论轶事”，第 508—509 页。

⑨ 〔元〕陶宗仪《南村辍耕录》卷四《论诗》：“故国朝之诗，称虞、赵、杨、范、揭焉。……尝有问于虞先生曰：‘仲弘诗如何？’先生曰：‘仲弘诗如百战健儿。’‘德机诗如何？’先生曰：‘德机诗如唐临晋帖。’‘曼硕诗如何？’曰：‘曼硕诗如美女簪花。’‘先生诗如何？’笑曰：‘虞集乃汉廷老吏。’盖先生未免自负。公论以为然。”（第 45—46 页）在有的记载中，“美女簪花”作“三日新妇”，“汉廷老吏”作“汉法令师”。

海北海南廉访司任职，海北海南道廉访司在雷州路(路治海康，今广东雷州)，海南在其监察范围之内。范梈曾出巡海南，写下不少有关海南景物的诗篇，如《西黎歌》《琼州出郭》等，在元诗中是不多见的。他的《闽州歌》叙述福建绣工受官府压迫的苦辛，则是在福建廉访司任职时所作。就反映社会生活的广阔程度来说，范梈在"元四家"中是比较突出的。

杨维桢(1296—1370)，字廉夫，号铁崖，绍兴诸暨(今属浙江)人。他是元末东南名声最盛的诗人。泰定四年(1327年)进士，历任天台县尹(正七品)、盐场司令、路推官(从六品)等职。农民战争爆发后，"浪迹浙西山水间"。明初，应召修礼乐书，不久因病辞归去世。① 传世诗文甚多，有《东维子集》《铁崖古乐府》《铁崖诗集》等。② 杨维桢在世时就有"文章巨公"之称，"其于诗尤号名家"③，尤以乐府诗和竹枝词为人称道。乐府诗有的沿用古题，有的题目新创；有的以历史故事为题材，有的则反映现实生活、民间疾苦。竹枝词(歌)倡自唐朝刘禹锡，表现手法模仿民间歌谣，多以风光、爱情为题材。杨维桢作有《西湖竹枝歌》《吴下竹枝歌》《海乡竹枝歌》等，其中《西湖竹枝歌》在当时有较大影响，"流布南北，名人韵士属和者无虑百家"。《海乡竹枝歌》应是他在盐场任职时的作品，写出了盐业劳动者的艰辛，可以说是竹枝词中别开生面之作。"潮来潮退白洋沙，白洋女儿把锄耙。苦海熬干是何日，免得侬来爬雪沙。"杨维桢还有一些香奁诗，描写妇女的体态、服饰和男女之事，以致被人称为"文妖"。④ 这实际上反映出他生活中追求享乐、"耽好声色"的一面，在当时浙西文人中，也是有一定代表性的。

杨维桢像

王冕(？—1359)，字元章，绍兴诸暨(今属浙江)人。曾应进士举，不中。北上大都，亦未能入仕，回乡隐居。农民战争爆发后，朱元璋部进入浙东，王冕投奔朱部，但不久即病死。王冕以画梅得名，但在诗歌创作方面，亦有很高的成就，传世有《竹斋诗集》。⑤ 他有不少伤时忧世的诗篇，如《伤亭户》《江南妇》《悲苦行》《望雨》等，劳动人民的悲惨境遇，

① 〔明〕宋濂：《宋文宪公全集》卷一〇《杨君墓志铭》，《四部备要》本，第15—17页。

② 浙江古籍出版社1994年出版了邹志方校点的《杨维桢诗集》(《两浙作家文丛》之一种)。

③ 〔明〕宋濂：《宋文宪公全集》卷一〇《杨君墓志铭》，第16页。

④ 〔明〕王彝：《王常宗集》卷三《文妖》，《景印文渊阁四库全书》，台北商务印书馆1986年版，第1229册，第423页。

⑤ 《两浙作家文丛》收寿勤泽点校《王冕集》，浙江古籍出版社1999年版。

官吏、地主的残酷压迫，都形象地得到表现。他还常常用贫富对比的手法，来加强艺术的感染力。《江南妇》可以说是有代表性的：

江南妇，何辛苦。田家淡泊时将暮，敝衣零落面如土。馌彼南亩随夫郎，夜间织麻不上床。织麻成布抵官税，力田得米归官仓。官输未了忧枵腹，门外又催私债促。大家揭贴出陈帐，生谷十年还未足。长儿五岁方离手，小女三周未能走。社长呼名散户由，下季官盐添两口。舅姑老病毛骨枯，忍饥忍寒蹲破庐。残年无物做慈孝，对面冷泪空流珠。燕赵女儿颜如玉，能拨琵琶调新曲。珠翠满头金满臂，日日春风嫌酒肉。五侯七贵争取怜，一笑可得十万钱。归来重藉锦绣眠，罗帷暖拥沈麝烟。①

从反映社会现实来说，王冕的诗是元代后期诗人中最值得重视的。他常在自己的画上题诗，这些题画的咏梅诗以其特有的风格受到人们的赞赏。“不要人夸好颜色，只留清气满乾坤。”清雅高洁，既是写梅，又是自况。

王冕《梅花图》

这一时期成名的诗文作者还有很多，以上所举只有其中有代表性的几个，难以一一列举。总的来说，这一时期诗文作者群从地域来看，知名作者中南方长江流域占明显优势。从上面提到的人来看，江浙行省 5 人，内浙东有柳贯、黄溍、杨维桢、王冕，福建有杨载；江西行省有 3 人，虞集、揭傒斯、范椁；湖广行有 1 人，欧阳玄。北方 2 人，马祖常、萨都刺。这一时期比较有声望的诗人作者还有 17 人。江浙行省 12 人，内浙东 6 人，即吴莱、周权、李孝光、张宪、陈基、戴良；浙西 5 人，即朱德润、张雨、倪瓒、顾瑛、王逢；江东 1 人，贡性之；江西行省 1 人，即傅若金。湖广行省 1 人，丁鹤年。北方 3 人，即张翥、许有壬、余阙。② 合计共 29 人，内江浙行省 17 人，江西行省 4 人，湖广行省 2 人，长江以北 6 人。江

① 此诗各本文字略有不同，此处据《四库全书》本。诗中“大家”指放债的富户。元朝实行盐的专卖制度，在某些地区推行“食盐法”，即按户口摊派盐，用以增加财政收入。“户由”即户口登记单。“社长呼名散户由，下季官盐添两口”即指此。

② 据邓绍基主编《元代文学史》第 20—23 章。同书尚开列睦州诗派和浙东诗派作者若干人，不录。

南出生的作者占绝大部分，而江南各省中，又以江浙居多，这从一个侧面反映出元代长江文化的发达。

二、书画艺术

（一）绘画

元朝的书画艺术，在中国艺术发展史上占有重要的地位。早在元朝统一前后，在绘画领域，“文人画”发展的趋势已很明显。到了后期，“文人画”可以说已成为画坛的主流，所谓“文人画”，主要是因为创作者主体是中原传统文化熏陶成长的文人，其创作题材以山水画和竹石梅兰画为主，以及诗、书、画普遍结合。在后期绘画创作中，籍贯江南的画家占绝对多数。上面提到的元朝后期画家近 30 人，籍贯北方的只有刘融、李肖岩、商琦数人，此外张彦辅是蒙古人，边鲁是畏兀儿人，其余 20 多人都是南人或长期生活在江南，其中尤以浙西最多。朱德润、陆广、张逊、明雪窗是吴人（平江路治所在地，今江苏苏州）人，黄公望是常熟人（常熟元代属平江路，今江苏常熟），唐棣、王蒙、赵雍是湖州（今属浙江）人。曹知白、张中是松江人，陈鉴如、张渥、王绎、陈琳、王渊是杭州人。吴镇、盛懋是嘉兴人。倪瓒是无锡（属常州路）人。马琬籍贯南京，但长期居住在松江。赵原籍贯山东，长期生活在平江。柯九思是天台（今属浙江）人，王冕是会稽（今浙江绍兴）人，这两人属于浙东。方从义籍贯不详，但他长期在江西龙虎山学道，亦可归入南人之列。后期画家的这种情况，足以说明画坛实际上以江南特别是以浙西为中心。特别值得注意的是赵孟頫在后期画坛的地位。赵孟頫的绘画创作从世祖时代一直延续到后期的仁宗、英宗两朝。他是湖州人，长期在湖州、杭州一带活动。元朝后期的许多画家（特别是浙西地区的画家）都直接或间接受到他的影响。在上面提到的众多画家中，有记载可考、直接受他指点的便有唐棣、朱德润、陈鉴如、王渊、陈琳、赵雍、王蒙等人，刘融、黄公望、曹知白都曾与赵交游，至少间接受到他的影响。完全可以说，赵孟頫是元朝画坛的领袖。他的绘画创作理论“师古”和“不求形似”对画坛产生了重大的影响。

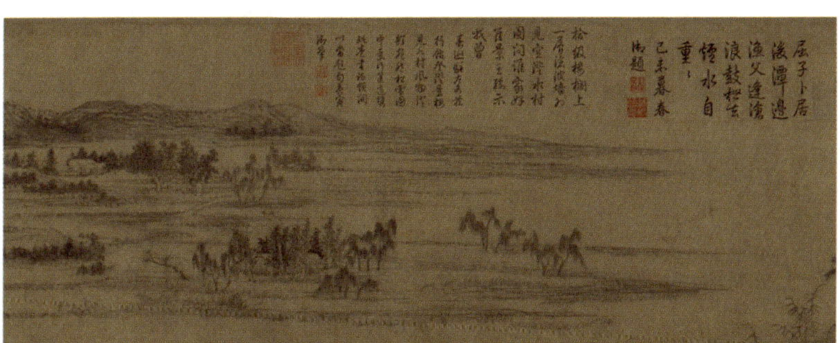

赵孟頫《水村图卷》

元代绘画艺术的发展，可以分为两个阶段：世祖、成宗、武宗为前一阶段，仁宗以后为后一阶段，“前期奠定基础，后期发展壮大”①。

1. 元代前期绘画

元代前期绘画，名画家有赵孟頫、高克恭、钱选、李衎、龚开、任仁发、李肖岩、何澄等人，其中成就最大的当推赵孟頫。赵孟頫在绘画上博采众长，自成一家，“他人画山水、竹石、人马、花鸟，优于此或劣于彼。公悉造其微，穷其天趣，至得意处，不减古人”②。在山水、鞍马、古木竹石、人物、花鸟等诸多方面都有精品问世。山水有《鹊华秋色图》《水村图》等，鞍马有《秋郊饮马图》等，古木竹石有《秀石疏林图》等，人物有《红衣罗汉图》，花鸟有《幽篁戴胜图》。在绘画的多种门类中都有杰出成就，这在中国绘画史上可以说是前无古人后无来者的一代宗师。赵孟頫的绘画理论强调作画要有“古意”，“不求形似”。这都是针对南宋院体画的弊病而发的，在当时产生了深远的影响，使画坛风气为之一变。

这一时期绘画各门类中，以山水画成就最大。山水画的名家，除赵孟頫外，要数钱选和高克恭成就突出。钱选，字舜举，号玉潭，生卒年不可考。他和赵孟頫同乡（吴兴人），又是好友，但是两人处世态度大不相同。赵孟頫出仕新朝，成为显贵，钱选则“励志耻作黄金奴”③，甘心“隐于绘画以终其身”④。与赵孟頫一样，他在绘画艺术上亦有多方面的成就，山水、人物、花鸟、鞍马，无一不精。“精巧工致”是钱选画作的特点。⑤ 他的山水画传世有《浮玉山居图》《山居图》。高克恭（1248—1310），字彦敬，房山（今属北京）人。他是“西域人”的后裔，但长期生活在长江流域。“好作墨竹，妙处不减文湖州。画山水，初学米氏父子，后乃用李成、董元、巨然法，造诣精绝。”⑥传世作品有《云横秀岭图》《墨竹坡石图》等。元末名画家倪瓒说：“本朝画山林木石”画家中，他最佩服的有四人，第一便是“高尚书之气韵闲逸”，并列的三人是赵孟頫、黄公望和王蒙。⑦ 由此可见他在元代画坛的地位。

---

① 傅熹年：《元代的绘画艺术》，《傅熹年书画鉴定集》，河南美术出版社 1999 年版。

② 〔元〕杨载：《赵公行状》，见《赵孟頫文集》附录，上海书画出版社 2010 年版，第 279 页。

③ 〔元〕顾瑛辑，杨镰等整理：《草堂雅集》卷一《题钱舜举画〈梨花〉》，中华书局 2008 年版，第 28 页。

④ 〔元〕陈泰：《所安遗集·为秋棠题钱舜举所画〈吴长山水图〉》，《景印文渊阁四库全书》，台北商务印书馆 1986 年版，第 1210 册，第 558 页上。

⑤ 〔元〕朱同：《覆瓿集》卷六《书钱舜举画后》，《景印文渊阁四库全书》，台北商务印书馆 1986 年版，第 1227 册，第 714 页。

⑥ 〔元〕邓文原：《邓文原集·故太中大夫刑部尚书高公行状》，浙江人民美术出版社 2016 年版，第 116、121 页。

⑦ 〔元〕倪瓒：《清閟阁集》卷九《题黄子久画》，《元代珍本文集汇刊》本，台北“中央图书馆”1970 年版，第 419—420 页。

木石梅兰一类绘画题材，自宋代起为文人所爱，日趋兴盛。进入元代，仍是画家喜爱的题材。从现存记载可知，赵孟𫖯有不少以《竹石》《幽兰修竹》《墨竹》为题的作品，①其中有些流传至今。他的妻子管道升（1262—1319），字仲姬，"能书，善画墨竹、梅、兰"②，有《墨竹卷》传世。画兰名家首推郑思肖，以宋遗民自居，"平日喜画兰，疏花简叶，不求甚工。其所自赋诗以题兰，皆险异诡特，盖以摅其愤懑云"。③ 传世作品有《墨兰》卷数种及《墨竹》卷。

元朝的画马名家，首推赵孟𫖯，他自称："幼好画马，每得片纸，必画而后弃去。"④对画马下过苦功，颇为自负。"友人郭祐之尝赠余诗云：世人但解比龙眠，那知已出曹、韩上，曹、韩固是过许，使龙眠无恙，当与之并驱耳。"⑤传世画马作品数种，表现马的各种姿态，神形兼得。另一位画马名家任仁发（1254—1327），字子明，号月山，松江（今属上海）人。在绘画方面有很高的成就，擅长鞍马。同时代高丽名士李齐贤说："月山用笔逼龙眠"⑥。元末有人说："月山道人画唐马，笔力岂在吴兴下。"⑦"吴兴"指赵孟𫖯，可知在元代赵、任二人已以画马齐名。任仁发传世作品有《出围图》《二马图》等。赵孟𫖯和任仁发是中国古代最后的画马名家，在他们以后"画史上就很少有以画马擅名的了"⑧。龚开"作隶字极古，画山水师二米，画人马师曹霸，描法甚粗。尤善作墨鬼钟馗等画，怪怪奇奇，自出一家"⑨。作品中以鞍马和钟馗最得好评。传世作品有《瘦马图》等。龚开作画，"卷后必题诗或赞跋，皆新奇。尝自画《瘦马》，题诗曰：'一从云雾降天阙，空进先朝十二闲。今日有谁怜骏骨，夕阳沙岸影如山。'此诗脍炙人口，真有盛唐风致。"⑩在诗、书、画结合方面，可以说开风气之先。

---

① 参见陈高华《元代画家史料》"赵孟𫖯篇"，上海人民美术出版社1980年版。

② 〔元〕夏文彦：《图绘宝鉴》卷五《元朝》，《宸翰楼丛书》本，第14页。

③ 〔元〕郑元祐：《遂昌山樵杂录》，明陆楫《古今说海》，巴蜀书社1988年版，第571页。

④ 〔明〕宋濂：《宋文宪公全集》卷三《题赵子昂〈马图〉后》，《四部备要》本，第8页。

⑤ 〔元〕陶宗仪：《南村辍耕录》卷七《赵魏公书画》，第73页。

⑥ 〔高丽〕李齐贤：《益斋集》卷四《奇参政宅月山〈双马〉手卷》，《丛书集成初编》本，商务印书馆1936年版，第41页。

⑦ 〔元〕顾瑛：《玉山璞稿》卷上《家翁命题任月山〈五马图〉》，中华书局2008年版，第11页。

⑧ 傅熹年：《元代的绘画艺术》，《中国书画鉴定与研究·傅熹年卷》，故宫出版社2014年版第319页。

⑨ 〔元〕夏文彦：《图绘宝鉴》卷五《元朝》，《宸翰楼丛书》本，第2页。

⑩ 〔元〕汤垕：《画鉴》，《画品丛书》本，上海人民美术出版社1982年版，第425页。

钱选《王羲之观鹅图卷》局部

赵孟頫《人马图》(局部)

赵孟頫绘《人骑图》卷

管道升绘《烟雨丛竹》

花鸟画在唐、宋都很流行，到了元代，相对来说比较衰落。这一时期的花鸟画家以钱选最有名。“其折枝啼鸟，翠袖天寒，别有一种娇态，又非他人所能及者。”①传世有《八花图》《白莲花图》，前者精工细密，后者粗放简逸，风格有很大的差别，反映出他在花鸟画创作中既有对传统的继承，又有新的探索。画马名家任仁发亦画花鸟，传世作品有《秋水凫鹥图》。杭州画家陈琳，字仲美，“其先本画院待诏。琳能师古，凡山水、花草、禽鸟，皆称其妙”。他作画得到赵孟頫的指点，“多所资益，故画不俗。宋南渡二百年，工人无此手

① 〔元〕朱同：《覆瓿集》卷六《书钱舜举画后》，《景印文渊阁四库全书》，第1227册，第714页。

也”①。传世唯一作品《水凫小景》，赵孟頫称赞：“陈仲美戏作此图，近世画人皆不及也。”

人物画又可分道释、人物故事、肖像三门类，因为贴近生活，历来在绘画中占有重要地位。赵孟頫对人物画亦有贡献。他的《红衣罗汉图》是自己观察天竺僧神态并参以古法的杰作。他的画马作品如《人马图》《人骑图》《秋郊饮马图》中都有人物形象，显示了他在这方面的深厚功力。钱选多作人物故事画，传世有《紫桑翁像》《兰亭观鹅图》等。任仁发有《张果见明皇图》。他们的这些绘画都是上乘之作。

2. 元代后期绘画

元朝书画艺术的真正繁荣，是从仁宗时期开始的。在这一时期，高克恭、钱选、郑思肖、龚开等已经去世，赵孟頫、李衎、任仁发、何澄、李肖岩等人还继续从事创作。但到英宗、泰定帝时期，也就是14世纪20年代，他们都已离开了人世。一批新的画家、书法家，从仁宗时期起不断涌现，使画坛的面貌为之一新。

在山水画方面，有商琦、唐棣、朱德润、方从义、曹知白、张彦辅、黄公望、王蒙、吴镇、倪瓒等，其中长江流域的有：唐棣(1296—1364)，字子华，吴兴(今属浙江)人。“以茂才异等起家”②。“诗文敏赡，笔墨精绝”，被认为是高克恭和赵孟頫之后的画坛名家。“前朝画品谁第一，房山尚书赵公子。……尚书、公子不复见，得见唐侯斯可矣”③。传世作品有《林荫聚饮图》《霜浦归渔图》等。朱德润(1294—1365)，字泽民，吴郡(今江苏苏州)人。传世作品有《秀野轩图》《林下鸣琴图》等。方从义，字无隅，号方壶，贵溪(今属江西)人，生卒年均不可考，可以知道他是道教正一派的道士。“工诗文，善古隶章草”④，“画山水极潇洒，无尘俗气”⑤。他的画作以山水为主，亦画墨竹，名重一时。“尔来得名三十春，眼高四海空无人；残缯断楮落人世，夜光明月作奇珍。”⑥传世作品有《山阴云雪图》《武夷放棹图》等。曹知白(1272—1355)，字贞素，号云西，浙西华亭(今上海市松江)人。是元代后期浙西豪门之一，富有资财，收藏大量书籍和法书名画，曹家园林闻名一时。曹知白喜欢招徕宾客，论

唐棣《西湖暮雪图》

① 〔元〕汤垕：《画鉴》，第425页。
② 〔元〕杨翮：《佩玉斋类稿》卷二《唐县尹生祠记》，《景印文渊阁四库全书》，第1220册，第69页。
③ 〔明〕张羽：《静庵集》卷二《唐子华云山歌》，《景印文渊阁四库全书》，第1230册，第518页。
④ 〔元〕陶宗仪：《书史会要》卷七《大元》，陶氏影印明洪武本，上海书店1984年版，第21页。
⑤ 〔元〕夏文彦：《图绘宝鉴》卷五《元》，第13页。
⑥ 〔明〕童冀：《尚絅斋集》卷一《方壶道人山水歌》，《景印文渊阁四库全书》第1229册，第568页。

文赋诗，评点书画。“风流文采，不减古人”[①]。曹知白本人“善书画”[②]，有“清气可爱”之誉。[③] 传世作品有《松林平远图》《疏松幽岫图》等。

黄公望、吴镇、倪瓒、王蒙在后代被尊称为“元季四大家”，在绘画史上占有突出的地位，对后人的创作有很大影响。

黄公望（1269—1355前后），字子久，号大痴，常熟（今属江苏）人。[④] 学问渊博，“通三教，旁晓诸艺”[⑤]。有“海内奇士”之称。[⑥] 在绘画方面，长于山水。倪瓒说他的“画格超凡俗”[⑦]，认为他与高克恭、赵孟頫、王蒙是元朝最出色的山水画家。[⑧] 他最得意也最出名的作品是《富春山居图》，描绘富春江两岸的初秋景色。此画的摹本甚多，真本分藏浙江博物馆和台北“故宫博物院”。还有《溪山雨意图》《九峰雪霁图》等。吴镇（1280—1354），字仲圭，号梅花道人，嘉兴（今浙江嘉兴魏塘镇）人。“善画山水竹木，臻极妙品。”[⑨]传世作品有《渔父图》《秋江渔隐图》等。倪瓒（1301—1374），字元镇，号云林，无锡（今属江苏）人。“善写山水小景，自成家，名重海内。”[⑩]山水之外，也画竹石。也有人批评他“晚年率略酬应，似出二手”[⑪]。这可能与他晚年的生活遭遇有关。传世作品有《水竹居图》《渔庄秋霁图》《梧竹秀石图》等。王蒙（？—1385），字叔明，号黄鹤山樵，吴兴（今浙江湖州）人。倪瓒将他与高克恭、赵孟頫、黄公望并列为元朝最出色的山水画家，力追前辈。[⑫] 这样的评价，说明他在这方面有着非同一般的成就。他的传世作品有《青卞隐居图》《葛稚川移居图》等。

---

① 〔元〕邵亨贞：《野处集》卷二《题钱素庵所藏曹云翁手书〈龙眠述古图〉序文》，《景印文渊阁四库全书》，第1215册，第202页。

② 〔元〕杨瑀：《山居新语》卷四，第36页。

③ 〔元〕夏文彦：《图绘宝鉴》卷五《元》，第62页。

④ 又有富春人、松江人、杭人等说。

⑤ 〔元〕夏文彦：《图绘宝鉴》卷五《元》，第7页。

⑥ 〔元〕杨维桢：《东维子文集》卷二八《鲁钝生传》，《四部丛刊初编》缩印本，第217页。

⑦ 〔元〕倪瓒：《清閟阁集》卷八《题大痴画》，《元代珍本文集汇刊》本，第354页。（按，原诗无此句，《石渠宝笈》卷八有提及）

⑧ 〔元〕倪瓒：《清閟阁集》卷九《题黄子久画》，《元代珍本文集汇刊》本，第419—420页。

⑨ 〔明〕孙作：《沧螺集》卷三《墨竹记》，《景印文渊阁四库全书》，台北商务印书馆1986年版，第1229册，第493页。

⑩ 〔明〕贾仲明：《录鬼簿续编》，浦汉明校：《新校录鬼簿正续编》，巴蜀书社1996年版。

⑪ 〔元〕夏文彦《图绘宝鉴》卷五《元》，第7页。

⑫ 〔元〕倪瓒：《清閟阁集》卷五《用王叔明韵题画》，《元代珍本文集汇刊》本，第235页。

黄公望《富春山居图》局部 1

黄公望《富春山居图》局部 2

黄公望《富春山居图》局部 3

黄公望《富春山居图》局部 4

黄公望《富春山居图》局部 5

元黄公望《富春山居图(剩山图)》卷

王蒙《花溪渔隐图》

吴镇《双树坡石图》

元朝中期以后，从事山水画创作的画家，除了上面提及者之外，还有陆广、盛懋等人。陆广，字季弘，号天游生，吴（今江苏苏州）人。画山水、竹石，“落笔苍古，用墨不凡”①。传世作品有《丹台春晓图》等。盛懋，字子昭，嘉兴（今浙江嘉兴）魏塘镇人。世代以画为业，“善画

① 〔明〕朱谋垔：《画史会要》卷三《元》，文渊阁《四库全书》本。

山水、人物、花鸟”，特点是“精致有余，特过于巧”①。传世山水作品有《秋江待渡图》等。

花鸟画名家有陈琳、王渊、张中等。王渊，字若水，号澹轩，杭（今浙江杭州）人。“善山水人物，尤长于花竹翎毛”②，有“当代绝艺”之称。③ 现存作品10余件，有《山桃锦鸡图》等。张中，又名守中，字子正（一作子政），松江（今上海松江）人。他的花鸟作品，在后世有“神品”之誉。“一洗宋人勾勒之痕，为元世写生第一”④。传世作品有《芙蓉鸳鸯图》等。

从事竹石梅兰创作的画家，有吴镇、倪瓒、柯九思、顾安、张逊、明雪窗、王冕等。吴镇、倪瓒是山水画名家，同时也作墨竹，都有作品传世。柯九思的生平前面已提及，他“善写竹石”，以书法画竹，自成一格。⑤ 顾安，字定之，平江（今江苏苏州）人，生卒年不详。“以写竹得名”⑥，能综合各家之长，“浓墨通景献，健毫从澹游。清如李息斋，劲若柯丹邱”⑦。传世作品有《幽篁秀石图》等。张逊，字仲敏，号溪云，平江人。生卒年不可考，生活于元代末期。他“博学善属文，书画俱绝”⑧。“善画竹，作钩勒法，妙绝当世”⑨。传世唯一作品有《双勾竹》卷。僧普明，字雪窗，通常称为明雪窗。生卒年不可考，在平江出家，历任各寺院住持。当时平江“家家恕斋字，户户雪窗兰”⑩。可见他的兰画在平江是很流行的。他的作品国内无存，但在日本保留了下来。王冕（？—1359），字元章，会稽（今浙江绍兴）人。“能诗，善画墨梅，万蕊千花，自成一家”，“以胭脂作没骨体，自元章始”⑪。传世作品有《墨梅图》等。

在人物肖像画方面，前一时期的名画家李肖岩、陈鉴如继续活动。李肖岩在泰定帝和文宗两朝奉命为皇帝、皇后、太后“绘画御容”⑫。陈鉴如在延祐四年（1317年）曾为高丽名臣李齐贤画像。这是他传世的唯一作品。⑬ 陈鉴如之子陈芝田“能世其业”，⑭“京师

① 〔元〕夏文彦：《图绘宝鉴》卷五《元》，第7—8页。

② 〔元〕陶宗仪：《南村辍耕录》卷七《画鬼》，第86页。

③ 〔元〕夏文彦：《图绘宝鉴》卷五《元》，第7页。

④ 〔清〕顾复：《平生壮观》卷九《元·张中》，上海人民美术出版社1962年影印本，第105页。

⑤ 〔元〕徐显：《稗史集传·柯九思》，《丛书集成初编》本，第5页。

⑥ 〔元〕朱德润：《存复斋集》卷五《送顾之如京师序》，《四部丛刊续编》本。

⑦ 〔明〕凌云翰：《柘轩集》卷三《顾定之墨竹》，《景印文渊阁四库全书》，台北商务印书馆1986年版，第1227册，第809页。

⑧ 〔元〕顾瑛辑，杨镰等整理：《草堂雅集》卷七，中华书局2008年版，第659页。

⑨ 〔元〕夏文彦：《图绘宝鉴》卷五《元》，第8页。

⑩ 释祖柏：《不系舟集》，见《元诗选三集》，中华书局1987年版，第720页。

⑪ 〔元〕顾瑛辑，杨镰等整理：《草堂雅集》卷一四，中华书局2008年版，第1045页。

⑫ 〔元〕王士点、商企翁编：《秘书监志》卷五《秘书库》，第96页；《大元画塑记》。

⑬ 此图原藏朝鲜李王家博物馆，现状不详，见日本平凡社《世界美术全集》第14卷《中国中世Ⅰ·宋元》。

⑭ 〔元〕夏文彦：《图绘宝鉴》卷五《元》，《宸翰楼丛书》本，第10页。

三十年，画富贵人不知几辈”，而且曾侍奉宫廷。① 后起的人物画家还有张渥、王绎等。张渥，字叔厚，号贞期生。祖籍淮南（今安徽北部），实为杭州人。生卒年不可考。长于“用李龙眠法作白描，前无古人”②。他的传世作品有《九歌图》（存世三本，分藏吉林省博物馆、上海博物馆、美国克利夫兰博物馆）等。元代庐陵（今江西吉安）颜辉在人物画上，也有”八面生意”的称誉，擅长画鬼、猿。杭州人张渥的人物画，细致入微，所作《九歌图》历为收藏家所重。王绎（约 1332—？），字思善，号痴绝生，杭州人。卒年不可考。他“年方十二三，已能丹青，亦解写真”③。“善写貌，尤长于小像，不徒得其形似，兼得其神气”④。传世作品有《杨竹西像》，是公认的古代肖像画的杰作。王绎还写有《写像秘诀》一文，总结了自己这方面的创作经验，亦有很高的价值。此外，吉安永丰人曾巽申的人物画水平也极高。延祐五年（1318 年），翰林编修曾巽申进《大驾卤簿图》，“传旨召入，偏阅其图，问人马物色甚悉，曰：‘后当有用’。敕秘府藏之，而命斡赤丞相传旨，命巽初（巽申字巽初—引者）为学士。巽初不敢当，力辞，遂循进奏为翰林应奉文字、知制诰兼国史院编修官”⑤。《大驾卤簿图》绘写的是北宋皇帝出行时的卤簿仪仗，分为“中道”“外仗”等图，现中国历史博物馆便收藏有《大驾卤簿图・中道》卷。它“属于宫廷、官府绘画的一种体制，具有特殊风格，自有其独特的历史和艺术价值”⑥。

在界画方面，则以王振鹏为代表。界画是以楼台亭阁等建筑为主要内容的图画，须用界尺绘图，故有此称。王振鹏，字朋梅，永嘉（今浙江温州人）。据文献记载：“振鹏之学，妙在界画，运笔和墨，毫分缕析，左右高下，俯仰曲折，方园平直，曲尽其体，而神气飞动，不为法拘。尝为《大明宫图》以献，世称为绝。延祐中得官，稍迁秘书监典簿，得一遍观古图书，其识更进，盖仁宗意也。累官数迁，遂佩金符，拜千户，总海运于江阴、常熟之间焉。”元仁宗喜欢绘画，“是以一时名艺，莫不见知，而永嘉王振鹏其一人也”⑦。由此可知，王振鹏是一个职业画师，仁宗为皇太子时他进献《龙池竞渡图》，后又作《大明宫图》进献仁宗。仁宗特意安排他到贮存文物图书的秘书监任职，使他能有机会观摩前代名作，提高水平。这样做法是很不寻常的，足以说明仁宗对绘画的重视。王振鹏还有《龙舟》扇

① 〔元〕许有壬：《至正集》卷三一《赠写真陈芝田序》《元人文集珍本丛刊》，第 7 册，第 164—165 页。

② 〔元〕顾瑛辑，杨镰等整理：《草堂雅集》卷一〇，第 820 页。

③ 〔元〕陶宗仪：《南村辍耕录》卷一一《写像诀》，第 122 页。

④ 〔元〕夏文彦：《图绘宝鉴》卷五《元》，第 10 页。

⑤ 〔元〕虞集：《道园学古录》卷一九《曾巽初墓志铭》，《四部备要》本，第 2 页。

⑥ 傅熹年：《元代的绘画艺术》，见《中国书画鉴定与研究・傅熹年卷》，故宫出版社 2014 年版，第 303 页。按，关于此图，陈鹏程《旧题〈大驾卤簿图书・中道〉研究》（《故宫博物院院刊》1996 年第 2 期）有详细介绍，但以为是北宋作。参看余辉《元代宫廷绘画史及佳作考辨（续一）》，《故宫博物院院刊》2000 年第 3 期。

⑦ 〔元〕虞集：《道园学古录》卷一九《王知州墓志铭》，《四部备要》本，第 1 页。

面传世,现藏美国波士顿博物馆。

王振鹏《宝津竞渡图》中的大型龙舟

王振鹏《宝津竞渡图》中的龙舟竞渡场景

夏永绘《丰乐楼图》

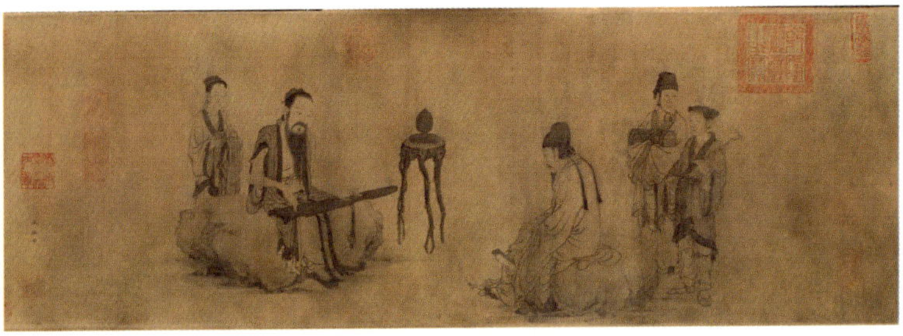

王振鹏《伯牙鼓琴图》

元朝后期还产生了两种知名的画史著作:一种是《画鉴》(一作《古今画鉴》),作者汤垕,字君载,丹阳(今江苏丹阳)人,生卒年不可考。曾任绍兴路兰亭书院山长。[1] 文宗至顺年间,他在大都"与今鉴书博士柯君敬仲论画,遂著此书"。后来张雨曾加删补。[2] 柯敬仲即柯九思。此书论历代之画,始于吴、晋、六朝,次唐、五代,次宋、金、元诸家,"然元惟龚升、陈琳二人,盖赵孟頫诸人,并出同时,故不录也"。此书以唐、宋画为重点,论画"以鉴别真伪为主,所辨论皆在笔墨气韵间",不以考证见长。[3] "凡所辩论,皆甚精到"[4]。对于了解古代特别是唐、宋绘画风格,有重要参考价值。[5] 另一种是《图绘宝鉴》,作者夏文彦,字士良,号兰渚生,华亭(今上海松江)人。生卒年不详。夏氏为当地的豪绅,是受元朝表彰的"义门"。夏文彦曾任同知余姚州事(正七品),家中"蓄书万卷""蓄画凡百十家"。他的收藏在当时"鲜有比者"。夏文彦有丰富的收藏,又能潜心探索,因而在图画鉴

① 〔元〕俞希鲁编纂:《至顺镇江志》卷一九《人才》,江苏古籍出版社 1990 年版,第 775 页。

② 《〈画鉴〉序》,载〔元〕汤垕:《画鉴》卷首。

③ 《四库全书总目》卷一一二《子部·艺术类一·画鉴》,第 961—962 页。

④ 余绍宋:《书画书录解题》卷六《著录·鉴赏》,国立北平图书馆印本,浙江人民出版社 1982 年版,第 26 页。

⑤ 〔元〕汤垕:《画鉴》传世版本甚多,常见有《学海类编》本、《画品丛书》本。

赏方面，有较高的水平，自己亦能作画。至正十六年（1356年），松江城内因兵变遭到很大的破坏，夏文彦移居乡下，开始写作。至正二十五年（1365年），完成《图绘宝鉴》五卷。明初，夏文彦被谪迁临淮（今安徽凤阳），大概就死在那里。① 《图绘宝鉴》一书，卷一是图画鉴赏和形式的一些问题以及早期画家的名录，卷二至卷五是由吴、晋到元朝的画家小传，共1500余人。后人称《图绘宝鉴》"蒐罗广博，在画史之中最为详赡"②。在后世有很大影响。此书"自古传入日本，对日本影响甚大。关于中国绘画的信息很多都得自《图绘宝鉴》"③。关于《图绘宝鉴》的价值，存在不同的看法。此书所列北宋及其以前画家的资料，主要以《宣和画谱》《图画见闻志》为据，南宋、元的画家资料，则从各种文献中搜集而成，有很多是夏文彦亲身见闻所得，特别可贵。

此外，管道昇《墨竹谱》，王绎《写像秘诀》，李澄叟《画说》（又称《山水诀》）、陶宗仪《南村辍耕录》中的"写像秘诀""彩绘法""画家十三科"，赵孟頫《论画》、柯九思《论画竹石》、倪瓒《论画》、吴镇《论画》、黄公望《论山水树石》、杨维桢《论画》，等等，都在绘画理论上有所阐发。

（二）书法

元代书法艺术的发展，可以分为两个阶段：世祖、成宗、武宗为前一阶段，仁宗以后为后一阶段。前期的著名书法家有赵孟頫、邓文原、鲜于枢等。后期书法方面名家迭出，主要有张雨、杨维桢、虞集、揭傒斯、周伯琦、倪瓒、吴镇、康里巎巎、泰不华等。

赵孟頫"精篆、隶、小楷、行、草书，惟其意所欲为，皆能伯仲古人。"④和绘画创作一样，赵孟頫在书法上亦提倡复古，强调以"古法"为准则，具体来说，便是追踪晋人，以二王（王羲之、王献之）为楷模。在学习"二王"书法的同时，他还兼采各家之长，融会贯通，自成一体。"以书法称雄一世"⑤，其书用笔圆转流美，骨力秀劲，世称"赵体"。"篆、籀、分、隶、真、行、草书，无不冠绝古今，遂以书名天下"⑥，是元代书法艺术的杰出代表。传世墨迹很多，以行书、楷书、草书为主，代表作有《胆巴碑》《闲居赋》《洛神赋》《千字文》等。

① 关于夏文彦生平，见陈高华《夏文彦事迹小考》，《元史研究论稿》，中华书局1991年版，第425—428页。

② 《四库全书总目》卷一一二《子部·艺术类一·图绘宝鉴》，第962页。

③ 〔日〕近藤秀实：《图绘宝鉴校勘与研究》"自序一"，江苏古籍出版社1997年版。

④ 〔元〕欧阳玄：《欧阳玄集》卷九《赵文敏公神道碑》，第101页。

⑤ 〔元〕陶宗仪：《南村辍耕录》卷七《赵魏公书画》，第73页。

⑥ 〔明〕宋濂等：《元史》卷一七二《赵孟頫传》，第4023页。

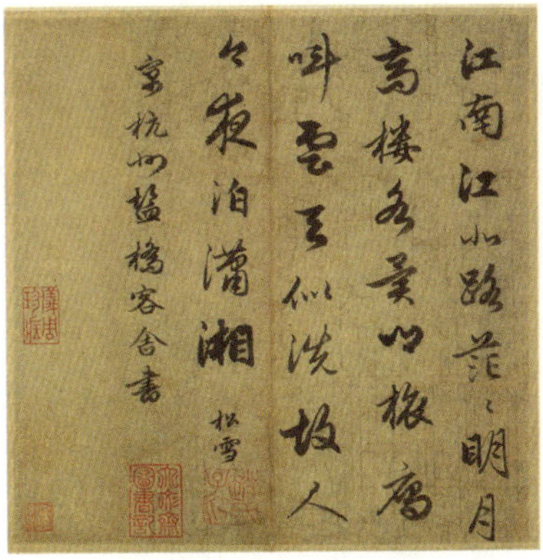

赵孟頫《寓杭州七绝册》

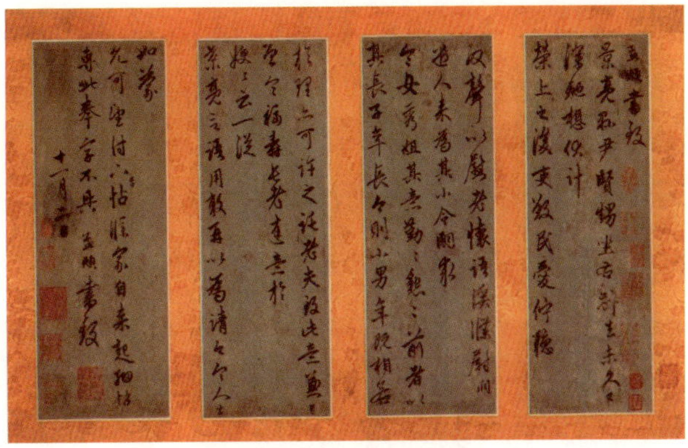

赵孟頫《致景亮书册》

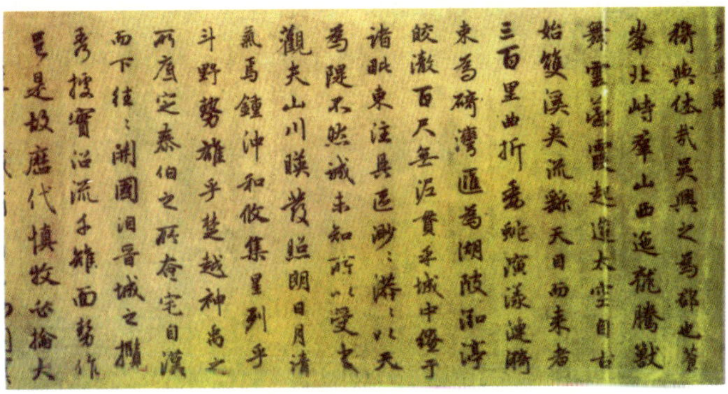

赵孟頫《吴兴赋》(局部)

赵孟頫行书《吴兴赋》卷

邓文原(1258—1328),字善之,祖籍绵州(今四川绵阳),其父避兵移居杭州,故为杭州人。由儒学正、儒学教授进擢应奉翰林文字(从七品)、翰林修撰(从六品)、江浙行省儒学提举(从五品)、翰林待制(正五品)、廉访司佥事(正五品)、集贤直学士(从四品)、国子祭酒(从三品)。曾多次主持科举考试,在当时士人中很有声望。邓文原"工于笔札,与赵魏公孟頫齐名"①。"行草书早法二王,后法李北海。"②但流传下来的作品不多,有章草书《急就章》卷、《题伯夷颂诗》。

① 〔元〕黄溍:《金华集》卷二六《邓公神道碑》,第 26 页。

② 〔元〕陶宗仪:《书史会要》卷七《大元》,上海书店 1984 年影印本,第 2 页。

张雨(1283—1350),①字伯雨,号句曲外史,钱塘(今浙江杭州)人。20岁出家为道士,是元朝后期江南道教的上层人物。擅长诗文,与当时有声望的文人如赵孟頫、邓文原、虞集、萨天锡等多有交往。张雨"始学书于赵文敏,后得《茅山碑》,其体遂变,故字画清遒,有唐人风格"②。他的代表作是《题画二诗卷》,书法行草相间,挥洒自如,风格俊逸。

杨维桢书法亦能自成一家,传世作品有行书《鬻字窝铭》、草书《竹西草堂记》等。

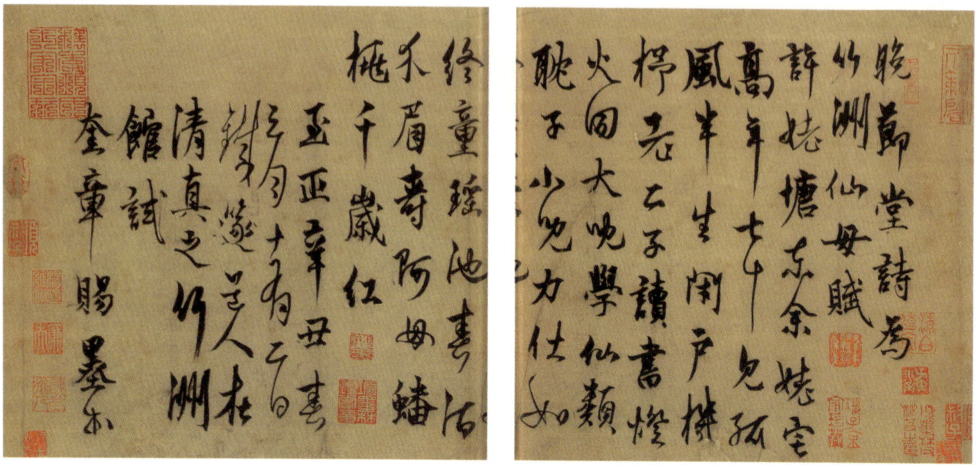

元杨维桢诗迹

虞集、揭傒斯都是身居高位的文坛领袖人物,其生平在前面亦已述及。虞集在书法方面"真、行、草、篆,皆有法度,古隶为当代第一"。③ 传世法书以书画题跋为主,数量甚多。④《赵孟頫草书陶诗跋》是他的唯一传世隶书作品。

揭傒斯"善楷书而尤工于行、草"⑤,"行书师晋人,苍古有力"⑥。传世作品有《临智永真草千字文》等。⑦

周伯琦(1299—1369),字伯温,饶州(今江西波阳)人。国学生员出身,长期在翰林院、宣文阁(奎章阁改)、崇文监(艺文监改)等文化机构任职,元末农民战争爆发后,元朝

① 张雨生卒年有不同说法,这里根据张光宾《元儒仙句曲外史张雨生平考述》的意见,见《元代书画史研究论集》,台北"故宫博物院"1979年版,第71—88页。

② 〔明〕高启:《高青丘集·凫藻集》卷四《跋张外史自书杂诗》,上海古籍出版社1985年版,第928—929页。《茅山碑》即原藏江苏句容的唐颜真卿《玄静先生李含光碑》,原碑已毁,有拓本传世。

③ 〔元〕陶宗仪:《书史会要》卷七《大元》,上海书店1984年影印本,第3页。

④ 姜一涵列举虞集存世书法作品60余件,见姜一涵:《元代奎章阁及奎章人物》,台北联经出版事业公司1981年版,第21—25页。

⑤ 〔元〕黄溍:《金华集》卷二六《揭文安公神道碑》,第21页。

⑥ 〔元〕陶宗仪:《书史会要》卷七《大元》,第4页。

⑦ 姜一涵列举揭傒斯存世书法作品13件,见姜一涵:《奎章阁与奎章人物》,台北联经出版事业公司1981年版,第126—128页。

起用南人，任监察御史、肃政廉访使、江浙行省参知政事、左丞（正二品）。周伯琦“博学工文章，而尤以篆、隶、真、草擅名当时”。曾受顺帝之命，“篆宣文阁宝，仍题扁宣文阁，乃摹王羲之所书《兰亭序》、智永所书《千文》，刻石阁中”①。他对文字学很有研究，著有《六书正伪》《说文字原》二书。诗文有《近光集》3卷，《扈从集》1卷。代表作有篆书《宫学、国史二箴》。此外还有一些篆书和行、楷书作品传世。

倪瓒、吴镇是元朝后期名家，在书法上亦各有特色。倪瓒的代表作有行书《自书诗稿》、行书《谈室诗》等。吴镇的传世代表作是草书《心经》。和倪瓒、吴镇齐名在后世并列为“元四家”的黄公望和王蒙，在书法上亦各有成就。诗、书、画的结合，是元代文学艺术的一种趋势，在“元四家”身上有突出的表现。可以认为，四家书法影响后世的不是书法本身，而是书法与诗歌、绘画完美结合的形式。②

关于书法，也有两种著作。一种是《法书考》，作者盛熙明，“其先曲鲜人。后居豫章”③。曲先即今新疆库车，古代称为龟兹。所以他自称“丘兹盛熙明”。豫章即今江西南昌，盛熙明的祖先应是从军或从征，在豫章落户。盛熙明曾“备宿卫”④，即列名皇帝的怯薛。可知应是贵族官僚的子弟，也曾在文宗创建的奎章阁中任职。这都使他有机会与皇帝接触。他“工翰墨，亦能通六国书”⑤。编成《法书考》一书，在至正四年（1344年）献给元顺帝。⑥ 此书对书法源流，历代书家优劣、笔法、结构、风神以及印章，论述颇详，大多杂取前代著作而成，但选择颇精。一个色目人，能对中原传统书法艺术如此倾心，令人惊异，“夫以西域人而工中国之书，已属难能，况又以其研究所及著为成书，以诏当世，岂非空前盛业乎”⑦。传世有《四部丛刊续编》本。另一种《书史会要》，作者陶宗仪，字九成，号南村，黄岩（今浙江黄岩）人。元末客居华亭（今上海松江），著书授徒，作品丰富，有《南村辍耕录》《书史会要》等。“是编载古来能书人，上起三皇，下至元代，凡八卷，末为书法一卷，又补遗一卷。”⑧此书“摭采至为繁富，文笔简当，间加评论，褒贬颇得其平”⑨。后人认为“可与夏文彦之《图绘宝鉴》相伯仲”⑩。传世有陶氏逸园影刊明洪武本。

---

① 〔明〕宋濂等：《元史》卷一八七《周伯琦传》，第4296页。
② 赵志成：《“元四家”的书法及作品》，《书法丛刊》1995年第3期。
③ 〔元〕陶宗仪：《书史会要》卷七《大元》，上海书店1984年影印本，第17页。
④ 陈高华：《曲先学者盛熙明》，《元史研究论稿》，中华书局1991年版，第444—446页。
⑤ 〔元〕陶宗仪：《书史会要》卷七《大元》，上海书店1984年影印本，第17页。
⑥ 盛熙明：《法书考》卷首虞集序，《四部丛刊续编》本。
⑦ 陈垣：《元西域人华化考》卷五《美术篇·西域之中国书家》，《励耘书屋丛刻》本，第85页。
⑧ 《四库全书总目》卷一一三《子部·艺类二·书史会要》，第963页。
⑨ 《书画书录解题》卷一《史传·书史会要》，浙江人民出版社1982年影印本，第2页。
⑩ 〔清〕杨守敬撰，张雷校点：《日本访书志》卷七，辽宁教育出版社2003年版，第122页。

三、戏曲

（一）南戏的进一步发展

在江浙一带，原来便存在一种称为戏文的戏曲形式，它最早可能发源于温州。采用南方语言和南方曲调，形式比较自由，长短不拘，能够表现比较复杂的情节，后来便称之为南戏。宋、元之际有人说："至咸淳，永嘉戏曲出，泼少年化之，而后淫哇盛，正音歇。"① "咸淳"是南宋度宗（1265—1274）的年号。"永嘉"是温州。"永嘉戏曲"就是南戏。南戏题材以爱情婚姻故事为主，曲调清柔婉转，因而被保守的文人视为"淫哇"。"淫哇盛，正音歇"，可见在南宋末年风靡一时。进入元代以后，南戏被封建统治者当作"亡国之音"而遭受着极大的歧视，其声誉也很快被随后兴起的元杂剧所掩盖。到后期，由于元朝廷在南方统治的削弱和杂剧的衰微，南戏才得到了进一步的发展，形成了昆山、海盐、余姚、杭州、弋阳五种声腔，并出现了被后人称为元代"四大传奇"的《荆钗记》《白兔记》《拜月亭》《杀狗记》和高明这样著名的南戏剧作大家。

《白兔记》为元代永嘉书会才人所作，姓名不详。写五代后汉的创建人刘知远和李三娘的爱情婚姻故事，故此剧目的原名为《刘知远》②。《拜月亭》系由杂剧《闺怨佳人拜月亭》改编而成相传由杭州人施惠所作，写书生蒋世隆在战乱中遇少女王瑞兰，结为夫妇，王父因门第差别，强行拆散婚姻，后蒋考中状元，两人终于完婚团圆。剧本表现了封建社会被压迫妇女的苦闷和反抗精神。《杀狗记》全名为《杨德贤妇杀狗劝夫》（简称《杀狗劝夫》），叙述孙华之妻杀狗劝夫的故事，应由杂剧《杨氏女杀狗劝夫》改编而成，相传作者为元末明初淳安人徐畛。《荆钗记》相传为"吴门学究敬仙书会柯丹邱"所作，写南宋王十朋、钱玉莲夫妻团圆的悲剧故事。剧本抨击了贵族富豪的罪恶，反映了封建社会妇女的痛苦，具有较浓厚的反对封建礼教和习惯势力的思想倾向。

高明（1305？—1359），字则诚，温州瑞安人。出身诗书世家。顺帝至正五年（1345年）进士及第，历任处州路录事司录事、江浙行省掾、绍兴路推官、福建行省都事等职。元末，方国珍占有浙东，高明隐居四明（今浙江宁波）。约于至正二十年（1360年）岁末去世。③ 一般认为南戏名作《琵琶记》是他隐居四明时的作品。他的诗文编成《柔克斋集》20

① 〔元〕刘壎：《水云村泯稿》卷四《词人吴用章传》，《景印文渊阁四库全书》，台北商务印书馆1986年版，第1195册，第371页。

② 刘知远、李三娘故事，在宋话本《五代史平话》、金《刘知远诸宫调》中均有叙述。南戏此剧应自杂剧改编而来。

③ 关于高明卒年，有不同说法。

卷，已佚，仅存各类作品60余篇。① 《琵琶记》是在民间故事和南宋南戏剧目中《赵贞女蔡二郎》的基础上创作的，但是重新设计塑造了蔡伯喈的形象，由负心而变成被迫，而整个故事也由悲剧变成大团圆：皇恩浩荡，一夫二妻，父母旌表。作者用意是通过改动后的故事歌颂孝子贤妇，提倡封建伦理道德。但是，剧中为了表现赵五娘的苦难，着意描写了农村饥荒连年的悲惨景象。“野旷原空，人离业败”；“旷野消疏绝烟火，日日荒云黯村坞；死别空原妇泣夫，生离他处儿牵母。”官府下令设置供救荒用的义仓，被基层的里正、社长作弊中饱，有名无实，这些都是元末社会的真实写照。《琵琶记》的艺术价值极高，有“神品”“绝唱”之誉。全剧沿着两条线索（蔡伯喈求取功名，赵五娘的遭遇）交错发展，互相映照对比，最后合而为一，结构完整、情节动人、描写细腻、语言清丽生动。明代王世贞《艺苑卮言》说：“则诚所以冠绝诸剧者，不惟其琢句之工，使事之美而已。其体贴人情，委曲必尽，描写物态，仿佛如生，问答之际，了不见扭造，所以佳耳。”② 这段话比较集中地说明了《琵琶记》的艺术成就。有鉴于此，《琵琶记》被后人推为“南戏之祖”。它的产生标志着南戏的成熟，并逐渐取代了元杂剧在文学史上的地位，成为元代后期戏曲创作的主要形式。到明清时期，它又以所谓“传奇”的形式蜚声于剧坛。

高明像

《琵琶记》（明万历刻本）

① 张宪文、胡雪冈辑校的《高则诚集》，收录了现有的高氏诗文词曲和《琵琶记》，浙江古籍出版社1992年版。

② 〔明〕王世贞：《曲藻》，《中国古典戏曲论著集成》第4册，中国戏剧出版社1959年版。

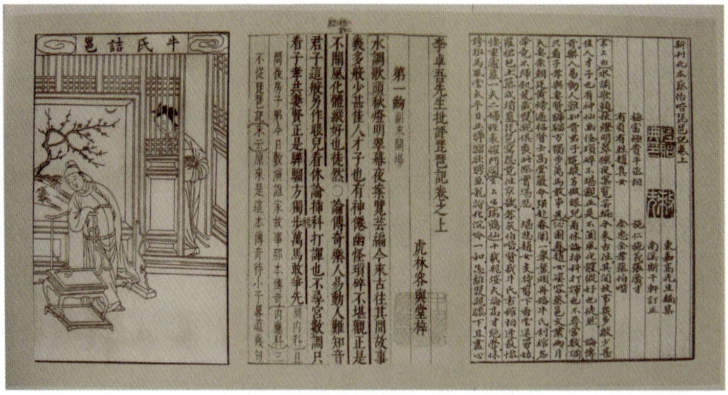

李卓吾先生批评琵琶记书影

有学者认为元代后期出现了杂剧和南戏相互影响的现象，而杂剧对南戏的影响更加突出。不少杂剧剧目变为南戏，戏文中出现南北曲联用、合套。“大抵北曲南传后的一个时期，主要还是由书会才人取材杂剧创为南戏，或在杂剧的思想影响下改编传统的南戏。其后，江南文士逐渐参予戏文的编写，由吸取杂剧的思想内容，进而学习北曲的文词格律，使南戏的创作更完美。”①当然，南戏对杂剧亦有一定的影响，有些南戏传统剧目被改编为杂剧，杂剧中间用南曲。

（二）元杂剧在南方的流传和勃兴

元杂剧崛起于北方，是在宋、金杂剧、院本的基础上，吸收唱赚、诸宫调等民间音乐的艺术成就而形成的一种新型的戏曲形式。元朝建立后，杂剧艺术开始进入兴盛期。以大都为中心，旁若真定、东平、平阳三地，均为元杂剧早期的中心地。宫廷中常有戏曲演出活动。礼部下设教坊司，掌管宫廷“承应乐人”事务，初秩从五品，一度升到正三品。② 明初人朱有燉《元宫词百章》第二十二首：“初调音律是关卿，《伊尹扶汤》杂剧呈。传入禁垣宫里悦，一时咸听唱新声。”“关卿”即杂剧大家关汉卿，据说他的作品《伊尹扶汤》曾经是宫廷演出剧目，③不过此剧今已失传。孙楷第指出：元朝“禁中既尚杂剧，则教坊伶人之选试，剧本之编进，其事必稠叠。此于杂剧人才之培养及戏曲研究上，自当有种种裨益。且以宫廷习尚之故，而影响于臣民。则元杂剧之发展，亦未尝不藉政治之力”④。到元灭南

① 蔡美彪：《南戏〈错立身〉之时代与北曲之南传》，中国元史研究会编《元史论丛》第五辑，中国社会科学出版社1993年版。

② 〔明〕宋濂等：《元史》卷八五《百官志一》，第2139页。

③ 〔元〕杨维桢《宫词》其二亦云：“开国遗音乐府传，《白翎》飞上十三弦。大金优谏关卿在，伊尹扶汤进剧编。”见《杨维桢诗集》，浙江古籍出版社1994年版，第400页。

④ 孙楷第：《元曲新考·书会》，氏著《沧州集》下册，中华书局1965年版。

宋，南北统一，“北方杂剧流入南徼，一时靡然向风”①。随着一大批著名杂剧作家和演员的南下，杂剧演出已由北方推广到江南各地。② 据学者研究，元杂剧南流的渠道主要有三条：一是南北统一后，大批北人南迁，其中不少是杂剧作家和演员，他们把北杂剧带到了南方；二是大批北方文人到南方做官，其中不少是杂剧作家，他们把杂剧或杂剧优伶带到南方，传播了杂剧；三是杂剧戏班流动演出，大批戏班渡江南流，这应该说是杂剧南流的一条主要渠道③。还有的学者认为，北杂剧是沿水路南移的，说：“自大都到南方的水路商业交通被打通以后，北杂剧便很快地流布于江南。”④这些观点都很有见地。当然，元代杂剧南流有一循序渐进的过程。在元杂剧中心由大都向杭州迁移的过程中，山东的东平府、江苏的扬州都曾一度成为元杂剧的活动中心地。至大德以后，杭州终于取代了大都的杂剧中心地位，成为元后期杂剧创作的中心。

明师俭堂刊本《琵琶记》插图

明师俭堂刊本《琵琶记》插图

北方许多著名剧作家纷纷南寓杭州及其附近地区，如平阳襄陵（今属山西）郑光祖、太原乔吉、大都（今北京）秦简夫、大兴（今北京市）曾瑞、开封钟嗣成等。

郑光祖，字德辉，平阳襄陵（今山西襄陵）人。生卒年不详，一般认为应死于文宗时。他是北方汉人，但“以儒补杭州路吏”，长期在杭州生活，死于杭州。他长于音律，受演员推崇．，在当时已被推为元曲四大家之一（其余三人是关汉卿、白朴、马致远，都是前期作家）。

乔吉（1280—1345），一作吉甫，字梦符，号笙鹤翁，又号惺惺道人，祖籍太原，从未出

① 〔明〕徐渭：《南词叙录》，见《中国古典戏曲论著集成》第三册，中国戏剧出版社 1959 版，第 239 页。

② 参阅蔡美彪：《南戏〈错立身〉之时代与北曲之南传》，中国元史研究会编《元史论丛》第五辑，中国社会科学出版社 1993 年版。

③ 孔繁信：《关朱戏班南流臆测》，载《山东师范大学学报》1989 年第 3 期。

④ 张庚、郭汉城：《中国戏曲通史》，中国戏剧出版社 1980 年版，上册，第 85 页。

仕，一生飘零“寄身江湖四十年”，曾寓居杭州太乙宫前。《录鬼簿》说他“美容仪，能辞章。以威严自饬，人敬畏之”①。尤以散曲闻名，与张可久并称元散曲两大家。元代陶宗仪《南村辍耕录》称：“乔孟符吉博学多能，以乐府称。尝云：‘作乐府亦有法，曰凤头、猪肚、豹尾六字是也。大概起要美丽，中要浩荡，结要响亮，尤贵在首尾贯穿，意思清新，苟能若是，斯可以言乐府矣。”②所作诗有《题西湖梧叶儿》百篇，虽名家为之作序，然在江湖 40 年终未刊行。其名以工曲传。他的散曲，近人辑《梦符小令》3 卷，内存《惺惺道人乐府》，有小令近 200 支，套数 10 首。所作杂剧凡 11 种，今存《金钱记》《扬州梦》《两世姻缘》3 种，余 8 种《黄金台》《认玉钗》《勘风情》《节妇碑》《荆公遣妾》《托妻寄女》《贤孝妇》《九龙庙》均不传，《录鬼簿》存目。《太和正音谱》评其曲“如神鳌鼓浪”。

秦简夫，大都（今北京）人。生平不详，在大都时在杂剧创作方面已有声名，后移往杭州，故《录鬼簿》称他“大都人，近岁在杭”③。生卒年不详，约元仁宗延祐末前后在世。元至顺时名扬都城，后回杭而卒。所著杂剧凡 5 种，其中《东堂老劝破家子弟》《义士死赵礼让肥》二剧存世，余 3 种《天寿太子邢台记》《玉溪馆》《陶贤母剪发待宾》已佚。《太和正音谱》评其剧“如峭壁孤松”。

宫天挺，字大用，大名开州（今河南濮阳）人。“历学官，除钓台山长。为权豪所中，事获辨明，亦不见用。卒于常州”④。山长是书院负责人的称呼，钓台书院在建德桐庐（今浙江桐庐）。可知他是北方汉人，但在桐庐任职，罢职后寓居浙西，一直到死。

在名师巨匠的引导和传统文化的沃土的滋养下，元代长江流域也诞生了一大批杰出的剧作家、曲作家和表演艺术家，如杭州金仁杰、范康、沈和、鲍天祐、陈以仁、范居中、施惠、黄天泽、沈拱、萧德祥、王晔、王仲元、周文质、陆登善、杨梓、郏经，饶州乐平人赵善庆、庆元（今浙江宁波）汪勉之、仪真（今江苏仪征）孙子羽、扬州张鸣善和睢景仁、无锡陆肃，等等。这些杂剧作家创作了不少杂剧作品，他们所取得的艺术成就，为元代长江文化的发展谱写了光辉的篇章。

范康，字子安，或作子英，号玉壶，杭州人。生卒年不详，约元世祖至元末前后在世。《录鬼簿》称其“明理性，善讲论，能词章，通音律”，“一下笔即新奇，天资卓异，人不可及也”⑤，可谓博学多艺。晚年“绝名利”，“远世交”，潜心释道。但他的最大成就是在杂剧创作上。他据王伯成编有《李太白贬夜郎》而编《杜子美游曲江》，遂为姐妹篇，惜此剧已佚。

---

① 〔元〕钟嗣成：《录鬼簿》卷下，见《新校录鬼簿正续编》，巴蜀书社 1996 年版，第 141 页。
② 〔元〕陶宗仪：《南村辍耕录》卷八《作今乐府法》，第 95 页。
③ 〔元〕钟嗣成：《录鬼簿》卷下，见《新校录鬼簿正续编》，巴蜀书社 1996 年版，第 140 页。
④ 以上引文均见钟嗣成《录鬼簿》。
⑤ 〔元〕钟嗣成：《录鬼簿》卷下，见《新校录鬼簿正续编》，巴蜀书社 1996 年版，第 126 页。

另有《陈秀卿悟道竹叶舟》一剧存世，剧情离奇曲折，反映士大夫科场失意后消极沉沦逃避现实的处世态度。《太和正音谱》评其剧"如竹里鸣泉"，清丽典雅。钟嗣成亦说他"一下笔即新奇"。

沈和，字和甫，杭州人。生卒年未详，约元成宗元贞初年前后在世。擅词翰，善谈谑，天性风流，兼通音律。南北调合腔，即自沈和始。卒于江州（今江西九江）。所作剧本有《祈甘雨货郎朱蛇记》《徐驸马乐昌分镜》《郑玉娥燕山逢故人》《闹法场郭兴阿扬》《欢喜冤家》《潇湘八景》等6种，其中后2种即用南北调合腔，惜今皆不传。《录鬼簿》谓之"天性风流，兼明音律。以南北调合腔自和甫始，如《潇湘八景》《欢喜冤家》等曲，极为工巧"。世称"蛮子关汉卿"①，可见其声望之高。《太和正音谱》评其曲"如翠屏孔雀"。

范居中，字子正，号冰壶，杭州人，生卒年不详，约元成宗元贞初年前后在世。其父范康，号称一代名儒，为著名剧作家。家居杭州三元楼前，世以卜术为业。每年元夕，必以时事题于灯纸之上，杭人聚观，远近皆知其门。其妹亦善文。大德年间（1297—1307）曾被旨赴都，终以才高不遇，归而卒于家。范居中学博才捷，每出大言自矜，以为"笔不停思，文不阁搁笔"，人知其才，亦无以难之。善操琴，能书法，有乐府及南北腔行于世，所作仅存《秋思》一套。又有与施惠等合著的《鹔鹴裘》，第一折即为范居中所作，惜仅存目。

施惠，字君美（一作均美），杭州人，生卒年不详，约元成宗元贞（1295—1296）初年前后在世。他巨目美髯，好谈笑，家居吴山城隍庙前，以坐贾为业。钟嗣成、陈彦宝等戏曲名家常常到他家中相聚，宴饮之余，论诗作曲，高谈阔论，其所谈古今轶事，集为《古今砌话》（一作《古今趣话》）一集，见《录鬼簿》，又有《别续常谈》3卷，见《宋史·艺文志补》。他所作的《拜月亭传奇》（一名《幽闺记》），是元人四大传奇之一。并与范居中、黄天泽、沈拱合作编有《鹔鹴裘》杂剧，其中第二折即为施惠所作，见《太和正音谱》。

黄天泽，字德润，杭州人。生卒年不详，约元成宗元贞年间（1295—1296）前后在世。是沈和的同母弟，风流蕴藉，不减其兄。早年屈就薄书，先在漕司，后居省府，郁郁不得志。听补昆山州吏，又不获用，后竟卒他乡。工曲，为当时人所称赏，惜均已佚。与范居中、施惠等合编有杂剧《鹔鹴裘》，然亦仅存其名。

沈拱，字拱之，杭州人，生卒年不详，约元成宗元贞年间（1295—1296）前后在世。天资颖悟，文质彬彬，然不愿仰人鼻息，终身不仕。年老无子，病无所归，寄居于友人陈以仁家，不旬日而亡。沈拱作曲颇多，然今皆无存。惟《鹔鹴裘》中第4折仅存名录，余皆不可考。

萧德祥，名天瑞，号复斋，杭州人。生卒年不详，约元文宗至顺中前后在世。以医为

① 〔元〕钟嗣成：《录鬼簿》卷下，见《新校录鬼簿正续编》，巴蜀书社1996年版，第127页。

业，工作曲。据《录鬼簿》载，萧"凡古文具概括为南曲，街市盛行，又有南曲戏文等"，名目今不存。杂剧有《四春园》《小孙屠》《杀狗劝夫》《四大王歌舞丽春园》《包待制三勘蝴蝶梦》，今仅存《杀狗劝夫》一种，全名用《王翛然断杀狗劝夫》，一作《贤达妇杀狗劝夫》或《杨氏女杀狗劝夫》，为元人四大传奇之一。内容是孙荣虐待其弟，经妻杨氏杀狗相劝，与弟重归于好。有脉望馆抄本及《元曲选》本。

《元曲选》中《杀狗劝夫》插图

王晔，字日华，一作日新，号南斋，杭州人。生卒年不详，约元文宗至顺中前后在世。他是名画家王绎的父亲，被称为"处士"，显然是不曾进入仕途的文人。"能词章、乐府，临风对月之际，所制工巧"。① 体丰肥而善滑稽，与杨维桢、钟嗣成相友善。曾与朱凯题《双渐小卿问答》（即《乐府群玉》中的《风月所举问汝阳记》一套），人多称赏。所著杂剧有《桃花女》《卧龙岗》《双卖华》3 种，今仅存《桃花女》1 种，全称作《桃花女破法嫁周公》，存《元曲选》本及脉望馆抄校本。演周公与桃花女斗法屡败后服输，并娶桃花女为媳妇。剧中的风情描写，是研究元代杭州一带民俗的难得资料。所作散曲工巧，与朱凯合写《双渐小卿问答》散套，尤为人所赏。据杨维桢《东维子集》载，王曾辑有录春秋至宋金俳优讽谏时事的《优语录》，杨维桢为之序，佚。

王仲元，杭州人，生卒年不详，约元文宗至顺中前后在世。工作曲，与钟嗣成相交甚密。所著有《东海郡于公高门》《袁盎却坐》《私下三关》等杂剧，今佚。散曲存《咏雪》一套。

丁野夫，生卒年不详，约元末明初在世。其先西域人，因羡钱塘山水之胜而家杭州。为人动作文雅，衣冠济楚，善取诗意为丹青小景，又善作曲，套数小令极多，惜多佚。

虎伯恭，生卒年不详，约元末明初在世。其先西域人，居钱塘。工作曲。与弟伯俭、伯让相友爱，有孝行，为时人所称。

赛景初，生卒年不详，约元末明初在世。其先西域人。老卒于西湖之滨。工作曲。

陆登喜（一作陈登喜），字仲良。生卒年未详，约元文宗至顺中前后在世。其先扬州人，因其父官杭州，而随居于杭州。为人沉着缄默，工曲，善讴，有乐府隐语，所作杂剧有《开仓粜米》《勘头巾》二种，今佚。

周文质（？—1334），字仲彬，祖籍建德，后迁居杭州。体貌清癯，学问赅博，资性工巧，家世业儒，俯就路吏。善丹青，能歌舞，性尚豪放，好事敬客，钟嗣成与之相交 20 年，

① 见上引〔元〕钟嗣成：《录鬼簿》，见《新校录鬼簿正续编》，巴蜀书社 1996 年版。

关系甚密。他所作杂剧，有《苏武持节》《孙武教女兵》《杜韦娘》《敬新磨戏谏唐庄宗》4 种，现存仅《苏武还乡》残曲 2 折，演西汉苏武奉旨使匈奴宁死不降事。明传奇《牧羊记》及近代京剧《苏武牧羊》、川剧《白阳河》、粤剧《猩猩追舟》等均与此同题材。散曲无专集，散见各选本中。《太和正音谱》评其曲“如平原孤隼”。

胡正臣，杭州人，约元世祖至元末前后在世，当时著名的杂剧表演艺术家。能把董解元的《西厢记》全剧从头唱至末，各家乐府也无不精知，与陈以仁、金仁杰诸人交游。其子存善继承父业，著有《群玉》《丛珠》，还刊刻张小山《乐府》、吴仁卿《金偻新声》、曾瑞《诗酒余音》传世。

鲍天祐，字吉甫，杭州人。生卒年不详，约元成宗元贞（1295—1296）中前后在世。初业儒，长计会簿书之役，非其本志。终日惟以修奇博古为务，故其编撰，多使人感动咏叹。以昆山州吏而终。他擅长作曲，《录鬼簿》称其作曲时“耸吟肩有似风魔状，苦劳心呕断肠”，可见研究之深。所作剧今知有 8 种，有《史鱼尸谏》《曹娥泣江》（与汪勉之合编）、《宋弘不谐》《班超投笔》《哭秦少游》《比干剖腹》《杨震畏金》《为富不仁》，尤以《史鱼尸谏》著称，今全佚，仅《录鬼簿》存其名。《太和正音谱》评其曲“如老蛟泣珠”。其中《史鱼尸谏》影响较大，明周定王《元宫词》曰：“尸谏灵公演传奇，一朝传到九重知。奉宣赍与中书省，诸路都教唱此词。”

陈以仁，字存甫（一作孝甫），杭州人，生卒年未详，约元成宗元贞年间（1295—1296）前后在世。他因家务雍容，不求闻达，常与南北士大夫交游，童仆辈以供茶汤酒果为厌，以仁未尝有难色，其名因此而愈重。他善唱曲，是一个出色的杂剧表演家，同时又长剧作，有《误入长安》《锦堂风月》二剧，今皆失传。《太和正音谱》评其曲“如湘江雪竹”。

白贲，字无咎，杭州人。生卒年不详，约元成宗大德初前后在世。官至学士。善作散曲，以《鹦鹉曲》最享盛名，在大都传扬一时。他的散曲，今散见于《阳春白雪》及《太平乐府》等选本中。《太和正音谱》谓其散曲“如太华孤峰”。

吴本世，字中立（一作吴本，字本道），杭州人。生卒年不详，约元成宗大德中前后在世。天资明敏，贫病不得志而卒，好为词章、隐语、乐府，有《本道斋乐府小稿》及诗谜数千篇，存于《录鬼簿》。

俞仁夫，杭州人。生卒年不详，约元武宗至大中前后在世，工作曲，有乐府传世。

金仁杰（？—1329），字志甫，杭州人。曾做过掌管钱谷之类小官。天历元年（1328年）冬，授建康（今南京）崇宁务官，次年二月到任，三月即卒于任所，归葬杭州。与钟嗣成相交游，前后 20 年如一日。他擅作曲，所作杂剧凡 7 种，即《苏东坡夜宴西湖梦》《萧何月下追韩信》《蔡琰还朝》《秦太师东窗事犯》《玉津园智斩韩太师》《长孙皇后鼎镬谏》《周公旦抱子摄朝》，今仅存《追韩信》一种，有《元刊杂剧三十种》本、《元曲选》本。演汉丞相萧何求贤如渴，闻韩信怀才不遇而出走，星夜将他追回并向刘邦力荐，封为大将，使其在灭楚的战争中发挥巨大作用，成为我国古代人才史上一曲不朽的赞歌，为许多剧种改编或移植，其中《萧何月下追韩信》成为麒派表演艺术大师周信芳的代表作。《录鬼簿》谓之“虽不骈丽，而其大概多有可取焉”①。《太和正音谱》评其曲为“如西山爽气”。

杨梓（？—1327），海盐（今属浙江）人。曾任海运万户、浙东道宣慰副使。在现在所知杂剧作家中，他是社会地位最高的一个。杨梓之父杨发，原是南宋将领，降元后任福建安抚使，管理庆元（今浙江宁波）、上海、澉浦三处市舶司，“每岁招集舶商，于蕃邦博易珠翠、香货等物。”②杨发家于澉浦（属江浙行省海盐州，今浙江海盐），在管理市舶（海外贸易）的同时，自己有大量海船，发往海外经商。杨梓任浙东道宣慰副使、海运万户，政治上地位显赫。杨家继续从事海外贸易，杨梓之子杨枢曾驾船远航波斯湾，其家因此成为江南巨富。杨梓作有杂剧三种，即《敬德不伏老》《豫让吞炭》《霍光鬼谏》，都是历史剧，并不出色。但是杨梓“善音律”，与著名散曲作家畏兀儿人贯云石（酸斋）有很深的友谊，“云石翩翩公子，无论所制乐府、散套，骏逸为当行之冠，即歌声高引，可彻云汉，而康惠（杨梓谥康惠——引者）独得其传”。杨梓之子亦好音律，“以故杨氏家僮千指，无有不善南北歌调者，由是州人往往得其家法，以能歌名于浙右云”③。后来南戏中有所谓“海盐腔”，④应与澉浦杨氏有密切的关系。“海盐腔”显然是南北歌调交融的结果。

在上述作家创作的剧目中，历史剧占有很大比重。如郑光祖创作的杂剧共18种，历史剧占有11种；现有8种中，历史剧6种。宫天挺所作6种，现存2种，均为历史剧。秦简夫作品传世3种，内2种以历史为题材。杨梓传世作品3种，均为历史剧。这一时期的历史剧，大多借历史故事，宣扬封建伦理道德，有影响的作品很少。但个别剧目却有颇为出色的曲词，例如《死生交范张鸡黍》关于仕途黑暗、《孝义士赵礼让肥》关于百姓困苦的描写。现将《孝义士赵礼让肥》的一段曲词征引如下：

> [哪吒令]想他们富家，杀羊也那宰马，每日里笑恰，飞觥也那走斝。俺百姓每痛杀，无根椽片瓦，那里有调和的五味全，但得个充饥罢。母子每苦痛，哎，天那！
>
> ……
>
> [寄生草]饿的这民饥色，看看的如蜡渣。他每都家家上树把这槐芽掐，他

① 〔元〕钟嗣成：《录鬼簿》卷下，见《新校录鬼簿正续编》，巴蜀书社1996年版，第124页。

② 〔明〕宋濂等：《元史》卷九四《食货志·市舶》，第2401页。

③ 〔元〕姚桐寿著，李梦生校点：《乐郊私语》，中华书局2012年版，第134页。关于澉浦杨氏家族的历史，可参看陈高华：《元代的航海世家澉浦杨氏》，《海交史研究》1995年第1期。

④ 〔明〕徐渭：《南词叙录》，中国戏剧出版社1989年版。

每都村村沿道将榆皮剐，他每都人人绕户将粮食化。现如今弟兄衣袂不遮身，可着纶贫寒子母无安下。

《孝义士赵礼让肥》写的故事是：西汉末年社会动乱，赵孝、赵礼兄弟奉母逃荒，被吃人肉的强盗俘获，兄弟争相就死，强盗为之感动，放了他们，并改悔从军报国。全剧突出封建道德的教化作用，人物形象苍白无力。但上引曲文却可以说是元代后期灾荒连年、社会矛盾加剧、百姓流离失所的真实反映。

以爱情为题材的作品也占相当的比重。郑光祖的《倩女离魂》历来被认为是后期爱情剧的代表作，故事曲折，曲文秀美。王国维曾以《倩女离魂》第三折曲文为例，说明元曲"文章之妙"。乔吉传世的作品有《扬州梦》《金钱记》《两世姻缘》三种，都以爱情为题材。其中《两世姻缘》比较出色。

除了历史剧和爱情剧外，还有其他题材的作品。比较突出的如秦简夫的《东堂老》和萧天瑞（德祥）的《杀狗劝夫》，可以归入社会剧。王晔的《桃花女》可以归入神仙道化剧。《东堂老》一剧描写扬州富商之子扬州奴败尽家业，在其父生前好友李实（东堂老）帮助教育下浪子回头、重振家业的故事。全剧刻画细致，人物个性分明，在艺术上有相当的成就。但更值得注意的是此剧以商人为主人公，东堂老在商场奋力拼搏，终于发家致富。他回顾自己的人生历程道：

[正末云]孩儿，你说差了。那做买卖的有一等人肯向前，敢当赌，汤风冒雪，忍寒受冷。有一等人怕风怯雨，门也不出。所以孔子门下三千弟子，只子贡善能货殖，遂成大富，怎做得由命不由人也。

[正宫·端正好]我则理会有钱的是咱能，那无钱的非关命。咱人也须要个干运的这经营。虽然道贫穷富贵生前定，不俫咱可便稳坐的安然等。

[滚绣球]想着我幼年时血气猛，为蝇头努力去争。哎哟使的我到今来一身残病。……我只去利名场往来奔竞，那里也有一日的安宁。投至得十年五载我这般松宽的有，也是我万苦千辛积攒成。往事堪惊。①

为了完成友人临死嘱托，东堂老经过多方努力，终于使扬州奴改悔。全剧树立了一个商人的正面现象。以商人为主角并对商业活动采取肯定的态度，透露出新鲜的气息，这在元代杂剧和同时代其他文学作品中是罕见的。

（三）散曲的繁盛

散曲是中国古代继诗、词之后出现的一种新兴韵文体裁，用于歌唱，在元朝通常称为"今乐府""大元乐府"。它起源于宋、金的市井小曲，也深受北方民族音乐的影响，在元前

① 〔明〕臧懋循辑：《元曲选》，中华书局 1989 年重排版，第 215 页。

期进入繁荣阶段，由俗文学走向雅俗共赏，与杂剧并称为元曲或“北曲”，都是元朝具有代表性的文学形式。散曲与杂剧剧曲的曲牌基本相同，都按照金代以来北方流行的曲调进行填写。这些北方曲调，是杂糅了宋词、民间俚曲、北方民族乐曲等多种成分形成的，每个曲牌均隶属于某一宫调。

据统计，传世的元人小令3800多首，套数470多套，作者200余人。① 无论就作者或是作品来说，后期都占多数。散曲作者就身份而言，有高级官僚、中下级官员和吏员、布衣文士、演员等。就民族成分来说，以汉人、南人居多，亦有一定数量的蒙古人、色目人，后者主要出现于后期。元代南方散曲之繁盛，除初期不及北方外，中期和后期均南盛于北。以省份而论，其人数最多当推浙江。杭州逐渐取代大都，成为散曲作家的活动中心。据隋树森先生《全元散曲简编》所载，南方散曲作家的人数大致与北方相埒。其中，重要的散曲作家浙江有白贲、范康、沈和、施惠、周文质、张雨、张可久、沈禧、任昱、徐再思、朱凯、王晔、王仲元、邵元长、郝经、杨维桢、高明、汤式、徐昣等19人；江西有刘时中、虞集、邓学可、赵善庆、周德清、汪元亨等6人；江苏有睢景臣、睢玄明、倪瓒、谢应芳4人；上海有钱霖、顾德润、宋方壶、班惟志4人；湖南有赵岩、冯子振2人；湖北有滕斌；安徽有盍西村。在当时，南方的散曲还形成了许多流派，如“端谨严密”的江东体；以周德清为代表的“文采焕然，风流儒雅”的西江体；以苏杭一带作家为主的“清丽华巧，浮而且艳”的东吴体；“气劲趣高”的淮南体；“屈抑不伸，摅衷诉志”的楚江体②。就题材而言，以前的散曲主要集中于写景、怀古、艳情和吟咏性情，这一时期则有所扩大，出现了暴露社会黑暗的作品。在艺术表现方面，对形式有更多的追求，出现了诗词化、规范化的倾向，以清丽典雅为主要特色，逐渐改变了原来的自然本色的风貌。③ 但就艺术成就而言，南方散曲作家当推睢景臣、张可久影响最大。

睢景臣，字景贤，扬州（今属江苏）人。生卒年不详，约与《录鬼簿》的作者钟嗣成同时。曾在杭州居留。他的传世作品很少，其中[般涉调·哨遍]《汉高祖还乡》是他的代表作。《录鬼簿》评价说：“维扬诸公俱作《高祖还乡》套数，惟公（哨遍）制作新奇，诸公者皆出其下。”在这一套散曲中，作者以庄家的口吻、乡邻的身份，通过“对于名不副实装模作样的帝王们，表示了轻视、丑化和强烈的讽刺。同时，也可以从侧面体会出作者对元代统治者的反抗思想。在这里，正显示出这一套散曲历史意义和现实内容的紧密结合。从艺术上看，它也具有鲜明的特色，叙事如此生动，形象如此真实，语言如此通俗，乡民的口吻

---

① 邓绍基主编：《元代文学史》，人民文学出版社1991年版，第308页。

② 隋树森：《全元散曲简编·导言》，上海古籍出版社1984年版。

③ 邓绍基主编：《元代文学史》，人民文学出版社1991年版，第313—316页。

如此真切，这种境界，是过去诗词中所难达到的”①。

张可久(1270? —1348?)，号小山，庆元(今浙江宁波)人。他早年在杭州生活，“以儒家读书万卷，四十犹未遇”。后来在桐庐、绍兴、衢州等地任吏员、首领官，并曾一度在徽州任税务官，去世时年 70 以上。他一生沉沦下僚，“功名一半纸，风雪千山少”②，仕途坎坷。但在散曲创作方面，不但数量很多，而且质量亦居上乘。有《小山乐府》，今存小令 855 首，套曲 9 首，是元代存曲最多的作家。从他现存的作品来看，题材非常广泛，但最有特色的是对文人各方面生活的描述和写景咏物的作品。如他写文人风流生活的《湖上晚归》，写景优美，音律和谐，语言清丽，明人将它和马致远的《秋思》并提。此外，他的《客况》《怀古》《失题》《江夜》也都是著名的作品。由于张可久在元代曲坛上的杰出成就和盛大的声誉，被推为马致远之后最伟大的散曲作家。同时代的贯云石称他的作品“文而醇，音和而平，治世之音也”③。明初朱权说：“其词清而且丽，华而不艳，有不食烟火气，真可谓不羁之材。”④“和平”“清”正是张可久散曲的特色。但是，才高位卑，对现实社会不免有所不满，在作品中有时也表现出来：“淡文章不到紫薇郎，小根脚难登白玉堂，远功名却怕黄茅瘴。”⑤“伤心秦汉，生民涂炭，读书人一声长叹。”⑥

乔吉生平已见前述。他既写杂剧，又作散曲。散曲作品以写景和吟咏为主。明代有人将张可久和乔吉与唐诗中的李、杜相比，可见他在元代散曲创作中的地位。⑦ 一般认为他在散曲上的成就要超过杂剧。和张可久一样，乔吉的散曲也讲究文字的铸造，亦以清丽为特色。但他能吸收民间诗歌表现手法，做到雅俗交融，卓然自成一家。

徐再思，字德可，嘉兴(今属浙江)人。号甜斋。与张可久同时，曾为嘉兴路吏员，生平主要在江浙地区活动。他的散曲以写景和言情为主，言情之作尤为人称道。

刘时中，江西南昌人。他的散曲传世颇多，大多是平庸之作，但其中[正宫·端正好]《上高监司》套曲则是很有特色的。这首作品分前后两套，前套共 15 支曲，描写大旱之年的悲惨场面，百姓吃野菜麸糠，变卖田产儿女，挣扎在死亡线上，而富户、豪强却利用百姓的苦难趁机发财：

有钱的贩米谷置田庄添生放，无钱的少过活分骨肉无承望。有钱的纳宠妾

① 刘大杰：《中国文学发展史》下，上海古籍出版社 1982 年版，第 790—791 页。

② 〔元〕贯云石：《今乐府序》，原载天一阁本《小山乐府》，转引自《张可久集校注》(吕薇芬、杨镰著)，浙江古籍出版社 1995 年版，第 644 页；〔元〕张可久：《[双调·殿前欢]客中》，《张可久集校注》，第 528 页。

③ 《今乐府序》，见《张可久集校注》第 644 页。

④ 《太和正音谱》，《中国古典戏曲论著集成》，中国戏剧出版社 1959 年版，第 3 册，第 16 页。

⑤ 〔元〕张可久：《[双调·水仙子]归兴》，《张可久集校注》，第 497 页。

⑥ 〔元〕张可久：《[中吕·卖花声]怀古》，《张可久集校注》，第 214 页。

⑦ 李开先：《乔梦符小令序》，转引自《张可久集校注》，第 624 页。

买人口偏兴旺，无钱的受饥馁填沟壑遭灾障。小民好苦也么哥，小民好苦也么哥，便秋收鬻妻卖子家私丧。①

后套共34支曲，叙述元朝钞法实施过程中的种种弊端。并提出改革的建议。这篇套曲以现实生活为题材，揭示社会的矛盾、百姓的困苦，在元代散曲中是极其罕见的，在创作题材上有很大的突破。令人遗憾的是，这篇夸曲是呈献给"高监司"②的，作者把改革的希望寄托在"相公"（高监司）身上，其中有大量歌功颂德以至逢迎谄媚之词，令人生厌，也损害了它的价值。

和诗词领域一样，元朝后期散曲领域也出现了一批蒙古、色目作家，有阿里西瑛、贯云石、阿鲁威、薛昂夫、全普庵撒里、兰楚芳等，其中贯云石、薛昂夫最有名。因他们的艺术创作活动主要在长江流域，故此也成为长江文化中不可分割的组成部分。

贯云石（1286—1324），名小云石海涯，又号酸斋，畏兀儿人。著名的散曲作家，戏曲音乐家。仁宗时拜翰林侍读学士，未几，辞归江南，隐居于杭州西湖北山栖云庵，他曾于杭城市中立碑额货卖"第一人间快活丸"，又曾以诗换得渔人的芦花被，自号芦花道人。卒谥文靖。所作诗文有《酸斋集》。他深通音律，所作散曲主要写恋情和隐居生活，"清新俊逸，为时所称"③。其曲与徐甜斋并称"酸甜乐府"，今人辑有《酸甜乐府》，收录小令80余支，套数7首。《太和正音谱》评其曲"如天马脱羁"。

薛昂夫，名超吾，号九泉。汉姓马，故亦称马昂夫。回回人。④ 他曾为江西行省令史，后历任太平、建德、衢州、池州等路总管，最后以秘书卿（正三品）致仕。他的散曲以吟咏世情和怀古为主，也有一些写景之作。他的怀古咏史之作颇有特色，不乏新见，流露出反传统的意识。有些作品嘲讽诙谐，别具一格。无论从题材、思想或表现手法来看，蒙古、色目作家和汉人、南人作家所写的散曲，都看不出有多大差别。

元朝末年，社会动荡，爆发了以红巾军为代表的全国农民战争。当时流传着一首《醉太平小令》："堂堂大元，奸佞专权，开河变钞祸根源，惹红巾万千。官法滥，刑法重，黎民怨。人吃人，钞买钞，何曾见。贼做官，官做贼，混贤愚，哀哉可怜。"这首散曲，文字质朴，反映了社会的真实，反映出人民群众对元朝统治的不满，无疑是真正的民间创作。它很快便流传开来，"自京师以至江南，人人能道之"⑤。元代散曲中直接反映社会现实的作品

① 隋树森：《全元散曲》，中华书局1981年再版，第671页。

② "监司"指监察系统官。

③ 〔元〕孔齐：《至正直记》卷一《酸斋乐府》，上海古籍出版社1987年版，第3页。

④ 关于马昂夫的经历，历来讨论颇多，可参看杨镰著《元西域诗人群体研究》第3部第1章《薛昂夫家世、经历和感情生活》，新疆人民出版社1998年版，第293—315页。

⑤ 〔元〕陶宗仪：《南村辍耕录》卷二三《醉太平小令》，第256页。

很少，这首《醉太平小令》是其中最尖锐的一首，也是最受人民群众欢迎的一首，是值得特别重视的。

（四）音乐

元代江西高安周德清《中原音韵》是最早的北曲韵书。

元代鄞县（今属浙江宁波市）袁桷的《琴述》也是一部琴史专著，对宋代谱系的演变有详细的记载。袁桷《题徐天民草书》一文对此有比较详细的记述："甲申乙酉间，余尝受琴于瓢翁，问谱所从来，乃出韩忠献家。盖通南北所传，皆阁谱、宣和谱，北为完颜谱，南为御前祗应谱，今紫霞前谱是也。韩谱湮废已久，东嘉郭楚望始绍其传，毛、杨、徐皆祖之。不知者，咸称浙谱由毛、杨自秘其传故耳。蔡氏四弄，嵇中散补之，其声无有雷同，孰谓浙人能之乎？瓢翁酒酣好作草书，尝写前人悲愤之词。一日，言中散《广陵散》漫商，君臣道丧，深致意焉。至毛敏仲作《涂山》，专指徵调，而双弦不复转调，与嵇意合，非深知音者不能。又曰：学琴当先本书传，俗韵自少，仲连得法于其子。余以作吏荒落，向尝作《琴述》，言历代所谱派系，因览先生遗墨，俯仰畴昔，今三十六年矣。延祐六年仲夏丁丑越袁桷书。"①元世祖既平宋，遣使召天民入京，时天民已死。使者得知天民之子徐企也善操琴，宋时曾仕承节郎，于是又催促徐企入觐。元世祖闻徐企琴后，赞其为"天下乐师也"②。

汪元量善琴，其诗作《月夜弹琴》述及其琴艺："如此良夜，秋空月圆。君弹《山鬼》，我拊《水仙》。"③

（五）戏曲著作《录鬼簿》和《青楼集》

元代后期在江南产生了两种与散曲、杂剧有密切关系的著作，一种是记录散曲、杂剧作者的《录鬼簿》，一种是记录散曲、杂剧演员的《青楼集》。这也正是散曲和杂剧创作重心南移的表现。

《录鬼簿》的作者钟嗣成，字继先，号丑斋，生卒年不可考。原籍大梁（今河南开封），后寄居杭州。曾应科举不中，便绝意进取，专门从事杂剧和散曲的写作。他和江浙一带的杂剧、散曲作家多有交游，对于杂剧、散曲的创作和流传情况有比较全面的了解。这些作家中有不少人"门第卑微，职位不振"，到元代后期，其中有些已"湮没无闻"。有感于此，钟嗣成撰写《录鬼簿》一书，记述散曲和杂剧作家的生平和作品。他称这些作家为"鬼"，自己亦以"鬼"自居："余亦鬼也。"以此表示他对正统文人排斥、轻视杂剧、散曲的不

① 〔元〕袁桷著，李军等校点：《袁桷集》卷四九，吉林文史出版社2010年版，第695页。

② 〔明〕倪谦：《倪文僖集》卷二八《故锦衣卫指挥使徐公墓志铭》，《景印文渊阁四库全书》，台北商务印书馆1986年版，第1245册，第535页下。

③ 〔元〕汪元量：《增订湖山类稿》卷四，孔凡礼辑校，中华书局1984年版，第160页。

满。同时他还声明:“若夫高尚之士,性理之学,以为得罪于圣门者,吾党却噉蛤蜊,别与知味者道。”这是公开表达对正统文化的蔑视,这在理学占统治的时代是不多见的。

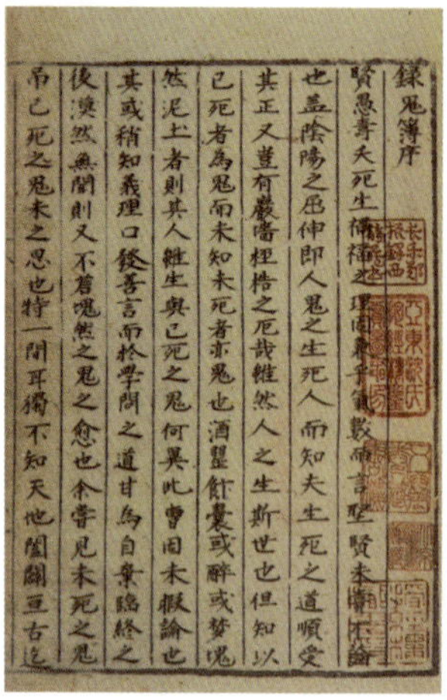

錄鬼簿序
賢愚壽夭死生禍福之理固兼乎氣數而言聖賢未嘗不論
也盖陰陽之屈伸即人鬼之生死人而知夫生死之道順受
其正又豈有巖墻桎梏之厄哉雖然人之生斯世也但知以
已死者爲鬼而未知未死者亦鬼也酒罌飯囊或醉或夢塊
然泥土者則其人雖生與已死之鬼何異此曹固未暇論也
其或稍知義理口發善言而於學問之道甘爲自棄臨終之
後漠然無聞則又不若塊然之鬼之愈也余嘗見未死之鬼
吊已死之鬼未之思也特一間耳獨不知天地開闢亘古迄

钟嗣成《录鬼簿》书影(明抄本)

《录鬼簿》成书于文宗至顺元年(1330 年)。顺帝元统二年(1334 年)作过修订,至正五年(1345 年)以后,又作过一次修订。全书按年代前后记录了 152 位杂剧、散曲作家的简略情况,著录剧目 400 余种,为杂剧、散曲保存了丰富的资料,被公认是研究元代杂剧和散曲最重要的文献。明永乐二十年(1422 年)淄川(今属山东)人贾仲明为此书作修订补充,增加了不少有价值的内容。此外又有无名氏作《录鬼簿续编》,记录元、明之际杂剧、散曲作家 71 人,杂剧曲目 78 种,也是很有价值的。

《青楼集》作者贾庭芝,字伯和,号雪蓑,华亭(今江苏松江)人。生卒年不详。主要活动于元朝末年,可能入明。“乔木故家,一生黄金买笑,风流蕴藉。”①从现存有关记载来看,他是豪门的子弟,有很好的文艺修养,寄情声色,喜招徕宾客。“座客常满,尊酒不空,终日高会开宴,诸伶毕至。以故闻见博有,声誉益彰。”元末动乱,张士诚控制浙西十余年,“军需征赋百出,昔之吝财豪户,破家剥床,目不堪睹。”夏氏亦因此“资产荡然”,不得不“僻居深村”。繁华销尽,追忆过去的生活,写下了《青楼集》。

“青楼”原指娼妓,古代娼优往往不分。《青楼集》中记述有元一代“女伶”共 170 人,大半是杂剧和歌唱的演员,也有一些从事其他艺术品种的艺人。此外提到“末尼”(男演员)35 人、杂剧、散曲作家等 40 余人。戏曲演员和其他艺人在元代社会地位很低,不受重视,在各种文献中很少记载。《青楼集》能为艺人立传是很难得的。虽然每个演员的介绍都很简短,但其中涉及演员身世、艺术特色和社会影响等众多方面,内容丰富,为元代戏曲史留下了珍贵的资料。

四、说话和话本

有元一代,说话技艺风行南北。杨维桢在《送朱女士桂英演史序》中写道:“朱氏名桂英,家在钱塘。世为衣冠旧族,善记稗官小说,演史于三国、五季。因延至舟中,为予说道君艮岳及秦太师事。座客倾耳,知其腹笥有文史,无烟花脂粉。予奇之曰:使荣遇思陵太

① 〔明〕贾仲明:《录鬼簿续编》,浦汉明校:《新校录鬼簿正续编》,巴蜀书社 1996 年版。

平之朝，如张、宋、陈、陆、史辈，谈通典故，入居禁壶，岂久居瓦市间耶！”①“思陵”指宋高宗，“张、宋、陈、陆、史”是以说话技艺博得高宗赏识的艺人。元朝后期在杭州以说话为生者不乏其人。“胡仲彬乃杭州勾栏中演说野史者，其妹亦能之。”②

说话技艺在有元一代一直存在。北方有，南方更盛。说话内容主要有讲史、小说两类。说话艺人似以女性为主，亦有男性。说话演出的场所比较灵活，可以在“勾栏”（城市中固定的演出场所）之中，也可以应召到舟中或宴会上表演。

说话人表演一般都有文字底本，称为话本，又有词话、平（评）话等名称。词话有说有唱，平（评）话只说不唱。上面说过，元代说话主要分小说、讲史二家，小说一般有说有唱，讲史一般只说不唱，当然也有例外。从上面列举的一些例子来看，当时说活似以讲史为主。这也许是元朝实行民族压迫和民族歧视政策导致的特殊心态。现存话本有的文字粗糙，类似提纲，有的则有比较细致的描写。前者只供艺人演出时参考，后者则可用于演出，又是可供欣赏的文学作品。话本有的是说话人自己的记录，有的则是书会才人的创作。书会是城市中通俗文艺作家的行业组织，见于记载的有武林书会、玉京书会等名目。书会的作者称为才人，他们写作的范围很广，有杂剧、话本等。③ 元代不少话本便出自书会才人之手。书会才人一身二任，同时从事杂剧和话本的创作，因此杂剧和话本的题材和情节往往雷同，下面将会提到的《水浒》和《三国》故事在元代的流行便是很典型的例子。

小说类说话的题材广泛，有灵怪、烟粉、传奇、公案、朴刀、杆棒、神仙、妖术等名目，归纳起来，主要有婚姻恋情、词讼审判、江湖侠义、神仙鬼怪几大类。宋元时期的小说话本流传下来的为数不少，但现存的都是明代刻印的，这些作品在流传过程中都曾经过说话人和书会才人不断加工、修改，其创作的准确时代很难断定。哪些话本小说属于元代，迄今没有定论。④ 一般统称为宋元话本，以短篇为主，亦有长篇，如《西游记》。

讲史类说话以元以前各朝历史为题材，从上面的资料可知，“由汉魏，到隋唐”，“三国、五季……道君艮岳及秦太师事”，都是讲史的范围。“道君艮岳”指宋徽宗花石纲事，“秦太师”即秦桧。可见宋朝历史亦在讲史的范围。现存可以确定元代讲史类话本共有8种，即：《武王伐纣书》《乐毅图齐七国春秋后集》《秦并六国》《前汉书续集》《三国志》《薛仁贵征辽事略》《宣和遗事》《三分事略》。前5种合称《全相平话》，有元至治建安虞氏刻本。

---

① 〔元〕杨维桢：《东维子文集》卷六，《四部丛刊》缩印本，第46页上。

② 〔元〕陶宗仪撰，李梦生校点：《南村辍耕录》卷二七《胡仲彬聚众》，第306页。

③ 冯沅君：《古剧四考·才人考》《古剧四考跋》，《古剧说汇》，作家出版社1956年版。

④ 邓绍基主编《元代文学史》认为，现存元代话本小说有9种，见该书第597—598页（人民文学出版社1991年版）。

版式一致，上图下文，故有此称。这5种平话分别叙述商亡周兴，战国时乐毅伐齐和孙膑破燕，秦朝统一和灭亡，汉初吕后专权和文帝复兴汉室，以及魏、蜀、吴三国鼎立和晋朝统一的历史。《薛仁贵征辽事略》见于《永乐大典》卷5244“辽”字门。以初征辽东为背景，讲述薛仁贵屡立战功，反遭陷害，最后真相大白，受赏封官。《宣和遗事》有2卷本和4卷本两种，内容大体相同。2卷本有《士礼居丛书》本，4卷本有金陵王氏络川校正重刊本、吴郡修绠山房刻本。“宣和”是宋徽宗的年号，这部平话叙述的主要是宋徽宗一朝的历史，其中有宋江36人的事迹。《三分事略》有元刊本，可能刊刻于福建建安书坊，内容与《三国志平话》大体相同。《全相平话五种》之一是《乐毅图齐七国春秋后集》，可以推知必有前集。又一种是《前汉书续集》，亦必有正集。上引杨维桢记，钱塘女子朱桂英“演史于三国、五季”，又说“道君艮岳及秦太师事”，则可知讲史内容除“三国”（《三国志平话》《三分事略》）、“道君艮岳”（《宣和遗事》）之外，还有“五季”及“秦太师事”，亦应有话本流行。① 此外，成书于14世纪中叶的《朴通事》（当时高丽的汉语教科书）中说到，“买《赵太祖飞龙记》《唐三藏西游记》去”②。《赵太祖飞龙记》显然是讲述宋太祖赵匡胤发迹称帝的讲史平话。通过这些例子可以看出，当时讲史的范围非常广泛，起自商周（可能更早），下迄两宋。而且，同一主题（如三国历史）可以有不同的文本，因此，讲史的文本《平话》为数众多，现在流传下来的只是一部分。讲史《平话》大多以历朝兴亡为题材，谴责荒淫无道的封建君主，歌颂敢作敢为的英雄人物，社会各阶层都可以从不同角度引发共鸣，因而很自然地得到广泛流行。

元至治年间建安虞氏刻印的《新全相三国志平话》

元代话本在中国小说发展的历史进程中占有重要的地位。众所周知，《水浒》《三国》《西游记》是中国古代小说的代表作。它们都是在元代话本基础上发展而成的。

一般认为，在元代，经过说话人和书会才人的共同努力，水浒故事的基本轮廓已经形成。《水浒传》正式成书的执笔人（施耐庵、罗贯中或其他人）实际上是以书会才人撰写的有关话本、杂剧为基础，加工、改写而成的。早期版本的《水浒传》中不少地方提到“书会”“说话”，便是明证。

① 现在传世的《五代史平话》，一般认为是宋或金刻本。

② 《朴通事》。见刘坚、蒋绍愚主编：《近代汉语语法资料汇编・元代明代卷》，商务印书馆1995年版，第330页

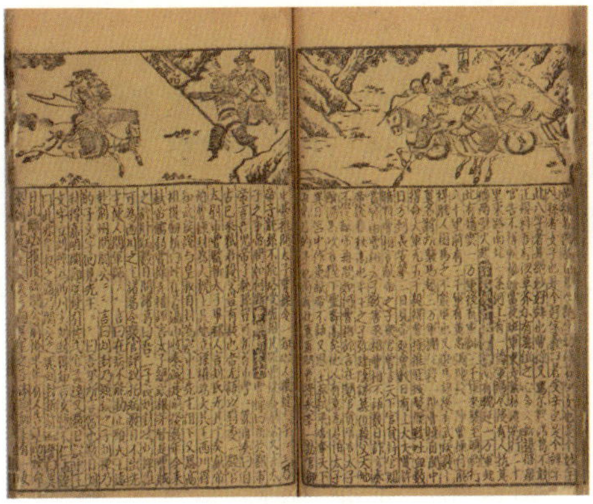

关公斩庞德佐

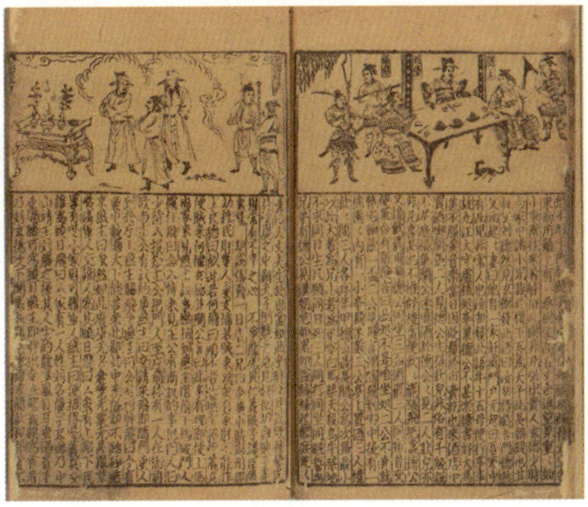

桃园结义

元末明初，罗贯中查考史籍，结合其他资料，对话本作了全面的加工，使之面目一新。这便是中国文学史上的杰作《三国志通俗演义》。“《演义》是第一部文人再创作的长篇通俗小说，也是中国最好的一部历史演义小说。”①它与话本之间同样有着明显的血肉渊源关系。罗贯中的家世、经历，至今说法不一，很可能也是一位书会才人。

元末明初人杨讷作《西游记》杂剧，有六本二十四折，洋洋大观，故事内容已很丰富。可知到了元代西游故事业已大体定型。明代吴承恩正是在话本和杂剧的基础之上进行再创作，使之在思想和艺术上都有很大的提高。于是有了脍炙人口的神魔小说《西游记》。也就是说，元代的话本《西游记》和以西游故事为题材的杂剧，为后来的小说《西游记》打下了很好的基础。

五、学术思想

元代的学术思想，主要是以理学为代表。在这一时期，理学被统治者始定为“国是”，成为官学。元中期人胡炳文说：“方今程朱之学行天下，薄海内外，遐陬僻壤，犹有学其学者。”②但就较有成就和影响的学派、学者而言，南方明显多于北方。在这一时期，南方的理学家都是朱、陆的直接传承者，“指不胜屈，皆彬彬郁郁矣”③。其中朱学人物以吴澄、许谦等为代表，陆学人物以陈苑、赵偕、郑玉为代表。抚州崇仁（今属江西）的吴澄，与河南沁阳的许衡、河北容城的刘因并称为元代三大学者，其学主张折衷朱陆。婺州金华（今属浙江）许谦，与许衡齐名，人称“南北二许”。他还与何基、王柏、金履祥并称为“金华四先生”，被后人推为理学正宗。江西上饶陈苑，为学反对训诂支离之习，主张直觉的省悟。

① 程毅中：《宋元小说研究》，江苏古籍出版社 1999 年版，第 394 页。

② 〔元〕胡炳文著，江增华校注：《云峰胡先生文集校注》卷二《乡贤祠记》，第 39 页。

③ 《宋元学案》卷九〇《鲁斋学案》，《黄宗羲全集》第 6 册，第 525 页。

弟子有祝蕃、李存、舒衍、吴谦，号称“江东四先生”。浙江慈溪赵偕，自读南宋杨简《慈湖遗书》后，即宗心学。其学以虚静为主，认为“万物有存亡，道心无生死”①。此外，如浙江鄞县史蒙卿、浙江浦江柳贯、江西崇仁虞集、浙江鄞县袁桷等，都是元代理学中的著名人物。

元代江南理学基础深厚，学派和知名学者众多。从地域来看，比较重要的有金华、江西、新安、四明等几支。

（一）金华理学

金华（今属浙江），为元婺州路治所。南宋吕祖谦讲学于此，时称“婺学”，但后来这里成为朱熹理学的重镇。朱熹理学的主要传人为黄幹（号勉斋），金华人何基从黄幹传朱学，学者称北山先生。以下何基传王柏（号鲁斋），王柏传金履祥（号仁山），金履祥传许谦（号白云）。从何基至许谦，均是金华人，世称其学为“北山学派”，亦称“金华朱学”，称四人为“北山四先生”。在元代的江南，金华朱学影响很大，被视为朱熹学术的正宗嫡传。元代浙东著名学者黄溍说：

> 初，紫阳朱子之门人高弟，曰勉斋黄氏。自黄氏四传，曰北山何氏、鲁斋王氏、仁山金氏、白云许氏，《皆婺人。……是以近世言理学者，婺为最盛。②

另一位浙东著名学者吴莱说：

> 惟我许君（谦），昔从兰溪金君履祥学。金君本于王文宪公柏、何文定公基，而王、何二公则又本于黄文肃公榦，盖此实朱学也。③

稍后，浙东学者王祎也说》：

> 论曰：……朱氏之徒亦众矣，得其宗者惟黄幹氏。榦传何基氏，基传王柏氏，柏之传为（金）履祥、为（许）谦。其授受之渊源，如御一车以行天逵，如执一钥以节众音，推原统绪，必以四氏为朱学之世嫡，亦何其一出于正、粹然如此也。④

“北山四先生”中，何基、王柏为南宋后期人，到元统一时已经去世。前文提到南宋灭亡后被北方士大夫聘去教授《四书》的南儒张须，就是王柏的弟子，与金履祥为同门。金履祥曾教导许谦说：“吾儒之学，理一而分殊。理不患其不一，所难者分殊耳。”许谦“由是

① 〔元〕赵偕：《宝峰集》卷二《题修永斋》，《元人文集珍本丛刊》，第 8 册，第 455 页。

② 《金华集》卷一八《吴正传文集序》，《四部丛刊初编》本，第 9 页。

③ 〔元〕吴莱：《渊颖集》卷七《白云先生许君哀颂辞》，《四部丛刊初编》缩印本，第 81 页。

④ 〔元〕王祎：《王忠文公集》卷一四《拟元儒林传》，《文渊阁四库全书》本，第 17 页。

致其辨于分之殊，而要其归于理之一”①。重视“分殊”、强调“即物穷理”的思想源自朱熹，金华朱学继承了这一传统，尚博览而致力撰述。金履祥“于书无所不读，而融会于《四书》，贯穿于《六经》，穷理尽性，诲人不倦”②，著有《大学章句疏义》《大学指义》《论语孟子集注考证》《尚书表注》《通鉴前编》。许谦主张“由传注以求经，由经以知道”，认为“传注固不能尽圣经之意，而自得者亦在熟读精思之后耳”，反对“一切目训诂传注为腐谈”③。8他著有《读四书章句集注丛说》（简称《读四书丛说》）《读书集传丛说》（简称《读书丛说》）《诗集传名物钞》《春秋温故管窥》《春秋三传疏义》《治忽几微》等书。金、许两人著述，虽能纂辑旧闻，综合诸家，然宗旨仍在阐发朱熹思想，以注疏方式羽翼朱学，所以王祎称“朱氏之道至金氏、许氏而益尊”。④ 这也是他们作为朱学“嫡传”的重要特征。但朱学末流支离繁琐之弊，也在他们身上比较明显地表现出来，尤以许谦为甚。全祖望评价说：“婺中之学，至白云而所求于道者，疑若稍浅，渐流于章句训诂，未有深造自得之语，视仁山远逊之，婺中学统之一变也。”⑤在许谦身后，金华学派中只出现了一些文章之士，作为一个理学派别已经走向衰落。

（二）四明理学

四明，元称庆元路（治今浙江宁波）。这里本来是陆学的大本营，南宋末，始有黄震、史蒙卿习朱学。黄溍云：“四明之学，祖陆氏而宗杨（简）、袁（燮），其言朱子之学者，自黄氏震、史氏蒙卿始。……黄氏主于躬行，而史氏务明体以达用。”⑥黄震入元后早卒。史蒙卿著有《易究》10卷，其“著书立言，一以朱子为法”⑦。史氏的学生程端礼（1271—1345），字敬叔，号畏斋，亦鄞县人。曾历任地方教职，根据其师所授“朱子读书法六条”，即居敬持志、循序渐进、熟读精思、虚心涵泳、切己体察、著紧用力，结合实际教学经验，编著《读书分年日程》3卷。书中主要论述《四书》《五经》及周、程、张、朱等理学家著作的学习次序和方法，“以其先后本末节目，分之以年，程之以日，悉著于编”⑧。也论述了书法、作文训练，以及天文、地理、音韵、制度等“格物”内容。元朝后期，国子监将此书颁行各地学校，

① 〔元〕许谦：《白云集》卷首《元史载白云先生行实》。《四部丛刊续编》本；〔明〕宋濂等：《元史》卷一八九《许谦传》与此《行实》内容互有出入。

② 〔元〕许谦：《白云集》卷三《上刘约斋书》，《四部丛刊续编》本，第18页。

③ 〔元〕许谦：《白云集》卷三《与赵伯器书》，《四部丛刊续编》本，第20页。

④ 〔明〕王祎：《王忠文公集》卷一四《拟元儒林传》，《景印文渊阁四库全书》第1226册，第302页。

⑤ 《宋元学案》卷八二《北山四先生学案》，《黄宗羲全集》第6册，第299页。

⑥ 〔元〕黄溍：《金华集》卷三三《程先生墓志铭》，第10页。

⑦ 〔元〕袁桷著，李军等校点：《清容居士集》卷二八《史君墓志铭》，第429—430页；《宋元学案》卷八七《静清学案》，《黄宗羲全集》第6册，第423页。

⑧ 〔元〕程端礼：《畏斋集》卷四《送冯彦思序》。

以供教学参考。

(三)新安理学

新安,元为徽州路(治今安徽歙县),是朱熹原籍婺源(今属江西)所属。元代的新安学者虽然师承不尽相同,但大都认为“我辈居文公乡,熟文公书,自是本分中事”,因此“其学所本,则一以郡先师朱子为归。凡六经传注、诸子百氏之书,非经朱子论定者,父兄不以为教,子弟不以为学也。是以朱子之学虽行天下,而讲之熟,说之详,守之固,则惟新安之士为然”①。婺源人胡一桂(1247—?),字庭芳,号双湖,南宋乡贡进士,入元后一直居家讲学,仁宗延祐初卒。著有《易本义附录纂疏》《易学启蒙易传》。同郡胡炳文(1250—1333),字仲虎,号云峰,著有《周易本义通释》。二胡治《周易》,皆以羽翼朱熹《易》学为主。胡炳文还著有《四书通》。休宁(今属安徽)人陈栎(1252—1334),字寿翁,号定宇,著有《四书发明》《书集传纂疏》《礼记集义》,“亡虑数十万言,凡诸儒之说有畔于朱氏者,刊而去之,其(指朱熹)微辞隐义,则引而伸之,而其所未备者,复为说以补其阙”②。赵汸说:“新安自朱子后,儒学之盛称天下,号东南邹鲁。宋亡,老儒犹数十人,其学一以朱子为宗。”③主要就是指上述几人。元朝后期,陈栎的学生、休宁人倪士毅将其师《四书发明》和胡炳文《四书通》二书合编为《四书辑释》,明初纂修《四书大全》时基本加以照抄,影响科举士子数百年之久。④ 元末,新安理学仍然比较活跃。歙县人郑玉(? —1357)著有《周易大传附注》《程朱易契》《春秋经传阙疑》。祁门(今属安徽)人汪克宽(1304—1372)著有《礼经补逸》和《春秋胡传附录纂疏》。

(四)江西理学

江西理学,时亦称江右理学。其开创者余干人饶鲁(号双峰)亦尝从学于黄榦,故黄榦门下实际上衍生出金华、江右两个重要理学分支。但与金华理学固守朱学传统不同,饶鲁之学“不尽同于朱子”,与朱熹“共派而分流,异出而同归”⑤。所谓不同,主要是夹杂了一些陆学的成分。饶鲁再传至吴澄,调和朱陆的倾向更为明显。

---

① 〔元〕胡炳文著,江增华校注:《云峰胡先生文集校注》卷一《答定宇陈先生栎并辞求遗逸诏》,第27页。〔元〕赵汸:《东山存稿》卷四《商山书院学田记》,《景印文渊阁四库全书》,台湾商务印书馆1986年版,第1221册,第246页。

② 〔明〕宋濂等:《元史》卷一八九《陈栎传》,第4321页。

③ 〔元〕赵汸:《东山存稿》卷七《汪古逸先生行状》,《景印文渊阁四库全书》,第1221册,第336页。

④ 〔清〕顾炎武:《日知录》卷一八《四书五经大全》,见黄汝成释《日知录集释》,花山文艺出版社1991年版,第811—812页。不仅《四书大全》,明初所修《五经大全》也都是杂抄元儒著述而成。参阅周良霄、顾菊英:《元代史》,上海人民出版社1993年版,第707—710页。

⑤ 《宋元学案》卷八三《双峰学案》引全祖望语,《黄宗羲全集》第6册,第312页;〔元〕程钜夫:《雪楼集》卷一四《双峰先生文集序》,第159页。

吴澄(1249—1333),字幼清,晚年改字伯清,抚州崇仁(今属江西)人。学者称草庐先生。南宋末年中科举乡贡,会试落第,授徒乡里。入元后继续隐居,虽两度应召北上,而未任官职。武宗至大元年(1308年)60岁时,始应聘为国子监丞。后升国子司业,议教学与同僚意见不合,辞职返家。英宗至治三年(1323年)召拜翰林学士,泰定帝开经筵,充经筵讲官,泰定二年(1325年)辞官归。顺帝元统元年去世。追封临川郡公,谥文正。他一生著述、讲学不辍,"出登朝署,退归于家,与郡邑之所经由,士大夫皆迎请执业。而四方之士不惮数千里,蹑屣负笈来学山中者,常不下千数百人"①。他博学,后人评价他"上焉天文,下焉地理,与夫九经之微辞奥义,以至诸子百家之言,罔不研究,真知实践,而各臻其极"②。著述等身,成绩斐然。早年即对《周易》《诗经》《尚书》《春秋》《仪礼》《礼记》《大戴礼记》一一校定,元廷遣人誊写,用为国子学教材。晚年博采群书,撰成《五经纂言》,包括《易纂言》12卷、《易纂言外翼》8卷、《书纂言》4卷、《春秋纂言》12卷、《礼记纂言》36卷,又有《仪礼逸经传》2卷、《三礼考注》64卷。揭傒斯奉诏为其作神道碑,首称:"皇元受命,天降真儒,北有许衡,南有吴澄,所以恢宏治道,润色鸿业,有以知斯文未丧、景运方兴也。"并比较二人不同说:许衡"居王畿之内,一时用事皆金遗老,得早以圣贤之学佐圣天子开万世无穷之基,故其用也弘";吴澄"僻在江南,……虽事上之日晚,而得以圣贤之学为四方学者之依归,为圣天子致明道敷教之实,故其及也深"③。这代表了元朝官方对吴澄的评价,也反映出吴澄在有元一代思想学术界的崇高地位。

吴澄早年入抚州临汝书院学习,书院山长、徽州人程若庸是朱熹再传弟子饶鲁(号双峰)的门人,故吴澄在学术源流上可以算作朱熹的四传弟子。他"研磨六经,疏涤百氏,纲明目张,如禹之治水","其于群经,悉厘正其错简,折衷其疑义,以发前儒所未发而集其成"④。被评为"有功经术,接武建阳(指朱熹)"⑤。特别是对《仪礼》的整理,编次篇章,厘定传注,完成了朱熹的未竟之业,在经学史上贡献很大。对《尚书》的研究,专取今文而不及古文,推动了《古文尚书》辨伪工作的发展。但他又曾师从于广信人程绍开,程绍开主张"合朱、陆两家之说",被认为是"本为陆学而和合朱学者"⑥,因此吴澄与陆九渊也有一定的承继关系。吴澄对朱学后裔沉溺于言语训释、泛滥不得要领深表忧虑,因而对陆九

① 〔明〕宋濂等:《元史》卷一七一《吴澄传》,第4014页。

② 韩阳:《序》,《吴文正集》附录,《景印文渊阁四库全书》,台北商务印书馆1986年版,第1197册,第924页。

③ 此碑载《吴文正公集》卷首,《元人文集珍本丛刊》,第3册,第14—16页。

④ 〔元〕吴澄:《吴文正公集》卷首《吴公神道碑》,《元人文集珍本丛刊》,第3册,第16页;〔明〕王祎:《王忠文公集》卷五《赠陈伯柔序》,《景印文渊阁四库全书》,第1226册,第103页。

⑤ 《宋元学案》卷九二《草庐学案》引黄百家语,《黄宗羲全集》第6册,第573页。

⑥ 《宋元学案》卷八四《存斋晦静息庵学案》,《黄宗羲全集》第6册,第354页。

渊的“尊德性”“发明本心”之说非常推崇。虞集《吴澄行状》记载他的观点说：“先生尝为学者言，朱子道问学工夫多，陆子静却以尊德性为主。问学不本于德性，则其弊偏于言语训释之末，果如陆子静所言矣。今学者当以尊德性为本，庶几得之。”他歌颂陆九渊：“先生之道如青天白日，先生之语如震雷惊霆”；“先生平日教人，专于心身上切实用功，一时精神之感发，旨意之恳到，如良工斲轮，大冶铸金，巧妙莫可仿佛也”①。由此，他力图调和朱、陆，取陆学以补朱学。对于朱、陆两派学者自立门墙，互相攻讦，他尤不以为然：

> 盖闻见虽得于外，而所闻所见之理则具于心。故外之物格，则内之知致，此儒者内外合一之学。固非如记诵之徒博览于外，而无得于内；亦非如释氏之徒专本于内，而无事于外也。今立真知、多知之目，而外闻见之知于德性之知，是欲矫记诵者务外之失，而不自知其流入于异端也。圣门一则曰多学，二则曰多学，鄙孤陋寡闻，而贤以多问寡，曷尝不欲多知哉？②

吴澄又说：

> 夫朱子之教人也，必先之读书讲学；陆子之教人也，必使之真知实践。读书讲学者，固以为真知实践之地；真知实践者，亦必自读书讲学而入。二师之为教，一也。而二家庸劣之门人，各立标榜，互相诋訾，至于今，学者犹惑。呜呼！甚矣，道之无传，而人之易惑难晓也。③

总体而言，仍如全祖望所说：“草庐之著书，则终近乎朱。”钱穆也评论吴澄“毕生为学，依然是朱子精神。……贬朱学末流之失，而卒亦不归于陆学”④。

吴澄作为江西理学巨擘，门徒众多，其中以虞集最知名。虞集（1272—1348），字伯生，号邵庵，原籍四川，幼随父侨居崇仁（今属江西）。集以文章知名，理学论述不多，而常于朱陆异同再三致意。据赵汸说：吴澄后半生的“知类入德之方，上达日新之妙，盖有同游之士所不及知，而公（虞集）独得闻之者矣”⑤。不过总的来说，虞集更多的是一位文士，理学成就不大，主要是承袭吴澄调和朱陆的思想，基本上为文名所掩。

吴澄以外，元代江西理学的另一重要人物为黄泽。黄泽（1260—1346），字楚望，江州

---

① 〔元〕吴澄：《吴文正公集》卷一〇《象山先生语录序 9》、卷一一《金溪傅先生语录序》，《元人文集珍本丛刊》，第 3 册，第 217、225、226 页（按，原本有错页）。

② 〔元〕吴澄：《吴文正公集》卷二《评郑夹漈〈通志〉答刘教谕》，《元人文集珍本丛刊》，第 3 册，第 88 页。

③ 《吴文正公集》卷一五《送陈洪范序》，《元人文集珍本丛刊》，第 3 册，第 293 页。

④ 《宋元学案》卷九二《草庐学案》，《黄宗羲全集》第 6 册，第 572 页；钱穆：《吴草庐学述》，氏著《中国学术思想史论丛（六）》，安徽教育出版社 2004 年版，第 68、73 页。

⑤ 〔元〕赵汸：《东山存稿》卷六《邵庵先生虞公行状》，《景印文渊阁四库全书》，第 1221 册，第 333 页。

(今江西九江)人,原籍资州内江(今属四川)。幼以明经学道为志,其学无所师承,而经术深湛,深得吴澄推崇,至谓"以予所见明经之士,未有能及之者也"①。故《宋元学案》将他列入卷九二《草庐学案》,算作"草庐同调"。黄泽晚年生活困窘,"然终不为一日降志以谋温饱,唯以圣人之心不明、经学失传若己有罪,用是为戚……欲以近代理明义精之学,用汉儒博物考古之功,加以精思,没身而止"②。著述繁富,主要有《易春秋二经解》《易学滥觞》《春秋指要》《二礼祭祀述略》《礼经复古正言》《六经补注》《翼经罪言》等,传世者仅十之二三。门徒赵汸记载他的事迹说:

> 有黄楚望先生者,尝起家文学,俄弃去,侨居城中,杜门著书,余四十年矣。因即求之,得其纂释之目千余条,皆六经传注中疑义,先儒所未言、或言之而未究与夫聚讼不决者。谨请曰:"人皆有言,理学至近代大明,明理以释经,而天下之能事毕矣,固无待于后人也。且以大儒先生劫其心思多极,而犹有弗得者焉,则亦未如之何矣。今先生尚发其所未发者乎?"先生曰:"为斯言者众矣,岂非以先儒所未尽者,终非后人思虑可及,不如谨守其已言者之易为功乎?吾所见,正恐其所已言者或不容遽知,其所未言者,初未尝不可通耳。……彼谓先儒之已言为易知,而辄诵焉以自文者,殆与富人子芜其田畴,惰其作业,徒抱其遗契之齿而日数之,以为能不坠其家耳。"时先生年近八十,贫无置锥之地,食指所需,朝不及夕,而严毅清苦,介然以居,听其言者莫不爽然自失也。③

赵汸(1319—1369),字子常,号东山,休宁(今属安徽)人。早年师事黄泽,后又入虞集门下,传吴澄之学。虞集试以《江右六君子策》,"篇末拳拳朱陆之异同为问"。赵汸胸有成竹,答以"朱子之学实出周程,而周子则学乎颜子之学者也。……陆先生以高明之资,当其妙年,则超然有得于孟氏立心之要"。并且进一步分析说:陆九渊"非不致知也,其所以致知者异乎人之致知;非不集义也,其所以集义者异乎人之集义"。虞集高兴地在策义上批注:"得之矣,所谓毫厘千里者在此。"后来又为这篇文章作跋说:"陆先生之兴,与朱子相望于一时,盖天运也。其于圣人之道互有发明,而吾党小子知者微矣。子常(赵汸字)生朱子之乡,而又有得于陆氏之说。……一时友朋,若子常之通远而起予者鲜矣。"④他承受黄泽教诲,重视经学研究,自云:"汸昔年读书,最患多疑,每一开卷,则如猬

---

① 〔元〕吴澄:《吴文正公集》卷一一《六经补注序》,《元人文集珍本丛刊》,第3册,第229页。

② 〔元〕赵汸:《东山存稿》卷七《黄楚望先生行状》,《景印文渊阁四库全书》,第1221册,第337、346页。

③ 〔元〕赵汸:《东山存稿》卷二《留别范季贤序》,《景印文渊阁四库全书》,第1221册,第211—212页。

④ 〔元〕赵汸:《东山存稿》卷二《对问江右六君子策》,《景印文渊阁四库全书》,第1221册,第188—193页。

毛而起，虽圣贤书亦然。尝谓程朱二先生发明斯道，庶无复余蕴，若于其原有一字不通，则是道体之全犹有所昧。”①治经尤擅《春秋》，著有《春秋师说》《春秋属辞》《春秋集传》《左氏补注》，另外还有《周易文铨》。是草庐学派中调和朱陆思想的第三代宣扬者，但与新安理学诸家为论学颇有差异。《东山存稿》附录詹烜《赵汸行状》：

> 新安自朱子后……其末流或以辨析之义，纂辑群言，即为朱子之学。先生独超然有见于圣贤之授受，不徒在于推究文义之间。故其读书，一切以实理求之，反而验之于己，非有以信其必然不已。当时乡先生皆留心著述，所以羽翼程朱之教者具有成书。先生受而读之，犹谓未知为学之要。……烜窃观先生之学，以积思为本领，以自悟为归宿。勉夫切己向上之工夫，而至乎穷经复古之成效，岂偶然哉！

（五）不绝如缕的陆学

宋元之际理学北传，所传尽是朱学，陆学渺焉无闻。在陆九渊家乡金溪（今属江西），其故居祠堂入元后均已圮废，“子孙或徙或亡，其犹环居故址者，饥寒颠沛，不能皆贤，象山之基几易姓矣”②。科举开设后，功利所趋，愈使“朱学盛矣，而陆学殆绝”③。忽必烈时程钜夫奉旨赴江南求贤，曾亲临陆九渊故居遗址拜谒，慨叹当时“知学之士知文公（朱熹）者甚众，而知公（陆九渊）者甚鲜”。又曾为陆九渊手迹作跋说：“朱、陆二公来往翰墨，情与甚真，若此帖者甚多。余家亦宝数纸，恨不使妄有异同者一一见之。”④至顺二年（1332 年），正一教道士、玄教大宗师吴全节曾向文宗进呈陆九渊《语录》。当时“世罕知陆氏之学，是以进之”⑤。吴全节籍贯饶州安仁（今江西余江北），可以说与陆九渊有乡里之谊，这或许是他进呈陆氏《语录》的动机，但也没有看到文宗有什么反应。不过尽管如此，陆学不绝如缕，仍有承传。在陆九渊的故乡江西，一些学者坚持宗尚陆学，较早的代表人物有刘壎和陈苑。

刘壎（1240—1319），字起潜，南丰人。元朝中期曾出任地方学官，有《隐居通议》和《水云村泯稿》传世。在上述著作中，他公开表达了对陆学的尊崇，称颂陆九渊“诚一世之天才”，认为“时好”虽尚朱学，“要之陆学终非朱所及也”⑥。在《水云村泯稿》卷 7《象山语类题辞》中，刘壎感慨说：

---

① 〔元〕赵汸：《东山存稿》卷三《答倪仲弘先生书》，《景印文渊阁四库全书》，第 1221 册，第 246 页。

② 〔元〕程钜夫：《雪楼集》卷一四《送陆如山归青田创先祠序》，吉林文史出版社 2009 年版，第 159 页。

③ 〔元〕吴莱：《渊颖集》卷一一《石塘先生胡氏文抄后序》，《四部丛刊初编》缩印本，第 106 页。

④ 〔元〕程钜夫：《雪楼集》卷一二《青田书院记》，第 135 页；卷二四《题象山先生遗墨后》，吉林文史出版社 2009 年版，第 3107 页。

⑤ 〔元〕虞集：《道园学古录》卷二五《河图仙坛之碑》，《四部备要》本，第 7 页。

⑥ 〔元〕刘壎：《隐居通议》卷一《朱陆》，《景印文渊阁四库全书》，第 866 册，第 24 页。

先生(陆九渊)真天人也,单辞片语,洗凡破陋,其英悟超卓,足与孟(孟子)配。顾其学不如朱学之盛行者,盖先生不寿,文公(朱熹)则高年;先生简易不著书,文公则多述作;先生门人不大显,朱门则多达官羽翼,其教是以若不逮。而究其实践,则天高日精,千古独步。文公有言'江南未有人如陆子静,八字著脚',诚哉斯言!今世道更时好泯,公论且定矣,陆氏之学将大明于世。彼埋头书册,寻行数墨,尚袭故说已诋先哲,则蚍蜉撼树,井蛙观天者尔。呜呼,悲夫!

面对朱学门徒对陆学的攻击,刘壎摘录陆九渊文集的部分内容,与从朱熹著述中搜集到的一些"推尊文安(陆九渊)"言论抄在一起,编成《朱陆合辙》一书,认为朱、陆两家"本领实同,门户小异",后人"踵袭成俗,趋附贬驳,或者高朱而抑陆,私心迷谬,浸失和平"①。朱熹曾批评陆学"近禅",对此刘壎辩解说:"大概性命之学,不能不与禅相近。"指出朱熹所谓格物致知"即释氏名相之说",所谓求放心"亦释氏之说",因此"恐不可专指陆学为禅也"②。尽管认为朱、陆"本领实同",但在"门户"问题上,刘壎毕竟宗陆。他强调"穷理不在于外求,而在于存心"。又论心之"悟"说:"世之未悟者,正如身坐窗内,为纸所隔,故不睹窗外之境。及其点破一窍,眼力穿逗,便见得窗外山川之高远,风月之清明,天地之广大,人物之杂错,万象横陈,举无遁形。所争惟一膜之隔,是之谓悟。"③这完全是陆九渊"发明本心"理论的翻版。

陈苑(1256—1330),字立大,号静明,上饶人。他成为陆学传人,完全出于自学。年轻时偶读陆九渊书,深为折服,说:"此岂不足以致吾知耶?又岂不足以勉吾之行耶?而他求也!"于是尽求陆学著述读之,奉行不渝。"或病其违世所尚,先生(陈苑)曰:'理则然尔。'甚者讥非之,毁短之,朋排之,又甚者求欲危中之。先生曰:'死不悔。'从之游者往往有省,由是人始知陆氏学。"陈苑一生饥寒穷困,"浮沉里巷之间,而毅然以倡明古道为己任,患难困苦终其身,而拳拳于学术异同之辨,无十金之产,一命之贵,而有忧天下后世之心。"④门徒知名者有祝蕃、李存、吴谦、舒衍四人,后人称为"江东四先生"。

浙东地区也有陆学人物活动。婺州永康人胡长孺(1249—1323)原宗朱学,后来"始信涵养用敬为最切,默存静观,超然自得……专务明本心之学,慨然以孟子自许",已经转向了陆学。⑤ 然其学似无传人。在淳安(元属建德路),自杨简弟子钱时讲学于此,陆学生

① 〔元〕刘壎:《水云村稿》卷五《朱陆合辙序》,《景印文渊阁四库全书》,第1195册,第375页。

② 〔元〕刘壎:《隐居通议》卷二《朱陆三》,《景印文渊阁四库全书》,第866册,第33页。

③ 〔元〕刘壎:《隐居通议》卷一《儒者职分》《论悟二》,《景印文渊阁四库全书》,第866册,第23、28页。

④ 〔元〕李存:《李仲公集》卷二四《上饶陈先生墓志铭》,《北图古籍珍本丛刊》,第82册,第642页。

⑤ 〔明〕宋濂等:《元史》卷一九〇《胡长孺传》,第4333页;〔元〕揭傒斯:《揭傒斯全集》文集卷二《答胡汲仲书》,第275页。

根相传，“淳安之士皆明陆氏之学”①，不过没有产生很著名的学者。作为昔日的陆学重镇，四明在元代仍算得上是陆学相对比较活跃的地区，出现了与陈苑齐名的陆学干将赵偕。赵偕（？—1364），字子永，号宝峰，慈溪人。他通过阅读杨简著作产生了对陆学的信仰，讲学山中，门生颇众。从授徒传道、扩大影响这一点来说，陈苑、赵偕对陆学确有振起之功，故全祖望将二人并列为“中兴”陆学的功臣。② 而赵偕承杨简之学，“近禅”的特色更加突出。他提倡“静坐以凝神”，称“凡得此道，融化之后，不可放逸，所宝者清泰之妙。犹恐散失，宜静坐以安之”。据载其门徒在他启发下“默坐反视，意志俱泯”，达到了“忽见天地万物有无一体，不知我之为我，惟见光明满室而已”的境界。③ 学者通过比较指出：“在宣扬主观唯心的直觉方面，赵偕比起刘壎和陈苑来，要突出得多。”④

（六）邓牧的“异端”思想和谢应芳的无神论思想

除了正统的理学思想外，元代长江流域还出现了钱塘邓牧的“异端”思想和武进（今江苏常州）谢应芳的无神论思想。

邓牧（1247—1306），字牧心，钱塘（今浙江杭州）人。与谢翱、周密友善，著有诗文集《伯牙琴》。他自称“三教外人”，以表示他不列入儒佛道行列。与其他遗民有所不同，邓牧将普通的反元情绪和易代感慨上升到对整个君主专制制度的怀疑和批判。在代表作《伯牙琴》中，他对元朝统治者进行了无情的抨击和批判，大胆地指出皇帝是最大的掠夺者和剥削者，欺压人民的官吏是“虎豹蛇虺”和“亡赖”，同时对人民群众的反压迫斗争寄予深切的同情，幻想重新出现一个“天下无乐乎为君”的尧舜时代的社会。如《伯牙琴·君道》云：

> 天生民而立之君，非为君也，奈何以四海之广足一夫之用邪？……彼所谓君者，非有四目两喙、鳞头而羽臂也，状貌咸与人同，则夫人固可为也。……嘻，天下何尝之有！
>
> 败则盗贼，成则帝王。若刘汉中、李晋阳者，乱世则治主，治世则乱民也。有国有家，不思所以捄之，智鄙相笼，强弱相侵，天下之乱，何时而已乎？

在邓牧看来，元朝灭宋也不过是“成王败寇”的又一次体现。他对历代统治者“智鄙相笼，强弱相侵”的闹剧表示了极大的厌弃，并且进而抨击君主专制体制的官僚机构，认为它们“号为理民”，其实却是“竭之而使危，夺之而使乱”，宁愿回到“废有司，去县令，使

---

① 〔元〕郑玉：《师山集》卷七《洪本一先生墓志铭》，《景印文渊阁四库全书》，第1217册，第59页。

② 《宋元学案》卷九三《静明宝峰学案》，《黄宗羲全集》第6册，第645页。

③ 〔元〕赵偕：《宝峰集》卷二《为伯奇学清虚而书》，《元人文集珍本丛刊》，台湾新文丰出版公司1985年版，第8册，第466—467页；〔明〕乌斯道：《春草斋文集》卷一〇《周坚墓志铭》。

④ 陈高华：《元代陆学》，氏著《元史研究论稿》，中华书局1991年版，第346—361页。

天下自为治乱安危”的无政府状态。[1] 可以说邓牧的文章是从一个独特角度表达了反元思想，而在对历史的反思上，显然又比其余遗民作家有着更深刻的认识。

谢应芳，字子兰，武进(今江苏常州)人。是元代无神论思想的代表，一生致力于破除世俗迷信和反对佛道两教的宗教迷信。著作有《龟巢稿》《辨惑编》等书。其中《辨惑编》是一本反对封建迷信思想的专著。此书共分死生、疫疠、鬼神、祭祀、淫祀、妖怪、巫觋、卜筮、治丧、择葬、相法、禄命、方位、时日、异端十五目。这十五项都是当时社会上最为盛行的迷信思想和活动。谢应芳针对这些“信鬼神，多拘忌”现象，“引古人事迹及先儒议论，一一条析而辨之”，以阐述自己的观点。他坚决反对厚葬，极力主张薄葬。他指出厚葬流俗的弊病有二：“其一，铺张祭仪，务为观美，甚者破家荡产，以侈声乐器玩之盛，视其亲之棺椁衣食，反若余事也；其二，广集浮屠，大作佛事，甚者经旬逾月，以极斋羞布施之盛，顾其身之衰麻哭踊，反若虚文也。斯二者非害礼之甚者乎？然其祭仪之设，惟有力者能之，若浮屠之事，习以成俗，无有贫富贵贱，识者犹以其事为耻，可不悟乎？”[2]他在《与王氏诸友论斋醮书》中认为：“愚意不若以三日醮筵之费，赈一乡人户之饥，当此凶年，使乡之食贫者，免为沟中之瘠。其欢欣赞颂，奚止百倍黄冠师哉？”[3]他的遗嘱是：“余之死，欲速埋，素志也。今偶得小丘于横山之阳，窻而甓之。余他日盖棺，埋可速也，倚我长镵，歌以自适。”又怕儿子流于世俗，不遵遗嘱，他又写了一首《示二子》诗，告诫他们说：“人之有生必有死，养生送死理宜然。一从杨墨全聃释，异端邪说多乖衍。我生赖以读书力，破浪帆我中流船。苍头荷锸日随我，死即埋我横山前。毋劳沙厅送作佛，毋劳羽客送登仙。漆灯不必照长夜，宰树不必缠纸钱。”在反对厚葬的同时，谢应芳还对当时社会上盛行的堪舆风水术进行了无情的揭露和批判。他极力否定阴阳风水术，在诗中述道：“枯蝉蜕壳欲化，老蚕化茧自缠。一笑不拘风水，六藏姑代天年。”[4]他认为，笃信风水的人是在为自己谋私利，而并非是“敬孝”，为亲人着想。如他在著作《辨惑篇》卷二中指出：“择地以葬其亲，亦古者孝子慈孙之用心也。但后世惑于风水之说，往往多为身谋，使其亲之骨肉不得以时归土，又不若不择之愈也。”他还反对时日与方位忌讳，认为时日与人们的吉凶祸福无关，只要处事符合道理，就不必拘泥于“内事用柔日，外事用刚日”的世俗迷信，指出：“尽乎人事而已，夫天时何足泥哉！”对于世俗迷信中的“方位”，他指出：“庸巫谬卜，从而神之，禁忌百端，祈祷无已，甚至毁垣撤屋，有不能一朝其为害亦其小哉！”[5]由此可见，谢

① 〔元〕邓牧：《伯牙琴·吏道》，中华书局1959年标点本。

② 〔元〕谢应芳：《辨惑编》卷二《治丧》，《丛书集成初编》本。

③ 〔元〕谢应芳：《辨惑编》附录，《丛书集成初编》本。

④ 〔元〕谢应芳：《龟巢稿》卷五，《四部丛刊三编》本，第25页。

⑤ 〔元〕谢应芳：《辨惑编》卷三，《丛书集成初编》本。

应芳的薄葬思想颇为坚决，是中国古代易风移俗的先进者。

六、多种宗教的兴盛

(一)藏传佛教的鼎盛

中统元年(1260 年)年忽必烈即位后，年仅 28 岁的八思巴被“尊为国师，授以玉印，任中原法主，统天下教门”①。蒙古入主中原后，蒙哥汗先后礼聘海云、那摩为国师，总领全国佛教事务。当时全国各地的路府州县，分别设有僧录司、僧正司、都纲司等各级僧众管理机构，这些机构均属宣政院下的诸路释教总统所管辖。在江南，元朝先是设江淮释教都总摄所(后升为总统所)等机构，后又长期设立行宣政院于杭州，专门管理江南地区的僧众。

江淮释教都总摄杨琏真伽在江南的表现尤剧。张伯淳在《辩伪录序》中曾对他的行为的大加称颂，称:“当是时也，江南释教都总统永福杨大师琏真佳大弘圣化，自至元二十二春，至二十四春，凡三载，恢复佛寺三十余所，如四圣观者，昔孤山寺也，道士胡提点等舍邪归正、罢道为僧者，奚啻七八百人。”而当时的实际情况却是，杨琏真伽在江南倚仗权势，无恶不作，“凡唐宋所额宫观，稍似丰厚者，以己力经为佛寺，梵其士，金其像，火其额，不下千百所。尝又罗煅入罪，僇道士凡三四人。由是此流背玄门、趋金教者甚众”②。江南有些道教名观，像杭州(今属浙江)太一宫、四圣观、龙翔宫，绍兴鸿禧观等，历史悠久，“皆亡宋以前先贤名迹江山形胜之地，远者百年。一旦皆被僧人强行抵赖，或称先系寺基，或云僧人置到，不经官府陈理，一旦使力，逐出业主，将应有财赋、钱粮等物据为已有。既得之后，不为修理爱护，拆毁圣像，喂养头疋，宰杀猪羊，恣行蹂践”③。以后，杨琏真伽虽然受到惩处，但“前所额宫观归其教者才一二耳”④。

杭州飞来峰元代造像

① 〔元〕王磐:《发思八行状》，见释念常:《佛祖历代通载》卷二一，《大正大藏经》本，第 707 页。
② 〔元〕袁桷等:《延祐四明志》卷一八《释道考·道隆观记》，《宋元方志丛刊》，第 6 册，第 6409 页。
③ 〔元〕佚名:《庙学典礼》卷三《郭签省咨复杨总摄元占学院产业》，第 63 页。
④ 〔元〕袁桷等:《延祐四明志》卷一八《释道考·道隆观记》，《宋元方志丛刊》，第 6 册，第 6409 页。

杭州飞来峰元代造像

杭州飞来峰元代雕刻的多闻天王造像

(二)江南禅宗的发展

江南地区的禅宗,主要是临济宗的天下。在元代,有影响的禅师大多出自大慧宗杲与虎丘绍隆两支。这些禅师不仅禅学思想理论深邃,且大都以诗文见长,与世俗文人保持着良好的交往。在他们的推动下,临济宗在元代江南获得了新的生机,得以继续向前发展。

元代出自大慧宗杲一支的著名禅师主要有元叟行端与笑隐大䜣二人。

元叟行端(1255—1341),俗姓何,台州临海(今属浙江)人。11岁出家,累师高僧名宿。大德四年(1300年)出主湖州资福寺。至大、延祐间,受行宣政院札,先后主杭州中天竺、灵隐,赐号"慧文正辩",入觐仁宗后,又加号"佛日普照"。泰定元年(1324年),受命住持径山。"至是凡三被金襴袈裟之赐。二十年间足不越阃,而慕其道者鳞萃蚁集,至无所容。岁饥,皆裹粮而来,以得见为幸。径山自大慧中兴,后代有名德,得师而其道愈光。"在文学方面,行端也颇有建树,"暇日以余力施于篇,翰尤精绝古雅。石田林先生隐居吴山,不与世接,独遗师以诗曰'能吟天宝句,不废岭南禅。'其取重前辈如此"①。

笑隐大䜣(1284—1344),俗姓陈,龙兴南昌(今属江西)人。自幼喜佛,九岁出家,礼百丈山晦机元熙为师后,"乃益研教典,旁及儒家道流百氏之说"。出世主湖州乌回寺,"居岁余,去游江浙间,复归净慈,一时大尊宿在父师行者咸与为忘年友"。后受行宣政院札,历主杭州报国寺、中天竺寺。天历元年(1328年),文宗即位,以潜邸为大龙翔集庆寺,选为开山住持,拜大中大夫、广智全悟大禅师。明年入阙,应对称旨,赏赉优渥。顺帝即位,参与校正《百丈清规》,"书成,四方咸辄法焉"。后至元元年(1335年),又加号释教宗主、兼领五山寺,荣宠无比。有《蒲室集》《笑隐䜣禅师语录》等传世。大䜣凭借其文学素

① 〔元〕黄溍:《金华集》卷四一《径山元叟禅师塔铭》,《四部丛刊初编》本,第13—16页。

养与特殊身份，与在朝文臣多有往来。“初，魏国赵公孟頫未识公，得其文，叹赏不已，即命驾访之，一时贤士大夫咸慕而交焉。”黄溍赞誉其“质貌魁特，襟度豁如，其所为文无山林枯井之态，变化开阖，奇彩烂然，而论议磊落一出于正，未尝有所偏蔽”。虞集与之交往二十多年，“称其如洞庭之野，众乐并作，铿铉轩昂，蛟龙起跃，物怪屏走，沉冥发兴。至于名教节义，则感厉奋激，老于文学者不能过也”①。

元叟行端与笑隐大訢虽出自大慧宗杲法脉，以“机锋峻峭”见长，但对宗杲的“看话禅”理论创新不大，真正将宗杲思想发扬光大的，是出自虎丘绍隆法脉的高峰原妙、中峰明本等人。

高峰原妙（1238—1295），俗姓徐，吴郡吴江（今属江苏）人。十五岁出家，初习天台教义，后弃教从禅，从雪岩祖钦（？—1287）等名僧参学。元平江南后，隐居杭州天目山中，于狮子岩凿石室修行，号为“死关”。原妙超世绝俗的高藐道风，吸引了全国各地的众多参学者，“远方学徒如西域、南诏，不远数万里，云臻水赴，师悉拒不纳，至栖岩席草以依师。”至元二十八年（1291年），两浙运使瞿霆发为其修建大觉正等寺，该寺成为原妙主要的传道场所。② 先后参学者虽众多，但得其法者主要有两人，即断崖了义（原名从一）与中峰明本，其中“义啬其用以推揖于本，故本公独以其道为东南末法倡”③，为元代江南临济宗影响最大的一位禅师。

中峰明本（1263—1323），俗姓孙，杭州新城（今浙江富阳县西南新登镇）人。少喜佛，“为童儿嬉戏，必为佛事。……稍长，阅经教，然指臂求佛甚切，昼夜弥厉，困则首触柱以自儆，期必得乃已”。拜原妙为师后，诵《金刚经》至“荷担如来阿耨多罗三藐三菩提”处，恍然开悟。“自是说法示人，纵横该贯，如千江一源，奔注放溢，莫之能御，从容自在，若不经思，累千百言，应问无碍。”仁宗闻其名，遣使征之，不至，以金襕袈裟赐之，封佛慈圆照广慧禅师，狮子院名曰正觉禅寺。英宗即位，封香制衣于所居，时加礼敬。高丽逊王王璋使人于其处求法，后又亲往拜见。翰林学士承旨赵孟頫“每受师书，必焚香望拜；与师书，必称弟子。”屡辞地方官员名山师席之邀，巡游四方，“逾浙绝江，渡淮溯汴，至浮舟以居”。圆寂后七年，当天历二年（1329年），元朝赠师号曰智觉禅师，塔曰法云。④ 元统二年（1335年），又加封号曰普应国师。⑤ 需要说明的是，有元一代封国师号者，多为藏传佛教

① 〔元〕黄溍：《金华集》卷四二《龙翔集庆寺笑隐禅师塔铭》，《四部丛刊初编》本，第1—4页。

② 〔元〕赵孟頫：《赵孟頫文集》外集《天目山大觉正等禅寺记》，上海书画出版社2010年版，第204—205页。

③ 〔元〕郑元祐：《郑元祐集》卷一一《元普应国师道行碑》，上海书画出版社2010年版，第176页。

④ 〔元〕虞集：《道园学古录》卷四八《智觉禅师塔铭》，第5—6页。

⑤ 〔元〕郑元祐：《侨吴集》卷一一《元普应国师道行碑》，吉林文史出版社2010年版，第176页。

僧人，明本以南人身份获此殊荣，虽属身后封赠，在当时也是非常罕见的，这充分显示出明本在当时佛教界的影响与地位。

明本在继承原妙师传的基础上，以其深厚的禅学理论与实践，丰富了南宋宗杲以来的“看话禅”理论，对当时及后世的禅宗思想影响极大。元人虞集称：“国家崇尚佛乘至矣，而禅宗惟东南为盛，然专席称师者，岂无其人哉？至于四十余年之间，浩然说法，其言语文字，汪洋广博，为远近信向，未有君师之盛者也。”①传世著作主要有《天目中峰和尚广录》30卷，弟子知名者有天如惟则与千岩元长等。天如惟则，永新（今属江西）人。有《楞严经会解》10卷。元长（1284—1357），萧山（今属浙江）人。泰定四年（1327年）住义乌伏龙山圣寿禅寺，广为授徒，声誉卓著，时人将其与中峰明本及天台山的无见先睹（1265—1334）并称，后受元封为“佛慧圆明广照无边普利大禅师”②。

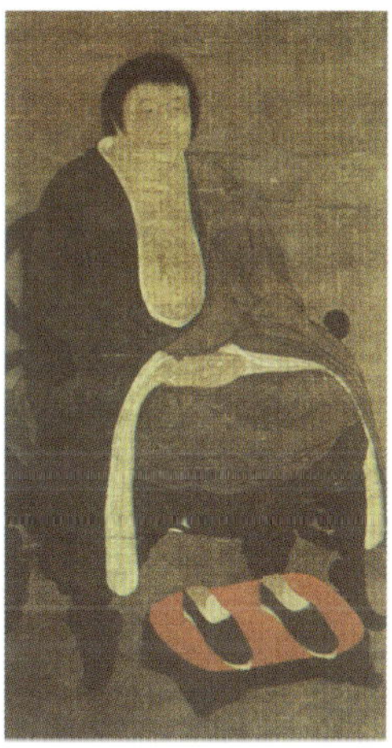
元代一庵宥节绘《中峰明本像》

元青花观音

《金刚经注》卷首图

（三）佛教异端：白莲教与白云宗

元代的“异端”宗教，主要有佛教的两个支派——白莲教与白云宗。《元史·释老传》在叙述元代佛教发展史时，曾特别提到二者，称“惟所谓白云宗、白莲宗者，亦颇通奸利云”。这两支教派的共同之处在于，在传播过程中，其教义均与民间信仰日趋融合，成为半世俗化的宗教，因而历来为正统佛教所不容。不过，即便如此，在元朝统治的相当一段时期内，这两支教派还是受到了官方的承认与保护，而非一般意义上的民间秘密宗教。

① 〔元〕虞集：《道园学古录》卷四八《智觉禅师塔铭》，《四部备要》本，第6页。
② 〔明〕宋濂：《宋文宪公全集》卷四二《元长塔铭》，《四部备要》本，第14—16页。

1. 白莲教

白莲教的得名，起源于东晋慧远在庐山东林寺所建之白莲社，作为教派，则开创于南宋初年的茅子元。① 其立教宗旨，主要借鉴了佛教净土宗崇奉阿弥陀佛，往生净土的修持形式，并大量融入天台宗的教义理论，加以改造，使之通俗易懂，更能为普通百姓所接受。在组织方面，茅子元也一改以往莲社成员间的松散关系，以淀山湖白莲堂为中心，“自称白莲导师，坐受众拜”②，将分散全国各地的信徒纳入其控制之下，力图使白莲教成为一支等级有序、组织严密的宗教团体。为了最大限度地吸纳信徒入教，茅子元并不严格要求信徒出家，而是允许他们娶妻生子，在家修行，“谨葱乳，不杀，不饮酒，号白莲菜”。因此，白莲教在创立后，虽屡遭佛教正统僧人反对，斥其“假名净业，而专为奸秽之行，猥亵不良”，却依然传播迅速，“愚夫愚妇，转相诳诱，聚落田里，皆乐其妄”。殆至 13 世纪 20—30 年代，已是“处处有习之者”了。③

入元后，白莲教受到了元朝政府的保护，得到进一步发展。慧远结社所在地、后被白莲教奉为“祖宗”的庐山东林寺，一再受到元朝政府的褒奖。元贞元年（1295 年）正月，述明居士燕觉道破衣和尚奉旨赐东林寺“白莲宗善法堂，护持教法”，同年，东林寺住持祖闇“奉旨赴阙，入对称旨”，受封“白莲宗主、通慧大师”“并金襕法衣，以荣其归”，④成为元代白莲教的法定教主。此后，“白莲宗主”的封号一直由东林寺住持承袭。白莲教的真正发祥地——淀山湖白莲堂，则升格为普光王寺，香火也一直较为兴旺。对这两座寺院，当时的白莲教徒以“碧淀水通庐阜水”来形容二者关系的密切，⑤又以“淀山湖里白莲根，元是庐山正派分”来形容二者的一脉相承。⑥ 在全国各地，则广为分布着由在家修行的白莲教徒主持的庵堂，“庵宇比比有之”“礼佛之屋遍天下”，⑦“历都过邑，无不有所谓白莲堂者，聚徒多至千百，少不下百人，更少犹数十，栋宇宏丽，像设严整，乃至与梵宫道殿匹敌，盖诚盛矣。”⑧在此期间，第一部全面阐述白莲教教义的经典《庐山莲宗宝鉴》10 卷，也于大

① 元代白莲教的研究，可参见杨讷：《元代的白莲教》，元史研究会编《元史论丛》第二辑，中华书局 1983 年版；《元代白莲教研究》，上海古籍出版社 2004 年版。

② 〔宋〕释志磐：《佛祖统纪》卷四八，上海古籍出版社 2012 年版，第 1123 页。

③ 〔宋〕释志磐：《佛祖统纪》卷四八、五五，第 1123、1305 页。

④ 〔元〕普度编：《庐山莲宗宝鉴叙》，见杨讷编《元代白莲教资料汇编》，中华书局 1989 年版，第 10 页。

⑤ 〔元〕果满编：《庐山复教集》卷下，见《元代白莲教资料汇编》第 199 页。

⑥ 〔元〕果满编：《庐山白莲正宗昙华集》卷上《淀山白莲》，见《元代白莲教资料汇编》第 237 页。

⑦ 〔元〕卢琦：《圭峰集》卷下《东坡善应庵记》，《北图古籍珍本丛刊》第 96 册第 158—159 页；《永乐大典》卷七二四二引《抚州罗山志》。

⑧ 〔元〕刘壎：《水云村稿》卷三《莲社万缘堂记》，《景印文渊阁四库全书》，第 1195 册，第 356 页。

德八年(1304年)由白莲教僧人普度撰成。书中详细叙述了慧远以来弥陀净土信仰的发展历史，阐发了茅子元创建白莲教的要旨，对白莲教传播过程中出现的种种背经离教的现象，一一进行了辩驳。此书问世后，大受当时教中人士欢迎，被誉为"立正论以破邪说，发真智以祛妄情"，"使正教大明于一统"，"实为法门一大条贯"①。

与此同时，白莲教在传播过程中，其下层与民间信仰日益融合，逐渐成为人民反抗官府所借助的一种手段。早在元朝灭亡南宋后不久的至元十七年(1280年)，江西即爆发过以杜万一(一称杜可用)为首的白莲教徒反抗官府的事件，②以致元朝不得不下令将"江南见有白莲会等名目五公符、推背图、血盆"等禁断拘收。③ 但此后，彰德、广西又接连发生了朱帧宝、高仙道等白莲教徒的反抗事件。④ 在朝中大臣的强烈要求下，元朝政府于至大元年(1308年)五月终于下令"禁止白莲社，毁其人还隶名籍"⑤。诏书中宣布的禁罢理由则是白莲教徒"多聚着男子妇女，夜聚明散，佯修善事，煽惑人众，作闹行有，因着这般别生事端去也。又他每都是有妻子的人有，他每的身已不洁净，与上位祝寿呵，怎生中?"⑥ 不过，这一禁令并没有维持多久。当年十月，普度即率弟子10人北上大都，通过国师毗奈耶室利，向当时还是皇太弟的仁宗爱育黎拔力八达进呈《庐山莲宗宝鉴》，得到了后者的称许。至大三年(1310年)正月，普度又上书武宗，请求恢复白莲教的合法地位。在上书中，他历述了白莲教的教义与历史发展，把那些违法的白莲教徒归结为"诈称白莲名色"，并以"本宗东林寺虽有祖宗之名，而实难检而束之"，作为开脱自己的理由。最后，普度希望把自己的《庐山莲宗宝鉴》"颁行天下，以别真伪，劝导念佛之民，依教修行。宣谕天下州县，禁治前项所言邪宗异教，明立罪条，严加约束，革除猥弊，除受庐山三皈、依五戒念佛正宗外，其余邪伪之教并皆禁格"⑦。结果，到至大四年闰七月，由已即位的仁宗下诏，正式恢复了白莲教的合法地位。此次对白莲教的平反工作，做得比较认真彻底。像

① 〔元〕普度编:《庐山莲宗宝鉴》卷末《名德题跋》，收在《元代白莲教资料汇编》第167页。

② 〔明〕宋濂等:《元史》卷一一《世祖纪八》第223页;卷一五三《贾居贞传》，第3624页，卷一五九《商挺附商琥传》，第3742页;〔元〕姚燧:《姚燧集》卷一九《参知政事贾公神道碑》，第299页;〔元〕苏天爵:《滋溪文稿》卷一五《漳州新军万户府副万户赵公神道碑铭》，第235页。

③ 《元典章》卷三二《礼部五・学校二・阴阳学・禁断推背图等》，第1123页;〔元〕《通制条格》卷二八《杂令・禁书》，黄时鉴校点，浙江古籍出版社1986年版，第316—317页。

④ 〔元〕果满编:《庐山复教集》卷上《上白莲宗书》，见《元代白莲数资料汇编》第184页。〔明〕宋濂等:《元史》卷一三七《察罕传》，第3310页。

⑤ 〔明〕宋濂等:《元史》卷二二《武宗纪一》，第498页。

⑥ 〔元〕《通制条格》卷二九《僧道・俗人作道场》，黄时鉴校点，浙江古籍出版社1986年版，第336页。

⑦ 〔元〕袁桷:《袁桷集》卷二〇《妙果寺记》，第337页;〔元〕果满编:《庐山复教集》卷上《上白莲宗书》，《元代白莲教资料汇编》第185页。

福建建宁路后山白莲都掌教报恩堂，即由仁宗下诏改为报恩万寿堂，而且规定“属这报恩万寿堂的复一堂、清应堂，各处田地里但有的做好事莲堂，管民达鲁花赤官人每提调，休交沮坏者。合纳的税粮，依先体例里更当者。不拣甚么差发，休要者。不拣是谁，休占做下院者”①。其他地区的白莲教堂，想必也是如此。

恢复合法地位后，白莲教上层信徒一度欣喜若狂，非常活跃。就在禁令解除的当年十月，寓居大都的高丽王益智礼普花（即沈王王璋）开始带头颂佛，并下令于高丽国内建寿光寺白莲堂，普劝国人同修净业。普度等人也在大都建莲池会，邀请朝野名士作文赋诗，为其重振白莲教歌功颂德。② 事后，侍者果满将普度的上书、仁宗圣旨、宣政院榜文、高丽国王发愿文以及“朝贤宿衲赞颂”等汇集为《庐山复教集》，以纪念此次白莲教的胜利。此外，他还编有《庐山白莲正宗昙华集》两卷，收录七言诗数十首，以浅显易懂的文字，对白莲教的此次复兴大加颂扬。

不过，白莲教复兴的局面只持续了10年多的时间。到英宗至治二年（1322年）闰五月，元朝又一次下令“禁白莲佛事”③。其原因大概与白莲教的群众基础日益广泛，已经造成社会不稳有关。此时的白莲教义已发生显著变化，以前曾被普度极力排斥的弥勒信仰，因在民间广为盛行，已经逐渐取代原来的弥陀信仰，成为白莲教徒的主流信仰。泰定二年（1325年）发生的息州赵丑厮、郭菩萨事件，和后至元三年（1337年）发生的棒胡事件，均以弥勒信仰为号召，④大概都与白莲教不无牵连。元末农民起义领袖之一韩山童的祖父因“以白莲会烧香惑众”，被元朝政府“谪徙广平永年县”⑤，表明当时的元朝已经把白莲教看作威胁其统治的一大隐患。但元朝对白莲教的打击，并不能挽救其岌岌可危的局面，至正十一年（1351年）全面爆发的白莲教大起义，最终还是彻底摧毁了元朝的统治。

2. 白云宗

白云宗的出现稍早于白莲教，由北宋末年西京宝应寺僧孔清觉（1043—1121）创立于杭州灵隐寺后之白云庵，故名。其说参《华严经》《大品经》等教义，“依仿佛经，立四果十地，分大小两乘，造论数篇，传于流俗。从之者称白云和上，名其徒曰白云菜”⑥。在自己的著述中，清觉则把成佛门径归结为“十地三乘”，指出“欲不得遭欺诳，莫离十地三乘”。众生在修行到第十妙觉地后，即功德圆满，达到最高境界，“第十妙觉地，到此十分报身，

① 《元典章》卷三三《礼部六·释道·白莲教·白莲掌教护持》，第1141—1142页。

② 〔元〕果满编：《庐山复教集》卷下，见《元代白莲教资料汇编》第189—191页。

③ 〔明〕宋濂等：《元史》卷二八《英宗纪二》，第622页。

④ 〔明〕宋濂等：《元史》卷二九《泰定帝纪一》，第657页；卷三九《顺帝纪二》，第838页。

⑤ 〔明〕宋濂等：《元史》卷四二《顺帝纪五》，第891页。

⑥ 〔宋〕释志磬：《佛祖统纪》卷四七，第1104页。

是名超三界”①。白云宗信徒平时“晨夕持诵，躬耕自活”，戒律“大抵不事荤酒，故易于裕足，不杀物命，故近于为善”②。在时人眼中，白云宗与白莲教有许多相似之处，二者最大的区别在于，白莲教允许娶妻生子，白云宗则强调洁身修行。

在宋代，白云宗虽屡遭禁止，但在浙西地区仍拥有不少信徒。南宋灭亡后不久，元朝任命藏传佛教僧人杨琏真伽为江淮释教都总摄，负责新征服地区的佛教事务，白云宗很快就与之搭上关系。在大正新修《大藏经》本《大方广佛华严经》卷末，附有白云宗总部杭州南山普宁寺住持道安所写题记，称白云宗在组织刊刻《大藏经》(即《普宁藏》)时，“蒙江淮诸路释教都总摄所护念，准给文凭，及转呈檐八上师(即胆巴)，引觐皇帝，颁降圣旨，护持宗门”。为此，他发愿“祝延皇帝圣寿万安，皇后同年，太子、诸王千秋，文武官僚升迁禄位，仍赞大元帝师、大元国师、檐八上师、江淮诸路释教都总摄扶宗弘教大师(即行吉祥)、江淮诸路释教都总摄永福大师(即杨琏真伽)，大阐宗乘，同增福算。”文末落款为“宣授浙西道杭州等路白云宗僧录、南山普宁寺住持、传三乘教九世孙、慧照大师、沙门道安”，时间为“至元十六年(1279 年)己卯十二月吉日”。以上材料说明，白云宗与江淮释教都总摄所关系很密切，其合法地位的取得，即是总摄所通过国师胆巴上奏忽必烈批准的。而且，至少在至元十六年(1279 年)以前，白云宗已设有“僧录司”之类的机构，这一机构应归当时的江淮释教都总摄所管辖。

白云宗在元初的兴盛，与元朝对宗教各派兼容并蓄的既定政策，尤其是杨琏真伽个人的极力扶植有很大关系。南宋灭亡后，杨琏真伽曾在当地拉拢佛教各派，打击道教势力，白云宗很有可能就是受笼络的对象之一。此外，他还曾在亡宋宫殿故基建有报国、兴元、般若、仙林、尊胜五寺。元人黄溍说：“〔至元〕二十有一年，有旨即其故所居杭州凤凰山之行宫，建大寺五，分宗以阐化。其传菩提达摩之学者，赐号禅宗大报国寺，乘法力以畅国威，宣天休以隆国势也。”③既然是“分宗以阐化”，五大寺院自应分属佛教不同宗派报国寺属禅宗，尊胜寺属藏传佛教，而有的学者认为，“般若寺属白云宗无疑”④。此外，兴元寺属天台宗，仙林寺属慈恩宗。⑤ 五大寺中，有不少住持与杨琏真伽互相勾结，沆瀣一气，受杨琏真伽一手扶植的白云宗更是如此。元人称白云宗教主沈明仁“承杨总统(即杨琏真伽)之遗风”，大概即有这方面的因素在内。⑥

① 〔元〕清觉：《初学记》，涵芬楼影印《续藏经》本。

② 〔宋〕释志磐：《佛祖统纪》卷四七、卷五五，第 1104、1305 页。

③ 〔元〕黄溍：《金华集》卷一一《凤凰山禅宗大报国寺记》，第 3 页。

④ 丁国范：《元代的白云宗》，元史研究会编《元史论丛》第四辑，中华书局 1992 年版。

⑤ 陈高华：《再论元代河西僧人杨琏真伽》，《中华文史论丛》2006 年第 2 期。

⑥ 〔元〕孔齐：《至正直记》卷三《豪僧诱众》，上海古籍出版社 1987 年版，第 98 页。

元朝政府对白云宗，先后通过两个机构——“白云宗僧录司”与“白云宗摄所”进行管理。僧录司为元代佛教地方管理机构，一般设在路一级。如前所述，“白云宗僧录司”至少在至元十六年（1279 年）就已经建立了。前引《大方广佛华严经》卷末，有如志所作题记，落款为“宣授白云宗僧录、南山大普宁寺住持、传三乘教十一世孙、沙门如志”，时间为“至元二十七年庚寅十月圆日”。记中详细列举了参与重刻《大藏经》的人员名单，其中有“白云宗僧录司提控”“白云宗僧录司知事”“白云宗僧判”等职衔，这些官员全部由白云宗僧人担任。另据《元史》卷二一《成宗纪四》，大德十年（1306 年）春正月，“罢江南白云宗都僧录司，汰其民归州县，僧归各寺，田悉输租”。则在此之前，僧录司已升为都僧录司。此后，即不见有僧录司或都僧录司的记载。“白云宗摄所”一名最早见于大德七年（1303 年），是年七月，“罢江南白云宗摄所，其田令依例输租”①。元朝的佛教管理体制，在僧录司上设总摄所、总统所。应是白云宗僧录司一度升为总摄所，但随着白云宗盛衰不定，白云宗总摄所曾屡设屡罢。白云宗总摄所的首领称总摄，为白云宗领袖。我们现在能找到的总摄主要有两个：一是成宗大德年间的钱如镜，②一是仁宗、英宗年间的沈明仁。

经世祖、成宗初几十年的发展，到大德年间，白云宗的实力已经非常雄厚。“南方学浮图氏号白云宗者，发而妻子田宅，訹愚民，托祝厘，逭徭赋，幸刁甘贿，奏为总摄，锡印章，郡县酋豪名署七千余所，众数十万。”③这表明，此时的白云宗已经戒律松弛，出现了不少拥有妻室田产、带发修行的信徒。白云宗的这种世俗化倾向，虽然有利于在民间的广泛传播，可也使得许多地方豪霸借机厕身其中，“相率出厚货，要权贵，稍依傍释教，立官府，部署其人，煽诱劫持，合其徒数万，凌轹州县，为奸利不法者”④。“即所居为佛庐，举家度为僧尼……日诱恶少肆为不法，夺民田宅，奴人子女，郡县不胜其扰。”⑤这种局面不仅严重影响到元朝政府的财政收入，而且还造成地方出现许多不安定因素。因此，到大德七年，郑介夫在其所上《太平策》中指出：“〔白云宗〕皆不守戒律，狼藉荤酒，但假名以规避差役，动至万计，均为诵经礼拜也。既自别于俗人，又自异于僧道，朝廷不察其伪，特为另立衙门。今宗摄钱如镜恣行不法，甚于僧司道所，亦宜革去，以除国蠹，以宽民力可也。”⑥

---

① 〔明〕宋濂等：《元史》卷二一《成宗纪四》，第 454 页。

② 郑介夫奏，见邱树森、何兆吉辑点：《元代奏议实录》下册，浙江古籍出版社 1998 年版，第 112 页。按，据《大方广佛华严经》卷末如志所作后记，参与重刻《大藏经》的名单中有“白云宗僧判如镜”，则钱如镜在至元二十七年尚未做到白云宗总摄。

③ 〔元〕李术鲁翀：《平章政事致仕尚公神道碑》，见〔元〕苏天爵：《元文类》卷六八，《国学基本丛书》本，第 984 页。

④ 〔元〕虞集：《道园学古录》卷一五《苏公墓碑》，《四部备要》本，第 2 页。

⑤ 〔元〕苏天爵：《滋溪文稿》卷一一《高公神道碑铭》，第 166 页。

⑥ 《元代奏议实录》，下册，第 112 页。

中书左丞尚文也上书，要求“斥罢南方白云宗，与民均事赋役”[①]。由此，元朝开始了对白云宗的首次整顿。此次整顿前后花去了约两年时间，“凡得民田庐若干所，还为民者若干人，赇赂没官者若干万。”[②]“能为明其诖误者出之，田庐资赇当没入者钜万没入之，良家子女数百当还民间者还之。”[③]

从大德七年首次整顿起，到仁宗初年，白云宗的地位一直飘忽不定，这突出表现在其主管机构的屡设屡罢上。像至大元年（1308年）三月，“复立白云宗摄所，秩从一品，设官三员”[④]。至大二年三月，“罢杭州白云宗摄所”[⑤]。至大四年二月，“御史台臣言：‘白云宗总摄所统江南为僧之有发者，不养父母，避役损民，乞追收所受玺书、银印，勒还民籍。’从之。”[⑥]当年四月，仁宗下旨，除保留宣政院、功德使司外，把包括白云宗在内的所有宗教衙门一律废罢。[⑦]

皇庆元年（1312年），仁宗颁降圣旨，命白云宗主沈明仁负责刊刻清觉《初学记》等书，列入《大藏经》，[⑧]元朝又一次公开确认了其学说的合法性。自此，白云宗势力又趋膨胀。“受其教者可免徭役。诸寺僧以续置田每亩妄献三升，号为‘赡众粮’。其愚民亦有习其教者，皆冠乌角桶子巾，号曰‘道人’。朔望群会，动以百五。”[⑨]为了谋取较高的政治地位，沈明仁不惜花费重金，“私赂近侍，妄受名爵”，于延祐二年（1315年）受封为荣禄大夫、司空。[⑩] 进入鼎盛期后，白云宗首领故态复萌，不法行为又开始猖獗起来，“冒名爵，凌官府”，“恣横不法，擅剃度游民四千八百余人”，“强夺民田二万顷，诳诱愚俗十万人”[⑪]，与朝廷利益发生严重冲突，以致元朝不得不下令，“禁总摄沈明仁所佩司空印，毋移文有司”[⑫]，并开始着手对白云宗进行再次整顿。结果，沈明仁于延祐七年（1320年）二月以“不法坐

① 〔明〕宋濂等：《元史》卷一七〇《尚文传》，第3988页。

② 〔元〕苏天爵：《滋溪文稿》卷一一《高公神道碑铭》，第166页。

③ 〔元〕虞集：《道园学古录》卷一五《苏公墓碑》，第2页。

④ 〔明〕宋濂等：《元史》卷二二《武宗纪一》，第497页。

⑤ 〔明〕宋濂等：《元史》卷二三《武宗纪二》，第510页。

⑥ 〔明〕宋濂等：《元史》卷二四《仁宗纪一》，第538页。

⑦ 陈高华、张帆等点校：《元典章》卷三三《礼部六·释道·释教·革僧道衙门免差发》，第1127—1128页。〔明〕宋濂等：《元史》卷二四《仁宗纪一》，第542页。

⑧ 〔元〕清觉：《正行集》卷末所附，涵芬楼影印《续藏经》本。

⑨ 〔元〕孔齐：《至正直记》卷三《豪僧诱众》，上海古籍出版社1987年版，第98页。

⑩ 〔明〕宋濂等：《元史》卷二五《仁宗本纪二》，第571页。

⑪ 黄溍：《金华集》卷三四《青阳县尹徐君墓志铭》，第9页；卷二三《湖南道宣慰使于公行状》，第13页。

⑫ 〔明〕宋濂等：《元史》卷二六《仁宗纪三》，第579页。

罪”，先是被发付“杭州路羁管”，而后被流放海南。[①] 白云宗的冒籍民户与田产，也在英宗即位后的几年内相继没官。[②]

经过仁宗、英宗两朝的整顿后，白云宗在文献中一度销声匿迹，直到文宗至顺元年(1330 年)九月，才又见到有关记载。“至治初，以白云宗田给寿安山寺为永业，至是其僧沈明琦以为言，有旨，令中书省改正之。”[③]这表明，白云宗在当地始终存在，虽然有时因与官府发生利益冲突而遭打击，但在有元一代它一直都是一个合法的宗教组织。直到元亡后，明太祖于洪武三年(1370 年)六月正式下诏禁白云宗等教，[④]白云宗才逐渐退出历史舞台。

(四)江南道教各派的状况

元朝灭南宋后，原南宋统治下的江南道教，成为元代道教的重要组成部分。江南道教以符箓道派发展最盛，其中，在传统的“三山符箓”(信州龙虎山、建康三茅山、临江阁皂山)中，龙虎宗与元朝统治者的关系最密切，势力也最大。茅山宗与阁皂宗虽代有传人，但已渐趋衰微。其他符箓道派像净明、神霄、清微、东华、天心等也有活动见于记载。

1. 三山符箓——龙虎宗、茅山宗与阁皂宗

在传统三山符箓中，以龙虎宗天师与蒙古统治者的接触最早。早在 1259 年，时为宗王的忽必烈南下伐宋时，即曾派北方正一道士王一清潜往龙虎山，与第 35 代天师张可大秘密会晤，张可大在会见来使时，曾预言忽必烈“后二十年天下当混一”[⑤]。元朝平定江南时，张可大已死，次子张宗演继为第 36 代天师。在忽必烈的邀请下，张宗演于至元十三年(1276 年)率徒众北觐。次年，“赐号演道灵应冲和真人，给二品银印，命主江南道教事。得自给牒度人为道士。路设道录司，州设道正司，县设威仪司，皆属焉。诏谕江南复宫观

---

① 〔明〕宋濂等:《元史》卷二七《英宗纪一》，第 598 页；沈仲纬:《刑统赋疏》第 3 韵通例，《枕碧楼丛书》，第 218 页；〔明〕刘基:《诚意伯文集》卷六《前江淮都转运盐使宋公政绩记》，《四部丛刊》缩印本，第 166 页。

② 〔明〕宋濂等:《元史》卷一八六《曹鉴传》，第 4283 页；〔元〕孔齐:《至正直记》卷三《豪僧诱众》，上海古籍出版社 1987 年版，第 98 页。

③ 〔明〕宋濂等:《元史》卷三四《文宗纪三》，第 767 页。

④ 《明太祖实录》卷五三，史语所影印本，第 3 页。

⑤ 〔明〕宋濂等:《元史》卷二〇二《释老传》，第 4526 页。按，王一清为北方正一道传人，曾在 1256 年开平城建成时，受忽必烈之命“作醮五昼夜”(《创建开平府祭告济渎记》，陈垣编:《道家金石略》，文物出版社 1988 年版，第 865 页)。1259 年，忽必烈率军南下，王一清随行。除了到龙虎山外，他还曾到鄂州晓谕南宋守将，结果被“守臣执而杀之”(〔元〕郝经:《陵川集》卷三九《宿州与宋国三省枢密院书》，《北图古籍珍本丛刊》，第 91 册，第 815 页)，后被追封为“洞渊普济广德真人”(《大上清正一宫圣旨碑》，《道家金石略》，文物出版社 1988 年版，第 855—856 页)。

赋役。即京城创崇真万寿宫，敕弟子张留孙主之。后复两召至阙，礼遇有加”①。从此，元朝正式确立了龙虎宗在江南道教各派中的领导地位。至元十八年(1281 年)佛道大辩论后，全真道的势力一蹶不振，而龙虎宗则由于属符箓道派，与元朝统治者的萨满信仰颇有相通之处，受到的冲击较少。张宗演留在京师的弟子张留孙一系，更由于接近宫廷，累受元朝皇帝的宠信，以后逐渐自成系统，发展为龙虎宗的一大支派——玄教。至元十八年张宗演去世后，其子张与棣、张与材相继接任第 37、38 代天师，例封真人，管领江南诸道教事。大德八年(1304 年)，张与材加授“正一教主，主领三山符箓。”至大初，又加封大真人，授金紫光禄大夫、留国公。② 在此期间，龙虎宗天师曾多次奉元朝皇帝之命，举行醮事活动。作为江南道教首领，江南道教各派事务，诸如宫观之赐额、道官之任命、封号之赐予等，也都由龙虎宗天师及其下设的江南诸路道教所管辖。③ 在此情形下，龙虎宗在江南的势力甚嚣尘上，大德年间，郑介夫曾描绘龙虎宗在江南地区的跋扈时说：“张天师纵情姬爱，广置田庄，招揽权势，凌官府，乃江南一大豪霸也。”④

茅山宗在元军平江南时，正值第 42 代宗师翟志颖去世，许道杞(1236—1291)继任第 43 代宗师，“国初兵革之余，岁旱饥疫，淮邦惟甚。时省治在维扬，省臣避堂请师致祷，雨足而疾已，遂给驿敦送于朝。世祖以臂疾召见大都香殿，令试以法，愈。复命祈雪止风，皆奇验。赐宝冠法服，降玺书，大护其教，佩印南还，三茅山悉统隶之”⑤。次年二月，忽必烈又召请其师第 38 代宗师蒋宗瑛入朝，多加褒奖。⑥ 至元二十八年(1291 年)许道杞去世后，王道孟(1242—1314)接任第 44 代宗师。在任期间，“大德二年，淮南蝗，本道宣慰使礼请君至江都醮而禳焉。……如是连日，蝗不为灾。先是旱，祷而雨。……由是制授养素通真明教真人”⑦。至大四年(1311 年)，因年老，命入室弟子刘大彬袭其教。

茅山宗原长期以茅山为活动中心，但从元初起，苏杭一带名道辈出，影响反而超过茅山，其中以杜道坚最为有名。杜道坚(1237—1318)，字处逸，号南谷子，当涂(今属安徽)

---

① 〔明〕张正常等：《汉天师世家》卷三，《道藏》第 34 册，文物出版社、上海书店、天津古籍出版社 1988 年版，第 829 页。

② 〔明〕张正常等：《汉天师世家》卷三，《道藏》第 34 册，第 831 页。

③ 有关龙虎宗天师及江南诸路道教所参与江南道教管理的具体情况，可参见《承天观公据》与《灵应观甲乙住持札付碑》，陈垣编：《道家金石略》，文物出版社 1988 年版，第 875—878、938—941 页。

④ 邱树森、何兆吉辑点：《元代奏议集录》，下册，第 110 页。

⑤ 〔元〕刘大彬编，〔明〕江永年增补，王岗点校：《茅山志》上清品第六篇卷之第七，上海古籍出版社 2018 年版，第 221—222 页。另见〔明〕宋濂等：《元史》卷一一《世祖纪八》：至元十七年十二月，“以三茅山上清四十三代宗师许道杞祈祷有验，命别主道教”，第 329 页。

⑥ 〔明〕宋濂等：《元史》卷一一《世祖纪八》，第 230 页。诏书见〔元〕刘大彬编，〔明〕江永年增补，王岗点校：《茅山志》诰副墨第一篇下卷之第二《大元诏诰·世祖皇帝召蒋宗师诏》，第 110 页。

⑦ 〔元〕刘大彬编，〔明〕江永年增补，王岗点校：《茅山志》金石录第十一篇下卷之第十三《华阳道院碑铭》，第 402—403 页。

人。先后师事石山耿先生、茅山蒋宗瑛等，南宋度宗曾赐号“辅教大师”。元兵平江南期间，“真人（杜道坚——引者，下同）冒矢石，叩军门，见太傅淮安忠武王（伯颜）于故都，披胆陈辞，为民请命。王与语大悦，恨见之晚，军麾为之敛兵，民社因之安堵”。后受召觐见忽必烈于上都，“寻有诏，特委驰驿江南，搜访遗逸。真人退而上疏，言求贤养贤用贤之道，上嘉纳焉”。寻住持杭州宗阳宫。大德七年授杭州路道录、教门高士。又受玄教大宗师张留孙请，住持杭州四圣延祥观。“皇庆改元（1312 年），宣授隆道冲真崇正真人，依旧住持杭州宗阳宫，兼湖州计筹山升玄报德观、白石通玄观等事。”①著《道德玄经原旨》《玄经原旨发挥》《关尹阐玄》《文子赞义》等书，力主调和儒道。

阁皂宗在三山符箓中虽影响最小，但入元后，仍有活动见于记载。元猪儿年圣旨曾提到“临江路阁皂山有的万寿崇真宫葛仙翁八景玄坛里住持李宗师，每年正月十五日一番做好事行法箓有来”，后经玄教宗师张留孙奏请，“只依着在先体例里做好事行法箓者，其间不拣是谁，休倚气力沮坏者”②。后来，元朝又加封万寿崇真宫住持 46 代传箓嗣教宗师杨伯晋（可能为李宗师的继任者）为太玄崇德翊教真人，并升万寿崇真宫为大崇真万寿宫。③

2. 其他符箓道派

除了传统三山符箓外，从三山符箓中分衍出的其他道派——净明、神霄、清微、东华、天心等，在元代也都有不同程度的发展。

由许逊崇拜而发展起来的净明道，主要流行于江西南昌一带。虽自南宋初周真公创教，传弟子何守证、方文后，净明道传嗣即已湮没无闻，但民间流行的净明忠孝信仰却没有就此衰竭。南宋灭亡后，净明道的圣地玉隆万寿宫受到元朝保护。“至元丙子（1276 年），宋社既屋，有司上江南名山仙迹之宜祠者于礼部，玉隆与居其一。故凡主是宫，率被受玺书如令。”④到至元末，刘玉对净明教义重新加以阐释，恢复教团组织，净明道又开始活跃起来。刘玉（1257—1308），字颐真，号玉真子，鄱阳石门（今江西波阳）人。从至元二十九年到元贞三年（1292—1297），他一直在江西南昌西山一带“开阐大教，诱诲后学”，使

① 〔元〕赵孟頫：《赵孟頫文集》卷九《隆道冲真崇正真人杜公碑》，上海书画出版社 2010 年版，第 169—172 页。

② 《元典章》卷三三《礼部六 · 释道 · 道教 · 阁皂山行法箓》，第 1139 页。按，此圣旨于猪儿年七月十七日写于昔博赤八剌哈孙（察罕脑儿附近），从张留孙封玄教宗师到《元典章》成书，其间共有三个猪儿年，分别为至元二十五年（1288 年）、大德三年（1299 年）与至大四年（1311 年）。此处所指猪儿年为何年，待考。

③ 〔元〕袁桷：《袁桷集》卷三七《临江路阁皂山万寿崇真宫住持四十六代传箓嗣教宗师杨伯晋升加太玄崇德翊教真人诏》，卷三五《阁皂山万寿崇真宫加大崇真万寿宫诏》，第 537、498 页。

④ 〔元〕柳贯：《柳贯集》卷一四《玉隆万寿宫兴修记》，浙江古籍出版社 2014 年版，下册，第 384 页。

净明道组织得以恢复重建。经刘玉重新阐释的教义，“其说以本心净明为要，而制行必以忠孝为贵而已”①。因此，从刘玉开始，净明道更具有世俗化特点，带有较强烈的理学气息，这在当时的道教诸派中非常罕见。对净明道的核心教义“净明忠孝”，刘玉的解释是“净明只是正心诚意，忠孝只是扶植纲常。”在他看来，所谓“净”，为“不染物”；“明”，即“不触物”。至于忠与孝，刘玉抬高到一个更高的层面加以解释，认为：“忠者，忠于君也。心君为万神之主宰，一念欺心，即不忠也。”“人子事其亲，自谓能竭其力者，未也。须是一念之孝，能致父母心中印可，则天心亦印可矣。如此，方可谓之孝道格天。”②针对这种境界，刘玉提出了 3 个互相衔接的修炼阶段：“始于忠孝立本，中于去欲正心，终于直至净明。”③他的这些思想，经弟子传播，在元代产生了较大影响。

神霄派在元代的主要传人为莫月鼎，有关他的名、字、籍贯与生卒年，各种记载互有歧异。大致说来，莫月鼎原名应为起炎，月鼎为其字或号，湖州吴兴人，生于南宋理宗宝庆年间，约在世祖至元末卒。出身官宦，初入四川青城山丈人观，从徐无极学五雷法，后从南丰邹铁壁得王文卿斩勘雷书，“于是月鼎召雷雨，破鬼魅，动与天合，虽嬉笑怒骂，皆若有神物从之者”。宝祐六年（1258 年），浙东大旱，马廷鸾方守绍兴，请莫月鼎立坛祷雨，大雨倾注。理宗闻之，赐诗一章，称之为神仙。入元后，至元二十六年（1289 年），忽必烈遣御史中丞崔彧于江南访求异人，征召于上都。忽必烈令其演示雷法，“即取胡桃掷地，雷应声而发，震撼殿庭，帝为之改容。复命诸雨，雨立至如绍兴”。忽必烈大悦，厚赐之，寻有旨俾掌道教事，以老辞，遂给驿南返。此后，莫月鼎纵酒江湖，放浪形骸，“阳狂避世，不妄与人接。然颇闵疾疢者，有来告急，或以蟹中黄篆符与之，或摘草木叶嘘气授之，无不立愈者，故咸以真官称。真官，谓其能主地上鬼神。其灵异之迹，士大夫多言之，不能尽载。”其所授王文卿秘籍，唯王继华、潘无涯得其传，“继华授张善渊，善渊授步宗浩，宗浩授周玄真，皆能狎雷致雨云，而玄真尤号伟特”④。此外，莫月鼎徒裔中，知名者尚有金善信、王惟一等。除莫月鼎外，神霄派其他支系在元代也有活动。据《历世真仙体道通鉴续编・莫月鼎传》，与莫月鼎同师邹铁壁者，尚有同郡西野沈震雷真人，“自侍宸王真君（王文卿）演道以来，惟真人（莫月鼎）与西野沈真人二派支流衍迤，盛于西江，昌于东吴”。此外，自王文卿而下，神霄派另有一支谱系，“得其传者，则新城高子羽，授之临江徐次举，以次至金溪聂天锡，其后得其传而最显者曰临川谭悟真云。人不敢称其名，但谓之谭五

① 〔元〕虞集：《道园学古录》卷五〇《黄元吉墓志铭》，《四部备要》本，第 8 页。

② 〔元〕刘玉：《玉真先生语录》内集，〔元〕黄元吉编集，徐慧校正：《净明忠孝全书》卷三，《道藏》第 24 册，文物出版社、上海书店、天津古籍出版社 1988 年版，第 635 页。

③ 〔元〕刘玉：《玉真先生语录》别集，〔元〕黄元吉编集，徐慧校正：《净明忠孝全书》卷五，第 647 页。

④ 〔明〕宋濂：《宋文宪公全集》卷九《元莫月鼎传碑》，第 19—20 页。

雷”。入元后，谭悟真“犹在，浮沉人间，隐显莫测”。传庐陵罗虚舟，“罗之弟子虽多，而自以为得之者，惟萧主簿雨轩，其后则有周司令立礼两人而已。”周立礼传其子，萧雨轩则传胡道玄，人称“神霄野客”“年二十余，道行关陕荆襄江汉淮海闽浙之间。当己巳、庚午（1329、1330 年）之旱，旬日之中，郡县争致之。所历或一日或二日，嬉笑怒骂，雷雨随至，官吏畏而民爱之，环四五千里之间，所至无不应者。至于妖怪之作，劾治如法，人以为神”①。

清微派进入元代，值第 10 代祖师黄舜申。黄舜申，号雷渊，俗名应炎，字晦伯，福建建宁人。少随父游宦广西，得危疾，清微第 9 代祖师南毕道以符水治之，并传以清微雷法。南宋理宗尝召见，御书“雷真人”四字以赐之。入元后，至元丙戌（1286 年），忽必烈召见于朝，未几乞还，制授“雷渊广福普化真人”②。清微派理论与神霄派大体相同，以天人合一、内炼与外法相结合，而以内炼为行法基础。黄舜申所度弟子，分两支分传南北，其中弟子熊道辉，以福建建宁为中心传行于南；弟子张道贵以湖北武当山为中心传行于北。武当山为全真道南传的重要基地，清微派北传这支多由全真道士兼行，在当时颇为兴盛。

东华派在元代的主要传人为林灵真。林灵真（1239—1302），俗名伟夫，字君昭，号水南，人称“水南先生”，温州平阳（今属浙江）人。出身官宦世家，后弃儒学道，“乃绍开东华之教，蔚为一代真师。以度生济死为己任，建普度大会者不一”③。至元二十八年至三十一年，第 37 代天师张与棣表其为温州路玄学讲师，继升本路道录，对灵宝济度斋仪作过整理，撰有《济度之书》《符章奥旨》，由第 38 代天师张与材下令刊行，以广其传。

天心派在元代的主要传人为雷时中。雷时中（1221—1295），字可权，号默庵，又号双桥老人。祖籍豫章（今江西南昌），后徙武昌金牛镇。其派“专以《度人经》为主”，又“及儒释二家，博采旁求，贯彻混融，归于一致。”其传“有弟子数千人，分东南、西蜀二派。首度卢、李二宗师及南康查泰宇，由是卢、李之道，行乎西蜀；泰宇之道，行乎东南，混元之教，大行于世。所著《心法序要》《道法直指》《原道歌》皆发扬混元道化之妙”④。此外，天心派在元代另有彭元泰传天心地司法，与雷时中一样重《度人经》，且重视“修炼大丹”。

3. 玄教的异军突起

江南龙虎宗正一教第 36 代天师张宗演于至元十三年（1276 年）觐见忽必烈后，留下弟子张留孙为其在大都的常驻代表。此后，张留孙利用接近宫廷的便利条件，与元朝皇

① 〔元〕虞集：《道园学古录》卷二五《灵惠冲虚通妙真君王侍宸记》，第 11—13 页。

② 《历世真仙体道通鉴续编》卷五《黄雷渊》。

③ 《灵宝领教济度金书·水南林先生传》。

④ 《历世真仙体道通鉴续编》卷五《雷默庵》。

帝频繁接触，地位也随之日益显赫，于是，一个以他为中心的道教新派——玄教形成了。

张留孙（1248—1321），字师汉，信州贵溪（今属江西）人。幼从伯兄张闻诗学道龙虎山上清宫，受黄老之书及正一符箓、祠祭天地百神之法，后以所学游江淮间。至元十三年（1276 年），元平江南后，张宗演受忽必烈征召北上，以其徒数十人从行，张留孙预其选。次年，张宗演南返龙虎山，张留孙则受命留侍忽必烈左右。"上时时召问，因及虚心正身崇俭爱民以保天下之说，深和上意。"一日，忽必烈在太子真金的陪同下祠祭于幄殿，忽风雨骤至，众人惊惧，不知所为，诏张留孙祷之，风雨立止。"裕宗（真金——引者）在东宫，寝疾，上以为忧，诏公往护视，疾寻瘳，上悦。上幸日月山，昭睿顺圣皇后又寝疾，上命贵臣趣公祷祈以其法。中宫夜梦髯神绛衣朱毂行青草间，介士白兽拥导，以问公。公曰：'青草生意也，明疾以春愈。'果然。后从公求所祷神象礼之，见画者与梦契，益以为神。"

由于张留孙法术灵验，大为忽必烈赏识，地位也随之不断提高。"乃诏两都各建上帝祠宇，皆赐名曰崇真之宫（后升崇真万寿宫——引者），并以居公，赐平江、嘉兴田若干顷，大都、昌平栗园若干亩给其用。"本来，忽必烈还想赐予张留孙"天师"的头衔，只是由于张留孙辞以自己非天师世嗣，方才作罢。于是，忽必烈"别诏尚方作玉具剑，刻文曰'大元皇帝赐张上卿'佩之"①。到至元十五年（1278 年），又"加玄教宗师，授道教都提点，管领江北、淮东、淮西、荆襄道教事，佩银印。"玄教之名，盖始于此。次年，又"奏复宫观，令自别为籍"②。因此，时人认为："东南道教之事，大体已定于开府之世。"③道教自至元十八年（1281 年）佛道大辩论惨败后，备受排挤，地位直线下滑。而张留孙则凭借自己的特殊身份，积极奔走于蒙古权贵中间，为复兴道教不遗余力。"初，集贤、翰林共一院，用公（张留孙——引者）奏，始分翰林掌诏诰国史，集贤馆天下贤士以领道教，置道官及宫观主者，给印视五品，为其道者复徭役。或以道家书当焚，上既允其奏，裕宗以公言请曰：'黄老之言，治国家有不可废者。'上始悔悟，集儒臣论定当传者，俾天下复崇其教。……上崩，成宗归自潜邸，隆福太后遣重臣从公郊迎。行至，公下马立道左，上令就骑，且语之曰：'卿家老君犹尔睡耶？'意谓焚经后道教中衰也。公对曰：'老君今当觉矣。'上悦。"④至此，道教又完全恢复了活动，而张留孙的头衔也继续层层加码。成宗元贞元年（1295 年），任同知集贤院道教事。大德三年（1299 年），加大宗师，别给银印，视二品。十年，制授上卿。武宗即位，加大真人、知集贤院事。至大二年（1309 年），领集贤院，位大学士上。是岁，再加特进。仁宗即位，皇庆元年（1312 年），赐号"辅成赞化"。二年，赐玄教大宗师印。延祐

① 《上卿真人张留孙碑》，陈垣编：《道家金石略》，文物出版社 1988 年版，第 910 页。

② 〔元〕袁桷：《袁桷集》卷三四《玄教大宗师张公家传》，第 492—494 页。

③ 〔元〕虞集：《道园学古录》卷二五《河图仙坛之碑》，《四部备要》本，第 9 页。

④ 《上卿真人张留孙碑》，陈垣编：《道家金石略》，文物出版社 1988 年版，第 912 页。

二年(1315年)，制授开府仪同三司，号加“保运”。至此，张留孙的头衔已累增为“开府仪同三司、特进、上卿、辅成赞化保运玄教大宗师、志道弘教冲玄仁靖大真人、知集贤院事、领诸路道教事”。其中，开府仪同三司为元代一品散官的最高品阶，即使蒙古勋贵生前获此殊荣者也为数不多，而张留孙更成为当时道教领袖中绝无仅有的一人，这在当时确实为“超越常伦”的恩典。①

张留孙所开创的玄教，完全是在元朝政府的一手扶植下形成的，政治因素要远远大于宗教因素。一般教派产生的轨迹，首先是从基层开始，在民间宣传教义，吸收信徒，发展组织，然后再由朝廷予以确认。而玄教却正好相反，先是由朝廷加以确认，然后自上而下，分派骨干力量，到各地吸收信徒，发展组织。玄教与龙虎宗天师教的关系也很特殊。一方面，玄教脱胎于龙虎宗，不仅在教义上与天师教毫无二致，而且首领与骨干也完全从龙虎山道士选派。因此，就本质而言，玄教只是龙虎宗分衍出的一个支脉，“实一教而二名”②。可另一方面，玄教自身又有一定的独立性。本来，天师张宗演让张留孙留在京师，是想让他充当自己在京师的代理人，以便加强龙虎宗与元朝宫廷的联系。可张留孙因久侍宫闱，个人能力又强，赢得了皇帝的宠信，地位不断攀升，权势与地位反倒超过了天师，以致连“嗣汉天师之传，自宗演至于今凡四世，皆倚公论建矣”③。为了向世人昭示玄教的独立性，张留孙还为自己编制了一套师承谱系，“宗传之初，由袭明体素静正真人张思永始得道龙虎山中，再传为集虚演化抱式真人冯清一，三传为广玄乾化贞一真人冯士元，四传为象先抱一渊素真人陈琼山，五传为通真观妙玄应真人张闻诗，六传为毓真洞化静复真人李知泰，七传为宝慈昭德泰和真人胡如海，八传为葆光至德昌玄真人李宗老，大宗师实师之”④。这一谱系是否绝对可靠，还不敢完全肯定。但张留孙排出这样一个传承谱系，无非是想让世人知道，玄教虽与龙虎宗有渊源关系，但传授早已自成系统。张留孙死后，文宗天历二年(1329年)被追封为“辅成赞化保运神德真君”⑤。真君为高于大真人的道教封号，除全真教七真获此殊荣外，一般只授给道教各派的创始人，张留孙得此封号，无疑表明元朝政府也把玄教当作一个独立的教派看待。

玄教在日后的发展中，制度不断完善，组织不断健全。历任教主，一般都冠有“特进上卿、玄教大宗师、大真人、总摄江淮荆襄等处道教、知集贤院道教事”的头衔。教主继承人选在前任教主生前就已确定，而且还有一个法定头衔“玄教嗣师”。新任教主在正式接

① 《上卿真人张留孙碑》，陈垣编：《道家金石略》，文物出版社1988年版，第913页。
② 陈垣：《南宋初河北新道教考》，中华书局1989年版，第139页。
③ 《上卿真人张留孙碑》，陈垣编：《道家金石略》，文物出版社1988年版，第912页。
④ 《敕赐玄教宗传之碑》，陈垣编：《道家金石略》，文物出版社1988年版，第962页。
⑤ 〔明〕宋濂等：《元史》卷三三《文宗纪二》，第740页。

班时，除了有皇帝下发的任命玺书外，还要有前任教主留下的印与宝剑，作为教内传承的信物。印为皇庆二年(1313 年)仁宗所赐，以玉制成，印文曰"玄教大宗师"，剑系至元十四年(1277 年)世祖所赐，其上镂文曰"大元赐张上卿"。这种以印、剑为教主权力象征的做法，在龙虎宗、茅山宗等江南符箓道派中都能找到踪迹，很有可能就是模仿后者而来，只不过玄教的这两件信物为元朝皇帝御赐，同龙虎宗、茅山宗相比，更具有权威性。玄教处理各地教内事务的机构为江淮荆襄等处道教总摄所，总摄由教主兼任，下设都提点一职(有时由"玄教嗣师"兼任)，作为教主的助手，负具体责任。从这一机构的名称不难看出，玄教虽然总部设在北方，但管辖范围却主要在南方，而且与龙虎宗的势力范围有重合之处。因此，在处理具体事务时，总摄所经常需要同龙虎宗天师的道教所互相协调。① 总摄所之下设有各级管理机构，基层组织宫观则设提点，分掌本宫观教务。在各地宫观中，以玄教总部所在地——大都崇真万寿宫最为重要，崇真万寿宫提点除处理总部日常事务外，未来教主往往也以此起家，历任江淮荆襄道教都提点、玄教嗣师，然后成为教主——玄教大宗师。此外，杭州所在之大开元宫为玄教另一重要基地，从仁宗延祐元年(1314 年)起，张留孙的弟子王寿衍、薛廷凤等相继被封为"真人、领杭州路道教诸宫观事、住持开元宫事"，坐镇于此。②

至治元年(1321 年)十二月张留孙去世后，众弟子依次传承，先后又经历了 5 任教主，依次分别为吴全节、夏文泳、张德隆、于有兴与董某。③ 其中尤以吴全节担任教主时间最长，达 25 年之久。在他在任期间，玄教不仅在政治地位上延续了以前的尊崇显贵，而且在思想方面更注重兼容并蓄，尤其是儒化的程度越来越深，玄教进入了其发展的繁荣期。直到元朝灭亡，玄教所依托的政治土壤不复存在，才又回到龙虎宗正一教的旗帜下。

玄教在兴盛期间的儒化主要表现在以下两个方面。

首先，玄教首领虽为出家人，但大都有强烈的入世意识，在政治上非常活跃，这在前两任教主身上表现尤为突出。张留孙历仕世祖、成宗、武宗、仁宗、英宗五朝"垂四十年"，"非有宿卫之劳，而常在帷幄；非有辅相之位，而常与国论"。利用与皇帝亲密接触的便利条件，他常常"陈说古今治乱成败之理，多所裨益"。以至"天子卜相则问焉(如完泽——

① 《承天观公据》《灵应观甲乙住持札付碑》，陈垣编：《道家金石略》，第 875—878、938—941 页。

② 〔元〕虞集：《道园学古录》卷四七《开元宫碑》，第 7—8 页；〔明〕王祎：《王忠文公集》卷一六《弘文辅道粹德真人王公碑》，第 14—16 页。

③ 董某向为道教史研究著作所忽略，仅见宋濂《宋文宪公全集》卷九《刘真人传》(第 16 页)："至正间，玄教宗师董公上其事。"玄教自张留孙后历任教主，一般以其在众弟子中的排名次序递补。张留孙、夏文泳的弟子名单中，在于有兴之后，均有一人名董宇定，不知是否即为这里的"玄教宗师董公"(见〔元〕袁桷：《袁桷集》卷三四《玄教大宗师张公家传》，第 494 页；〔元〕黄溍：《金华集》卷二七《玄教大宗师夏公神道碑》，第 21 页，《四部丛刊初编》本。

引者，下同），名皇子则问焉（如武宗、仁宗），大臣进退则问焉”①。应当承认，像张留孙这样在政坛有如此影响力的道士，在有元一代还是不多见的。继任教主吴全节，“尤识为政大体，是以开府（张留孙）每与廷臣议论，及奏对上前，及于儒者之事，必曰：‘臣留孙之弟子吴全节深知儒学，可备顾问。’是以武宗、仁宗之世，尝欲使返初服，而置诸辅弼焉”。他虽然最终没有还俗，可对政治的热衷却丝毫未减弱，甚至公开宣称：“予平生以泯然无闻为深耻，每于国家政令之得失，人才之当否，生民之利害，吉凶之先征，苟有可言者，未尝敢以外臣自诡而不尽心焉。”俨然以国家栋梁之臣自居。在朝中，玄教首领广事交游，结交了一大批朋友。像张留孙，“至元、大德之间，重熙累洽，大臣故老，心腹之臣，莫不与开府有深契焉”。吴全节，“外庭之君子，巍冠褒衣以论唐虞之治，无南比皆主于公矣。若何公荣祖、张公思立、王公毅、高公昉、贾公钧、郝公景文、李公孟、赵公世延、曹公鼎新、敬公俨、王公约、王公士熙、韩公从益诸执政，多所谘访。阎公复、姚公燧、卢公挚、王公构、陈公俨、刘公敏中、高公克恭、程公巨夫、赵公孟頫、张公伯纯、郭公贯、元公明善、袁公桷、邓公文原、张公养浩、李公道源、商公琦、曹公元彬、王公都中诸君子雅相友善，交游之贤，盖不得尽纪也。”②夏文泳，“一时贤士大夫，馆阁名流，皆与为方外交”③。当朝中官员相互倾轧时，玄教首领往往能利用自己的影响，弥缝其间，为官员排忧解难。例如，“当至元末岁，成宗新嗣位，时宰不快于御史台，成宗是其言，让责中丞崔公彧”。张留孙即与崔彧同诣相府，为其说情。“又与同谒近臣，言：‘御史台，世祖皇帝建立，专以惩奸慴势。尊则纲纪明，削之则台不能立矣。’近臣大惊，入言于上。明日大宴大明殿，谕崔曰：‘台为朕耳目，朕曷不知，忧卿等不职，故告谕，宜勿惧，其尽心焉，朕行为汝增重矣。’”④“成宗既崩，仁宗皇帝在怀孟未至，而阎公（阎复——引者）典诏令，有狂士危言诘阎公，事罔测。”吴全节即“力言诸李韩公孟，仁宗意解。”此外，玄教首领还经常受元朝皇帝委派，到各地搜访人才。像张留孙，忽必烈“即使近臣从公遍祠名山大川，访问遗逸……比还，所荐论，上皆以名召用”⑤。吴全节在大德九年，“奉旨搜贤，知叶玄文、邓牧心隐居余杭天柱山，即而征之，固辞不起”⑥。王寿衍先是在至元二十九年（1292 年），“奉诏访求江南遗逸，举永嘉徐似孙、金华周世昌，引见于香殿，奏对称旨”。又于延祐四年（1317 年），“复奉旨求东南贤

① 〔元〕虞集：《道园学古录》卷四一《张公神道碑铭》，《四部备要》本，第 9 页。
② 〔元〕虞集：《道园学古录》卷二五《河图仙坛之碑》，《四部备要》本，第 4—10 页。
③ 〔元〕黄溍：《金华集》卷二七《夏公神道碑》，《四部丛刊初编》本，第 21—22 页。
④ 〔元〕袁桷著、李军等点校：《袁桷集》卷三四《玄教大宗师张公家传》，第 493 页。
⑤ 〔元〕虞集：《道园学古录》卷五〇《张宗师墓志铭》，《四部备要》本，第 9 页。
⑥ 〔明〕张宇初辑：《大涤洞天图记》卷首序，《正统道藏》，涵芬楼 1923 年影印明刊本。

良”。次年，“得永嘉戴侗《六书故》、鄱阳马端临《文献通考》二书，表上而颁行之”①。

其次，玄教道士多以儒学见长，以儒融道，是当时玄教道士的共同特点。像吴全节平日“博览群书，遍察群艺，而于道德性命之要粹如也。尝作枢环之堂，书先天诸图于壁，以玩心神明，有诗曰：‘要知颜子如愚处，正是羲皇未画前。’”当时，元朝以程朱理学为官方正统学说，相比之下，陆氏心学则显得沉寂无闻。“至顺二年(1330年)，公进宋儒陆文安公九渊语录，世罕知陆氏之学，是以进之。”对于儒家忠孝之道，吴全节也能做到身体力行，“公之执亲丧也，自奔丧至家，水浆饘粥，仅足以延息。涕泗滂沱，继以血衄。丧葬之后，力之所得为者，无不尽力焉”②。连当时的著名理学家吴澄也不禁为之感叹曰：“真人虽游方之外，而事亲之孝，儒家子有不能及。其事君也恭顺，其事师也无违礼，盖在三如一矣。”③也正因为吴全节儒化程度很深，时人多以儒士目之，吴澄称他“寄迹道家，游意儒术”④，许有壬则有“人以为仙，我以为儒”的评价。⑤ 继任教主夏文泳与他相似，“三教九流之书，无所不读，而深明于儒先理学之旨”⑥。其他玄教骨干也多儒学渊源较深，像张留孙的弟子陈义高在学道时，“与儒业有进”⑦。另两个弟子薛玄曦与何恩荣，前者“精于玄学，尤善为儒家者流之言”，后者则“延名儒淑其徒”⑧。在文学方面，玄教道士也不乏造诣颇深者。像吴全节即擅长作诗，“自幼至老，尤好以吟咏，皆出其天性之自然，而非有所勉强”⑨。所为诗文曰《看云录》，吴澄称赞“其诗如风雷振荡，如云霞绚烂，如精金良玉，如长江大河。盖其少也，尝从硕师，博综群籍，蚤已窥闯唐宋二三大诗人之门户”⑩。陈义高，“酒酣为诗文，意生语应，笔陈不能追，有谪仙、贺监风致，高古处可追陶、谢，类非烟火食语……夫遗文有《沙漠稿》《秋岩稿》《西游稿》《朔方稿》”⑪。今存《陈秋岩诗集》二卷。陈

① 〔明〕王祎：《王忠文公集》卷一六《弘文辅道粹德真人王公碑》，《景印文渊阁四库全书》本，第18页。

② 〔元〕虞集：《道园学古录》卷二五《河图仙坛之碑》，《四部备要》本，第8—9页。

③ 〔元〕吴澄：《吴文正公集》卷一四《送吴真人序》，《元人文集珍本丛刊》，第3册，第272页。

④ 〔元〕吴澄：《吴文正公集》卷二九《题吴真人封赠祖父诰词后》，《元人文集珍本丛刊》，第3册，第501页。

⑤ 〔元〕许有壬：《至正集》卷三五《特进大宗师闲闲吴公挽诗序》，《元人文集珍本丛刊》，第7册，第181页。

⑥ 〔元〕黄溍：《金华集》卷二七《夏公神道碑》，《四部丛刊初编》本，第21页。

⑦ 〔元〕张伯淳：《养蒙文集》卷四《秋岩先生陈尊师墓志铭》，《景印文渊阁四库全书》，台湾商务印书馆1986年版，第1194册，第463页。

⑧ 〔元〕黄溍：《金华集》卷四〇《玄和明素葆真法师陈君碣》，《四部丛刊初编》本，第7页。

⑨ 〔元〕虞集：《道园学古录》卷二五《河图仙坛之碑》，第8页。

⑩ 〔元〕吴澄：《吴文正公集》卷一三《吴闲闲宗师诗序》，《元人文集珍本丛刊》，第3册，第247页。

⑪ 〔元〕张伯淳：《养蒙文集》卷四《秋岩先生陈尊师墓志铭》，《景印文渊阁四库全书》本，第1194册，第463页。

日心，“好为诗，情丽自然，有足传者”①。王寿衍，“其所为诗，闲远典雅，为世所传赏”②。薛玄曦，“善为文，而尤长于诗。……所著有《上清集》若干卷，《樵者问》一卷”③。

4. 全真教与金丹派南宗的最终合流

这一时期全真教与金丹派南宗的最终合流，则显得更具有现实意义。早在元朝统一以前，就有不少全真教徒在湖北武当山一带活动。忽必烈统一江南后，全真道的影响迅速扩张，大批全真教徒纷纷南下。不少金丹派南宗道士在与全真教的接触过程中，逐渐认同其教义，并尝试将此前互相隔绝的南北二宗在理论上加以融合。这方面比较有影响的代表人物有李道纯、陈致虚等，前者著有《道德会元》《中和集》《三天易髓》《全真集玄秘要》，以及《太上大通经注》《太上老君说常清静经注》《太上升玄消灾护命经注》《无上赤文洞真经注》等，门人又辑有其语录名为《清庵莹蟾子语录》，后者著有《金丹大要》《金丹大要图》《金丹大要列仙志》《金丹大要仙派》《元始无量度人上品妙经注解》《参同契分章注》等，又与他人合著有《悟真篇三注》。南北二宗的合流过程，主要体现在双方道士如何确立各自的宗派渊源，并调整各自的祖师地位。经过几代人的摸索，这一任务最后由陈致虚完成，他确立了南北二宗自王玄甫以下共同的五祖，并在其下设北七真与南七真，分别代表南北二宗的传承。北七真即王重阳的七大弟子，南七真则为张伯端、石泰、薛道光、陈楠、白玉蟾、刘永年与彭耜。南北二宗传法系统的确立，标志着南北二宗合流的最后完成。从此以后，金丹派南北二宗都统一到了全真教的旗帜下。

5. 江南道教的活动与符箓道派的合流

江西省博物馆藏元代
张天师“阳平治都功”龙钮白玉印

仁宗即位后，龙虎宗正一天师继续受到元朝皇帝的宠信。皇庆二年（1313 年），翰林侍讲学士元明善奉旨所撰《龙虎山志》最后完成，程钜夫为其书作序，称：“山川之奇，人物之盛，前后宫宇之废兴，累朝恩数之隆尚，聚此书矣。……今天子抚盈成之运，正清静无为之日，嗣师数陈老氏之本，上嘉纳之，此志之独先龙虎宜也。”④延祐三年（1316 年），第 38 代天师张与材去世，其子张嗣成受召入朝。当年十二月，元朝发布诏令，

① 〔元〕虞集：《道园学古录》卷五〇《陈真人道行碑》，《四部备要》本，第 3 页。

② 〔明〕王祎：《王忠文公集》卷一六《弘文辅道粹德真人王公碑》，《景印文渊阁四库全书》本，第 1226 册，第 335 页。

③ 〔元〕黄溍：《金华集》卷二九《弘文裕德崇仁真人薛公碑》，《四部丛刊初编》本，第 9 页。

④ 〔元〕程钜夫：《程钜夫集》卷一五《龙虎山志序》，第 177 页。

“授嗣汉三十九代天师张嗣成太玄辅化体仁应道大真人，主领三山符箓，掌江南道教事”①。在以后的二十多年时间里，张嗣成多次受召入觐，为元朝皇帝设醮祈禳，并累有封授。泰定二年(1325 年)，加翊元崇德正一教主，知集贤院道教事。② 至正四年(1344 年)，张嗣成去世，其弟张嗣德继为第 40 代天师。十二年(1352 年)，元末农民战争爆发，张嗣德曾命众弟子招募义勇，保卫乡里，当年十月病卒。去世时，适逢朝命其封“太乙明教广玄体道大真人，主领三山符箓，掌江南道教事”，而“制下已化矣”。到其子张正言嗣为第 41 代天师时，天下已大乱，“时京道不通且二年余矣，江浙行省遣间使传制，授天师明诚凝道弘文广教大真人，主领三山符箓，掌江南道教事”③。至正十九年(1359 年)，张正言卒，弟张正常嗣为第 42 代天师。④ 张正常嗣教，已到元末，元朝还没有来得及加以册封，即宣告灭亡。

茅山宗在元朝后期的传承法嗣主要有 45 代宗师刘大彬与 46 代宗师王天符。刘大彬在至大四年接掌茅山宗后，于皇庆元年(1312 年)受封洞观行妙玄应真人。延祐四年(1317 年)，原北宋徽宗所赐、代表茅山宗师权力象征的“九老仙都君”玉印，在失踪多年后重见天日。有司闻于朝，仁宗下旨归还，并赐上清宗坛，以传道统。⑤ 泰定年间，刘大彬主持编纂成《茅山志》15 卷，由集贤大学士赵世延、玄教宗师吴全节为之作序。该书分诰副墨、三神纪、括神区、稽古迹、道山册、上清品、仙曹署、采真游、楼观部、灵植检、录金石、金薤编等 12 篇，详细记述了茅山宗的历史发展沿革，“自汉晋而下及齐梁唐宋之书，搜括无遗”⑥。我们现在所能见到的刘大彬最晚的活动年代为天历三年(1330 年)，⑦此后继其任者为王天符，至正十三年(1353 年)二月，他曾于茅山宗总部元符万宁宫立碑，碑后有题款为：“宣授冲素明道贞一真人、嗣上清经箓四十六代宗师、主领三茅山道教、住持元符万宁宫事王天符。”⑧至正十三年距离元朝灭亡已不远。这个王天符，很有可能是元代茅山宗

① 〔明〕宋濂等：《元史》卷二五《仁宗纪二》，第 575 页。

② 〔明〕宋濂等：《元史》卷二七《英宗纪一》，第 612 页；《元史》卷二九《泰定帝纪一》，第 654 页；〔明〕张正常等：《汉天师世家》卷三，《道藏》第 34 册，第 832 页；〔元〕元明善编、〔明〕周召续编：《龙虎山志》卷上，杜洁祥主编：《道教文献》，丹青图书有限公司 1983 年版，第 1 册，第 79—80 页。累朝封授制书见〔元〕吴澄：《吴文正公集》卷四四《封天师制》，《元人文集珍本丛刊》，第 4 册，第 46 页；《揭傒斯全集》文集卷一《申命三十九代天师张嗣成制》，第 260—261 页。

③ 〔明〕张正常等：《汉天师世家》卷三，《道藏》第 34 册，第 833 页下—834 页上；《龙虎山志》卷一。

④ 〔明〕宋濂：《宋文宪公全集》卷二七《张正常神道碑铭》，第 19—21 页。

⑤ 〔元〕刘大彬编，〔明〕江永年增补，王岗点校：《茅山志》上清品第六篇卷之第七，第 222 页；金薤编第十二篇下卷之十五，第 505—506 页。

⑥ 〔元〕刘大彬编，〔明〕江永年增补，王岗点校：《茅山志》卷首吴全节《茅山志序》，第 1 页。

⑦ 〔元〕刘大彬编，〔明〕江永年增补，王岗点校：《茅山志》诰副墨第一篇下卷之第二，第 112 页。

⑧ 〔清〕杨世沅：《句容金石记》卷六《三清阁石星门记》；《茅山元符万宁宫碑》，陈垣编：《道家金石略》，文物出版社 1988 年版，第 989 页。

的最后一代宗师。

元朝末年，茅山宗还涌现出一位以文学知名的道士张雨。张雨(1283—1350)，又名天雨、嗣真，字伯雨，号贞居子，因尝预修《茅山志》，又号句曲外史，钱塘(今浙江杭州)人。年二十，离家远游，先后从茅山宗师许道杞弟子周大静、杭州开元宫玄教真人王寿衍为师。皇庆元年(1312 年)，从王寿衍进京，延祐七年(1320 年)居开元宫，历主茅山寿真观、元符宫。后至元二年(1336 年)归杭，至正二年(1342 年)仍提点开元宫。十年(1350 年)卒。张雨诗、文、书、画样样精通，尤以诗歌享誉元末文坛，所交皆当时文学名士。“京中一时贤士大夫，若浦城杨仲弘(杨载——引者，下同)、四明袁伯长(袁桷)、蜀郡虞伯生(虞集)，争与为友。”“一时浦城杨仲弘、清江范德机(范梈——引者，下同)、金华黄晋卿(黄溍)、吴兴赵仲穆(赵孟頫子赵雍)交甚善。”①时人对其诗歌成就评价很高，称其诗“格调清丽，句语新奇，可谓诗家之杰出者”“词翰之妙如是，自当与赵、虞二公诗集并传也。”②有诗集《句曲外史集》，又有《玄品录》5 卷传世。

净明道自刘玉恢复活动后，一直在江西一带传播。至大元年(1308 年)刘玉去世后，弟子黄元吉承其法嗣，始将影响带到京师。黄元吉(1270—1324)，人称中黄先生。年十二，入玉隆万寿宫，先后师事朱、王二尊师。王尊师死后，拜西山刘玉门下。时刘玉“独重希文，以为可托。及去世，以其传嘱焉。……乃即其山作玉真、隐真、洞真三坛，以授弟子。”至治三年(1323 年)，黄元吉以其说游京师，“公卿大夫士多礼问之，莫不叹异”③。第二年，龙虎山正一天师张嗣成进京，在朝中大臣引荐下，张嗣成乃为上书，请黄元吉为法师、玉隆万寿宫焚修提点。未行，又从玄教大宗师吴全节之请，留居崇真万寿宫。次年，吴全节以其名上闻朝廷。待玺书颁降时，黄元吉已于当年十二月去世。生前编有其师刘玉《玉真先生语录》3 卷，自己与弟子平时之问答，则由弟子陈天和编集，徐慧校正，名为《中黄先生问答》。

黄元吉之后的净明道法嗣为徐慧(1291—1350)，其先丰城(今属江西)人，因仕宦庐陵(今江西吉安)，遂居当地。幼时好学善诗，得到名诗人刘将孙的赏识，“因取少陵‘徐卿二子生绝奇’之语，改字子奇，且为序其所作诗集，称其五言高处春容淡泊，颇近古意。至于近体，亦变化流丽。盖其天分之高，而学所致也”④。延祐五年(1318 年)游京师，多与

---

① 〔元〕张雨：《句曲外史集》附录《句曲外史张伯雨墓志铭》《句曲外史小传》，《元人十种诗》本，中国书店 1990 年版，第 746—750 页。

② 〔元〕张雨：《句曲外史集》卷首序；附录《句曲外史小传》；《元人十种诗》，第 704 页。

③ 〔元〕虞集：《道园学古录》卷五〇《黄元吉墓志铭》，《四部备要》本，第 8 页。

④ 〔元〕黄元吉编集，徐慧校正：《净明忠孝全书》卷一《丹扃道人事实》，第 632 页。按，刘将孙所作序不见今本《养吾斋集》。

名卿士大夫交往。至治三年(1323 年),闻黄元吉于崇真万寿宫,遂往依之,自是尽得中黄八极之妙。又参全真领袖蓝道元于长春宫,得全真无为之旨。受赐号"净明配道格神昭效法师"。泰定元年(1324 年)春返乡,为乡人祷雨有验,自是弟子益众。至正十年(1350 年)卒。有诗集《盃水玉霄》及所传净明忠孝诸书若干。徐慧去世时,已值元末,继之而起者为赵宜真,《净明宗教录》称"时净明之道久湮不行,今复大显于世者,实真人(赵宜真——引者)振起之力也。由是净明学者尊之为嗣师云"。赵宜真的传承驳杂,既有净明,又有全真、清微。在他身上,体现出当时道教诸派合流的趋势。

元朝平定江南以前,江南各符箓道派处于互相封闭、各自为政的状态,相互之间甚少沟通。龙虎山天师教受元朝皇帝宠遇,管理江南道教后,散处各地的新旧符箓道派开始加强联系,并逐渐汇合到龙虎山天师教的旗帜之下。有的教派像东华派,在林灵真后,甚至由龙虎宗弟子董处谦与第 39 代天师张嗣成相继作了它的两代宗师,这表明符箓道派在组织上的合流已经日渐成熟。大约从元朝中后期起,一个以龙虎山天师教为首的符箓大道派——正一教开始逐渐形成。该教囊括了所有新旧符箓道派,奉龙虎山历代天师为领袖,以《正一经》为共同奉持的经典。正一教与全真教南北呼应,成为以后中国道教的两大主要派别。

(五)元代基督教的流行

元代基督教徒人数众多,至大四年(1311 年)十月,崇福司官员曾提到:"如今四海之大,也里可温犯的勾当多有,便有一百个官人也管不得。"①当时基督教徒的主要活动区域有唐古特、汪古,以及内地的大都、东南沿海等地。元人梁相所撰《大兴国寺记》,是目前所知元代汉族人有关聂思脱里教义的唯一书面记载:"愚问所谓教者,云:教以礼东方为主,与天竺寂灭之教不同。且大明出于东,四时始于东,万物生于东,东属主生。故混沌既分,乾坤之所以不息,日月之所以运行,人物之所以蕃盛,一生生之道也,故谓之长生灭。……十字者,取像人身,揭于屋、绘于殿、冠于首、佩于胸,四方上下,以是为准。"②从中不难看出,当时的汉族人对聂思脱里教的认识是相当肤浅的。即便有少数汉族人加入了基督教,动机大概也只是为了趋炎附势、规避差役。因此,元代的基督教对汉族人而言,基本上是一种外来的封闭式宗教,真正信仰它的只是一些西来的部族如阿兰人、突厥人,以及少数的蒙古人而已。大概也正是由于这种原因,元朝灭亡后,基督教在中国又一次濒于绝迹。

江南地区的聂思脱里教徒,以马可·波罗提到的薛里吉思最为有名。他在至元十五

---

① 〔元〕《通制条格》卷二九《僧道·词讼》,黄时鉴校点,浙江古籍出版社 1986 年版,第 3267 页。

② 〔元〕俞希鲁编纂:《至顺镇江志》卷九《僧寺·大兴国寺》,江苏古籍出版社 1990 年版,第 367 页。

年任镇江路副达鲁花赤后，先后于镇江、丹徒、杭州建立起七座也里可温寺院，即：八世忽木剌（忽木剌为叙利亚语 Umura 的音译，意为寺院）大兴国寺、答石忽剌云山寺、都打吾儿忽木剌聚明山寺、打雷忽木剌四渎安寺、的廉海牙忽木剌高安寺、马里结瓦里吉思忽木剌甘泉寺、样宜忽木剌大晋兴寺。“奏闻玺书护持，乃拨江南官田三十顷，又益置浙西民田三十四顷，为七寺常住。”①据鄂多立克报道，与镇江一江之隔的扬州也有三所聂思脱里教十字寺。以后，在扬州城东门发现有大量十字架基石残片，城西发现两块用拉丁文撰写的天主教圣方济各派墓碑，后来当地又发现了叙利亚文与汉文合璧的聂思脱里派教徒也里世八墓碑一通。②

镇江的基督教徒，据《至顺镇江志》统计，侨寓户 3845 户中，也里可温 23 户，占 5.98%；人口 10555 人中，也里可温 106 人，约占 1%；驱奴 2948 人中，也里可温 109 人，约占 3%。

泉州为元代海外贸易最为发达的城市，也是各种文化互相交汇的大都市。这里的聂思脱里教与天主教都很兴盛，曾出土大量与之有关的石刻墓志。像 1954 年发现一块两种文字（汉文、叙利亚文）合璧的墓碑，其中汉文二行，第一行题为“管领江南诸路明教秦教等也里可温马里失里门阿必思古巴马里哈昔牙”，第二行为“皇庆二年岁在癸丑八月十五日帖迷答扫马等泣血谨志”。③ 1984 年又出土一块有“也里可温”字样的墓碑，内容是：“于我明门，公福荫里，匪佛后身，亦佛弟子，无憾死生，升天堂矣。旹大德十年岁次丙午三月朔日记。管领泉州路也里可温掌教官兼住持兴明寺吴按侈呢嗯书。”

温州地区也有聂思脱里教徒活动的记载，他们在“创立掌教司衙门，招收民户，充本教户计”的同时，还曾与道士发生冲突，“及行将法箓先生诱化侵夺管领，及于祝圣处、祈祷去处，必欲班立先生之上，动致争竞，将先生人等殴打”。结果，中书省不得不在大德八年下令对聂思脱里教徒的行为严加限制。④

除上述地区外，其他地区也时见有聂思脱里教徒的活动，像云南押赤城居民中，就有若干聂思脱里教徒活动。

---

① 〔元〕俞希鲁编纂：《至顺镇江志》卷九《僧寺·大兴国寺》，江苏古籍出版社 1990 年版，第 367—368 页。

② 耿鉴庭：《扬州城根里的元代拉丁文墓碑》，《考古》1963 年第 8 期；夏鼐：《扬州拉丁文墓碑和威尼斯银币》，《考古》1979 年第 6 期；朱江《扬州发现元代基督教徒墓碑》，《文物》1986 年第 3 期；王勤金：《元延祐四年也里世八墓碑考释》，《考古》1989 年第 6 期。

③ 夏鼐：《两种文字合璧的泉州也里可温（景教）墓碑》，《考古》1981 年第 1 期。关于此碑，在本章第七节“摩尼教和印度教”中还要讨论。

④ 陈高华、张帆等点校：《元典章》卷三三《礼部六·释道·也里可温·禁也里可温搀先祝讃》，第 1143—1144 页。

(六)伊斯兰教的活动

伊斯兰教在中国的传播，至少可以追溯到唐代，但直到两宋，传播规模还一直很有限，主要在沿海地区的阿拉伯、波斯商人中流行。蒙元时代，中亚各族居民开始大批徙居内地，其中有相当部分是穆斯林。他们的大量涌入，使伊斯兰教在全国各地迅速传播开来。故至明代有“元时回回遍天下”之语。① 这些回回人在来到中国后，一方面安土重迁，“皆以中原为家，江南尤多，不复回首故国也”②。另一方面，又大都能固守原来的宗教教规与习俗，“然而求其善变者，则无几也。居中土也，服食中土也，而惟其国俗是泥也”。“虽适异域、传子孙，累世不敢易焉。”③像陶宗仪在《南村辍耕录》中就曾记载：“杭州路荐桥侧首，有高楼八间，俗谓八间楼，皆富实回回所居。一日娶妇，其婚礼绝与中国殊，虽伯叔姊妹，有所不顾。”④由于宗教与习俗和汉人迥异，回回人在中国多聚族而居，大体形成了大分散、小集中的局面。

江南地区的伊斯兰教极其兴盛。以镇江为例，据《至顺镇江志》统计，侨寓户 3845 户中，回回有 59 户，占总数的 15.3%；人口 10555 人中，回回有 374 人，占 3.1%；驱奴 2948 人中，回回有 310 人，占 10%。这个数字比当地的基督教徒(也里可温)高出约 3 倍。

清真寺为穆斯林的宗教活动场所，也是最能体现伊斯兰教文化的地方。元以前，伊斯兰教主要从海路传入中国，所以清真寺也主要集中在沿海地区，目前所知历史最悠久的清真寺为广州的怀圣寺，始建于唐代。⑤ 此外，有名者尚有宋代所建立的泉州“圣友之寺”、清净寺等。在元代，清真寺被称为密昔吉(波斯语 mesjid)，汉人则多称之为回回寺、礼拜寺或清净寺。蒙古兴起后，由于回回人从陆路大量涌入，清真寺在中国内地的数量开始大幅度增加，“今近而京城，远而诸路，其寺万余，俱西向以行拜天之礼”⑥。当时的杭州、泉州、扬州等地都有回回人建立清真寺的记载，或有遗迹保留下来。而且，内地的清真寺同沿海相比，还存在着明显的差异，那就是，波斯文化的色彩要远比阿拉伯文化的色彩浓厚。这主要是因为元代从陆路来华的回回人，主要来自波斯语盛行的伊斯兰世界东部地区。相反，从海路来华的回回人，则保留了许多阿拉伯文化的特色，其中尤以泉州地区最为集中，这里曾发现大量伊斯兰教文物如回回人墓碑、礼拜寺碑铭等，而其中有相当

① 《明史》卷三三二《西域传》，中华书局 1974 年版，第 8625 页。

② 〔宋末元初〕周密：《癸辛杂识》续集上《回回沙碛》，中华书局 1988 年版，第 138 页。

③ 〔元〕许有壬：《至正集》卷五三《西域使者哈只哈心碑》，《元人文集珍本丛刊》，台北新文丰出版公司 1985 年版，第 7 册，第 251 页。《重修清净寺碑记》，见吴文良《泉州宗教石刻》，科学出版社 1957 年版，第 22—23 页。

④ 〔元〕陶宗仪：《南村辍耕录》卷二八《嘲回回》，第 310—311 页。

⑤ 《重建怀圣寺之记碑》，中元秀：《广州伊斯兰教古迹研究》，宁夏人民出版社 1989 年版。

⑥ 孙贯文：《重建礼拜寺记碑跋》，《文物》1961 年第 8 期。

部分是用阿拉伯文撰写的。①

(七)摩尼教和印度教

1. 摩尼教

元代摩尼教在福建和浙东等地颇为流行。福建泉州华表山有一座草庵,修建于元代(一说始建于宋代,元代重修)。庵中供奉摩尼光佛,披于两肩,须髯垂至胸际,背后有光轮。草庵前有一块岩石,上有明正统年间刻字五行,内容是:"劝念/清净光明/大力智慧/无上至真/摩尼光佛。""清净光明""大力智慧"都是摩尼教的经典语言。② 可以断定,草庵的摩尼光佛是摩尼教崇拜的神像,草庵是一座摩尼教的寺院。明人何乔远的著作《闽书》中已指出草庵建于元代,是摩尼教寺院:"泉州府晋江县华表山,与灵源相连,两峰角立如华表。山背之麓有草庵,元时物也,祀摩尼佛。摩尼佛名末摩尼光佛,苏邻国人,又一佛也,号具智大明使。"③20 世纪 20 年代,陈垣首先发现《闽书》的上述记载。④ 法国学者伯希和对此作了考证⑤。20 世纪 50 年代,吴文良对草庵进行实地考察,并在《泉州宗教石刻》(科学出版社 1957 年版)一书中作了说明。由于中外学者的潜心研究,草庵作为中国仅存的摩尼教寺院遗迹已广为人知,而且成为学术界的共识。近年在晋江发现抄本《青阳庄氏族谱》,其中载庄惠龙(1281—1349)是个儒生,"晚年厌观世谛,托以苏邻法,构萨坛以为娱宾优游之所"⑥。在中文文献中,"苏邻国"被认为是摩尼教发源之地,"苏邻法"即指摩尼教义。如此谱可信,则庄惠龙是元代摩尼教的信徒。1988、1992 年,先后在福建莆田涵江和莆田北高乡后积村发现两块石碑,碑上文字都是:"清净光明/大力智慧/无上至真/摩尼光佛",与草庵石刻完全相同。前者应立于元代后期至明初。似可说明,莆田在元代亦有摩尼教活动。⑦ 南宋后期,有人说:"今摩尼向(尚)扇于三山"⑧。"三山"是福州的别称,可知摩尼教流行于福建由来已久。

① 参见吴文良《泉州宗教石刻》,科学出版社 1957 年版,第 1—26 页。

② 林悟殊:《宋代明教与唐代摩尼教》,《摩尼教及其东渐》,第 130 页。

③ 〔明〕何乔远编撰:《闽书》卷七《方域志》,福建人民出版社 1995 年版,第 171—172 页。

④ 陈垣:《摩尼教入中国考》,《陈垣学术论文集》第一集,中华书局 1980 年版,第 367—370 页。

⑤ 伯希和:《福建摩尼教遗迹》,冯承钧译,载《西域南海史地考证译丛》,中华书局 1958 年版。

⑥ 李玉昆:《20 世纪福建摩尼教的新发现及其研究》,《泉州港与海上丝绸之路》,中国社会科学出版社 2002 年版,第 476 页。

⑦ 陈长城:《莆田涵江发现摩尼教碑刻》,《海交史研究》1988 年第 2 期;程德鲁:《涵江又发现摩尼教残碑》,《海交史研究》1991 年第 1 期。

⑧ 〔宋〕释志磐:《佛祖统纪》卷五五《事魔邪党》,第 1305 页。

摩尼佛像

泉州阿拉伯文碑

陈高在至正十一年(1351 年)写的《竹西楼记》中说:“温州之平阳,有地曰炎亭,在大海之滨。……有潜光院在焉。潜光院者,明教浮图之宇也。明教之始,相传以为自苏邻国入流中土,瓯、闽人多奉之,其徒斋戒持律颇严谨,日一时食,昼夜七持诵膜拜。潜光院东偏,石心上人之所居也,有楼焉,曰竹西。……石心素儒家子,幼诵六艺百氏之书,趣淡泊而习高尚,故能不汩于尘俗而逃夫虚空,其学明教之学者,盖亦托其迹而隐焉者也。”① 陈高所说源自苏邻国的明教,无疑就是摩尼教。潜光院就是朱人所说“斋堂”。“日一时食,昼夜七持诵膜拜”正是摩尼教徒的一种生活方式。② 当地的摩尼教徒显然仍是严格遵守摩尼教的戒律。陈高所说平阳炎亭在今浙江苍南县金舟乡境内。在金舟乡,至今还有一块刻有《选真寺记》的石碑,其中说,选真寺“为苏邻国之教者宅焉,盖彭氏之先所建也”。“故制陋朴”,彭氏族人在原址扩大重建。选真寺是“为苏邻国之教者”居住的场所,可知选真寺无疑也是摩尼教寺。此碑记无写作年代,作者孔克表,至正八年(1348 年)进士,由元入明,洪武六年(1373 年)为翰林修撰兼国史编修,不久卒。由孔克表的经历,可以推知选真寺存在于元代,其创始时代可能是南宋时期。《竹西楼记》和《妙真寺记》两篇文章,足以说明温州在元代仍是摩尼教比较流行的地方。从以上所列举一些情况来看,陈高说:“瓯、闽人多奉之。”是符合当时实际情况的。

泉州草庵结构貌似佛寺,尊奉的摩尼冠以佛号,摩尼的形貌亦与释迦牟尼类似。温州的潜光院,“显然属于道化的摩尼教寺院,其僧侣颇有神仙道教的味道”③。草庵和潜光院的存在,似可说明,摩尼教当时仍是合法存在的,并未被官府取缔。1941 年,吴晗在《明

① 〔元〕陈高:《陈高集》卷一二《竹西楼记》,第 182—183 页。

② 宋释志磐《佛祖统纪》卷四八云:“其修持者,正午一食。”关于摩尼教徒每日祈祷七次,见伯希和:《福建摩尼教遗迹》,冯承钧译,载《西域南海史地考证译丛》第 125—141 页,中华书局 1958 年版。

③ 林悟殊:《宋元时代中国东南沿海的寺院式摩尼教》,载《摩尼教及其东渐》,第 145—158 页。

教与大明帝国》中认为，在元代，明教是被禁止的，它和佛教白莲宗混合，成为一种民间的秘密宗教，元末农民起义即由明教发起。① 他的观点在学术界有很大的影响。20 世纪 80 年代，杨讷对明教与佛教白莲宗之间的关系作了认真的梳理，他认为，两者并未混合，“在元代，明教仍然是一个独立的宗教，而且取得了合法的地位”，发动元末农民起义的是白莲宗（教）而非明教。② 后来，他在《元代白莲教研究》中作了进一步论述。③ 杨氏的意见是有说服力的。

前面说过泉州曾发现一块两种文字合璧的墓碑，一种是汉字，一叙利亚文。汉字共两行。第一行是：“管领江南诸路明教秦教等也里可温马里失里门阿必思古八马里哈昔牙。”第二行是：“皇庆二年岁在癸丑八月十五日帖迷答扫马等泣血谨志。”叙利亚文译意是：“这是僧侣先生、教区（?）的教长（主教），失里门先生的坟墓，癸（十天支的末位）牛（即‘丑’）年八月十五日扫马率领（一班人）来，并写下（这墓志）。”此碑是吴文良先生发现的，收在《泉州宗教石刻》中。④ 研究者都以为碑文中的“明教”指的是摩尼教。夏鼐先生说：“明教即摩尼教。秦教为大秦教的简称，也便是景教。”“这位失里门，不仅是江南诸路‘秦教’（聂斯托尔派基督教，即景教）的主教或教长（阿必思古八），同时也是江南诸路明教（即摩尼教）等的教长。”⑤因而此碑历来被视为摩尼教流行于泉州以及江南的有力证据。但是，碑文还有不少需要进一步研究的地方。首先，元朝政府对于各种宗教都采取分别管理的办法，如以宣政院管理佛教，集贤院管理道教，崇福司管理基督教等。为何在江南却要将基督教与明教合在一起管理呢？其次，正如陈垣所说：“吾读基督教史，无不诋毁摩尼教。”⑥元朝政府有什么必要硬将两者拉在一起呢？第三，碑文中称“管领江南诸路明教秦教等也里可温”，众所周知，唐代曾称景教为大秦景教，宋、元二代文献中，并未见有“秦教”的记载。而且，按碑文所称，则明教徒亦应是也里可温。第四，在同碑叙利亚文字中，根本没有提到明教（摩尼教）。这些情况都令人难以理解。因此，此碑尚需深入探索，不能视为定论。⑦

---

① 吴晗：《明教与大明帝国》，见《吴晗史学论著论集》第二卷，人民出版社 1986 年版，第 382—418 页。

② 杨讷：《元代的白莲教》，《元史论丛》第二辑，中华书局 1983 年版。

③ 杨讷：《元代白莲教研究》第八章“白莲教与明教”，上海古籍出版社 2004 年版。

④ 吴文良：《泉州宗教石刻》，科学出版社 1957 年版。此书增订本（吴幼雄增订）2005 年出版。上述碑刻照片及有关讨论见增订本第 395—403 页。

⑤ 夏鼐：《两种文字合璧的泉州也里可温（景教）墓碑》，《考古》1981 年第 1 期。

⑥ 陈垣：《摩尼教入中国考》，见《陈垣学术论文集》第一集，中华书局 1980 年版，第 361 页。

⑦ 陈高华：《陈垣与元代基督教史研究》，见《七十年来中西交通史研究的回顾与展望》，台湾辅仁大学历史系发行，2000 年版。

2. 印度教

中国与南亚印度地区很早就通过陆、海二道发生联系。佛教是从印度传入的中国的，并对中国文化产生了很大影响。印度地区的另一种宗教印度教也曾传入中国。在泉州，“七十多年来陆续从地下出土和发现许多有关印度教的神话故事石雕造像和寺庙、祭坛建筑构件，其数量多达数百方。这还不包括那些出土以后，又被居民当作墙基础石材埋入地下的那些部分”①。这些遗物的发现完全可以说明印度教曾在泉州活动过，但何时传入目前尚难以断定。一般认为，在宋元时期，泉州是中国最重要的对外贸易港口，很多外国人长期在这里居住，其中包括为数相当可观的来自印度和东南亚的印度教信徒。这些人在泉州建造印度教的寺院，作为宗教活动的场所，是很自然的。1956 年，泉州发现一方泰米尔文字碑刻，泰米尔文是中世纪南印度流行的一种文字，碑文内容是向 1281 年建造的印度教寺院致敬。② 此外，泉州地方文献中有不少关于番佛寺的记载，此寺原在泉州城南，应是一座印度教寺院。③ 碑刻和文献都可以说明元代泉州存在印度教寺院。但是，这一时期除了泉州以外，再没有其他地方发现过印度教的活动踪迹。而且，和摩尼教不同，在泉州没有本地原有居民信奉印度教的迹象。因此，它的影响是有限的。元末泉州发生动乱，印度教寺院被毁，自此印度教结束了在中国流传的历史。

印度教神像

六、史学

中国古代史学的发展，到宋代出现一个高峰，元代则呈现衰落趋势。但在元代前期，两位由宋入元的遗民学者胡三省和马端临，却在史学领域取得了重要成就。胡三省、马端临的生平和学术，有不少共同之处。首先，两人均为南宋遗民，入元不仕，穷半生之力各自完成一部史学巨著。马端临晚年虽出任学官，但从事的是文化工作，与担任行政职务性质不同，与遗民身份并无大碍。④ 其次，二人虽有名著，生平事迹皆湮没不彰。《宋史》《元史》均未为二人立传。《光绪宁海县志》卷 20《艺文》，始收录胡三省之子胡幼文为他写的《墓碑》。《宋元学案》卷 89《介轩学案》为马端临立了一个简单的附传，《顺治乐平

① 吴文良：《泉州宗教石刻》(增订本)，科学出版社 2005 年版，第 516 页。

② 吴文良：《泉州宗教石刻》(增订本)，科学出版社 2005 年版，第 460—461 页。

③ 杨钦章：《泉州印度教雕刻源流考》，《世界宗教研究》1982 年第 2 期。

④ 参阅周祖谟：《宋亡后仕元之儒学教授》，《辅仁学志》14 卷第 1—2 期(1946 年)，又收入《周祖谟语言文史论集》，浙江古籍出版社 1988 年版。

县志》也有有关端临生平的零星材料。柯劭忞《新元史》卷234为二人作合传，也很简短。再次，二人治学皆有家庭背景。胡三省之父胡钥“笃史学”，患病后仍然“读史不暂置”。三省正是在父亲的一再勉励下，立下注释《资治通鉴》的宏愿。[①] 马端临之父马廷鸾以博学著称，著有《读史旬编》80卷（已佚），述历代制度沿革。端临著《文献通考》，显然受到了父亲的影响。《通考》中多次引用马廷鸾的见解，皆以“先公曰”标出。最后，二人的著作均带有为宋代有关研究进行总结的性质。在胡三省以前，宋人已有多家《通鉴》注，但水平都不高。胡注一出，诸家注尽废。另外与胡三省大致同时的名儒王应麟，亦有《通鉴答问》5卷、《通鉴地理通释》14卷，然规模远不能与胡注相比。自唐朝杜佑作《通典》，开创典制体通史体裁后，宋人续补《通典》、或受杜氏影响撰述同类著作者颇不乏其人，如宋白有《续通典》，郑樵有《通志·二十略》，吕祖谦有《历代制度详说》。魏了翁亦尝作《国朝（宋）通典》，然未能成书。至马端临《文献通考》，才真正成为一部集大成的作品。总体言之，胡三省、马端临实可称为宋代史学的殿军。就史学发展角度来看，宋代史学前有欧阳修、司马光，中有李焘、徐梦莘、郑樵、袁枢、李心传，后有胡三省、马端临，共同构成了中国史学史上一个辉煌的繁荣时期。

（一）胡三省和《资治通鉴广注》

胡三省（1230—1302），字景参，一字身之，号梅硐，台州宁海（今属浙江）人。宋理宗宝祐四年（1256年）进士，历任县尉、县丞、知县等职。度宗咸淳十年（1274年）充主管沿江制置使机宜文字，上《江东十鉴》于宰相贾似道陈述政见，未获采纳。时元军已占领襄阳，南宋灭亡几成定局，乃间道避归乡里。三省精于史学，立志为编年体史学巨著《资治通鉴》作注。早年仿北朝陆德明《经典释文》体例，著《资治通鉴广注》97卷、《论》10篇，但书稿在宋末战乱中全部遗失。入元，隐居不仕，复购他本《通鉴》重新作注，将司马光《通鉴考异》及自己所作注释全部散入《通鉴》正文之中，亲手抄录，虽严寒盛暑不辍。另作《通鉴释文辨误》12卷，纠正宋人史炤《通鉴释文》一书疏谬，并阐发注书原则。有文集《竹素园稿》，今已失传。

胡三省《资治通鉴注》，或称《资治通鉴音注》，并非单独刊行，而是与《通鉴》正文合刻。自问世以来，历代刊刻《通鉴》，必附胡注，胡注已成为读《通鉴》者不可缺少的辅助材料。《资治通鉴》一书，“网罗宏富，体大思精，为前古之所未有，而名物训诂，浩博奥衍，亦非浅学所能通”[②]。其记事自战国至五代，长达1300余年。战国、秦汉和三国部分，尚有古人所作《前四史》注可供参考。晋至五代正史，虽有一些注释行世，但大都简略不足观，

① 《新注资治通鉴序》，〔元〕苏天爵：《元文类》卷三二，《国学基本丛书》本，第423—426页。

② 《四库全书总目》卷四七《史部·编年类·资治通鉴》，中华书局1965年版，第420—421页。

胡三省对《通鉴》这一部分的注释，基本上是另起炉灶。而且他注释的内容，包罗范围很广，大致有以下方面：(1)音读。对一些生僻字，用反切法注出读音。古今读音有变化者，必注明其故。有时还根据需要，注出某些方音。(2)官制。凡书中新出现的官名，通常都注出其职掌、品秩、设立时间等。(3)古代名物。对一些当时人已不熟悉的古代名物进行解释。如古代冠服，注明其颜色、式样、长短等。一些科技成果，如浑仪、司南、记里鼓车、木牛流马之类，亦注明其形制、用途。(4)地理。对古地名注出其建置沿革、地名变化。所注不仅限于州县以上的大地名，对一些小地名如村庄、河道、桥梁、渡口等，也尽其所知加以注释。(5)事件、人物前后照应。《通鉴》是编年体，一些跨时段的事件、大问题和一些重要的历史人物，往往分散记载，读者不易究其全貌。胡注在这些地方，通常都注明某事为此后某事张本，某人某事见此前某卷某年，某字号即此前某卷某人等等，前后照应，在一定程度上弥补了《通鉴》作为编年体史书在体裁方面的缺陷。(6)改正错误。胡三省对自己所发现《通鉴》记事中的一些疏误，用注释方式指出，并引用相关材料进行考订。这些地方，实际上成为司马光《通鉴考异》的补充。陈垣指出：胡三省“精校勘学，其注《通鉴》，名音注，实校注也”[①]。(7)事件补充解释。对《通鉴》中提到一些重要问题，而记载过于简略的，补充材料，作进一步的说明。如《通鉴》卷 71 魏明帝太和四年条吴国卫温、诸葛直航海至“夷洲”(今台湾)事，胡注征引《后汉书·东夷传》及沈莹《临海水土志》，对“夷洲”的地理、风俗等情况详加注释。又如卷 187 唐高祖武德二年“定租庸调法”条，胡注详细解释了租庸调法的基本内容，并指出它作为赋税制度的特点是“以人丁为本”。这些都对读者大有裨益。(8)历史评论。胡注以材料训释为主，发议论不多。但有时也对历史事件、人物进行评论，往往是结合现实，有感而发，语句虽不多，却常有画龙点睛之笔。

胡三省《通鉴注》虽散在《通鉴》之中，不为专书，但综合来看，其本身也完全称得上是一部体大思精的史学名著。清四库馆臣评为“深得注书之体”，“足为千古注书之法”。[②]它的价值主要表现在以下几方面：

一是贯通古今，考证精详。这主要表现在音读、官制、名物、地理等方面的注释当中，每注一事，皆能阐明古今沿革，使人一目了然。胡注对地理的注释，尤其受人称道。据初步统计，胡注中注释的地名有六千余个，每注少则数语，多则上千字，有些地名反复出现，则多次注释，总共约达 70 万字。[③] 往往博考群籍，参酌印证，审慎严谨，随事随时考其离合、建置、沿革，驳正前人或以甲代疆域解释乙代史事的疏谬，并且注意到了文化地理、经

① 陈垣：《通鉴胡注表微》，中华书局 1962 年版，第 37 页。

② 《四库全书总目》卷四七《史部·编年类·资治通鉴》《资治通鉴释文辨误》，中华书局 1965 年版，第 420—421 页。

③ 参阅冯惠民等编：《通鉴地理注词典》前言，齐鲁书社 1986 版。

济地理、军事地理等诸多方面的问题，充分展示了注者的学术功底。

二是拾遗补阙，保存材料。《通鉴》偏重政治史，对典章制度、经济、文化往往语焉不详。胡注在这些方面，往往续作解释补充，对《通鉴》内容的缺憾之处颇有弥补。胡注旁征博引，保存了不少已经散佚的材料，对后人进行古籍整理、辑佚很有帮助。如他多次征引的宋白《续通典》，今已亡佚，有关内容仅见于《通鉴注》。又如所引王存《元丰九域志》、王象之《舆地广记》，所用版本与后来传世者不同，很多地方可资校勘。

三是前后照应，便利阅读。对此上文已述。

四是史论结合，借古喻今。上文已经提到，胡注中评论语并不多，每有评论，通常都是有感而发。而其所感触，又主要是宋元鼎革的亡国之痛。从这个角度说，《通鉴注》并不是一部纯学术著作，而体现了作者对现实生活的感受和总结，“深尝忧患，愤嫉国亡，犹念念然欲藉此以求理乱兴衰之故”，不少地方表达出炽热的民族感情和爱国思想，“悲怆愤悁之情，固有难以言喻者”①，充分打上了遗民史学的时代烙印。如注文中提到宋朝，每称“我朝”“本朝”“我宋”。遇到历史上汉族政权被北方民族灭亡，也总是一再慨叹，咨嗟不已。仅因注文分散，致使其微言大义长期湮没，不为世人所知。直到 1945 年，现代史学家陈垣著成《通鉴胡注表微》，才第一次系统地总结了胡三省的“生平抱负及治学精神”，使后人了解到《通鉴》胡注“不徒考据而已”②。

（二）马端临和《文献通考》

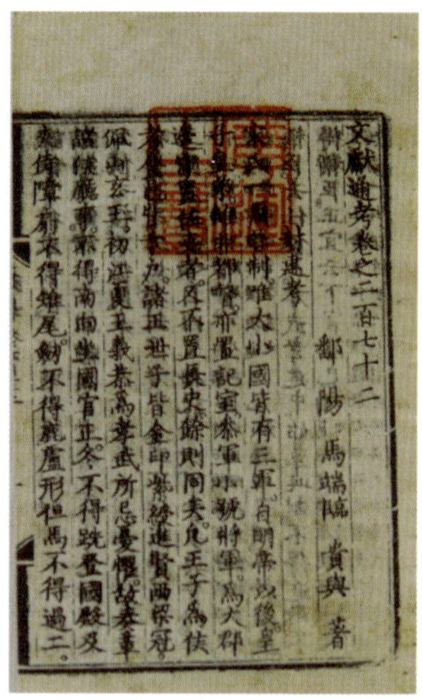

文献通考卷之二百七十二

鄱阳马端临贵与著

马端临《文献通考》书影

马端临(1254—1323)，字贵与，饶州乐平（今属江西）人。宋度宗时右丞相马廷鸾之子。少以荫补官，咸淳九年（1273 年）中漕试（由转运使主持、针对在朝官员亲属的科举考试）第一，以荫补承事郎。廷鸾与权臣贾似道不和，辞职归里，端临亦回家侍父，未继续任官。宋亡，降臣留梦炎仕元为吏部尚书，欲荐端临出仕，端临以父疾坚辞。父卒，乃出为学官，曾任慈湖书院、柯山书院山长、台州路儒学教授。以 20 余年精力著成《文献通考》348 卷，阐述自上古至宋历代典章制度的发展演变线索。另著有《大学集传》《多识录》《义根守墨》等书。除《文献通考》外，余书均已亡佚。

《文献通考》是到元代为止规模最大的一部典制体通史。马端临在自序中详述了编纂此书的动机。他指出：司马光《资治通鉴》作为一部通史，详于理乱兴衰，而略于典章经

① 周祖谟：《胡三省生卒行历考》，收入《周祖谟语言文史论集》，浙江古籍出版社 1988 年版。
② 陈垣：《通鉴胡注表微》，中华书局 1962 年版，第 1 页。

制。但就历史发展而言,“理乱兴衰,不相因者也”,历代兴亡都有各自具体的历史背景,不尽相同;而“典章经制,实相因者也”,制度上的承继关系要更为明显。杜佑《通典》首创典制通史体裁,内容仅止于唐朝中叶。杜著虽然“纲领宏大,考订该洽”,但也存在一些缺点,体例上分类不细,内容编排不尽恰当,天文、五行、艺文、帝系、分封等重要内容,尽数遗漏,“未为集著述之大成也”①。因此他决定不仅仅续补《通典》,而是在吸收《通典》内容的基础上重编一部自上古到南宋的典制通史。《文献通考》全书 348 卷,共分 24 门。不仅涵盖时代比《通典》长,分类比《通典》细,而且还增立了一些《通典》遗漏的重要典制项目。《田赋考》7 卷,《钱币考》2 卷,《户口考》2 卷,《职役考》2 卷,《征榷考》6 卷,《市籴考》2 卷,《土贡考》1 卷,《国用考》5 卷,均属于《通典》中《食货典》范围,《通考》则分立为 8 门。《选举考》12 卷,《学校考》7 卷,属于《通典》中《选举典》范围。《郊社考》23 卷,《宗庙考》15 卷,《王礼考》22 卷,属于《通典》中《礼典》范围。《职官考》21 卷,《乐考》21 卷,与《通典》中《职官典》《乐典》名目相同。《刑考》12 卷,相当于《通典》中《刑法典》;《舆地考》9 卷,相当于《通典》中《州郡典》;《四夷考》25 卷,相当于《通典》中《边防典》。上述内容,唐中叶以前基本改编《通典》内容,唐后期及宋代(到南宋宁宗为止)是马端临新撰。《经籍考》76 卷,《帝系考》10 卷,《封建考》18 卷,《象纬考》17 卷,《物异考》20 卷,内容为《通典》所无,全部为马端临新撰。《兵考》13 卷,与《通典》中《兵典》名同实异,后者所述为历代征伐之事,属战争史范围,而前者则是真正的军事制度史,也完全是马端临新撰。清四库馆臣评论《文献通考》“虽稍逊《通典》之简严,而详赡实为过之”②。又有学者认为:“可以说《通典》一书的精华,已包含在《文献通考》中了。今天如果单就考证宋以前历代制度的便利起见,但凭《文献通考》,已够统括一切。”③

《文献通考》的优点和价值,学者论述甚多,概括言之,大约有下面四点:(1)材料丰富,分类详细,从许多方面对古代历史、社会进行了深入的专题研究。专题研究本是典制通史的特点,《通典》已开其端,但《通考》分类更加具体,研究更加细密,在每个门类里穷本溯源,贯穿排比,形成一部专门史。如:《钱币考》相当于一部古代货币史;《学校考》相当于一部古代学校教育史;《经籍考》著录古代文献约五千种,主要依据晁公武《郡斋读书志》和陈振孙《直斋书录解题》二书,并博采公私目录及有关著述之优处,分门别类,校雠源流,前有总序,下列 4 部 57 类,各类有小序,各书有解题,是一部具有很高学术价值的目录学专著。“览此一篇而各说具备”④,成为辑录体书目的重要代表。清人朱彝尊的《经

① 〔元〕马端临:《文献通考自序》,《文献通考》,中华书局 1986 年版,上册,考 3～10。

② 《四库全书总目》卷八一《史部·政书类一·文献通考》,中华书局 1965 年版,第 696—697 页。

③ 张舜徽:《中国古代史籍举要》,湖北人民出版社 1980 年版,第 133 页。

④ 姚名达:《中国目录学史》,商务印书馆 1957 年版。

义考》、章学诚的《史籍考》就取法于此。（2）注重动态考察，强调“会通”，力求探索历代制度的变通张弛之故。古代许多制度变化，如果仅就一时来看，往往难以明其所以然，也看不出变化的意义所在，但如果置于较长的时段之中考察，则往往可以发现其背后的重要历史线索。马端临在这方面每有创见。例如对于古代赋税制度由以丁为本到以地为本的变化、货币发展阶段及纸币出现的意义、选官制度变化反映出的中央集权趋势、兵制上征兵变为募兵的原因，等等重要问题，都有非常精辟的论述。现代一些学者提出“唐宋变革论”，其中很多观点在《文献通考》中已有阐发。（3）详今略古，记载宋代典制尤为详备，对于宋史研究具有重要意义。马端临出身于南宋官僚家庭，对朝廷典章制度比较熟悉，又博览宋代史籍，别择去取，对纷繁复杂的宋代典制进行了极有价值的清理。元末修《宋史》，“志”的部分基本是抄袭、缩写《文献通考》。（4）体例谨严，条理清晰，便于阅读。马端临自述其编纂方法云：“凡叙事，则本之经、史，而参之以历代《会要》以及百家传记之书，信而有证者从之，乖异传疑者不录，所谓文也。凡论事，则先取当时臣僚之奏疏，次及近代诸儒之评论，以至名流之燕谈、稗官之记录，凡一话一言可以订典故之得失、证史传之是非者，则采而录之，所谓献也。其载诸史传之记录而可疑、稽诸儒先之论辩而未当者，研精覃思，悠然有得，则窃著己意，附其后焉。命其书曰《文献通考》。”①

《文献通考》的编纂，大体包括文、献、考三个层次。每门开端，首有小序，简明扼要地概述本门基本内容。以下正文，凡属于“叙事”的资料，谓之“文”，为全书骨干。凡属于“论事”的资料，从奏疏到评论，谓之“献”，列于“文”后，排版低一格。凡自己的研究心得、考订按语，是所谓“考”，列于“献”后，排版再低一格。全书卷帙虽然庞大，但编纂得法，提纲挈领，使人一目了然。在中国古代历史编纂学的发展史上，《文献通考》也作出了重要的贡献。

《文献通考》当中也有一些借古喻今、针对现实进行发挥的地方。但与胡三省《通鉴注》相比，所占比重较小，且更显含蓄、委婉。其原因之一，大约是同样作为遗民，马端临比胡三省小二十多岁，宋亡时还比较年轻，亡国之痛的感受不如胡三省深切。当然，也可能与个人性格的差异有关。

（三）海外行记：《真腊风土记》和《岛夷志略》

大蒙古国时期，随着蒙古向外扩张，出现了若干种与中亚、蒙古有关的行记，已见前述。元灭南宋、统一全国以后，海外交通在前代的基础上进一步得到发展，关于海外地区的知识也有所进步。产生于这一时期的《真腊风土记》和《岛夷志略》，便是两种与海外交通有关的著作。

① 〔元〕马端临：《文献通考自序》，《文献通考》，中华书局1986年版，上册，考3。

1.《真腊风土记》

真腊就是现在的柬埔寨。10—13世纪，真腊是东南亚的一个重要国家。当时真腊国都是吴哥城，因此亦称为柬埔寨历史上的吴哥时代。元朝灭南宋后，积极开展与东南亚地区诸国的联系，真腊便是其中之一。元贞元年(1295年)成宗“遣使招喻”真腊，使节一行在次年二月从明州(今浙江宁波)出发，先到温州(今属浙江)。二月二十日“自温州港口开洋，三月十五日抵占城(今越南南部)。中途逆风不利，秋七月始至，遂得臣服”①。也就是说，使团到达以后，真腊表示愿意进贡，与元朝建立政治上的联系。使团在真腊停留将近一年，于大德元年(1297年)六月回舟，八月十二日到达明州(今浙江宁波)，结束旅行。这次访问在《元史》和其他史籍中都没有记载，使节的名字亦不可考，幸好随行人员中有一位温州人周达观，他在回国以后，将此行见闻写成一书，名为《真腊风土记》，流传于世，才使这次使节之行不致湮没。

《真腊风土记》一书前有“总叙”，正文共40则，分别是:“城郭、宫室、服饰、官属、三教、人物、产妇、室女、奴婢、语言、野人、文字、正朔时序、争讼、病癞、死亡、耕种、山川、出产、贸易、欲得唐货、草木、飞鸟、走兽、蔬菜、鱼龙、酝酿、盐醋酱曲、蚕桑、器用、车轿、舟楫、属郡、村落、取胆、异事、澡浴、流寓、军马、国主出入。”涉及真腊的政治、经济、社会风俗、语言文字等各个方面，以及中国与真腊的交流。全文约8500字。周达观观察细致，叙事准确。此书是现存的同时人所写的吴哥文化极盛时代的唯一记载，非常珍贵。即使在柬埔寨本国文献中，也找不到类似的记载。近代对吴哥城遗址的考察，充分证明了此书叙事的可信。可以认为，周达观是真实、全面记录吴哥文明的第一人，《真腊风土记》是研究吴哥文明和这一时期中柬关系的最重要的资料。在中国古代的行记中，如此详细介绍海外一个国家的情况，是不多见的。此书有多种版本，从19世纪起，先后译成法、英、日多种文字。我国亦有数种整理本，其中影响较大的是夏鼐的校注本(中华书局1980年版)。

2.《岛夷志略》

《岛夷志略》的作者汪大渊，字焕章，豫章(今江西南昌)人。他“尝两附舶东西洋”，显然是从事海外贸易的商人。“所过辄采录其山川、风土、物产之诡异，居室、饮食、衣服之好尚，与夫贸易赍用之所宜，非其亲见不书，则信可征也。”②元顺帝至正九年(1349年)，泉州修地方志，主事者“以清源舶司所在，诸蕃辐辏之所，宜记录不鄙”。“清源”是泉州的别称。泉州是元代的重要海外贸易港，设有管理海外贸易的机构市舶司，因而修志时就

① 〔元〕周达观:《真腊风土记·总叙》，夏鼐校注本，中华书局1980年版。

② 〔元〕汪大渊:《岛夷志略》卷首序，苏继庼校释本，中华书局1981年版。

设计了这方面的内容。这一年冬天，汪大渊来到泉州，因为熟知海外情况，便受托就此撰写专门著作，附在新编方志《清源续志》的后面。这就是《岛夷志略》一书的由来。次年，汪大渊回江西，又将此书在当地刊行。目前通行的是苏继庼先生的校释本，由中华书局于 1981 年出版。

《岛夷志略》共 100 条。除第 1 条“彭湖”（今我国台湾澎湖岛）、第 2 条“琉球”（今我国台湾）是我国领土外，自第 3 条至第 99 条所记均为东、西洋的国家或地区，全书共记录域外地名 220 个左右，涉及东南亚、印度洋地区、西南亚和东北非广大范围。在此书的后序中汪大渊强调所记“皆身所游览，耳目所亲见，传说之事则不载焉”，可知其中所记都应是汪氏亲身经历的，弥足珍贵。但第 100 条“异闻类聚”所记海外异事出自类书《事林广记》，《事林广记》则辑自前代各书，与前面记载有所不同。前 99 条所记主要是这些海外国家和地区的地理位置、气候、居民风俗、宗教信仰、物产与贸易需求。记载翔实可信，简明扼要，是本书的最大特色。明代前期郑和下西洋，是我国航海史上一大盛事。随行人员马欢著有《瀛涯胜览》一书，其自序中说：“余昔观《岛夷志》，载天时气候之别，地理人物之异，慨然叹曰：普天下何若是之不同耶！……余以通译番书，亦被使末，随其所至，鲸波浩渺，不知其几千万里，历涉诸邦，其天时、气候、地理、人物，目击而身履之，然后知《岛夷志》所著者不诬。”也就是说，郑和下西洋的实践，证明了《岛夷志略》记载的可靠。此书不仅使人们增加了对海外世界的了解，而且具有航海指南的作用。清代编《四库全书》，也对此书作了很高评价：“然诸史外国列传，秉笔之人皆未尝亲历其地，即赵汝适《诸蕃志》之类，亦多得于市舶之口传。大渊此书皆亲历而手记之，究非空谈无征者比。故所记罗卫、罗斛、针路诸国，大半为史所不载，又于诸国山川险要方城疆里一一记述，即载于史者亦不及所言之详，录之亦足资考证也。”①和《真腊风土记》一样，《岛夷志略》对于研究元代的中外关系具有重要的价值，对于研究 13、14 世纪海外广大地区的历史，亦是极其可贵的资料，这两种海外行记在中国古代同类著作中是很突出的。

（四）地方志的编纂

方志的修撰是中国的一种优秀文化传统。宋朝修志之风颇盛，流传至今尚有 20 余种。元朝统一以后，地方志的编纂相当兴盛，流传至今的绝大多数出自长江流域，主要有《至顺镇江志》《延祐四明志》《至正四明续志》《至正金陵新志》《至正昆山郡志》《大德南海志》等。其中，《大德南海志》值得一说。

《大德南海志》是现存的广州最早的方志，陈大震等编纂，成书于成宗大德八年（1304

① 《四库全书总目》卷七一《史部二十七·地理类四·岛夷志略》，中华书局 1965 年版，第 631—632 页。

年)。全书 20 卷,现仅存 5 卷。[①] 从残存的部分来看,包含有许多元代广州社会生活的珍贵资料。特别是卷 7《物产、舶货》是元代广州海外交通的重要文献。《舶货》部分的前言中说:"广为蕃舶凑集之所,宝货丛聚,实为外府。岛夷诸国,名不可殚,前志所载者四十余。圣朝奄有四海,尽日出日没之地,无不奉珍效贡,稽颡称臣……其来者视昔有加焉,而珍货之盛亦倍于前志之所书者。""前志"指南宋时纂修的《南海志》,今已失传。《舶货》部分的正文开列了 8 类进口的货物,即宝物、布匹、香货、药物、诸木、皮货、牛蹄角、杂物,共计 70 余种。这些物品应是当时广州从海外输入的主要货物,但不是全部。其中绝大多数在宋代文献中已经著录过,但也有一些首次出现,如乌爹泥(即孩儿茶),这是一种药材,元代常用来醒酒。这份舶货名单对于认识元代广州以至当时全国的海外贸易,都有重要的价值。在各类舶货后面,还附有"诸蕃国"名,这里所谓"蕃国",专指通过海道与广州有来往的海外国家和地区。这些"蕃国"由近而远,由东而西,排列有序,共有 143 处。其中有不少是前代文献中没有出现过的。特别值得注意的是,其中有"大东洋""小东洋""小西洋"等地域名称。中国早期文献中,通常将大陆以南海域称为南海,随着航海事业的开展,对海外世界的认识不断深化,大概在南宋时,开始出现"西洋"一名,与之相应,显然还应有"东洋"之称。而在《大德南海志》中则对东、西洋作了"大""小"的进一步区分,可以推知还应有"大西洋"之称。从有关地名的排列顺序可知,东、西洋大体是以加里曼丹岛西岸至巽他海峡(在爪哇岛与苏门答腊岛之间)为分界线,以东为东洋,以西为西洋。加里曼丹岛北部至菲律宾群岛一带为小东洋,加里曼丹岛南部、爪哇岛、苏拉威西岛、帝汶岛、马鲁古群岛一带为大东洋。西洋则以马六甲海峡为分界线,马来半岛、苏门答腊岛一带为小西洋,印度洋地区及其以西则为大西洋。东、西洋名称的出现,特别是地域范围的明确划分,说明海外地理知识在这一时期有很大的进步。东、西洋的名称在明、清两代有关文献中一直沿用,但其所指地域则有所变化。

此外,如《延祐四明志》作者袁桷,是元代有名的学者。此书"条例简明,最有体要……考核精审,不支不滥,颇有良史之风"[②]。《至顺镇江志》作者俞希鲁是镇江颇有声望的儒士,以茂才起家,历任路学教授、县丞、县尹、路同知等职。清代名学者阮元认为,此书"重于考献""多详兴废",可以和袁桷的《延祐四明志》相提并论。[③] 书中"田土""赋

① 元刻《大德南海志》残本保存在北京国家图书馆。广东人民出版社在 1991 年出版了《元大德南海志残本(附辑佚)》。

② 《四库全书总目》卷六八《史部二十四·地理类一·延祐四明志》,中华书局 1965 年版,第 601 页。

③ 〔清〕阮元:《四库未收书提要》,见《揅经室外集》。《四库全书总目》(中华书局 1965 年版)后书附。

税”“户口”等门，记载详细，对研究元代社会经济有很重要价值，有关也里可温的资料，历来为宗教史和中外关系史研究者所珍视。

七、科学技术

元代长江流域的科学技术，在全国占有十分重要的地位。如在医学流派方面，长江流域出现了以元代浙江义乌人朱震亨（1281—1358）为代表的“养阴派”（或称“滋阴派”），与金代河北河间人刘完素（1110—1200）、金代河南考城人张从正（1156—1228）、金代河北真定人（今正定）李杲（1180—1251）一起并称为“金元四大家”。朱思本是继裴秀（223—271）、贾耽（710—785）以后在中国地图学史上划时代的人物。他的《舆地图》是对前人成果科学总结和实地调查有机结合的产物，资料翔实广博，取舍慎重求实，绘制采用计里画方，精确度达到了较高的水平，并影响了此后200多年地图发展的历史，成为明清两代我国舆地图的重要典范。

（一）医学

在医学流派方面，长江流域出现了以元代浙江义乌人朱震亨（1281—1358）为代表的“养阴派”（或称“滋阴派”）。朱震亨为刘完素门徒罗知悌弟子，又旁通张从正、李杲之学。他结合三家学说之长，倡泻火养阴之法，认为“阳有余，阴不足”①，进一步发展了刘完素火热学说。另外，他对宋代局方滥用辛燥药物的风气持有异议，认为“持古方以治今病，其势不能以尽合”，主张“推陈致新”②。他研制了“越鞠丸”“大补阴丸”“琼玉膏”等养阴方剂，至今仍为中医常用药剂。所著有《格致余论》《局方发挥》《伤寒辨疑》《本草衍义补遗》《外科精要新论》等书。

江西南丰人危亦林的《世医得效方》“代表了宋、元时期骨伤科的发展水平，也标志着当时外科的巨大进步”③。其对骨折和关节脱臼的治疗方法已与现代骨科学所阐述的理论相似。如他对骨折、脱臼的整复，主张用乌头、曼陀罗先行麻醉，创造性采用悬吊复位法治疗脊柱骨折等。而这种方法在西方于1927年才由医生达维氏发明，比危氏迟了600年。

在针灸学方面，元末浙江余姚滑寿（1304—1386）的《十四经发挥》一书在当时有较大的影响。滑氏的《十四经发挥》对于人体十四经脉及周身650多个穴位进行了图章训释，并缀以韵语以示初学者。他对经络的循行、腧穴的部位等内容的论述，极为精辟。所以，

① 〔元〕朱震亨：《格致余论·阴有余阳不足论》，《丛书集成初编》本，第2页。
② 〔元〕戴良：《九灵山房集》卷一〇《丹溪翁传》，吉林文史出版社2009年版，第118—123页。
③ 杜石然等：《中国科学技术史稿》，科学出版社1985年版，下册，第72页。

承澹盦说："针灸得盛于元，此滑氏之功也。"[①]宋濂也序称："金之张元素、刘完素、张以正、李杲四家，其立言垂范，殆成庶几者乎！今吾友滑君起而继之……《发挥》之作，必将与其书并传无疑也。"[②]书对日本有较大的影响。这是滑寿对中国经络学说的卓越贡献。

在诊断学方面，南方医家的名著有元代金陵（今江苏南京）人戴起宗《脉诀刊误》、滑寿《诊家枢要》、朱震亨《脉诀指掌病式图说》和《脉因证治》等书，在当时均有一定的影响。

（二）地图学

元代后期，地图学取得突出的成就，行记写作和方志编纂亦有很好的成绩。地图学领域的代表人物是朱思本。

朱思本（1273—?），字本初，号贞一，临川（今江西抚州）人。他是"儒家子"，年轻时入江西龙虎山学道。大德三年（1299 年），朱思本来到大都，协助张留孙、吴全节处理道教事务，并曾多次受朝廷派遣，祭祀五岳、四渎等名山大川。至治二年（1322 年）回到江西。后来又曾再上大都，数年后返回，大约于顺帝初年去世。[③]

朱思本长于"职方之学"，即地理学。[④] 年轻时有心以司马迁为榜样，读万卷书，行万里路。他广泛搜罗阅读各种地理书籍，从郦道元《水经注》、杜佑《通典》、李吉甫《元和郡县志》、宋代《元丰九域志》，直到元朝《大一统志》。前面说过，元朝的《大一统志》是在成宗大德年间修定的，藏于秘书监，一般人根本看不到。朱思本是道教中的上层人物，地位特殊，有机会阅读这部重要著作。他经常奉命祭祀名山大川，因而能够游历全国许多地方，据他自述，他曾"登会稽，泛洞庭，纵游荆襄，游览淮泗，历韩、魏、齐、鲁之郊，结辙燕赵，而京都实在焉。……祠嵩高，南至于桐柏，又南至于祝融，至于海"。也就是说，曾遍历华东、华北、中南广大地区。所到之处，"往往讯遗黎，寻故道，考郡邑之因革，核山河之名实"，以实地调查来与文献记载相印证。[⑤] 他还从其他方面多渠道搜集资料。一种办法是搜求其他民族文字的资料。"遇车轩远至，辄抽简载管，累译而问焉。"[⑥]"车轩"指使臣乘坐的车辆，这里用来指来自边疆和域外的使节，朱思本都要通过翻译向他们求教。他曾"从八里吉思家得帝师所藏梵字图书"，从中找到有关黄河河源的资料，便可看出他寻求其他文字资料的兴趣。另一种办法是委托朝廷派往各处的使者代为搜集有关的资料。

① 承澹盦：《十四经发挥序》，《薛氏医案》丛书本。

② 〔明〕宋濂：《宋文宪公集》卷四三《十四经发挥序》，第 17 页。

③ 邱树森：《朱思本和他的〈舆地图〉》，载南京大学《元史及北方民族史集刊》第 6 期，1982 年。

④ 〔元〕虞集：《道园学古录》卷四六《贞一稿序》，《四部备要》本，第 3 页。

⑤ 〔元〕朱思本：《贞一斋稿》卷一《舆地图自序》，《宛委别藏》本，第 9—10 页。

⑥ 〔元〕虞集：《道园学古录》卷四六《贞一稿序》，《四部备要》本，第 3 页。

"中朝人士使于四方，冠盖相望，则每嘱以质诸藩府，博采众言，随地为图。"①这样一些举动，充分反映了他对"职方之学"孜孜不倦的追求，同时也说明，他在朝廷中的特殊地位为资料的搜集提供了许多便利，从而有可能取得远胜过前人的成就。

在上述多方面工作的基础之上，从至大四年（1311 年）起到延祐七年（1320 年）止，经过 10 年的努力，朱思本绘制成长广七尺的《舆地图》，并有若干文字说明。② 此图曾刊石于龙虎山上清宫之三华院。③ 在《舆地图自序》中说："至若涨海之东南，沙漠之西北，诸番异域，虽朝贡时至而辽绝罕稽，言之者既不能详，详者又未必可信，故于斯类姑用厥如。"④涨海是南海的别称。这段话的意思是，对于缺乏可靠资料的"诸番异域"，他在绘图时都采取宁缺毋滥的态度。因此，《舆地图》所表现的，应是元代中期元朝政府直接控制的地区，也就是腹里（今河北、山西、山东和内蒙、河南的一部分）和 10 个行省（岭北、辽阳、陕西、甘肃、河南、四川、云南、江浙、江西、湖广）的地理形势。此图采用中国传统的"计里画方"的绘图方法，精确度较高，用朱思本自己的话来说："其间山河绣错，城连径属，旁通正出，布置曲折，靡不精到。"在中国古代地图绘制史上是杰出的成就。

这一凝聚着朱思本毕生心血的图本在清初即已散佚，刊石亦不知下落，令人遗憾。所幸的是，明代中期，罗洪先以朱图为基础，增订而成《广舆图》。他在该图集的自序中说：

> 当遍观天下图籍，虽极详尽，其疏密失准，远近错误，百篇而一，莫之能易也。访求三年，偶得元人朱思本图，其图有计里画方之法，而形实自是可据，从而分合，东西相侔，不至背舛。于是悉所见闻，增其未备，因广其图，至于数十。

罗洪先对朱思本应用"计里画方"之法作了很高评价，认为只有这样才能保证地图的准确性。他将朱图改造成一幅《舆地总图》和若干幅行省分图，另外增加了一些专题地图。这些图都采用"计里画方"之法，如总图每方五百里，各省分图每方百里等。朱图已失传，但从罗洪先的《广舆图》仍可看到朱图的面貌。《广舆图》曾多次翻刻，明末及国外早期出版的中国地图，多以它为蓝本。朱思本地图虽然散佚，但通过罗氏地图的介绍，它在中国地图学发展史上的影响是深远的。

除朱思本《舆地图》外，元朝民间还有其他地图，如李泽民的《声教广被图》、僧清浚的《混一疆里图》（又称《广舆疆里图》）。李泽民生平不可考，吴门（应指今江苏苏州）人。

---

① 〔元〕朱思本：《贞一斋稿》卷一《舆地图自序》，《宛委别藏》本，第 10 页。

② 在朱思本的文集《贞一斋稿》卷一中，除了《舆地图自序》外，还有《北海释》《和宁释》《八番释》《两江释》等篇，都应是《舆地图》的文字说明。

③ 瞿镛：《铁琴铜剑楼藏书目录》卷二二《贞一斋杂录》，上海古籍出版社 2000 年版。

④ 〔元〕朱思本：《贞一斋稿》卷一《舆地图自序》，第 10 页。

《声教广被图》已失传。据15世纪前期朝鲜学者权近说:"天下至广也,内自中邦,外薄四海,不知其几千万里也。约而图之于数尺之幅,其致详难矣。故为图者率皆疏略,唯吴门李泽民《声教广被图》颇为详备。"可知此图应包括"中邦"和"四海",也就是当时的世界地图。僧清浚是台(今浙江台州)人,他的《混一疆里图》作于至正庚子(至正二十年,1360年),据权近说,则"备载""历代帝王国都沿革"①。明代有人见过此图,"其方周尺仅二尺许,东自黑龙江西海祠,南自雷、廉、特磨道站至歹滩通西,皆界为方格,大约南北九十余格,东西差少"②。可知其所表现的,应是元朝实际控制疆域的面貌,而采用的应是"计里画方"之法。此图表现的范围和使用的方法都与朱思本地图相近,二者应有联系,可惜的是亦已失传。这两幅地图都曾传入邻邦朝鲜。

(三)航海技术

元代随着航海罗盘的出现,观察天象已经变成航海的从属依据,而罗经针位则变成指导航路的重要依据③。周达观《真腊风土记》载:"自温州开洋,行丁未针……又自真蒲行坤申针。"这表明针路至此已正式确立了。

由于航海技术的进步,我国南方航海家还开辟了许多新航线,其中最著名的当推元代崇明(今属上海市)朱清(1236—1302)和嘉定(今属上海市)张瑄(? —1302)所开的"北洋航线"。至元二十二年(1285年),朱清和张瑄受命同创海运漕粮,开辟了自长江口直入外海航行到天津的航线,为元代海运的发达作出了重大的贡献。除朱清、张瑄外,镇江丹徒人罗壁也于至元二十四年(1287年)开创了元代横渡渤海的漕运海道。

(四)棉纺技术

到13世纪,植棉和棉纺织生产技术已扩大到整个长江流域。宋末元初的女纺织技术家黄道婆,从崖州返回家乡松江乌泥泾(今上海华泾)时,带来了先进的棉纺织生产工具和"错纱、配色、综线、挈花"的织花技术,并在当地加以悉心的改进和推广。在她的热心传播和带动下,松江从事织布的不下千家,"以故织成被、褥、带、帨,其上折枝、团凤、棋局、字样,粲然若写"④。"乌泥泾被"遂名闻天下。从此,揭开了中国纺织史上划时代的一页。自元代以后,棉纺业遍布全国,并成为重要的手工业部门。

(五)物候学

元末湖州娄元礼所撰的《田家五行》一书,也是一本我国现存最早的农业气象专著。

① 〔高丽〕权近:《阳村集》卷二二《历代帝王混一疆理图志》,《标点影印韩国文集丛刊》,韩国民族文化推进会,第7册。

② 〔明〕叶盛:《水东日记》卷一七《释清浚广舆疆里图》,中华书局1980年版,第169页。

③ 王振铎:《中国古代磁针的发明和航海罗经的创造》,载《文物》1978年第3期。

④ 〔元〕陶宗仪:《南村辍耕录》卷二四《黄道婆》,上海古籍出版社2012年版,第270页。

该书分上、中、下三卷，每卷分为若干类。上卷自“正月类”至“十二月类”，每月都按日序记载占候；中卷是天文、地理、草木、鸟兽、鳞鱼等类，大部分属于物候学内容；下卷是三月、六甲、气候、涓吉、祥瑞等类，内容多为迷信。该书除下卷外，多就天象（日、月、星辰、大气光象及云、霞变化等）、物象（鸟、兽、草、木、虫、鱼、山、水、潮汐等）的征兆来预测天气变化，表明气候特点及其规律。他搜集的天气谚语，较有系统性，至今仍在沿用。其编排的方法也为后世编纂同类著作者所效法。

第六节 元代长江文化与海外文化的交流

元代随着全国的统一，中外文化交流比过去进一步加强。元人汪大渊说：“皇元混一声教，无远弗届，区宇之广，旷古所未闻。海外岛夷无虑数千国，莫不执玉贡琛，以修民职；梯山航海，以通互市。中国之往复商贩无殊庭异域之中者，如东西州焉。”[①]这在长江文化中得到了充分的体现，其时这里学者的视野比起前代有明显的扩大，对于外部世界有了更多的认识。文化交流更加频繁，更加深入。

一、元代长江文化与日本

元代中日两国虽未曾正式建立外交关系，但民间商舶贸易的发达，为两国僧人间的往来创造了便利条件。忽必烈东征日本失败后，两国邦交一时中断。成宗即位后，于大德三年（1299 年）派遣江浙释教总统、普陀高僧一山一宁（1247—1317）出使日本，随行者有其弟子石梁仁恭，及曾到过日本的平山万寿寺禅僧西涧士昙等。一山一行到达日本后，被镰仓幕府扣押于伊豆修善寺，后知其为高僧，乃改变态度，迎请到镰仓建长寺，尊礼有加。以后，一山又历住圆觉、净智、南禅等名刹，在镰仓、京都阐扬佛法近 20 年，受业弟子众多，受到日本朝野人士的普遍敬重，1317 年圆寂后，被日本尊为国师。继一山一宁后，相继东渡日本的元代僧人有东明惠日、清拙正澄、明极楚俊、竺仙梵仙、东里弘会、灵山道隐、东陵永玙等。他们在日期间，历主名山大刹，接引学人弟子，大都留居日本直到去世，为日本佛教尤其是禅宗的发展作出了巨大贡献。在此期间，日本僧人来华参学者也络绎不绝，大有超过前代之势。一山一宁的弟子如龙山德见、雪村友梅、无著良缘、嵩山居中、东林友丘等，都曾入元朝参究名刹。元僧清拙正澄在日圆寂后，他的徒众 25 人相约同时入元参学。大拙祖能于 1343 年入元游学时，他的同参一行数十人也相偕入元

① 〔元〕汪大渊：《岛夷志略》后序，苏继庼校释本，中华书局 1981 年版。

参习。据日本学者统计，元代来华僧人有名字可考者达两百多人。[①] 而据《元史》记载，光是泰定三年(1326 年)，元朝一次就"遣日本僧瑞兴等四十人还国"[②]。这些来华僧人主要为禅僧，他们在华活动主要是参礼禅宗名刹与高僧大德，其中，光是登天目山参叩中峰明本的日僧即有远溪祖雄、可翁宗然、嵩山居中、大朴玄素、复庵宗已、孤峰觉明、别源圆旨、明叟齐哲、平田慈均、无碍妙谦、古先印元、业海本净、祖继大智等。来华日僧文化素养普遍较高，他们与元代诗人、学者、僧人交往密切，友谊深厚。像古源邵元，于泰定四年(1327 年)来华，在华 20 年，遍历天台、少林、灵岩、五台诸名山大刹，尤以在少林历时最久，曾预百名高僧之选，赴大都参加译写《大藏经》。他为少林寺住持息庵等所撰道行碑、塔铭至今仍存，成为中日佛教文化交流的历史见证。[③] 雪村友梅住华 20 年，曾拜访元代书画大家赵孟頫，其书法笔势雄浑，连赵孟頫也为之惊叹。铦仲刚来华后，与元诗人、学者虞集、柯九思、丁复、郑元祐等均有诗歌往来，虞集在诗中称他为"百炼利器""无双国士"[④]，对其倾倒程度，由此可见一斑。直到元朝灭亡，滞留在中国的日僧仍有不少。

元代中日僧人间的相互往来，除了推动日本禅宗的继续繁荣外，更为日本文化带来了深远影响。像日本的书籍雕版印刷，即在此期间得到飞快发展，当时的日本京都、镰仓以及其他地区的禅寺，刊印过不少佛教与中国文化典籍，来自中国闽浙等地的许多优秀雕工，如陈孟荣、俞良甫等，被请到当地从事雕版、传授技艺，为日本雕版印刷业的繁荣作出了重大贡献。[⑤] 俞良甫是福建莆田人，与他齐名的陈孟荣是江南人，此外尚有天台周浩、福州南台桥陈孟千和陈伯寿等 30 多位雕工。木宫泰彦就认为：这些"亡命异域的人，牺牲自己的财物，辛勤劳瘁，从事刻版事业，为日本文化的发展作出贡献……功绩是永远值得纪念的"。"元朝雕工大批来日，是在日本南北朝时代，日本唐式版之所以出现了黄金时代，老实说应归功于他们的努力。"[⑥]其中，由俞良甫雕版的《新刊五百家注音辨唐柳先生文集》(现藏日本东京静嘉堂文库)，在卷末还刻有一段题记，记载了自己的祖籍——莆田以及在日侨居与刻书的情况，成为这段历史的真实写照。

由中日两国僧人带到日本的佛教、经史、诗文等典籍以及禅宗士林风气，对宋学在日本的传播，书画、花道、茶道、俳句、雕刻、建筑艺术等的繁荣，也都有着广泛而深远的影响。如镰仓后期五山禅林的著名学者虎关师炼(1278—1344)之所以向元僧一山一宁质

① 〔日〕木宫泰彦：《日中文化交流史》，胡锡年译，商务印书馆 1980 年版。

② 〔明〕宋濂等：《元史》卷三〇《泰定帝纪二》，第 671 页。

③ 可参见《息庵禅师道行之碑》《显教圆通大禅师照公和尚塔铭》，洛阳第二文物工作队编：《洛阳名碑集释》，朝华出版社 2003 年版，第 356—362 页。

④ 〔元〕虞集：《道园学古录》卷二七《送海东铦上人十首》，第 5 页。

⑤ 梁容若：《中日文化交流史论》，商务印书馆 1985 年版，第 179—186 页。

⑥ 〔日〕木宫泰彦：《日中文化交流史》，商务印书馆 1980 年版，第 484—485 页。

询宋学的疑义，获得日本研究宋学的先驱之名，就是因为他在少壮年代阅览过普门院藏书。他在《济北集》中说道："（东福寺）海藏院经籍所藏谓之文库，秘惜天下儒释二书皆藏焉。"到14世纪的室町时代，在中国长期停留、为数众多的入元僧，又把中国的"唐式茶会"（如聚众品茶、赛茶、猜茶）介绍到日本，使饮茶无形中成为日本人社交、联谊的一种社会活动。

日本滋贺县出土的元明时期的青瓷烛台

在赴宋日僧致力于摄取长江文化的同时，中国南方地区的赴日学者也正努力把长江文化中的儒学介绍给日本。兰溪道隆就利用禅宗道场，阐发朱熹等宋儒的学说。而兀庵普宁讲授心性之学尤为得力。元代赴日的一山一宁、无学祖元等，也都对朱子理学的传播作出了贡献。到后醍醐天皇（1318—1339年在位）时，石禅僧玄惠法印进讲朱子学，使朱子学正式进入日本宫廷，与公家相结合，并成为1333年天皇向幕府夺权（史称"建武中兴"）的思想武器。

此外，日本文化中的书画、纺织①等，也影响过长江文化。

二、元代长江文化与高丽

元代中国与高丽佛教文化交流的突出表现，首先是双方僧侣往来较之以前更为频繁，其中尤以高丽方面来华人数最多，他们在中国各地游方求学后，将中国佛教各派的精髓带回国内，使之发扬光大，对高丽佛教的繁荣贡献不小。②

在入元游方求学的高丽僧人中，以冲鉴（1275—1339）来华时间较早。冲鉴于大德年间到江南后，礼南岳铁山绍琼为师，后又力邀其到高丽弘法3年。在此期间，冲鉴侍奉左右，恭勤问学，多得其心诀。铁山回国后，冲鉴在国内广收门徒，积极弘扬铁山禅旨。在住持龙泉寺时，他又借鉴元朝经验，以《百丈清规》约束僧众，摸索出一套适合高丽国情的禅宗规约制度，受到高丽禅宗丛林的极力推崇。③ 除冲鉴外，元顺帝时期来华的太古普愚（1301—1382）和懒翁惠勤（1320—1376），对高丽末期及朝鲜初期的禅宗影响也很大。普

① 元代孔齐《至正直记》卷一《松江花布》载："近时松江能染青花布，宛如一轴院画，或芦雁花草尤妙。此出于海外倭国，而吴人巧而效之，以木棉布染，盖印也。青久浣亦不脱，尝为靠裀之类。"上海古籍出版社1987年版，第23页。

② 有关元代高丽僧人来华研究，可参见张言梦：《元代来华高丽僧人考述》，《内蒙古社会科学》1999年第4期；桂栖鹏：《入元高丽僧人考略》，《西北师大学报》2001年第2期。

③ 〔元〕危素：《危太仆集》续集卷三《高丽林州大普光禅寺碑》，《嘉业堂丛书》本，第17—19页。

愚于至正六年（1346 年）来到大都，次年南下巢县（今属安徽）往谒竺源水盛禅师，因竺源已逝，又转投湖州（今属浙江）霞雾山天湖庵，谒见临济宗禅师石屋清珙，献《太古庵歌》，蒙其印可。回到大都后，普愚声望大增，顺帝特邀其于永宁寺开堂说法，赐金襕袈裟、沉香拂子，皇后、皇太子降香币，王公士庶奔走礼拜，趋之若骛。回国后，普愚更受到高丽恭愍王的推崇，先后多次从其受戒问学，受封王师，又进为国师。① 普愚所传禅法，受南宋临济宗大慧宗杲看话禅的影响很大，此外，他还结合净土信仰，提倡念自性弥陀，这种念佛禅成为后来朝鲜曹溪宗的特色之一。惠勤于至正八年（1348 年）来大都，"参指空，会问契合"。十年春，南下江浙，参平山处林禅师，处林将师祖雪岩祖钦所传法衣、拂子赠给惠勤，以为表信。十一年春，"抵宝陀洛迦山，拜观音"。十二年，"至伏龙山，参千岩〔元长〕"。当年北还大都后，继续随指空参学，"空授以法衣、拂子、梵书"。十五年秋，顺帝邀其驻广济寺，次年开堂说法，顺帝、皇太子皆有赏赐。回国后，惠勤在国内传法 10 余年，声誉日隆。洪武三年（1370 年）秋，高丽于其所居广明寺，"大会两宗（禅、教）五教诸山衲子，试其所自得，号曰功夫选"。次年，受封"王师、大曹溪宗师、禅教都总摄、勤修本智重兴祖风福国祐世普济尊者"②。惠勤的禅学，既继承了中国临济宗禅风，又包含了印度指空禅师的思想精华，在当时影响颇为深远。

游方求学的高丽僧人，除参禅外，也不乏文学修养较高的文化僧。在华期间，他们多与元朝文人交往密切。像天历初来华的玉田达缊（印度高僧指空弟子），"平生喜从当世名公雅士游，尽得其礼貌，而于艺又能精鉴书画，博极古今"。在华期间，欧阳玄曾为其松月轩亲笔题额，"翰林承旨欧阳原功（欧阳玄——引者，下同）、集贤学士揭曼硕（揭傒斯）、国子祭酒王师鲁（王沂）、中书参政危太仆（危素）、集贤待制赵仲穆（赵雍），道家如吴宗师（吴全节），皆为之题赞叙引。集贤待制赵仲穆、真人张彦辅、吴兴唐子华（唐棣），又为松月轩传神"③。其后来华的无外为式，"嗜诗者也，曾走京师求诗诸公间，今中书许公（许有壬）、翰林谢公（谢端），缙绅知名者，皆有赠焉"④。至正元年，无外为式南下江浙，与元著

① 〔清〕刘喜海：《海东金石苑》卷八《明高丽太古寺圆证国师碑》，文物出版社 1982 年版。

② 〔高丽〕李穑：《牧隐稿》文稿卷一四《普济尊者谥禅觉塔铭》，《标点影印韩国文集丛刊》，韩国民族文化推进会，第 5 册，第 120—122 页。

③ 〔高丽〕李穑：《牧隐稿》文稿卷四《松月轩记》，《标点影印韩国文集丛刊》，第 5 册，第 32 页。

④ 〔高丽〕李穀：《稼亭集》卷七《跋福山诗卷》，《标点影印韩国文集丛刊》，韩国民族文化推进会，第 3 册，第 146 页。

名文人张雨、黄溍会于杭州，以诗酬答唱和，时人绘为《文会图》，宋褧、吴师道皆有诗咏其事。① 回国时，又有张翥、傅若金、宋褧等赠诗送别。②

毕昇发明的活字印刷术，大约在13世纪初甚至更早便传入高丽，经过朝鲜印刷工人的创新，制造出金属活字（多为铜活字）。1485年，朝鲜金宗直为活字版《白氏文集》所写的序中明确指出："活字法由沈括首创，至杨惟中始臻完整。"徐有榘《镂板考》说："活版之式，始见沈括《笔谈》，而东本书籍最多用其法，为其功力省而程功速也。"在当时，其金属铸字时间之早、数量之多，世罕其匹，这是朝鲜对世界文明史的一大贡献，也是长江文化与高丽文化交流的结晶。1234年，崔怡用铸字印成《详定礼文》50卷。

朱子学传入高丽，是在高丽归顺元朝以后。1289年，高丽儒学提举安珦随忠烈王赴元大都。在大都城中，安珦第一次见到《朱子全书》，认为是"孔门正脉"，欣喜异常，于是将其全部抄录下来，并摹写孔子、朱子等画像，携带回国，在高丽传播。这被认为是程朱理学传入高丽之始③。此后的白颐正在元朝也学习朱子学，1313年回国后传给弟子李济贤。1314年，元朝廷将朱子学定为科举考试必修课目，高丽人也参加考试，从而促进了他们对朱子学的学习热潮。朱子学从此渗透到新兴的官僚阶层中，成为高丽统治阶级维护封建统治的精神支柱。他们极力提倡朱子学，对朱熹、真德秀等人的著作无不翻刻，甚至还把朱熹《小学》作为殉葬品，可见其影响之大、之巨。

朝鲜的地图学也受到长江文化的影响。如吴门李泽民的《声教广被图》、台州僧人清浚的《混一疆里图》（又称《广舆疆里图》）这两幅地图都传入邻邦朝鲜。据权近说，明建文四年，即朝鲜李朝太宗二年（1402年），朝鲜左政丞金士衡、右政丞李茂命检详李荟将两者"更加详校，合为一图。其辽水以东及本国疆域，泽民之图亦多阙略。今特增广本国地图，而附以日本，勒成新图，井然可观，诚可以不出户而知天下也"④。文中所说"本国"，指的是当时的朝鲜。这幅地图名为《混一疆里历代国都之图》，可以说是一幅世界地图，它

① 〔元〕宋褧：《燕石集》卷七《高丽僧式上人游两浙江会提学黄晋卿句曲外史茅山张伯雨好事绘为文会图》《北图古籍珍本丛刊》，第92册，第169页；〔元〕吴师道：《吴师道集》卷八《至大庚戌黄君晋卿客杭……今至正辛巳晋卿提举儒学与张伯雨尊师高丽式上人会再和前诗上人至京以卷相示因写往年所和重赋一章》，吉林文史出版社2008年版，第135页；〔元〕黄溍：《金华集》卷六《过伯雨尊师之贞居无外为式公刘君衍卿不期而集……》，《四部丛刊初编》本，第5页；〔元〕张雨：《句曲外史集》卷中《和黄晋卿提举忆旧诗》，《元人十种诗》，第743页；均为当时与其唱和之作。

② 〔元〕张翥：《送式无外归高丽》，《元诗选初集》戊集，中华书局1987年版，第1385页；傅若金：《傅若金集》卷七《送无外式上人还高丽》，吉林文史出版社2010年版，第181页；〔元〕宋褧：《燕石集》卷五《送高丽式上人东归二首》，《北图古籍珍本丛刊》，第92册，第154页。

③ 杨通方：《源远流长的中朝文化交流》，见周一良主编：《中外文化交流史》，河南人民出版社1987年版，第381页。

④ 〔高丽〕权近：《阳村集》卷二二《历代帝王混一疆理图志》，《标点影印韩国文集丛刊》，韩国民族文化推进会，第7册。

以中国为中心，东有朝鲜半岛和日本列岛，南有东、西洋海外诸国，西有阿拉伯半岛、非洲大陆和欧洲。其中，东、西洋诸国和阿拉伯半岛、非洲、欧洲部分错误很多，但方位和大体轮廓还是看得出来的。从权近所说可知，这幅地图的中国部分兼用李泽民和僧清浚两图的资料，而其中有关东、西洋海外地区以及阿拉伯半岛、非洲、欧洲部分的知识，无疑源自李泽民《声教广被图》的成果。目前朝鲜的《混一疆里历代国都之图》保存在韩国首尔大学的奎章阁内。日本京都龙谷大学和九州的本光寺都藏有此图的摹本。

三、元代长江文化与东南亚、南亚

1300年，暹罗国王敢木丁第二次来华，返国时曾带去一批中国陶瓷工人，在速古台从事陶瓷烧制。不久，暹罗国又派使团到中国邀请处州龙泉窑工人。龙泉窑工人的到来，使当地的青瓷生产迅速发展起来。于是，暹罗宋加洛生产出了很像中国龙泉窑的青花瓷器，为暹罗人民所喜爱。①

浙江德清出土的元代龙泉窑刻花大罐

元龙泉窑荷叶盖罐

元鲜于枢墓出土龙泉窑鼎式炉

浙江省博物馆藏元代龙泉窑双环耳瓶

浙江省龙泉市大窑遗址出土元代龙泉窑人物塑像

① 朱杰勤：《中国陶瓷和制瓷技术对东南亚的传播》，见《中外关系史论文集》，河南人民出版社1984年版。

浙江省博物馆藏元代龙泉窑双鱼洗

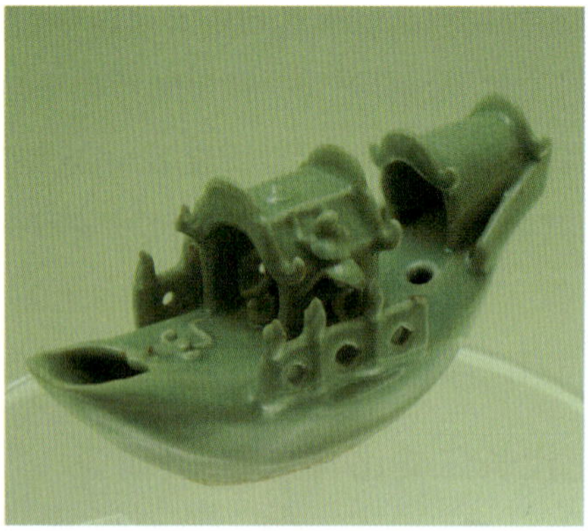

浙江博物馆藏元龙泉窑青瓷舟形砚滴

到了元代，泉州更成为世界性的商港，出口货物以丝、缎等织物为主，如苏杭地区生产的五色缎、绢、布（花布、青布）、丝，其中以泉州的刺桐缎（泉缎）最受国外欢迎和赞许。汪大渊《岛夷志略》则记载了今日泰国中北部的暹国从中国南方输入青布，位于华富里的罗斛则是印花布，叻丕地区的罗卫乃是狗迹绢（一种有金花之丝织物）……这些丝绸纺织品输入东南亚地区，不仅丰富和美化了当地人民的文化生活，而且也推动了当地纺织业的发展。据《大越史记》所载，中国南方的织绵工艺在宋代已传入越南等国。

中国南方的养蚕法也在这个时期传入印度，使印度的丝织业迅速发展起来。[1] 同时，中国南方丝织品大量运入印度等国，也推动了当地纺织业的发展。据载，至正二年（1342年）左右，元代使臣至印度，赠德里算端麻哈没的礼品中就有100匹泉州织品。而算端遣伊本拔图塔使团前往中国报聘时，回赠有哲次（即丝料）百匹。[2]

梵文银盘

元代后期杭州西天元兴寺，乃当地官府专门为“西天（即印度）高达摩实理板的达”所建。[3] 元末张宪《赠西僧》诗：“西离五印度，东渡独绳桥”[4]，也是这方面的例子。再如，元龙兴路（今江西南昌）印土寺，有学者认为，其中也多为印度僧人。[5] 中国僧人也有赴印度求法的。像元初

① 参考刘祁《北使记》，见王国维：《古行记校录》第7—8页，《王国维遗书》本。

② 〔英〕亨利·玉尔：《中国和通往中国之路》，第416—417页。

③ 〔元〕贡师泰撰，邱居里、赵文友校点：《贡氏三家集·贡师泰集》卷九《重建清平山西天元兴寺碑》，吉林文史出版社2010年版，第379页。

④ 〔元〕张宪：《玉笥集》卷八，《丛书集成》本，中华书局1985年版，第115页。

⑤ 杨德华：《元代来华印度和尚与印土寺》，《云南师范大学哲学社会科学学报》1996年第4期。

"蜀僧元一"即曾游西天，归国后朝世祖忽必烈，献西天琢成玉石佛像、贝多叶经、佛如来铁钵等。①

四、元代长江文化与西亚阿拉伯地区

元代，长江文化与西亚阿拉伯地区的文化交流十分频繁。据《真腊风土记》《岛夷志略》等书记载，当时中国南方与西亚阿拉伯地区有文化往来的国家计有：白达（今伊拉克巴格达）、弼斯罗（今伊拉克东南沿海的巴士拉）、勿斯离（今伊拉克北部的摩苏尔）、瓮蛮（阿拉伯半岛东部的阿曼）、勿拔（今阿曼的木尔巴特）、层檀（今沙特阿拉伯西部）、麻嘉（今沙特阿拉伯麦加）等。当时，两地之间的商人、海员、工匠、旅行家、学者等频繁往来。仅就元代而言，著名的旅行家就有杨枢、汪大渊，从而促进了双方的物质交流和文化传播。

据元代汪大渊《岛夷志略》"加里那（今伊朗）"条记载："贸易之货用青白花碗之属"；"天堂（今沙特阿拉伯麦加）"条："贸易之货用青白花器之属。"这些浙江、江西、福建等地出产的外销瓷器，深受西亚人民欢迎和好评，波斯、阿拉伯人称赞没有冰裂纹的龙泉青瓷为"麻他巴尼"，意即美丽无比的物品。至今，阿拉伯地区还出土有大量中国南方产陶瓷的遗物，如：在伊拉克的萨玛拉（阿拔斯王朝在836—892年期间的都城）曾出土有不少9—10世纪的越窑瓷器遗物。在伊拉克南部的库特城东南70公里处的瓦西特遗址，出土了外侧起棱的南宋龙泉窑青瓷钵碎片、内侧中央贴花的元代龙泉窑青瓷碎片。在伊拉克巴格达以南的泰西封遗址，有十二三世纪龙泉窑青瓷片（今存伦敦英国博物馆）。在巴格达东南60公里的阿比尔塔及其附近的迪雅拉砂原，有9—10世纪的褐色越窑瓷、华南白瓷碎片（现陈列于日本东京出光美术馆）。在叙利亚，丹麦国家博物馆调查队在1931—1938年曾于哈玛发掘到元白瓷、青花瓷、青瓷碎片，其中有些被认为是宋德化窑白瓷片，有些是南宋官窑生产的牡丹浮纹青瓷钵碎片，有些是内侧中央贴花的元青瓷钵碎片。在黎巴嫩的贝卡谷地的巴勒贝克发现有宋代龙泉窑莲花瓣花纹的青瓷碗碎片和元代花草图纹的青花瓷碗碎片。在巴林的卡拉托巴林出土有数十块青瓷碎片和青花瓷碎片。在今北也门的扎赫兰，发现有龙泉窑青瓷和元代青花瓷碎片。在伊朗，出土有许多以宋代龙泉窑系为主的青瓷，还有元青花瓷碗残片②。所有这些中国南方陶瓷遗物在阿拉伯地区的大量出土，不仅反映了长江文化对阿拉伯文化的影响，而且也促进了当地陶瓷业的

① 〔元〕释念常：《佛祖历代通载》卷二二，收于《大正藏》第49册。
② 〔日〕三上次男撰：《陶瓷之路》，文物出版社1984年版。

发展。在长江文化的影响下，一些阿拉伯国家已能烧制出逼真的仿制龙泉等窑系的瓷器。

另外，中国的许多中药也西传到阿拉伯地区。如13世纪阿拉伯地理学家雅库特的《地名词典》就引阿布、杜拉夫的游记说，哥谷罗是中国肉桂的交易中心，"人们把桂皮带去，然后再从这里转到它地(阿拉伯地区)"①。肉桂是温肾补火、祛寒止痛的良药。阿拉伯语称肉桂为 dār-sini，波斯语为 dār-čin，意即"支那木"或"中国树皮"，"这足以说明它是波斯人和阿拉伯人从中国得来的"②。

当然，西亚的伊斯兰文明也对长江文化产生了一定的影响。如上述李泽民的《声教广被图》，就源自伊斯兰地理学。众所周知，一直到元代，中国的传统文化，对于东、西洋诸国和阿拉伯半岛有一定的认识，而对非洲和欧洲是很不了解的。在此以前中国的地图中没有反映过这些地区的情况。李泽民地图中之所以能够绘画这些地区的情况，无疑得益于伊斯兰地理学。前已述及，元朝修《一统志》时，曾收集到"回回图子"。而主持《一统志》纂修的札马剌丁早在至元四年(1267年)曾制"西域仪象"七件以进，其中之一是"苦来亦阿儿子，汉言地理志也。其制以木为圆球，七分为水，其色绿，三分为土地，其色白。画江河湖海，脉络贯穿于其中。画作小方井，以计幅员之广袤、道里之远近"③。"苦来亦阿儿子"是波斯语 Kura-i-arz 的音译，"苦来"意为"球、苍穹"，"亦"表示属格意义，"阿儿子"意为"陆地、土地、国家"，即地球仪。④ "苦来亦阿儿子"即地球仪进入中国，必然带来回回人的地理观念。也就是说，回回学者对于当时世界的概念，在元代已经传入中国，李泽民在《声教广被图》中就汲取了伊斯兰地理学的世界概念，这在地理学发展史上是很有意义的大事。

五、元代长江文化与非洲和欧洲

(一)元代长江文化与非洲

作为长江文明象征的丝绸，也对非洲文明起有重要的影响。

在这一时期，长江文化与非洲的文化交流，有一个非常杰出的人物，这便是伊本·白图泰。伊本·白图泰是北非摩洛哥人，1304年出生于丹吉尔城。21岁时去麦加朝圣，开

① 〔英〕蒂贝茨：《东南亚早期的穆斯林贸易商》，载《南洋资料译丛》1991年第1期。

② 〔美〕劳费尔：《中国伊朗编》，商务印书馆1964年版，第379页。

③ 〔明〕宋濂等：《元史》卷四八《天文志一》，第998、999页。

④ 杨志玖：《元代东传的回回地理学》，《元代回族史稿》，南开大学出版社2003年版，第303—314页。

始了周游各国的旅行，历时28年(1325—1354)，期间三次出游，四访麦加，东到中国，南到中非，行程达12万公里。他的游记是在1354年奉摩洛哥国王之命结束了中非、西非旅行之后回到都城非斯王宫口述，由国王所派书记官伊本·术札伊笔录而成的。由于伊本·白图泰生性诚实、敏感、观察细致、慧眼独具，记忆力极强，叙述简洁易懂，文词朴实，故其游记所载的事件、人物、珍禽异兽、名花异草、各地的风土人情等等，大多确凿可信，他被后世学者誉为“忠实的旅行家”。

根据游记的记述，伊本·白图泰是在第一次出游中来到中国并访问杭州的。大约1346年夏，伊本·白图泰从南洋经泉州北上来到了杭州，受到杭州穆斯林和地方官的热烈欢迎和盛情款待。伊本·白图泰是这样记述杭州的：

该城名完全像是女诗人汗沙①的名字，我不知道它是阿拉伯文名字，或是同音巧合呢？全城长达三日程，在该城旅行需要就餐投宿。该城的布局，正如我们谈过的那样，是每人有自己的花园，有自己的住宅。全城分为六个城市，详情后叙。我们到达时，有法官法赫伦丁，当地的谢赫·伊斯兰，以及当地的穆斯林要人——埃及人士欧斯曼·伊本·安法尼的儿子们，都出城迎接，他们打着白色旗帜②，携带鼓号。城长也列队出迎。该城共有六城，每城有城墙，有一大城墙环绕六城。

全城的第一城由守城卫兵，在长官统率下居住。据法官等人告诉我说：士兵为一万二千名。进城后，当夜寄宿在军队长官的家中。第二日，由所谓犹太人进入第二城，城内居民为犹太和基督教人，以及崇拜太阳的土耳其人，他们人数很多。该城长官系中国人。第二日我们寄宿于长官的家里。第三日进第三城，穆斯林们住此城内，城市美丽，市街布局如伊斯兰地区的一样。内有清真寺和宣礼员，进城时正当为晌礼宣礼时，声闻远近。在此城我们寄宿于埃及人士欧斯曼·伊本·安法尼之子孙的家中。他是当地一大巨商，他十分欣赏此地，因而定居于此，该城亦因此而出名。他的子孙在此地继承了他的声望，他们一仍其父辈的怜贫济困之风。他们有一道堂，亦以欧斯曼尼亚著名，建筑美丽，慈善基金很多，内有一批苏菲修道者。欧斯曼还在该城修建一座清真大寺，捐赠该寺和道堂大量慈善基金，该城的穆斯林很多。我们在此城居住十五日，我们每日每晚都受到邀请，他们也十分讲究菜饭，并每天陪同我们骑马游遍全城。

---

① 575 668年，阿拉伯最伟大的女诗人，有《汗沙诗集》流传，多吊唁诗。——原译注。

② 这是白衣大食的标志。——原译注。

一天，他们陪我骑马走进了第四城，这是长官府所在地，总长官郭尔塔的府第在此，我进城门后，随行的人都退去，大臣迎了上来，把我带到总长官郭尔塔的府内，他就是拿走我那件大衣的人，这大衣是贤人哲俩伦丁·设拉子送给我的。详情已如前述。

该城只供素丹的奴隶、仆役们居住，是六座城市中最为美丽的，有河流三条穿过，其一是一大江伸出的港湾，小艇运载食品和石炭来城，港内亦有游艇。大厅位于该城的中央，建筑极其雄伟，长官府在其中心，四面由大厅围绕。城中还有许多工场，内有织造上等衣料和打造军器的。据郭尔塔告诉我说：他们共有一千六百名师傅，每一师傅带三四名徒工，他们皆是可汗的奴隶，都戴着脚铐。他们的住处在宫外。虽可以在城内市街上走走，但不许出城门。他们每日都一百人、一百人地由长官检查，如有短缺，唯队长是问。他们的惯例是：凡服役十年者，去其镣铐，任从下列两点选其一：要么是去掉镣铐继续服役；要么是在可汗境内自由行动，但不准逃出境外。如年属五十，可免除服役，并供应生活费，一般人至五十岁者亦供给生活费。凡年届六十者，被认为情同孺子，免除刑罚。老年人在中国深受尊敬，称呼他们叫阿塔，意为父亲。

总长官郭尔塔　他是中国①的总长官，承蒙他于其府内置备宴席招待，全城要人出席作陪。为此请来了穆斯林厨师，按伊斯兰教法宰牲置席。这位长官尽管地位极高，却亲手给我们布菜，亲手切肉待客，我受他款待一连三天。他还派他的儿子陪我们去港湾，搭乘游艇一艘，其状如火弹船。长官的公子搭另一只船，他携带歌手乐师，他们用中国文，用阿拉伯文，也用波斯文演唱。而公子嗜爱波斯音乐。歌手们演唱一首波斯诗，公子命他们重复多遍，使我于倾听之后，竟熟记无误了。这支歌曲极其委婉动听。

港湾内船艇相接，帆樯蔽天。彩色风帆与绸伞，相映生辉。雕舫画艇，十分精致。游船相遇时，乘客多用柑橘、柠檬投报。我们至夜晚才回长官府，便寄宿于府内，晚上歌手乐师再次上演动人的妙曲。

魔术师故事　当天夜里，一位魔术师来了，他也是可汗的奴隶。长官吩咐他说："让我们看看你的拿手好戏吧！"魔术师拿出一个木球，球上有一洞眼，上面系着长绳，他把木球向空中一抛，球便扶摇直上，直至消失。这时天气炎热，我们都坐在大厅里。见他手里的绳子所剩不多时，魔术师让他的徒弟，缘绳而

① 这是白衣大食的标志。——原译注。

上，他爬着爬着也不见了，连喊他三声都未答应。他便气狠狠地抄起一把刀子，顺绳而上，他也看不见了。一会儿见他把那孩子的一只手丢在地上，一会又丢下来一只脚，不久又丢下来另一只手，不久又丢下来另一只脚，又丢下他的身体，最后丢下他的头。不一会他气喘吁吁满身血污，凌空而降，翻身拜倒在长官的面前，口里说了一些中国话。这时长官吩咐赏他一点东西。他把孩子的肢体捡拾到一起，拼凑好，只见他用脚一踢，那孩子便毫发无损腾地站起。我见此大惊失色，心跳不止。正如我在印度素丹面前所见到的那样，直至他们给我喝了药才好了。这时法官法赫伦丁在我身旁说："哪里有什么腾空、落地的解体，只不过是戏法而已。"

翌日早上，从第五城城门进城，这是最大的城市，由普通百姓居住，市街美丽，城内多能工巧匠，这里织造的绸缎以汗沙绸缎著称。当地的特产之一是用竹子制作的盘子，那是由碎块拼凑而成的，极为轻巧。上面涂以红漆，这类盘子一套十个，一个套在另一个中，乍看之下，以为是一个盘子，并制一盖子，可将全部盘子罩住。当地人还用这种竹子制作一些奇巧的盘子，即使从高处落地，也不会碎裂。虽于盘中放置热菜热饭，也不会变形、褪色。此种盘子运销印度、霍腊散等地。

我进入此城后，受城长款待并寄宿，第二日进入第六城，居民为水手、渔民、木匠、弓箭手和步兵，他们全是素丹的奴隶，此城除他们外，并无别人。他们人数众多。该城位于大江岸上。当夜寄宿于长官处，并受他款待。总长官郭尔塔，为我们准备了船一只，以及所需的干粮等物。①

很可能由于江淮地区农民起义爆发的原因，伊本·白图泰在游览了杭州后并没有继续北上大都朝觐元顺帝，而是折返泉州，乘船回印度，并西行游历了波斯、伊拉克、叙利亚、巴勒斯坦，到麦加进行第四次朝圣。由于此时离家出游已 20 多年，伊本·白图泰思家念亲之情日切，遂取道埃及、突尼斯、阿尔及利亚、摩洛哥，于 1349 年回到了首都非斯。

作为当时世界一大都会的杭州，正是通过伊本·白图泰的游记，第一次介绍给了非洲人民。

伊本·白图泰在他的游记中，曾详细记载了中国瓷器的技术及其远销非洲的情况，他说："中国瓷器……详细制法，愿请得而述之。瓷土稍加该地所产之矿物，烧三天，取

① 参见〔埃及〕教育部颁，教育首席阿文督学：阿哈默德·阿瓦米雷·贝，教育督学：穆罕默德·阿哈默德·扎代·毛俩·贝，马金鹏译：《伊本·白图泰游记》，宁夏人民出版社 1985 年版，第 556—557 页。

出，倾水于其上。全体如洗，使之发酵。最佳之瓷，须发酵满月，但不可过久。若短期发酵，至十日者，其品质甚似吾国之陶器。亦有较佳者，中国人将瓷转运出口至印度诸国，以达吾乡摩洛哥。此种陶器，真世界最佳者。”①伊本·白图泰在1352年访问西苏丹地区时，见到马里“素丹在王宫的庭院里坐朝，在院子里一棵树下有一座三级台阶的平台，台上铺着丝绸，还搁着软垫。平台上面撑着一把伞，这是一顶用丝帛制作的华盖”②。此外，中国的印刷术、指南针和航海术等，也在这一时期传入非洲的埃及、摩洛哥等国。

与此同时，非洲国家盛产的象牙、犀牛角、香料等物品也大量流入中国，对长江文化的发展有着一定的影响。

(二)元代长江文化与欧洲

长江文化与欧洲文化的关系可以推溯到秦汉时期。“在古代罗马时期，中国与意大利及西方世界确已建立接触，有关地理知识的传播，丝绸的贸易以及人员的来往等，是这段最早的中西文化交流史的主要内容”。476年，罗马帝国灭亡，意大利以及西欧各地相继建立日耳曼人的蛮族王国，商旅断绝，和中国的联系也暂告终止。从6世纪至12世纪，欧洲和中国有所接触主要通过拜占庭(东罗马帝国)，通过拜占庭实现的蚕种西传和丝织业在西方的出现，对于始终是西方文化之源的意大利的中世纪手工业仍具有重大意义。12世纪以后，随着意大利商业活动的活跃，威尼斯、热那亚等城市都已发展成为欧洲最大的国际商埠，并与远东的中国发生了某些联系。横跨亚欧大陆的蒙古大帝国的建立，更为长江文化与欧洲文化的交流提供了空前便利的条件，使双方的文化交流再度掀起高潮，从而谱写了中外文化交流史上的新篇章。③

马可·波罗像

在这一时期，大批商人和罗马教会的使团人员先后来到中国，更对中国南方城市的繁华，特别是中国南方产的瓷器留下了深刻的印象。如马可·波罗在游记中指出：“流经刺桐(泉州)港的河(即晋江)，宽大而湍急……在这条支流与主流道分叉的地方屹立着廷基(德化)城。这里除了制造瓷杯或瓷碗碟，别无其他值得注意的地方。这种瓷器的制作工艺程序如下：他们从地下挖取一种泥土，将它垒成一个大堆，任

① 张星烺：《中西交通史料汇编》第3册，第175页。

② 参见〔埃及〕教育部颁，教育首席阿文督学：阿哈默德·阿瓦米雷·贝，教育督学：穆罕默德·阿哈默德·扎代·毛俩·贝，马金鹏译：《伊本·白图泰游记》，宁夏人民出版社1985年版，第556—557页。

③ 朱龙华：《从“丝绸之路”到马可·波罗》，见周一良主编《中外文化交流史》，河南人民出版社1987年版，第262—305页。

凭风吹、雨打、日晒，从不翻动，历时三四十年。泥土经过这种处理，质地变得更加纯化精炼，适合制作上述的各种器皿。然后抹上认为颜色合宜的釉，再将瓷器放入窑内或炉里烧制而成。因此，那些挖泥堆土的人，目的是替自己的儿孙贮备制造瓷器的材料而已。大量的瓷器是在城中出售，一个威尼斯银币能买到八个瓷杯。"①当时杭州荐桥门外还建有一所基督教堂，马可·波罗对此有载："城中仅有聂思脱里派基督教徒之礼拜堂一所。"②

1318年，意大利人、方济各教会教士鄂多立克怀着"为了赢得某种灵魂之收获的愿望"，越过海洋，开始了访问东方世界各国的漫长行程。他乘船从威尼斯出发，抵达中国南方大港广州。然后北上来到刺桐城（即泉州）、福州、杭州、南京、扬州等地。他游览了杭州以后，对杭州城市规模之大、人口之众、都市繁华等等留下了非常深刻的印象。漫游东西方各国、见多识广的鄂多立克感叹地说："若有人想要谈谈该城的宏大和奇迹，那整卷的纸都写不下我所知的事。因为它是世上最大的最高贵的城市，并且是最好的通商地。"③他对杭州作出这样好的评价：

我来到杭州城，这个名字义为"天堂之城"。它是全世界最大的城市，确实大到我简直不敢谈它，若不是我在威尼斯遇见很多曾到过那里的人。它四周足有百英里，其中无寸地不住满人。那里有很多客栈，每栈内设十或十二间房屋。也有大郊区，其人口甚至比该城本身的还多。城开十二座大门，而从每座门，城镇都伸延八英里左右远，每个都较威尼斯或帕都亚为大。所以你可在其中一个郊区一直旅行六七天，而看来仅走了很少一段路。此城位于静水的礁石上，像威尼斯一样有运河。它有一万二千多座桥，每桥都驻有卫士，替大汗防守该城。城旁流过一条河，城在河旁就像波河（*PO*）畔费腊腊（*Feerrara*）之建设，因为它的长度胜过它的宽度。我极力打听有关该城的情况，向基督徒、撒剌逊人、偶像教徒及别的所有人提出问题，他们一致同意说城的周围是一百英里。人们从他们的君王那里得到诏旨称：每火要每年向大汗交纳一巴里失（*balis*），即五张像

① 陈开俊等译：《马可·波罗游记》，福建科技出版社1982年版，第192—193页。冯承钧译《马可·波罗行纪》第一五六章《刺桐城》未见此段文字的相关描述，仅载"刺桐城附近有一别城，名称迪云州，制造碗及瓷器，既多且美。"上海书店出版社2006年版，第351页。

② 冯承钧译：《马可·波罗行纪》第一五一章《蛮子国都行在城》，上海书店出版社2006年版，第332页。

③ 〔意大利〕鄂多立克：《鄂多立克东游录》32《关于杭州（Cansay）城，它是世上最大的城市》，载《海屯行纪 鄂多立克东游录 沙哈鲁遣使中国记》，何高济译，中华书局1981年版，第67—69页。

丝绸一样的纸币的赋税，款项相当于一个半佛洛林（*florin*）。他们的管理方式如下：十家或十二家组成一火（指人户），以此仅交一火的税。现在据认为这些火计有八十五土绵（*tumans* 蒙语 *1* 万），加上四火撒剌逊，共八十九土绵。一土绵约相当于一万火。此外有基督徒、商人和其他仅从该地过路者。

既然如此，我很奇怪，那么多的人怎么能安排住在一个地方，但那里始终有大量的面食和猪肉，米和酒，酒又称为米酿（*bigni*），享有盛名；那儿确实有大量其他种种食物。

鄂多立克也谈到钱塘江上游和下游的渔民特殊的捕鱼方法，他说："我看见他在那里有几艘船，船的栖木上系着些水鸟。这些水禽，他现在用绳子圈住喉咙，让它们不能吞食捕到的鱼。接着他把三只大篮子放到一艘船里，两头各一只，中间一只，再把水禽放出去。它们马上潜入水中，捕捉大量的鱼，当捉住鱼时，就自行把鱼投入篮内，因此不多会儿功夫，三只篮子都满了。主人这时松开它们脖子上的绳，让它们再入水捕鱼供自己吞食。水禽吃饱后，返回栖所，如前一样给系起来。我把其中几条鱼当作我的一顿饱餐。"这种捕鱼方法，在今建德县白沙富春江上游河段，还作为一种特殊旅游项目开发。鄂多立克离开该地，旅行若干天后，目睹了另一种捕鱼法。"捕鱼人这次是在一艘船里，船里备有一桶热水，渔人脱得赤条条的，每人肩上挂个袋子。随后，他们潜入水中约半个时刻，用手捕鱼，装入背上的口袋。他们出水时，把口袋扔进船舱，自己却跳进热水桶，同时，另一些人接他们的班，如前一样干；就这样捕捉了大量的鱼。"①

此外，元朝末年来中国的罗马教皇使者、意大利佛罗伦萨人、圣方济各会士马黎诺里（Giovanni dei Marignolli，生卒年不详），其一行从大都南行经泉州出海，取道印度西归过程中，经停杭州。在游记中，他对杭州作了概括而简略的记述：

蛮子国疆土甚广，统辖城邑郡国无数。若与未亲见者言之，必皆摇首不信。物产丰富，所产水果，有为拉丁诸国所未知。国中共有大城市三万。此外尚有村堡，几不胜数。康勃绥（*Campsay*）城最著名，面积最广，市街华丽，人民殷富，穷奢豪侈。建筑物雄壮伟大，尤以佛寺为最。有可容僧侣一千以至二千人者，实为今代地面上未有之大城，即古代恐亦罕有其匹。昔时著作家谓其城有美丽石桥一万座，皆饰以雕刻及持戟贵人之塑像。未亲履其地者，读之皆以为不经

① 〔意大利〕鄂多立克：《鄂多立克东游录》32《关于杭州（Cansay）城，它是世上最大的城市》，何高济译，中华书局 1981 年版，第 68 页。

之谈。然其所言者皆确实事情也。①

在元代,除上述的中国瓷器外,中国丝绸也备受欧洲人喜爱。自13世纪末以来,中国丝绸锦缎用于意大利各地显贵服饰及罗马教廷仪仗等等,不仅见于文字记载,也可从当时的绘画和考古实物上得知②。当时绘画中明确表现中国丝绸的作品,当推1317年西埃那画家西蒙尼·马尔蒂尼的《图鲁斯的圣路易为那不勒斯国王罗伯特加冕图》,画中圣路易的主教头冠和教袍缎带等皆为中国绸缎,表现极为精确。此外,在意大利的考古发掘中也有中国丝绸出土。如和罗伯特等同时的意大利北部韦罗那城统治者甘格朗德,其墓中的遗体就遍身裹以中国丝绸。这些事例说明,中国的丝绸和陶瓷一样已成为意大利上层统治者日常生活中的重要组成部分。

这一时期,到过中国的欧洲旅行家,都对中国的印刷技术表现出一种惊讶而赞赏的态度。如法国僧人鲁勃洛克、意大利的马可·波罗、小亚美尼亚亲王海敦、意大利僧人和德理等,对于元朝纸币的纸张质料、形态大小、币值、文字、玺印等情况均有所叙述。而脍炙人口的《马可·波罗游记》说得更为具体,影响更为巨大。通过他们的宣传,雕版印刷术就介绍给欧洲了。同时,这些西方旅行家大多到过当时印刷业最为发达的杭州,并从这些地区带回雕版,从而对欧洲印刷业的兴起产生了极其重大的影响。张秀民先生认为:作为15世纪末16世纪初欧洲书业中心的威尼斯,“它的纸牌与印书事业,与杭州似乎有蛛丝马迹可寻的”③。借印刷术之力,欧洲人的思想和社会都发生了深刻的变化,“它激发了文艺复兴和宗教改革的精神……有助于民族语文和本国文学的建设,甚至也助长了民族主义。印刷术还使教育普及,各地文盲减少,增加了社会流动的机会。简言之,西方世界现代文明进程中的几乎每一项成就都以不同方式与印刷的引进和发展有联系”④。

当然,当时欧洲的中世纪封建文化也影响过长江文化。随着西方商人和传教士大量进入中国南方,基督教文明也翩然而至。江南地区的镇江是基督教聂思脱里教的一个重要基地,修建有若干所十字寺。据《至顺镇江志》记载,这所教堂系来自中亚薛述思干(今乌兹别克斯坦撒马尔罕)的马薛里吉思在至元二十一年(1284年)所建,名为“样宜忽木剌大普兴寺”⑤,地址在荐桥门(即崇新门),约今清泰街西段北侧大东山弄一带。扬州除了

① 张星烺编注、朱杰勤校订:《中西交通史料汇编》,中华书局1977年版,第1册,第253—254页。

② 朱龙华:《从“丝绸之路”到马可·波罗》,见周一良主编《中外文化交流史》,河南人民出版社1987年版,第281—283页。

③ 张秀民:《中国印刷史》,上海人民出版社1989年版,第791—792页。

④ 〔英〕李约瑟:《中国科学技术史》第5卷第1分册《纸和印刷》,科学出版社和上海古籍出版社联合出版,第329页。

⑤ 〔元〕俞希鲁编纂:《至顺镇江志》卷九《僧寺》,江苏古籍出版社1990年版,第365—366页。

三所聂思脱里教十字寺外，也有若干天主教士住在该城。杭州有一所聂思脱里教徒马薛里吉思建立的教堂，汉名“大普兴寺”。泉州也有“华丽宏大”的天主教堂，1313 年以后这里设立了主教区。另外，南方其他地区亦有基督教徒的分布。如押赤（今云南昆明）城居民中就有若干名聂思脱里教徒①。他们不仅在中国南方传教，而且还将西方的建筑艺术等传播到当地。如泉州开元寺的大雄宝殿，丹墀前面，两边都有狮身人面浮雕，多至 73 方。英语叫做 Sphinx（斯芬克斯），本是埃及神话中怪物，流传于希腊，成为雕刻图案②。

① 韩儒林主编：《元朝史》，人民出版社 1986 年版，下册，第 358 页。
② 朱维幹：《福建史稿》，福建人民出版社 1985 年版，上册，第 444 页。